法官智库丛书 4
A Series of Judicial Wisdom

Writing of Judgments

裁判文书制作

（第2版）

主　编：沈志先
副主编：孙建国
陈全国
侯丹华

法律出版社
LAW PRESS · CHINA

图书在版编目(CIP)数据

裁判文书制作／沈志先主编. —2 版. —北京：
法律出版社,2017.4
ISBN 978 -7 -5197 -0686 -9

Ⅰ.①裁… Ⅱ.①沈… Ⅲ.①审判—法律文书—制作
—研究—中国 Ⅳ.①D926.13

中国版本图书馆 CIP 数据核字(2017)第 052141 号

裁判文书制作(第 2 版)
CAIPAN WENSHU ZHIZUO (DI 2 BAN)

沈志先 主编

策划编辑 韦钦平
责任编辑 朱海波
装帧设计 贾丹丹

出版 法律出版社
总发行 中国法律图书有限公司
经销 新华书店
印刷 中煤(北京)印务有限公司
责任校对 杨昆玲
责任印制 沙 磊

编辑统筹 法律应用·大众读物出版第三分社
开本 710 毫米×1000 毫米 1/16
印张 34.75
字数 633 千
版本 2017 年 4 月第 2 版
印次 2017 年 4 月第 1 次印刷

法律出版社／北京市丰台区莲花池西里 7 号(100073)
网址／www.lawpress.com.cn
投稿邮箱／info@lawpress.com.cn
举报维权邮箱／jbwq@lawpress.com.cn
销售热线／010 -63939792
咨询电话／010 -63939796

中国法律图书有限公司／北京市丰台区莲花池西里 7 号(100073)
全国各地中法图分、子公司销售电话：
统一销售客服／400 -660 -6393
第一法律书店／010 -63939781/9782
西安分公司／029 -85330678
重庆分公司／023 -67453036
上海分公司／021 -62071639/1636
深圳分公司／0755 -83072995

书号:ISBN 978 -7 -5197 -0686 -9
定价:78.00 元
(如有缺页或倒装,中国法律图书有限公司负责退换)

《法官智库丛书》编委会

序

古往今来，公正是人类的永恒追求和司法的永恒主题。依法独立公正行使审判权，维护人民群众的合法权益，维护我国宪法和法律的尊严与权威，为推进依法治国基本方略、建设社会主义法治国家而努力，是新时期人民法院的神圣职责。随着我国经济社会的转型和利益格局的调整，社会矛盾纠纷呈现出主体多元、数量多发、诉求多样的发展态势，越来越多的权利义务关系和矛盾纠纷，以案件的形式进入司法领域，社会对司法的需求及对公正的期待日益增强。

司法公正应该是程序公正、实体公正、形象公正的有机统一，政治效果、法律效果和社会效果的有机统一。我们既要注重司法的实践性，即通过对每一个具体的案件明是非、断责任、解纠纷，来实现司法的基本功能；还要注重司法的思辨性，即立足审判实践，加强理性思考，使每一个司法个案的解决，既符合政治方向又符合法律规定，既体现法律精神又体现社情民意。这就要求新时期的人民法官应当是具备社会主义法治理念、娴熟的司法能力和精湛的法律素养，能够不断适应司法新形势，解决司法新问题，善于思考、善于总结、充满睿智的群体。

早在2004年前，上海法院就曾编写了《法官素养与能力培训读本》，作为全市三级法院法官集中系统轮训的教材，该书为提高上海法官的司法能力、规范司法行为发挥了重要作用。今天，新的形势和任务需要人民法院在实现司法公正、构建和谐社会方面，有新的思考和新的作为。上海市高级人民法院在借鉴《法官素养与能力培训读本》编写经验的基础上，组织编纂《法官智库丛书》，其编纂出版的过程，是法官智慧集聚和传承的过程，是法官的法学素养、司法技能与司法经验自我总结提高的过程，也是法官的知识储备自我更新的过程。“丛书”的出版将有利于法官群体互相学习、互相借鉴、共同提高，以造就一支适应时代发展要求的法官队伍。

《法官智库丛书》这一名称，标志着这是一套实践型开放性的学术著作。所谓实践型,是指该“丛书”由上海三级法院审判经验较为丰富的资深法官编写,选择驾驭庭审、诉讼调解、法律适用、证据规则、自由裁量、知产审判、文书制作等系列性的实践主题进行总结,凸显了立足法官审判需求,回应维护社会公平正义、构建社会主义和谐社会发展要求的实践特色。所谓开放性,是指该“丛书”坚持司法观点的与时俱进以及主题内容的与日俱增,首批出版的这七本书,只是阶段性成果,随着司法实践的不断深入,“丛书”的内容将不断扩充,它将长期编纂下去。所谓学术性,则是指“丛书”素材虽多取自于上海法院审判之实践,研究视野却不囿于上海之一域;目标虽着眼于服务司法实践之需求,研究内容却不局限于实证之分析,而具有一定的法学理论深度和理论研究成果价值。

《法官智库丛书》的出版也为人民法院加强民意沟通,开展学术交流提供了新的渠道。“丛书”的特色之一就是由法官编写,写法官的工作,把法官的思维方式、审判心路历程、法官对应用法学的研究,通过“丛书”向社会公开,为法律工作者、法律院校师生、人民调解员等提供了解法官思维的路径、研究法学课题的素材、解决法律争议的方法、评判法律问题的尺度。“丛书”的出版还能让社会公众看到法官是如何依法明断,定纷止争,知晓裁判背后的法律原理和法律精神。这既为提高公民的法治意识提供了帮助,也有助于保障公民对司法工作的知情权、参与权、表达权和监督权,从而实现人民法院在民意沟通质量和效果上的进一步提升。

“丛书”的编纂出版凝聚着上海三级法院法官的心血,我衷心期待上海法院有更多的法官,在繁忙的断案之余,润泽笔墨,利用该“丛书”的平台,积极奉献自己的司法智慧,为把人民法院建设成为最讲理、最文明、最公正的司法场所而共同努力。

上海市高级人民法院院长、大法官

二〇〇九年十月十六日

第二版前言

本书自2010年第一版问世以来，我国社会在深刻变革中生机勃勃井然有序。2014年10月23日，为贯彻落实党的十八大作出的战略部署，加快建设社会主义法治国家，党的十八届四中全会通过了《中共中央关于全面推进依法治国若干重大问题的决定》，其中要求：完善以宪法为核心的中国特色社会主义法律体系，坚持立法先行，发挥立法的引领和推动作用；保证公正司法，提高司法公信力，努力让人民群众在每一个司法案件中感受到公平正义；构建开放、动态、透明、便民的阳光司法机制，依法及时公开执法司法依据、程序、流程、结果和生效法律文书，杜绝暗箱操作。加强法律文书释法说理，建立生效法律文书统一上网和公开查询制度。

其间，全国人大常委会先后修订了《刑事诉讼法》《民事诉讼法》和《行政诉讼法》，最高人民法院也相应制定颁布了这三部诉讼法的司法解释，并发布或正在修订相关文书的样式。例如，2015年4月，最高人民法院发出《关于印发〈行政诉讼文书样式（试行）〉的通知》，2016年7月5日，最高人民法院发布《人民法院民事裁判文书制作规范》和《民事诉讼文书样式》。与此同时，最高人民法院组织各级法院围绕提升案件庭审水平、提高裁判文书质量两个重要环节，开展“两评查”活动，举行优秀裁判文书评选点评活动等。2015年2月，最高人民法院发布《关于全面深化人民法院改革的意见——人民法院第四个五年改革纲要（2014—2018）》，其中明确提出：推动裁判文书说理改革。完善裁判文书说理的刚性约束机制和激励机制，建立裁判文书说理的评价体系。

可见，随着法治的完善，审判实践的发展，本书2010年版的有些内容已“落伍”须加以修订，其目的在于维护本书及《法官智库丛书》的生命周期。鉴于此，我们组织了本书的作者，在现有框架结构的基础上，根据现施行的三部诉讼法、相关法律和司法解释，《人民法院第四个五年改革纲要（2014—2018）》以及司法实践中的一些成熟经验予以修订和补充。

本修订版将原版的第二章裁判文书改革及其现状和第五章裁判文书制作的价值取向及其热点问题探讨,改写为一章;撤销了第四章二审和再审裁判文书,其相关内容散见于分论刑事、民事、行政裁判文书制作中;增加了裁判文书的语句表达和裁判文书的瑕疵及其处理二个章节;根据最新的《人民法院民事裁判文书制作规范》和《民事诉讼文书样书》对民事裁判文书制作一章进行了全面修订和改写。在裁判文书实例点评部分,除保留个别实例外,选用了近几年本市法院的相关优秀判决文书。

本书修订不免有疏漏、不当之处,敬请读者不吝赐教。

编　者

二〇一七年三月

第一版前言

裁判文书是人民法院通过依法审判,彰显司法公正、弘扬法治精神、维护社会公平正义的载体,也是法官法律思维和司法智慧的结晶。裁判文书的制作过程,是法官将其司法经验和理性思考,通过特定载体完整记录下来的过程,凝聚了法官在整个办案过程中的创造性劳动。能将一份份文笔顺畅、事实清楚、说理充分、准确依法、判决公正的裁判文书无愧地展示于世人面前,这是法官的职责所在。为此,有必要系统地对裁判文书制作的经验与方法予以总结和传承,特编纂本书,作为《法官智库丛书》中的一册。

本书分为总论、分论和实例各论三个部分。总论部分主要阐述裁判文书的基本理论,包括裁判文书的功能和意义、裁判文书的制作模式、制作现状的分析、裁判文书的结构规范和裁判文书改革中的热点问题等。分论部分重点分析民事、刑事和行政三类裁判文书的写作特征与具体要求,从办案思路、法律思维、写作技巧等不同角度研究各类裁判文书的基本制作方法。实例各论则是在此基础上,对近年来上海法院部分具有典型性或代表性的裁判文书予以评析。

本书内容皆来源于审判实践,各个部分的编写者系具有丰富审判经验的资深法官。他们将裁判文书的制作经验和心得体会与法院同人和社会各界分享,以实现取自于司法实践、服务于司法实践和社会公众的初衷。

最高人民法院在《三五年改革纲要》中提出“要增强裁判文书的说理性,提高司法的透明度,大力推动司法民主化进程”,愿本书的出版能够为提升法官的裁判文书制作水平,增强司法公信度和透明度,推进司法民主化进程作出一份贡献,以满足人民群众对新时期司法工作的新要求、新期待。但由于我们的水平有限,难免有疏漏不当之处,敬请读者批评指正。

编　者

二〇一〇年三月

目　　录

第一编　总　　论

第二编　分　　论

第三编　裁判文书实例各论

第一编

总　　论

第一章　裁判文书制作概述

第一节　裁判文书的要素与种类

一、裁判文书的要素

裁判文书是人民法院行使国家审判权,依照法律、法规和有关司法解释审判案件,对案件的诉讼程序问题和实体问题作出具有法律效力的书面处理决定。它既体现了司法权威与审判独立,也体现了执法水平与判案能力。裁判文书既是法院司法文书的核心,也是我们需要学习与研究的重点。一名合格的法官应当具有良好的裁判文书制作能力。

裁判文书有五个要素:

(一)制作主体

裁判文书的制作主体必须是依法行使国家审判权的人民法院。

(二)制作依据

裁判文书必须依法制作,即要严格按照全国人大及其常委会制定的法律、国务院制定的行政法规,各省、直辖市、自治区制定的地方性法规及最高司法机关制定的司法解释制作。这里既包括实体法的规定,也包括程序法的规定。

(三)制作内容

裁判文书的制作内容包括案件事实和运用与之相应的法律、法规等经论证和说理后作出的裁判结果及有关的告知事项等。这里所指的事实,既有诉辩双方提出的事实、证据,也有人民法院依法调查核实的事实、证据。一定的事实与通过论证和说理及适用法律、法规等作出裁判的结果即构成某一裁判文书的内容,而裁判文书的结构则是表达这一内容的形式,裁判文书是其内容与形式的完整统一。

(四)适用范围

裁判文书只适用于诉讼到人民法院的各类案件,包括刑事、民事(商事、海事)、行政、执行等案件。

(五)法律作用

裁判文书是具有确认效力或可供执行内容,一经依法作出生效后即具有法律效力的文书,有关当事人就必须执行,否则将承担相应的法律后果。

如制作的裁判文书要素不齐,那就不是一份合格的裁判文书。熟悉和掌握裁判文书的有关要素,是制作好裁判文书的前提与基础。

二、裁判文书的种类

裁判文书的种类,是指各种不同的裁判文书依照各自的一定标准所进行的归类。它是裁判文书规范化的一项重要标志。因此,正确划分裁判文书的种类,对于进一步认识各类裁判文书的性质、用途与作用,正确适用和科学研究各类裁判文书的制作都具有十分重要的意义。由于角度不同、标准不同,裁判文书可以有各种不同的分类方法,主要有以下四种:

(一)按审判程序分类

可分为一审裁判文书、二审裁判文书和再审裁判文书。

(二)按结案方式分类

可分为判决书、调解书、裁定书。

(三)按诉讼性质分类

可分为刑事裁判文书、民事裁判文书和行政裁判文书。

(四)按制作方法分类

可分为拟制式(又称叙议式或制作式,即用文字直接叙述)裁判文书和填充式(多用于调解书和裁定书,目的是节约诉讼成本,提高工作效率)裁判文书。

第二节　裁判文书的基本特征

一、制作的合法性

裁判文书是依据法定的诉讼活动而产生的法律文书,因此其制作必须合乎法律规定,要按照不同的文种、要求和时限来制作,不具有随意性。裁判文书制作的合法性主要表现在以下四个方面:

(一)制作主体特定

如民事裁判文书的制作,在《民事诉讼法》(编者注:以下所引法律、法规、规章和规范性文件名称中省略了"中华人民共和国",除注明外均为我国现行生效法律)第二编审判程序中作了专节规定。《民事诉讼法》第一百五十二条和第一百五十四条明确规定，判决书、裁定书应当写明的内容和适用的范围，包括判决结果和作出该判决的理由，并由审判人员、书记员署名，加盖人民法院印章等。《刑事诉讼法》第一百九十五条、第一百九十七条规定，人民法院经过审理，根据不同情况，分别作出判决，判决书应当由审判人员和书记员署名等。上述规定表明，裁判文书的制作者只能是人民法院审理案件的合议庭的组成人员或者独任法官，非法定的制作主体不得制作裁判文书。

（二）制作于法有据

裁判文书是一种法律文书，每一类裁判文书的制作都必须有法律根据，这是裁判文书合法存在的前提。没有法律根据的裁判文书，只能是不合法的裁判文书。我国三大诉讼法及有关司法解释对于裁判文书具体制作的根据都有相应的规定。如在适用督促程序的诉讼活动中，债权人依照《民事诉讼法》第二百一十四条的规定向人民法院提出支付令申请书，人民法院经审查认为申请不成立的，应当依照本法第二百一十六条第一款的规定制作驳回支付令裁定书。如果债务人提出书面异议，则应依照第二百一十七条的规定制作终结督促程序裁定书。可见，情况不同，法律依据不同，制作何种裁判文书也就不同。离开制作的合法性，就会失去法律的效力和法律上的意义。所以说，制作的合法性，乃是裁判文书生命力的所在。

（三）制作符合法定程序

一定内容的裁判文书反映了一定的法律程序、环节的运作。不同性质的诉讼法律关系受不同的诉讼法调整，与之相适应，制作、使用的是不同的裁判文书。如刑事案件审判中不能制作、使用民事、行政裁判文书。对于在解决刑事责任的同时还需要在刑事诉讼过程中附带解决民事赔偿责任的案件，应当依照法律规定制作刑事附带民事裁判文书。又如，不能因为审理的是经济纠纷案件就制作所谓的经济裁判文书，因为经济纠纷诉讼所适用的是民事诉讼程序，依法只能制作、使用民事裁判文书。同样，审判、执行诉讼阶段不同，亦应制作不同的裁判文书。同是审判阶段，也要根据审级和审判程序的差别进行制作，属于一审或者二审的应分别制作一审或者二审（终审）裁判文书；属于再审程序的，应制作再审裁判文书。此外，制作裁判文书不仅内容要合乎法定程序规定，而且在文书的拟稿、审核、签发、宣布、送达等具体运行上也要合乎法定的手续。

（四）制作符合法定的时限

审理案件有时限，裁判文书制作也应遵守时限。例如，《刑事诉讼法》第一百九十六条规定：当庭宣告判决的，应当在五日以内将判决书送达当事人和提起公诉的人民检察院；定期宣告判决的，应当在宣告后立即将判决书送达当事人和提起公诉的人民检察院。判决书应当同时送达辩护人、诉讼代理人。又如，《民事诉讼法》第一百二十三条、《行政诉讼法》第五十一条规定，人民法院接到起诉状，经审查，应当在七日内立案或者作出不予受理的裁定书。如果上述裁定的作出超过七日，则属违法。应该指出，还有一部分裁判文书虽然法律没有作出明确的时限规定，但并非不存在时限问题。诉讼经济是进行诉讼活动的基本要求，办案贵在及时，不能拖延诉讼。

二、内容的法律性

裁判文书是适用法律的司法文书，是通过个案审理中所确认的法律事实来适用具体的法律，它反映了法律的具体内容。就其实质而言，是法学学科理论知识和写作学、语言学、逻辑学等学科的基本原理和技巧的具体、综合运用，是诉讼活动的真实记载和反映，是实施法律的重要手段和必然结果。因此，裁判文书具有极其明显的法律性特征，这主要表现在以下三个方面：

(一)叙述事实合法

就是指凡写入裁判文书的每一个事实情节，都必须与我国法律规定的基本要件相吻合，对事实的判定应真实客观并符合有关证据规则。事实是判断是非曲直、确定权利义务和公正裁判的基础与依据，是裁判文书内容的重要组成部分，是主旨的基础和支柱。所以，制作裁判文书应着力追求叙述事实的合法性。

(二)表述证据合法

证据是认定事实真伪、决定案件性质和正确裁决的重要依据，也是构成各类裁判文书的有机组成部分。所谓表述证据的合法，在这里主要是指写入裁判文书中的直接证据和间接证据以及对证据的说明和论证，都要符合案情实际和法律规定。

(三)阐述理由合法

阐述理由就是法官根据经法庭质证的证据，依据法律规定及证据规则，凭借自己的法律知识及逻辑判断能力，在裁判文书中宣示裁判结果形成的缘由、事理根据及法律根据。所谓阐述理由要合法，就是指在关于理由的各个要素的论述中，都必须严格遵循有关法律原则评论事理。

三、表述的准确性

裁判文书是十分庄重严肃的法律文书，在语言文字的运用上，要求十分严格，不能模棱两可，似是而非，任意夸大或缩小。用词方法须准确、精练，言简意赅，解释单一，通俗易懂，不得用方言土语，不用古奥冷僻词语；遣词造句符合汉语规范，句子结构完整齐全，不得随便简略；文风鲜明而朴实，严肃而平易，绝对不能夸张渲染；正确使用标点符号等。主要表现在以下三个方面：

（一）正确地认定事实

一切从实际出发，尊重法律事实，力求接近客观真实，这是确保裁判文书客观性与准确性的前提。在处理案件的裁判文书上，必须运用适当的手法，准确地判断及表述证据，全面阐述案情事实的各个侧面，还要掌握争议事实及案件关键部分的事实。所谓准确地揭示案情事实的各个侧面，就是要求对于案件、事项的具体状况、来龙去脉、人物关系、情节变化、前因后果等，都要如实叙述，不添枝加叶，扩大事态；不遗漏情节，缩小问题。任何道听途说、怀疑猜测的内容，都不能写进裁判文书。未经质证核实并认证的证据，不能作为认定事实的证据。对于采取骗供、诱供、指名问供甚至刑讯逼供等违法手段取得的证据，更不能采信，且应在裁判文书中表明其违法所在。所谓全面阐述案情的各个方面，就是要求对于整个案件事实进行阐述，使人得以全面观，能够从各个方面甚至是某些细节去了解案情，防止产生片面性。如对于一些共同犯罪的案件，要反映出主犯、从犯、胁从犯与教唆犯的不同地位、作用和责任；对于数罪并罚的，要反映出主罪和次罪的情况；对于累犯，要反映出前罪与新罪的严重程度等。所谓掌握案件关键部分事实，主要是要求抓住主线，针对双方的争议焦点、疑点进行重点叙述，防止平铺直叙。尽管前面说到要求全面阐述案情的各个侧面，但这不等于说是事无巨细，全面罗列。特别对于双方无争议和常识性的事实现象等一定要做到简明扼要。

（二）准确地适用法律

首先，裁判文书中引用的法律条文，要严格要求做到准确无误，条、款、项、目必须写得清楚具体。也就是说，所引用的法律条款必须与裁判文书中所认定的事实相适应。其次，裁判文书在引用相应的法律条文时，要注意做到界限分明，恰当地掌握分寸。最后，裁判文书通篇是一个整体，其中的记叙事实、论证理由和引用法律条文三者之间，必须紧密衔接、协调一致，不允许出现前后脱节或互相矛盾的现象。

（三）如实地反映执法的内容

裁判文书是适用法律的公文，它反映的是审判机关的执法活动。因此，裁判文书既要如实反映对案件的实体问题的处理决定，也要反映对案件处理的程序决定。如一审民事判决书，正文主要是围绕着对当事人的财产关系或人身关系等方面的诉辩主张，举证质证，判明谁是谁非，谁合法谁违法，以及如何处理等。这属于实体法方面的运用，文书应予以准确反映。尤其应注意的是要确切归纳当事人的诉辩主张，切勿遗漏或曲解。另外，首部要交代当事人的基本状况、案由、案件来源、审判组织和审判方式；尾部还要告知上诉权、审判人员与书记员署名、制作的日期，以及附法律条文等法律程序方面的内容。这些属于程序法方面的运用，裁判文书也应予以如实反映。由此可见,就每一份具体的裁判文书而言,大多既反映了实体法的内容,同时也反映了程序法的内容。

四、效力的稳定性

裁判文书是人民法院代表国家行使审判权,依照国家法律的规定处理刑事、民事(商事、海事)、行政诉讼案件所制作并使用的具体法律文件,是具体实施国家法律的结果,具有以国家强制力为保证的法律效力。作为当事人及有关人员、单位必须认真履行判决内容,非经法定程序不得任意改变,否则就要承担法律后果。为执行法律而制作的裁判文书正是司法职能运行的产物,具体实施法律的结果。裁判文书的这种强制性表现在以下两个方面:

(一)依法必须执行,不具有任意性

裁判文书一经人民法院作出,有关机关、单位和个人都必须履行或者认可,不得违抗,否则,就要承担相应的法律后果,有的甚至要被依法追究刑事责任,如《刑法》第三百一十三条明确规定:"对人民法院的判决、裁定有能力执行而拒不执行,情节严重的,处三年以下有期徒刑、拘役或者罚金;情节特别严重的,处三年以上七年以下有期徒刑,并处罚金。"

(二)非经法定程序不得任意改变

这是法定强制力和既判力的必然要求。如果认为裁判文书在认定事实、适用法律上确有错误,处理不当的,必须严格依照一定的法律程序,才能依法作出变更;其他任何机关、单位和个人都无权改变。另在某一人民法院的裁判没有经过法定程序撤销以前,其他任何法院不得受理已经过判决、裁定的有关案件;其他任何国家机关也不能再对这一案件作出新的裁决,因为只有人民法院才能行使国家审判权。

五、鲜明的正义性

裁判文书是反映处理诉讼程序与实体结果,或者确认一定法律行为或者有关法律事实的真实性和合法性的文书。在我国,每一个具体的裁判文书所要解决的具体问题可能千差万别,要达到的具体目的也可能各种各样,但透过现象,究其实质,无一不是以保护国家、集体与个人的正当权益,维护法治统一与司法权威为归宿的。裁判文书所体现的本质都是为保证实现刑事、民事(商事、海事)和行政诉讼任务等而制作与适用的,充分体现了对当事人诉讼权利和合法权益的保护,以及对社会、政治、经济秩序的维护;充分体现了对公民、法人和其他组织的合法权益的保护,维护和监督了行政机关的依法行政。这是由于我们的法律是国家和人民意志的体现,因而反映法律实施结果的裁判文书,必然要求以人民利益为本而又服务于人民。裁判文书通过摆事实,讲道理,评析是非,判断曲直,以伸张正义,维护公正,旗帜鲜明地保护先进生产力、先进文化与最广大人民的根本利益。保护弱者,维护正义是古今中外不变的司法理念,作为法官,在作出裁判时不应就案办案、就案论案,而应在案件审判中注意考虑除案件本身之外的主、客观因素与社会人文环境、政策和公平正义等,并综合反映于裁判文书的字里行间,做到辨法析理,让当事人胜败皆服,努力实现法律效果与社会效果的统一。

第三节 裁判文书的功能与意义

一、裁判文书的功能

裁判文书作为阐释法律、表述裁判结果、彰显司法正义的重要载体,其制作既是人民法院审判工作的重要组成部分,也是法官履行国家审判职责的一项经常性工作。随着我国司法改革特别是审判方式改革的不断深化,人们对裁判文书的重要性的认识亦日渐深入,即不再把裁判文书单纯看作是向诉讼当事人和社会公众宣布裁判结论的书面告示,而把它视为展示现代法治社会诉讼民主、程序公开、司法公正的重要载体之一。裁判文书显示了以下七个功能:

(一)立法精神体现功能

裁判文书是法官经过审理案件,运用文字将法律所蕴含的国家意志和立法精神等应用于具体的案件中,从而惩治犯罪,定纷止争,并为当世和后世的法官与公众借鉴、奉行。

(二)裁判结果告示功能

诉讼活动的目的是要求获得裁判结果,而裁判文书向诉讼当事人和社会公众告知法院对指控或诉请事项的裁判结论,正是裁判文书最直接的功能。

(三)诉讼程序记录功能

记录裁判过程是裁判文书向当事人公开展示审判程序的合法性与公正性的重要功能。诉讼程序必须公开,其中许多重要的程序性内容,如审判组织、裁判时间、所适用的程序与是否公开审理等,都必须在裁判文书中予以载明。

(四)案件事实认证功能

裁判文书应当将诉讼各方提供的事实和证据进行公开的认证,包括对证据的审查、认定和取舍,对案件事实的确认,对控(诉)辩双方就案件事实所持观点的客观评判。

(五)裁判理由宣示功能

理由是裁判的灵魂。裁判文书把裁判结果所涉及的相关法律规定和法学原理,依据法律和法理对案件的性质进行分析与认定,对控(诉)辩双方就案件的性质、处理和法律适用等问题所持观点进行评判,因而表明法院断案的理由和具体意见。

(六)行为准则示范功能

裁判文书所记载的法律适用结果,给人们再现了某种客观事实在法律上会导致何种法律后果,因而为人们的行为提供某种示范,并因此积累经验,吸取教训。在现代法治国家,这种示范功能得到相当程度的发展。在许多情况下,法官可以从案件中形成法律原则。

(七)司法资源管理功能

裁判文书在诉讼档案和流程管理中起到了关键性的作用,它一方面有助于反映一个法官的判案水平,另一方面也有助于管理部门对法官的判案情况进行有效的管理,有利于从中发现和挖掘知名法官。同时,裁判文书的制作也是一国法治水平的反映,现代司法制度中的许多制度就是建立在对裁判文书的管理及考察之上的。

二、制作裁判文书的意义

司法公正与效率的实现,除了要求法官在审判活动中应做到审判公开,程序合法,裁判得当,充分保障当事人的诉讼权利之外,还必须借助裁判文书这一外在表现形式予以最终体现。制作高质量的裁判文书具有多方面的重要意义:

(一)对法官而言

裁判文书是体现法官政治、业务素质和职业道德、思想作风的重要尺度。

法官是依法行使国家审判权的人员,其依法制作的裁判文书是政治素质和业务素质的综合反映。就政治素质而言,由于法律的基本属性之一就是其具有国家意志性,它是我们党的路线、方针、政策的固定化和法律化。同时,法律又具有原则性、抽象性的特点,它往往需要法官从法条文字背后所蕴含的立法精神和价值目标出发,从前后各条款所反映的逻辑关系着眼,演绎、推导出法律的应有之义,并将它与具体案例结合,形成裁判理由。这就要求法官必须具有较高的政治理论水平和政策水准。另外就业务素质而言,制作裁判文书,要求法官熟谙法律、案例和法理,乃至公理、道理、事理、常理、情理,然后必须具有比较严密的逻辑分析能力和文字表达能力。正因如此,裁判文书才成为体现法官综合素质的重要尺度。

（二）对当事人而言

裁判文书是其认同法律权威、息讼服判的主要依据所在。

当事人将私益冲突和社会争端提交法院裁断，一方面表达了当事人对法院的信赖，另一方面也表达了当事人对法律的期待。随着我国依法治国进程的加快，公民的法律意识，包括司法实体公正、程序公正与形象公正意识也日渐加强。如果裁判文书所反映的司法程序或实体裁判结果有一项或某一点有违法律规定或与法律精神不尽符合，即使裁判文书仅有个别语言表述不当或文字出现差错，哪怕纸张印制粗糙，也会很难满足现代人对司法公正性的需求或期待，从而难以使当事人息讼服判。进一步来讲，司法公正还具有多层性特点，即司法公正不仅有实体公正与程序公正之分；而且有形式公正与实质公正之别；在某些场合，个别公正与整体公正还可能发生分离。这种公正性标准的复杂性愈加要求法官在制作裁判文书时，应当作出全面、审慎的斟酌与考虑，并且通过详叙裁判理由，使争议事实与法律规定严密结合，力求裁判结果在各方面均不存在遗漏或瑕疵。唯其如此，当事人对法律的期待才得以满足，司法裁判的权威性才得以确立。

（三）对社会而言

裁判文书是人民法院向社会公众展示司法公正与效率的重要平台和宣传法治的生动教材。

人民法院制作的裁判文书，是具有法律效力的法律文件，它关系到国家法律、法规的具体实施，关系到当事人的诉讼权利与合法利益的保护，也关系到人民法院实事求是、依法办案、秉公执法、刚正不阿的公正形象。裁判文书已不再只是记录审判权的运用，其更为重要的使命是表明权力运用的公正与效率，是诉讼目的的最终体现。另外，裁判文书还是教育公民自觉遵守法律，宣传社会主义法治的一种好的形式。一篇有影响力的裁判文书对社会公众极易产生导向性。当前不断推进的司法改革，将审判方式和裁判文书纳入改革重点，这亦足以从一个侧面说明裁判文书所具有的重要社会价值与意义。

第四节　古今中外裁判文书的比较分析

一、中国古代判词的历史发展及其特点

判词乃是中国古代官吏审理案件时所作出的裁判文书。判词作为一种法律文体，历史源远流长，其产生、发展经历了漫长的奴隶社会和封建社会。在中国古代法律体系中，制定法占有主导地位，判词作为律例适用于具体案件的体现，对于分

析和研究中国古代法律体系与司法活动具有重要的意义。

根据学者的研究,中国古代判词的发展经历了殷周时期的萌芽阶段、秦汉时期的形成阶段、唐宋时期的发展阶段和明清时期的成熟阶段,以下分别作一概述。

(一)中国古代判词的发展阶段

1.殷周时期的萌芽阶段

有学者认为,中国古代判词最早萌芽于殷周时期,其时满足了古代判词形成的几个条件:一是甲骨文及此后其他文字的出现使判词的产生和发展具备了客观条件;二是社会的发展和律令的出现使判词的出现具有了可能性。[①] 尤其是在周朝,其作为中国古代奴隶社会法律制度的发展,达到了相当完备的程度,其中的显著特征是诉讼制度的产生和发展,为判词的出现奠定了基础。但是,从历史文献记载来看,这一时期判词的记载相对较少。现存记载最早的判案文书是于1975年出土于陕西省岐山县的西周晚期青铜器上所刻的铭文。这段铭文包含了对牧牛诉奴隶买卖纠纷案的全过程,其中就有判决的内容,包括罪名的认定及判决结果,已经初具判词的雏形,但它还不是真正文体意义上的判词,实际上只是判决内容上的简单记载。尽管如此,这篇判牍还是初具了后世判词的形式,成为研究我国古代司法制度和古代判词的最早的历史资料。

2.秦汉时期的形成阶段

根据学者研究,从《云梦睡虎地秦简》中所包含的材料如《秦律十八篇》《法律答问》《封诊式》等篇目中可以看出,内容涉及司法文书制作的格式要求,为真正意义上的判词的出现奠定了基础。[②] 一般认为,真正出现文体意义上的判词的形式是在汉朝,董仲舒在《春秋决狱》中所载的判词大概是现存最早的判词。不过,该书中所记载的判词大部分已经失传,仅有其中的少部分得以流传,从中可见其基本体例为:先简述案情,再进行分析得出最后审理的结果,可见判词的写作规范和体例已基本形成。这一时期的判词在语言文字和写作技巧方面都较为简单。

3.唐宋时期的繁荣阶段

唐朝由于诉讼程序的严密,判词的程式开始趋于严格,如唐朝规定官吏制作判词"皆须引律、令、格、式正文;违者,笞三十"。唐朝开创了书判体(判词),首创将"拟判"引入科举考试,在唐代,将"判"作为官吏考试的"身、言、书、判"四大标准之一,且在考察制判时,特别重视判词本身的文采,要求"文理优长",这在一定程

① 梁治平:《法意与人情》,中国法制出版社2004年版,第148页;汪世荣:"中国古代判词研究",载《法律科学》1995年第3期;陆新淮:"试论中国古代司法文书的发展阶段",载《中州学刊》2004年第5期。

② 潘庆云:《中国法律语言鉴衡》,汉语大词典出版社2004年版,第36页。

度上使判词偏离了实用的目的,趋于文学化,①还开创了书判汇编的先例。② 唐代判词发展的重要标志就是各种判词行文体例和写作规范的确立,其判词主要分为拟判、案判和杂判,现存较多的唐代判词是拟判,拟判大多是应试的作品。而实判是地方官员在处理案件的过程中做出的判词,语言较为平实、简单,注重实用性。及至宋代,在第二次古文运动后,判词重新回到了实用的道路。同时,宋代开始有了判词实例专辑的问世,如《名公书判清明集》辑录了南宋朱熹等28位官吏制作的实例判词。

唐宋判词一般分为两部分:一是原题,二是原判。原题往往简要概括案件来源和案由,原判则叙写案件的事实、理由和判决结果。需要说明的是,宋代判词在结构上开创了判词与事实的结合,一改以往拟判事实与判词分别撰写的结构形式,实现了判词与事实的融合。同时,宋代判词中还明确引用律令条文,引律为例,显示了宋代名公们对律令的重视程度。

4. 明清时期的成熟阶段

明朝选拔官吏,以书判为考试内容,并把判词正式列为文章的体裁之一,将其作为一种独立的文体来看待。清朝判词注重事实说明,说理透彻,语言通俗精练,成为书判发展的一个高峰。③ 从判词的形式来看,明清判决更趋程式化。卷首以“审得”开始写出案件事实、再叙理由,用“判道”表示判决部分开始,最后用“此判”来结束判决。④ 清末实行司法改革,大量借鉴大陆法系国家的立法和司法经验,将刑事判词和民事判词分离。民事判词包括:(1)诉讼人的姓名、籍贯、年龄、住所、职业;(2)呈诉事实;(3)证明理由、缘由;(4)判断之理由诸部分。刑事判词包括:(1)犯罪者基本情况;(2)犯罪之事实;(3)证明犯罪之缘由;(4)援据的法律条文;(5)援据法律之理由。

(二)中国古代判词的分类

1. 以文体为标准进行分类

在文体方面,由于古代有骈体和散体之分,故在判词以文体为标准进行分类的情况下,则有骈判和散判之分。前者采用骈体,以用词华丽为特征;后者则采用散体撰写,以重事实分析和理由阐述为特征。正如前文所述,骈判盛行于唐代,而散体判词则盛行于明清两代。

---

① 潘庆云:《中国法律语言鉴衡》,汉语大词典出版社2004年版,第41页。

② 刘永章:《诉讼文书解析》,人民法院出版社1999年版,第649页。

③ 刘永章:《诉讼文书解析》,人民法院出版社1999年版,第649页。

④ 潘庆云:《跨世纪的中国法律语言》,华东理工大学出版社1997年版,第30页。

2. 以判词制作主体为标准进行分类

根据这一标准进行分类,可将古代判词分为拟判、实判。当然,在这一分类标准下,还存在另外一种判词,即古代文学作品中的判词,由于这一类的判词更多的是文学意义上的文体,故在这里不作分析。拟判即科举中针对虚拟事件所作的判词。实判则是古代司法官员处理案件中所作的盘问,乃是针对具体争讼事件做出裁判的公文。需要说明的是,尽管拟判乃是针对虚拟事件所作的判词,但其作出的依据仍然是古代的法制律令以及礼制。

二、中国近代以来裁判文书的发展

(一)清末司法改革中的裁判文书

20世纪初的法律变革,是1901年新政开始后清政府制度变革中的重要一环。由于法律制度牵涉社会的各个阶层,影响到社会生活的各个方面。这一时期的法律变革,特别是司法制度本身的改革在社会各层面的影响得到了体现。同样,在法律文书方面也有了变革。作为清末司法改革的领军人物沈家本,在其编撰的《考试法官必要》中,对刑事和民事判决书的格式与写作内容作了统一规定:刑事类的主要内容是:(1)罪犯的姓名、籍贯、年龄、住所、职业;(2)犯罪的事实;(3)证明犯罪的理由;(4)援引法律某条;(5)援引法律的理由。民事类的主要内容是:(1)诉讼人的姓名、籍贯、年龄、住所、职业事项;(2)证明理由的缘由;(3)判决的理由。《考试法官必要》对民国时期司法文书的制作有很大的影响。

(二)民国时期的裁判文书

取代清王朝的中华民国政府延续了清末业已开始的司法改革,继续推动着司法近代化运动,不仅确立了近代司法制度,而且也积累了不少经验和学说。同样,民国时期的司法文书在继承清末司法文书的基础上不断完善,引进了日本、德国司法文书的制作格式,创造出一套新的司法文书制作模式。判词结构经过司法机关的沿用,不断修正、补充,逐步形成:当事人基本情况—主文—事实—理由的“倒三段论”这一较为固定的程式。

民事判决书需载明6项基本内容:(1)当事人姓名、住所或居所;当事人为法人或其他团体者,其名称及事务所或营业所;(2)有法定代表人、诉讼代理人者,其姓名、住所或居所;(3)主文;(4)事实(应记载言辞辩理时当事人之声明,及其提出之攻击或防御方法);(5)理由(应记载关于攻击或防御方法之意见及法律上之意见);(6)法院。

刑事判决书较民事判决书复杂。有罪判决书的主文,除载明所犯之罪外,还应分情况记载下述内容:(1)谕知之主刑、从刑或刑之免除;(2)谕知六月以下有期徒刑或拘役者，如易科罚金，其折算之标准；(3)谕知罚金者，如易服劳役，其折算之标准；(4)谕知易以训诫者，其谕知；(5)谕知缓刑者，其缓刑之期间；(6)谕知保安处分者，其处分及期间。有罪判决的事实和理由，应载明下述内容：(1)认定犯罪事实所凭之证据及认定之理由；(2)对于被告有利之证据不采纳者，其理由；(3)科刑时就科刑轻重之标准和罚金之酌量加重所审酌之情形；(4)刑法有加重减轻或免除者，其理由：(5)易以训诫或缓刑者，其理由；(6)谕知保安处分者，其理由；(7)适用之法律。

(三)新中国成立后的裁判文书的历史沿革

早在新民主主义时期，各根据地大多设立了三级法院，负责审理本辖区的刑事、民事案件，其裁判文书也沿用民国时期的格式，即"主文—事实—理由"的三段论式，在其内容上强调通俗易懂，反对采用艰深晦涩的文辞。这一时期的裁判文书尽管篇幅比较短小，但其中理由作为一个专门部分列出，论理深刻有力，针对性较强。①

新中国成立初期，我国的裁判文书大多沿用革命根据地的样式，及至 1952 年至 1953 年的司法改革运动后，开始了全面移植苏联司法制度的进程，具体到裁判文书的制作上，也受其影响。随着 1957 年司法改革运动的兴起，彻底废弃了旧的司法制度，并对制作裁判文书的主体队伍进行了更新改造。从此我国的裁判文书开始形成了"事实、理由、主文"这一结构模式，并一直沿用至今。20 世纪 60 年代初，最高人民法院下达《关于改进审判文书的文风问题》一文曾指出：裁判文书应该做到"叙述事实简明清楚，特别是把关键问题交代清楚；判断事实的观点正确，态度鲜明，理由充分，引用政策法律恰当；使用语言文字确切精练，通俗易懂(不用方言土语)，标点符号也用得正确，使识字的人一看就懂，读起来能使不识字的人听懂"。

1978 年党的十一届三中全会召开，法制得以重建，裁判文书也逐步得到恢复和规范发展。1982 年 3 月，《民事诉讼法》(试行)颁布后，最高人民法院民事审判庭和经济审判庭联合制发了 70 种民事诉讼文书样式，第一次比较系统地规范了民事裁判文书的样式和写法。1991 年 4 月，《民事诉讼法》颁布施行后，最高人民法院于 1992 年 6 月下发了包括刑事、民事、行政裁判文书在内的《法院诉讼文书样式》(试行)，并明确要求写清事实、证据、理由和处理结果之间一环套一环的内在逻辑关系。这一时期的裁判文书的特点是叙述事实简约，阐述理由简练，文字运用

① 李立刚："陕甘宁边区判决书理由的写作技法"，载《法律科学》1987 年第 4 期；王长江："边区法院两则判决书的特点及启示"，载《河北省政法管理干部学院学报》2003 年第 3 期。

简明扼要且口语化,逻辑推理比较严密。1999年5月,最高人民法院发出通知,要求各级人民法院用改革的精神,采取有效措施,努力提高裁判文书的质量,在加大对证据的分析、认证和增强裁判的说理性这两个问题上下功夫。此后,仅民事审判最高人民法院于2003年至2012年,先后印发了《〈关于民事诉讼证据的若干规定〉文书样式(试行)》(31种)、《海事诉讼文书样式(试行)》(87种)、《民事简易程序诉讼文书样式》(16种)、《民事审判监督程序裁判文书样式(试行)》(46种)、《执行文书样式(试行)》(132种)、《民事申请再审案件诉讼文书样式》(14种)、《民事申请再审案件诉讼文书样式》(16种)、《人民法院破产程序法律文书样式(试行)》(105种)。2012年4月,最高人民法院组织各级法院围绕提升案件庭审水平、提高裁判文书质量两个重要环节,开展"两评查"活动。同年8月《民事诉讼法》修改后,最高人民法院为加强法律文书释法说理,建立了生效法律文书统一上网和公开查询制度,举行优秀裁判文书评选点评等活动。2015年4月,为全面贯彻修改后的行政诉讼法,进一步规范和完善行政诉讼文书制作,最高人民法院发出《关于印发〈行政诉讼文书样式(试行)〉的通知》,要求更加强化裁判文书说理,以看得见的方式实现司法公正,不断提高行政审判工作水平。2016年7月5日,最高人民法院发布《人民法院民事裁判文书制作规范》《民事诉讼文书样式》,自2016年8月1日起施行。除《海事诉讼文书样式(试行)》《人民法院破产程序法律文书样式(试行)》仍然适用外,《民事诉讼文书样式》以外的其他民事诉讼文书样式均不再适用。

三、域外裁判文书的特点及其比较

(一)两大法系裁判文书的比较

1.裁判文书的构成要素

首先需要指出的是,关于裁判文书的构成要素这一问题,大陆法系和英美法系国家对其规定的方式是不一样的。大陆法系国家植根于其成文法的传统,对裁判文书的构成要素也多是以明文规定的方式加以明确。而英美法系国家几乎没有对裁判文书的构成要素作出统一的规定,但尽管如此,从英美法系国家的司法实践来看,其裁判文书的构成要素并未因此而有所欠缺,其所必须具备的要素内容乃是建立于司法实践中普遍接受的惯例的基础之上,而这种惯例更多的是以最高法院的实践为样本。①

大陆法系国家如法国新《民事诉讼法典》第四百五十四条规定判决书应当包

① 张志铭:"司法判决的结构和风格",载《法学》1998年第10期。

括以下事项:(1)作出判决的法院;对案件进行评议的法官的姓名;(2)判决的日期;检察机关代表的姓名,如其参加了案件的法庭辩论;(3)书记员的姓名;各方当事人的姓名或名称、字号以及他们的住所或者总机构住所地;(4)相应场合,各律师的姓名,或者代理或协助各方当事人的任何人的姓名;(5)非讼案件之判决,应当向其通知判决的人的姓名。德国《民事诉讼法》第三百一十三条规定:(1)判决书应记载:当事人,其法定代理人与诉讼代理人;法院参与裁判的法官的姓名;言词辩论终结的日期;判决主文;事实;裁判理由。(2)事实项下,应特别表明提出的申请,兹简略地叙明提出的请求以及所用防御方法的主要内容,因案件和诉讼的不同情况,应该引用书状、记录和其他文件。(3)裁判理由项上,应简略地记载从事实和法律两方面作出裁判的依据的论据。相比较而言,日本《民事诉讼法》就判决书的构成要素规定更为简洁明了,包括:(1)主文;(2)事实;(3)理由;(4)口头辩论的终结之日;(5)当事人及法定代理人;(6)法院。根据以上各国的规定及其实践,德国和日本不同的是,其是将判决主文置于判决书的前面。也有学者主张,中国内地的判决书应学习德国在此方面的实践经验,改变由首部、事实、理由、主文、尾部组成的判决书结构,将判决主文或者判决要旨置于判决书的前面。[①]

就英美法系国家而言,尽管其并没有专门的法律规定裁判文书的构成要素,但除了当事人的姓名、法官的姓名、裁判作出的日期等常规要素外,还包括了案件审理的基本程序、当事人的基本观点及基本要求、当事人提交的基本证据、案件的基本事实、认定事实的基本理由、判决所适用的法律、适用法律的基本理由、判决结果等。

2. 逻辑结构

西方两大法系的判决书的主体部分,大体上遵循:issue(诉讼请求、争执焦点)—facts(事实)—reasoning(理由)—conclusion(判决)这一共同的结构模式,其中 facts 包括涉诉各方的事实陈述及举证、质证;reasoning 包括法官的认证、法律及事实之分析。当然,在具体撰制中,两大法系的判决书又有不同的形态特点。大陆法系的民事判决书的 reasoning 部分,可以通过该案事实、情节与以往众多案例的详尽比照分析,寻求一个不偏不倚的解决该案的方案。两大法系判决书理由部分的法理分析各具特色。判决即为法源的英美法系国家,判决理由的法理分析奉行个案思维方式,即从案件到案件的推理,在经验的基础上按照每个案件中司法正义所要求的从一个案件到下一个案件谨慎地进行,而不是从概念出发进行推断,在语言上崇尚雅致优美且颇具个性的文风,以阐释法官的独到见解。大陆法系国家的

---

① 相关论述可参见郭林:“法律文书结构技巧研究”,载《北京政法职业学院学报》2007 年第 4 期。

法理分析一般来说都讲求逻辑的严密性,其论证无懈可击,比较详尽地阐明判决的原因。

当然,在大陆法系内部,也有判决书中逻辑结构方面的细微差别。如法国采取简单归摄模式,判决书中陈述的仅是法律规则、相关的事实以及判决结论。而德国则采取了复杂归摄模式,提供了一种更长、更为详尽的证明。[①] 由此产生的对判决书本身篇幅的影响是,德国法院判决书论述相对更为充分,篇幅较法国法院的判决书要长得多。

3. 语言风格

大陆法系的裁判文书多以专门的法律语言表达,普通的民众语言的比例很低。与之相对比的是,英美法系的法官则会较多地运用生动、连贯的短语使其陈述和推理更易让社会公众接受。尽管不能说在美国的司法判决中法条主义的专业术语的表述比例很低,但除了涉及税法、商法和经济法等较为专业化的法律领域,[②]其总体上所采用的语言风格更为社会化。

(二)我国港台地区裁判文书特点

1. 我国香港地区裁判文书特点

我国香港地区裁判文书基本沿袭英美法系裁判文书的特色。1995 年 12 月 4 日至 7 日,香港高等法院杨振权大法官用中文审理了一起民事案件,并于同月 8 日用中文作出判决。该份民事判决书首页有“案号”“香港高等法院”“民事诉讼”“原告姓名”“被告姓名”“主审法官”“聆讯日期”“宣判日期”诸字样或事项。判决书正文包括 8 项内容:(1)引言(案件来源);(2)背景;(3)案件争论点(诉讼请求);(4)答辩理由;(5)诉供(双方的举、质证);(6)法律及事实之分析(即法院“对事实的认定”及判决的依据的理由);(7)结论(判决主文);(8)后语。这份中文判决书反映了英美法系法院庭审的当事人主义原则,当事人各方对事实的陈述,举证、质证情况,不分彼此,事无巨细,都一一予以重视,写进判词,并且一一加以分析甄别,依据事实与法理分析加以认定或否定,十分过细详尽,并援用相关法例进行比照论析。因此,本判决书具有陈述事实清楚周详,论析理由缜密有力,适用判例妥帖合宜,结论具体明晰等特点。判词的“后语”对涉讼各方提示和睦相处、照顾老人、互相爱护等期望,将情、理、法熔于一炉,在英美法系的庭审活动中,流露了中华民族传统特有的伦理道德和价值取向。[③]

---

① 张志铭:“裁判文书研究”,载《中国民事审判改革研究》,中国政法大学出版社 2003 年版,第 56 页。

② 张志铭:“司法判决的结构和风格”,载《法学》1998 年第 10 期。

③ 潘庆云:《跨世纪的中国法律语言》,华东理工大学出版社 1997 年版,第 389 ~ 393 页。

2. 我国台湾地区裁判文书特点

我国台湾地区判决书基本具有大陆法系判决书特点。其主体部分包括主文、事实和理由三大部分，这种基本结构模式在民国初年业已形成。现行民事判决书的事实部分又细化为“原告方面”和“被告方面”，每一方又包括“声明”（诉讼请求或答辩请求）和“陈述”（包括对事实的陈述及举证、质证），理由是对案件事实的认定和论证判决的原因。一般来说，我国台湾地区民事判决书事实部分原、被告的“声明”都比较具体、明确，且言辞“陈述”围绕“声明”比较翔实且有重点地叙事和举、质证，理由部分先行认证和确定案件固有面貌，并结合相关法律进行严密论证，逻辑性较强，颇似大陆法系的德国民事判决书的风格。由于事实详尽，理由充分，判决结果（主文）当然也就较有说服力，综观全文，事实、理由和主文三者之间协调一致。在运用这种格式具体操作时，还可视案件的具体情况有所变异，不必强调千案一面。加之诉讼双方均有具体、明确、完整的举证，则事实部分除“声明”“陈述”之外还设有“证据”一项。有的案件，双方的请求与争执事实比较简单，则事实部分仅用一段文字总写，即不分“原告（上诉人）方面”，“被告（被上诉人）方面”等栏目进行叙述。理由部分也是因案而异，该繁则繁，该简则简。①

四、借鉴和思考

上述纵横两方面的比较，呈现出裁判文书在不同的历史阶段、不同的法域中具有不同的特点及价值倾向。英美法系的裁判文书叙述事实详尽而具体，强调论证和对话色彩，不拘格式凸显个人特质。其缺陷是由于无格式的严格规制，内容比较散漫而不集中。大陆法系的裁判文书叙述事实简明扼要，崇尚“整体上的威严色彩”，比较注重文书的格式化，实现法院整体意志。② 中国古代判词叙案简明，说理圆通，语言精当，法情交融。缺陷是格式不够规范，体例的设置不够科学。现代与当代裁判文书形式结构清晰，日益趋向程式化、规范化和科学化。叙述案情具体完备，分析论断、援用法律比较明确，语言通俗易懂。缺陷是由于过分注重文书的格式化，限制了表达的灵活性，语言不够精练生动，说理不够透彻。

由于我国司法具有大陆法系的传统，判决书风格与大陆法系国家有着天然的亲和性，在裁判文书改革问题上，有学者主张应侧重借鉴大陆法系国家的经验，突出裁判文书的整体色彩和演绎法精神，讲究逻辑推理，对复杂案件的判决证明方式，应更多地吸收和借鉴德国的复杂归摄模式。但是，这对法官整体素质的提升具

① 潘庆云：《跨世纪的中国法律语言》，华东理工大学出版社 1997 年版，第 408 ~ 414 页。

② ［美］埃尔曼：《比较法律文化》，贺卫方、高鸿均译，三联书店 1997 年版，第 227 页。

有较高的要求,需假以时日。同时,在语言风格方面,还需契合司法大众化的趋势,注重以大众化的语言制作裁判文书,但措辞应当严谨准确,不能失之于散漫,充分体现裁判文书的权威性和严肃性。

第二章　裁判文书改革及其现状

第一节　裁判文书改革的价值取向

一、体现审判方式改革成果

裁判文书的形态与一国的诉讼制度、审判方式联系密切。裁判文书的内容与形式受制于诉讼制度，并且要符合和适应诉讼制度的基本特征。我国开展审判方式改革的重要成果之一就是重新反思和认识了司法的特性，基本确立了以当事人主义为主要内核的诉讼制度，强化了当事人的举证责任，强调了法官居中裁判的职能特点等。但现行裁判文书其内容、结构、风格等要素基本上是过去职权主义诉讼制度影响下的产物，其特点已基本不能适应改革后的现行诉讼制度。如原有的裁判文书突出法院查明案件事实的作用，弱化当事人的举证责任，整个文书的中心内容就是以较大的篇幅去详尽地叙述法院在诉讼中运用各种手段查明的案情事实。这种文书的特点和风格与职权主义的诉讼制度是相互适应的。而改革后的裁判文书则要适应诉讼制度的变化，在详细考察当事人提供的全部证据的基础上，运用诉讼规则和证据规则，辅之以法官个人的心证、推理，来确认当事人有争议的案件事实。

查明与确认是诉讼中经常会运用的一对概念，有人认为是同义语，是相同的概念。其实这是两个不同的概念。这两个概念联系不同的诉讼价值观，联系不同的庭审方式，联系不同的诉讼程序，联系不同的法律文化及司法背景。在当前裁判文书改革的实践中，我们可以看到这样一个悄悄的变化，即原来裁判文书中的查明事实部分变更为确认事实部分了，特别是在一些民事和行政裁判文书中，以确认事实去代替查明事实的写法越来越普遍了。从查明到确认的转变，不是两个文字的简单变化，而是两种不同诉讼观念，两种不同诉讼价值观，两种不同诉讼模式的转变。

“查明”是指主持审判的法官有义务，有职责去运用一切可能的方法去探究和发现案件事实的方法与手段。“查明”如果与诉讼目的相联系，强调诉讼目的是发现真相，制裁违法，维护社会秩序，在这样一种诉讼目的的指导下，必然要求法官尽一切可能,运用一切可能手段去发现案件的事实真相;“查明”如果与诉讼模式相联系,强调的是职权主义或者是超职权主义,职权主义的诉讼模式重视发挥法官在庭审中的主动积极作用,反映在庭审关系中,法官是庭审的中心,是审判者,而其他诉讼参与人都是被审判者,是庭审的附属。庭审的方式表现为法官主动出击包揽发问,被告回答;“查明”如果与庭审形态相联系的,那么“查明”体现的是一种传统的庭审;“查明”如果和司法公正相联系,查明更重视的是实体的公正,而不是程序公正。

“确认”(或者说确定)是指主持审判的法官,在当事人提供全部事实材料的基础上,按照法定程序和证据规则,去确认案件事实。“确认”如果与诉讼目的相联系,强调的诉讼目的是解决纠纷(当然这里主要指民事诉讼);如果与诉讼模式相联系,强调的是当事人主义,庭审中要求法官居中裁判,一般不主动干预,举证责任由当事人承担,法官没有主动发现案件真相的职责和义务,在庭审中法官仅仅是庭审的组织者,指挥者,真正的主角是当事人;“确认”如果与庭审形态相联系,体现的是一种现代的庭审。法官主持庭审态度平和。用对话的精神与当事人沟通,体现更多的庭审民主;如果和司法公正相联系,“确认”更重视程序公正。

裁判文书在体现审判方式改革成果的同时,更需注意其改革步伐要与在我国具体国情制约下的审判方式改革的渐进性相适应。如上所述,裁判文书的内容和形式要符合与适应诉讼制度的基本特征,而不能超越历史完全脱离本土资源去创造一套与现实诉讼制度不相吻合的司法判决形式。尽管我国近年来开展审判方式改革、引进当事人主义内核方面取得了积极的成果,但由于现实种种条件的局限与制约,改革过程中一些深层次的矛盾逐渐显现出来。如规定当事人承担举证责任与我国一贯倡导和坚持的“以事实为根据”诉讼法基本原则之矛盾;时下当事人举证环境不尽理想与当事人举证不能必须承担败诉后果之矛盾;法院主动查证职能之弱化与当事人、律师行使举证权利困难之矛盾等。上述种种矛盾之实质是反映了审判方式改革过程中理想和现实之间的合理“冲撞”。一方面审判方式改革要求人民法院必须转换角色,保持中立和被动的姿态,这当然是一种理想、正当、合理的要求;但另一方面由于社会信息的透明度较弱,证据制度和证人出庭制度的不完善,社会没有提供给当事人和律师行使举证权利必要的空间,因而客观上又要求人民法院增强主动查证的职能而不是削弱这种职能。这也是一种现实、客观的要求。面对上述困难和矛盾,人民法院审判方式改革必须关照现实以渐进的态势进行,合理配置当事人与法院在诉讼中的权利义务。不能为了追求理想而忽视现状,更不能在条件尚未具备的情况下不顾实际去盲目追求理想。作为反映诉讼制度特征的裁判文书,其改革也必须反映和适应审判方式改革渐进性的要求。在内容要素上,在必要的时候必须反映法院主动查证求实的内容。

二、体现司法公开化、民主化

司法的公开化、民主化，既是民主政治的客观要求，也是人民群众的热切愿望，同时也是维系司法公正的重要保障手段。而就裁判文书的功能、特点来观察，公开、民主也应当是当代裁判文书应当具有的内涵。从裁判文书的功能来看，裁判文书不仅记录了司法权的运用，更重要的是表明了司法权是如何被公开、公正地运用的。从这个意义上说，裁判文书是诉讼最高价值的最终体现。从裁判文书的受众范围来看，过去人们一般认为裁判文书的受众仅是当事人和律师。在这种观念支配下制作的裁判文书其特点是，除了非常熟悉案情的当事人和律师之外，其他案外人难以解读。而当代裁判文书一个重要价值取向就是要充分体现公开化和民众化。裁判文书的对象或者说听众既包括诉讼的直接参与者，即当事人和律师，也包括其他的法官，包括政府的行政管理层，还包括一般的民众。① 再从裁判文书作为一种沟通手段来看，在一个幅员辽阔、情况复杂的现代大社会中，司法制度正是通过这种方法在各级法院之间、政府的各个不同系统之间、国家的不同地区之间以及政府和民众之间进行沟通的，从而起到弘扬法治的作用。

三、重视判决说理

适用法律要充分说理，务求以理服人增强裁判文书的论理成分，绝不仅仅是文书形式的简单改进或美化，而是在其背后蕴含着诉讼观念的重大变化，体现出对当事人权利的尊重，对法制现代化的追求。从世界各国的法治历史来看，判决说明理由正是伴随法制的逐步完善而逐渐确立起来的一项重要的法律制度。如法国于1810年用法律明确规定："不包括理由的判决无效"；德国在1879年使判决的论理成为一项普遍的义务，强使法官接受；意大利则将此规定为一项宪法内容。英美两国甚至要求法官将彼此间的不同意见都要记入判决书之中，从而使判决书的论理更为全面、透彻。按当代裁判文书制作要求，"理由"已经成为裁判文书的一项必备内容。许多国家的诉讼法都对此作了明确规定。因此，实践中对判决必须说理并无歧见，所有的裁判文书也都无一例外地遵从了这一规定。但有时从某些裁判文书的理由中，读出的只是敷衍，说理徒有形式，形具而神不备。这些情形在裁判文书说理存在的一些具普遍性的问题中不难发现。说理只说想说的，即直接为裁

---

① ［美］查尔斯·西夫顿："司法判决的命令和构成——法官论裁判文书制作"，这是1999年10月由福特基金会在上海举办的"大陆法系与英美法系裁判文书比较研究"讲座上西夫顿法官所作专题发言。

判最终结果服务的那一部分理由;只说能说的,即相对容易说清的;只说可说的,即可以公开的。现象上表现为说理不全,未对诉讼各方的所有证据、主张、观点、理由、意见,以及双方虽未提及但与案件的裁判有关的问题作出全面分析、回答;说理不透,简单、肤浅、蜻蜓点水;说理只有断语,没有根据,没有理由。此外,从说理内容的深入和展开的程度可以发现,裁判者关心的焦点是如何了结这一个案件,鲜有对裁判结果的分析、论证的热忱,在撰制理由时通常只注重保证结论的正确和明确,而较少顾及、考虑说理从法律解释和法律适用角度对公众行为的评判、指导的形而上的意义。由此现象可以看出,尽管人们普遍遵守判决必须讲理的规定,但在内心深处仍然只是将其视作服从格式规定的结果,而不是出于对判决理由存在意义的普遍认同,因而影响了判决的说服力、公信力,使人很难由衷地相信与肯定它正确公正;亦无法体现程序正当的价值取向。因此要使裁判成为公正的裁判,裁判文书的理由撰制,在形式上要符合规制的要求,实质上更要努力体现规制的意义,实现其目的,使判决成为说理的判决,充满理性的色彩。同时判决说理也是程序正当的体现。判决说理就是说明裁判的根据和理由。从原告的角度来看,一项判决的结果不是诉讼请求全部获得支持,就是部分支持,或者全部不予支持。有时判断与决定的过程是简单的、容易的,而有时则可能陷于两难的境地,然而,判决的结果只能是其中一种。那么,这是感性的判断,还是理性的选择?是出于偶然,还是基于必然?理由是什么?同样,面对互相矛盾的陈述、纷繁复杂的事实、证据、主张、理由,不相一致的见解,对法律规定的不同理解,裁判者如何取舍、采信,或者自己与此不同、与彼也不同的第三种观点又是如何形成的?通过理由的阐述,裁判者将自己在裁决结果产生过程中对各项主张、对法律规定的含义等问题的思索、考虑的理性结果展示出来,将分析和论证过程充分地展现出来。这种公开证明判断选择的合理与正确的形式,是裁判程序正当的具体体现。

四、重视论证过程

论证过程中应当针对当事人的争议焦点及主张,依据有关事实及法律规定,说明支持与否的理由和结论,揭示结果与依据之间的内在逻辑关系。论证时除了证明结果的成立与正确之外,还应当对不予支持的主张的依据进行反驳。通过立—驳,或者驳—立的方法说明立论的正确,通过有力的论证,把判决理由讲明、讲全、讲清、讲透。论证周密的裁判文书,无疑会大大增加判决的说服力,收到使人信服、甚至折服之效。它既是裁判者法律、语文素养考核的答卷,也是裁判者向社会公开裁判根据和理由的说明书。英美法系的裁判文书,其论证过程紧紧围绕争议焦点,引述一长串先例,运用法理坦率地、充分地讨论判决潜在基础和判决的价值。而大陆法系以及社会主义国家法院的判决其论证过程一般较为简洁，这是因为他们仅将判决局限于对可选用法典条款的解释。而我国当代裁判文书的论证过程更是将高度浓缩精简作为特色。贺尔曼在分析形成这种状况的原因时指出："简洁性和形式主义的风格意在隐藏一种恐惧，即害怕过于详尽可能有碍于审慎周到和严守秘密"。[①] 作为裁判文书改革的重点内容之一就是要强调裁判文书论证过程的充分和合理的详尽。

五、追求共性和个性的完美统一

裁判文书是说明文、记叙文、论说文的综合运用。鉴于裁判文书论证说理的重要性，其中尤以论说文为主干。裁判文书同时又是法律和文书的有机统一与融合。因此制作裁判文书既要符合司法的特有规律，又要符合写作的特有规律。裁判文书的共性表现为其内容要素和结构模式具有程式化、规范化的特点。其个性表现为叙事论理、语言运用的个人色彩。英美法系裁判文书的个性色彩较浓，忽视格式化的规制，裁判者具有比较广阔的驰骋空间，可以根据案情的需要，选择自己认为最佳表现手段。大陆法系裁判文书相对英美法系而言，比较注重文书的格式规范，在基本遵守文书格式的前提下，尽情发挥个人风格。中国古代裁判文书与英美法系有相似的特点，不太重视裁判文书的格式。制作者可以根据需要采用自己擅长的表述手段，或先叙后议，或夹叙夹议，或引用先例[②]，或引经入判等。而当代裁判文书由于受长期的法院整体意志、威权化的影响，在共性和个性相分离的关系上易走极端，裁判文书的格式规范化进一步细密化，甚至到了表格化的地步。在这种格式强势的影响控制下，诸如裁判文书表达技巧、美学追求等能呈现个性风格的内容都被削弱，因此而导致裁判文书千人一面、千案一面、只见共性不见个性的现象。裁判文书既然是司法和文书的有机融合与统一，一方面鉴于司法的特点，应当要求裁判文书有一定的格式规范，这种格式的规定，首先是因为反映诉讼程序的需要，其次是有利于在裁判文书中展现司法公正，最后是方便裁判者制作判决和读者阅读裁判文书；另一方面鉴于审判个案的特点，我们在遵守一定格式规范的前提下，也应当让裁判者有选择恰当的表述手段、语言风格的自由空间。如何正确处理共性与个性的统一？我们认为掌握的标准应当是大体格式有，具体规制无。在当前格式强势的情况下，应当弱化格式构架，强化个性制作，为裁判者追求和创造裁判文书的个性特色提供一定的宽松条件，不要轻易将一些有独创性的裁判文书机械

---

① ［美］埃尔曼：《比较法律文化》，贺卫方、高鸿均译，三联书店1997年版，第230页。

② 直隶高等审判厅：《华洋诉讼判决录》，中国政法大学出版社1997年版，第8页。

指责其违反既定格式。

六、加强法官的思维和语言训练

裁判文书既有其独特的写作规律和美学价值,也有其独特的逻辑思维和辩证思维特点。裁判文书的重点是叙案说理,因此制作好一份优秀的裁判文书,严格的思维训练和语言训练乃是前提和基础。“写作实践证明,裁判文书写作之难,并非难在格式掌握,而主要难在语言表达。”①中国古代遗留下来一批脍炙人口的判词精品,大都出自一些大手笔官吏。如在制作判词方面取得突出成绩的清代的樊增祥,系光绪进士,既是一代名吏,又是一代公文大家和诗人。再如郑板桥,是清代的书画家、文学家。他们的一个共同特点均是进士出身,又是诗人和文学家,既精通法律,又有较高的运用语言的造诣,他们留下的许多判词精品,至今为人叹服。英美、大陆法系的国家,他们的法官制度和法律教育制度决定了法官首先要通过严格的思维训练和语言训练才具有当法官的资格,故他们的法官在制作裁判文书方面自然能达到较高境界。从当前我国法官的裁判文书制作水平现状来看,由于历史的原因及制度方面的特点,各地法官在法律、人文等方面素养的提升和发展不尽平衡,一些法官在制作裁判文书时只能以追求字句通顺为目标,要制作高层次的精品判词则心有余而力不足。还有少数法律思维和文字语言能力薄弱的法官,制作裁判文书时叙述案情模糊紊乱,运用文字词不达意,论证说理逻辑混乱。因此改革裁判文书首先和基本的一条,是要提高制作者的文化素质,通过强化训练,学会熟练的思考和表达这两项人类沟通的基本手段。唯有如此,才能全面提高裁判文书的制作水平,创造出当代的“判词精品”。

第二节　裁判文书改革及其成果

裁判文书是人民法院审判活动的静态体现和司法公正的重要环节,随着审判方式改革的逐步推进,裁判文书的改革和规范也引起了各级人民法院的重视。自最高人民法院于1992年印发《法院诉讼文书样式》(试行)以来,我国裁判文书改革逐步推进,各级人民法院积极探索裁判文书的改革,各地法院各自开展多项裁判文书改革,对裁判文书质量的提升起到了一定的促进作用,裁判文书制作水平有了相当程度的提高,涌现出了不少优秀的裁判文书。但与此同时,在没有统一指导原

① 刘永章:《诉讼文书解析》,人民法院出版社2006年版,第3页。

则的规范下，亦有必要明确指导思想和改革路径。

为此，最高人民法院在1999年颁布的《人民法院五年改革纲要》（以下简称一五改革纲要）中对裁判文书的改革提出了明确要求，提出要加快裁判文书的改革步伐，提高裁判文书的质量，并明确："裁判文书改革的重点是加强对质证中有争议的证据的分析、认证，增强裁判的说理性；通过裁判文书，不仅记录裁判过程，而且公开裁判理由，使裁判文书成为向社会公众展示司法公正形象的载体，进行法制教育的生动教材。"上述规定要求裁判文书改革需要从提升司法的公正性和公开性两个方面加以完善，对后一阶段裁判文书的改革起到了指导作用。

多年来，各地人民法院始终把提高裁判文书质量和推进裁判文书改革作为一项重要工作，在最高人民法院相关文件的指导下，纷纷出台相关措施，规范裁判文书改革，提升裁判文书质量，起到了较好的效果。

一、贯彻审判公开原则，全面公开审判过程和裁判理由

审判公开是司法公正在程序上的基本保障，也是最高人民法院《一五年改革纲要》规定的裁判文书改革必须遵循的一项重要原则，这既是人民法院的审判活动通过裁判文书的制作和公开接受社会监督的途径，也是展示人民法院审判工作成绩的方法。近年来，各地人民法院在裁判文书改革中，进一步强化了审判公开原则的运用，主要从以下几个方面入手：

（一）公开审理过程

根据案件繁简程度，对于涉及当事人实体和程序权利、法定程序的进展等方面的事项，诸如开庭时间和次数、当事人主体变更和追加、合议庭成员变更、超审限等情况加以公开说明，使法院的办案活动和过程以裁判文书这一固化的形式展示在社会公众和当事人面前，彰显司法公正。

（二）公开诉辩意见

归纳当事人意见力求完整、客观，既不随意取舍也不照抄照搬。既要全面、准确地归纳、反映当事人各方的诉辩主张，同时也要做到突出重点，切忌省略、遗漏当事人的主要观点，为在文书后半部分归纳争议焦点和事实认定以及裁判说理打好基础。

（三）公开举证、质证

将在庭审过程中双方当事人提供证据的来源、证明内容以及质证意见在裁判文书予以列明，并公开法官对证据认证予以取舍的理由和依据，尤其是在双方当事人对证据和相关事实存在争议的情况下，更为能够体现庭审过程的公开性和公正性，体现证据对待证事实的证明作用。当然，目前的裁判文书中，对于双方没有争

议的事实或者争议较小的事实有“上述事实有……为证”的写法,也未尝不可。

(四)公开裁判理由

裁判文书不仅要公开裁判过程,而且也要公开裁判理由,公开法官对政策、法律、法规的理解,公开解决纠纷的基准价值判断,防止恣意专断、缘心而定。2014年7月,最高人民法院颁布的《关于全面深化人民法院改革的意见——人民法院第四个五年改革纲要(2014—2018)》(以下简称《四五改革纲要》)中提出,要推动裁判文书说理改革,建立裁判文书说理的评价体系。这是有效实现“让人民群众在每一个司法案件中感受到公平正义”的司法目标的重要举措,对保障公正司法,提升司法公信具有重要意义。

(五)公布裁判文书

公布裁判文书,其途径一方面通过平面媒体、网络媒体以及裁判文书的汇编等。最高人民法院于2000年6月发布了《裁判文书公布管理办法》,规定最高人民法院应当以“公布”的形式完整发表“有重大影响”和“具有典型意义、有一定指导作用”的裁判文书。2010年11月8日,最高人民法院制定了《关于人民法院在互联网公布裁判文书的规定》(2013年11月13日作了修订)。自此,各级人民法院的生效裁判文书除涉及国家秘密、个人隐私的;涉及未成年人违法犯罪的;以调解方式结案的;以及其他不宜在互联网公布的外,都应当通过互联网向社会全文公布。另一方面是以裁判文书为基础编辑案例汇编。全国各级人民法院对案例的汇编公布均给予了高度的重视。就上海法院而言,上海市高级人民法院除了汇编出版年度的《上海法院案例精选》外,还以“上海审判实践”为平台,定期公布经审判委员会讨论通过的精选案例。中级人民法院和基层人民法院也以内部刊物的形式发布精选案例。需要指出的是,目前我国的案例汇编制度还有待进一步规范,大部分案例是经过编辑改写过的案例材料而非裁判文书原文,不利于体现案例的详尽性和完整性要求。

二、围绕公正与效率之平衡,实现裁判文书制作繁简分流

近年来,全国各地法院通过裁判文书改革中的相关举措,裁判文书质量得以很大程度的提升,充分展示了案件审理过程,明确展示了当事人举证、质证以及法院对证据的认证,论证和说理的分量也得到了较大幅度的提高,裁判文书的篇幅也有所增加。但是,随着案件数量的逐年增长,全国各地法院也在尝试案件审理和管理的繁简分流,同时对裁判文书的繁简分流工作提出了要求。在最高人民法院颁布的《人民法院第二个五年改革纲要(2004—2008)》(以下简称《二五改革纲要》)中提出,继续探索民事诉讼程序的简化形式,在民事简易程序的基

础上建立速裁程序制度，规范审理小额债务案件的组织机构、运行程序、审判方式、裁判文书样式等。在该纲要颁布前后，各地法院围绕裁判文书的繁简分流主要采取了以下改革措施：

（一）尝试制定案件繁简分流标准，为裁判文书的简写提供依据

根据2000年最高人民法院在《关于加强人民法院基层建设的若干意见》中指出："适用普通程序审结案件的裁判文书，应当讲求裁判的论证性和说理性；适用简易程序或者调解结案的裁判文书，力求简洁、明晰"，其对裁判文书的简写是以适用的诉讼程序为标准。2001年12月最高人民法院下发了《关于民事诉讼证据的若干规定》，对裁判文书实行繁简分流提供了司法解释依据。该规定第七十九条规定："人民法院应当在裁判文书中阐明证据是否采纳的理由。对当事人无争议的证据，是否采纳的理由可以不在裁判文书中表述。"第八十一条又进一步规定："人民法院适用简易程序审理的案件，可以不受本解释中……第七十九条规定的限制。"也就是说，简易案件裁判文书可以不阐明证据是否采纳的理由，而直接写明认证的结果。据此，有不少法院如上海市第二中级人民法院根据刑事、民事（商事）、行政等不同类型案件的要求分别制定了各类"简案"标准，提出了两个"避免"：第一，"简写"避免不讲道理。"简写"是指从个案实际出发，该简则简，是为了追求简洁明了，突出重点，做到一语破的，与不认证不说理的"简写"有着本质的区别；第二，"精写"避免不加选择。繁案精写讲求的是全面、详尽、清楚地反映案件审理的过程和结果，用最精练的语言体现最丰富的内涵，而不是无谓的重复表述，避免进入繁案繁写的误区。

（二）尝试制定简易案件文书格式化，为提高审判效率奠定基础

全国许多基层人民法院在总结实践经验的基础上，制定了填充式的格式化裁判文书样式若干类。这其中主要集中在民事诉讼中的各类裁定书、民事调解书、当事人对案件的事实没有争议或一方承认对方的部分事实主张等情况下的裁判文书，并有法院针对特定案由的案件，拟出每一种格式文书的固定样式，输入本院的内部网站中，由审判人员在具体运用时从网站中调取与案件相关样式，直接填充。简易案件裁判文书格式化，极大地提高了办案效率。为此，最高人民法院《四五年改革纲要》总结了各地审判实践的经验，指出：对事实清楚、权利义务关系明确、当事人争议不大的一审民商事案件和事实清楚、证据确实充分、被告人认罪的一审轻微刑事案件，使用简化的裁判文书，通过填充要素、简化格式，提高裁判效率。

三、尝试文书结构改革,增添裁判文书创新要素

裁判文书作为一种公文语体,其在形式上所具备的程式化特点较为鲜明。对其所应囊括的结构要素和体例规范,需予以明确,在实践中应当遵守。当然,在近年来各地法院裁判文书改革进程中,在充分遵循裁判文书格式化、统一化的前提下,也出现了一些个性化的要素。如试点裁判文书附录"法官后语"、推广裁判文书附录法律条文、尝试公开合议庭不同意见(参见本章第五节)、变更裁判文书中法官署名为签名以及在裁判文书附录相关图片等。

这里特别值得一提的是:上海市第一中级人民法院在有关专利侵权案件的裁判文书中,合议庭考虑到外观设计专利的保护范围以表示在图片或照片中的专利产品为准,突出的是视觉效果,遂借鉴专利复审委员会的经验,除判决书的文字部分外,还以附图的形式对原告专利和被告产品从各个方位进行全面比较,对裁判文书制作方式进行了新的探索。以往法官在制作此类判决书时,需要花费大量笔墨对专利产品的外观进行描述,再将被告产品与原告的专利进行比较。由于产品形状千差万别,各部件的技术名称及特征很难用文字表达准确,判决书的说理效果难以充分体现。在新的制作方式中,法官除在事实查明部分点明被告产品与原告专利之间的差异之处外,还将原告专利的各方位图片和被告产品相应部分的照片附在判决书后,使读者对被告产品与原告专利的相似性一目了然。

2016年7月,在总结全国四级法院裁判文书有益做法、反映近年来审判方式改革和裁判文书改革经验的基础上,最高人民法院根据修改后民事诉讼法及民事诉讼法司法解释对现有民事诉讼文书样式进行修改、补充、整合、规范。本次民事诉讼文书的修订,体现以审判为中心的诉讼制度改革。明确要求判决书应当根据当事人诉讼请求和争议焦点,说明法庭采信证据、认定事实的理由。强调裁判文书制作要从完善审级制度出发,明确一审判决书应当把重点放在认定案件事实和确定法律适用上,做到以事实为依据,以法律为准绳;二审判决书应当把重点放在解决事实争议和法律争议的说理上,实现二审终审;再审判决书应当把重点放在依法纠错、维护司法裁判权威上。提出对裁判文书说理的具体要求,明确裁判文书繁简分流标准,优化裁判文书体例结构,规定裁判文书事实部分增加争议焦点。①

---

① 参见2016年7月5日,最高人民法院召开《人民法院民事裁判文书制作规范》和《民事诉讼文书样式》新闻发布会。

第三节 裁判文书制作的发展趋势及其理念转变

裁判文书是法官运用法律语言的精神产品、表达审判思想的物质载体、传承法治文明的专用工具、追求司法公正的文献资料,是法官才能和品德的反映、知识和智慧的积淀。因此,裁判文书改革是我国审判方式改革的一项重要内容。近年来,我国法院裁判文书改革过程中,呈现了从传统司法理念到现代司法理念的以下八大转变:

一、从实体公正优先到程序公正优先

实体公正和程序公正的关系经历了实体公正优先说、实体公正和程序公正并重说、程序公正优先说三个阶段。持程序公正优先说的人越来越多,其原因在于:首先,矛盾对立的双方必有一方处于矛盾的主要方面,在实体公正和程序公正这对矛盾中,或者是实体公正处于优先地位,或者是程序公正处于优先地位,实体公正和程序公正并重的观点①貌似全面但未突出矛盾的主要方面,有两点论而无重点论,从理论上或操作上看均不足取;其次,程序公正和实体公正均是司法公正的组成部分、审判活动的追求目标,但是程序具有工具价值而实体不具有工具价值,程序公正有助于实现实体公正而实体公正并不意味着程序公正,离开程序公正的实体公正是不够稳定可靠和令人信服的。就裁判文书的种类而言,判决书和调解书既涉及实体公正问题,也涉及程序公正问题;而裁定书仅涉及程序公正问题,而不涉及实体公正问题。就裁判文书的内容而言,最能体现从实体公正优先到程序公正优先发展趋势的是在案件的由来和审理经过段中,普遍增加了审判程序内容的表述,更加全面地反映了整个诉讼过程,立案时间、开庭时间、鉴定的起止时间、中止与延长审限情况、审判程序和审判组织的变更、财产保全、先予执行等极大地丰富了裁判文书的程序内容,以程序公开的手段追求程序公正的目的,并以程序公正促进实体公正。

---

① 此观点的代表作是陈光中、王万华:“论诉讼法与实体法的关系”,载《诉讼法论丛》,法律出版社1998年版。我们同意其中诉讼法既具有工具价值,又具有独立价值的观点,但不同意其中程序法和实体法不能有主次、轻重的观点。

二、从职权主义到当事人主义

世界上两大诉讼模式是职权主义和当事人主义,从职权主义到当事人主义的发展趋势是诉讼模式发展的主流。从世界范围来看,两大诉讼模式虽然有相互靠近的趋势,但英美法系当事人主义只是较为有限地借鉴了大陆法系职权主义的一些做法,而大陆法系职权主义则是大幅度地吸收了英美法系当事人主义的宝贵经验,有的国家甚至全面走向当事人主义。从中国历史来看,自古以来一直是职权主义一统天下,而当事人主义则是在20世纪90年代制定民事诉讼法、修正刑事诉讼法之后,才开始得到有序推进。如果对诉讼模式有一个基本了解,就应当承认,当事人主义与职权主义相比更能体现程序民主、程序中立、程序透明。裁判文书中呈现的从职权主义到当事人主义的发展趋势,主要体现在当事人诉讼主张部分,对当事人无争议的内容可以作最大限度的简化,对当事人有争议的内容则要具体展开。有的法院尝试当事人参与起草裁判文书,允许当事人对“原告诉称”“被告辩称”“第三人述称”的内容在法官指导下自行起草或者由法官归纳后再由当事人签字认可。尽管这种具体做法因影响审判效率和损害司法权威并不值得推广,但其蕴含的当事人主义的价值追求应当被普遍推崇,即当事人在诉讼中主张的事实、理由、诉讼请求和答辩意见,应当在裁判文书中得到更加切实充分的尊重:当事人主张的事实,是裁判文书认定事实的基础;当事人主张的理由,是裁判文书法律推理的内容;当事人的诉讼请求,是裁判文书判决结果的对象。

三、从客观真实到法律真实

法官探求的案件事实究竟是客观真实还是法律真实?对此应当结合证据制度回答。客观真实是从实事求是证据制度出发,偏重原则和结果,可以理解为一种世界观,更具有理想主义色彩;法律真实是从法定证据制度和自由心证制度出发,偏重操作和过程,可以理解为一种方法论,更具有现实主义色彩。两者相比较,法律真实比客观真实更加注重证据的作用、证据与事实之间的关系,因此得到越来越多的法官认同。这种认同的结果之一是在裁判文书中对于证据展示的极大强化,不仅展示证据名称,而且展示必要的证据内容;不仅展示客观的证据材料本身,而且展示主观的当事人质证意见;不仅展示认证结果,而且展示认证理由。这种认同的结果之二是在裁判文书中对于证据位置的调整,不再拘泥于先认定事实后展示证据的传统样式,在必要时则采纳先展示证据后认定事实的新型样式,以便更加合乎逻辑地反映事实论证过程。

四、从社会控制到人文关怀

法律无疑都具有社会控制功能,然而只有兼具人文关怀功能的法律才是富有远见的良法。换言之,法律应当不仅仅是"阶级统治的工具",而且还是"人民自由的圣经"。法律的人文关怀功能,是指对人民自由、权利的充分关心和尊重,它既需要通过民主科学的立法程序制定,也需要通过独立公正的审判程序适用。裁判文书的人文关怀功能,比较集中地体现在裁判理由之中。分析行为性质、界定法律责任,既要考虑当事人义务的履行和社会秩序的维护,更要注重当事人权利的保障;阐释法律原理、适用法律规范,既要全面精通具体的法律规定,更要准确把握抽象的法律原则和法律精神,刑法的罪刑均衡原则、民法的诚实信用原则、行政法的合法性审查原则更是准确理解具体法律规定的指南针。此外,极少数法院尝试的具有附件性质、起到教化引导作用的法官后语、诉讼权利告知①等裁判文书改革措施,不论其推行的结果如何,其动机均是为了体现人文关怀。

五、从样式集中到样式分化

"市场经济就是法治经济",市场经济条件下出现了利益主体多元化的趋势,需要更加完善的法律制度。而随着法律制度的完善,也需要更多种类的裁判文书。裁判文书的规范程度受样式的影响最大,各种类型规范的裁判文书样式对裁判文书的制作起到良好的导向作用。近年来最高人民法院推行的裁判文书样式从相对集中到不断分化,其中又以判决书样式最为典型。1993 年 1 月 1 日起施行的《法院诉讼文书样式(试行)》共 14 类 314 种,②其中裁判文书样式共 101 种。而 1999 年 7 月 1 日起施行的《法院刑事诉讼文书样式(样本)》中的刑事裁判文书样式从《法院诉讼文书样式(试行)》中的 40 种增加到 45 种,③此后还陆续增加或修正了 4 种刑事判决书样式。④ 2003 年新增的样式中,《〈民事证据规定〉文书样式(试行)》中民事裁定书 1 种,《海事诉讼文书样式(试行)》中民事裁定书 29 种、民事判决书 3 种,《民事简易程序诉讼文书样式及适用说明》中民事调解书 3 种、民事判

---

① 由于上诉权本来就应告知,因此这里的诉讼权利指上诉权之外的再次起诉权、申请再审权、申请执行权等。

② 1951 年和 1980 年司法部分别制定过《诉讼文书格式》和《诉讼文书样式》,后者共计 8 类 64 种。由于我们仅探讨近年来的裁判文书改革,故对较早的样式不再提及。

③ 其中新增 16 种,删去 11 种。

④ 分别为死缓期间故意犯罪一审适用普通程序用、一审未成年人刑事案件适用普通程序用、一审公诉案件适用普通程序审理"被告人认罪案件"用、一审公诉案件适用简易程序用刑事判决书样式。

决书4种。而随着《行政诉讼法》修改公布,行政诉讼文书样式也于2015年5月修订后公布执行。新的行政诉讼文书样式严格按照新《行政诉讼法》的规定,共132种。其中,判决书和裁定书42种,调解书3种。2016年7月5日,最高人民法院发布的《民事诉讼文书样式》,共有568种样式,其中人民法院制作民事诉讼文书样式463种,当事人参考民事诉讼文书样式105种。

第四节 裁判文书改革中的相关制度因素

前文概述了我国各级人民法院在裁判文书改革进程中所取得的成绩,并就其中仍然存在的问题加以了梳理。诚然,正如有不少理论和实务部门的同志所指出的,当前裁判文书的水平还没有达到改革所要追寻的目标,其中当然涉及了法官的能力和素质的问题,这仍需假以时日来逐步提升。另外,也有制度层面的因素,有学者指出:“他们的能力也许还比不上英美法官甚至欧陆法官,但他们的能力可能远远超过法学界对其现有实际能力的估计和判断,中国法官在公开发表的判决书中表现出来的分析判断不足,不是一个法官个人能力问题,而是制度使然。”①基于此种考虑,以下就影响到裁判文书改革的制度层面的要素,选择其中三个方面作一简要梳理和概述。

一、审判方式与裁判文书改革

审判方式改革与裁判文书改革都是司法改革的重要组成部分,两者在总体上是一致的,是相辅相成的。一方面,审判方式改革直接影响到裁判文书改革的进程,裁判文书改革步伐依赖于审判方式改革的深化。以公开审判为重点,以强化庭审功能、强化当事人举证责任、强化合议庭职权为内容的审判方式改革,对裁判文书的改革提出了要求,也为裁判文书的改革奠定了基础。裁判文书作为审判方式改革的最终载体,必须充分体现审判方式改革的进程与成果,只有这样才能真正实现司法公正、提高司法效率的改革目标。同时,裁判文书水平的提高也有利于进一步促进审判方式改革的发展。因此,裁判文书的改革要与审判方式的改革相互促进,形成良性互动。

① 朱苏力:“判决书的背后”,载 www. article. chinalawinfo. com/article-detail. asp? article = 22874,2009年6月22日访问。

二、多元纠纷解决机制与裁判文书改革

(一)其他国家的借鉴因素

有研究认为,西方英美法系和大陆法系国家之所以能够在裁判文书上显现出其法官适用法律和论证推理的才华,当然一个在于其能力和素养方面的要素,其另一个重要的要素就在于在这两大法系中,进入司法审判案件的类型不同影响到了裁判文书的制作。就英美法系国家而言,由于进入其司法审判程序的往往是一些重要的案件,大量的民事和刑事案件分别通过诉讼替代机制和诉辩交易程序加以解决了,就可留给法官足够的时间和精力来论证与推理那些在法律适用方面的重大案件了。[①]

而对于大陆法系国家而言,尽管其进入司法审判程序的案件数量和法官数量均多于英美法系国家,但因为其工作量也要比英美法系国家法官大,也就不大可能就每个案件都撰写如同英美法系那么详细的司法判决理由。事实上,除了重要案件外,一般也没有必要就每个案件撰写详细的司法判决。[②]

(二)裁判文书改革中的结案压力因素

当前,我国正处于社会转型的关键时期,各类社会矛盾凸显,而与之相对应的纠纷解决机制,其功能尚未得到充分有效的发挥,各类纠纷解决的机制尚缺乏有效衔接。由于存在上述情况,人民法院诉讼案件逐年上升,总量剧增。在案件数量迅速增长的情况下,法官人数并没有成比例地增加,法官们承受着巨大的办案压力。如果要求法官在每一个案件的判决书中全面地分析证据、事实和法律,详尽地阐述判决理由,无疑增加了法官的工作量,使法官按期结案的难度进一步加大。而与此同时,裁判文书改革中所反映出来的程式化、标准化、规范化、说理性和完整性等方面的问题,对裁判文书的制作提出了更高的要求。

为此,近年来,在最高人民法院的指导和推动下,各级人民法院探索建立多元纠纷解决机制,促进纠纷解决的分流,改变以法院为单一纠纷方式解决的状况,给民众提供多元化纠纷解决机制,让当事人自由选择诉讼纠纷解决途径。而其目的并非仅仅是减轻人民法院的审判工作压力,但现实效果确实也会为人民法院审判方式和裁判文书改革提供了空间。

---

① [美]理查德·波斯纳:《法理学问题》,朱苏力译,中国政法大学出版社 2002 年版,第 256 页。

② 朱苏力:"判决书的背后",载 www. article. chinalawinfo. com/article-detail. asp? article = 22874,2009 年 6 月 22 日。

三、案例指导制度与裁判文书改革

从一定程度上来讲,西方国家判例制度对于法官撰写高质量的裁判文书还是有一定的促进和激励作用的。在我国尽管没有实施判例制度的土壤,但近年来对于案例指导的作用给予了充分的重视。2010年11月26日,最高人民法院根据《二五年改革纲要》关于"建立和完善案例指导制度"的要求,印发了《关于案例指导工作的规定》,明确规定了指导性案例的编选标准、编选程序、发布方式、指导规则等。这是案例指导制度的规范性文件,标志着中国特色案例指导制度初步确立。自2011年12月20日,最高人民法院发布了上海中原物业顾问有限公司诉陶德华居间合同纠纷等第一批指导性案例起,截至2017年1月3日已发布15批77个案例。

(一)案例指导制度下法官素养的提升

法官是法律适用的主体,具有主观能动性,起着沟通法律规范与案件事实之间联系的作用。尽管我国是实施成文法制度的国家,立法权属于立法机关,法院只是被动地实施法律的机构。但是,成文法离不开法律工作者对它的理解和适用,而这种理解本身,既是在适用法律,同时也是在"塑造"法律。[①] 依法治国方略的实施和市场经济的发展,对于法律规范的确定性和可预见性提出了更高的要求。法律的适用最后毕竟要落在个体的法官身上,如果个体法官的素质不尽如人意,可能会造成法官对事实的认定和法律的解释不具确定性与统一性。审判作为一种在具体案件中,通过适用法律而做出判决的专门活动,需要丰富的法律知识和专业技巧,所以,法官作为法律人,其首先必须成为合格的法律工匠。随着社会的不断向前发展,司法活动的专门化不断加快,司法活动越来越需要一个特殊的司法职业群体,高度专业化的法官群体,更要求法官具有高于一般人的特殊资质和能力。从上海法院来讲,近年来较为注重法官的素质教育和能力建设,开展了诸如"一个素养、三个能力"(法官素养和庭审驾驭能力、裁判文书制作能力、法律适用能力)的培训,法官的职业素质有了较大幅度提升,审判质量也相应地得到了提高,为案例指导作用的发挥和裁判文书质量的提升奠定了基础。

(二)案例指导制度下的案例汇编

就英美法而言,其判例法制度中"遵循先例"原则发挥的重要条件之一在于其具有规范和完善的判例整理与汇编制度,这些司法判例的汇编为法官、律师等查找相关判例提供了便利。按照英美法学者的理解,司法先例只有在其得到汇编出版

---

① 陈金钊:《法制及其意义》,西北大学出版社1994年版,第65~66页。

时才能发挥作用。[①] 相比较而言，大陆法系的判例汇编尽管没有英美法国家系统和完善，编纂体裁也有所差异，但大陆法系的判例汇编日益完善，今天在大陆法系的很多国家都有官方判例汇编，如法国、德国、西班牙、意大利、瑞士、土耳其等国家的判例的编纂也逐渐制度化和规范化。[②] 从我国当前的司法实践来看，尽管规范的案例汇编机制尚未建立，但最高人民法院自 1985 年创办《最高人民法院公报》后，以公报的形式公开发布案例。

嗣后，最高人民法院又通过报刊、互联网等媒体发布指导性案例，从而建立了具有我国特色的案例公布指导制度，也为新形势下裁判文书的改革提供了交流、借鉴的平台。

(三)案例指导制度的构建有利于裁判文书质量的提升

案例指导作用的发挥，其关键在于该案裁判中对法官在以后审理类似案件时可予以借鉴与参考的规则。所以，作为案例载体和基础的裁判文书，其中包含了对事实的认定、对法律规则的解释以及对法律漏洞的补缺，其更为重要的是在法律与事实之间对应起来的判决推理和判决理由。从司法实践来看，在案例指导运作过程中，上述几个方面的内容均具有一定的重要性。具体而言，能够发挥案例指导作用的并不是裁判文书中的个别文句，而是裁判文书中对法律适用的解释和裁判理由。如果仅在裁判文书中描述案件的事实、引用法典条文和简单地宣布判决的结果，这种判决确实在某种程度上可避免对法官法律推理中的瑕疵的批判，因为人们看不到法官是如何推理的。[③] 但是，因为法律推理是一种理性的思维，上述做法使此类裁判看起来就是任性的，其仅仅是对个案的裁判，并不能在司法实践中发挥其案例指导的作用。总的看来，提供判决的推理过程尽管可能不是完全令人信服的，但是比起仅仅陈述一个结论来说就不是显得那么任意，表明裁判的公正性和合理性。裁判文书制作的整个过程，是法官思考、梳理、记载、解释的过程。在这些过程中，法官要思考裁判文书制作的目的、如何实现裁判文书的价值，梳理案件事实，以及案件事实到法律规则之间的联结点，记载审理的程序方式、确认法律事实，适用并解释法律。因此，裁判文书制作的整个过程，也是法官理性思维的过程，是法官理性思维的体现。随着近几年人民法院裁判文书改革的推进，裁判文书规范化建设的加强，审判人员的理论水平和写作水平都有了长足提高，裁判文书个性化也在

---

① [美]格伦顿：《比较法律传统》，米健等译，中国政法大学出版社 1993 年版，第 157 页。

② [法]勒内·达维德：《当代主要法律体系》，漆竹生译，上海译文出版社 1984 年版，第 131～132 页。

③ [美]史蒂文·伯顿：《法律推理和法律推理导论》，张志铭、解兴权译，中国政法大学出版社 1999 年版，第 70 页。

一定程度上得到了体现,进一步彰显了裁判文书严肃的法律性、严密的说理性、严谨的科学性。

第五节 裁判文书改革中相关问题评析

裁判文书改革是司法文书改革的重要组成部分。近年来,各地法院在这方面做出了许多尝试和努力,改革过程中的某些举措曾引起理论界和实务界的讨论与争议,以下则选择其中具有代表性的几个问题作分析。

一、关于"法官后语"

(一)当前关于"法官后语"的实践

"法官后语"是附注在判决书尾部之后的一段对当事人有教育意义的话。法官后语的目的是对当事人进行道德教育,它包括法官的道德评价、道德情感、道德理想等具体内容。1996年上海市第二中级人民法院开始了在裁判文书正文后附"法官后语"改革。[①] 此改革的目的在于:"崇尚与时俱进的先进文化,倡导健康文明的社会道德,激活长久以来严肃之法律理性,体现判决之道德关怀,裁判的社会效果进一步扩展。"[②]审判实践中判决书附加"法官后语"的内容基本为道德教化,[③]公开传播的实例数量不多。

例如,"法官后语"改革的首例吴黄夫妇诉儿媳周某债务案是最有影响的实例。黄某某因车祸死亡,其单位给付其妻周某81,000元,给付其父母吴黄夫妇9000元。两原告要求被告返还部分补偿费的诉讼请求被一审法院驳回。二审法院改判被告再给付两原告10,000元,并附加法官后语:"老年丧子,中年丧偶,少年丧父,实为人间悲剧,本案当事人所遭遇的处境令人同情。但为分割黄某某的死亡补助金而引发纷争,使亲属间的感情受到伤害,甚感遗憾。吴黄夫妇涉讼求自身权利,心情可以理解,但对同样遭受不幸的儿媳和孙子今后所面临的生活艰辛则缺乏应有的同情与体谅。法律虽然可以公正地处理当事人之间的财产纠纷,但金钱毕竟无法替代感情。摒弃前嫌、真诚以待、敬老爱幼、互相帮助、重修亲情,是本案当

---

① 《人民法院报》2002年7月15日。

② 上海市第二中级人民法院研究室:"裁判文书附设法官后语的思考",载《法律适用》2002年第7期。

③ 如果内容为法律意见,且与"本院认为"部分有实质差异,则我们认为可归入"公开合议庭不同意见",只不过在形式上属于"外挂式"。

事人乃至吴黄夫妇的其他子女今后应深思的问题,也是需共同努力的目标。”被告非常感动,对法官的良苦用心表示理解和感激并主动交纳10,000元款项。

又如,陆某诉陈某解除同居关系案也是有代表性的实例。原、被告未经登记共同生活,在诉讼中都不愿意抚养身患重病的不满周岁的亲生女儿,一审法院判决女儿随母亲被告生活,二审法院综合各方面因素,从有利于孩子成长的角度,改判女儿随父亲原告生活。并附加法官后语:“每一个孩子都有在父母的呵护下享受幸福童年的权利。孩子是无辜的,既然给予了他们生命,无论如何困难,都应将他们抚养成人……”被告回信表示“不与孩子共同生活实在是无能为力”,“今后如条件改善,愿意负更多的责任”。①

(二)对“法官后语”的评价

“法官后语”作为裁判文书改革进程中一项创新性的举措,其实践中引起了理论和实务部门的评论,其中不乏支持和批评的不同声音,以下则就其中代表性的观点加以概述。

1. 对“法官后语”的正面评价

第一,“法官后语”体现了情、理、法的交融。在实践中,“法官后语”的推行并非是每个案件都要实施,而是要根据个案特点加以确定和撰写。一般而言,裁判文书应是法律规范适用的结果,而不涉及道德的因素。但也有学者认为,法律也是应当讲求情理,因为情理是法律赖以生存的支柱之一,是深层次的法律精神的蕴涵与体现,故在裁判文书中,尤其是民事裁判文书中论情,让情由理及法,法由理及情,情与法结合于理的论述弘扬了中华民族的传统美德,以情感人、以理服人,使威信不仅来源于强力的支持,而且还源于人们内心的折服。②

第二,“法官后语”的人性化拉近了法院与司法司法裁判受众的距离。法官后语乃是针对具体案情而制定,具有一定的说服力,改变了以往裁判文书严格格式化的特点,着力体现了裁判文书的人文关怀,从而拉近了法院与当事人之间的距离,促使判决更容易为当事人接受。③

第三,“法官后语”体现了法院裁判法律效果与社会效果的统一。有学者认为,法律作为调整社会关系的主要手段,着重调整社会秩序和利益,在当今法治社会起着不可或缺的作用。但是,裁判的法律效果和社会效果有时候并非是完全统

---

① 刘力:“司法裁决附设‘法官后语之理性考量及具体设想’”,载王信芳:《法官论文精选》,上海人民出版社2003年版,第86～102页。

② 田荔枝:“个性化与模式化——对裁判文书写作的思考”,载《河北法学》2008年第7期。

③ 周道鸾:“情与法的交融:裁判文书改革的新的尝试”,载《法律适用》2002年第7期;张志铭:“‘法官后语’与‘情法交融’”,载《人民法院报》2002年11月21日。

一的,这就为“法官后语”的尝试提供了基础。因此,“法官后语”存在的意义就是要与“裁判理由”共同促进社会正义,使判决成功地成为“人们认可的感觉”并得到人们的自觉贯彻执行,真正平息纷争。[①]

2. 对“法官后语”的撰写提出的不同的意见

第一,关于法律问题和道德问题的区分。应当承认,“法官后语”改革的人文关怀的价值追求无可置疑,其主要是以道德宣扬为主要内容。对此,有学者认为,法官后语只是法官个人的观点,[②]一方面会导致将法律问题道德化,另一方面对当事人进行道德方面的否定会导致法官角色定位上的混乱。同时,在此方面,还有人认为,法官后语会导致将情理与法理相分离,未做到“情法交融”。[③] 而法律实际上是对社会主流道德的反映,例如民法通则、合同法都有自愿、公平、诚实信用、公序良俗原则的规定,在理由部分中从这样的原则规定出发进行集中论述,既符合法律规定,也符合社会主流道德的要求。对此,有进一步的观点提出,为更好地体现人文关怀,应当在理由部分中、从法律规定出发、有选择地吸纳试图在法官后语中表述的内容。[④] 应该说,裁判文书传统上是要求法官对判决结果进行严格的事实认定和法律论证,留给法官道德诉求的空间相对较小,于是以“法官后语”的形式来表达其道德诉求则在形式上给传统裁判文书带来了创新性的要素。

第二,关于裁判文书格式的规范性问题。目前,在司法实践中尝试法官后语的裁判文书中,一般是将法官后语附录在判决书的正文之后。对此,有观点认为,裁判文书具有固定的格式和样式,法官后语的出现,损害了裁判文书格式的统一性和标准性,而法官后语究竟置于裁判文书的何位置较为妥当也并未法律规定的支撑。

第三,关于裁判文书语言的规范性问题。从裁判文书的语言形式来看,其主要是以叙述、论证和说明等作为裁判文书的语言形式,法官后语作为一种在道德、伦理领域内的感言,有别于传统意义上裁判文书的语言形式,同样也损害了裁判文书语言形式上的规范性和统一性。[⑤]

---

① 陈广华:“从法官后语考察民事裁判文书的改革”,载《求索》2006年第2期。

② 米健:“司法改革的创新与统一”,载《法制日报》2003年3月14日。

③ “情法交融”的专门论述可参见张志铭:“‘法官后语’与‘情法交融’”,载《人民法院报》2002年11月21日。

④ 参见罗书平:“提高司法文书质量努力实现司法公正——兼评‘法官忠告’与‘法官后语’”,载《中国司法文书指南》,中国民主法制出版社2003年版,其主张“现在的当务之急应当是把主要的精力用在阐述判决理由上,力求情、理、法的有机统一,在讲深、讲透上下功夫,而不要舍近求远在判决之后再添上一段可能引起非议的‘后语’或‘忠告’。”

⑤ 黎春宁:“‘温情判决’妥否”,载《人民法院报》2003年1月3日;邱昭:“论判决书中‘法官后语’的语篇分析”,载《修辞学习》2006年第4期。

（三）“法官后语”实施中需注意的问题

尽管存在上述不同意见，各地法院在尝试裁判文书改革进程中，已经有越来越多的法院作出了撰写“法官后语”的尝试。从各种媒体的反映来看，其在实践中产生的社会效果还是较为积极的。法官后语在实践中之所以在法学理论和司法实务界产生较大的影响，主要是因为其在内容和形式上的双重创新。正是因为其是创新之举措，故在实践中需注意以下几个方面的问题：

1. 关于“法官后语”的适用范围

实践中，对于何种类型的案件适用“法官后语”，并没有统一性的规定，这主要是在实践中由案件承办人根据个案案情需要予以撰写。根据上海市第二中级人民法院的实践，其主要将案件类型限制在二审、再审刑事和民事裁判文书中。当然，也并非是所有的案件类型适合于制作裁判文书的法官后语。从实践来看，也是部分民事案件中存在采用法官后语的可行性。从各地法院所撰写的法官后语来看，其主要涉及家庭伦理、职业道德、社会公德①等方面的案件。此外，需要说明的是，法官后语的说理不能代替裁判文书正文部分的说理，如果判决的主文已经做到了充分的说理和情理的交融，一般无必要再在其后撰写法官后语。还要注意另外一种倾向，即在判决主文部分说理不充分、透彻，而在判决主文之后再进行撰写法官后语，则显得有本末倒置。

2. 关于“法官后语”的结构位置

实践中，各地法院对撰写法官后语的位置，并没有统一的做法。其一是在判决主文之后再行附录撰写法官后语，其二是在判决主文的说理部分混合了法官后语的内容，其三是将法官后语和判决书分别撰写。从实践中的反应来，一般认为，采取上海市第二中级人民法院实施的后置式法官后语，即前述第一种类型的法官后语，较为符合法官后语的特点与功能。②

3. 关于“法官后语”的内容

从法官后语的功能来讲，“法官后语”的内容不能是属于法律适用方面的问题，而只是针对当事人在道德伦理方面的说教。而且即使是这种说教，也只有在不宜在判决主文中体现出来的情况下才附加到“法官后语”中。如果术语法理和法理适用方面的问题，应当在裁判文书的理由部分加以充分论述。同时，法官后语的文字应力求言简意赅，短小精悍，说理充分、透彻、简洁明了，有很强的说服力。

---

① 张晓频：“裁判文书中的法官后语”，载《人民法院报》2002 年 7 月 15 日。

② 张振华：“裁判文书附设‘法官后语’之再探讨”，载《法制与社会》2007 年第 10 期。

二、关于公布合议庭不同意见

近年来,广州海事法院、上海市第二中级人民法院和北京市第一中级人民法院等地方法院相继尝试突破传统的裁判文书制作模式,在判决书正文中载明合议庭不同意见,并阐明按照合议庭少数服从多数的原则根据多数意见作出裁判。尽管这一改革措施在理论和实践中的褒贬不一,也引起了一定的争论,但不可否认的是,这一举措对于裁判文书改革的促进还是有一定积极意义的。

(一)裁判文书公布合议庭不同意见的实证情况

从审判实践来看,目前,各地法院在这个方面的改革举措并没有全面铺开,也仅有少数几个地方法院在此开展了改革尝试。

1. 公布合议庭不同意见的类型

根据上海市第二中级人民法院的审判实践来看,其公开合议庭不同意见的裁判文书主要集中以下几种类型:(1)在事实清楚的情况下因对法律关系认识不同而产生的不同意见;(2)在事实不清的情况下因根据证据规则做出判断而产生的不同意见;(3)在事实清楚、法律关系明确的情况下因解释与裁量的不同而产生的不同意见;(4)因对纯粹事实判断不同而产生不同意见。①

2. 公布合议庭不同意见的方式

(1)合议庭不同意见分"多数意见"和"少数意见"分别表述。这种撰写方式的特点是:合议庭一致意见部分仍在"本院认为"部分概括,对合议庭不同意见的争点按"少数意见"和"多数意见"分别归纳。例如,北京市第一中级人民法院在李某与北京某国际影院侵犯消费者权益纠纷案中,就其中争议的影院禁止消费者自带饮料的问题,合议庭出现了两种意见。第一种意见是支持李某的请求。理由是:首先,根据该影院销售的食品价格清单以及这些食品的市场价格清单,显然该影院获得的利润大大超过市场正常情况。影院的目的在于牟取高利。其次,观众与影院之间订立的合同是电影服务合同,合同内容不应包括限制食品的外购。影院通过这一条款,迫使观众在口渴时购买影院内的高价饮料,是强迫顾客与其交易,不公平的剥夺了消费者选择的权利,违反了《消费者权益保护法》的规定。某公司在主观上存在恶意、同时其行为违法,因此构成对李某的侵权。第二种意见是不支持李某的请求。理由是:某公司在其经营的某国际影院的售票处、大堂以及电影票背面的观众须知中均以醒目方式提示消费者,该影院禁止消费者携带外购饮品入场观看影片,因此,应认定消费者是在了解了上述提示后购票进入影院的,应视为双

① 王信芳:"裁判文书公开合议庭不同意见的探索与思考",载《政治与法律》2004年第2期。

方已达成合约。某公司不存在强迫消费者购买自己销售的饮料产品的问题。某公司在影院中提供的饮料价格是否适当问题,在不违反法律明确规定的情况下,经营者对其提供的商品的价格可以自行决定。确实,某公司的相关条款会给其带来较高的利润,但经营者追求利润的行为不存在违法及违反基本道德准则的情况下,解决问题的最好方法是扩大竞争而不是司法干预。北京市第一中级人民法院将以上两种意见都写进了判决书。在判决书最后,有这样一段话:"在两种意见中,第二种意见为多数意见。因此,本院决定驳回李某的上诉请求。"

(2)合议庭中的多数和少数意见直接表述为具体法官意见。这种表达方式较前一种,直接写明具体法官的意见,裁判文书中更加体现法官的个性特征。如2000年年初,广州海事法院制定的以公开合议庭成员裁判意见为重要内容的《广州海事法院判决书格式》中规定,在合议庭没有形成统一意见的情况下,合议庭的多数意见和少数意见均记载在判决书中,最后以合议庭的多数意见裁判,即先记载合议庭多数意见,表述为"审判员某某、某某认为",后记载合议庭少数意见,表述为"审判员某某认为",在判决部分记载"合议庭根据多数意见作出如下裁判"等。广州海事法院根据其制定的新裁判文书格式全面铺开实行。另悉该院改革后每年裁判文书中记载合议庭少数意见的约占10%。而且申诉案件逐年下降,2001年受理申诉6宗,2002年受理申诉1宗,没有一宗发现错判案件。双方当事人均为外国人,自愿选择在该院诉讼的案件逐年增多。①

3. 公开合议庭不同意见的现实效果

根据实施该项改革举措的法院在其实践中总结的经验来看,公开合议庭不同意见取得了一定的积极效果。其一是当事人表示服判,代理人来函支持这一举措。其二是合议庭成员职业责任感与荣誉感有所增强。其三是现实中也存在当事人以合议庭意见不一致为由提起申诉的情况,故在如何选准案件、把握公开内容和方式值得进一步研究。②

(二)对公布合议庭不同意见的相关评论

1. 肯定论

对公开合议庭不同意见持肯定观点的学者和法官,其论点主要包括以下几个方面:

第一,公开合议庭的不同意见,是对法律规定的少数服从多数原则的具体落

---

① 吴登楼:"试析裁判文书中表述合议庭不同意见的方式",载《上海审判实践》2003年第11期。

② 具体论述参见王信芳:"裁判文书公开合议庭不同意见的探索与思考",载《政治与法律》2004年第2期。

实。按照人民法院组织法、民事诉讼法、行政诉讼法和刑事诉讼法的规定,合议庭评议案件如果意见分歧,实行少数服从多数的原则,按照多数人的意见作出判决,不同意见应如实记入笔录。按照少数服从多数的合议原则,合议庭经评议后决定按多数意见处理本案,对比以往判决书均以“本院认为”一种模式开示合议庭意见的做法,从实质上体现了少数服从多数的原则。① 同时,对于合议庭评议中少数服从多数原则贯彻而言,公开合议庭不同意见有助于克服合议庭评议过程中的“合而不议”和流于形式化。②

第二,公开合议庭不同意见,是实现审判公开的有效措施。审判公开作为现代审判的基本原则之一,越来越受到各级法院的重视,并在审判方式改革的过程中予以了充分的贯彻,提出了若干举措加以落实。在公开合议庭不同意见问题上,不仅要公开合议庭评议结论,同时还要公开合议庭评议中不同意见的支持理由,充分展开法院裁判的推理过程和论证理由,有助于审判公开原则进一步贯彻落实。

第三,公开合议庭不同意见,是加强司法监督的有效途径。当事人、人民群众和其他组织通过合议庭不同意见的公开,可以在一定层面上了解法院的裁判过程、法律依据和判决理由,起到的作用。另外,对于合议庭不同意见的公布,也会促使合议庭在案件审理和评议过程中必须更加慎重,审慎认定案件事实和确定法律适用。

第四,公开合议庭不同意见,是增强文书说理的有效方法。裁判文书是法院全部审判活动的反映和总结,其向案件当事人以及社会公众传递了法院裁判活动的内容及其所倡导的价值目标。其中,裁判文书的说理更为能够使当事人和社会公众对法律适用就本案纠纷解决和对社会生活的规范作用,起到论证和解释的作用。而裁判文书公开合议庭不同意见,在解释法院如何采用多数意见进行裁判方面的说理更加透彻,提出了法律适用预期判断的依据。

2. 否定论

第一,公开合议庭不同意见,与法院独立审判存在冲突。在我国司法体制中,作出独立裁判之主体是法院,而非法官个人。依法独立进行审判的主体定位也是法院,亦非法官个人。合议庭评议中的不同意见乃是法院对案件进行审理和裁判过程中的运作程序,也只有法院认定的内容才是判决的内容,而不是法官个人的

---

① 杨立新:“判决书揭载法官分歧意见没什么不好”,载 www. yangl × . com/dispnews. asp? id = 932, 2009 年 6 月 26 日访问。

② 张泽涛:“判决书公布少数意见之利弊及其规范”,载《中国法学》2006 年第 2 期。

意志。①

第二,公开合议庭不同意见,与合议庭评议规则并不契合。合议庭是按照少数服从多数的原则作出的决定,并在此基础上形成判决,只有多数意见才是形成判决结构的依据。从保守审判秘密的角度讲合议庭少数意见亦不应写入裁判文书,因其在卷宗中也是归入副卷,不允许当事人及其诉讼代理人查阅。②

第三,公开合议庭不同意见,与司法判决权威性存在矛盾。公开合议庭评议的不同意见,会成为某些当事人拒不执行法院裁判的借口,从而削弱法院裁判的权威性,给执行增加难度。

第四,公开合议庭不同意见,与化解矛盾纠纷不相适应。尤其是在当事人利益冲突较为激烈、合议庭意见分歧较大的案件中,如若公开合议庭评议的不同意见,则会导致案件当事人对判决结果的合理性产生怀疑。另外,也会导致某些案件当事人坚定其上诉、申诉和上访的思维方式。③

(三)公开合议庭不同意见中需要注意的相关问题

我们认为,无论是从现行法律基本要求层面还是社会效果普遍认同角度,公开合议庭不同意见均不是裁判文书制作的最优选择,不宜作为司法实践中的通行做法。换言之,公开合议庭不同观点的做法不符合当前司法审判的主流趋向。公开合议庭不同意见的情形在判决书中只能作为例外。

1. 关于案件的范围

从实践经验来看,选择公开合议庭不同意见的案件范围,应该以不激化矛盾、稳定当事人情绪、确保社会稳定为基本前提,可限于在法律上存在一定争议,但不至于影响当事人的严重对立或者社会不稳定要素的民商事案件作为试点,而刑事、行政和执行等方面的案件但尚不宜公开合议庭不同意见。故在当前,各地法院的试点一般选择知识产权、金融、海事、商事纠纷案件作为试点。

2. 关于关于公开的内容

其一是关于公开不同意见法官的问题,从目前的讨论来看,一般认为,不宜公开不同意见法官的姓名,避免给法官个人带来不必要的风险和压力。其二是关于公开内容的范围问题,需注意严格遵守合议庭评议规则,不要披露评议的具体过程以及其

① 贺小荣:“判决形成过程的信息披露与公信风险”,载 www. yangl × . com/dispnews. asp? id = 551,2009 年 6 月 26 日访问。

② “判决书可否写入合议庭不同意见的讨论”,载 http://cfcfbj. com. cn/list. asp? unid = 1561,2009 年 6 月 26 日访问。

③ “判决书可否写入合议庭不同意见的讨论”,载 http://cfcfbj. com. cn/list. asp? unid = 1561,2009 年 6 月 26 日访问。

他不宜公开的内容。应严格注意依法保守国家秘密、尊重当事人隐私权,涉及国家机密和当事人隐私以及评议具体过程等事项不得公开。① 其三,应该主要集中对法律问题的不同意见上,而对事实认定方面的不同意见,暂不宜公开,因其难以通过严谨的说理。论证来证明在事实认定方面的不同意见,否则其效果会适得其反。

3. 关于文书制作方式

对于公开合议庭不同意见的裁判文书,有学者认为,对于判决中未予采纳的合议庭少数意见,在篇幅上不应超过判决结论及其理由,从而让整个判决看起来仍以多数意见为主,切记主次颠倒,误导当事人和社会公众。②

三、裁判文书附录法律条文

(一)概况

近年来,不少法院对裁判所依据的法律、法规和司法解释,在裁判文书附件中完整列出。有的法院有组织地进行了试点,如四川省高院人民法院下发了《关于开展在裁判文书中引用法律条文全文内容试点工作的实施意见》,决定于2003年6月起在全省法院系统选择高、中、基层三级法院开展部分裁判文书引用法律条文全文的试点工作。有的法院更是要求将引用的全部法律条文内容在附页中全部列明。最高人民法院(2003)刑提字第5号刘涌组织、领导黑社会性质组织案刑事判决书在公开时附有关法律规定及立法解释、司法解释共5个法律文件18个法律条文,③则堪称公开附加法律文件和法律条文数量最多、影响最大的判决书。2015年6月,最高人民法院发布《行政诉讼文书样式(试行)》明确要求:所有的判决书尾部都要附录案件裁判所依据的程序法规范和实体法规范,以当事人看得见、听得懂、能理解的方式实现司法公正。

在上海法院系统,上海市第二中级人民法院从2004年年初开始,实行在法律文书后附署法律条文的制度。裁判文书后附署法律条文,要求所有作为判决依据的法律条文(包括司法解释)必须在裁判文书后予以标明。实行裁判文书后附署法律条文,不仅使当事人方便明了地了解法官裁判的依据,更使裁判文书的法律教化功能得以直观体现。

自2008年7月1日起,上海市高级人民法院决定在全市法院内全面实施裁判文书附录法律条文工作,并专门下发《关于裁判文书附录法律条文的实施意见(试

① 王信芳:"裁判文书公开合议庭不同意见的探索与思考",载《政治与法律》2004年第2期。

② 张泽涛:"判决书公布少数意见之利弊及其规范",载《中国法学》2006年第2期。

③ 该判决书见姜兴长:《刑事审判指导》,人民法院出版社2004年版,第126页。

行)》,就其中涉及的应当附录所依据的相关法律条文的裁判文书范围、裁判文书不得引用与附录的内容范围以及可不予附录相关法律条文的情况作出了系统规定,对该项工作予以统一规范与指导。

(二)实施情况及其效果

1. 实施中存在的不规范情况

根据有关抽样调查发现,目前在裁判文书附录法律条文工作中,存在以下几个方面的"不符":附录法律条文的页码不符、附录法律条文的位置不符、附录法律条文的标题不符、附录法律条文的编号不符、附录法律条文未适用部分省略号的运用不符、附录法律条文的字体不符、附录法律条文电子输入不符、附录法律条文的效力不符、附录法律条文的印制格式不符等。

2. 裁判文书附录法律条文的有利之处

其一,将相关的法律条文明明白白地附在裁判文书正文之后,可以方便当事人查看和学习法律条文。

其二,可以使当事人更加直观地理解和详细知悉裁判理由与法律依据,"官司不论输赢,都能够明明白白",不仅能有效化解当事人之间的恩怨纠葛,让当事人心服口服,而且也有助于向社会传播法律知识和司法理念,培育法律信仰的基因。

其三,附录条文的判决书可以成为最直接的普法教材,案件"怎样判"、"为什么这样判",当事人及关注案件的其他人都能够一目了然,既能促使法官不断提高司法能力,也有利于当事人及社会各界进一步监督审判质量。

3. 实施效果

其一,推进了裁判公开,增强了司法公信。裁判文书附录法律条文使裁判的法律依据在文书中得以直接彰显,一方面为确保裁判的公正性提供了有力保证,另一方面又让当事人和社会公众更好地看到了裁判的公正性,从而提高了裁判文书的透明度和司法公信力。

其二,增强了文书说服力,促进当事人和社会公众对裁判的理解和接受。在裁判文书附录法律条文增强了文书说理部分的说服力,法律条文与说理部分彼此呼应,相得益彰,使文书结构更加完整。对于法官而言,这种做法能够更好地展示裁判思维;对于当事人和社会公众而言,能够使他们更好地读懂和理解文书内容以及判决依据,进而自觉接受法制教育。

其三,有助于当事人服判息诉,提升裁判的社会效果。裁判文书附录法律条文有助于增强裁判的社会效果,促使当事人在理解裁判的基础上服判息诉。

除此之外,附录还可以包括共同诉讼当事人名单、图案、财产清单、证据清单等。

第三章　裁判文书的结构规范

裁判文书是具有法律效力的司法文件，是正确实施法律的重要工具。为指导全国法院民事裁判文书的制作，确保文书撰写做到格式统一、要素齐全、结构完整、繁简得当、逻辑严密、用语准确，提高文书质量，最高人民法院制定了《人民法院民事裁判文书制作规范》《民事诉讼文书样式》。该制作规范，对刑事、行政类裁判文书制作均有指导作用。因此，撰写裁判文书应当对结构制作的内容要求、语句要求和技术要求进行研究，讲求规范操作。与一般文章篇章结构相比，裁判文书结构有其特殊性，程式化要求比较高，这是由裁判文书的基本功能决定的。结构虽属于形式问题，但它对内容的表述也有反作用。不掌握裁判文书的结构特点，轻则会损害裁判文书的完整性、严肃性，重则将影响案件的正确和及时执行。研究裁判文书的结构特点和基本要素，归根结底是为了更好地表达裁判文书的内容，为正确全面执行裁判服务。所以，当裁判文书的主旨和材料确定之后，正确合理的结构安排就成为写好裁判文书的决定因素。从一定意义上讲，它关系着裁判文书制作质量的高低和是否符合法定要求。

第一节　裁判文书的结构

裁判文书的结构是构成裁判文书的基本框架，有严格稳定的规范性要求。制作高度程式化的裁判文书，应当遵循最高人民法院依照我国诉讼法所制定的规范样式，谋篇布局。但是，在基本格式上遵守规范样式，不等于在具体表述上一定要按照样式列举的范例“依样画葫芦”。在裁判文书的基本格式按规范制作的前提下，在各个自然段落内，对具体内容的表述，应当根据案件的特点和审判的需要以及具体文种的不同而有所不同，并应当按照审判方式改革的要求有所增减。裁判文书之所以要求程式化，是为了便于制作，便于使用，有利于准确无误地实现其法律效能。为此，提高裁判文书制作水平，首先要从文书的结构方面多加考虑，努力使各个部分的构成更加科学，更加完整，更加规范，更加有利于操作。

一、结构的组成部分

裁判文书属拟制式（又称叙议式或制作式），其结构由标题、正文、落款三部分组成。写好各个部分特定事项的内容，不但能反映出程序上的合法性，而且对案件的正确处理也起着重要作用。

（一）标题包括法院名称、文书名称、案号。①

（二）正文。正文是案件进行实体审理的书面记载，是裁判文书的核心部分，是裁判文书的结构主体，正文包括首部、事实、理由、裁判依据、裁判主文、尾部。

1. 首部包括诉讼参加人及其基本情况，诉讼参与人及其基本情况以及案件的由来、审判组织和审理过程等，以体现审判程序的合法性。从首部的这些内容来看，这一部分应当是法院对审判案件程序合法这个事实的叙述和确认。因此，在具体内容上，应当写明足以证明程序合法的事实。如有一份民事判决书在交代案件由来时写道："……本院于二〇一二年七月十九日作出（××××）×经初字第××号民事判决，二〇一三年九月二十八日，原审被告×××向本院申请再审，经审查该申请符合法律规定的再审条件。……"根据《民事诉讼法》第二百零五条的规定，当事人申请再审的时效为六个月。按照此前规定是两年。从这段文字中可见，该申请似乎已超过申请期限。法院再审的合法性没有体现出来，原因是没有写明原审何时生效。因此在制作裁判文书时，应充分重视程序问题在裁判文书首部制作中的重要作用。

2. 事实（证据）、理由和裁判依据（适用法律）、裁判主文（处理结论）等，以体现审判结果的合法性。从正文的这些内容来看，这部分是在首部对有关事项进行说明的基础上承接而来的，从程序审查转入实体审查，反映了首部与正文之间先程序、后实体的诉讼逻辑关系。正文部分要写好，事实证据是基础，理由是关键，结论为全文之归宿。裁判文书可以简化，但仅限于事实证据和裁判理由中的有关内容，对首部、主文和尾部不得简化。

3. 尾部。尾部是裁判文书的结束部分。应依次写明诉讼费用的负担（民事、行政案件）、上诉的权利、方法、期限和上诉审法院。尾部是一个诉讼程序终结的标志，是正文的逻辑归宿，以体现裁判文书的完整性。

（三）落款。合议庭成员或独任审判员署名、裁判日期、书记员署名、核对戳、

---

① 2016年1月1日起按《最高人民法院关于人民法院案件案号的若干规定》施行，即案号的基本要素为收案年度、法院待字、类型待字、案件编号。

用印等。

一般而言,首部与尾部占据裁判文书的两头,两者具有前呼后应的关系。制作裁判文书的主体,在首部开门见山,把掌握裁判文书的主体资格亮相于抬头,在落款处则以加盖法院大印表明对裁判承担责任,也表明具有法律效力。裁判文书首部字号所反映的案件在审判管理中的类别和级别,与尾部告知的裁判效力对应。根据2004年12月8日最高人民法院印发的《一审行政判决书样式》(试行)要求,在上述情况写明后,可根据案件的不同需要,在判决书尾部之后增加附录部分,将有关内容予以载入。如将判决书中所提到的法律规范条文附上,以供当事人全面了解有关法律规定的内容。又如,群体诉讼案件中原告名单及其基本情况也可以列入此部分。最高人民法院修订原样式,于2015年6月发布《行政诉讼文书样式(试行)》),进一步规范了文书制作。

二、结构的特点

各类裁判文书因其作用互有差异,在篇章结构方面也各有特色。如刑事判决书和刑事裁定书、民事判决书和民事裁定书、行政判决书和行政裁定书在结构上既有不同之处,也有共同的特点。

(一)结构完整,条理清楚

结构完整是指首尾圆合,线索连贯,过渡照应,没有主旨隐晦、缺头少尾、残缺不全的弊端;条理清楚是指通篇文书脉络明晰、排列有序、前后层次联系紧密,安排得当,没有颠三倒四、顾此失彼、松懈零乱的问题。为了保证表述内容的合法、有效、完整,裁判文书对篇章结构的完整性和条理性要求极严。如对一名被告和性质单一的民事案件和刑事案件事实的叙述,要严格按照时间顺序进行书写。此外,不同的裁判文书都具有其特定的结构要素及排列序次,每一结构成分又包括特定事项,具有不同的法律意义,不能遗漏或错位。

(二)结构严谨,详略得当

文书中应避免出现不妥帖的章节和语词,做到"句有可删,足见其疏;字不得减,乃知其密"。这不仅要求结构严谨,每一词语、章节在整个文书中准确妥帖、各得其所,还应克服片面强调内容简要而盲目从简的倾向,做到凡应详尽说明的内容不能苟简,而要在言简意赅上下功夫。如有一份再审民事判决书,只写申诉人"不服原判决向本院提出申诉",没有具体翔实的申诉理由,根本无法反映判决是否合法合理,接着判决书又在不陈述经查实认定的事实和证据的情况下写道:"本案原查明事实有误",并作出相应改判。这种判决可能是正确的,但陈述过于简单,难以使人信服,"略"过了头,将原判决错误在何处、改判依据等都省去了。

(三)结构稳定,不容更易

在长期的审判实践中,裁判文书的制作逐渐形成了一套严格而特殊的程式,不允许随意变更、自由创造,如稍有差池,便会影响裁判文书的法律效力和权威性。同时,对标题、案号、日期等细小项目,也要严格按照特定规格书写,不能疏忽。如法院名称一般应与院印文字一致,但有两个例外:一是在基层人民法院名称前应冠以省、市、自治区名称,以便人们了解该法院属于哪一行政区域,但市辖区的基层人民法院可直接按院印冠名。二是涉外案件应在法院名称前冠以国名"中华人民共和国"字样。裁判文书结构的程式稳定,不容更易还反映在每种文书的某一内容要素往往用大致固定的词语或句式表述,如简易程序案件,法官是"独任审判"而不是"独任审理"。又如,"案件审理终结",不能用"完结""了结""完毕"等词语去更换。再如,判决理由与判决主文之间必须用"判决如下:"的固定词语来过渡。

三、结构制作的基本要求

裁判文书的结构应当有固定的模式,但在具体撰写时要因案而异,故在制作时,应把握以下基本要求:

(一)准确反映诉讼案件的客观规律及其内在联系

裁判文书是诉讼活动的客观反映,裁判文书结构要准确反映这一活动的客观规律及其内在联系。如审判人员在审理各类案件时,都必须以事实为根据,以法律为准绳。在正确掌握、全面理解法律的前提下,通过查明案件事实,分析内在联系,运用写作方法,决定裁判文书结构的安排。

(二)服从并服务于表达文书主旨的需要

主旨是一篇裁判文书的灵魂、统帅,因此哪些内容为主,哪些内容为次;哪些内容先写,哪些内容后写;哪些内容概括叙述,哪些内容具体叙述;哪些地方叙述,哪些地方议论;怎样安排层次和段落;怎样开头和结尾;怎样过渡和照应等,都要根据主旨来定。只有紧紧围绕文书的主旨安排结构,文书才会严谨统一,条理井然。

(三)适应不同文种的特点和要求

虽然裁判文书结构固定,但在行文上还有章法多样的特点。因案件的不同或法律事务的差异,因文书种类的不同,而在结构上呈现出各自不同的个性,故裁判文书的种类与结构有密切的关系。在安排结构时,一定要从所写内容的实际情况出发,选择使用恰当的结构形式,以适应和符合不同文种的特点和要求。

(四)重视段落在文书结构中的重要作用

段落是裁判文书中的基本构成单位,通常以"换行""空格"为形式标志。文书中通过段落划分,既可以表现作者思维发展的步骤,又能使阅读者认识文书的层次结构和理解文书的内容。一般而言,文书层次是从内容上划分,段落则侧重于文字表达的需要。在裁判文书中,划分段落要做到单一性、完整性和连贯性。单一性是指每段中说一个中心意思;完整性是指要将这一意思说通彻,说完全;连贯性是指本段与上段或下段之间具有内在联系,使每一段落成为全篇文书的有机组成部分。

(五)掌握过渡照应的技巧

过渡,是指文书中各段落、各层次间的连接和转换,是使文书前后贯通一致,衔接自然,形成有机整体的重要手段。在写作中、在写作内容转换时,或者表达方式、表现手法变动时均需要过渡。过渡通常用“过渡句”“过渡词语”或过渡段来表示。如刑事判决书中正文部分的事实、理由、结论的衔接之处就有较为固定的过渡文字。在交代了控、辩双方的意见后,用“经审理查明”过渡到判决确认的犯罪事实;事实叙述清楚后,用“本院认为”过渡到阐述判决理由;紧接着用“判决如下”过渡到处理结论。

(六)严格叙述的先后顺序

凡有主动与被动关系的,主动的表述在前,被动的表述在后。如原告、上诉人在前,被告、被上诉人在后,无独立请求权第三人在更后。凡有主体与依存关系的,诉讼主体表述在前,依存于诉讼主体的表述在后。如当事人在前,其代理人或辩护人在后。凡有主从犯罪关系的,主犯表述在前,从犯表述在后,胁从犯在更后等。

第二节　裁判文书固定事项的结构

最高人民法院《法院诉讼文书样式(试行)》《法院刑事诉讼文书样式》(样本)《法院刑事诉讼文书补充样式二》《民事简易程序诉讼文书样式(试行)》《行政诉讼文书样式(试行)》和《人民法院民事裁判文书制作规范》《民事诉讼文书样式》等对裁判文书的制作提出了明确要求。我们认为,裁判文书中有许多固定事项必须写明,每一事项中又有许多特定要素不仅固定不变,而且不能增减、疏漏或倒置,更不能自作聪明加以“创新”。但在遵循基本格式的前提下,具体叙述的内容应根据每个案件的不同情况有所不同。

一、身份事项固定

(一)当事人身份

写清当事人身份事项,目的是表明其真实的身份,避免弄错。其基本要素是:

原(被)告……(写明姓名、性别、出生年月日、民族、户籍所在地、文化程度、职业或者工作单位和职务、住址,刑事案件被告人还需写明所受强制措施情况等,现羁押处所),撰写时应注意以下几个问题:

(1)案件审理中,被告提起反诉的,应在当事人本诉称谓与姓名或名称之间用括号注明其反诉称谓。如原告(反诉被告)×××……,被告(反诉原告)×××……。

(2)年龄涉及由谁承担民事责任或是否承担刑事责任的界限。在刑事案件中,还涉及依法是否从轻、减轻甚至是否适用死刑的问题。因此,对年龄的表述必须准确地写明出生年月日,不能直接写年龄。如果属于《最高人民法院关于审理未成年人刑事案件具体应用法律若干问题的解释》第四条第一款规定的"没有充分证据证明被告人实施被指控的犯罪时已经达到法定刑事责任年龄且确实无法查明的,应当推断其没有达到相应的法定刑事责任年龄"情形的,可以分别表述为"实施被指控的犯罪时不满十四周岁"、"实施被指控的犯罪时已满十四周岁不满十六周岁"和"实施被指控的犯罪时已满十六周岁不满十八周岁",同时用括号注明"推定"。属于第二款规定的"相关证据足以证明被告人实施被指控的犯罪时已经达到法定刑事责任年龄,但是无法准确查明被告人具体出生日期"的,首部应当直接写明被告人"实施被指控的犯罪时已满××周岁"。

(3)涉及未成年人案件,应将其监护人列为法定代理人,以体现对未成年人合法权利的保护。

①未成年被告人没有法定代理人或者无法查到法定代理人的,可以不写法定代理人。

②未成年被告人的法定代理人无法出庭或者确实不宜出庭的,应当写明法定代理人,并在审理经过段出庭人员中表述为:"被告人×××的法定代理人×××经过法院通知未出庭"或者"被告人×××的法定代理人×××因特殊原因未出庭"等内容。

③被告人犯罪时未成年,开庭审理时已成年的,不列法定代理人。

(4)刑事公诉案件涉及附带民事诉讼的,应将被害人列为当事人,并在其基本情况之后接写"系本案被害人"。附带民事诉讼原告人系被害人的监护人或亲友的,应在其基本情况之后注明与被害人关系。如不是公诉案件而系自诉案件,则直接在"自诉人"后注明系附带民事诉讼原告人,即"自诉人暨附带民事诉讼原告人×××"。

(5)单位参加诉讼的两个问题:①关于法定代表人职务的表述。法定代表人职务的表述应注意两种情况:一是一般应当使用简称,尽量不引用全称。在行政案件中表述行政机关首长职务时,曾遇到这样一种情况。被告×××是×市×局×分局局长,其职务的表述出现局长、分局长、分局局长三种方式。我们认为,通常情况下,上下级行政机关一般不会互相代为出庭应诉,且诉讼文书中已经写明单位全称,职务表述为“法定代表人×××,局长”即可,人们不会将×分局局长误认为×市×局局长。二是遇有不是法人单位的分支机构,不应用“法定代表人”字样,应署名“负责人”或“代表人”。有的单位可能暂无正职,是某一副职主持工作,临时代为法定代表人,此时不必署名“主持工作的副经理、副行长、副厂长”之类,只需写明“副经理、副行长、副厂长”即可。②关于单位犯罪案件中诉讼代表人的表述。一般而言,代表单位出庭参加诉讼的是其法定代表人或者主要负责人。但是,如果该法定代表人或者主要负责人已被作为单位犯罪案件的“主管人员”一并提起公诉,则应当列出庭参加诉讼的其他负责人为被告单位的诉讼代表人。

(6)在民事、行政案件中,如遇群体诉讼案件,推选或指定诉讼代表人的,应在当事人称谓之后、姓名之前写明,即“原告暨诉讼代表人……”并写明诉讼代表人身份的基本情况。如涉及原告人数众多的,可在首部仅列明诉讼代表人基本情况,原告名单及其基本身份情况可作为附录详列在判决书之后。

(7)在刑事案件中,对被告人基本情况的表述应在样式要求的基础上根据不同情况酌情增减或变动。如对于因被告人违法而受过刑事处罚的,因可能构成累犯等法定或酌定从重处罚情节,则应写明事由和处理的时间以及刑满释放的日期。《刑法》没有“前科”的说法,在判决书上不要写“有前科”或“无前科”。

(8)自报姓名的处理方法。参照《刑事诉讼法》第一百五十八条第二款关于“犯罪嫌疑人不讲真实姓名、住址,身份不明的,……对于犯罪事实清楚,证据确实、充分,确实无法查明身份的,也可以按其自报的姓名移送人民检察院审查起诉、审判”的规定,可以按照其自报的姓名予以表述,并用括号注明“自报”,户籍所在地也可以不写。被告人自报的姓名在侦查、起诉、审判阶段都不一致的,由法官根据案件情况综合考虑予以确定。

如果依被告人自报姓名进行判决后发现自报名系冒用他人之名如何处理?2013年1月1日起施行的《最高人民法院关于适用〈中华人民共和国刑事诉讼法〉的解释》(以下简称《刑诉法解释》)第三百九十条规定:“原判决、裁定认定被告人姓名等身份信息有误,但认定事实和适用法律正确、量刑适当的,作出生效判决、裁定的人民法院可以通过裁定对有关信息予以更正”。但这不属于应当通过审判监督程序予以纠正的错误判决。

(9)住址应冠以省(市)和所在区(县)名称,避免因同名导致住址不详的情况出现。对法人的住址,按照《人民法院民事裁判文书制作规范》应表述为“住所……”,至于邮政编码和电话号码等不必书写。

(10)在刑事案件中,户籍所在地和住址一致的,可以不写住址。在户籍所在地以外的地方犯罪的,应当写明其被采取强制措施前的住址或者经常居住地。

(二)委托代理人身份

民事案件当事人有委托诉讼代理人的,按《人民法院民事裁判文书制作规范》规定,应列项写明委托诉讼代理人的姓名、性别、职业或工作单位和职务、住址。如果当事人委托本单位人员作为委托诉讼代理人的,写明姓名、性别及其工作人员身份。其身份信息可表述为“该单位(如公司、机构、委员会、厂等)工作人员”。律师、基层法律服务工作者担任委托诉讼代理人的,写明律师、基层法院法律服务工作者的姓名,所在律师事务所的名称、法律服务所的名称及执业身份。其身份信息表述为“××律师事务所律师”“××法律服务所法律工作者”。属于提供法律援助的,应当写明法律援助情况。委托诉讼代理人是当事人近亲属的,应当在姓名后用括号注明其与当事人的关系,写明住所。代理人是当事人所在社区、单位以及有关社会团体推荐的公民的,写明姓名、性别、住所,并在住所之后注明具体由何社区、单位、社会团体推荐。

刑事案件有辩护人的,按《法院刑事诉讼文书样式》(样本)规定,辩护人是律师的,只写姓名、工作单位和职务。辩护人是被告人的监护人、亲友的,还应在姓名之后括注其与被告人的关系。辩护人是人民团体或者被告人所在单位推荐的,只写姓名、工作单位和职务。

二、用语固定

裁判文书的程式性较强,不少用语应当是固定的。有些用语在样式中出现,有些没有提出具体要求,需要从实践中加以总结和提炼。

(一)刑事案件被告人所受强制措施情况的表述

《法院诉讼文书样式(试行)》中原来的刑事部分和《法院刑事诉讼文书样式》(样本)对刑事案件被告人所受强制措施情况的表述,只原则规定要写明“因本案所受强制措施情况”。实践中,有许多刑事裁判文书对此表述不统一,也不够准确。有的表述比较机械,无论什么案件,千篇一律地写成“因本案……”;有的表述不规范,往往写成“因×××……”“因×××嫌疑……”或“因涉嫌××案……”等。按照“未经人民法院依法审判,对任何人都不得确定有罪”的立法精神,对被告人所受强制措施的情况,可以表述为:“因涉嫌犯××罪于×年×月×日被刑事拘留(或逮捕或者被采取其他强制措施的具体名称)”。这与《法院刑事诉讼文书样式》(样本)将《法院诉讼文书样式(试行)》“××人民检察院于×年×月×日以被告人×××犯×罪,向本院提起公诉”修改为“××人民检察院以×检×诉(××××)×号起诉书指控被告人×××犯×罪,于×年×月×日向本院提起公诉”,其精神是一致的,这样比较符合我国刑事审判推行“控辩式”审理方式的特点。但也有不同观点,认为如涉及被告人一人多罪案件,此种写法便显得太繁杂了,故写“本案”较妥。

(二)经审判委员会讨论决定的案件在裁判文书中的表述

凡经审判委员会讨论决定的案件,《法院诉讼文书样式(试行)》在“说明”中要求在裁判文书中写明:“经合议庭评议、审判委员会进行了讨论并作出决定”。实践中,有的写,有的不写;有的写在首部,有的写在正文行将结束时,如有一些判决书在“本院认为”段“依照……规定”之后写入“经审判委员会讨论决定”。现在,《法院刑事诉讼文书样式》(样本)删去了这段文字,主要基于:一是立法对此并未作刚性规定。最高人民法院《人民法院第三个五年改革纲要(2009—2013)》(以下简称《三五改革纲要》)要求“完善审判委员会讨论案件的范围和程序,规范审判委员会的职责和管理工作”,《四五改革纲要》提出:“改革审判委员会工作机制。合理定位审判委员会职能,强化审判委员会总结审判经验、讨论决定审判工作重大事项的宏观指导职能。除法律规定的情形和涉及国家外交、安全和社会稳定的重大复杂案件外,审判委员会主要讨论案件的法律适用问题,”都未曾有过在裁判文书制作中需要增加“经审判委员会讨论决定”的内容。因此,在裁判文书中不表述经审判委员会讨论作出决定的内容,并不与法律相抵触。二是审判委员会是法院内部的最高审判组织,对某一具体案件是否提交审判委员会讨论以及讨论结果如何,除法律有明确规定外,这只是法院内部的职责分工。即使是经过审判委员会讨论的案件,裁判文书上仍由合议庭成员署名,而非审判委员会成员署名。三是在裁判文书上不表述审判委员会讨论案件的情况,更能体现诉辩式和控辩式审理方式中的直接审理原则。四是可以简化文书首部的内容。

(三)“本院认为”的表述

裁判文书改革中,出现将样式规定的“本院认为”改为“本法官认为”或“合议庭认为”的情况。我们认为,在审判方式改革中,实行独任法官负责制和合议庭负责制,将裁判权落实到独任法官和合议庭,这是法院内部审批制度的改革,目的是强调直接言词原则,解决“审而不判,判而不审”的问题。法院对外裁判只能以法院的名义依法进行,这符合《宪法》第一百二十六条“人民法院依照法律规定独立行使审判权”的规定。故在现行法律制度下,“本法官认为”或“合议庭认为”的表述有所不妥,不应出现于任何裁判文书中。

(四)告知上诉权的表述

上诉权是当事人的诉讼权利。是否上诉,由当事人决定。但在裁判文书中,告知上诉权的方法或表述应当统一或固定,让当事人明白如何行使上诉权。

1. 民事、行政案件上诉权的表述

现在,在告知当事人上诉权方面,有的法院按样式要求,告知当事人上诉权、上诉权限和上诉审法院,有的法院的商事案件裁判文书在告知上述内容之后还继续告知当事人缴费的方法、金额以及逾期不缴的法律后果,写法很不一致。如有相当一部分判决书是这样表述的:"当事人上诉的,应在递交上诉状之日起七日内,按本判决确定的一审案件受理费同等金额向本院预交上诉受理费。逾期不交的,按自动撤回上诉处理"。从理论上说,当事人上诉如何缴费、缴费多少以及逾期不缴按撤诉处理是二审法院的工作,尤其是逾期不缴上诉费按撤诉处理,将由二审法院制作并发出裁定书决定,一审法院无法包办。因此,从一审法院的审判职责来说,在宣告判决的同时,只要告知当事人上诉权、上诉期限和上诉审法院即可,不需要告知当事人缴费的方法、金额以及逾期不缴的法律后果,以求格式的统一。即使有必要告知,应连同告知申请执行权,判决离婚的案件告知在判决生效前当事人不得另行结婚等问题均列入"诉讼须知"或"诉讼服务指南"为妥。因此,根据《人民法院民事裁判文书制作规范》的规定,对依法可以上诉的一审判决,在尾部表述为:"如不服本判决,可以在判决书送达之日起十五日内,向本院递交上诉状,并按对方当事人的人数或者代表人的人数提出副本,上诉于××××人民法院。"对一审不予受理、驳回起诉、管辖权异议的裁定,尾部表述为:"如不服本裁定,可以在裁定书送达之日起十日内,向本院递交上诉状,并按对方当事人的人数或者代表人的人数提出副本,上诉于××××人民法院。"我们认为,上述表述也适用于行政案件。

2. 刑事案件上诉权的表述

这里有个别特殊情况需要研究。我国《刑事诉讼法》对裁定是否可以上诉的问题虽无明确规定,但《法院刑事诉讼文书样式》(样本)却赋予当事人在刑事案件作出裁定后有上诉的权利。有的案件依照诉讼文书样式形式中的要求表明当事人的上诉权,于法无悖。但是,有的裁定赋予当事人上诉权于理不合,于法无据。如样式10,系新增内容,用于准许撤诉或者按撤诉处理的案件,其尾部设置了交代上诉权的用语。实践中,准许撤诉的案件,对公诉人或自诉人来说,是自愿、明示申请撤诉的结果,对被告人而言该结果一般对自身无不利后果,双方不可能上诉。如在法律无明确规定的情况下,在裁定书中不表述赋予当事人上诉权内容,于理不悖。此类裁定一经作出应当即刻生效并终结诉讼。如2013年1月1日起施行的《刑诉法解释》第三百九十条规定:“原判决、裁定认定被告人姓名等身份信息有误,但认定事实和适用法律正确、量刑适当的,作出生效判决、裁定的人民法院可以通过裁定对有关信息予以更正”,该类裁定一经作出即刻生效,故应在裁定事项之后另起一行写明“本裁定一经作出即发生法律效力,当事人不得上诉”。

三、反映审判程序形式固定

裁判文书首部要全面反映审判程序过程,必须将案件主要诉讼过程中的有关内容在裁判文书中详写清楚,使案件审理程序的合法性也能在裁判文书中得到充分体现。

(一)案件起始日

为了客观反映原告(或者自诉人,或者公诉机关)的起诉日期和人民法院审查起诉后的立案日期,便于当事人和有关部门监督、检查人民法院对案件审理期限制度的执行情况,体现审理案件的公开性和透明度,应当在裁判文书中写明审理案件的起始日,即立案受理的具体日期。可以在“×××于××××年×月×日向本院提起诉讼”之后,续写:“本院于××××年×月×日立案,并依法组成合议庭……”其中,刑事案件的起诉日期为法院签收起诉书等材料的日期。如果案件审理将超过法定期限,应写明何时何因经院长批准延长审限或公诉人、辩护人申请延期审理等情况。

(二)公开审理信息

为了体现审理程序的合法性,在审理经过段,一是对依法不公开审理的案件写明不公开审理的理由。可表述为:“……依法组成合议庭,因本案涉及国家机密(或者个人隐私,或者被告人系未成年人等),……不公开开庭进行了审理”。二是写明开庭审理的日期。可表述为:“于×年×月×日公开(或者不公开)开庭进行了审理”。如有多次开庭的,要分别写明数次庭审日期。三是案件审理中若有诉讼保全、管辖异议或者指定管辖、变更或追加当事人、审计、评估或鉴定、合议庭成员变更、简易程序转入普通程序、反诉的提起和受理、组织证据交换、中止诉讼和恢复审理、公告送达等情况,应当写明,以客观反映案件的审理过程。如对未成年人刑事案件实行指定管辖的,在审理经过段可以表述为:“按照×××中级人民法院指定管辖的决定,×××人民检察院以×××检×诉[×××]××号起诉书……”直接接审理经过段。

(三)出庭人员

为了准确反映案件当事人及其诉讼代理人参加诉讼情况,如果是本案当事人及其诉讼代理人均到庭参加诉讼的,可以概括地写为“本案当事人及其诉讼代理人均到庭参加诉讼”即可,而不需要具体写明各当事人及其诉讼代理人的称谓和姓名,以节省篇幅。如果案件当事人中有未到庭的,或者有未经法庭许可而中途退庭的,应如实地写明到庭和未到庭、中途退庭的情况。如经合法传唤无正当理由拒不到庭的,应写明“原告(被告或第三人)×××经本院传票传唤,无正当理由拒不到庭参加诉讼,本院依法缺席审判”。在这方面,目前存在两种情况:一是有遗漏。一些判决书对当事人及其诉讼代理人是否参加诉讼有漏写的情况。他们是否参加诉讼,要在阅看正文时才能知晓。二是不完整。如有一民事判决书写道:“原告××到庭参加诉讼,被告因用其他方式无法送达(编者注:有语病),经本院公告传唤,仍未到庭。本案现已审理终结”。被告仍未到庭,法院怎么办呢?应补写一句“本院依法缺席审判”才算交代完整。还有的不写“无正当理由”,这些是需要加以注意的。

如果案件中有第三人参加诉讼的,可选择使用“因×××与本案有法律上的利害关系,本院依法通知其为第三人参加诉讼(公民、法人或者其他组织申请作为第三人参加诉讼的写:因×××与本案有法律上的利害关系,经×××申请,本院依法准许其为第三人参加诉讼)”格式。

如果是未成年人刑事诉讼案件,社会调查员参加庭审的,在审理经过段“翻译人员×××”后增加表述为:“翻译人员×××,社会调查员×××等到庭参加诉讼。现已审理终结。”如果是未成年人民事诉讼案件,开展社会观护工作试点的,其社会观护员参加庭审的,可参照上述方法撰写。

四、法律条文引用规则固定

法律条文的引用是法律适用的外在表现形式。根据最高人民法院1956年12月22日法行字第13032号《关于引用法律、法令等所列条、款、项、目顺序的通知》、法发〔1997〕15号《关于司法解释工作的若干规定》和最高人民法院2009年10月26日公布的法释〔2009〕14号《关于裁判文书引用法律、法规等规范性法律文件的规定》等有关规定,法律及其条文的引述必须符合一定规则。

(一)引用的范围

对于全国人民代表大会及其常务委员会制定的法律、法律解释、最高人民法院制定的司法解释,应直接引用。国务院制定的行政法规,各省、直辖市人民代表大会及其常务委员会制定的与宪法、法律和行政法规不相抵触的地方性法规,民族自治地方的人民代表大会依照当地政治、经济和文化特点制定的自治条例和单行条例,人民法院在依法审理当事人双方属于本行政区域内的民事和商事纠纷案件、刑事附带民事诉讼制作法律文书,可直接引用。此外,在制作行政裁判文书时,还可以直接引用国务院或者国务院授权的部门公布的行政法规解释或者行政规章。国务院各部委发布的命令、指示和通知等行政性文件,各县、市人民代表大会通过和发布的决定、决议,地方各级人民政府发布的决定、命令,根据审理案件的需要,经审查认定为合法有效的,可以作为裁判说理的依据,但不宜直接引用。

(二)引用的效力

司法解释在颁布了新的法律,或在原法律修改、废止或者制定了新的司法解释后,不再具有法律效力。如修正后的《婚姻法》第三十二条第三款第(四)项规定:因感情不和分居满二年的,应准予离婚。此前《最高人民法院关于人民法院审理离婚案件如何认定夫妻感情确已破裂的若干具体意见》中的"因感情不和分居已满三年,确无和好可能的,……"内容与之有矛盾,就既不能引用,也不能参照。

(三)引用的顺序

在某裁判文书中要援引两项法律或两条以上法律条文时,对所援引的法律或条文就有一个排列顺序的问题。《引用规范性法律文件规定》明确:并列引用多个规范性法律文件的,引用顺序如下:法律及法律解释、行政法规、地方性法规、自治条例或者单行条例、司法解释。同时引用两部以上法律的,应当先引用基本法律,后引用其他法律。引用包括实体法和程序法的,先引用实体法,后引用程序法。在审判实践中,我们认为仍进一步明确下列问题。

1. 法律与法律或法律与司法解释之间

(1)普通法与特别法:凡是特别法有明确规定的,应当引用特别法。如《民事诉讼法》第四编中涉外民事诉讼程序的特别规定,在审理涉外民事案件时,第四编中有规定的,首先要适用特别规定;没有特别规定的,适用前三编中的有关规定。

(2)国内法与国际法:在实体法方面,根据涉外民事诉讼关系的法律适用原则,既有可能适用中国法律,也有可能适用外国法律,此时,应先国内法,后外国法、国际条约、国际惯例。但在程序法方面,根据国际上公认的原则,则只能适用法院地法,即《中华人民共和国民事诉讼法》。这是国家主权原则在民事诉讼中的体现。

(3)法律与司法解释:在引用的法律依据中,既有法律规定又有司法解释规定的,一般应先引用法律规定,再引用相关的司法解释。民事法律无明文规定的,可先引用民法通则的基本原则条款,再引用司法解释。但当司法解释涉及法律适用溯及力问题时,则该司法解释引用在前,法律规定引用在后。

2. 条文与条文之间

(1)凡法律有明文规定的,即在有具体规则性条文的前提下,不得引用原则性条款,也不能在引用具体规则性条文后,再引用原则性条文。

(2)如遇法条竞合情况,应当引用特别条款,不能引用一般条款。

(3)在有两条或两条以上法条可以引用的情况下,应当先主后次,即先援引主要事实条文,后援引次要事实条文;先定性条文,后归责或量刑条文。如刑事案件,先引述有关定罪与确定量刑幅度的条文,后引用从轻、减轻、免除处罚或者从重处罚的条文;判决结果既有主刑又有附加刑内容的,应先引用适用主刑的条文,后引用适用附加刑的条文;某种犯罪需要援引其他条款的法定刑处罚(即援引法定刑)的,应先引用本条条文再按本条规定引用相应的他罪条文;一人犯数罪的,应当逐罪引用法律条文;共同犯罪的,既可集中引用有关的法律条文,也可逐人逐罪引用有关的法律条文。民事案件,先确认、形成法条文,后给付法条文。行政案件,如行政附带行政侵权赔偿诉讼文书中的援引法律条文,应当行政性质条文在前,附带行政赔偿条文在后等。

3. 条文内部之间

(1)法条引用要有针对性,应按条、款、项、目顺序来写,即条下为款,款下为项,项下为目。法条有多款、项、目的,不能只引用到条,而应引用到款、项、目,但应视情而定。《婚姻法》第三十二条、第三十六条均有多款、多项,对准予离婚的情形及子女抚养等设定了多种不同的法律事实并赋予了特定的法律后果。审理离婚案件在判决准予离婚、财产分割和子女抚育时,应根据案件事实有针对性地引用最相适应的条、款、项、目,而不能只引用到条。

(2)某一条下面没有分款而直接分列几项的,就不要加"第一款"。过去颁布的规范性文件中,如对条、款、项、目的使用另有顺序,或另用其他字样标明条款时,可仍照该文件的用法引用。

(3)概念性条文如《民法通则》第八十四条、第八十五条关于"债"和"合同"的概念条文不能直接引用。只有当确无规则性条文可以适用时,才能根据案件的具体情况,选择引用相应的概念性条文。

五、对当事人诉请作出否定性裁判语句固定

句子是能够表达一个相对完整意思的语言单位,它是由短语或数个单个的词构成,能完成一次表达和交流的任务。裁判文书制作过程中,应当注重语句的规范运用,选择和使用最贴切的语句以及最妥帖的表述方法,使裁判文书充分、完整地体现其维护公平正义的宗旨以及传播特定的法律信息。裁判主文语句的结构,既要体现严肃性、准确性、规范性,又要体现通俗性、简洁性,让一般人能够明白无误地了解裁判文书的内容。裁判语句一般最常用的是陈述句中的肯定句和否定句,且一些固定语句不容"随机应变"。因此,裁判语言的用词准确性和表述规范性,

要求对相同问题的处理应使用相对固定的语句,避免出现用词混乱、理解歧义等情况的出现。当前,在民事(包括商事,下同)审判中,往往会遇到对当事人起诉或诉请在不予接纳或支持的情况下有裁定不予受理、裁定驳回起诉(裁定驳回诉讼请求)或判决驳回诉讼请求(判决驳回起诉,或者判决诉讼请求不予支持或不予准许)等不同处理方式和裁判语言等情况,并随着立案登记制的实施将会更多地出现在我们的面前。

2015年5月1日,《关于人民法院推行立案登记制改革的意见》和《关于人民法院登记立案若干问题的规定》正式实施,人民法院案件受理制度发生了变革,长期以来执行的立案审查制已变成立案登记制,使当事人对诉讼权利的行使更加方便,使"立案难"在诉讼程序上失去了生存空间,这对于法治中国的建设具有十分重要的意义。

《最高人民法院关于民事诉讼证据的若干规定》第二条规定:"原告向人民法院起诉或者被告提出反诉,应当附有符合起诉条件的相应的证据材料"。《关于人民法院推行立案登记制改革的意见》第二条第(一)项规定:"有下列情形之一的,应当登记立案:与本案有直接利害关系的公民、法人和其他组织提起的民事诉讼,有明确的被告、具体的诉讼请求和事实依据,属于人民法院主管和受诉人民法院管辖的。"这里的"证据材料"和"事实依据"需满足"符合起诉条件"而非"符合胜诉条件"要求即可。按照"有案必立,有诉必理"要求,人民法院对当事人起诉符合法律规定条件的案件,必须依法受理。故对是否符合受理条件一般作形式审查,对当事人作为诉讼请求基础的事实理由不作实体上的判断。根据《关于人民法院登记立案若干问题的规定》第八条规定,人民法院在法定期间内不能判定起诉是否符合法律规定的,应当先行立案,不能为解决疑问和难题将诉状拦在门外。凡立案后发现的问题或者待立案后处理的问题,应区分不同情况进行处理,确保裁判文书表述中法律适用统一、语言表述规范,不要出现因认识不一导致相同案件不同裁判结果等情况。

(一)"裁定不予受理"的语句表述

民事诉讼中的起诉,是指公民、法人或者其他组织认为自己的或依法由自己管理和支配的民事权益受到侵害或与他人发生争议,以自己的名义请求法院予以司法保护的诉讼行为。在民事诉讼中,基于当事人处分原则,法律赋予当事人自由地决定是否以起诉的方式来保护自己的权利,法官不能主动依职权启动诉讼。但是,为了合理配置司法资源,避免滥用诉权,世界各国法律对诉权都设置了具体的条件,对起诉行为需要进行一定的审查,并在诉讼程序进行中完成,但又有区别。

德国和日本以诉讼公法论为理论基础,对程序问题和实体问题采用不同的处理方式。对于实体问题,贯彻辩论主义和处分主义原则,排斥法院的职权干预;对于程序问题,原则上由法院直接依职权决定。与德、日诉讼观不同,法国以诉讼(裁判)契约说为理论基础,认为法院不应主动审查当事人起诉是否合法,而把审查责任作为被告妨诉抗辩权加以规定,并赋予当事人可以在诉讼的任何阶段提出不予受理诉讼的抗辩。英美法系国家在观念上把诉讼看成是当事人之间的对抗,把程序问题交给当事人协商处理,法官作出裁决是建立在当事人提出申请的基础上的。①

我国民事诉讼立法与德、日相似,且规定了较为严格的受理制度,体现了职权干预。依照我国民事诉讼法规定,裁定不予受理,是指人民法院在审查当事人的起诉状或口头起诉后,发现该起诉不属于法院主管或不符合法定受理条件,在当事人坚持起诉的情况下,根据《民事诉讼法》第一百二十三条规定,从程序上对起诉作出的否定性书面处理意见。它适用的期间是在收到当事人起诉状或口头起诉之日起七日内的立案审查阶段。但在审判实践中,除法律明文规定不属于法院主管或管辖外,对当事人起诉在受理上如果遇到问题,要求先立案,后研究解决,故一部分不该立案或者一时难以决定是否可以立案的案件直接进入审判程序,将有关问题延伸到审判阶段,故裁定不予受理的案件不多。由于数量不多,争议不大,故这里对裁定不予受理问题不作进一步研究。但是,仅从为数不多的裁定书来看,裁定用语既不统一也不规范的情况时有出现,使用频率较高的是"对原告×××起诉不予受理"。事实上,该诉未立案,起诉人与被诉人尚无法定的原告与被告之间的诉讼关系,故使用"原告"称谓不妥,应书写"对×××起诉,本院不予受理"为宜。参见《法院诉讼文书样式(试行)》"样式42"。但有的法官提出,该项主文应在当事人姓名之前冠以"起诉人"称谓,且"本院"两字可以删除。我们认为,该意见有一定道理。只是为统一起见,目前还是按照样式书写为宜。今后,如遇样式修改,按新样式执行。有的则提出了另外一种统一书写思路,认为不予受理裁定书应更名为不受理裁定书,其主文应统一表述为"不受理×××起诉",不能表述为"对×××的起诉,本院不予受理"或"对原告×××起诉不予受理"。理由是:"对×××的起诉,本院不予受理"是《法院诉讼文书样式(试行)》"样式42"确定的。为了与"驳回起诉"和"驳回诉讼请求"动宾结构对应,有必要将"对×××的起诉,本院不予受理"调整为"不受理×××起诉"句式。

(二)"裁定驳回起诉"的语句表述

裁定驳回起诉,是指人民法院对已经受理的案件,在审理过程中发现原告的起

① 常怡:《比较民事诉讼法》,中国政法大学出版社2002年版,第555~563页。

诉不属于法院主管,或者不符合《民事诉讼法》第一百一十九条规定的受理条件,或者有《民事诉讼法》第一百二十四条以及最高人民法院司法解释规定的不予受理的情形,或者原告是不符合条件的当事人,依法从程序上对原告起诉作出的否定性书面处理意见。它是对上述问题应在立案审查阶段发现而没有发现或者难以发现,根据在审理阶段查明的情况所作出的补救措施。由于案件已经进入诉讼程序,不存在不予受理的问题,应适用裁定驳回起诉。故"裁定驳回起诉"是"裁定不予受理"的延伸或补救,其适用的期间应是立案受理后案件审理终结之前的审理阶段,与不予受理一样,当事人丧失的是程序意义上的起诉权。今后,当事人仍可再次起诉,"如果符合起诉条件且不属于民事诉讼法第一百二十四条规定情形的,人民法院应予受理"①。

实践中,有的法官认为,案件受理后在进入实体审理前发现起诉不属于法院主管或不符合法定受理条件的,可以用"裁定驳回起诉"形式处理。案件在进入实体审理尤其是庭审结束后才发现程序问题的,只能用判决形式处理。考虑到保护当事人诉权,便于当事人可以再次起诉,采用判决形式程序化语言处理为妥,即"判决如下:驳回×××起诉"。

按照二元诉权论学说,系在前苏联二元诉权说的基础上,对之加以改造而形成。但一些学者已提出质疑,认为该学说在理论上和实务中都存在许多难以自圆其说的地方,且在诉讼实践中区分两重意义上的诉权相当困难而且没有必要②。诉权作为当事人请求法院以国家审判权保护其实体利益的权利,分为程序意义上的诉权和实体意义上的诉权。程序意义的诉权在原告方面表现为提起诉讼的权利,在被告方面则表现为应诉的权利和程序上进行答辩的权利;实体意义的诉权在原告方面表现为期待胜诉的权利,在被告方面则表现为对原告诉讼请求进行实质性的答辩,以反驳原告的诉讼请求,或者提起反诉以吞并、抵消原告诉讼请求或使原告的诉讼请求失去意义③。为此,有学者主张,程序意义的诉权又叫起诉权,实体意义的诉权又叫胜诉权。理论界一般认为,就诉权作这样区分,具有重要的实践意义:第一,有利于法院查明管辖权和决定应否受理。如果原告无程序意义诉权,则认为起诉不符合条件,不应受理。第二,有利于法官查明案情和正确适用法律,作出正确裁判。如果查明原告无实体意义诉权,就判决其败诉。④

---

① 参见《最高人民法院关于适用〈中华人民共和国民事诉讼法〉的解释》第212条。

② 参见顾培东:《法学与经济学探索》,中国人民公安大学出版社1994年版,第219~227页。

③ 江伟:《民事诉权研究》,法律出版社2002年版,第44~45页。

④ 常怡:《新中国民事诉讼法学研究综述(1949—1989)》,长春出版社1991年版,第182页。

我国民事诉讼法采二元诉权论说,并按照解决问题的不同性质,将裁判文书分为民事判决书和民事裁定书。有学者认为,民事诉讼主要解决当事人之间的实体权利义务争议和人民法院与当事人之间的诉讼权利义务问题。前者解决实体问题,后者解决程序问题。按照我国民事诉讼法的规定,解决实体问题应使用判决书,解决程序问题应使用裁定书。[①] 问题是在民事纠纷立案后案件审理终结之前的整个审理过程中,对应当驳回的案件,是适用判决驳回诉讼请求,还是适用裁定驳回起诉,认识不一,争议较大。这就需要有一个划分的标准。这个标准我们认为应当以程序和实体的分界岭为线较为科学。但是,由于分析问题的角度不同,有的问题既可看似程序问题,又可看似实体问题。如果发生交叉,应以程序问题优先考虑。所以,该标准确立的关键是看原告的起诉是否符合受理条件,不能以是否开庭、是否进入实体审理作为划分标准,不能以当事人间有无民事法律关系作为划分标准,也不能以当事人今后能否再次起诉作为划分标准,否则将一个程序性问题分作裁定和判决两种形式处理,会混淆性质截然不同的两种裁判方式。所以,无论诉讼进展到终结前的何种阶段,只要在诉讼过程中发现所有涉及起诉是否符合受理条件的程序性问题,应一律适用裁定作出处理;所有实体问题,除《民事诉讼法》第一百五十三条规定"其中一部分事实已经清楚,可以就该部分先行判决"外,应在案件审理终结时使用判决性语言作出判决处理,不能在判决中使用裁定性语言,更不能适用裁定。

裁定既然是为解决程序问题设置的一种处理方式,那么能否起诉或起诉能否成立便属于裁定的职责范畴。适用裁定的,应写"驳回×××起诉",不能写"驳回×××诉讼请求"。因为起诉属于程序审查范围,请求属于实体审查范围,故诉讼请求属于判决而不属于裁定的对象。尤其是《民事诉讼法》第一百五十四条已经明确将"驳回起诉"作为裁定的适用范围,如果允许将"驳回起诉"也可作为判决的适用范围,则会造成法律适用不统一、裁定驳回起诉与判决驳回起诉界限不清,甚至出现民事裁定书主文与民事判决书主文均使用"驳回×××起诉"用语的情况等混乱局面,故用判决形式驳回起诉没有法律依据。

在审判实践中,有时还出现冒用他人名义起诉的情况。对他人冒充"本人"名义提起诉讼如何处理,存在较大分歧。第一种意见认为,对冒用他人名义起诉可以裁定形式处理,即裁定"驳回×××(冒名人)以×××(本人)名义提起的诉讼"。该意见同时认为,在裁判文书的首部仍应列"本人"为当事人,而不应列冒名人为当事人。第二种意见认为,冒用他人名义起诉属无效诉讼行为,不应以裁定形式处

---

① 周道鸾:《法律文书教程》,法律出版社2003年版,第195～196页。

理,而应注销案件。按第一种意见处理,会遇到一种尴尬情况,即在裁判文书首部将“本人”列为当事人,而驳回的是冒名人以本人名义的起诉,则谁有权提起上诉?是冒名人、本人,还是两者均可?既已查明冒名起诉,为何还要给予诉讼权利呢?故此意见很难自圆其说,也难以操作。我们倾向于第二种意见。2008年8月7日下午,在上海市第一中级人民法院主办的民事案件否定性裁判法律适用及其主文构建研讨会上,上海交通大学法学院教授王福华认为,对于冒用他人姓名进行诉讼如何处理,涉及确定当事人的标准问题。大陆法系关于确定当事人的标准,有以下几种观点:(1)意思说。该观点着重以当事人起诉时的意思表示为准。即使起诉状上写明被告为A,但原告的意思是B,那么被告就应是B。(2)行为说。该观点以具体行为为准。即谁起诉,谁就是原告;谁应诉,谁就是被告。(3)表示说。该观点认为,起诉状上记载的是谁,当事人就是谁。例如,A以B的名义起诉,则B就是原告.而不是A。(4)当事人适格说。这种观点认为,当事人的确定应当以诉讼的全过程所有的资料来加以考察,而不仅仅从诉状记载的内容来确定当事人。实际上是以当事人是否适格为标准来确定当事人。(5)规范分类说。这种观点认为,当事人的确定应从诉讼的不同阶段来加以考察。在诉讼开始阶段,按照表示说;在诉讼程序进行中,应当以评价规范为确定标准。目前,大陆法系的主流观点倾向于采纳表示说。以日本为例,在处理冒名诉讼时往往遵循以下思路:甲冒用乙的姓名把乙作为原告提起诉讼时,当事人应视为乙。法院在审理中发现这一问题,就传唤乙。如果乙不追认其诉讼,该诉视为无权代理人提起诉讼驳回起诉,并让甲负担诉讼费用。

在适用“裁定驳回起诉”时,目前还存在法条引用争议问题。如有的只引用《民事诉讼法》第一百一十九条或第一百二十四条规定,有的只引用该法第一百五十四条第一款第(三)项。《民事诉讼法》第一百五十四条规定:“裁定适用于下列范围:……(三)驳回起诉;……”。即使同时引用,也有先后顺序不统一等问题。对于《民事诉讼法》第一百五十四条规定是否需要引用,有三种不同意见。第一种意见认为应当引用,理由是驳回起诉适用裁定而不是判决,在《民事诉讼法》上的依据只有第一百五十四条第一款第(三)项规定,不引用则无法可依。但在顺序上应当将第一百一十九条、第一百二十四条的规定或相关司法解释引用在前,第一百五十四条第一款第(三)项规定引用在后。理由是在引用同一部法中的不同法条时,通常按照法条顺序引用;且往往先审查内容,然后采取不同的形式处理。第二种意见认为不必引用,理由是从比较法的角度看,在大陆法系国家的民事诉讼中,如果是法院行使诉讼指挥权和处分权,得不附理由,即不必详尽地引用法律根据;可不经言词辩论,命令当事人以书状或言词方式进行陈述。以此为参照,我国不予受理和驳回起诉的裁定,可以不必引用《民事诉讼法》的相关规定,而不仅限于第一百五十四条第一款第(一)项或第(三)项不必引用的问题。第三种意见认为也是不必引用,理由是驳回起诉适用裁定是在诉讼中作出,《民事诉讼法》第一百五十四条第一款第(三)项对此确有规定,但该条是法律对裁定种类适用的要求,对当事人没有直接的程序和实体意义。我们同意该意见并认为,《民事诉讼法》对立案后发现起诉不符合受理条件应当怎样处理没有做出明确规定,最高人民法院在《关于适用〈中华人民共和国民事诉讼法〉的解释》(以下简称《民诉法解释》)第二百零八条对此做出了解释,即"案后发现不符合起诉条件或者属于民事诉讼法第一百二十四条规定情形的,裁定驳回起诉。"所以在引用法条时,该司法解释应当同时引用。驳回起诉的依据即民事诉讼法第一百一十九条或第一百二十四条的规定应书写在前,作出裁定的依据即《民诉法解释》第二百零八条书写在后,不能遗漏,也不能颠倒。

(三)"判决驳回诉讼请求"的语句表述

《民诉法解释》第二百一十九条规定:当事人超过诉讼时效期间起诉的,人民法院应予受理。受理后对方当事人提出诉讼时效抗辩,人民法院经审理认为抗辩事由成立的,判决驳回原告的诉讼请求。第三百一十二条第一款第(二)项规定:"案外人就执行标的不享有足以排除强制执行的民事权益的,判决驳回诉讼请求。"第三百一十三条第(二)项规定:案外人就执行标的享有足以排除强制执行的民事权益的,判决驳回诉讼请求。"因此,判决驳回诉讼请求,是指人民法院对已经受理的案件,经过实体审理后,认为当事人的诉讼请求无事实根据或证据不足,或者当事人的诉请无相应法律依据,或者超过诉讼时效期间(法律另有规定除外)等,其提出的诉讼主张依照有关实体法的规定不能成立,从实体上对原告起诉或被告反诉或有独立请求权的第三人主张作出的否定性书面处理意见。其适用的期间是案件审理终结之后的宣判阶段。这种对当事人实体请求权给予否定评价的后果是,当事人丧失的是请求人民法院就双方间的民事权益之争依法作出有利于自己裁判的实体意义上的胜诉权;根据一事不再理原则,除采集到新证据等且在诉讼时效内再次起诉外,法院正在审理之中或业已作出实体判决的"同一当事人",不能就"同一事实和理由"(或同一法律关系)及同一诉讼请求再次提出起诉。即使起诉,法院亦可直接裁定不予受理。

这里所说的"事实"与《民事诉讼法》第一百一十九条第(三)项中的"有具体的诉讼请求和事实、理由"中的"诉称事实"或"待证事实"不同。它是指有足够证据证明或经人民法院庭审查明的事实,它是当事人获得胜诉的一个必备条件。经当事人举证、质证或人民法院依职权调查取证,仍无证据证明或证据不足以证明其所主张的事实、理由的,应判决驳回当事人诉讼请求。

这里所说的“法律依据”是当事人诉讼请求必须持有的法律依据,或者人民法院给予法律保护的依据。没有法律上的依据或超过法律规定的范围,法院无法支持其全部或部分“诉讼请求”。《民法通则》第一百三十八条规定:“超过诉讼时效期间,当事人自愿履行的,不受诉讼时效限制”。据此规定,超过了诉讼时效期间,义务人履行义务后,又以超过诉讼时效期间为由反悔进而诉至法院的,其请求无法律依据,应判决驳回当事人诉讼请求。

这里所说的“诉讼时效”指《民法通则》规定的一般意义上的诉讼时效。无论是否超过,当事人均有程序上的起诉权,实体上是否丧失胜诉权,应按《民法通则》和《最高人民法院关于贯彻执行〈中华人民共和国民法通则〉若干问题的意见》等有关规定审查。《继承法》第八条规定,“继承权纠纷提起诉讼的期限为二年,自继承人知道或应当知道其权利被侵犯之日起计算。但是,自继承开始之日起超过二十年的,不得再提起诉讼”。这里的“不得再提起诉讼”,是指自继承开始之日起二十年期限届满后,权利人便丧失了起诉权。因此,在适用《继承法》这条规定时,凡在受理前发现诉讼时效已届满的,应裁定不予受理;在受理后经审查发现诉讼时效已届满又无中止、中断、延长事由,且原告不撤诉的,应裁定驳回起诉。此外,2001年3月22日《最高人民法院关于审理劳动争议案件适用法律若干问题的解释》第三条规定“劳动争议仲裁委员会根据《劳动法》第八十二条之规定,以当事人的仲裁申请超过六十日期限为由,作出不予受理的书面裁决、决定或者通知,当事人不服,依法向人民法院起诉的,人民法院应当受理;对确已超过仲裁申请期限的,又无不可抗力或者其他正当理由的,依法驳回其诉讼请求”。这里的“依法驳回其诉讼请求”,应理解为适用判决从实体上作出相应处理。

在判决驳回诉讼请求的案件中,审判实践中还出现大量使用“判决如下:×××诉讼请求不予支持(或不予准许)”的情况。如对判决不准离婚的案件,有的法官使用“原告×××要求与被告×××离婚的诉讼请求,不予支持”或者“原告×××要求与被告×××离婚,不予准许”语句。又如,有的规定也有这样的提法:“当事人对人事争议仲裁委员会以超过六十日期限为由不予受理的仲裁决定不服,且争议发生在2003年7月5日之后的,人民法院应当受理。经审理确已超过仲裁申请期限,又无不可抗力或者其他正当理由的,判决对其诉讼请求不予支持”。该文使用的是“判决诉讼请求不予支持”,与“驳回诉讼请求”相比,这两种语句的适用是否相同、有无区别呢?

有的法官认为,一般情况下两者含义相同,没有实质性区别。如对当事人诉讼请求(一项或两项以上)全部不支持的,两种写法任选一种都是可以的。如“伊莱利公司诉豪森药业公司专利侵权纠纷案”民事判决书主文是“驳回原告伊莱利公司的诉讼请求”,“避风塘公司诉德荣唐公司不正当竞争纠纷案”民事判决书主文是“原告避风塘公司的诉讼请求,本院不予支持”①。但是,当遇到对当事人诉讼请求部分支持部分不支持的,两种语句的适用是有差异的,即对不支持的部分写“×××诉讼请求不予支持(或不予准许)”,而不写“驳回×××诉讼请求”,以体现量的区别。

我们认为,《民事诉讼法》第五十六条规定:对当事人双方的诉讼标的,第三人认为有独立请求权的,有权提起诉讼。因不能归责于本人的事由未参加诉讼,但有证据证明发生法律效力的判决、裁定、调解书的部分或者全部内容错误,损害其民事权益的,可以自知道或者应当知道其民事权益受到损害之日起六个月内,向作出该判决、裁定、调解书的人民法院提起诉讼。人民法院经审理,诉讼请求成立的,应当改变或者撤销原判决、裁定、调解书;诉讼请求不成立的,驳回诉讼请求。《民事诉讼法》第一百一十二条规定:当事人之间恶意串通,企图通过诉讼、调解等方式侵害他人合法权益的,人民法院应当驳回其请求,并根据情节轻重予以罚款、拘留;构成犯罪的,依法追究刑事责任。

按照判决主文内容准确性、用语规范性、理解唯一性、文字简洁性的要求,无论涉及人身权益还是财产权益等实体问题,都应使用统一规范语言即“驳回原告×××诉讼请求”,不宜提倡使用“×××诉讼请求不予支持(或不予准许)”用语。但是,“不予支持”或“不予准许”等用语可以在说理部分使用。

对此,因实践中的做法各不相同而产生较大争议。要求保留“判决不予支持”表述方式的意见认为,一是判决驳回诉讼请求与判决不予支持在语气及表达法官对案件法律事实的确认度上有差别,如在没有证据的情况下,法官用驳回起诉的方式来表达对此案的确信度,但在优势证据的情况下,法官是在对双方证据进行比较和取舍之后进行判断,用驳回起诉的表述语气过于强烈,也过于自信,用判决不予支持的表述则可以表明法官的内心判断,语气上更合理一些,效果也更好一些。二是法官在民事案件中处于居中裁判的地位,是解决平等民事主体之间的权利义务关系,起着定纷止争的作用,与打击刑事犯罪,维护社会秩序的作用是有区别的。驳回起诉有浓烈的职权主义色彩,不予支持可以更好地体现法院的中立地位,裁判结果也容易被当事人所理解和接受。持该意见者提出,“判决不予支持”可作规定中的保留条款,即“驳回诉讼请求判决书主文一般表述为‘驳回×××诉讼请求’,特殊情况也可表述为‘×××诉讼请求不予支持’”。我们认为,按该意见得出的

① 分别参见《中华人民共和国最高人民法院公报》2004年第6期,第10~29页。

结论应是区别不同情况决定采用“判决驳回诉讼请求”或“判决不予支持”不同方式,似有合理的一面。但是否一定要作如此区分呢?

有一则案例可以借鉴。2005年10月15日,《人民法院报》报道了一起姐妹借款纠纷案的审理情况。在双方当事人各执一词且均有证据支持的情况下,法院运用生活经验、社会经历和逻辑推理,判断证据证明力,认定原告提交的证据不足,作出驳回其诉讼请求的判决,而不是判决对其“诉讼请求不予支持”。案例已经注意到证据优势问题,但没有如上述意见那样作区分处理。实务中,如果采纳上述意见,其结果是,写法仍然不一致,没有达到规范统一的目的。

我们还可以参考刑事诉讼文书样式作为借鉴。《刑事诉讼法》第一百九十五条规定“在被告人最后陈述后,审判长宣布休庭,合议庭进行评议,根据已经查明的事实、证据和有关的法律规定,分别作出以下判决:(一)案件事实清楚,证据确实、充分,依据法律认定被告人有罪的,应当作出有罪判决;(二)依据法律认定被告人无罪的,应当作出无罪判决;(三)证据不足,不能认定被告人有罪的,应当作出证据不足、指控的犯罪不能成立的无罪判决”。[①] 据此规定,“宣告无罪的,无论是适用《中华人民共和国刑事诉讼法》第一百九十五条第(二)项还是第(三)项,均应表述为‘被告人×××无罪’”。“适用《中华人民共和国刑事诉讼法》第一百九十五条第(三)项规定宣告被告人×××无罪的,应当将‘证据不足,×××人民检察院指控的犯罪不能成立’,作为判决的理由,而不应当作为判决的主文”。这一规定值得关注,它明确并划清了判决结果与判决理由的界限。从中可以看出,民事案件驳回诉讼请求的不同情形及其措辞(如前所述“不予支持”或“不予准许”等用语)也应当在说理部分体现,而不能因案件情形不同导致判决主文变化多端,没有统一规范的语言。

在审判实践中,驳回诉讼请求采用列举式还是概括式?有的采用列举式,即写明驳回什么诉讼请求;有的采用概括式,即驳回诉讼请求或其余诉讼请求。

我们认为,判决主文的简洁性决定了采用概括式,判决主文与当事人诉讼请求的对应性决定了采用列举式。采用概括式或列举式表述,应根据案件具体情况决定。从判决主文简洁性考虑,全案驳回的,一般情况下应采用概括式;在当事人多项诉讼请求没有全额支持的情况下,不支持部分只有一项的可采取概括式或列举式,不支持部分有两项或两项以上的应采用概括式。从判决主文与当事人诉讼请求对应性考虑,应当采用列举式。如在当事人诉讼请求只有一项且没有足额支持

① 《法院刑事诉讼文书样式》(样本)1999年4月6日最高人民法院审判委员会第1051次会议通过,人民法院出版社1999年版,第4页、第11页。

的情况下,没有得到支持的部分无须单列主文,只需在说理部分阐明即可。如果原告只有一项诉讼请求,而判决书书写两条主文,则后一条主文中的“其余诉讼请求”反而容易被误解为当事人有多项诉讼请求。针对审判实践中出现过一审没有单列主文而被带有指导意义的二审增判的情况,有的认为还是以单列主文为宜。例如,在借贷案件中,原告要求被告归还10,000元,经查被告已经归还2000元,故判决:“一、被告×××于本判决生效之日起×日内归还原告×××借款人民币8000元。二、驳回原告×××其余有的法官提出,‘其余’两字应改作‘其他’。但这里为何要使用‘其余’呢?‘其余:剩下的’,‘其他:别的’,[①]‘其余’和‘其他’均是代词,代替除此以外的人或事物。但是,两者是有区别的。前者着重代替除所说以外剩下的人或事物,所指范围、数量多是明确的,常用于确指。后者着重代替除所说以外别的人或事物,所指范围、数量不如‘其余’明确,常用于泛指。[②] 在诉讼中,当事人诉讼请求是明确的。法院支持与否也是明确的,故此处应用“其余”,这是有语法依据的。诉讼请求。案件受理费……”但对诉讼请求中不予接纳的“其余”内容应在说理部分予以阐明。究竟采用单列主文还是可以省略,需要进一步研究。

(四)“驳回起诉”与“驳回诉讼请求”主文撰写甄别适用

在案件立案受理之后、实体问题处理之前,有的势必会遇到程序和实体相互交织在一起有时难以区分不同情况进而厘清裁定和判决的适用问题,需要我们认真研究,准确判断,作出正确选择,否则会直接影响裁判的准确性。

1. 被告住址(住所地)或者姓名(名称)错误或者错列误列被告问题

(1)被告姓名或名称正确,但住址或住所地错误的处理方式。即原告提供与被告无任何联系的住址或住所地,应当要求原告补充材料;原告因客观原因不能补充或者依据原告补充的材料仍不能确定被告住址或住所地的,法院应当依法向被告公告送达诉讼文书,不能裁定驳回起诉。因有关部门不准许当事人自行查询其他当事人的住址信息,原告向法院申请查询的,法院应当依原告申请予以查询。

(2)被告姓名或名称错误,或者因住址或住所地不明导致无法判明姓名或名称真假的处理方式。即该住址或住所地确无诉状上被告此人的,应当要求原告提供真实、准确的被告情况。否则,以无“明确的被告”为由,裁定驳回起诉。

需要引起注意的问题是,2003年12月1日施行的《最高人民法院关于适用简

① 参见中国社会科学院语言研究所词典编辑室编:《现代汉语词典》(2002年增补本),商务印书馆2002年修订第3版(增补本),第994页。

② 参见佟慧君、梅立崇主编:《汉语同义词词典》,商务印书馆2002年版,第690~691页。

易程序审理民事案件的若干规定》第八条第(二)项规定指出:“原告不能提供被告准确的送达地址,人民法院经查证后仍不能确定被告送达地址的,可以被告不明确为由裁定驳回原告起诉”。2004年12月2日施行的《最高人民法院关于依据原告起诉时提供的被告住址无法送达应如何处理的批复》指出:“人民法院依据原告起诉时所提供的被告住址无法直接送达或者留置送达,应当要求原告补充材料;原告因客观原因不能补充或者依据原告补充的材料仍不能确定被告住址的,人民法院应当依法向被告公告送达诉讼文书。人民法院不得仅以原告不能提供真实、准确的被告住址为由裁定驳回起诉或者裁定终结诉讼”。有观点认为,上述两个司法解释虽然颁布时间不同,但效力等级相同,只是在适用时应区分不同情况作出相应处理。如离婚案件和债务案件,离婚案件中的被告一般情况下总是存在的,如其住址不详,应按《批复》规定予以公告送达;债务案件情况复杂,如果住址不详,很难判断被告究竟是否实际存在。遇到类似这种情况,应按《规定》以被告不明确为由裁定驳回起诉。我们认为,上述司法解释涉及的内容不一致,应以时间先后作为判断效力的依据,且《批复》内容具有针对性,没有要求必须针对不同情况区分适用。只要当事人确定仅住址不明确,应予公告。即便债务案件,可以通过户籍或工商登记资料查询确定当事人是否存在。简而言之,住址不详,公告送达。被告不明,驳回起诉。适用时应以《批复》为准。

(3)错列或误列被告的处理方式。审判实践中,当事人错列或误列被告的情况时有出现。对多名被告且以“被告住所地”作为法院受理依据的案件中,为取得法院对案件的管辖权,有的原告随意将一名与案件无关的当事人列为共同被告并诉至法院。遇有此种情况该如何处理,目前没有统一的裁判方式。有的认为,因民事诉讼法已经取消了民事诉讼法(试行)中关于更换当事人制度,故应判决驳回原告对该被告的诉讼请求。由于该名被告不存在,受诉法院管辖的依据也随之消失。此时,受诉法院应依职权将载有其余被告的案件移送有管辖权的人民法院审理,不能裁定驳回起诉。我们认为,这类案件应当裁定直接移送有管辖权的法院审理。裁定时,可以将错列或误列被告的情况作为依职权移送的理由,而不要单独先作出驳回判决,再作出移送裁定,这样可以节省司法资源,避免当事人讼累。

2. 原告主体不适格与被告主体不适格的问题

(1)原告主体不适格,应裁定不予受理或驳回起诉。因原告本身没有起诉权,法院即便依据实体法作出判断,也应从程序上作出处理。《民事诉讼法》第一百一十九条第(一)项“原告是与本案有直接利害关系的公民、法人或其他组织”作为起诉人应当具备法律规定的主体资格。2001年4月30日最高人民法院在《关于审理劳动争议案件适用法律若干问题的解释》(以下简称《劳动争议解释》)第四条中有相似规定,即"劳动争议仲裁委员会以申请仲裁的主体不适格为由,作出不予受理的书面裁决、决定或者通知,当事人不服,依法向人民法院起诉的,经审查,确属主体不适格的,裁定不予受理或者驳回起诉"。关于主体资格,前者仅规定"起诉人",后者"确属主体不适格的"系指"申请仲裁的主体不适格"即向法院起诉的原告资格不符合要求,均针对原告。例如,在抚育费案件中,母(父)亲诉父(母)亲或者孙子女(外孙子女)诉祖父母(外祖父母)要求支付或增加抚育费的情况时有出现。这种情况表明双方没有抚育和被抚育民事法律关系,前者属原告主体不适格,后者属被告主体不适格。所以,前者属原告没有抚育费起诉权,应裁定驳回起诉;后者有起诉权但属诉错或错列对象,应判决驳回诉讼请求。

(2)被告主体不适格,应判决驳回原告诉讼请求。我国民事诉讼立法及其《关于人民法院推行立案登记制改革的意见》对被诉主体是否适格未作立案登记条件规定,即对被告应诉应该具备什么条件等资格审查,没有诉讼法依据,目前只能从原告是否明确表示被告应否承担民事责任的角度对原告的请求作出实体判断。事实上,原告告谁是原告的权利,被告是否适格是法院审查的问题。原告所诉对象存在,即可认定有"明确的被告"而非"正确的被告",其诉讼主体地位当无异议。《民诉法解释》第二百零九条规定"原告提供被告的姓名或者名称、住所等信息具体明确,足以使被告与他人相区别的,可以认定为有明确的被告"。至于该被告是否是真正的侵权者或义务人,应与原告所提出的诉讼请求是否成立一起,作为实体审理和实体判决所要解决的问题。只要原告明确"本案"即受害或受损事实与被告有关,在立案时,无须理解为被告必须是民事责任或履行义务的承受者。如果送达的住址内确有被告此人,但现有证据证明此人与原告无民事法律关系,不应该是本案被告;或者双方虽存在民事法律关系,但双方约定的履行义务的条件尚未成就等,这就存在原告坚持认为此人就是"明确的被告",也有"具体的事实和依据"等判断和法院认为被告诉讼主体不适格等判断的矛盾冲突。此时法院的判断是建立在原告有起诉权的基础上并依据相关实体法规定作出的,故应作实体处理。只要被告不是实体法律关系中义务承担者,应判决驳回诉讼请求。如甲乙之间无债权债务关系,而是甲丙之间存在债权债务关系,应当认为甲对乙仍有程序意义上的诉权,但是没有胜诉权。所以人民法院不应裁定驳回起诉,而应判决驳回甲对乙的诉讼请求。只有这样,才能保护当事人的诉讼权利和实体权利。

3. 没有证据或者证据不足以证明某种事实的问题

《民事诉讼法》第一百一十九条对起诉"有具体的诉讼请求和事实、理由"作为必须条件之一。该事实依据属待证事实、原告认为是事实的事实,其依附的证据仅属起诉证据材料性质,没有规定必须是胜诉证据。从比较法角度来看,日本等世界主要法制发达国家都不把是否有证据作为诉讼成立的要件,仅将是否有证据作为实体权利能否保护的要件。所以,在没有证据或者证据不足以证明当事人之间存在某种民事法律关系或虽然有证据证明当事人之间存在某种民事法律关系,但证据不足以证明其诉讼请求成立时,法院应判决驳回诉讼请求。今后,如当事人持新证据仍可再次起诉。如原告甲公司诉被告乙公司购销合同欠款纠纷案,本案原告已经提供了购销合同,证明双方存在购销合同关系。争议焦点是购销合同中的需方并非被告,但合同实际履行中的需方究竟是否是被告。又如,原告尹某诉被告某公司借款纠纷案,本案原告已经提供借据,证明双方存在借款合同关系。争议焦点是被告矢口否认借款,原告诉称有无事实依据。这些均应通过审查原告提供的证据才能认定,法院审理的是实体问题,应作出实体判断。

4. 诉讼请求中分别涉及程序和实体的问题

在当事人有多项诉讼请求的案件中,如果请求分别涉及程序和实体问题的,应先作出裁定处理程序问题,再按其他方式处理实体问题。这一问题突出表现在劳动争议案件中,当事人将未经仲裁的纠纷与经过仲裁处理的纠纷一并作为诉讼请求要求处理。因实践中的做法各不相同对此产生较大争议。有的意见认为,只要在说理部分中对未经仲裁的该部分请求表明"不予处理"的意见,在主文中不出现"不予处理"裁判方式,也不写"驳回其余诉讼请求",这样可以简化处理方式。如果当事人上诉,二审法院认为"不予处理"不妥,应予一并处理的,可以直接增判。有的意见认为,这样处理的后果是剥夺了当事人的上诉权,提出可直接在主文中作出"不予处理"判决方式。我们认为,根据《劳动争议解释》第6条规定,"法院受理劳动争议案件后,当事人增加诉讼请求的,如果该诉讼请求与诉争的劳动争议有不可分性,应当合并审理;如属独立的劳动争议,应当告知当事人向劳动争议仲裁委员会申请仲裁"。如果当事人不同意另行仲裁,法院应裁定驳回起诉。实践中,对当事人将未经仲裁的请求与经过仲裁的诉讼请求一并诉至法院的情况,可以视为在案件受理后增加诉讼请求的情况,并按照上述规定作出相应处理。

经过上述综合分析,"裁定驳回诉讼请求""判决驳回起诉"和"判决诉讼请求不予支持(或不予准许)"处理方式和裁判用语于法无据,有的似有欠妥,有的明显错误,不宜适用。"裁定不予受理""裁定驳回起诉"和"判决驳回诉讼请求"有理有据,符合裁判结果应当"准确、单一、严谨"[①]的要求,属于正确裁判方式和规范裁判用语,应予适用。在适用中,三者相互联系,相互作用,在保护当事人合法权益,克服"告状难",防止当事人滥用诉权等方面,形成了一系列共同的目标一致的保

① 周道鸾主编:《法律文书教程》,法律出版社2003年版,第205页。

护链,只是它们之间是有本质区别的,应该仔细加以区分,做到准确适用才是。

六、对诉讼保全或强制措施中的行为表述语句固定

财产保全和强制措施裁定书性质不同,但是目的相同,在保全措施和强制措施上有的采取的方法也相同,都是将裁定指向的财产处于法院掌控之中,以便兑现当事人合法权益。根据《民事诉讼法》第一百零三条规定,财产保全采取查封、扣押、冻结或者法律规定的其他方法。根据《民事诉讼法》第二百四十二条、第二百四十三条、第二百四十四条规定,被执行人未按执行通知履行法律文书确定的义务,人民法院有权采取的执行措施有:向有关单位查询被执行人的存款、债券、股票、基金份额等财产情况,并根据不同情形扣押、冻结、划拨、变价被执行人的财产;有权扣留、提取被执行人应当履行义务部分的收入;有权查封、扣押、冻结、拍卖、变卖被执行人应当履行义务部分的财产。目前,这两类裁定采取的措施主要限于上述范围,但裁定书主文用词混乱,句式繁多,写法各异,缺项明显。主要表现在文字表述不统一、句式不规范和交待事项不周延三个方面,且往往互相交织在一起,书写的随意性和任意性较为普遍。

(一)存在的问题

由于不同写法太多,无法一一列举分析,因而只能对每一种写法中的突出问题摘要分析,揭示问题实质。例如:

1.“冻结被执行人×××的银行账户”。冻结账户,意味着钱款既不能进,也不能出,这似乎是一个走进死胡同的写法。“冻结被执行人×××名下价值人民币××元的股票”,意味着股票不能被买卖,这会影响股票买卖可能带来的收益。

2.“划拨被执行人×××名下的价值人民币××元的财产”。财产如何“划拨”?究竟是划拨存款,还是查封或者扣押财产,无人能够探明。

3.“冻结被执行人×××的银行存款人民币××元,划拨被执行人×××的银行存款人民币××元”。前后两句是并列关系,还是选择关系?如果是并列关系,为何一部分要冻结,另一部分要划拨?如果是选择关系,则两句间漏写连词“或者”。

4.“查封、扣押、拍卖被执行人×××的存款人民币×××元财产,冻结、划拨被执行人×××的存款人民币×××元,如数额不足,按实际数额划拨,提取、扣留被执行人×××应当履行义务部门的收入人民币×××元”。既然已经“查封、扣押、拍卖被执行人×××的存款人民币×××元财产”,为何还要“冻结、划拨被执行人×××的存款人民币×××元”?既然已经表明如数额不足,按实际数额处置,为何在实际处置中,少了“冻结”,多了“提取、扣留”措施?而且“存款”怎么

“拍卖”？这份裁定书究竟要裁定和执行什么事项？令人费解。

5. 冻结、划拨被执行人×××的存款,或查封、扣押、冻结、评估、拍卖、变卖被执行人×××应当履行义务部分的财产。为了穷尽各种手段,结果把“评估”也书写到强制措施之中,不可思议。

6. “查封被执行人×××在本市×路×弄×号×室的房产”。“房产”怎样“查封”？究竟是冻结该房产交易,还是查封该幢(间)房屋不得使用,表述不清。

7. “解除对被告×××存款人民币××元或等值财产的冻结或查封”。财产保全裁定书作出后,实际保全的结果是什么,解除时,应该对该结果作反向对应处理。所以,解除保全措施,不存在使用选择性“连词”。

8. 当事人因其已经提供担保(或因案外人为其提供担保),要求解除已经采取的财产保全措施的,有的写法是“解除对被告×××价值人民币××元财产的查封”。那么,对当事人已经提供的担保或案外人为其提供的担保如何处置没有涉及,这将造成担保落空的严重后果。

(二)问题的原因

1. 客观原因:根据1992年《法院诉讼文书样式(试行)》,财产保全和强制措施裁定书主文撰写存在问题主要表现在以下三个方面:

(1)缺少规范的表述语句(指具体语句)或者语句表述指引(指采取何种语法结构或者逻辑结构的语句表述方式)。财产保全裁定要求“写明对被申请人的财产采取查封、扣押、冻结或者法律规定的其他保全措施的内容”(样式45),或者“写明采取财产保全的具体内容”(样式46),在“说明”中要求“裁定结果应写明采取财产保全的具体措施及被保全财产的名称、数量或者数额等内容”。采取强制执行措施裁定只是要求“具体写明采取冻结、划拨存款,扣留、提取收入,查封、扣押、拍卖、变卖财产等强制执行措施的内容”(样式86),这容易造成承办案件的法官按照自己的理解任意书写主文。

(2)缺少裁定的具体样式。解除财产保全裁定书一般分两种情况。一是财产保全申请人要求解除对被申请人的财产保全措施;二是因被申请人提供担保或者案外人为其提供担保,被申请人要求解除经申请人申请法院作出的财产保全措施。目前,针对以上两种情况的裁定,样式47只给出一种样本,即“解除对×××的……(写明财产的名称、数量或数额等)的查封(或者扣押、冻结等)。这一样本适合第一种情况,但不适合第二种情况,即没有对被申请人或者案外人提供的担保财产作出相应保全措施,造成承办案件的法官书写裁定书时没有参照的依据。

(3)缺少事项的交代要求。在上述形形色色的涉及诉讼的财产保全裁定书主文表述之后,都存在一个普遍问题,即没有明确当事人申请复议的期间,只写“如不服本裁定,可以向本院申请复议一次。复议期间不停止裁定的执行"。原因是,《民事诉讼法》第一百零八条仅规定当事人可以申请复议,但没有规定何时申请复议。实践中,承办案件的法官一般根据"92 样式"书写。然而,期间事项的缺失,将会出现当事人随时都可以提出复议的情况,这不利于法院及时发现和纠正可能存在的裁定错误。

2. 主观原因:理论部门工作者对法律文书制作方面的研究不是很多也不是很深,尤其是缺少实务方面的研究。实务部门的工作者如相关业务庭和承办人遇到问题,不去多思考,不去多研究,也不去及时反映情况和积极提出改进意见,而是绕过问题,各行其是。承办案件的法官书写随意,审核人或签发人又不注重格式的规范和统一,久而久之,问题堆积如山。

(三)规范的表述

1. 关于文字统一问题

文字统一主要涉及动词和名词固定搭配与准确表述问题,建议:

(1)要求银行、信用合作社和其他有储蓄业务的单位,对被申请人存款进行就地保全的,使用"冻结";异地保全的,使用"划拨"。

(2)要求被执行人所在单位、银行、信用合作社和其他有储蓄业务的单位,对被执行人工资、营业等收入进行就地保全的,使用"扣留";异地保全的,使用"提取"。

"扣留"的结果与"冻结"的结果相同,"提取"的结果与"划拨"的结果相同。前者是指被保全的财产不在法院掌控视线范围内,故要求除作出裁定的法院外,任何人不得动用;后者是指被保全的钱款汇入作出裁定的法院代管款账户,以便及时处理。

(3)要求有关产权登记部门对不动产(如房屋、土地等)和特定的动产(如车辆、船舶等)不予办理该项财产权利证书的转移手续的保全,使用"冻结"。例如:严禁房产交易和车辆交易的保全,使用"冻结"。

但是,需要查封或扣押该项财产的,对严禁房屋使用的保全,使用"查封";对严禁车辆使用的,就地保全使用"查封",异地保全使用"扣押"。

(4)要求对其他财产进行就地保全的,使用"查封";异地保全的,使用"扣押"。

2. 关于句式统一问题

(1)财产保全裁定书主文一般分列两条表述,第一条属于针对当事人提供担保的财产进行保全的内容,第二条属于针对当事人请求的保全事项进行保全的内容,一般作如下表述:

"一、冻结被告(或原告)×××的银行存款(或股票资金账户内存款)人民币××元;或者查封被告(或原告)×××价值人民币××元财产;或者冻结被告(或原告)×××的房产交易手续;或者冻结被告(或原告)×××的车辆交易手续。

二、冻结被告(或原告)×××的银行存款(或股票资金账户内存款)人民币××元;或者查封或扣押被告(或原告)×××价值人民币××元财产。"

上述第二条主文属于一般表述,如果当事人针对某一财产提出保全申请,则应予以具体表述,例如:

"二、冻结(或查封)被告(或原告)×××的房产交易手续(或房屋);或者冻结(或查封)(或扣押)被告(或原告)×××的车辆交易手续(或车辆)。"

(2)解除财产保全裁定书主文表述,应区分以下两种情况:

①因财产保全申请人申请,解除财产保全的,一般应对实际采取的保全措施作相应变更处理,如:

"一、解除对原告×××的房产交易手续的冻结。

二、解除对被告×××(写明财产的名称、数额等)的查封。"

②当事人因其已经提供担保(或因案外人为其提供担保),要求解除已经采取的财产保全措施的,一般分列两条表述,第一条属于针对当事人(或案外人)提供担保的财产进行保全的内容,第二条属于针对当事人请求的对原保全事项进行解除的内容,一般作如下表述:

"一、冻结被告×××的银行存款人民币××元。

二、解除对被告×××(写明财产的名称、数额等)的扣押。"

(3)强制措施裁定书主文表述。

①强制措施裁定书主文涉及冻结、划拨、查封、扣押和扣留、提取、拍卖、变卖被执行人应当履行义务部分的财产的表述的,参照财产保全裁定书制作方法对应书写,一般作如下表述:

"冻结(或划拨)被执行人×××的银行存款(或股票资金账户内存款)人民币××元;或者查封(或扣押)被执行人×××价值人民币××元财产。"

上述主文属于一般表述,如果针对某一财产采取强制措施,则应予以具体表述,例如:

"冻结(或查封)被执行人×××的房产交易手续(或房屋);或者冻结(或查封)(或扣押)被执行人×××的车辆交易手续(或车辆);或者扣留(或提取)被执行人×××在××(写明被执行人领取收入的有关个人姓名或者单位名称)的收入人民币××元;或者拍卖被执行人×××价值人民币××元财产;或者变卖被执行人×××价值人民币××元财产。"

至于该财产是房屋还是车辆等,应在"协助执行通知书"中写明具体内容即可。

②被执行人履行义务完毕后解除查封、扣押等强制措施的，一般作如下表述：“解除对被执行人×××（写明财产的名称、数额等）的查封（或扣押）。”

3. 关于事项交代问题

（1）告知申请复议事项的表述。

《民事诉讼法》第一百零八条规定“当事人对财产保全或者先予执行的裁定不服的，可以申请复议一次。复议期间不停止裁定的执行”。第七十五条规定“期间包括法定期间和人民法院指定的期间”。《海事诉讼特别程序法》规定，当事人对采取海事请求保全措施裁定不服的，可以在收到裁定书之日起五日内申请复议一次。为保护当事人合法权益，用于民事案件财产保全的裁定书可以参照该规定，由法院依职权指定期间，一般为五日，即在主文之后另起一行统一表述为：“如不服本裁定，可在收到裁定书之日起五日内向本院申请复议一次。复议期间不停止裁定的执行。”

（2）告知财产保全续保申请事项的表述。

根据有关规定，银行存款冻结和房产交易冻结分别是6个月和2年有效期。如需续冻，应重新办理延长手续。诉讼保全依当事人申请办理，续保也应如此。由于《法院诉讼文书样式（试行）》没有告知财产保全续保申请事项的表述要求，故一般不写。只是有的法院要求口头告知当事人，并在笔录中写明。如逾期脱冻，责任由当事人自负。尽管裁判文书制作有程式化和统一性要求，但如不设置续保申请告知事项，会损害当事人利益。在目前没有样式的情况下，我们应提出在裁定保全主文之后另起一行，告知当事人有权在一定期限内提出财产保全续保申请。这既有利于当事人，也有利益人民法院依法办案，为今后修订样式积累经验。

第三节　裁判文书事实部分的结构

事实分案件事实和证据事实两部分，是判决、裁定的前提和基础，是裁判理由和裁判结果的根据。制作裁判文书，要把事实叙述清楚，要按案件发生、发展和终结的先后顺序把案件的来龙去脉、发展过程、因果关系以及当事人的法律责任通过证据锁链连接在一起叙写清楚，“凡证明案件真实情况的一切事实，都是证据”。根据此原理，把证据放在事实部分，更符合逻辑。

一、事实要素清楚

裁判文书对叙写事实的总要求是:以法律事实为依据叙述事实。也就是说,在制作裁判文书之前,根据要叙述的事实性质找出这一事实相对应的法律规定,然后按照法律规定的要求,在诸多的法律事实材料里选择裁判文书中要用的法律事实。从一定程度上讲,叙述要素是案件事实在法律关系和法律特征上的体现。抓住要素叙写事实,这是裁判文书制作的基本要求。但是,案件的事实要素因案件类型不同而有差别,具有不同的侧重面。

民事案件的案情事实主要围绕当事人之间的争议焦点记叙双方权利义务争执的事实,具体要素应写明纠纷发生的时间、地点、起因、过程、结果以及纠纷涉及的各方对争执的意见、理由和证据。行政案件的案情事实是指行政机关与行政管理相对人之间的行政法律关系的争议事实,具体要素应依据对具体行政行为合法性审查的几个方面进行表述,并应当集中到被诉具体行政行为的依据是否充分上来。刑事案件的事实应写明行为人作案的时间、地点、被害人、作案的原因(目的、动机)、过程(情节、手段)、后果、事后态度等。为了阐述方便,现以一审刑事有罪判决书的事实部分的制作介绍如下:

按照《法院刑事诉讼文书样式》(样本),刑事判决书事实部分的内容包括四个方面:人民检察院指控被告人犯罪的事实和证据;被告人的陈述、辩解和辩护人的辩护意见及有关证据;经法庭审理查明的犯罪事实;经庭审举证质证认定犯罪事实的证据。为了使事实的叙述层次清楚,这四个方面的内容一般应当分四个自然段书写。

按照上述要求,判决书在事实部分,首先要概括叙述检察机关指控被告人犯罪的基本内容;然后写明被告人的供述、辩解和辩护人辩护的观点。目的是突出控辩的焦点,便于法院在认定事实、分析证据和阐述判决理由时更有针对性,同时也是为了增加刑事判决书的透明度,维护控、辩双方的诉讼权利。写完控辩双方的意见后,再写判决确认的犯罪事实。若是刑事附带民事判决书,还应增加简述附带民事诉讼原告人起诉的内容,即要求被告人赔偿经济损失的诉讼请求;写明被告人的犯罪行为使被害人遭受经济损失的事实等。法庭审理的对象首先是起诉书指控的犯罪事实,这些事实必须是经过法庭公开调查、依法确已构成犯罪的事实。1999年3月8日,《最高人民法院关于严格执行公开审判制度的若干规定》已经明确:"依法公开审理的案件,案件事实未经法庭公开调查不能认定"。所以,以下事实不能写到判决书上:只有被告人供述,没有其他证据证实的;只有一般轻微违法行为,但不构成犯罪的;已过追诉时效,依法不应追究的犯罪事实;应按党纪、政纪处理的或者与本案无关的事实。

1993年以前,刑事判决书一般写控辩双方的意见,最多只写检察机关指控被告人犯了什么罪,至于被告人对检察机关的指控持什么态度,辩护人有何意见,则只字不提。《法院诉讼文书样式(试行)》则要求事实部分不仅要写控方的意见,而且也要写辩方的意见,这是一大进步。但当时要求将控辩双方意见放在一个自然段里写。《法院刑事诉讼文书样式》(样本)进一步要求分两个自然段分别叙述,以更好地体现控辩式的审理方式,体现诉讼上的民主和控辩双方诉讼地位的平等。然而,目前司法实践中在叙述控辩双方的意见时,重指控,轻辩护,不符合对控辩双方的意见应予同等重视的要求。例如,某区人民检察院指控被告人刘某某犯伪造、买卖国家机关证件罪并提起公诉。刑事判决书中在叙述了公诉机关指控被告人犯罪的事实和证据之后,直接写经法庭审理查明的犯罪事实,而没有写被告人的供述,也没有写被告人的辩解意见,这是不符合裁判文书制作要求的。

二、突出争议焦点

当事人的诉辩争议,是依法在庭审过程中特别是在双方诉辩理由的激烈争论中产生的。它可以是主体的争议、事实的争议、证据的争议、理由的争议、适用法律的争议等,或者是其中某些争议的组合。从庭审质证、辩论及陈述过程中准确梳理出双方当事人对案件事实证据理由及其诉辩主张的不同之处,这就是全案的诉辩争议焦点。争执的事实和理由是案件事实的重要组成部分,也是裁判文书正确有效地展开论述评判的基础和立足点,必须具体明确地记叙清楚。如果争议焦点没抓住,说理自然就会走岔道。现在看来,是否在裁判文书上概括并突出争议焦点,意义非同一般。

目前,就适用普通程序审理民事案件的判决书而言,在"事实部分"的写法上,有的裁判文书先简要表述当事人的诉辩意见,接着是叙述经审理查明的事实。对采信证据的名称仅作简单罗列,缺少对当事人的举证、质证情况的反映以及对证据是否采信的分析论证,而将认证理由的阐述置于理由部分进行简要表述。这种写作方式存在三个缺陷:一是从判决书中难以了解当事人在诉讼中究竟提供了哪些证据,其证据的具体内容和证明对象、证明作用是什么,经质证后对方对证据有无和有何反驳意见;二是认证理由缺失,看不到采信证据的分析论证过程,事实认定与证据采信的内在逻辑联系脱节,使认定的事实成为无源之水;三是将认证理由和争议事实的认定表述于裁判理由部分,混淆了理由部分的职能,制约了裁判理由充分表述的空间,同时使认定事实的表述与事实部分理由的表述往往产生重复现象。

我们认为,民事判决书事实部分的结构可以以当事人争议焦点为主线合理安排有关内容,并根据案件具体情况在结构安排上有所不同。

(1)有的可将原告举示的证据紧接着安排在“诉称”内容之后或另起一段,就原告所主张的每一证据的来源、主要内容、证明对象和证明作用进行逐一表述,对于被告提出的反驳证据也在“辩称”内容之后按照同样的方法进行表述,从而完整反映当事人的诉讼请求和主张。在“经审理查明”部分,首先对当事人无争议的事实和证据予以确认,然后准确归纳出争议的主要事实并反映证据的举证质证过程,再阐述法院按证据合法性、关联性和真实性要求采信与否的结果及理由。即原告诉称(举证),被告辩称(举证),经审理查明,确认双方无争议的事实,归纳双方对事实的争议焦点,确认法院认定的事实(针对各争议焦点,分别按原告认为,被告认为,本院认为的顺序论证)。有的法官对这种写法持有不同意见,认为有违事实完整性,有割裂之嫌。

(2)有的可将当事人举示的证据集中在“经审理查明”部分进行表述。具体表述的层次为,首先确认当事人之间无争议的证据,并据此对这些证据所证明的案件事实作出认定。其次对存有争议的证据,以所要确认的案件事实为纲,进行归类表述,述明当事人就同一争议事实的各自主张及举示的相应证据,以及彼此对对方证据的意见。最后阐述法院采信证据的结果和理由。即原告诉称,被告辩称,经审理查明(法院认定的事实、证据和理由)。

(3)有的可在叙述事实过程中对认定事实的证据一并分析列举。即按照事件发生的先后顺序书写事实甲,相关证据证实,事实乙,相关证据证实,事实丙,相关证据证实……(依次类推)。最后写明“以上证据已经开庭质证,具有客观性、关联性、合法性和证明力,可以作为认定本案的证据使用”。或者在认定一组事实后再写证据,即“有原告(被告)×××提供的××等证据,经质证,被告(原告)×××(写明对证据的意见内容),本院认为(写采信理由),故予以确认”。

总之,在实践中应当避免裁判文书纯粹是庭审记录的认识误区,避免从原来简单概要的一个极端走向复杂烦琐的另一个极端,避免将关键事实给埋没了。

基层人民法院审理案件大多数是适用简易程序。在审判方式改革中,许多法院在探索案件如何繁简分流。案件繁简分流,裁判文书的制作也应有繁简的区分。繁案精写,简案简写;对绝对简单案件简写,对绝对复杂案件精写;相对简单案件和相对复杂案件根据案情把握繁简适度,该繁则繁,该简则简。因此,在制作裁判文书中,对事实部分的表述应因案而异。2000年8月13日,《最高人民法院关于加强人民法院基层建设的若干意见》指出:“适用普通程序审结案件的裁判文书,应当讲求裁判文书的论证性、说理性;适用简易程序或者调解结案的裁判文书,力求简洁、明晰”。2003年12月19日,最高人民法院印发了《民事简易程序诉讼文书样式(试行)》,对简化问题作出了具体规定,即被告承认原告全部诉讼请求的,事实部分包括原告起诉所主张的事实及诉讼请求、被告承认原告全部诉讼请求的事实;当事人对案件事实没有争议的,事实部分包括原告的诉讼请求、事实和理由以及被告对原告起诉主张事实的承认;被告对原告主张的事实和请求部分有争议的,事实部分包括当事人双方没有争议的事实和有争议但经法院查明的事实;当事人对案件事实争议较大的,事实部分包括当事人的诉讼请求、事实和理由,法院认定的事实及证据。

三、因果关系明确

任何法律行为因果关系都很重要,有目的行为和无目的行为,往往涉及问题的不同性质;造成后果与未造成后果,也直接影响问题的严重程度。有无因果关系,是当事人是否要承担法律责任的一个关键因素。所以,裁判文书叙述案件事实必须将目的、行为、后果三者之间的联系交代清楚。有因无果,或因果矛盾,会令人感到违反事理,不合逻辑。即使在文书中写了某种行为和某种结果,但两者之间明显相悖,也会使事实失去可信性,使法律责任无法明确。所以,当叙述某一案件事实时,对当事人的行为与案件的结果之间有无内在必然的联系一定要叙述清楚。无论是刑事案件,还是民事、行政案件,只有当当事人的行为与案件的结果之间有因果关系时,其才能对这个结果负法律责任。

因果关系是现象之间的一种客观联系,存在于刑事、民事和行政纠纷中的因果关系往往比较复杂,要善于透过现象,找出行为与结果之间有无必然的内在联系。有一份刑事判决书是这样写的:"被告人陈 A(编者注:当事人姓名作技术处理,下同)曾唆使其儿子陈 H、外甥刘 E 把张 B 骗到外地杀害未逞。"这一句话没有把因果关系交代清楚,结果没有发生,是陈 H、刘 E 没有接受教唆而未逞,还是张 B 没有受骗而未得逞,没有写清,致使被告人的法律责任不明。又如,"被告人赵 C 向王 L 头部猛砍一刀,造成王 L 的头部,左手臂、右臂三处刀伤"。这一句话着实让人费解,一刀下去怎么会造成三处不同部位刀伤的结果呢?如果这一结果的发生,确实是这一刀造成的,有可能是王 L 以双手护卫头部所致,但文书制作者没有交代,所以用刀砍伤与三处刀伤之间的因果关系不清楚。

四、证据运用恰当

在审判实践中,所有的法律事实都存在过去状态,而对这种存在于过去的法律事实在今天的审判实践中加以确信和认定,就必须用证据来证明。所以,证据是事实赖以存在的基础,没有确凿的证据,事实就难以确认。裁判文书要写清事实,还必须写清经庭审质证的证据,特别是足以证明事实的主要证据。同时,还应阐明法院的认证观点及对证据的取舍过程。

(一)证据列举方法

长期以来,裁判文书中对认定事实的证据部分写法公式化问题相当严重,如有的判决书在“查明事实”段之后,单列一段,用“以上事实,有……证据为证”等模糊方法完成证据引用;有的按诉讼法证据分类笼统地说明:“上述事实,有人证、书证、物证、鉴定结论等证据予以证实”;有的写“上述事实,证据确凿,足以认定,被告人也供认不讳”,用“证据确凿”四个字代替认定事实的证据。这些写法不符合阐明证据的要求,会使人看了判决书后,对法院查明的事实究竟是否属实产生疑问,应当坚决摒弃。证据列举方法涉及事实与证据的结构安排,目前尚无统一的格式,要因案而异。总的要求是不仅要列举证据的名称,还要对各种证据的来源和所要证明的内容详写清楚,从而使认定案件事实和对证据质证认证的过程在裁判文书中得以体现。

1. 统一列举式

在全部事实叙述之后,统一将证明这些法律事实存在的证据材料列举证明。通常是用“上述事实,有……为证”单列一段文字列举。如“上述事实,有失主×××报失……的陈述笔录,有证人×××证实……的证言,有公安机关的……现场勘察笔录、照片,有×××(机关、单位)……的鉴定结论,有同案关系人×××……的陈述笔录,有被公安机关查获的部分赃款、赃物,有×××(机关、单位)对赃物的核价证明等人证、物证、书证为凭,并经当庭查证属实,证据充分、确凿”。

2. 逐一举例式

某一事实叙述完毕,即将证明这一法律事实存在的证据材料随后说明;有的就在叙述事实过程中,用括号插入证据加以说明。这样能使证据的证明力更为直观;但此种方式也有缺点,难免使事实叙述显得零乱。

3. 内容证明式

即用证据的证明内容和证据的来源来说明法律事实真实存在的证据表述方式。这是一种符合法制建设要求的阐明证据类型,应当在裁判文书中提倡使用。如:“被告人刘N杀死应某的事实证据确实充分:(1)邻居王S目睹刘N用椅子背木棍朝应某头部猛击,尸体检验鉴定证明应某头顶部三处条形、菱形损伤属钝器伤,为带棱边的钝器打击所致,与检验鉴定的损伤情况相符。(2)尸体检验鉴定证明应某枕后部位的三处砍创的严重程度为绝对致命伤,系他人用斧子砍击枕部致颅脑损伤死亡。经查证在现场提取的杀人凶器斧子是被告人刘N制作的,且斧子上只留有刘N的指纹,经指纹提取鉴定与刘N的指纹作同一认定。(3)物证化验报告证明斧子上的血迹和被告人刘 N 所穿的裤子上的血迹同为 A 型,与死者应某的血型相同。(4)被告人刘 N 被当场抓获。(5)被告人刘 N 对杀死应某的事实供认不讳,供述的杀人情节与尸体检验鉴定书应某损伤检验情况相一致"。这一段证据阐明内容,无疑是充分确凿地证明了案件事实,有较强的证据说明力,在许多判决书里使用内容证明式,有些甚至直接陈述书证内容来叙述事实,反证对方认定事实错误,能产生良好的证明效果。

总之,证据要尽可能写得明确、具体。证据的写法多种多样,要因案而异。案件简单或者当事人没有异议的,可以集中表述;案件复杂或当事人双方有异议、分歧较多的,应选用分别列举式,并进行分析、认证;案情特别复杂的,以先概括叙述简要案情再分别列举有争议的事实证据为妥。如一人犯数罪或共同犯罪,可以分项或逐人逐罪叙述证据或对证据进行分析,认证。又如,对诉(控)辩双方没有争议的证据,在诉(控)辩主张中可不予叙述,而只在"经审理查明"的证据部分概括表述,以避免不必要的重复。此外,在叙述证据时,要注意保守国家秘密,保护报案人、控告人、举报人、被害人、证人的安全和名誉,还要注意不要在无意中传授犯罪方法。

(二)证据评价方法

经庭审质证的证据效力以及是否采纳应在裁判文书中作出客观入理的分析评判。一般来说,法官在庭审后对双方证据的有无或多少,还是比较容易作出评判的。但在双方各执一词的对立证据面前,要能够条分缕析判定其真伪或证明力大小,并公开表示取舍态度,有一定难度。如在庭审中能充分调动当事人举证质证,再根据法律法理认真分析研究,是能够作出比较准确和有说服力的认证的。

裁判文书对证据的证明力进行评价时,应充分遵循证据规则,采信的证据必须具备证据的客观性、合法性和关联性特征。

证据的分析认证与案件事实的确认应紧密结合,同时充分反映法官内心确信的推断过程。对事实有争议的,要从证据与证据之间的相互印证关系来推断法律意义上的案件事实真相。故在证据取舍方面,要恰当运用孤证无效的证据排除规则。根据我国刑事诉讼法规定,用以定罪的证据必须相互印证,形成证据的锁链。如有一起刑事案件,起诉指控褚某贪污的一节事实中,控辩双方的争议焦点是褚某是否具有非法占有 11.56 万美元的主观故意。对此,公诉机关仅仅提供了证人罗 M 的证词,证明褚某说过自己要这些美元。而褚某一直予以否认,其他证据只能证明褚某的故意转款的行为。为此,判决书正确分析指出,在刑事诉讼中,控方负有举证责任,现有证据反映褚某的转款行为在主观上存在非法占有、购买设备或者基于其他目的三种可能性,不具有充分的排他性,因此,该项指控不予确认。应该讲,这一认证即对孤证的评价是颇具胆识且合法有据的。

当然,写法院查明事实部分时,必须对认定的事实列出一一对应的证据,并对证据的证明效力作出客观评价,对不予采信的相关证据说明理由。这种对证据的识别应当是理性的而不是武断的。因此,在对证据取舍作出裁判时,要注意用语的度与证据本身的证明度相接近。如证据确实过硬,可用“完全认定”,证据成立但有瑕疵时可用“基本认定”;双方证据各有道理但一方证明力更强时,应用“可予认定”。同理,对不予采信的证据,亦应根据其证明力的欠缺程度,分别作出恰当的否定性表述。

第四节　裁判文书说理部分的结构

按裁判文书撰制的格式规则,“理由”是其中不可或缺的一项内容,该项规则以格式的形式,指示要求裁判者将裁判根据和理由写入裁判文书。裁判文书的说理,不完全等同于论说文的议论,不上纲拔高,不具有鼓动性,不作长篇大论。说理必须立足事实,以事说理;着眼于法律,以法论理。说理要力求客观、公正、充分、平实。说理,上承事实,下接结论,是裁判文书之魂。

一、突出依法论理

增强说理性,首先要突出依法论理。依法论理,是指根据庭审查明的事实,对案件适用法律时应从法理上、法律上进行充分论证,阐明对案件的性质、当事人的责任和如何解决纠纷等问题的看法。如民事裁判文书的论证包括:争讼的民事法律关系是否存在,双方当事人实施的民事行为是否有效,对双方当事人的诉讼请求是否予以支持,当事人对争讼问题是否应当承担民事责任、承担何种民事责任,对争讼的标的物如何处理,判决所适用的法律和如何适用该法律等理由。如果案件涉及当事人是否适格主体、应否追加第三人,也应一并阐明理由。需要注意的是,在裁判说理时,应当注意把握好繁与简、专业性与通俗性这两对关系。既要避免强调说理充分而走向烦琐累赘,又要避免追求简洁而说理不够;既要站在法律人的角度说理,又要站在普通人的立场说理。要做到两者兼顾而不能只顾一头,走向极端。这是说理结构中的第一个层次。目前,再审裁定书在列明原审案号、当事人、案由等基本情况后,只写引起再审的法定原因,即因为当事人申请再审、检察院抗诉、上级法院指令再审或者是本院决定再审,在引用相应的诉讼法条文后,即裁定中止原生效裁判的执行,由人民法院另行组成合议庭进行再审。原审案件已经胜诉的当事人不明白,对此非常不满。中止执行裁定书也是如此。故这类案件在制作裁定书时,也应当依法论理,让当事人明白。

二、坚持从个案实际情况出发

说理要有较强的针对性,紧紧围绕个案争议焦点,针对诉(控)辩主张是否成立,诉(控)辩意见是否采纳,逐个展开说理,逐一进行评述;对被告人或双方当事人适用法律方面的不同意见,应当作出明确的回答,并阐明理由。刑事案件要贯彻执行罪刑法定和罪刑相适应的原则,正确定罪量刑。民事、行政案件要针对当事人在适用法律方面的不同意见作出明确回答,阐明理由,分清是非曲直,明确责任。这是说理结构中第一个层次的补充,其说理方法可从以下几个方面把握:一是以事实情节为基础,运用有关法律条文和法学理论,充分论证查证事实与适用法律之间的逻辑关系;二是以逻辑演绎为主,兼采其他论证结构,达到论证透彻、说理圆通、公信力强的目的;三是以法理分析为主,兼顾情理分析,达到情理法浑然一体的说理目的。特别是对于一些社会影响较大、有特殊教育意义的案件运用情理分析则具有增强说理效果、教育群众的积极作用。如有一起名誉权诉讼案,涉及的法律问题实质是如何划分保护名誉权和行使言论自由权的界限。所以,在理由部分首先明确指出了名誉权和言论自由权同是公民享有的权利。然后,毫不隐讳地对文章的主题、双方争议的事实的性质等作出了明确判断,强调第一被告撰写的文章"仍属文艺批评的范畴",第二被告刊登该文"是在其开展文艺评价和舆论监督的职责范围之内",这为分析被告的行为是否构成侵权奠定了基础。这种针对诉辩双方意见论证说理的方法,观点明确,分析透彻,说服力强,对制作其他类型的判决书有借鉴意义。

三、准确、完整和具体地适用法律法规

法律条文是据已作出裁判的法律依据。一定的法律事实决定适用一定的法律,一定的处理结果决定适用一定的法律,一定的文书制作程序决定适用一定的法律。故裁判文书在论证裁判理由时,必须准确、完整和具体地引用有关法律条文,不能张冠李戴,错误引用。准确,就是要恰如其分地适合判决结果。例如,《民法通则》第一百三十四条共有三款,其中第一款"承担民事责任的方式"主要有十项。如判决返还财产则只能引用第一百三十四条第一款第(四)项规定,而不能笼统地引用第一百三十四条。完整,就是要把据以定性定责处理的法律规定和司法解释全部引用,不得遗漏。如伤害赔偿案件一般应同时引用《民法通则》第九十八条、第一百零六条第二款、第一百一十九条及其他相应的条款。如果漏引第一百零六

条第二款规定,就会使得引用第一百一十九条涉及具体赔偿范围的内容失去基础。具体,就是要引出法律条文外延最小的规定,并按照条、款、项、目的顺序引用。即凡条下分款分项的应写明第几条、第几款、第几项,有的条文只分项不分款的,只写明第几条、第几项。这是说理结构中的第二个层次。它的作用是,能够证明审判机关认定的案情事实是确凿无疑的,对案件的处理决定是合理、合法、合情的,可以使一个受过法律训练但不熟悉案情的人能够无须求助书面判决以外的材料而评估判决在法律上的正确性,使裁判文书具有充分的说服力和教育意义。

第五节　裁判文书主文部分的制作要求

裁判文书主文的制作要求是:完整、准确、规范和注意叙述的一定顺序,同时不得超出司法管辖范围。制作目的是在当事人诉讼请求范围内,根据确认之诉、变更之诉和给付之诉等不同情况,明确当事人之间争议的权利义务关系,明确定罪量刑,便于当事人、利害关系人和其他相关组织和机构理解、履行和执行。

一、内容的完整性

裁判主文的完整性,并不是针对裁判文书主文出现断句、病句等问题,而是指裁判主文的内容应该而且必须与当事人的诉讼请求相呼应。法官在拟制裁判主文时,一般既不能超出当事人诉讼请求的范围,也不能遗漏当事人的诉讼请求;既不能把当事人一个完整的诉讼请求分作两条主文进行处理,也不能随意地将当事人不同内容的诉讼请求并作一条主文进行处理(当事人多项诉讼请求均不予支持的表达例外)。裁判文书所列的主文条款应当与原告诉称中的各项诉讼请求一一对应,不能缺项,使人直接明了裁判支持了什么、驳回了什么。刑事案件除主刑、附加刑外,还应当明确犯罪工具如何处理。

二、用词的准确性

裁判主文表达上的准确性,是指裁判主文在用词、归纳、判断及逻辑演绎上的准确性,它包含多层含义:

(1)裁判文书主文中当事人的称谓及姓名、名称必须准确,应引用全称,不可任意删减、添加,也切忌使用简称或仅以原告、被告、第三人相称。

(2)裁判主文所涉及的财产定性要符合逻辑规范。民事裁判最直接、具体的法律后果就是对涉讼当事人之间的财产利益进行重新分配,因此裁判主文较多地与财产内容相关,往往会出现多条裁判主文均指向对财产的处分问题。法官在拟制此类主文时,对财产的性质、归类,切忌违背种属之间的划分,犯逻辑上的错误。此外,在不动产权益案件中,涉及以一定方位空间作为某一法律义务内容的起算基准点或标准时,对这一确定空间的表达应该是唯一的、明确无误的,切忌产生两个或两个以上的结论。

(3)裁判主文所涉及物品的数量词使用必须得当。法官既要注意克服主文中出现俚语、口语的问题,又要熟练掌握数量词的固定搭配。最常见的错误是"两""二"不分,混淆和模糊了基数词与序数词的区别。又如,常出现"大橱一只、方桌一只、韭菜戒一只……"等明显俚语、方言倾向的量词搭配,而不熟悉"大橱一张、天元戒一枚"等汉语普通话的规范用词。同时,在计量单位的使用上,应严格按照国家规定使用专门的单位名称,切忌已为国家明令废止的"立升""寸"等名称出现。

(4)应当注意用词的规范。如涉及财产执行内容的,要把握交付与返还,赔偿与补偿、给付的区别。是直接经济损失而判处的金钱赔偿,不能写作补偿;是期待利益丧失的补偿,不宜写作赔偿。尤其是慎用"一次性"字样,在损害赔偿案件或合同纠纷案件中,"一次性"赔偿或补偿的出现会给人造成理解上的分歧,这里"一次性"究竟是指该判决主文确定的给付义务不能分期分批履行,还是指双方之间的争端就此了结而不再留有其他未决事项?在实践中曾出现过判决主文中确认一次性赔偿若干万元,后又具体明确分期支付等表述不清的情况。

三、表述的规范性

由于裁决主文所确定的法律义务一般是具有执行内容的,因此它的表达必须直接明了,便于操作,切忌在理解上产生歧义。审判实践中要注意的问题是:

(1)应当按照法律或司法解释规定的用词进行表述。如刑事案件判决结果一般都有刑期和刑期起止日期。根据2000年3月4日《最高人民法院关于刑事裁判文书中刑期起止日期如何表述问题的批复》(法释〔2000〕7号),判处管制、拘役、有期徒刑的,应表述为:"刑期从判决执行之日起计算。判决执行以前先行羁押的,羁押一日折抵刑期一日(如判处管制刑的,羁押一日折抵刑期二日),即自××××年×月×日(羁押之日)起至×年×月×日止。羁押期间取保候审的,刑期的终止日顺延"。该刑期起止日期应直接括注于刑期之后,而不是另起一行。

(2)应根据案件不同情况使用不同的表述方法。如《婚姻法》第二十一条规定"父母不履行抚养义务时,未成年的或不能独立生活的子女,有要求父母付给抚养费的权利"。审判实践中对"不能独立生活的子女"的理解不一致,有分歧。为此,

《最高人民法院关于适用〈中华人民共和国婚姻法〉若干问题的解释(一)》第二十条规定:"'不能独立生活的子女',是指尚在校接受高中及其以下学历教育,或者丧失或未完全丧失劳动能力等非因主观原因而无法维持正常生活的成年子女"。而接受高中教育的人,因有早读或晚读的差异,有时与18周岁成年概念是不统一的。因此,在裁判文书中不能简单笼统地表述为"原告×××与被告×××所生之子(女)×××由原(被)告×××抚育,被(原)告×××每月支付子女抚育费××元至其独立生活时止",而应根据不同情况使用不同的表述方法:①对于尚处于高中及以下阶段接受教育的子女,抚育费给付期限可表述为:"……×××每月支付子女抚育费××元至其高中学业结束时止"(如高中毕业时尚未满18周岁,应写明"至其18周岁时止");②对于已满16周岁不满18周岁的子女,已经放弃学业且没有收入来源的,抚育费给付期限可表述为:"……×××每月支付子女抚育费××元至其18周岁时止";③对于丧失或未完全丧失劳动能力等非因主观原因而无法维持正常生活的成年子女,抚育费给付期限可表述为:"……×××每月支付子女抚育费××元至其能正常生活时止"。

(3)应当根据案件特殊情况使用转折性或递进性的表述方法。如被告侵占了原告名下的集邮册、集币册,法官应该判处被告如数归还。但这些集邮册、集币册属特定物,一旦被被告丢失、毁损、藏匿,就会造成判决无法执行。因此,法官在判决主文中可以加判:如在一定期限后被告仍未归还的,则赔偿原告人民币若干元。

四、叙述的顺序性

审判实践中,民事(商事、海事)、行政案件存在大量的复合之诉,法官的裁判既要涉及人身关系,又要涉及财产关系;有些虽不是复合之诉,但当事人的诉讼请求既涉及对民事行为的法律定性,又涉及相应财产内容的给付;或者行政案件往往涉及对多项具体行政行为作出不同处理的情况,因此必然会产生对多项诉讼请求的实体处理。法官拟制判决主文时在顺序上应把握以下要求:

(1)判决主文仅涉及单一财产关系的处理时,主债权的处理在前,从债权的处理在后;

(2)判决主文既涉及人身关系,又涉及财产关系的处理时,对人身关系的处理在前,对财产关系的处理在后;

(3)判决主文同时涉及法律定性及人身、财产关系的处理时,法律定性的确认在前,对人身关系的处理居中,财产关系的处理在后;

(4)判决主文同时涉及撤销、责令重新作出具体行政行为的,应依撤销和重作顺序撰写。现以部分撤销被诉具体行政行为的案件示例:

"一、撤销×××(行政主体名称)××××年×月×日作出的(××××)××字第×号……(具体行政行为名称)的第×项,即……(写明撤销的具体内容);

二、责令×××(行政主体名称)在××日内重新作出具体行政行为(不需要重作的,此项不写;不宜限定期限的,期限不写)。"

(5)诉讼费用的表述一般应在主文之后另起一行书写。根据《民事简易程序诉讼文书样式(试行)》规定,在制作调解书时,"诉讼费用的负担",如果是由双方当事人协商解决的,可以作为调解协议的最后一项内容予以写明;如果诉讼费用是由人民法院决定的,应当在协议内容之后另起一行写明,该项费用应包括案件受理费、诉讼保全费、审计鉴定评估费等在诉讼过程中发生的各项费用,且不必分段表述。

第六节 裁判文书印制的技术规范

裁判文书印制的具体格式及印刷标准属于形式要件之一。《人民法院民事裁判文书制作规范》,对民事裁判文书印制标准及格式作了明确的规定,也可以适用于人民法院制作的其他诉讼文书,并根据具体文书性质和内容作相应调整。根据《法定计量单位》《国家标准 GB/T15835 - 2011 出版物上数字用法》和《国家标准 GB/T15834 - 2011 标点符号用法》,按照《人民法院民事裁判文书制作规范》《法院刑事诉讼文书样式》,制作各类案件裁判文书应当符合下列技术要求:

一、印刷要求

1. 纸张标准,A4 型纸,成品幅面尺寸为:210mm×297mm。

2. 版心尺寸为:156mm×225mm,一般每面排 22 行,每行排 28 个字。

3. 采用双面印刷;单页页码居右,双页页码居左;印品要字迹清楚、均匀。

4. 标题位于版心下空两行,居中排布。标题中的法院名称和文书名称一般用二号小标宋体字;标题中的法院名称与文书名称分两行排列。

5. 案号之后空二个汉字空格至行末端。

6. 案号、主文等用三号仿宋体字。

7. 落款与正文同处一面。排版后所剩空白处不能容下印章时,可以适当调整行距、字距,不用"此页无正文"的方法解决。审判长、审判员每个字之间空二个汉字空格。审判长、审判员与姓名之间空三个汉字空格,姓名之后空二个汉字空格至行末端。

8. 院印加盖在日期居中位置。院印上不压审判员,下不压书记员,下弧骑年压月在成文时间上。印章国徽底边缘及上下弧以不覆盖文字为限。公章不应歪斜、模糊。

9. 凡裁判文书中出现误写、误算,诉讼费用漏写、误算和其他笔误的,未送达的应重新制作,已送达的应以裁定补正,避免使用校对章。

10. 确需加装封面的应印制封面。封面可参照以下规格制作:

(1)国徽图案高55mm,宽50mm。

(2)上页边距为65mm,国徽下沿与标题文字上沿之间距离为75mm。

(3)标题文字为"××××人民法院××判决书(或裁定书等)",位于国徽图案下方,字体为小标宋体字;标题分两行或三行排列,法院名称字体大小为30磅,裁判文书名称字体大小为36磅。

(4)封面应庄重、美观,页边距、字体大小及行距可适当进行调整。

二、数字书写要求

(一)下列情况,应使用汉字数字

1. 引用的法律条、款、项、目;

2. 判决结果的序号;

3. 刑事裁判文书中判处的刑罚(含主刑和附加刑);

4. 裁判文书落款日期和引述原审裁判文书的日期(是指制作的裁判文书在引述已作出裁定或判决的文书日期时,应引用引述文书尾部的日期并使用汉字);

5. 刑事裁判文书的签发日期或者当庭宣判的日期;

6. 数字作为词素构成定型的词、词组、成语、惯用语、缩略语的语句,如三角形、星期二、七上八下、一分为二、第一书记、某部二连三排四班等;

7. 不是一组表示科学计量和具有统计意义数字中的一位数,如一律、一起、一笔账、三个单位等;

8. 邻近的两个数字并列连用,表示概数的词语,如二三米、七八十种、三四天等,但连用的两个数字之间不用顿号隔开;

9. 带有"几"字的数字表示的约数,不论"几"字在前在后,一律使用汉字。如几千年、十几天、一百几十次等。

(二)下列情况,应使用阿拉伯数字

1. 案号,如(2016)××刑初字第20号;

2. 地址、门牌号码,如江西中路170号422室;

3. 除前述规定的情形之外的日期、时间,如1998年11月1日、下午3时15

分等；

4. 统计表中的数值(包括正负数、分数、小数、百分比、比例)和量值，如 48、-125.63%、1/4.3 : 2.500 克、6 千米、30 元、11 个月、27 岁等；

5. 引用法律、法规及司法解释条文时，原条文用阿拉伯数字的，如根据《最高人民法院关于适用〈全国人民代表大会常务委员会关于惩治侵犯著作权的犯罪的决定〉若干问题的解释》第五条的规定，“以营利为目的，销售明知是《决定》第一条所规定的侵权复制品，个人违法所得数额在 2 万元以上的，单位违法所得数额在 10 万元以上的，属于‘违法所得数额较大’”，引用时应与原文表述“2 万元”“10 万元”保持一致。

(三)下面两种情况在照顾到上下文且求得局部体例一致的条件下既可使用汉字数字也可使用阿拉伯数字

1. 整数一至十，如果不是出现在具有统计意义的一组数字中，可以用汉字，如本案有被告六人；

2. 用“多”“余”“左右”“上下”“约”等表示的约数一般用汉字，如果文书出现一组具有统计和比较意义的数字，其中既有精确数字，也有用“多”“余”等表示的约数时，其约数也可以使用阿拉伯数字，但必须前后一致。如被告人张某犯罪所得共计 30 万余元，其中盗窃 25 万余元，抢劫 2 万元，另 3 万元为诈骗所得。或写为被告人张某犯罪所得共计三十万余元，其中盗窃二十五万余元，抢劫二万元，另三万元为诈骗所得。

(四)使用阿拉伯数字应注意下列问题

1. 每两个阿拉伯数字占一个汉字的位置；

2. 多位整数和小数的分节，应采用国际通行的三位分节法，节与节之间空半个阿拉伯数字的位置，如 2 748 314 592；如排版留半个数字空有困难，可仍采用传统的以千分撇“，”分节的办法，如 2,748,314,592，但对于四位以内的整数一般不分节；

3. 部队番号、文件编号、电话等通讯号码和其他序号，序数即使是多位数也不能分节；

4. 一个用阿拉伯数字书写的多位数不能断开移行，如 100,000 不能一行末写 100，又在下一行开头写 000；

5. 年份不能简写，如 2004 年不能简写成 04 年；

6. 五倍以上的数字，尾数零多的，可以改写成以万、亿作单位的数(千克、千米、千瓦、兆赫等法定计量单位中的词头不在此列)，如 345,000,000 可写成 34,500 万或 3.45 亿；数值巨大的精确数字，为便于定位读数或移行，作为特例可以同时使用亿、万作为单位,如1990年人口普查数为11亿3368万2501人。

(五)除上述要求外,其他数字使用,依照《关于出版物上数字用法的试行规定》执行

三、标点符号使用要求

1. 诉讼参加人称谓与诉讼参加人姓名或名称连在一起,成为一个分句,中间不用标点符号,也不用空格,句后用逗号。

2. 诉讼参加人基本情况的表述,同一层意思的,各项之间用逗号隔开,数层意思的,各层之间用分号隔开,并可视内容多少另起行续写。示例:

被告人吴某,女,1960年2月1日生,汉族,浙江省桐乡市人,高中文化程度,无业,住本市××一村185号103室;1980年11月犯抢劫罪被判处有期徒刑3年,1990年12月犯盗窃罪被判处有期徒刑2年;2014年11月26日因涉嫌×犯罪被刑事拘留,同年12月6日被逮捕,现羁押在××看守所。

3. "判决如下""裁定如下"等提示裁判结果的词语后面使用冒号,裁判汉字数字序号之后使用顿号,各项裁判结果句末使用句号。

4. "原告×××诉称""被告×××辩称""自诉人×××诉称""被告人×××辩称""××检察院指控""经审理查明""本院认为"等词语后面,凡所提示的下文只有一层意思的用逗号,有数层意思的用冒号。

5. 除上述规定外,其他标点符号的用法,依照《标点符号用法》的规定执行。

四、计算单位使用要求

1. 长度计量单位名称采用"毫米""厘米""米""海里""千米(公里)",不使用"丈""尺""寸"。

2. 质量计算单位名称采用"毫克""克""千克""吨",不使用"斤""两"。

3. 时间计量单位名称采用"秒""分""时""日""周""月""年",不使用"点""刻"。

4. 体(容)积计量单位名称采用"升""毫升""立方米"。

5. 计量单位书写单位名称,不书写单位符号。

6. 除上述规定外,其他有关计量单位的使用,依照《法定计量单位》的规定执行。

五、双重签署规范要求

裁判文书使用签署印信,体现审判机关和承办案件的法官对文书制作负责,同

时也是文书制作完成的最后一项法定手续。实践中一般采取双重签署的做法，即承办案件的法官职务和姓名以及书记员姓名，在印制文书时一并印制完成。文书印制完毕后，应由书记员在裁判落款日期的左下方、书记员署名的左上方空行处，加盖"本件与原本核对无异"字样的印戳；在裁判落款日期之上加盖法院印章，盖法为"骑年盖月"，"朱在墨上"。

第四章　裁判文书的语句表达

裁判文书制作过程中，应当注重语言的运用，选择和使用最贴切的字、词、句以及最妥帖的表述方法，调整和斟酌加工语辞，使裁判文书充分、完善地体现其维护司法正义的宗旨以及传播特定的的法律信息。事实上，裁判文书表述的成功与否，往往在于能否准确地使用语、句、词。目前裁判文书中诸多的语言问题，也无不首先直接反映在语词的运用方面。因此，裁判文书制作要克服法律语言的不规范问题，达到辞章合理、文字准确的要求，既符合法律有关规定，又符合汉语语法规律。

第一节　裁判文书的表达方式

法院裁判文书语言具有法律语言的一般特征，但与其他司法语言相比，对准确性的要求更高。因为一个案件，从立案、起诉到裁判，法院裁判是最后一关，是审判程序行将终结的标志。在刑事案件中，要判定罪与非罪、量罪科刑；在民事案件中，要判定民事权利义务争议的是与非；在行政案件中，要判定行政机关作出行政行为的合法性，解决因行政行为引起的行政争议。故法律语言的规范准确与否，直接关系到能否正确地表达法院的裁判，保护公民合法权益，维护公平正义。

裁判语言的表述，既要体现严肃性、规范性，又要体现通俗性，让一般人能够明白无误地了解裁判文书的内容，切忌空话、套话，生搬硬套，千篇一律。本节主要讲述的是裁判文书的叙述语言和说理语言。

一、叙述语言

叙述是将当事人的身份情况、案件由来、争议的焦点、案情的发生发展或变化的过程表述出来的一种方式。案件的事实是制作裁决文书的基础，案情的清楚表述离不开叙述的运用。只有叙述好事实，才能为分析说理并得出裁判结论打下基础。总体而言，要做到把案情的来龙去脉、发展变化过程、因果联系和当事人的法律责任叙述清楚。现代汉语语体类型一般划分为两大类,即口头语体与书面语体,书面语体又可以分为文艺语体、政论语体、科技语体和公文语体,裁判文书是以公文语体为主体的书面语体,除必须具备"一清二楚、十分明确、句稳词妥、通体通顺"的特点外,还有其自身特点:

(一)求实性

制作裁判文书,必须从客观实际出发,尊重法律事实。裁判文书叙述语言的最大特色,是求实性。即客观地反映案情真相,如实地记叙案情的来龙去脉、发展过程,把因果关系、当事人的法律责任交代清楚。叙述案情事实必须考虑两方面的因素。一方面考虑法律上构成案件事实的要件,应该在叙述事实构成案件的要件叙述清楚;另一方面又必须考虑语言表达上的要求,通过语言文字把案情事实表达清楚,这两者必须结合在一起。

对各类裁判文书而言,具有不同侧重点,刑事裁判文书认定的是犯罪和判处刑罚的依据;民事裁判文书认定的是当事人的争议焦点和确定权利义务的依据;行政裁判文书认定的是被诉具体行政行为的法定构成要件和维持或撤销的依据。裁判文书的实用性也决定了其文体内容的客观性,文书中出现的时间、地点、情节、人名、证据、数据等都来源于客观真实或为证据所充分证明的事实,区别于其他实用文体甚至文艺作品,不允许有虚假的成分。作为法官,应当追求裁判文书语言的真实准确,这是法律语言的生命。

(二)规范性

规范即标准,主要体现在文书的组词造句、表情达意要遵守汉语的语词含义和语法规则;使用规范正确的法律术语;除非必须记载的当事人的原话,一般不使用方言、土语、俚语,不乱用外来词;不乱用异体字、繁体字,应该运用国家批准公布的简化字。裁判文书语言的规范性包括四个方面:

1. 诉辩内容的记载要求

法官在制作裁判文书的过程中,必须全面、真实地对当事人的各项主张予以记载,如实地再现当事人所提出的事实及理由,这些事实和理由综合起来往往会形成当事人的主张或观点,能够反映案件争议的真实原貌、争议焦点。应强调的是诉辩双方在庭审过程中所提出的意见及观点应当在裁判文书中得到充分的反映,不能遗漏当事人在诉讼或书面答辩中未提及而在庭审中表达的意见。有时法官认为当事人的一些主张与案件无关,而未反映到文书中,这都是不足取的。造成这一现象有的是因为与法官意见相左,有时却是因为文书制作者出于批驳不力或怕言多必失而故意排斥当事人的观点。对当事人诉辩内容的交代还体现了对当事人诉讼权益的尊重,文书制作者应当引起足够重视。

2. 当事人举证状况的记载要求

虽然我国现在尚无证据法典，但证据的运用、认定已成为审判方式改革的重要组成部分，各部诉讼法对证据都有一些基本的要求，当事人为了证明诉讼主张，必须提供各项证据，不同案件当事人的举证情况，法官必须对之予以明确记载。有些法官忽视这一环节，认为一些证据与诉讼主张无关，在制作裁判文书时予以删除，实际上当事人的举证是否与案件有关，涉及法官对该项证据的评价，必须运用证据的一般规则加以相应的说明，这是裁判文书裁判理由之一。有时被删除的证据会对案件的处理造成影响，易造成裁判内容的不公正。在裁判文书制作改革的探索中，也有些法官简单地将所有证据盲目堆砌，而不说明证据可证明的内容，又不说明与裁判文书认定事实和裁判理由的关系，这也应该注意克服，勿走极端。

3. 重大程序事项的记载要求

在诉讼过程中，案件可能会在程序方面涉及一些重大问题，这些问题可能会对当事人的权利义务产生重要影响，如管辖权异议、继位当事人的确立、指定再审的情况等必须加以必要的说明。

4. 法庭审查结果的记载要求

法律事实的确认，取决于法庭审查的认证结果。法官在记载案件事实时，必须以法庭审查为基础，阐明法官对庭审中当事人举证、质证观点的意见，根据法律规定和逻辑判断得出认证结果。经过抽查，有些裁判文书的制作脱离了调查结果，将庭审过程写成流水账，但没有认证内容，或不写法院认定事实，造成言之无物、不知所云的缺陷。

(三)简洁性

裁判文书叙述时必须做到简明扼要、言简意赅。叙述时一定要注意简洁，在说明清楚的前提下，切忌重复、繁杂、讲空话和套话。强调简洁性，不是刻意追求形式上的“字少意简”，如果通篇文书辞不达意、语不中肯，也不是一篇成功的法律文书。关于法律语言的凝练简洁风格，唐宋八大家之一的曾巩，在《南齐书目录序》中说，“号令之所布，法度之所设，其言至约，其体至备，以为治天下之具”。即法律语言必须凝练简明，以体现法律语言的简洁性，这是裁判文书的特定功能决定的。所以在制作文书时，应紧紧抓住案件的关键所在，无关的情节坚决摒弃，次要的情节必须从简。在做到简洁的同时，还应注意法官运用的语言应该尽量做到质朴平易，通俗易懂，朴实无华。不追求华丽词藻，不设悬念搞弦外音，不需要文学性的修辞手法。裁判文书关系着国家法律的正确适用和诉讼当事人的切身利益，故所记载的内容切忌描绘渲染、铺陈比喻、夸张拟人等手法。在归纳总结时，切忌随意性，应实实在在，符合法律要求。

（四）时序性

裁判文书的结构一般分为首部、正文、尾部三大部分，关于案情事实的叙述，最基本的方法是顺序；按照案件性质的要求，客观地将案件事实叙述清楚。一般说来，以时间为线索，按照案件的发生、发展、结果来写，有利于清楚地反映、再现案情。除此以外，叙述的顺序会因裁判文书不同的部分而有所变化，特别是在叙述裁判理由时，会有倒叙方法：即先交代裁判结论，再叙述理由、法律适用依据。在有些案情较为复杂的案件中，往往还会运用先总后分法、夹叙夹议法、纵横交错法、综合归纳法等；有的是为了强调主犯、主罪，有的是为了突出当事人争议事项，也有的是为了突出被诉行政行为是否侵犯当事人的权益情况等。叙述方法应当根据案情需要来定，制作裁判文书的法官要注意在长期的实践中积累写作经验，优选写作方式。

二、说理语言

理由是判决的灵魂，是将案件事实和判决结果联系在一起的纽带。无论英美法系国家还是大陆法系国家都把判决书看成是一份"论证文"，能将法院作出判决的理由写得一清二楚，其公正性无人怀疑。判决理由一般在"本院认为"部分中，不同于叙述，往往强调判决理由的阐述，有完备的要素，即事实要素、法律要素、关联性要素、解释性要素。要写好说理性内容，同样要注意语言的运用。

（一）庄严性

由于法律语言适用于法律活动的各领域，而诉讼活动是极其严肃的社会活动，裁判文书更是诉讼和其他法律事务全过程和结果的反映与凭证。因此，裁判语言不仅是经过斟酌权衡的最准确语言，也应该是经过筛选净化的最庄重肃穆的能显示法律权威性的语言。故说理时必须庄重、严肃，突出司法权威性；做到言之有物，不介入个人感情色彩，不哗众取宠，不引用脏话、黑话，如确需反映一些阴暗面，也应以概述为主，尽量避免原始引用。

（二）周密性

说理部分可理解为"三段论"逻辑方法在裁判文书中的运用。具体制作时，需要以事实、法律的确定以及二者关系的认定来确定判决结论。注意周密性也就是强调语言的科学性，不可出现闪闪烁烁的言辞，不可作宽泛、任意解释的行文。说理语言以准确为生命，要严格按照法律科学、逻辑事理和其他相关科学原理认定事实，推溯理由作出处理决定。因此表达时应"咬文嚼字"，做到层次清楚、条理清晰，事实、理由和判决结果能互相呼应。即理由与事实的一致，理由与法律的一致。

(三)情理性

在以事实为根据、法律为准绳的基础上,根据不同案件的特点,善于把情、理、法三者有机地结合起来,寓情于判决书中,不仅做到以理服人、以法服人,而且做到以情感人、以情服人,以取得更好的社会效果。判决理由的针对性与说服力,相当程度上取决于对当事人诉讼请求或辩护理由的关注程度,以及对某些案情的衡情酌理。我国自古以来的判文就有寓情于理的表述风格,使事理、法理与情理在判辞中达到辩证的统一。中国古代某些刑事判词十分注重情理性剖析,有些罪犯虽被处以死刑,但判文中依然对某些情节表示出确系有可同情之处,只是不足以免除死罪。情理性使判决书对社会公众更具有亲和力。当然,情理性必须以合法性为前提。譬如,二审判决书的制作者如果能够立于相应的高度,多角度地阐明判决理由,不仅有法理的解释,而且有情理的权衡,对于全方位体现法律精神和司法公正,具有实质的意义。曾有一起不服规划处罚的案件,上诉人(原审原告)为个体工商户,其营业场所系自己所搭建筑,但其搭建行为未经规划部门批准。从法理上认定该建筑为违法建筑并无不当,应予处罚。但该案有一个特殊情节,即上诉人原先营业地址因属拆迁范围,经与拆迁人及街道有关部门协商,其新的营业地址被安置于某房屋楼底,街道有关部门默许其搭建了现在的房屋用于营业。该建筑虽为违法建筑,但街道负有不可推卸的责任。该案的二审法官充分注意到了这一情节,所写判决书在认定其建筑为违法建筑的同时,亦阐明了该违法建筑搭建的来龙去脉,填补了一审判决书中未予明确的这一情节,行文之间无不溢出对上诉人违法搭建行为事出有因、情有可原的体谅。这篇判决书因有适当的衡情酌理,而使人切实体会到法院对当事人诉讼权益的深切关注。

又如,香港法院对一些情有可恕、法不可恕的案件,不但重视法理方面的阐述,而且注意融情、理于法之中,结合具体案情对当事人进行语重心长的教育,效果很好。如香港原高等法院杨振权法官于1995年12月13日制作的孙×诉其三个儿女卢静、卢乾、卢昆索偿案的“判词”中,写完判决结论——“本席颁令如下”之后,又增加了一段“后语”,写道:

“由于本案受媒体及公众关注,对当事人可能造成困扰。为公平起见,本席必须明确指出,本案并不涉及任何子女侵吞母亲产业之行为,纷争全因兄弟姊妹不和,互不信任,互相猜疑,甚至互相仇视而起。对卢静、卢乾、卢昆和二哥卢平之关系,本席不再作评语。他们都已成年,亦曾受高深教育,对各自行为应该负责。但本席恳切希望,卢静、卢乾及卢昆三姊弟,不要因本案而背离母亲。所谓骨肉之情,无绝也。希望他们能体谅母亲处境,继续尊敬、支持及供养母亲,令她能安享晚年,以尽为人子女之责任。”

李昌道教授(原上海市高级人民法院副院长)看了这份“判词”后,评论道:“判词可谓有法、有情、法情两顾,情深法切,并从中文、英文来看,都文字优美,实为一上品佳作。”

第二节　裁判文书的词语修辞

词汇词组都是造句单位,裁判文书语言运用好坏,与词汇词组的准确运用关系极大,故选词应仔细推敲。词语是思维的物质外壳,为确切有效地传递信息和表达思想,裁判文书制作时应准确、一字之差或一语之误会使判决毫厘千里、阴差阳错。裁判文书对词语的运用极为广泛,一般可分为法律术语、司法惯用语、文言词语、普通词语。

一、法律术语的运用

任何专业文书,都具有符合其自身特点和需要的专业术语。法律专业术语是法律条文或法学赋予了特定含义的法律概念,是法律文书中特有的、使用频率最高的专用词汇。法律术语具有语义单一、不会产生歧义、简练、精当、庄重、严肃的特点,不能相互混淆。下面列举几种情况:

(一)当事人的称呼

在裁判文书中,当事人的称谓都是法律术语,使用要恰当,符合法律规定。涉及诉讼的机关、执法人员、诉讼参与人的称谓有:公诉人、审判长、书记员、原告、被告、自诉人、法定代表人、第三人、委托代理人、法定代理人、法定监护人、证人、鉴定人、翻译、勘验人、辩护人、刑事附带民事原告人等,要准确选用,避免错用、误用。如“受害人”与“被害人”,虽然语义相近,但适用对象不同,前者是民事诉讼术语,在民事诉讼中特指由于侵权行为而蒙受损害或损失的人;后者是刑事诉讼术语,在刑事诉讼中特指正当权利或合法利益遭受犯罪行为或不法行为侵犯的人;“借款人”与“贷款人”分别指借入方和出借方;法定代表人只专用于法人组织的代表人,而“负责人”专用于非法人组织的代表人。

(二)分清罪与非罪及此罪与彼罪

“抢夺”与“抢劫”、“侵占”与“贪污”、“盗窃”与“挪用”、“强奸”与“奸污”、“故意杀人”与“故意伤人(致人死亡)”均构成不同罪名或案由。

(三)不同的审级和法律程序

“上诉”与“申诉”,“诉状”“上诉状”与“申诉状”,反映了审级的不同;“自诉”

与"公诉"、"上诉"与"抗诉"、"判决"、裁定和"调解"反映了不同的法律程序。

(四)不同的适用对象、范围或被侵犯的不同客体

"询问"与"讯问","赡养"与"抚养",有不同的适用对象;"司法建议"和"函"有不同的适用范围;"违约"、"违法"与"犯罪"反映了不同行为的性质和程度,以及不同的被侵犯客体。

(五)褒义词与贬义词

有些裁判文书上有一些感情色彩和鲜明的褒贬态度。如刑事裁判文书是正义与邪恶斗争的表现,是为打击犯罪保护人民利益而制作的。在词汇的运用上,必须旗帜鲜明,既要庄严又要爱憎分明,大多法律专业术语本身褒贬就非常分明,如"正当防卫"、"不法侵害"、"指控"、"供认不讳"等。一些有关犯罪行为的术语多带有浓重的贬义成份,如"包庇"、"诽谤"、"流窜"等。在使用时,应认真分辨词的感情色彩,选择恰当的褒义词或贬义词。例如,"在王×的积极支持下,胡×多次挪用备用金炒股"一句中,"积极支持"褒义词,使用不妥,应改为贬义词"怂恿"。而在民事、行政裁判文书中,鉴于客观叙述的需要,对当事人法律行为的表述大都选用中性词,少用或不用褒义词和贬义词。

二、司法惯用语

除大量的法律术语外,裁判文书语言中还有许多司法惯用语,又可分为四字成语、一般四字词语等。

(一)成语

成语是熟术的一种,是一种习用固定的词组,其特点是结构稳定,在句中作为一个整体来使用,相当于一个词。刑事裁判文书中,常用一些带有贬斥感情色彩的成语,对揭露犯罪动机、恶意,表达情节和社会危害性,体现法律事实有着特殊的表达效果,如"沆瀣一气"、"一手包揽"、"亡命之徒"、"习以成性"、"飞扬跋扈"、"无所顾忌"、"不以为然"、"以身试法"、"监守自盗"、"用心险恶"、"居心不良"、"有机可乘"、"违法乱纪"、"执迷不悟"等。民事、行政裁判文书中也会用到一些成语,但一般不含褒贬色彩。

(二)非成语的四字词语

非成语的四字词语,与成语的区别是结构比较松散,有时把它当成一个整体用,有时又可拆开使用或在四字词组中间加字。这种一般典型四字格词组在裁判文书中使用最常见,且较自由。从其性质分,有表法律专用的,如"审理终结"、"合并审理"、"数罪并罚"、"证据确凿"、"法庭辩论"、"诉讼时效"、"维持原判"等;有指具有特定法学含义或与诉讼和非诉讼法律事务关系密切的,但尚不如法律术语

那样稳固和融合的司法惯用四字词语,如“事实清楚”、“数额巨大”、“手段残忍”、“屡教不改”、“寻衅滋事”、“情节严重”等,表示了专有的法律含义。还有些与诉讼关系比较密切,如“足以认定”、“不予采信”、“不予支持”、“判决如下”、“追捕归案”、“供认不讳”、“捏造事实”等。由于裁判文书要求语言简练而准确,因此在叙述、说明时就尽量精简可有可无的字。这种四字词组简明易记,读起来上口,成了裁判文书中记事、说明、推断事理时特有的一种语言形式,并被大量使用。

(三)压缩语

压缩语也称凝缩语或浓缩语,属于词语的凝缩结构。压缩语的使用,可以使语言精干练达,明晰利落,用比较紧凑的结构传递比较充分和完备的信息。例如,“流窜作案”,语句为目的关系;“于法无据”,语句为转折关系;“拖延履行不当”,语句为主谓关系;“寻衅滋事”,语句为连贯关系;“抢救脱险”,语句为因果关系等。压缩语在裁判文书中较为多见,字数不固定,词与词结构紧凑,语气庄重,内部凝聚力和逻辑性强。

三、模糊词语

强调法律用词的准确性时,并不排斥使用模糊词语。有时在裁判文书制作时,模糊词语有着其他词语不可替代的作用。

(一)使语言表达更加准确、客观

例如,××年××月××日下午1时许,王××在××餐厅同该餐厅职工朱×发生口角,并用拳对朱×实施殴打,致朱×脸部及腰背部轻微伤。在此例中,“下午1时许”属模糊词语。因为证人作证时并不会确切地记住四时几分几秒,只能记得住在1时左右。

(二)使语言表达简洁、明快

例如,本院认为:上诉人高××使用暴力强奸,致被害人胡××死亡,情节恶劣,手段残忍,罪行严重,应以强奸罪从严惩处。此例中“情节恶劣、手段残忍、罪行严重”等模糊词语的表达,有前面的部分的具体印证,不会含糊不清。这种概括简洁明快。如果把具体情节、手段等加以复述,反而行文啰唆。

(三)使语言表达更妥贴、得体

例如,鉴于被告林××对被继承人尽了全部抚养义务,且一人支付被继承人所有生活费、医疗费等,故在遗产的分割时,可比其他未尽抚养义务的外地继承人酌情多分。“酌情”属模糊词语,说理部分在说清林××应多分的理由时,表达了可多分的观点,此处“酌情”虽模糊,却很妥帖得体,为以后具体处理时奠定了基础。

四、文言词语

文言词语是古代的书面语言,它所代表的有关事务或现象的概念今天还存在,如“凌晨、窥见、其、之、予、于、系、故”等。这些文言词语保留了古代汉语的某些特点,但在今天仍有一定的生命力和表现力。文言词语有以下一些特点:第一,具有浓厚的书面语色彩,现代口语中很少使用;第二,其适用于正规庄重场合,具有庄严、肃穆的感情色彩;第三,其单音节较多,往往一字一义,可使语句精练。裁判文书中运用一些文言词语,能使语言简洁有力,气氛庄重严肃,是司法惯用语的一种,虽然使用不多,却能起到使语句结构紧凑,文风凝练的作用。如“予以没收”、“故难以查清”、“本判决为终审判决”、“诉至本院”、“其行为构成”;文句中加着重号的词,都是文言词语,法律性的文言词语应慎用,不能滥用。

裁判文书中可适当地使用一些文言词语,大致有以下几方面:

(一)代替现代汉语词组

如“被告人×××羁押于……”,其中“羁押”一词相当于“被关押”这一词语;“配偶”、“子女”、“父母”相当于“丈夫或妻子”、“儿子与女儿”、“爸爸与妈妈”。

(二)单音节文言词代替双音节现代汉语词语

如“念”指考虑,“生”父母中生指亲生,“养”子女中养指领养,“处”指判处,“因”指因为,“而”指但是,“故”指所以等。

(三)用文言虚词代替现代汉语介词、助词或代词等

1. 代词。人称代词可分为第一人称的“我”、“吾”、“余”、“予”,判决书中往往不用。第二人称(他、它)的“之”、“其”;指示代词可有确指(这、那)的“其、是、此”,虚指的“或、某”,特殊用法的“者、所”等。文言词语的不恰当运用会导致歧义产生,比如实践中,有些判决书制作者不能准确运用“其”这一代词,往往时表述产生歧义。如“原告诉称,其与第三人因相邻关系而发生纠纷,但并未殴打第三人,被告××公安机关对其作出拘留10日的处罚不合法,其认定事实不清,适用法律错误”。上述文字中的“其”字运用不当,同一句话中“其”的意思前后不一,前两个“其”系指原告,最后一个“其”字系指作为被告的公安机关,犯了偷换概念的错误。

2. 助词。结构助词有“之”,语气助词有“与、其、以”等。如“难以支持”等。

3. 副词。有表示程度的“甚、颇、稍、尤”等;表示范围的“均、尽、俱、凡、仅、惟、独、但”等;表示强调或反问的“乃、宁、岂”等;表示肯定和否定的“诚、固、信、不、忽、未、莫、非”等;表示时间的“始、方、正、将、乃、且、初、终、率、既、故、尚、犹”等。

4. 介词。一般用于组成介词短语,有“以、为、与、于”等。如“于法有悖”、“以此为据”。

5. 连词。可分为表示顺连的“而、以、且、则、若、故”等和表示转连的“而、则、然”等。

（四）用文言词作词素，构成新词

如“婚生”、“非婚生”、“非法”、“首犯”、“之后”、“予以”等。

（五）利用文言词语组成特殊的结构形式

例如，“××以量刑畸重为由，提起上诉”、“非法所得”，其中，“以……为”即“用……作为”，是一种复杂的述宾结构，“所得”指“得到的财物”，相当于代词。

以上列举的仅是文言词语的一小部分，但又是裁判文书中经常用到的，如使用得当，恰到好处，可提高法律语言的可读性。在裁判文书中使用文言词语，要注意以下几点：一是要使用哪些有生命力的、通用的文言词语；二是要使用哪些有一定表现力的、意义比较明确的文言词语，不要使用那些没有表现力的、含义艰涩的文言词语；三是选用的文言词语，要与法律语言总的风格相协调。切忌滥用文言词语，致使文句表达半文半白，意义晦涩，从而与制作者增强表达效果的初衷背道而驰。

第三节　裁判文书的句式运用

句子是能够表达一个相对完整的意思的语言单位，它是由短语或单个的词构成的，能完成一次表达和交流的任务。一般而言，句子分成四类，即陈述句，指能够说明一件事，具有陈述语气并且句末用句号的句子。它可以判断叙述或描写一个事实，作用是陈述；疑问句，指能够提出一个问题，具有疑问语气，并在句末用问号的句子。它可以提出一个或两个以上问题，作用在于表示某种疑问；祈使句，指发出一种“请求”或命令，具有祈使语气并在句末常用句号或感叹号的句子，它的目的是要求或制止对方做一件事，作用就是祈使；感叹句，指抒发一种强烈的感情、情绪，具有感叹语气的句子，主要用来表达强烈感情，句末用感叹号。

一、裁判文书句子的选择

裁判文书中一般最常用的是陈述句，极少使用疑问句，祈使句和感叹句。陈述句的用途可分为：

（一）用于叙述、回溯案情或有关的法律事实

如“××工商局于1998年3月18日对被告某下关激光医院、新华日报社依法作出行政处罚，认定某下关激光医院于1997年8月、10月在《扬子晚报》发布的四则广告属虚假广告宣传，责令某下关激光医院停止发布此广告。”

(二)说明案件的有关情况或证据情况

如一起劳动争议案件,经原、被告举证的庭审质证,法院认定的一部分事实:“1998年6月22日,原告经招聘被被告单位录用,双方签订试用合同。约定:试用期为一个月;原告至被告处担任企管部经理;试用期的月薪为人民币1500元;继续录用的月薪为人民币2000元。1998年7月1日,原告进入被告单位工作,试用期满后,双方曾就签订劳动合同进行协商,但未达成一致意见。”

(三)界定法律属性或判断性质、情节及罪行轻重

例如,“上诉人孙某明为劫取钱财而故意杀害三名值班人员,其行为已分别构成故意杀人罪和抢劫罪,依法应两罪并罚,予以严惩。孙某明的上诉理由不能成立,孙犯罪手段极为残忍,社会危害性极大,其辩护人要求对孙从轻处罚不予准许。”

(四)描摹人物形貌及案发现场、环境等

如刑事案件中对被害人受伤情况的陈述,或引用现场勘查笔录所反映的案发环境、现场痕迹及遗留物的性状、形态等。在行政案件中也可显现被诉行政行为的内容,如“被告于1998年4月28日作出核发编号民为沪普建(98)0033号建设工程规划许可证的具体行政行为,准予第三人建造建筑面积为14,471平方米、建筑高度为69.1米,建筑层数为24层的某花苑10号楼,该楼南北向宽度为28米,东西向长度为29.6米,与南侧建筑层数为23层的某花苑3号楼之间的建筑间距为24米,与北侧建筑层数为6层的本市曹杨二村316、318号居民楼之间的建筑间距为25.4米,与东侧建筑层数为6层的居民楼之间的建筑间距为13米,与西侧配电间的建筑间距为6米。”

从陈述句的功用出发,又可分为肯定句和否定句。为叙述事实,说明证据及案件审理情况和分析、认定证据内容、认定案件性质、量刑幅度,多用肯定句。而在认证说理部分,对不予采信的意见,不予认定的事实,二审法院指出初审法院错误认定事实、运用法律的情况等多用否定句。

二、裁判文书的句式选择

现代汉语的句子分为单句和复句。复句是在单句的基础上形成的,为了真实客观地反映案件的事实,经常需要把两个或两个以上意思有联系的单句组合在一起,构成一个比较复杂的句子,这样的句子就叫作复句。

简单而言,两个以上单句,按一定的次序直接组合起来成为一个复句。但事实上,要完成对复杂案情的陈述,阐明裁判理由,还需要借助一些起关联作用的词语把两个或两个以上的单句组合成一个复句。复句中分句与分句间有意义关系,另一方面分句之间还有一定的逻辑事理关系。

(一)并列关系

由两个或两个以上分句并列组合而成,这些分句叙述相关的几个事实,或说明相关的几种情况,关系并列。无主次之分,排列次序可以比较灵活,语序变换,不会影响意思表达。

(二)承接关系

用几个分句叙述连续的动作,前后连贯承接,承接关系有的是时间上的,说明几个案件事实的先后发生;有的是空间上的,说明按一定顺序的空间转换;还有逻辑、事理上的等。一般用虚词组合,如“又”、“还”、“接着”、“然后”、“于是”、“就”、“便”、“跟着”等。承接复句中的分句排列有一定的先后次序,不能颠倒语序,否则表达就不合事理,或改变原意。

(三)递进关系

几个分句之间有一层进一层的意思,复句中后面的分句比前面的分句有更进一层的意思。常用的关联词有“不但……而且……”、“不但……不(也、更、甚至)……”、“不仅(不光、不只、不止、不单)……而且(并且)……”等。有时也可以只在后面分句用“而且”、“并且”、“还”、“更”、“甚至于”、“尤其是”等。

(四)选择关系

几个分句分别列举几种情况,要求从中选择一种,表示取舍意思的关联词多用“与其……不如……”、“宁可……也不……”等;表示无取舍意思的关联词多用“或者……或者……”、“也许……也许……”等。表示非此即彼,不能同时存在的关联词多用“不是……就是……”、“要么……要么……”。

(五)转折关系

前后分句的意思上有转折,后一个分句意思不是顺着前一个分句的意思说下去,而是有一个转折,转到相反的意思上去。常用关联词有“虽然……但是……”、“尽管……可是……”。有时也可仅在后一单句中用“但是”、“可是”、“却”、“然而”、“不过”、“但”等。

(六)因果关系

分句之间说明原因和结果关系的复句。一个分句说明原因,另一个分句说明这个原告导致的结果,因和果都是客观存在的,一般采用的关联词有“因为……所以……”、“因此”、“由于”等。还有一种情况属于推论关系,前一个分句提出一个依据或前提,后一个分句则表示由这个依据或前提推出的结论,结论带有主观性,在说理部分最常见,常用关联词有“既然……就……”。

(七)假设关系

前一分句假设一种情况,后一分句说明要是实现了就会有怎样的结果。常用的关联词有“如果”、“假如”、“要是”、“倘若”、“假设”、“若是”等,常用副词有“就”、“那么”、“便”等与之配对使用。

(八)条件关系

前一分句通常提出一个条件后,后一分句则说出有了这个条件就会产生的相应的结果。常用关联词有“只要”、“只有”、“除非”等,后一分句常用“就”、“才”、“便”等配对构成条件关系复句。

对写好裁判文书而言,复句也不是一成不变的,常常为表述完满,还会使用多重复句、紧缩复句、辩证复句等其他形式,从而构成句群,为文书打下扎实基础。

三、裁判文书句式的运用

从不同角度出发,文书写作时运用的句式有长句和短句、整句和散句、紧句和松句等。

(一)裁判文书慎用长句

长句结构复杂,词语较多,层次也较复杂,汉语用词序和虚词表示语法关系,句子一长,词语一多,词语的次序难以安排妥帖。如运用不当,将导致语法错误,歧义丛生。长句的优点是可以将丰富的内容在一个单句或复句中表达出来,如运用恰当,可使语气连贯,条理清楚。判决书的特定部分,如行政判决书的首部案由、案件来源、审判组织、审理方式及诉讼参与人等往往用长句规范地表述:

上诉人新加坡实地控股有限公司(以下简称实地公司)、上海事必达特涂装备工程有限公司(以下简称事必达公司)因批复企业变更纠纷一案,不服上海市第一中级人民法院(1997)沪一中行初字第6号行政判决,向本院提起上诉。本院依法组成合议庭,公开开庭审理了本案。上诉人实地公司法定代表人朱某德及事必达公司的特别授权委托代理人谢某;被上诉人上海市某区管理委员会主任周某鹏的特别授权委托代理人赵某银、徐某青;被上诉人上海某技术工程有限公司的法定代表人周某及其特别授权委托代理人唐某平律师到庭参加诉讼。本案现已审理终结。

但是,在多数情况下,我们仍主张多使用短句,短句语法结构相对简单,容易理解。裁判文书往往须经法官宣判后才送达当事人,因此在一定程度上应当考虑裁判内容适应于法官口语的宣读。

(二)裁判文书多用散句

“散”是参差的意思,散句之间结构不同、长短不齐。散句与整句结合使用可以使语言生动活泼、气势贯通、节奏鲜明、裁判文书用于法律活动,不追求整句排比,对偶等修饰风格,散句能平实、准确地叙事达意。

(三)裁判文书多用紧句

紧句指结构严整的句式,松句则结构舒张,在紧句中几个意思集中在一起说,句中可出现长定语、长状语或者句中成分结合得紧,停顿较少或不停顿,语势紧迫。裁判文书要求语言准确、严谨和庄重,因此多用语势紧密的紧句。

第五章　裁判文书的瑕疵及其处理

当前,人民法院受理的案件数量居高不下,案情关系趋于复杂,审判压力日益加大,裁判文书瑕疵问题屡有发生,已成为涉诉信访的重要源头之一。深入研究裁判文书瑕疵及其处理机制,应是推进司法公正、提升司法公信、减少涉诉信访、实现案结事了的题中之义。然而,当前我国裁判文书瑕疵处理的立法、司法现状以及理论研究仍不够理想。观之于立法,一方面,对于游离于补正裁定和二审、再审事由之外的大量裁判瑕疵的处理尚属空白;另一方面,未能对二审、再审事由作进一步区分,无异于将裁判文书瑕疵与裁判错误混同,既增加了当事人的讼累,也浪费了司法资源,影响了司法效益。观之于司法实践,部分法院在裁判文书瑕疵救济方面作了积极探索,但由于缺乏明确法律依据,并与中立裁判原则产生一定程度的冲突,未免粗放而不规范、分散而不统一、短期而不常态,总体上仍显凌乱、片面。观之于理论研究,国内学界关于裁判文书救济程序的相关调研尚属起步阶段,研究相对较浅,至今尚未形成系统的成果。有鉴于此,本书以民商事裁判为切入点,对当前我国民商事裁判文书瑕疵及其处理进行分析、研究,深入探究民商事裁判文书瑕疵及其处理机制。

第一节　民商事裁判文书瑕疵概述

一、民商事裁判文书瑕疵的概念

(一)民商事裁判文书瑕疵的内涵

1. 广义的民商事裁判瑕疵

在理论上,广义的民商事裁判瑕疵包括一审、二审、发回重审及再审各个诉讼阶段,裁判本身具有瑕疵和作为裁判基础的诉讼行为瑕疵。

所谓裁判本身具有瑕疵,主要涵盖以下几种情况:一是明显的技术性错误。主要是因为法官和当事人在诉讼过程中的过失尤其是疏漏而产生瑕疵,具有客观性和普遍性,且表现形式众多。除了典型的文字笔误、金额误算和诉讼费误算等瑕疵外,还有一些其他形式的违反一般裁判技术规范的瑕疵,如义务履行方式表述不清,导致无法执行等。二是法律条文引用错误。例如,法律条文引用时未能准确完整写明规范性法律文件的名称、条款序号;在并列引用多个规范性法律文件时,未能按照位阶原则,依次引用法律及法律解释、行政法规、地方性法规、自治条例或者单行条例、司法解释。在引用两部以上法律时,未能先引用基本法律,后引用其他法律。在引用既包括实体法又包括程序法时,未能先引用实体法,再引用程序法。三是判决的脱漏或者超出请求范围判决。诉讼请求是案件予以审理的基础和核心。在审判实践中,法院必须要充分厘清当事人的具体诉讼请求,并具体细化,同时针对每一项诉讼请求做出判决,而不能随意予以变更,不能超出原告的诉请范围,也不能遗漏原告诉请,否则也构成裁判瑕疵。

所谓作为裁判基础的诉讼行为瑕疵导致的裁判瑕疵。主要包括两种:一是当事人的诉讼行为的瑕疵。例如,在起诉时,认为自己具有当事人资格,或者认为对方具有当事人资格,从而在起诉状中写错名字;或者在证据调查时,错误指认证人等。再如,当事人对程序事项的无知造成错误,主要是对管辖、期日以及程序上其他事项不甚了解造成延误实施诉讼行为等。二是法院诉讼行为的瑕疵。例如,当事人提出了某种申请,该申请行为是否存在瑕疵,是否在形式上符合诉讼法的规定,法院未能审查清楚,导致裁判产生瑕疵。所有这些瑕疵均可为二审、再审事由之中。

2. 狭义的民商事裁判瑕疵

对于包括裁判本身具有瑕疵在内的狭义的民商事裁判瑕疵,学者从不同角度给予了不同界定。

第一种观点认为,民商事裁判瑕疵仅仅系相对于正确的裁定、判决而言,是指人民法院违反程序法规定或者工作失误而形成的个别方面有失完善的民商事裁定或民商事判决。第二种观点则认为,将民商事裁判瑕疵限定为"判决(书)误写、误算或类似显然的技术上或形式上的错误"。第三种观点认为,将民商事裁判瑕疵予以模糊概括,定义为民商事审判中发生结案效果的判决、裁定和调解文书中存在的对裁判结果不产生严重影响的轻微的错误。主要是指裁判上或法律文书制作上的技术性的疏忽和遗漏,其范围以技术性错误为主,以认识和判断的错误为例外。该观点明确指出技术上的遗漏和错误是民商事裁判瑕疵的主要范围,而在裁判过程中的认知和判断上的错误属浮动界定,要根据实际的情况判断。

综合上述理论观点,司法实践将民商事裁判中出现的瑕疵,分为实质性瑕疵和非实质性瑕疵。实质性瑕疵即是广义定义中的作为民商事判决基础的诉讼行为的瑕疵而导致的判决瑕疵。对于该种类瑕疵,理应通过上诉程序或者再审程序的方式予以救济,不再列入对民商事裁判瑕疵研究的范畴。包括裁判本身具有瑕疵在内的其他瑕疵可以归属于非实质性瑕疵,不需要通过上诉程序或者再审程序,可以通过其他的方式予以救济。这是需要研究并在此基础上探讨和完善与之相应对策的题中之义。

综上,我们对民商事裁判瑕疵的界定是:相对于完善且正确的民商事裁判,在该裁判中对案件的基本事实认定和判决结果真实的反映了人民法院经审判后的真实的意思表达,但在该裁判中因为法院或者法官的疏忽或者过失存在错误,影响了当事人正常行使诉讼权利、实现诉讼利益,谓之非实质性瑕疵。

(二)民商事裁判文书瑕疵内涵辨析

1. 民商事裁判瑕疵与无效裁判

如同民商事法律行为,民商事裁判行为同样存在效力要件的问题。如果欠缺效力要件,则导致裁判无效。无效裁判,是指由于存在重大瑕疵,即使没有通过上诉或者再审途径撤销,其内容也不产生实质效力的裁判。从裁判的无效范围方面来说,无效裁判分为全部无效与部分无效两种情况,具体包括裁判法院欠缺审判权、裁判的判断内容不为现行法律规制、当事人不具备适格能力等具体情形。鉴于其程序方面有效,无效裁判并不是没有任何法律效力,同样也发生终结诉讼的效果以及相应的拘束力和形式上的确定力。在确认无效之前,无效裁判生效则终局确定不得上诉。在两者的关系上,民商事裁判瑕疵与无效裁判属于交叉关系。从外延上分析,部分无心之过导致的无效裁判实际上也属于民商事瑕疵裁判的范围。但是,在瑕疵程度方面,民商事裁判瑕疵比较轻微,而无效裁判相对重大;在发生瑕疵的后果方面,民商事裁判瑕疵并不必然导致裁判无效,只要未经法定程序废弃,民商事瑕疵裁判依然视为完全有效的裁判,而无效裁判即使未经法定程序废除,也不发生既判力等裁判内容上的效力;在救济方式方面,只有瑕疵程度达到没有其他途径对裁判不符合规定的情况进行制裁时,才能够开放裁判无效的途径。

2. 民商事裁判瑕疵与补正裁定

民事裁判的补正,指法院对已经作出的发生约束力的民事裁判存在的技术性瑕疵予以救济的方式。由于技术性瑕疵系已经生效的裁判在技术层面的错误,属于裁判表示方面的瑕疵,并不涉及裁判主要事实,因而对于技术性瑕疵的救济方法就不宜适用判决的方式,而应通过裁定的形式进行。应该看到,除去实质性的民商事裁判瑕疵需要通过撤销原判、重审的方式予以救济之外,其他大多数的非实质性的民商事裁判瑕疵,都是通过裁定等方式予以补正。就这个角度而言,民商事裁判瑕疵与补充裁判的交集是最多的。除了《民事诉讼法》第一百五十四条第一款第

(七)项规定的笔误之外,还有大量的技术性瑕疵需要通过补正裁定的方式予以纠正。

3. 民商事裁判瑕疵与撤销判决

所谓可撤销裁判是法院依法定程序对原审法院裁判的取消。在第二审程序、审判监督程序中,都有撤销原判的情形。然而可撤销判决与民商事裁判瑕疵,既有联系又存在区别。一方面判决如果本身存在瑕疵的话,就有可能导致判决被撤销。如《民事诉讼法》第一百七十条第一款第(三)项和第(四)项规定:原判决认定事实错误,或者原判决认定事实不清,证据不足,裁定撤销原判决,发回人民法院重审;原判决违反法定程序,可能影响案件正确判决的,裁定撤销原判决,发回人民法院重新审判。另一方面,可撤销判决与民商事裁判瑕疵并非同一概念。在一定意义上,可撤销的裁判一定具有法律适用或者事实认定上的瑕疵,而具有瑕疵的民商事裁判并不必然动用撤销的形式。此外,可撤销裁判通常是指二审裁判针对一审裁判和再审裁判针对原审裁判作出,而民商事裁判瑕疵则可以涵盖各诉讼程序的裁判文书。

4. 民商事裁判瑕疵与补充判决

我国程序立法中并不包含可补充裁判这一概念,只有补正裁定一说。可补充判决的制度设计及运用目前多见于理论和其他法系国家,其规制客体主要为裁判脱漏。我国民事诉讼法只将裁判在表述上有显然错误,即针对法律文书的误写、误算,诉讼费用的漏写误算及其他一些范围尚不明确的笔误明确界定为裁判瑕疵,而对裁判脱漏是否属于裁判瑕疵及其救济程序,存立法之空白与司法之混淆。契合比较法视野,大陆法系国家将民商事救济程序区分为更正裁定程序和补充判决程序,简言之,即脱漏用判决,其他用裁定,分别谓之更正裁定与补充判决。两种程序补救的判决瑕疵有着明确的范围和质的区别,前者纠正的是裁判在宣告上的显然错误,后者解决的是判决遗漏当事人诉讼请求或者诉讼费用的情况。裁判有显然错误,是法院已对全部诉讼标的进行了审理并作出了判决,从法官的内心真实确信而言,当事人的实体权利已经有了通过判决形式表现出来的结论,只是表现在判决书中有错误,这时,只需用裁定的形式适用更正程序即可,若再判决,既浪费司法资源,违背诉讼效率的原则,也会出现一事两判、相互矛盾的情形,有损司法公正的形象;而裁判遗漏情况则不同,遗漏部分法院虽然经过审理程序,但没有作出相应且具有法律约束力的结论性判定,这样,补救程序就不能用裁定而只能用判决的形式。

5. 民商事裁判瑕疵与另案裁判

民商事裁判瑕疵还可能引起另案裁判。根据《最高人民法院关于适用〈中华人民共和国民事诉讼法〉审判监督若干问题的解释》第三十九条、第四十二条,申请再审人或者申请抗诉的当事人提出新的证据致使再审改判,被申请人等当事人因申请再审人或者申请抗诉的当事人的过错未能在原审程序中及时举证,请求补偿其增加的差旅费、误工等诉讼费用的,人民法院应当支持;请求赔偿其由此扩大的直接损失,可以另行提起诉讼解决。再审程序中,案外人不是必要的共同诉讼当事人的,仅审理其对原判决提出异议部分的合法性,并应根据审理情况作出撤销原判决相关判项或者驳回再审请求的判决;撤销原判决相关判项的,应当告知案外人以及原审当事人可以提起新的诉讼解决相关争议。民商事裁判瑕疵与另案起诉的关联点在于民商事裁判瑕疵的界定以及瑕疵的救济程序。首先,我国对于民商事裁判瑕疵的明确界定仅指裁判在表现上有明显错误,即法律文书的误写、误算、诉讼费用的漏泄误算及其他一些范围尚不明确的笔误,这一界定过于狭隘,导致裁定补正程序适用范围很小。同时,因为我国对于民商事裁判瑕疵的界定过于狭隘,对于瑕疵的救济程序仅限于裁定补正程序,而没有形成像大陆法系那样保护完整、诉讼便捷的瑕疵救济体系,诸如变更裁定与补充判决。民商事裁判瑕疵界定的狭隘及其救济程序的固定单一,导致了判决既判力原则与现行法律规定冲突的尴尬窘境。

二、民商事裁判文书瑕疵分类及构成要件

(一)规范性瑕疵及其构成要件

规范性瑕疵系指民商事裁判文书中格式或程式错误,通常可称为格式瑕疵,但对司法判断内容未产生实质性影响的瑕疵。通常包括裁判文书制作明显缺少文书样式明文规定基本结构要件的;案号有误或字头、年号等书写错误的;把法院全称、审判人员姓名、职务写错的等。此类瑕疵对裁判的实体没有影响,但却降低了裁判的可信度,在一定程度上会影响法院外在形象。

(二)技术性瑕疵及其构成要件

技术性瑕疵是指民商事裁判文书任何部分存在的文字笔误、金额计算错误等违反一般性裁判技术规范方面的瑕疵,还可称为文书瑕疵,其为审判实践中最常见问题。技术性瑕疵只是形式意义上的意思表示错误,并不影响裁判的实质内容,即便如此裁判的技术性瑕疵问题也不可小觑。

1. 系客观性疏忽和遗漏

民商事裁判的技术性瑕疵建立在对案件进行正确审理与裁判的基础上,只是在具体表述时因疏忽大意而没有正确表达裁判者的真实意思,从而导致裁判者的正确意志与裁判文书表达出来的意思不相一致。

2. 系对实体权利未产生实质影响的明显轻微错误

所谓"明显",是指只要以正常的理解力和观察力,通过裁判文书本身及案卷

诉讼资料就能够直接轻易发现的程度界定。不管是何种形式的技术性瑕疵，只能是个别文字、数字等具体表述方面的缺陷，而不能是改变案件事实认定和法律适用，更不能是改变判决实质内容。

（三）程序性瑕疵及其构成要件

程序公正是实体公正的有效保障。司法实践中违反民事诉讼法及相关规定的程序性事项视为程序性瑕疵抑或错误，其判定标准主要有三大类：一是该违法行为是否严重限制或剥夺当事人诉讼权益；二是该违法行为是否违反强制性程序规定；三是违反程序行为与不公裁判结果间是否存在相当因果关系。

1. 系轻微限制或剥夺当事人诉讼权益

程序性法律错误主要是针对那些严重限制或剥夺当事人诉讼权利的违法行为。对于那些违反民事诉讼法一般性程序违法行为，主要指那些具有技术性和手续性的程序性违反行为，由于没有对被告人的诉讼权利造成严重的侵犯，一般不被列人程序性法律错误的救济范围，而应统摄于程序性瑕疵的概念下进行救济。

2. 系违反非强制性程序规定

民事诉讼法相关条文，因其性质区分，有必须严格遵守的，有仅为注意规定的，亦有补正性质的，对此应注意区分。必须遵守的规定如合议庭组成是否合法，当事人的委托代理是否合法，当事人行使处分权和辩论权是否合法等，对此类强制性规范的违反，都应视为实质性瑕疵。而对于任意性规范及补正规定的违反，如程序性事项记载不符合要求等，通常均视为轻微差错，系不影响案件实体处理结果正确性的缺陷行为。

3. 该缺陷行为与不公裁判结果间不存在相当因果关系

按要件分析理论，程序性瑕疵与不公裁判之间具有因果关系应符合下述两大要件，一是生效裁判存在程序上的瑕疵或者制作裁判过程中出现了违法性；二是这种瑕疵或违法性与裁判结果之间存在相当的因果关系。如以提起再审事由为例，当事人主张某一证据是虚假的，在认定当事人的该理由确实存在后，再对其结论进行进一步考察，如生效裁判不是以该证据为基础，而是建立在其他证据之上时，即不存在形式逻辑关系或该证据的考量与不考量都不影响结论，这时即认定当事人主张的该证据违法性与生效裁判之间不具有因果关系，当事人的再审申请不符合条件，却符合瑕疵救济条件，此程序错误被定义为程序性瑕疵而非程序性重大错误。

（四）事实瑕疵及其构成要件

事实瑕疵是指与案件相关，但不足以影响本案裁判正确性和效力，也不影响他案的事实认定错误，即非主要事实认定错误，所以无须通过撤销原判发回重审或者查清事实之后改判途径处理。

1. 系诉讼主体发生事实认识错误

技术性瑕疵可能发生于民商事裁判的任何部分,而事实瑕疵则只发生于民商事裁判文书的事实部分。单从发生位置来看,两者存在交叉,容易混淆。然而,事实瑕疵的根源在于诉讼主体发生事实认识错误,也就是主观认识与客观实际不相符合,而事实部分的技术性瑕疵主要是裁判法官的意思表示存在瑕疵。也就是说,虽然两者从最终结果来看都发生错误,但是事实瑕疵属于法官认识判断上的错误,是法官形成错误意志而导致内心确信的不正确,而技术性瑕疵则是裁判宣告上的错误。因此,两者实则属于两种性质不同的民商事裁判瑕疵,各自的研究范围相互独立,其救济理念与具体措施各不相同。如果事实部分的裁判瑕疵仅仅表现为形式上或者技术上的明显错误,那么可以直接纳入技术性瑕疵的研究范畴。

2. 系非主要事实认定错误

主要事实是指"判决出现权利发生、变更或消灭之法律效果中直接且必要的事实",案件事实除主要事实外,还有证明主要事实的间接事实和证明证据能力和证明力的辅助事实,还有证明事实程度化和具体化的补充性事实。主要事实是裁判的依据,直接影响裁判结果,因而是要件事实。在民商事诉讼中,法院通过对主要事实存在与否的判断来确定民商事权利义务是否存在。如果主要事实存在认定错误,只能通过上诉途径进行救济。间接事实、辅助事实和补充性事实有时也会对裁判结果产生重大影响,也会构成要件事实,可能均对裁判结果的正确性产生直接影响。对于一些非单独事实的非主要事实认定错误而并不影响裁判结果的正确性的,因可能涉及当事人或第三人的其他权利,比如可能与其他诉讼有一定关联,可能成为其他纠纷案件中的主要事实等,在一定程度上会对当事人的权益产生影响。例如,在不影响主要事实认定的正确性的前提下,有多个同时支持主要事实的非主要事实之一发生认定错误的,或证明事实程度化和具体化的补充性事实在充实其他事实、证明其他事实的程度与具体性上存在错误等,这样的非主要事实认定错误属于裁判瑕疵范围。

(五)法律引用瑕疵及其构成要件

法律引用瑕疵,指对法律适用和裁判结果不产生影响,仅因技术原因而误引、漏引或多引法律条文的情形,属非基础法律规范引用错误。法律条文引用是裁判文书中极具严肃性的内容,是裁判正当性的法律体现。法律条文引用不当如导致裁判结果错误的,应归入裁判错误中法律适用错误的范畴。对于规避应适用的法律条文以及错误理解、解释法律或者法律依据与事实不相符合等隐蔽错误,不应纳入引用法律瑕疵的研究范围,而是裁判错误的范畴。如果因技术性疏漏而至法律条文引用失当但不影响案件裁判结果，属裁判瑕疵范畴。

（六）裁判主文瑕疵及其构成要件

裁判主文即判决结果，是人民法院经过审理，针对当事人的诉讼请求，根据认定的事实和适用的法律，对当事人之间争议的权利义务关系作出实体性的处理决定。裁判主文瑕疵主要是指案件经过审理已经查明，有的甚至已在判决说理部分明示，却在裁判中因疏忽而未判明相应内容，可能会影响履行或者影响执行，但对裁判可信度未造成重大影响。

1. 诉讼请求未明确或未固定影响准确表述

法官以当事人的诉讼请求为基础制作判决主文。因此，主文确定的权利义务应与当事人的诉讼请求相对应，体现当事人意思自治原则，分别按照不同的诉因，根据确认之诉、变更之诉或给付之诉的不同情况，正确地加以表述。例如，在裁判主文中应对当事人的所有诉讼请求（包括反诉请求）作出支持、部分支持或者不予支持的明确结论，既不能遗漏当事人的诉讼请求，也不能超出当事人的请求范围。当事人有多项诉讼请求，对其中几项需要驳回的，应将驳回的内容列明。如果诉讼请求不能准确界定，就自然使裁判主文偏离当事人的诉讼焦点，影响履行。

2. 非主要事实认定错误或认定不清影响正确表述

裁判主文不仅建立在案件主要事实之上，同时也建立在案件非主要事实之上。案件的非主要事实与主要事实一起，整体呈现整个案件的事实，也是裁判不可或缺的基础内容。不少裁判主文由于对非主要事实的忽视，从而影响其裁判的表述。当多层法律关系交织时，法官在审理中，必须要把握核心的法律关系，同时也要理清其他法律关系。一旦多种法律关系交结在一起，而法官未能理清法律关系的主次时，就使得裁判主文含混不清，影响执行。

三、民商事裁判文书瑕疵的成因分析

（一）缺乏先行固定诉讼请求的意识

司法实践中，民商事诉讼当事人对各项诉请的法律依据以及内在的冲突不甚明了或者依赖法院查明的现象比较常见，而有的承办人审判思路不清晰，没有及时固定当事人的权利请求或者不掌握当事人的请求基础，导致原告不断变更诉讼请求，法官重复开庭，案件审理久拖不决，亦形成裁判瑕疵。

（二）缺乏有效归纳诉讼主张的标准

在案件审理过程中，有的当事人对案件所涉法律关系不断地提出新的主张，而法官却不考虑案件基础法律关系和应当适用的法条即先行开庭，庭审中整理争点不到位，法律释明未跟上，使得一些案件的基础法律关系与当事人选择的法律关系不同,导致审理思路出现错误,审理程序出现混乱,裁判结果出现瑕疵甚至错误。

(三)缺乏循序认定案件事实的主线

案件事实是已经发生的事实,因此其认定过程只能是一个按照法律规定的条件、标准和证据规则对既有材料进行反向推演,以发现过去、重述真相的过程,这也是庭审阶段的核心任务。在初步定性的法律关系框架内查明的案件事实,为其寻找法律依据时很容易产生已查明的事实与可能适用的法律规范之间的不一致。已查明的案件事实中包括很多对法律适用毫无意义的事实,或可能适用的规范所对应的要件事实在本案中没有查明可能导致事实认定瑕疵,继而导致裁判瑕疵甚至错误。

(四)缺乏准确选择法律基础的方法

立案阶段对法律关系的定性具有模糊性和可变性。一方面在当事人诉讼能力与立案法官业务能力欠缺时,为避免出错可能选择上一级的案由。另一方面诉争的法律关系涉及的权利义务内容往往是丰富的,不仅当事人在起诉时可能对不同权利的取舍、法律效果以及诉讼角度不清楚,办案法官也未必明确。法官在初步定性的法律框架内可能发现针对同一问题有一个以上不同的法律条文可以适用,或无法找到与案情精确匹配的法律条文。法律适用因无法满足准确性要求而不得不回归到定性法律关系的原始起点,造成诉讼资源的浪费,并易产生法律引用瑕疵。

四、民商事裁判文书瑕疵的负面效应

(一)不利于司法程序的终结性

裁判文书一经作出,即意味着该司法程序的终结性,伴随这种终结性而来的,是当事人之间纠纷的有效解决,由此,法律实现了定纷止争的功能。但是,裁判瑕疵的存在,以及我国现行立法对民商事裁判瑕疵救济机制方面存在的缺陷,导致多数裁判瑕疵通过上诉程序或者再审程序予以救济,这既容易造成司法资源的浪费,又对裁判的终局性产生动摇,不利于保护当事人的合法权益。

(二)不利于诉讼权利的完整性

诉讼活动不仅要保障当事人的诉讼权利,而且要保障当事人完整的诉讼权利。当事人在民事诉讼中的诉讼权利,既有实体层面的权利,又有程序层面的诉讼权利。民商事诉讼活动中出现的诉讼请求不固定、法律引用不准确、事实认定重点不突出、偏离诉讼争点等裁判瑕疵,则是对当事人实体诉讼权利的破坏。上述裁判瑕疵的存在,使当事人所享有的诉讼权利大打折扣。

(三)不利于审执兼顾的联动性

审判和执行,是诉讼活动中的两极,也是诉讼活动能够顺利完成司法为民使命的重要支撑。理想状态下,审判和执行二者应该是紧密衔接、联动促进的。审判为执行提供基本依据,而作为审判活动的延伸,执行也保障着审判结论的顺利实现,维护着司法裁判的权威。人民法院的裁判文书,是权利人实现合法权益的重要基础和保障,在执行实务中,因生效裁判文书存有瑕疵,致使裁判文书不能执行,或涉裁判实体方面或涉法律程序方面,引发当事人对裁判文书公信力提出质疑,出现执行难,执行反复的情况。

(四)不利于服判息诉的安定性

诉讼活动的终极目的在于通过定纷止争来维护社会关系的稳定性。裁判文书的国家立场和法律效力,决定了其能够成为各方当事人自觉遵守秩序的凭证。当然,裁判文书必须是确定的、精确的、能为社会民众所认可的。裁判瑕疵的存在,会使得裁判不能达到预期的司法效果,使得法院在原有判决上所耗费的努力付诸东流。另外,裁判瑕疵的存在导致司法裁判的质量难以保证,很容易引发涉诉信访问题。这无疑使得法院在服判息诉的安定性追求上渐行渐远。

(五)不利于司法裁判的权威性

裁判文书是审判活动的最终产品。法官将认定的事实、适用的法律、判决的结果等信息通过裁判文书传递给当事人。一份文字精练、说理清晰、逻辑严密、没有任何瑕疵的裁判文书,赢得的是当事人的信服,树立的是司法的权威。但是,裁判文书中各种瑕疵,极大地消解着公众对司法裁判的权威认可。某种意义上说,裁判瑕疵与司法权威削弱存在一定关联性。

第二节　民商事裁判文书瑕疵处理的现状

我们以2008~2012年S市C区人民法院每季度案件质量检查报告和裁判文书检查报告以及当事人信访投诉情况分析为蓝本,结合当事人案件申诉、检察机关检察建议、执行案件情况调查、2012年S市法院开展“两评查”情况报告、部分省市法院、律师事务所调查反馈等途径收集资料,对民商事裁判瑕疵的表现形式及其处理现状予以思考分析。据统计,调研涉及民商事裁判瑕疵1240件。

其中:规范性、体例瑕疵50件占4.03%,技术性瑕疵(版式、文字、文义、数字)530件占42.74%,程序性瑕疵(诉讼主体的相关资格、程序性内容释明不当或缺失、程序性事项记载错误或遗漏)41件占3.31%,事实认定瑕疵(间接事实认定、辅助事实认定、事实争点归纳)67件占5.4%,引用法律条文瑕疵(法条顺序、法条漏引、法条多引、法条误引)153件占12.34%,裁判主文瑕疵(裁判主文超出诉讼请求、裁判主文遗漏诉讼请求、裁判主文不明影响执行、裁判主文不严谨影响适法统一)399件占32.18%。由此可见,技术性瑕疵和裁判主文瑕疵,两项合计占74.92%;引用法律条文瑕疵占12.34%,规范性瑕疵、程序性瑕疵、事实认定瑕疵所占比例较小,均在5%左右。这说明,民商事裁判瑕疵以技术性瑕疵和裁判主文瑕疵为主,其次是法律引用瑕疵。

一、民商事裁判文书瑕疵的表现形式

(一)规范性瑕疵的表现形式

1. 体例瑕疵

调查中发现,有些裁判文书并未严格遵守最高人民法院有关裁判文书的体例格式。比如,将解除保全裁定条文、格式错用为保全裁定条文、格式。该案中,双方已和解,原告申请解除保全。但该份解除保全裁定书所用的条文、格式均为保全裁定的条文、格式;又如,根据民事裁判文书样式规范,当事人的基本情况中应写明民族,无须写籍贯,但是有些裁判文书,对当事人的自然情况表述不全面,原、被告身份事项中,均遗漏民族,或者,当事人的基本情况中多写了籍贯;有的则并未按照第一审普通程序民事裁判文书的样式规范,将两个以上的被告共同委托的代理人分别列明,而直接写成“二被告共同委托代理人×××”;还有的裁判文书尾部出现了“代理书记员”这种无法律依据的表述等。上述情况,均不符合裁判文书的体例要求。

2. 版式瑕疵

调查中,我们发现部分文书排版方面存在问题,比如字符间距、行距排列随意,同一份文书出现不统一的行距、间距,一定数量的裁判文书排版存在字符间距过宽、数额写法不统一等。法律文书的排版,从页面设置中的页边距、每行字数、段落中的行距设置值范围、页码的编排等,最高人民法院《人民法院诉讼文书格式标准》均作了相关规定,在此基础上,上海市高级人民法院制定了《上海法院关于制作裁判文书有关技术要求的规定》,但是,仍然有部分裁判文书在版式制作时,没有对照相应规定进行排版。

(二)技术性瑕疵的表现形式

在调查中我们发现,技术性瑕疵占所有瑕疵种类的42.74%,对此应予重视。

1. 文字瑕疵

文字瑕疵,是以错别字、漏字、多字、标点符号错误等为主要表现形式的文字方面存在的问题。

(1)错别字。比如有的裁判文书将当事人地址写错,将“上海市福泉路近新泾路”错写成“上海市福泉路进新泾路”;有的将代理人律师事务所写错,“上海孙仁荣律师事务所”误为“上海市孙仁荣律师事务所”及“上海市孙文荣律师事务所”;有的将裁判文书类型中的“民”和“商”写错;有的将当事人出生年月写错,将“1978年”错写成“1878 年”;有的将当事人名字写错,比如将“颜美救”错写为“颜美教”;还有其他一些类型的错别字,比如将“2009 年 1 月 23 日前付清”中的“前”写成“欠”;等等。

(2)“漏字”。比如“证明原告 2006 年 6 月至 2008 年 7 月被告克扣的加班费差额”,少了一个“被”字;“劳动关纠纷”中漏了一个“系”字;“壹拾伍元”中遗漏了“万”字;“2007 年 12 月 10”后漏写“日”字;当事人的住址中漏写室号;当事人身份证号码漏写一位数字;等等。

(3)“多字”。比如,裁判文书中出现“……造成其至今仍在被告处工作 r 事实”之表述,此处“r”系多余字母;还有出现词语重复表述,比如,“案件受理费人民币 50 元,减半收取收取计人民币 25 元”、“二、被告郭明鸿应于本判决生效之日起十日内支付原告原告陈葵利息损失……”、“根据《中华人民共和国合同法》……”;将“2010 年”写成“20010 年”;“被告促进派人到现场”,多“促进”;类似的情形还有很多。

(4)标点符号错误。比如“其在中国工商银行上海西站支行的储蓄余额为 29,21元”,应为 29. 21 元,系分隔符错;还有的裁判文书中,三位一撇的分隔符,均错用全角的逗号,导致一个数字中出现换行;凡此种种,不一而足。

2. 文义瑕疵

从调查情况来看,文义瑕疵主要表现在前后称谓表述不统一和遣词造句的准确性不足两个方面。

(1)前后称谓表述不统一。比如有份裁判文书中提到,“自 2003 年我搬入后,从未开过业主大会,业委会未正常运作,……其认为该合同无效的”,一句话中同时出现第一人称称谓和第三人称称谓,表述不统一、不严谨,易滋生歧义。

(2)裁判文书遣词造句的准确性不足。裁判文书作为法院裁判的载体,其遣词造句应当准确,无语病、歧义及错别字。调查发现,由于种种原因,部分裁判文书存在用词不当、多音词辨析不准等情况,如“与”和“于”的甄别。查阅现代汉语词典,“于”:一是介词,表达“在、向、给、对、自、从”的意思,二是动词、形容词后缀,三是姓;“与(yǔ)”,一是表达“给”的意思,二是表达为“交往”的意思,三是表达为“赞许”的意思;四是介词,表达“跟”的意思,五是连词,表达“和”的意思;“与(yù)”表达“参与”的意思。因此,在有些裁判文书中“因原告据以《婚姻法解释二》第二十四条而提出的第三项请求于该法律上的规定不符”中的“于”,是“于”

还是“与”,有待商榷。

3. 数字瑕疵

数字瑕疵也是调查中发现的较为广泛的一种瑕疵。主要包括计算错误、金额写错等。比如,有裁判文书提到,“应由第三人承担8000元”,但根据上下文及判决主文应为8732.40元;有裁判文书将“人民币3050元”错写成“人民币3500元”;将“6500元”写成“600元”;将“96,076元”写成“95,996元”,将“106,376元”写成“106,296元”等。

(三)程序性瑕疵的表现形式

1. 诉讼主体的相关资格存在瑕疵

主要表现为裁判对诉讼主体的相关资格未予明确。比如,一起交通事故人身损害赔偿案件涉及两名第三人,分别是太平洋保险公司和中华保险公司。其中,中华保险公司未到庭参加诉讼,原告诉请、被告辩称、审理查明、本院认为、判决主文各部分也均未涉及中华保险公司的内容。中华保险公司因何参加诉讼、在诉讼中起到何种作用、是否有参加诉讼的必要,均未明确,导致其诉讼主体的相关资格存在瑕疵。

2. 程序性内容释明不当或缺失瑕疵

在调查中,还发现了部分裁判存在程序性内容释明不当或缺失的问题。比如对当事人拒绝鉴定的法律后果未经释明,判决时就直接推定该当事人承担责任;又如,有份裁判对诉讼过程部分表述为,“被告蒋某根经本院合法传唤,无正当理由,未到庭应诉,本院依法缺席判决”。被告辩称部分则表述为,“原告陈述属实。但父母除原告陈述两套房屋外另有出租该两套房屋的租金应当一并继承分割,故不同意原告的诉讼请求。”该答辩意见系通过何种形式提出,裁判中未作交代;又如,有裁判关于原告对被告证据的质证意见,仅写了对真实性予以认可或不予认可,对合法性和关联性无表态意见。如果当事人对对方提供的证据无异议的,可以直接写无异议,仅写认可真实性,无法全面反映当事人的质证意见;还有部分裁判未对证据与诉讼主张之间的对应关系进行具体陈述,个别裁判甚至未能对原告、被告的举证进行区分。对当事人举证仅表述为“上述事实,有房地产权证、还款协议、租房协议及双方当事人的陈述等证据为证,经庭审核实无误”。上述证据系哪一方提供,证据与其诉讼主张是否一致,未能交代清楚;还有的裁判没有列明原被告的举证、质证情况而是直接对证据予以认定,显得法院对采信的证据理由牵强。

3. 程序性事项记载错误或遗漏瑕疵

程序性事项记载错误或遗漏,主要指裁判中对起诉时间、开庭时间、地点等程序性事项存在记错或者漏记情况。这种情况在裁判文书质量检查中经常发现。根据有关规定，适用普通程序审理的案件应将立案受理期日、指定管辖、诉讼保全、简易程序转普通程序、延期审理、鉴定程序、不公开审理的理由、开庭期日等程序经过予以表述。有些裁判则遗漏了这些程序性记载事项，比如"原告王某燕诉被告王某其、徐某蓉一案"中就遗漏了有关案由的表述。还有裁判的审理情况部分，不能全面写明案件的受理日、开庭日期、审判组织、开庭方式、当事人出庭等情况；出现审判组织的变动、申请回避、诉讼中止、终结、审限延长、简易程序转为普通等情况，未能在裁判中作出说明；当事人是否提起反诉、当事人变更诉讼请求、追加当事人时不作说明；发回重审后审理的案件，没有写明原审判决、当事人上诉、二审发回重审及原审另行组成合议庭进行审理的基本情况；经审委会讨论决定的案件，未作表述；等等。

（四）事实认定瑕疵的表现形式

1. 间接事实认定瑕疵

间接事实，是指与裁判主要事实有关的，能对主要事实认定、判决执行产生一定积极作用的事实。部分裁判在对间接事实的认定上存在不足。比如，在一起民间借贷案件中，借据上约定了借款利息按银行最高利息于每年 6 月 30 日及 12 月 30 日支付。裁判在归纳原告诉称意见时，将原告意见表述为"当时双方并未对借款利息作出明确约定"。可见，法院对借款利息的认定采取了回避的态度，其认定与当事人之间的约定并不完全一致。又如，在一房屋动拆迁补偿安置争议中，原告诉请将自己变更为动迁安置房屋产权所有人。其中存在一份房屋动迁补偿安置协议，但原、被告对于协议上的亲笔签名均表示异议，裁判对于该协议是否因伪造签名等原因而不具有合法性未予认定，判决支持原告办理房屋产权变更的诉请。本案中的房屋拆迁补偿安置协议就是间接事实，对此不予明确认定，显然系一种间接事实认定上的瑕疵。

2. 辅助事实认定瑕疵

辅助事实并不会对主要事实产生影响，但是会关系到对主要事实的理解与准确认定。调查中我们发现部分裁判存在辅助事实认定瑕疵。比如，在一起案件中，原、被告于 2006 年 9 月 5 日签订了《租赁合同》，到期日为 2009 年 9 月 30 日。合同到期后双方未再续签合同。由于双方对之后的租赁期限没有约定，故原、被告产生了不定期租赁合同关系。原告提起诉讼，要求解除双方的租赁关系。原告的真实意思是要解除双方存在的不定期租赁合同关系。法院判决认为双方系不定期租赁，而判决主文第一项却为"原告与被告于 2006 年 9 月 5 日签订的《租赁合同》予以解除"；有的裁判判决被告赔偿原告房屋修复期间的租房费用，但是没有就租赁过渡房可能会产生的中介费等费用这一辅助事实予以释明，故判决中没有涉及中介费事项,直接引发了当事人的信访投诉;有的裁判则对一方为对方垫付的医疗费等费用未予提及,以致影响了其与保险公司的结算;又如当事人未在最后陈述中表示过放弃"综合保险费"之诉请,但承办人却在裁判中写上了"原告在最后陈述中放弃综合保险的诉请"字样。

(五)引用法律条文瑕疵的表现形式

引用法条瑕疵,与法律适用错误并不相同。前者表现为法条顺序瑕疵、法条漏引、法条多引、法条误引,其并未对裁判实体正确性产生影响;后者则是对裁判事实法律性质上的认识错误,导致法条选择中出现实体性错误。

1. 法条顺序瑕疵

《引用规范性法律文件规定》第二条规定,"并列引用多个规范性法律文件的,引用顺序如下:法律及法律解释、行政法规、地方性法规、自治条例或者单行条例、司法解释。同时引用两部以上法律的,应当先引用基本法律,后引用其他法律。引用包括实体法和程序法的,先引用实体法,后引用程序法。"但是,部分裁判未按此执行,如在某些裁判中,先引用民事诉讼法关于缺席判决的法条,再引用实体法;还有的裁判先引用了《合同法》,再引用《民法通则》,显然引用法律顺序不对,应先引用《民法通则》,再引用《合同法》。

2. 法条漏引瑕疵

法条漏引主要包括四个方面:(1)判决理由中引用法条时遗漏了与基础规范相关其他法条。比如在一起案件中,因超过诉讼时效,原告的大部分诉请未得到支持。但裁判在判决理由中引用法条时,未引用时效方面的法条,判决的法律依据未通过法条规定予以反映。又如,有一起案件的争议焦点是原告是否存在无故缺勤,被告单位是否可以据此解除合同。该判决引用了《劳动法》第七十八条,而未同时引用《劳动法》第二十五条和《劳动合同法》第三十九条。(2)漏引基础规范。比如在一份裁判中,原告有三项诉讼请求,一是解除合同,二是双倍返还定金,三是赔偿违约损失,裁判正确引用了解除合同和赔偿损失的基础规范,但遗漏了定金返还请求权的基础规范。又如,在一起房屋买卖合同纠纷案件中,原告请求确认第一被告和第二被告公有住房出售合同无效,并要求两被告承担损失赔偿责任。实际应为确认合同无效加损害赔偿的复合之诉。该案裁判判决合同无效,并判令两被告赔偿原告损失,但所引用的法律条文是《合同法》第五十一条"无处分权的人处分他人财产,经权利人或者无处分权的人订立合同后取得处分权的,该合同有效"。实际上还应当引用的是损害赔偿请求权基础条文,即《民法通则》第一百一十七条"侵占国家的、集体的财产或者他人财产的,应当返还财产,不能返还财产的,应当折价赔偿"。(3)漏引程序性法条,如不公开开庭、缺席判决的案件,只引用实体法,却未引用程序法。(4)条文款项漏引。有些裁判尽管引用了相关条文,但是并未准确引用具体的款项,造成漏引。

3. 法条多引瑕疵

部分裁判已经找准具体适用的法条,但却将与本案无直接关联的法条一并罗列,造成部分裁判所引用的法条多出裁判主文认定的事实和理由范围。如一起房屋租赁合同纠纷案件裁判中,原告诉请被告支付租金和提前解除合同的违约金。裁判除引用合同解除损失赔偿请求权基础条文以外,还引用了《合同法》第二百一十二条"租赁合同是出租人将租赁物交付承租人使用、收益,承租人支付租金的合同。"实际上,该法条系定义性法条,不必引用;又如,有的裁判同时引用了《合同法》第一百零七条和第一百零九条,前一条文为违约责任一般规定,后一条文具体规定了金钱债务的违约责任,故仅需引用后一条文即可;又如,一起房屋租赁合同纠纷中,裁判本院认为中将系争合同的解除原因,表述为双方就解除合同已经达成合意。既然认定是协议解除,就应当适用《合同法》第九十三条。而本案在引用《合同法》第九十三条之外,还引用了《合同法》第八条(合同效力)、第九十四条(法定解除)、第二百一十二条(租赁合同概念),系明显的法条多引。

4. 法条误引瑕疵

(1)未引用请求权基础法条。其表现在未引用请求权基础法条,而引用其他有关法条。比如裁判引用《合同法》第六十条第一款"当事人应当按照约定全面履行自己的合同义务"这种指引性或倡导性法条,而非违约继续履行请求权或者违约赔偿请求权的基础条文;又如,某些民间借贷案件,裁判引用《合同法》第二百零六条"借款人应当按照约定的期限返还借款。对借款期限没有约定或者约定不明确,依照本法第六十一条的规定仍不能确定的,借款人可以随时返还;贷款人可以催告借款人在合理期限内返还。"实际上,该条只是确定借款期限的条款,系补充性条款,并非契约履行请求权的基础条款;再如,原告请求被告支付佣金提成及赔偿金。判决仅引用《劳动法》第七十八条"解决劳动争议,应当根据合法、公正、及时处理的原则,依法维护劳动争议当事人的合法权益",而未引用具体的请求权基础条款;类似的情况还有很多。

(2)未引用与裁判主文一致法条。其表现为裁判所引用的请求权基础法条与裁判主文不对应。援引的法条必须与判决主文一致,与判决理由相呼应,尽可能选择完全性法条,核心法条。不具备法律效果的说明性法条、限制性法条、引用性法条,一般情况下不作为裁判援引的法条。但是调研中发现有些裁判并非如此。比如有的民间借贷案件,原告要求被告归还到期借款本金及支付逾期还款利息。在判决时,均错引了《合同法》第一百一十四条(违约金条款)。民间借贷案的利息,应适用《最高人民法院关于人民法院审理借贷案件的若干意见》,不应适用合同法的违约条款;有的民间借贷案件,仅适用《合同法》第六十条,即"当事人应当按照约定全面履行自己的义务",未适用具体针对民间借贷的法律规定及法条;还有的案件中,原告诉请被告为其缴纳外来人员综合保险费,被告辩称双方不存在劳动关系。该裁判认为原告未能证明双方存在劳动关系,而判决驳回原告诉讼请求,判决引用《劳动法》第七十八条"解决劳动争议,应根据合法、公正、及时处理的原则,依法维护劳动争议当事人的合法权益"。凡此种种,裁判所引用的法律条文,与裁判主文不相对应。

(六)裁判主文瑕疵的表现形式

裁判主文瑕疵包括裁判主文超出诉讼请求、裁判主文遗漏诉讼请求、裁判主文不明影响执行和裁判主文不严谨影响适法统一瑕疵。此处所言裁判主文超出诉讼请求和裁判主文遗漏诉讼请求,与再审法定事由中"原判决、裁定遗漏或者超出诉讼请求"应加以区分。前者属于"已审漏判"、"已审多判"情况;后者包含"已审漏判"、"已审多判"和"未审未判"、"未审多判"两种情况,应加以区别。为节省司法资源,我们拟将前者从再审事由中分离出来,归入瑕疵问题进行统计研究。另据调查,裁判主文不明影响执行瑕疵较为多见。

1. 裁判主文超出诉讼请求瑕疵

裁判主文超出诉讼请求,系在当事人的诉讼请求之外,对当事人未提出的诉讼请求予以确认,裁判主文的认定,超出了当事人的诉讼请求。比如在一起房屋纠纷案件中,原告诉请之一系赔偿房屋差价损失10,000元。审理中,经被告申请,法院委托相关机构对涉讼房屋市场价值进行评估。经评估,涉讼房屋溢价损失15.47万元,法院遂判决被告按过错程度赔偿原告损失90,000元。本案判决被告赔偿原告房屋差价损失90,000元,超过了原告主张的10,000元,属于已审多判情况;又如在一起民间借贷纠纷案中,两被告分别系借款人和担保人,原告诉称部分仅表述,"要求被告归还人民币9000元",未要求担保人承担连带责任。承办法官未能通过释明使当事人补正诉讼请求,判决理由也未援引担保人承担连带责任的相关法条,判决却要求第二被告承担连带责任,此属未审多判情况。上述情况,均是裁判主文超出诉讼请求之具体表现。

2. 裁判主文遗漏诉讼请求瑕疵

裁判主文遗漏诉讼请求,表现为已经审理的诉讼请求,在裁判主文表述时出现部分遗漏。比如,在一起借贷纠纷案中,原告替被告一归还了银行贷款后,依据双方协议,要求被告一支付钱款、支付利息,要求被告二承担连带责任。很明显,原告诉请包括三项内容。但最终判决主文是两条(支付钱款、支付利息),从而遗漏了要求被告二承担连带保证责任这一诉讼请求。对于当事人的部分诉讼请求存在遗漏，在实际调研中一共发现了93件，占裁判主文瑕疵总数的23.31%，占调研所得民商事裁判瑕疵总数的7.5%，因而不容忽视。

3. 裁判主文不明影响执行瑕疵

裁判主文不明影响执行，与遣词造句不规范、用词不准确等文义瑕疵并非完全等同。其更关注裁判主文的前后表述、主文整体含义的不明以及欠缺周全考虑而致使执行困难。调研中发现这方面的情况较多。比如，有些裁判写道，“被告应于……日内返还原告两台空调”。但裁判通篇对两台空调的品牌、型号未作表述。执行中，当事人对返还物产生争议，在执行中较难操作。又如，有些判决书要求被告于判决生效之日起十日内搬离或腾空房屋，但并未同时规定安置地，导致主文中的迁移无法执行，或因双方年事已高，无法强制执行；有的则判决房屋之间置换、过户，但未对过户手续费之承担作出明确，导致执行难以进行；有的判决被告修复受损楼房，但并未明确房屋修复后由谁验收、鉴定及由此产生的费用承担问题，致使实际执行陷入障碍；有的判决被告某房地产开发公司在判决生效之日起规定时间内在某小区地面向原告（该小区业委会）提供物业管理用房，但实际情况是该小区内被告名下已无其他房产，致使根本无法执行；还有判决被告应于本判决生效之日起十日内拆除现有安装于某市某区某路某室外侧的铁门。但本案实际执行时，被告仅仅拆除铁门却还留下门框未拆；还有的裁判中，当事人是法人的，所列法人名称同工商核准注册的名称不一致，或者首部所列当事人名称与裁判主文中的当事人名称不一致，导致裁判生效后因当事人名称错误使权利或义务主体指向不明，导致无法执行。裁判主文中的各种“不明”，对于实际执行均产生影响。绝大部分被裁定终结执行，一些当事人转而向有关部门投诉。

4. 裁判主文不严谨影响适法统一瑕疵

裁判主文的不严谨，表现为裁判主文自身表述不统一、与主文之外的内容不协调或者对大致相同的内容表述差异过大等问题。以S市C区人民法院各庭财产保全裁定书主文表述为例。各庭财产保全裁定书对主文的表述就不相同。民一庭大多笼统写为“对×××名下价值×××元的财产予以保全”。该写法虽未写明采取的保全方法，但灵活性较强，具体的保全措施可通过执行通知书来详写。民二庭大多具体写为“冻结或查封×××名下价值×××元的财产。”该写法写明了保全的方法，在当事人明确保全标的前提下，较精准。根据文书样式记载，裁定结果应包括保全标的物的财产名称、数量或数额以及保全方式。《民事诉讼法》第一百零三条规定“财产保全采取查封、扣押、冻结或者法律规定的其他方法。”对保全裁定的主文表述不统一，以致执行中出现差异，故而为民商事裁判瑕疵的一种。还有一些裁判是关于担保责任的主文表述,并不符合《担保法》及其司法解释的规定。比如在一起道路交通事故人身损害赔偿纠纷中,被告彭某星系肇事方的担保人,彭某星与肇事方未明确约定担保方式。该案判决主文表述如下:"……被告彭某星承担担保责任"。该种表述不妥,应按照担保人和被担保人约定一般保证、连带责任保证的担保方式表述主文,没有约定或约定不明的按照连带责任保证的担保方式表述主文。另外,该案判决主文中对保证人的追偿权未予表述。根据《最高人民法院关于适用〈中华人民共和国担保法〉若干问题的解释》第四十二条规定,人民法院判决保证人承担保证责任的,应当在裁判主文中明确保证人享有《担保法》第三十一条的权利(保证人承担保证责任后,有权向债务人追偿)。如裁判不加表述,会造成当事人另案起诉的讼累。还有的裁判有给付内容,但是没有将给付数额的确认依据和计算方法在裁判理由中叙明。还有的裁判,将实体性案件写成"判决驳回起诉",程序性案件写成"裁定驳回诉讼请求",裁判主文内容不准确,导致适法不统一。

二、民商事裁判文书瑕疵处理的司法现状

总体而言,当前我国民商事裁判瑕疵处理之司法现状可归纳为两个维度,一是立法过于简单导致补正裁定的扩大化趋势。立法将补正裁定的对象仅限于笔误,但出于应对笔误之外大量瑕疵的现实需要,实践中随意扩大补正裁定的适用范围之情况较多,由于补正程序的具体适用并未明确规定,以致司法实践中出现假借"补正笔误"之名擅行改判之实;二是司法实践对民商事裁判瑕疵处理所作的探索较为宽泛,有的缺乏明确法律规定,有的难以规范运作。

(一)当事人申诉发现瑕疵及其处理

诉讼法语境下的申诉,是指当事人及其法定代理人对已经发生法律效力的判决、裁定等,认为确有错误,向原审人民法院和上级人民法院提出重新处理的一种诉讼请求。在立法层面,申诉与再审的效果大致相同。但是申诉更为生活化、非规范化,不需要具备严格条件,这一点与再审启动条件的严格性相区别。也正是因为这一点,对于当事人有关瑕疵问题的申诉,有的法院一方面能不立案则不立案,将申诉指向的瑕疵作内部检查通报处理;另一方面以申诉复查通知书作出说明、解释。也有的一些瑕疵往往不了了之,处理没有下文。

(二)判后答疑发现瑕疵及其处理

判后答疑,是指在裁判宣告之后一定期限内,原审判组织针对当事人通过来信来访等方式对裁判提出的异议、疑问所作的解释、说明、阐述。判后答疑制度并非自古就有,而是近年来有关裁判改革的"创举"。当然,判后答疑制度的出现并不

是偶然的,也不是可有可无的,而是深层制度原因、长期司法需求以及可靠法理依据的综合产物。实践中的判后答疑扮演了多种角色,发展至今,判后答疑已经从针对当事人疑问作解释、关口前移后判决一经作出即解释裁判中"无法言说"的内容,有的变成瑕疵发现和处理瑕疵的渠道。对于此种情况,一般本着化解矛盾的思想,通过把当事人劝回、协调解决等方式处理,当事人仍不服的,在原判生效前,则引导上诉。原判决已经生效无法再审的,予以信访化解处理。

(三)法院自行检查发现瑕疵及其处理

近年来,越来越多的人认识到,裁判代表的是人民法院的形象,直接关系到当事人的信服和司法权威。在这种背景下,各地法院审判监督部门定期开展案件和法律文书检查活动。由此,法院自行检查成为发现裁判瑕疵的又一重要途径。2012 年 4 月最高人民法院发出《关于在全员岗位大培训中开展庭审评查和裁判文书评查活动的通知》,各地高院如上海市高级人民法院颁布了《关于深入开展庭审和裁判文书评查活动有关事项的通知》,切实将"两评查"活动摆到重要位置,"以评查促规范、以评查促整改、以评查促提高"。但是,实践中对于自行检查发现的裁判瑕疵,法院一般通过内部通报和制定规范性指导意见等方式,引起法官重视,实行封闭解决,能不再审的则不启动再审程序。

(四)案件执行中发现瑕疵及其处理

执行与裁判的内在联动性,决定了案件执行过程中发现裁判瑕疵的可能性和必然性。裁判系执行的依据,如果裁判主文不明、裁判主文不严谨,势必会影响到执行的顺利进行。反过来,实践中很多裁判瑕疵就是经由执行程序的"过滤"而得以显现。可以说,执行过程在客观上成为发现裁判瑕疵的一个方式。对于案件执行中发现的瑕疵,一般通过促使当事人执行和解解决,否则多以中止执行或终结本次执行程序暂时了结案件,但当事人转而通过信访处理会有所增加。依然无法解决的,如符合再审条件的,则裁定启动再审,只是这种情况甚少。

(五)信访投诉发现瑕疵及其处理

裁判瑕疵的存在导致司法裁判的质量难以保证,很容易引发涉诉信访问题。在对 9364 件来信来访调查中发现,涉诉信访主要由四个方面构成:一是与裁判瑕疵有关的申请再审、要求院庭长接待、要求加大执行力度、反映案件情况、不服判决裁定等计 4318 件,占 48.60%;二是要求立案和解决生活困难计 755 件,占 8.5%;三是反映审判作风问题计 255 件,占 2.87%;四是当事人咨询法律问题等计 4036 件,占 45.42%。这说明裁判瑕疵问题与信访投诉之间存在一定关联性。应当看到,信访投诉在客观上有利于法院发现裁判瑕疵。只是通过信访投诉发现的裁判瑕疵,由于没有相应的制度设计,大部分均通过非规范途径处理,一般也是作内部通报、矛盾化解等方式予以处理。

(六)检察建议发现瑕疵及其处理

检察建议是检察机关履行法律监督职责的重要手段之一,其在纠正错误、堵漏建制以及弘扬社会正义等方面起到重要作用。因此检察建议也是发现裁判瑕疵的一个方式。但是,由于检察建议运作流程不规范,制度不完善,分工不明确,格式不一等原因,相对于当事人申诉、判后答疑、法院自行检查、案件执行和信访投诉,通过检察建议发现裁判瑕疵的情形较少。对于检察建议发现的裁判瑕疵,符合再审条件的再审,不符合条件的则内部通报或就地化解处理。

(七)文书复检发现瑕疵及其处理

文书复检是法院内部开展的一项在裁判文书打印、盖章之前指派专人负责检查、承办法官自行纠正差错的制度。文书复检,将裁判瑕疵的发现关口前移,对于裁判瑕疵的及时发现是非常有利的。但是,实践中文书复检有两种情况:一是范围较小,一般仅限于错字、别字、漏字、文字、标点符号等容易引起的低级差错的瑕疵;二是范围较大,还包括案件处理,一般多从正确性角度考虑是否存在容易引起二审改发事由的瑕疵。文书复检发现裁判瑕疵一般在盖章前自行纠正,并由责任部门通过目标管理考核办法进行处理。

为了更为直观地审视民商事裁判瑕疵处理的司法现状,我们对1240件民商事裁判瑕疵的发现和处理情况作了如下归纳。

处理方式/发现路径	申诉回复	内部协调	裁定补正	执行和解	信访答复	引导上诉	其他方式	总计
当事人申诉发现	50	10	40	10	10	10	10	140
判后答疑发现	0	0	20	20	0	10	0	50
法院检查发现	0	40	250	200	0	30	10	530
案件执行中发现	0	20	80	70	0	10	140	320
信访投诉发现	0	10	30	10	0	10	10	70
检察建议发现	0	0	10	0	0	0	0	10
文书复检发现	0	20	30	70	0	0	0	120
总　计	50	100	460	380	10	70	170	1240

从实际调研情况来看,民商事裁判瑕疵发现的七种途径中,法院自行检查发现占46.77%,案件执行、当事人申诉和信访投诉发现也有较大比例,其他方式较少。在处理上,则以补正裁定与执行和解为主。如果进一步分析还会发现,民商事裁判

瑕疵发现、处理方式与瑕疵类型存在一定的相关性。

三、民商事裁判文书瑕疵处理存在的不足

(一)缺乏瑕疵界定的周延性

我国立法层面仅对导致二审撤销原判、发回重审或直接改判、再审改判的实质性裁判瑕疵作了列举性规定,在实质性裁判瑕疵之外,则仅规定了笔误这一单纯的非实质性裁判瑕疵。从立法层面来看,我国对于裁判瑕疵的界定非常狭窄,难以适应实质性裁判瑕疵、笔误之外的大量非实质性裁判瑕疵界定和纠正的客观现实。而随着社会的不断发展、人民群众法治意识的不断提高,裁判能否准确全面反映诉讼过程、能否客观反映案件事实的内容及认定过程、裁判的说理论证是否存在欠缺、裁判引用法条是否准确、规范、裁判主文表述是否严谨、裁判的层次性和逻辑性是否清晰等引起的非实质性裁判瑕疵将成为社会关注的新的增长点。因此,在界定民商事裁判瑕疵时应当涵括这些瑕疵类型,从而合理划定裁判瑕疵的范围,为裁判瑕疵救济制度的构建提供前提和基础。

(二)缺乏瑕疵救济的可行性

当前我国在民商事裁判瑕疵处理上呈现出立法与司法相互割裂的趋势。在立法之外,司法实践自我摸索、自我演绎出了种种裁判瑕疵发现和处理办法。应当看到,当事人申诉、判后答疑、法院自行检查、案件执行发现、信访投诉、检察建议等游离于法律规范之外的民商事裁判瑕疵发现和处理机制,在很大程度上纠正了民商事裁判瑕疵,但是,这种自我摸索、缺乏实体法和程序法支撑的做法,一方面,由于未成体系,显得较为混乱。另一方面,没有明确的规范依据,决定了这种自发性的做法也会存在瑕疵而难以获得长久的生命力。

(三)缺乏程序设计的科学性

当前我国民商事裁判瑕疵处理还缺乏程序设计的科学性。这主要表现在:一是没有在对裁判瑕疵类型化的基础上设计分流性的救济程序。裁判瑕疵类型多种多样,针对各裁判瑕疵的不同特点,需要通过不同的程序予以救济,这既是诉讼规律的要求,也是裁判瑕疵救济准确性的要求。二是通过判后答疑、法院自行检查、案件执行发现、信访投诉等方式发现的裁判瑕疵如何处理,并没有程序上的设计。实际情况通常是通过收回原裁判后以更改的方式或者以同一文号对同一案件重新作出裁判的方式加以弥补。然而,这种本土化的、变相的补充判决方法,既不严肃,也存在难以克服的障碍。三是缺乏一套对裁判制作质量进行评价的科学标准。一个裁判的制作质量如何,需要有一套可量化评价的标准,没有这种标准,裁判的质量评价就成为一个仁者见仁、智者见智,带有主观性和不确定性的问题。这显然与

法治化、制度化、科学化解决民商事裁判瑕疵之要求相去甚远。四是现有补正裁定适用范围过小,又无明确的程序设计,且没有审判权限的限制,导致自审自裁现象的发生,使得补正裁定的操作极不严肃。

四、民商事裁判文书瑕疵处理欠缺的成因

(一)立法过程的实践导向缺失

我国《民事诉讼法》从1991年颁布至今,已经经过1997年和2012年两次修改,对多项制度和规定进行了补充完善,但是,对于民商事裁判瑕疵及其处理却并未涉及。以2012年修订的民事诉讼法为例,其关于补正判决书中的笔误之规定仍然停留于20年前的水平。我国民事诉讼立法对裁判瑕疵及其处理的无视,反映出的深层次问题是立法过程的实践导向的缺失。司法实践是以立法为导向,立法重视程度不够,必然导致实践中在民商事裁判瑕疵的处理上捉襟见肘。反过来,如果立法对民商事裁判瑕疵及其处理进行详细规定,在立法的引导下,实践中就会对这一问题予以重视,民商事裁判瑕疵就会越来越少,处理民商事裁判瑕疵的程序也就会越来越规范。

(二)诉讼程序的设计理念缺陷

如果说立法过程的实践导向缺失,是造成民商事裁判瑕疵处理欠缺的实体成因,那么诉讼程序设计理念的缺陷,则是我国民商事裁判瑕疵处理欠缺的程序原因。一直以来,我国对诉讼程序的设计并无多大关注。在多数人看来,只有实体正义才会对当事人实际利益产生关联,久而久之,诉讼程序的设计理念缺陷,直接导致立法缺失,即我国立法从未对民商事裁判瑕疵的处理程序作出正面回应,即便是补正裁定,也显得极为苍白。

(三)救济程序的分类机制缺乏

从表面上看,我国民事诉讼法根据瑕疵的不同,设计了二审、再审以及裁定补正方式等不同的处理机制。但是仔细分析便会发现,这种分类简单而粗糙,难以满足实际需要。一方面,裁定补正仅限笔误,范围过窄,无法应对其他种类的裁判瑕疵;另一方面,未能对二审、再审事由进一步分类、细化,未将认定事实错误、适用法律错误、遗漏或者超出诉讼请求等情形加以区别,一概作为二审或再审的法定事由,极有可能导致本可以通过补正的方式予以纠正的瑕疵纳入二审、再审之中,造成程序烦琐和资源浪费。通过补正裁定或用二审、再审的方式统领裁判瑕疵救济的做法,显然无法体现裁判瑕疵处理精细化的要求。

(四)司法规律的社会认知缺憾

司法是一个高度讲究精细和规律的专门化工作。也正因如此,人们产生了司

法完美的朴素愿望和要求。但是,由于各种主客观因素的影响,司法有时候也会出现某种偏差,从而以瑕疵的形式反映出来。这才是司法规律的真实面貌。换言之,司法不可能是完美无瑕的。在司法完美的愿望下,人们往往很难理解、容忍裁判瑕疵的存在,哪怕是无关实质性内容的瑕疵,也难以为人们所认可。于是,在司法完美的社会认知笼罩以及由此而来的对裁判瑕疵的零容忍,导致裁判瑕疵问题更为凸显,在立法规定不完善的助推下,民商事裁判瑕疵处理欠缺的现实则被无限放大。显然,司法规律的社会认知缺憾,也是民商事裁判瑕疵处理欠缺的一个原因。

第三节　民商事裁判文书瑕疵处理对策研究

一、民商事裁判文书瑕疵处理之价值定位

(一)通过性质界定实现公平正义与司法效率的价值均衡

我国现有法律对于民商事裁判瑕疵的处理未作性质上和程序上区分,其主要通过二审、再审、裁定补正(笔误)的方式进行。而在二审、再审适用的裁判瑕疵上,未对认定事实错误、适用法律错误、遗漏或者超出诉讼请求等区分不同性质,进行必要分类,以至于无论是二审撤销原判、改判、发回重审,还是再审,均形成其对原审裁判的动摇。除了改判有可能是部分否定之外,其余均是完全意义上的否定。应该承认,这种“有错必纠”的做法对于维护当事人的实体权利、实现公平正义是有益的。但是反过来,不进一步区分瑕疵性质、统一用否定原有裁判的做法纠正性质不一的瑕疵,也会造成程序的繁冗、重复,降低司法效率,给原本就非常有限的司法资源带来较大负担,造成公平正义与司法效率的价值失衡。为此,通过对民商事裁判瑕疵性质区分,在此基础上细化、甄别,以此实现公平正义与司法效率的价值均衡。

(二)通过分类处理实现有错必纠与适度容忍的理念均衡

所谓适度容忍,是指对尚未影响到裁判主文、判后执行以及当事人权利的部分非实质性瑕疵,应当容忍其客观存在。有错必纠与适度容忍,可以说是诉讼活动中的通行理念。有错必究思想过于强烈,必然会挤压适度容忍理念的生存空间,使二者失衡。对不同瑕疵进行分类,区分应予救济的瑕疵和适度容忍的瑕疵,将两类不同处理方式放在同一平面进行研究,避免出现本属适度容忍的裁判瑕疵却通过救济途径予以改正的情况,可以实现有错必纠与适度容忍之间的均衡。

(三)通过程序设定实现瑕疵救济与二审再审的制度均衡

我国现有法律对于民商事裁判瑕疵救济的程序设定尚属空白,与二审、再审制度极不均衡。通过对裁判瑕疵救济的程序设定,一方面,可以将裁判瑕疵救济从二审、再审程序中分离出来,真正获得其主体性地位;另一方面,裁判瑕疵救济程序之设定,根据需要赋予当事人一定的上诉权,从而与二审、再审制度保持内在构造上的一致。通过程序设定实现瑕疵救济,无疑可以实现其与二审再审的制度性均衡。

(四)通过启动权设置实现权利保护与减少信访的互动均衡

从实践来看,民商事裁判瑕疵的存在,已经成为涉诉信访的一个动因。由于裁判瑕疵救济途径的有限,对于部分无法通过制度性的渠道纠正的裁判瑕疵,当事人往往诉诸信访。启动权设置包括三个方面的内容:一是对于补正裁定,应依职权而启动;二是增设救济程序。对于补正裁定之外的裁判瑕疵救济程序之启动权,不能一概而论,而应视情况赋予当事人在裁判瑕疵救济程序启动上的话语权,将一部分启动权交给当事人;三是畅通裁判瑕疵救济渠道,破解裁判瑕疵救济途径中的各种难题。启动权设置之优化,可减少涉诉信访的发生,从而实现权利保护与减少信访的互动均衡。

二、民商事裁判文书瑕疵处理之机制构建

民商事裁判瑕疵处理机制的构建,就是在科学的审判思路的指导下,既可减少和阻却二审、再审事由,又可对裁判瑕疵作出预防和处理的一个方程式。其解题思路包括基础机制、识别机制、归类机制、启动机制、裁判机制、衔接机制六个方面。

(一)基础机制

长期以来,我们判断裁判质量多数采取的是形式化标准,这类标准虽具有一定的客观性,但这种主要停留在形式层面的评判并不全面。事实上,应遵循一定的审判理念和方法,从逻辑结构上建立起裁判质量标准。它首先要求树立科学的审理思路。

1. 以"权利请求"为裁判起点

以"权利请求"为裁判起点,即要求当事人明确并固定诉讼请求。诉讼请求是当事人期待得到的司法结论,诉讼请求适当与否,直接关系到当事人的实体权益能否兑现。因此,诉讼请求必须合法、明确、具体、没有歧义、便于审理,并以一定的方式加以固定。法官通过询问、释明等方式要求当事人剔除不妥当的诉讼请求、更正明显错误、荒谬或非理性的诉讼请求,并将诉讼请求加以固定,为案件的审理工作找准起点,避免按照变更前的诉讼请求导致出现多判或少判的情况。

2. 以"基础规范"为裁量标准

以"基础规范"为裁量标准,就是要求法官和当事人共同为诉讼请求寻找相应

的实体法规范（包括原告的权利基础规范和被告的抗辩权基础规范），改变过去先查事实、后找法律的做法，符合当事人的一般认知规律。因为在很多情形下，当事人在起诉时，具有基本的法律观念，诉讼请求也是根据其基本的法律观念提出的。只有在当事人提出的初步事实与其选择的法律规范不匹配时，应行使释明权告知其予以变更。通过锁定法律规范，为接下来的发现事实界定范围。

3. 以"诉讼主张"为裁决对象

当事人提出一个请求权或者一个抗辩，他就必须对这个请求权或抗辩权的所有构成要件提出主张。没有主张或有缺失的应作补充，错误的应予更正，并依据构成要件提出请求或抗辩，避免遗漏诉讼要点。因此，裁判应围绕着诉讼主张来进行。诉讼主张涉及争点的识别与整理。争点包括事实问题与法律问题。其中，事实争点主要是符合法律规范构成要件的主要事实，一方当事人主张而另一方当事人否认或抗辩，争点即可形成，但如果另一方当事人表示沉默，则构成自认（当然，是在经过法官明确提示后），不构成争点。法律争点包括对法律规范的冲突、模糊词语意义的确定及法律空白的补充等，但法官在确定法律争点时应避免因法律知识匮乏而产生的"假问题"。争点范围的固定，可以起到确定审理重点、突出诉辩对抗、减少争议范围、便于作出准确裁判等作用。

（二）识别机制

民商事裁判瑕疵处理之识别机制，主要就是要做好五个"比对法"。

1. 诉讼主张与基础规范比对法

当事人之所以能提出具体的诉讼请求，正是将其诉讼主张与法律规范进行比对后加以提炼的结果，没有诉讼主张，诉讼请求就如同空中楼阁，失去了支撑点。由于诉讼能力和法律知识的差异，并非所有当事人的诉讼主张都是适当、全面的，诉讼主张与诉讼请求相互矛盾、诉讼主张与基础规范无法匹配的情况时有发生。为了提高诉讼效率，法官应当加强诉讼指导，根据基础规范的构成要件对当事人的诉讼主张进行检索，以便当事人能及时"拾遗补缺"、"改弦更张"。在裁判中，对当事人诉讼主张的归纳，应当以基础规范的构成要件为参照，一一列举，力求全面准确。从而使得诉讼主张与基础规范一致。

2. 认定事实与证明责任比对法

认定事实是法官裁判案件的基础。认定事实的过程，是法官在当事人的陈述和举证的基础上，运用一定的规则对证据的证明力进行评判，并根据高度盖然性的证明标准，结合一定的生活经验和价值观念，对当事人有争议的事实作出的最终确认，毫无疑问这是一个充满规则的思维过程。在举证、质证层面，当事人所提出的所有事实主张，都必须有相应的证据记载相对应。因此，法院最终认定的事实应与当事人的证明责任相一致。

3. 法律理由与法律争点比对法

对判决理由的说明,不但应成为法官的权利,更应是其义务和职责,离开了充分的说理及论证,司法判决的合法性和合理性就会受到质疑。这就要求法官在裁判中必须说明法律理由,以认定的事实和选择的基础规范,围绕当事人的诉讼请求和法律争点进行法律解释、论证分析并最终推导出正确的结论。实践中裁判不说理或缺乏针对性说理的主要原因,一方面可能受制于法官的法学功底,但不可否认的重要原因是在审理过程中不注重归纳当事人的法律争点,而由法官"独断",由此产生的结果与争点不相匹配。当事人就法律适用、解释等问题形成的对抗就会付诸东流。

4. 裁判主文与诉讼请求比对法

判决主文是法官针对当事人的诉讼请求,根据认定的事实和适用的法律,对当事人之间争议的权利义务关系作出的实体性的处理决定。判决主文的内容必须与当事人的诉讼请求一致:首先,判决主文确定的权利义务应与当事人的诉讼请求相对应,体现"不告不理"和当事人意思自治原则;其次,判决主文应对当事人的所有诉讼请求(包括反诉请求)作出支持、部分支持或者不予支持的明确结论;最后,判决主文不能超越当事人诉讼请求的范围,与原告起诉状中诉讼请求的位置相对应,以禁止法官在当事人请求范围之外进行裁判。

5. 引用条文与裁判主文比对法

裁判引用的法律条文是判决主文得以产生的依据,引用法律条文的范围也应当与判决主文一致,以保证每一条判决主文都有具体的法律条文作支撑。要求引用的法律条文与判决主文一致,主要是要解决裁判不引用法律条文或引用法律条文不正确或不当的问题,因为这是直接检查判决的基本出发点是否清楚的方法。在裁判中引用法律条文,具体性条文是第一位的,原则性条文是第二位的,只有在由于法律漏洞而找不到合适的具体性条文时,才可引用原则性条文。

(三)归类机制

民商事裁判瑕疵处理机制的建构应与瑕疵的具体分类形成对应关系,以科学的归类机制作支撑,将民商事裁判瑕疵区分为应予容忍的瑕疵和应予救济的瑕疵两类。

1. 应予容忍的瑕疵及其处理方式

应予容忍的瑕疵,是指对当事人实体权利未产生任何影响,无须通过任何方式处理,只能允许其客观存在的轻微的形式上的不足之处。其一般包含在×规范性瑕疵,×程序性瑕疵,×引用法律条文瑕疵之中。总体来说,这些瑕疵属于形式上的、琐碎的、不影响裁判内容、不至于产生理解歧义的形式瑕疵或不影响案件实质正义、不影响当事人实质权利的表述瑕疵。当然,在裁判过程中如果发现该类瑕疵,应当及时总结,吸取教训,避免重复出现。

2. 应予救济的瑕疵及其处理方式

应予救济的瑕疵,是指对裁判结果不会产生动摇,但现实中对当事人实体权利产生影响,需要通过一定方式处理、及时纠正的非主观上错误而产生的不足之处。其一般包含在(1)技术性瑕,(2)事实认定瑕疵,(3)裁判主文瑕疵之中。对于应予救济的裁判瑕疵,其"救济"方式并非我国民事诉讼法中规定的二审、再审救济,而是在不影响原裁判效力、不否定原裁判的前提下所作的一种补正或补充裁判救济。

(四)启动机制

启动程序,解决的是民商事裁判救济程序如何开启之问题。根据提起主体不同,可分为当事人申请程序、法院依职权提起程序和检察建议监督程序三种。

1. 当事人申请程序

当事人是诉讼程序的发动者,面对裁判中的问题,他们有话语权。赋予当事人有申请裁判瑕疵救济的权利,是司法民主的具体表现,是重视当事人诉讼权利的直接体现。凡当事人提出申请的,应递交书面申请书。对于当事人的申请,经查证属实的,人民法院应当启动救济程序。

2. 法院依职权提起程序

裁判瑕疵除当事人发现后申请救济外,另有一部分是在案件质量检查和裁判文书质量检查中发现的。随着裁判质量的重要性日益突出,人民法院的自我检查及其处理,将成为最为重要的裁判瑕疵救济途径。因此,对已经发生或者未发生法律效力的判决、裁定书,发现确有瑕疵,认为需要通过救济程序予以解决的,人民法院可依职权启动。

3. 检察建议监督程序

检察机关是宪法明确规定的法律监督机关。面对裁判瑕疵,当事人有可能向原审法院申请再审。目前一般由法院自行纠错先行、检查监督断后的方式处理。原审法院若认为不符合再审条件而予以驳回,或逾期未对再审申请作出裁定,根据《民事诉讼法》第二百零九条规定,当事人可以向人民检察院申请检察建议。如果检察建议的内容不符合再审要求,而符合瑕疵救济条件的,人民法院应启动救济程序,而非启动再审程序,并将情况函告同级人民检察院。

(五)裁判机制

裁判机制,指的是对于应予救济的裁判瑕疵所作的具体救济措施。鉴于应予救济的裁判瑕疵在类型上不一,其裁判机制的建立也并不相同。

1. 补正裁定制度的完善

(1)补正裁定的适用范围。民事裁判的补正,指法院对已经作出的发生约束力的民事裁判存在的技术性瑕疵予以救济的方式。由于技术性瑕疵系已经生效的裁判在技术层面的错误,属于裁判表示方面的瑕疵,并不涉及裁判主要事实,因而对于技术性瑕疵的救济方法不宜适用判决的方式,而应通过裁定的形式进行。

(2)补正裁定的适用程序。补正裁定的启动。鉴于技术性瑕疵主要是因法院审判工作上的疏漏造成的,故补正裁定应以法院依职权启动为主,当事人申请为辅。在裁判生效之后,法院可随时依职权启动补正民商事裁判的技术性瑕疵。当然,对于法院未依职权作补正裁定的,当事人可以申请启动。

补正裁定的期限。人民法院在收到裁判瑕疵补正裁定申请书后3日内,对该申请进行审查,决定是否予以受理。经审查,若认为裁判没有瑕疵,则裁定不予受理;若认为裁判中确实存在瑕疵,应予受理,并于受理后的3日内将受理结果告知申请人、将申请书副本送达对方当事人。在受理后10日内作出补正裁定或者驳回当事人的申请。法院依职权启动补正裁定的,应在补正裁定启动之日起10日内作出补正裁定。

补正裁定中的瑕疵审查。由于民商事裁判瑕疵之补正系对裁判表达方式的一种完善,并未涉及实体性内容,因而在民商事裁判瑕疵的审查上,应以书面审查为主。但是,对于依当事人申请而启动的裁判瑕疵救济,应当在听取当事人意见后作出审查结论。对于书面审查的结论,应当于3日内告知当事人。

补正裁定的异议。对人民法院补正裁定申请不予受理的裁定不服,当事人可以提起复议一次,对于驳回当事人申请的裁定,当事人若有不服,也可以向原审人民法院提起复议。对于法院作出的补正裁定结论不服的,因补正裁定系针对技术性瑕疵,故不得单独提起上诉。但在案件已经就其他因素或者与其他因素一起提起合法上诉的情况下,二审法院也可以在二审过程中,根据已经移送的有关案卷材料对裁判的技术性瑕疵附带作出补正。

补正裁定的效力。补正裁定系对原裁判一种正式、严肃的修补,与原裁判一同构成对案件的完整裁判,因而补正裁定应以书面形式作出,其效力在补正裁定作出之时即已生效。

2. 补充判决制度的构建

(1)补充判决的适用范围。一般认为,补充判决是指发生裁判遗漏的法院对应裁判事项另行作出判决予以补正。也有学者称为追加判决。为了设计补充判决制度需要,我们将补充判决制度定义为在原裁判基础上针对瑕疵处理所作的又一份判决谓之补充判决,其适用范围包括:除了对典型的裁判遗漏作出补充判决之外,还有对超出诉讼请求的撤销、事实认定瑕疵的更正、裁判主文不明和不严谨的说明等作出的补充性判决,均是对原有裁判的一种补充。

(2)补充判决的适用程序。补充判决的启动。补充判决的事由,既可能由法院自行发现,也可能由当事人发现,因而补充判决的启动也包括法院依职权启动和依当事人申请启动两种。为了防止法院"自审自裁"之现象,法院依职权启动补充判决的,应由审判长联席会议讨论决定。由于遗漏或超出诉讼请求与当事人具有一定的关联性,因此对于因遗漏或者超出诉讼请求的,当事人可申请启动救济程序。人民法院也可依职权启动补充判决程序。

补充判决的期限。人民法院在收到裁判瑕疵补充判决申请书后 3 日内,对该申请进行审查,决定是否予以受理。经审查,若认为民事裁判没有补充判决范围内之瑕疵,则裁定不予受理;若认为民事裁判中确实存在补充判决范围内之瑕疵,应予受理,并于受理后的 3 日内将受理结果告知申请人、将申请书副本送达对方当事人。在受理后 15 日内作出补充判决或者驳回当事人的申请。法院依职权进行补充判决的,应在启动补充判决之日起 15 日内作出补充判决。

补充判决中的瑕疵审查。由于补充判决系对裁判内容的一种更正,其涉及裁判主文内容,因而在民商事裁判瑕疵的审查上,应以实际审查为主、书面审查为辅。为此应当召集当事人,通过言词辩论等程序听取当事人意见,对审查过程予以记录,由当事人签名,并将审查结论于 3 日内送达当事人。

补充判决的异议。对人民法院补充判决申请不予受理的裁定不服,当事人可以提起复议一次,对于驳回当事人申请的裁定,当事人若有不服,也可以向原审人民法院提起复议。对于法院作出的补充判决结论不服的,当事人可在补充判决作出之日起 15 日内提起上诉。

补充判决的效力。补充判决应以书面形式作出。补充判决与原裁判应为一体,共同构成案件的裁判。但是,补充判决具有相对独立性,待其上诉期届满正式生效。

(六)衔接机制

应该看到,由于瑕疵种类的多样性及其瑕疵救济的可变性,导致瑕疵救济程序之间及其与二审关系之间可能存在并行或交叉情况。因此,需要就不同程序之间的衔接作出梳理和规定。

1. 单一程序

单一程序,就是指在裁判中出现某一种类型瑕疵时,只需用补正裁定方式予以救济的程序。在单一程序中,当事人对补正裁定不服的,不能上诉。

2. 并行程序

并行程序,就是指在裁判中出现某一种类型瑕疵时,只需用补充或撤销判决方式予以救济的程序。在并行程序中,应赋予当事人上诉权,但是否上诉由当事人选择。也就是说,对于这类裁判瑕疵的处理,当事人既可以上诉,也可以不上诉,完全由当事人自行决定。

3. 转换程序

转换程序,是指裁判中出现某一种类型瑕疵时,原审法院已经依职权启动救济程序,但当事人已就裁判结论和瑕疵问题提出上诉,该瑕疵救济可并入二审程序一并处理的程序,或者二审法院认为该瑕疵可由原审法院通过自行启动救济程序处理,而将案件退回原审法院归入已经启动或将要启动的救济程序中作出相应处理的程序。在转换程序中,法院出于瑕疵救济简洁性的需要,应当决定由一种救济程序转换到另一种救济程序并告知当事人。在程序转化中,要注意各程序之间的相同点和不同点,做好程序之间的有序衔接,并对程序转换的事项记录在案。

三、民商事裁判文书瑕疵处理之配套措施

民商事裁判瑕疵处理的配套措施,概括而言,通过"责任""能力""工具""方法""制度""考核"六个方面予以实现。

(一)转变执业观念提升办案责任意识

当前,我国民商事纠纷案件数量居高不下,案情日渐复杂,审判压力越显沉重,"案多人少"的矛盾在短期内不会改变。在审判压力和烦琐的卷宗面前,只有转变观念、提升责任意识,才能杜绝低级差错,确保裁判质量。

(二)注重定期培训提升法官综合能力

对于法官来说,"思维方式甚至比他们的专业知识更为重要,因为专业知识是有据可查的,而思维方式是靠长期专门训练而成的"。离开了专业的思维方式,所谓的责任只能是一种空谈。因此,有必要定期对法官进行专项培训,在不断的学习、交流中提升以审判思路和专业思维能力为中心的办案综合能力。

(三)制定常见瑕疵清单备查防止差错

应进一步规范裁判活动,形成从案件审理、裁判制作、检查、校对、印刷排版等一整套规范性清单,为发现和及时处理裁判瑕疵提供依据。应立足于实际中裁判瑕疵的类型,分析、总结不同瑕疵的构成要件,制定常见民商事裁判瑕疵备查清单。其主要包括:一是案件审理要素清单;二是案件检查要点清单;三是裁判制作要点清单;四是文书校对要点清单等。

(四)实行裁判文书复检构筑最后关卡

为了从源头上减少裁判瑕疵的形成,除审判人员和书记员要加强裁判制作和校对外,有的法院实行盖章印制前文书复检制度,从而构筑裁判发出前的最后一道关卡。可安排专门人员负责盖章印制前的文书复检工作,并将复检结果与文书制作人员的业绩考核挂钩,杜绝类似“人民币法院”等低级差错情况的发生。

(五)落实案件定期评查提升裁判质量

一方面,对内法院应将案件评查作为定期化、常态化工作,充分发挥案件评查在提升裁判质量上的作用,切实让案件评查成为拦截裁判瑕疵的“利器”;另一方面,对外拓展案件评查的主体、方式和领域,推动案件评查工作向广度、深度延伸。邀请地方人大代表、政协委员、特邀监督员等通过调查、座谈、走访、评议等形式开展案件评查,自觉接受法院以外人士对案件的监督,将案件评查的效用汇聚到提升裁判质量上来。

(六)完善定期考核提升人民法院形象

裁判瑕疵的减少,裁判质量的提升,归根结底还是要规范单个法官的具体办案行为。因此,“法官”始终是核心因素。为了让法官时刻保持在裁判制作上的高标准、严要求,应将裁判的质量评价纳入法官的定期考核中,并适当强化裁判质量在定期考核中的比重,提高法官高质量裁判的主动性、积极性、自觉性,构建法官职业发展与裁判制作之间的关联性,不断完善定期考核制度,切实提高人民法院的形象。

具体到民商事裁判瑕疵处理机制问题,由于客观条件制约、认知能力的局限等原因,民商事裁判瑕疵的存在具有一定的不可避免性。就人民群众的感受角度而言,“必须创设一种途径以消除已发生既判力的有重大瑕疵的或在严重程序瑕疵下产生的判决。否则的话,当事人的公正感和他们对司法的信赖会严重受伤害。”即使是只有百分之一的案件存在瑕疵,对涉案的当事人也是百分之百的不公。因此,民商事裁判瑕疵合理救济途径之完善,是不容回避并不应回避的问题,也是维护司法公正并让人民群众感知司法公正的必然要求。我们坚信,只要有进取之心,所有的裁判瑕疵都可以得到最大程度的减少;只要有立法保障,所有的裁判瑕疵都能得到最大程度的救济;只要有良性互动,所有因裁判瑕疵得到的救济都能最大限度转变为对司法公正的真实感受。

附件:

一、民商事裁判文书审核校对的"ITEMS"规则

"I"(integrative)——文书审核校对的全面要求,即校对时应针对不同种类法律文书的特点,对文书的首部、正文、尾部、附录法律条文等段落文字、内容进行完整、全面的校对。

"T"(tranquility)——文书审核校对的环境要求,即校对应在相对安静的环境中进行,校对时周围不宜有过响的背景音乐声或者嘈杂的吵闹声等。

"E"(emotion)——文书审核校对的情绪要求,即在校对时要专心、专注,不要急于求成、心不在焉。

"M"(multiply)——文书审核校对的数量要求,即校对时必须由法官与书记员两人分别进行,且保证进行2遍校对。如条件允许,则可以校对3遍。

"S"(soberly)——文书审核校对的状态要求,即校对人员必须保持清醒的头脑,不宜在昏昏欲睡或者在有发热等带病状态下进行校对。

二、民商事裁判文书制作审核一览表

(一)标题和案号

1. 当事人涉及外国人的,应在标题××市××区人民法院之上添加"中华人民共和国"。

2. 注意核对是判决书、裁定书。

3. 核对案号,注意:收案年度,法院代字,类型代字如一审民事案件"初""监""申""抗""再"等,案件编号。

(二)当事人基本信息

对照案卷中当事人提供的身份材料,逐一核对当事人身份信息是否准确,包括名称、住所等。注意以下几点:

1. 企业住所写法"住所××××",公民写为"住××××"。住所地必须写明××区,不能直接写市名+路名。

2. 当事人不具备法人资格的,如分公司、社团、机关事业单位等的,法定代表人应写成"负责人"。

3. 当事人是外国人的,有英文名也有中文名的,写中文名后括号标明英文名。

4. 当事人的户籍地和经常居住地不一致的,要写明经常居住地,"现住……"。

5. 涉及反诉的,要写明原告(反诉被告)×××,被告(反诉原告)×××。

6. 当事人同时委托律师和公民代理的,公民的身份信息写在律师前面。

7. 多个当事人委托同一代理人的，可以在写明上述当事人基本信息后写“上述几原告(被告)共同委托代理人……”

8. 核实当事人的诉讼地位，防止将第三人写成被告。

9. 核对当事人的名称，注意当被告是单位的，不能仅按照原告诉状上提供的名称，要按照实际参加诉讼的被告提供的营业执照上的名称。

(三)审理程序部分

主要是案件审理的程序性信息，需要对照计算机信息系统中的“案件信息”，核查案件的立案日期、开庭时间、法定事由、是否存在反诉、是否有报延长等。注意以下几点：

1. 结案案由与立案案由是否一致，如有差异需向承办人核实确定是否是以该案由结案。

2. 当事人名称此处写全称，后用简写的，在此处写明。如上海古明堂置业有限公司(以下简称“古明堂”)。

3. 简易转普通的，需写明“后因案件审理需要，依法组成合议庭”。

4. 法定事由中当事人申请和解的时间也应写明。

5. 庭审时间需对照庭审笔录并检查笔录上签字以核查到庭参加诉讼的人员。

6. 缺席审理的案件还需写明“经本院合法传唤，无正当理由拒不到庭应诉”。

7. 公告送达的案件应写明“经本院公告送达，无正当理由拒不到庭应诉。”

8. 多次开庭的，如每次到庭人员不一致，应分别予以说明。

(四)当事人诉辩称及证据部分

对照当事人诉状、提供的证据及庭审笔录查看文书中概况的当事人诉辩称是否准确、证据是否全面，需要特别注意：

1. 当事人有变更诉请的，需要在原诉请后，写明何时进行变更，变更后诉请为什么。

2. 证据名称和证明内容是否与庭审笔录中一致。注意补充证据是否遗漏。

3. 第一次出现钱款金额处要标明“人民币(下同)”，其后直到判决主文之前如币种与之相同则都不需要加币种名称。

4. 数字的格式：三位一分，逗号，英文半角。小数点后有数字的，保留两位。

5. 证据多的，特别关注证据编号是否连贯，是否出现序号不连续的现象。

(五)查明事实部分

1. 注意经本院认定的事实是否有相应证据印证，同时认定事实中出现时间、金额、数量的，需核对相应证据看是否准确。

2. 查明事实中出现政府机关、司法机关名称时，注意该名称是否准确。

(六)本院认为部分

1. 引用法条:(1)引用法条需写具体,第几条第几款第几项。注意"第",不能只写×条×款。

(2)法律名称写全"中华人民共和国××法"。

(3)法条数字写中文一二三,不写阿拉伯数字。

2. 该部分最后写明依据××法判决如下时,法条的排列是先实体后程序。

(七)判决结果部分

判决主文部分的校对需要注意:

1. 当事人名称写全称。

2. 诉讼地位写明,如有反诉写明:原告(反诉被告)。

3. 查看判决主文内容与当事人诉请是否一致,如支持了部分诉请,查看最后是否有写明"驳回其余诉讼请求"。

4. 诉讼费用的承担必须写明确,多少钱,(谁预交的),最后谁承担。有保全的,保全费用也要写明谁承担。通过法院报公告送达的案件要写明公告费由谁承担。注意特殊情况下诉讼费减半:简易程序、撤诉。最特殊的是裁定驳回的,则需案件生效后退全部诉讼费。

5. 判决主文中出现金额的均加"人民币",数字也是三位一分,英文半角逗号,小数点后有数字的,精确到小数点后两位。

6. 最后一段写明当事人的上诉期,注意涉外案件中,外籍当事人的上诉期为30天,国内当事人的上诉期为15天。

(八)文书落款部分

1. 审判组成人员是否与最后一次庭审笔录上的组成人员一致。普通程序审理的案件,落款处注意审判长不要写成审判员。

2. 落款日期的确定:判决的为宣判日,撤诉的为撤诉笔录的日期。

3. 格式:落款不能跨页出现,也不能单独出现在一页,前面必须有正文。

三、民商事裁判文书常见差错一览表

(一)标题

1. 文书类型差错

常见情形:裁定书、判决书格式套用错误,如裁定书套用成判决书格式。

2. 案件案号错误

常见情形:案号遗漏、案号不完整或者合并审理的案件案号混淆,如案号中遗漏"初"字。

（二）正文

1. 当事人基本情况

（1）名称差错。常见情形：将“上海市”写成“上海”；将“上海”写成“上海市”。

（2）当事人诉讼地位差错。常见情形：当事人信息书写不规范或缺漏；将原告错写成被告；遗漏表述反诉当事人的诉讼地位。

（3）当事人住所差错。常见情形：国家、省市、区县、路名出错；门牌、室号写错（有两套房屋时尤应特别注意）；地址中漏写区；地址不全或遗漏。

（4）法定代表人差错。常见情形：与法定代表人身份证明书记载的职务不符。

（5）法定代理人差错。常见情形：遗漏法定代理人。

（6）委托代理人差错。常见情形：漏写委托代理人；将原告委托代理人错写成被告委托代理人或反之；两位委托代理人只列一位；漏列变更后的代理人；委托代理人工作单位与委托书内容不相符。

（7）案由差错。常见情形：漏写案由；错写案由，如将“借贷纠纷”写成“借款纠纷”。

（8）案件审理程序差错. 常见情形：缺席判决中漏写“本院依法缺席审理”；将“本院依法缺席审理”写成“本案依法缺席审理”；漏写公告送达情况；漏写适用的程序；漏写简易程序转普通程序情况；将普通程序写成简易程序或反之；将“不公开审理”写成“公开审理”。

2. 事实

（1）诉辩称表述差错。常见情形：遗漏答辩意见；遗漏第三人意见；“辩称”写成“辨称”。

（2）遗漏诉讼请求差错。常见情形：漏写诉讼请求；遗漏当事人补充或变更后的诉讼请求；有多项请求的，遗漏部分请求。

（3）币种差错。常见情形：错写币种；两种以上货币出现时，未写明币种；判决主文漏写“人民币”或其他币种。

（4）数额、计量差错。常见情形：漏写或错写计量单位，如将“100 吨钢材”写成“100 钢材”，如将“100 万元”写成“100 万”或“100”，如前面写“10 万元”，后面写“100,000 元”。

（5）数字分隔符、小数点差错。常见情形：如将“21,700 元”写成“21.700 元”。

（6）行为主体混淆。常见情形：将原告的行为书写为被告的行为。

（7）当事人简称差错。常见情形：将原告的行为书写为被告的行为；未注明当事人简称；当事人简称前后未保持同一。

（8）引用法律缩略语差错。常见情形：未注明法律名称缩略语；第一次出现法律名称时就直接使用缩略语;法律名称缩略语前后不统一;不同年份的同一部法律未作区分。

(9)缺席判决依据差错。常见情形:漏引民事诉讼法第一百四十四条。

(10)条文引用差错。常见情形:引用法律的条、款、项不当;引用法律条文的项时漏引括号。

(11)遗漏事实差错。常见情形:"本院认为"部分出现事实认定中未出现过的事实。

(12)裁判文书主文内容差错。常见情形:当事人名称与首部不一致;当事人名称未使用全称;履行内容及履行期限错误;未表明反诉当事人的诉讼地位;遗漏罚金交付日期。

(13)诉讼费差错。常见情形:漏写案件受理费;案件受理费计算错误;漏写补交部分受理费;漏写诉讼保全费、公告费、鉴定费等;漏写"因适用简易程序减半收取"及其他减免事项。

(14)当事人数量表述差错。常见情形:有多方当事人时,写成"双方当事人"。

3. 落款

(1)合议庭成员、书记员署名差错。常见情形:合议庭成员写错;将合议庭审理误写为独任审理;合议庭成员署名与最后一次庭审及评议笔录记载不一致;合议庭成员审判职称写错,如审判员写成代理审判员;审判人员位序写错;人民陪审员写错;书记员署名写错。

(2)裁判文书落款日期差错。常见情形:年份写错(年初时最易发生);某年某月写成某年某年;漏写日期。

(3)印章差错。常见情形:未加盖"本件与原本核对无异"印章;漏盖院印。

4. 其他

(1)标点符号差错。常见情形:多、漏、错标点符号,如连续逗号",,"等。

(2)格式差错。常见情形:有多余的空格;转行格式出错,如某行第一个字符为逗号、句号等;行距、页边距不符合标准。

(3)数字差错。常见情形:认定的数字前后不一;各项数字相加与结果不一。

(4)告知性条款差错。常见情形:遗漏上诉权告知内容;有金钱给付内容的判决中漏写利息加倍告知内容:如果未按本判决指定的期间履行给付金钱义务,应当依照《民事诉讼法》第二百五十三条之规定,加倍支付迟延履行期间的债务利息。

(5)版本差错。常见情形:最终生成的文本与最后的校对版本不一致;补印裁判文书时与最后的校对版不一致。

第二编
分　　论

第六章　刑事裁判文书制作

第一节　刑事裁判文书概述

刑事裁判行为是一个相对独立的行为系统，该系统的全部行为和功能，就是进行刑事裁判，一旦作出裁判，该行为系统的使命就告完成。对于发生法律效力的刑事裁判，需要由另一个执行裁判的行为主体去执行，该执行主体就要求刑事法官给他一个书面的处理决定，作为执行生效裁判的依据，从而，刑事法官在对刑事案件作出处理决定的时候，必须制作一个书面的裁判，该书面裁判，就是刑事裁判文书。可见，刑事裁判文书，实质上是法官行使裁判权力、依法对刑事案件进行审理后作出的书面裁判决定。概括起来说，刑事裁判文书，是人民法院审判刑事案件，就起诉指控或一审、二审认定犯罪事实及其罪名是否成立、是否对被告人予以刑罚处罚、予以何种处罚等定罪量刑问题以及审判刑事案件涉及的诉讼程序问题，依法制作的具有法律效力的司法文书。刑事裁判文书至少具有以下两个属性：第一，它是记录刑事裁判行为系统的文字载体。它真实、概括而完整地记录了裁判活动的全过程。第二，它是刑事裁判行为的成果。它凝聚了刑事裁判的全过程，展示了正义的伸张。它论证案件事实，揭示案件性质，公开表明法官对案件的法律评价，鞭笞了罪恶，展示了法官主持正义的品格。

一、刑事裁判文书的种类

刑事裁判文书以确切的文字表达，全面而概要地反映刑事裁判的过程，表明法院依法处理案件及其相关事项的决定，是具备明确的执行指令和法律效力的刑事裁判的执行依据。按照不同的划分标准，刑事裁判文书有不同的种类。以审级划分，有一审法院制作的刑事判决书和二审法院制作的刑事判决书等；以裁判的依据划分，有依照实体法对案件作出决定的刑事判决书和依照程序法对案件或相关问题作出决定的刑事裁定书。本章以一审刑事判决书为蓝本对刑事裁判文书的制作展开论述。

二、一审刑事判决书的结构和各部分的结构与要点

裁判文书的本质内容源于审判活动,其文体的架构形式则源于刑事诉讼格局。裁判文书的这个特性,决定了裁判文书的格式和结构、功能,都与审判活动有着内在的统一性。

(一)总体构架和特点

一审刑事判决书具有“三三”组合的结构特点。其一,总体构架上分为首部、正文和尾部三大部分;其二,首部、正文和尾部各个部分内部,又都有三项内容组成,完整而概要地反映案件的由来、控辩双方平等对抗、法院居中审查和裁判的刑事诉讼过程。

以普通一审刑事判决书为例,其总体构架上的“三三”组合结构的第一部分,从审判案件的法院名称,如“上海市××人民法院”开始,至“现已审理终结”为止,属于判决书的首部。第二部分,从公诉机关指控开始,至判决主文对违法所得或者犯罪工具等处理为止,是判决书的正文。第三部分,从告知上诉权和上诉事项至落款,是判决书的尾部。

此外,在判决书尾部的后面,还有一个附录相关法律条文的附件。该附录的法律条文,不是判决书的结构部分,而是在判决书的结构之外,为当事人便于查阅与案件有关的法律条文而设置的导读性质的附件。

(二)各部分的结构和要点

如上所述,一审刑事判决书总体构架上分为首部、正文和尾部三大部分,因各个部分有其不同的功能,所以,各个部分有其不同的结构和要点。

1. 首部的结构和要点

首部分为三个部分,每个部分由三项内容组成。

第一部分是审判主体及相关情况,由审判机关名称、裁判文书的性质和案件在审判流程中的编号三项组成;第二部分是控辩双方及相关诉讼参与人情况,包括公诉机关、被害人、刑事自诉案件的自诉人、附带民事诉讼原告人,被告人、法定代理人、辩护人和翻译人员的基本情况;第三部分是审判过程情况,通常指案件的由来和审理经过,由检察院提起公诉、法院受理并组成合议庭开庭审理以及控辩双方参加诉讼的情况三项组成。

2. 正文的结构和要点

正文是裁判文书的结构主体。就一审判决书的正文而言,它是法院对案件审判情况的概括和总结,在这一部分,不但要突出刑事诉讼法明确的控审分离、控辩双方平等对抗、法院居中裁判的刑事诉讼原则,还要客观、真实地反映一审法院依

法审案和裁判的实际情况。因此,在行文上,必须按审判的进程,客观地表述控方的指控和举证,辩方的抗辩、质证和反证,以及法院对案件证据的分析、认定,对案件事实的论证,对控辩双方主张的事实的取舍。在此基础上,还要详尽表述法院对案件性质的分析和认定以及对案件处理的意见、理由和法律依据,评价控辩双方的意见和理由,进而顺理成章地作出一审判决。裁判文书正文的内容丰富,层次分明,其组成也是"三三"结构。

第一部分是公诉机关的指控和辩方应对指控的抗辩,包括三项内容,即指控的事实、指控的证据及定罪量刑的意见和理由。与之对应的是辩方对指控事实的抗辩、对指控证据的质证及其对案件的定性和处理意见。这一部分,是一审法院审理的对象和范围。梳理这一部分内容,抓住控辩双方争议的焦点、确定影响定案的关键事实和证据,是解开案件疑团的切入点和形成正确的审判思路、准确认定案件事实的关键。

第二部分是法院的审理,包括三项内容:一是法院对案件证据的审查,二是对事实的认定,三是对控辩双方对事实、证据所持意见的回应和评判。这部分通常以"经审理查明"来表述,是在正文第一部分指控和抗辩的基础上,有针对性地对指控的证据和控辩双方的意见及理由进行分析,进而确认案件事实并据以评价控辩双方对案件事实提出的意见。这一部分是一审法院对案件事实的重点论证过程,也为法院对案件进行深入研究和正确定性及最终作出正确裁判奠定事实基础。

第三部分是法院的裁判,包括三项内容:一是裁判说理,表述法院对案件性质以及相关情节的分析认定;二是裁判表态,即表明裁判的意见、理由和依据,以及对控辩双方对案件的处理等相关意见的表态;三是判决主文。

这一部分的前两项内容,是法院以"本院认为"的形式对案件进行充分、必要的说理论证。这是以说理为形式,以逻辑论证为途径的说理论证的过程。具体来说,是在第二部分事实论证的基础上,以法院确认的事实为根据,依据有关的法律、理论和知识,对被告人的行为性质及构成犯罪的被告人的犯罪性质、情节等进行分析认定,进而适用相关法律对案件作出处理决定的裁判说理过程。从内容上说,裁判说理也有三个部分组成,一是对案件的定性和情节论证,二是对适用法律的论证,三是对控辩双方就案件性质、情节以及处理等相关意见的表态。

对案件的定性和情节论证,是根据法律规定的犯罪构成,从犯罪的客体、客观方面、主体、主观方面对被告人的行为进行分析认定,以判定是否构成犯罪,构成何罪。随后,对案件的相关情节及其在犯罪构成和量刑上的意义予以论证。

适用法律的论证,是在定性论证的基础上,结合案件的有关情节,根据案件事实与相关法律之间以及相关法律之间的内在联系,确认被告人的行为触犯了哪些法律,应适用哪些法律处理案件进行论证。

对控辩双方就案件性质、情节以及处理等相关意见的表态,是在适用法律论证,即明确应当适用哪些法律条款对被告人定罪量刑或宣告无罪的基础上,对控辩双方的意见逐一进行简要的评析,表明指控是否成立,指控意见是否采纳,辩解是否成立,辩护意见是否采纳,为最终作出裁判定下基调。适用法律论证,是裁判文书说理的最后也是最高层次的论证。

第三部分的第三项内容是判决主文,作为裁判文书正文的最后一项内容,也是一审法院对案件作出的终局性决定。作为一个审级的终局裁决,是上述事实论证和裁判说理"水到渠成"的结果,也是一审刑事诉讼的最后成果,体现着国家的审判权威。其裁判的正确程度,代表着司法的公正程度,取决于上述事实论证和裁判说理的水准。

以上正文的控辩、审理和裁判三部分内容,总体上是一个程序上递进、逻辑上有因果联系、文体上与控辩双方平等对抗、法院居中裁判的等边三角形的现代诉讼结构相呼应的论证过程。

由于审判实践中,对案件事实清楚、事实过程简单、被告人自愿认罪的案件,较多采用普通程序简化审的方式,与之对应,一审刑事判决书也采用简化的写作格式,该简化的格式省略了前两部分控辩双方的对抗,仅表述第三部分法院的审判。这种格式,适应了司法实践中办案力量不足、需要集中力量审判大要案和被告人对指控持有异议的案件的实际情况,符合节约诉讼资源和提高诉讼效率的原则。但是,司法实践中需要注意的是,这种简化格式只能用于简单的被告人自愿认罪案件,绝对不能扩大使用。

3. 尾部的结构和要点

尾部也由三项内容构成,一是告知上诉权利及相关事项,二是合议庭和书记员署名,三是代表裁判效力的宣判日期和法院印章。

(三)首部和尾部的表述应注意的问题

1. 首部应注意的问题

(1)判决书的制作机关,即审判案件的法院,应当写明法院全称,一般与院印的文字一致。涉外案件,应冠以"中华人民共和国"的国名。

(2)判决书的名称,要注意是单纯的刑事判决书还是刑事附带民事判决书,如果被害人提起附带民事诉讼的,不论是否支持其诉讼请求,判决书的名称都应是"刑事附带民事判决书"。如果是刑事部分先行判决的,后判决的附带民事诉讼部分,也应当是"刑事附带民事判决书"。

(3)案号,是指用于区分各级法院办理案件的类型和次序的简要标识,由中文汉字、阿拉伯数字及括号组成。如(2016)沪0118刑初94号,(2016)表示收案年度,“沪0118”是上海市青浦区人民法院代字,“刑初”是类型代字(案件性质、审判程序),“94号”是案件编号。总体来说,(2016)沪0118刑初94号,表示上海市青浦区人民法院2016年立案的第94号刑事一审案件。案号应写在“刑事判决书”下一行,与右端对齐。

(4)控方的基本情况。

①公诉案件的控方就是公诉机关,应当写全称,例如,“公诉机关上海市青浦区人民检察院”。在“公诉机关”与“上海市青浦区人民检察院”之间不用标点符号,也不加空格。

②公诉案件刑事附带民事诉讼原告人。公诉案件的被害人或者被害人的继承人提起附带民事诉讼的,应当以“刑事附带民事诉讼原告人的身份”列在公诉机关下一行,并写明附带民事诉讼原告人的基本情况,有诉讼代理人的,应当在其下一行列明诉讼代理人的基本情况。

③被害人,法律上有被害人的诉讼地位,实践中很少有被害人参加诉讼的情况。但是,如果被害人要求参加诉讼,应当列明。法院告知被害人开庭的时间和地点,是否出席庭审,由被害人自己决定。

④刑事自诉案件的自诉人,应当按照表述当事人的要求,写明基本情况。如果自诉人提起附带民事诉讼的,应当写明“自诉人暨附带民事诉讼原告人”。

(5)被告人及其法定代理人的基本情况。

①被告人的基本情况,包括被告人的姓名、性别、出生日期、出生地、民族、健康状况、文化程度、工作单位、职业、前科劣迹、被采取强制措施的原因和时间、羁押场所。这些基本情况,对裁判文书的全局都有影响。我们不仅要知道被告人的基本情况的排列顺序,而且要知道这样排列的理由。

被告人的姓名:姓名是区别不同人的符号,因此,被告人的基本情况,首先必须正确写明被告人的姓名,被告人如有曾用名,必须在姓名后面的括号中表明“曾用名××”,若被告人有别名或化名,且该别名或化名在案件证据中有所反映,不表明该被告人的别名或化名,容易发生认定被告人身份不清楚的问题,也应当在括号内予以表明。

同案被告人有两人以上的,按主从关系的顺序列项。

被告人是外国人的,应在其中文译名后用括号写明其外文姓名、护照号码、国籍。

人身情况:对被告人人身情况的表述,应当以与被告人本身关系的密切程度确定先后顺序。

由于人的性别、出生时间、地点和民族与人身的关系最直接最密切,因此,在被告人姓名之后,应当最先表明被告人的性别、出生时间、地点和民族,然后,表明文化程度、工作单位和职业以及家庭住址。

被告人的性别,一般不会搞错,但是特殊情况难免,而且会给开庭审判和羁押带来问题。例如,易性人,应当有实施易性手术的医院的记录和户籍所在地公安机关出具的证明材料。

出生日期,关系到是否未成年人,是否需要设定法定代理人,指定辩护人。若是未成年人,还涉及定罪和量刑。审判中,经常会涉及临界年龄的认定问题。比如,被告人李某于2000年6月27日犯盗窃罪被抓获,起诉根据记载被告人出生于1982年5月12日的户籍资料,认定被告人18周岁,辩护人根据被告人的入学登记资料,提出被告人的出生日期为1983年5月12日,并提供了该农村地区孩子出生不是立即报户口,而是到了需要以户口分地等时候才办理户籍登记的情况,以及同村亲戚或邻居证明被告人的出生日期和生肖属相的证言。对此,一定要进行深入调查,根据证据规则,正确认定被告人的出生日期。

出生地和民族,关系到地域和民族文化的特殊性,对量刑具有潜在的影响,有时为了执行少数民族政策,必须严格掌握刑罚包括刑罚的方法及相关事宜。

出生地和文化程度的表述,一般表述为"被告人××,男,某年月日出生于某省某市,汉族,××文化"。

单位、职业。被告人的单位和职务,关系到特定罪名的构成(职务侵占还是贪污),一般应写明其工作单位和职务,没有职务的,就写"某单位职工"。若系私营企业业主或个体工商户的,亦应写明。农村务农的,写"农民"。工作单位要写全称,职业表述可以泛称。

健康状况,主要是为了区别是否是聋哑人,是否有精神疾病或其他足以影响其判断力的疾病,关系到量刑的从轻、减轻。如果被告人的健康状况与定罪量刑有关,应当在被告人概况中予以表明。

住址。被告人的住址应写住所所在地,住所所在地和经常居住地不一致的,写经常居住地,然后,再写明户籍所在地及其地址。住址和户籍地的表述,要求住址在前,户籍地在后。

住址所在地名可以简化表述。如果被告人系外省市人员,应以其经常居住地为住址。若系终年流动、居无定所的养蜂人员等,可以在职业一栏中表明其职业特点,不表述住址,只表述户籍所在地。

自报问题:对于没有任何证据证实被告人情况的,可以按被告人的自报表述,最后在括号内注明系被告人自报。

前科劣迹,关系到累犯的认定和从重处罚以及是否宣告缓刑,因此,被告人曾受过的刑事处罚、行政处罚、劳动教养,或者在限制人身自由期间有逃跑等法定或者酌定从重处罚情节的,应当写明其事由和具体时间。如果被告人的劣迹,不足以影响量刑的,可以不写。如果要认定累犯的,必须表明判刑种类、刑满释放的时间或假释期满的时间。

被采取强制措施的原因,关系到采取强制措施的理由是否成立。对被采取强制措施的原因的表述,一审裁判文书中常有"因本案于某年某月某日被刑事拘留"的表述。由于"本案"是具体案由的代词,而代词应当以被代案由出现之后再出现,因此,"因本案"表述不当,应表述为"因涉嫌某某犯罪"。

被采取强制措施的时间,关系到刑期的折抵,甚至还可能关系到对自首的认定。因此,被告人被采取强制措施的情况,应写明具体被拘留、逮捕等羁押时间,以便于折抵刑期。如果在拘留前就被羁押的,应当如实写明。若有被留置的情况,且确实因此而失去自由的,也应当表明被告人被留置的日期,以便在刑期中予以折抵。

羁押场所,是客观反映合法羁押被告人的事实,也为二审法院提审提供便利。

②法定代理人。《刑法》第十七条规定,已满 16 周岁的人犯罪,应当负刑事责任。已满 14 周岁不满 16 周岁的人,犯故意杀人、故意伤害致人重伤或者死亡、强奸、抢劫、贩卖毒品、放火、爆炸、投毒罪的,应当负刑事责任。第十八条规定,间歇性的精神病人在精神正常的时候犯罪,应当负刑事责任。尚未完全丧失辨认或者控制自己行为能力的精神病人犯罪的,应当负刑事责任。《刑事诉讼法》第一百零六条第(三)项规定,"法定代理人"是指被代理人的父母、养父母、监护人和负有保护责任的机关、团体的代表;第(四)项规定,"诉讼参与人"是指当事人、法定代理人、诉讼代理人、辩护人、证人、鉴定人和翻译人员。

根据以上规定,未成年被告人和尚未完全丧失辨认或者控制自己行为能力的精神病被告人的法定代理人是诉讼参与人,应当参加诉讼,因此,裁判文书必须列明法定代理人。

法定代理人只需要一人,无须把被告人的父母都列上。法定代理人的基本情况,应当表明姓名、与被告人的关系、工作单位和职务以及住址等基本情况。法定代理人的基本情况应当写在被告人基本情况之后,另起行。但是,法定代理人不是附带民事诉讼被告人,这一点务必明确。

(6)辩护人。《刑事诉讼法》第三十二条、《刑诉法解释》第三章"辩护与代理"对辩护人做了规定。

①律师担任的辩护人,只写姓名、工作单位和职务,即"辩护人某某,上海市某

律师事务所律师”;辩护人是人民团体或者被告人所在单位推荐的,只写姓名、工作单位和职务;

②人民法院指定的辩护人,表述为“指定辩护人”,并在审理经过这一段中作相应的表述。

两人以上同案被告人各有辩护人的,分别在各被告人项之后,或在其法定代理人之后另起行写明辩护人的情况。

③普通公民担任的辩护人或诉讼代理人,应当表明出生日期、民族、文化程度、工作单位和职业,并表明其与被告人的关系,要反映辩护人是有资格担任辩护人的公民。这些情况反映了其代理诉讼的行为能力,若不满18周岁,或是文盲,就不能被允许代理。

(7)附带民事诉讼原告人或被告人的代理人,与辩护人的表述基本相同。

(8)翻译人员。根据我国刑诉法的有关规定,对于少数民族当事人,或者外国人,应当为他们指定翻译人员。对出庭翻译人员,应当写明姓名、性别和工作单位。由于翻译人员是对所有诉讼参与人进行翻译,应当排列在所有诉讼参与人的最后。

(9)案件的由来和审理经过。案件的由来和审理经过,把第一部分主持诉讼的审判主体与第二部分的控辩双方两个对立的诉讼主体三者联系在一起,形成一个以审判主体为中线顶点的等边三角形,反映出控辩平等、法院居中裁判的诉讼关系和诉讼程序的合法性。对于案件由来和审理经过的表述,经常只有起诉日期,缺少立案日期,因立案日期是检验法院是否在审限内结案的依据,因此,要求在起诉日期之后,表明法院立案的日期,这是程序公开、公正、合法的标志。另外,要表明审判组织、是否公开开庭、被告人及其辩护人等诉讼参与人到庭参加诉讼的情况,这一段文字是审判程序合法的记载。对于涉及商业秘密的,可以表明不公开开庭。

2. 尾部应注意的问题

尾部表述的内容虽然很简单,但是,有两个问题需要注意:

一是告知上诉期限。刑事案件的上诉期限是十日,刑事附带民事诉讼一并宣判的上诉期限也是十日。只有附带民事诉讼另行单独宣判的上诉期限为十五日。

二是裁判文书的落款日期,应当与宣判日期相同。

第二节 指控和抗辩的归纳与概括

公诉机关的指控和被告人及其辩护人的抗辩,在等边三角形的刑事诉讼结构中,处于三角形底部的两角,是法院查明案件事实的前提和基础。在一审刑事判决书的正文中，应合理安排该部分的表述，直接为表述法院查明的事实奠定基础。因此，对于控方的指控、举证和定罪量刑意见及其理由，以及辩方的抗辩内容的表述，应当作为准确表达法院查明事实的必要铺垫。由于控辩双方在阐述各自的意见和理由时，需要进行充分的论证，尤其是在激烈抗辩的情况下，为了强调某一观点或证据，难免有重复，甚至会出现一些赘述，因此，在表述控辩双方所述的内容时，需要对双方阐述的内容进行必要的逻辑梳理和归纳，在分清层次、理顺条理的基础上，再进行必要的概括。这种归纳和概括，就是按照内容的性质、种类和作用分门别类，归入相应的一项，进而对于同种性质和种类的内容，分层次排列，然后，像修剪树枝一样，剔除与定性和量刑无关、内容重复或者含义不明确的"枯枝烂叶"，使之条理清晰，内容简明扼要。这就是用最为简练的语言，表述控辩双方主张的事实、提出的证据以及相关的质证意见。

一、按照逻辑对指控进行归纳、概括

公诉机关指控的内容由三部分组成，一是指控的犯罪事实，二是证明被告人犯罪的证据，三是对被告人定罪量刑的意见和法律依据。指控的第一部分直接表明被告人犯罪的事实，有利于人们全面而直观地了解案情，而且，这种表述指控事实在先的方式，在思维上更容易引导人们进入要求证实犯罪事实的心理状态，从而为下一步引导人们关注其证明犯罪的举证奠定心理基础。在事实和证据都表述清楚之后，公诉机关必然要表明其对案件的处理意见和依据，也就是对被告人定罪量刑的意见和依据。这一指控的过程，实际上是变换了表达顺序的逻辑三段论的演绎过程。指控的犯罪事实和证据，是逻辑小前提，法律依据是逻辑大前提，对被告人定罪量刑的意见则是最终的结论。其三段论的结构形式是：被告人犯有某罪（小前提），依据法律犯该罪应受某种刑罚处罚（大前提），被告人应受某种刑罚处罚（结论）。理解了指控的逻辑之后，在刑事裁判文书上就应当按照逻辑的要求，对公诉机关的指控进行合理的归纳和概括。

（一）对指控事实的归纳、概括及要点

1. 对指控事实的归纳和概括

所谓指控事实，一般指公诉机关指控的被告人犯罪的事实。由于公诉机关指控被告人犯罪，目的是要通过审判，由法院依法对被告人定罪量刑。因此，公诉机关对被告人犯罪的指控，其内容实际上不限于被告人犯罪的事实，还包括犯罪事实之外的影响对被告人量刑的情节。公诉机关对其指控的表述，不仅要具体反映被告人犯罪的完整过程，包括被告人主观上的罪过、客观上实施的危害行为和造成的危害后果，还要反映被告人的前科和罪后表现。但是，法院制作的裁判文书，不是

对公诉机关指控的简单复制,而需要对指控进行归纳和概括。归纳就是对指控的事实进行“合并同类项”,理顺条理,概括就是对指控进行“去粗取精”的加工和提炼,剔除可有可无的过程描述,围绕指控的犯罪构成要件,概要地表明犯罪的过程、结果和主客观情节,以及犯罪前后的表现。裁判文书对指控事实的归纳和概括,既要求完整、不缺要素,又要求概要和精练。

2.归纳和概括指控事实的要点

指控的犯罪事实,应当是一个完整的被指控为犯罪的行为系统,因此,对指控犯罪事实的归纳和概括,是用最简练的语言,以第三人称完整地表明指控的犯罪事实及其行为的过程,突出犯罪行为系统的构成要素。

(1)行为主体,应表明全部参与犯罪的人员以及与犯罪相关的主体情况,如有关职务犯罪的职业、职务和职权,玩忽职守犯罪的被告人的专业知识、有关经历等。

(2)行为的起因、动机、目的等主观方面的相关情况,包括共同犯罪的预谋和分工、各人对犯罪的认识和态度。

(3)行为对象,包括预谋的行为对象和犯罪实际针对的犯罪对象。

(4)行为的具体时间、地点和场合,包括行为的过程和涉及的范围。

(5)实施行为,包括具体手段和方法,使用的工具以及共同犯罪人的具体分工和行为。

(6)行为的直接结果(包括既遂、未遂、中止)以及行为和结果之间的联系,行为造成的影响、有关方面的反应。

(7)(财产犯罪)赃款赃物的去向。

(8)案发过程,包括自首、立功、主动坦白、拒不认罪等罪后表现。

(9)挽回犯罪后果的情况,包括退赔和追缴情况。

(10)罪前表现,包括累犯、前科、劣迹。

(11)其他涉及罪与非罪或量刑的情节。

当然,上述犯罪行为系统的构成要素,未必在每一个案件中都反映得如此完备,在指控的犯罪事实中,往往要简单得多。但是,从表述的要求讲,应当尽可能全面地反映指控的犯罪事实和影响定罪量刑的各种要素。

〔例1〕对于一起三人共谋抢劫致人死亡案件,检察院的指控事实表述是:被告人赵A与徐B、杨C(另案处理)经事先预谋,于2007年10月11日21时许,由杨C先在路边搭识被害人顾某,将顾某带至上海市宝山区杨行镇某号二楼出租屋,赵A和徐B携带作案工具砍刀、警棍至该出租屋,徐B趁机入室盗窃顾某的财物被发觉,遭顾指责,双方扭打。赵A闻讯持砍刀进入屋内,向顾某颈、躯干、四肢等部位猛砍数刀,劫取顾某黑色皮包(内有人民币1800元)一只后逃逸。被害人顾某被送往医院后，经抢救无效于当日23时40分死亡。经鉴定，被害人顾某系生前被锐器砍切全身多处致失血性休克而死亡。

被告人赵A于2007年10月22日在江苏省常州市被公安人员抓获。徐B于2008年4月12日在湖北省通城县被公安人员抓获。

以上对指控事实的表述全面而概要，完整地反映了犯罪的过程和结果，又丝毫没有累赘感。

3. 归纳、概括指控事实应注意的问题

审判实践中，对指控事实的归纳和概括，最常见的问题是粗略有余、精细不够，不仅表达错位，还缺失要素。

如上海市××区人民检察院指控：

被告人张D于2005年7月19日8时许，经事先预谋、商量，伙同周E、徐F、龚G、陈H等人携带作案工具；窜至本区××新村402室陆某家中，采用暴力手段，抢得现金人民币8000元、美金700元及金项链、珍珠项链、手表等物后逃逸，。

这段对指控的表述，明显存在表达错位和缺失要素的问题，其中“，”就是应当补缺的内容。我们比较一下对这段指控的改写和解释：

被告人张D经与周E、徐F、龚G、陈H等人预谋，于2005年7月19日8时许（应表明作案时间而不是预谋时间，该时间应紧贴行为而不应脱节），结伙携带螺丝刀、铁管（具体的作案工具是量刑的情节）等作案工具，（“窜”属于贬义形容词，应避免使用）至本区××新村402室陆某家中，采用戳手臂、敲腿部（也是不可或缺的量刑情节）等暴力手段，（“抢得”是口语，应改为书面语）劫得现金人民币8000元、美金700元及金项链、珍珠项链、手表等物后逃逸，赃款被平分花用，赃物被变卖后共同花用（分赃情况也是量刑的情节，应当表明）。同年8月12日，被告人在××一村某居民家盗窃时，被民警抓获。次日，被告人主动供述了抢劫犯罪的事实（案发情况和到案后的表现也是量刑的情节）。

以上改写的内容，大致反映了犯罪行为系统的全貌，其补上的要素，都是定罪量刑不可缺少的要件和情节，因此，我们主张完整地表述指控的事实。普通的共同犯罪案件，可以用箭头表示如下：

行为主体→共谋→实施行为时间、地点→具体行为和分工→行为对象→行为结果→分赃情况→归案过程

（二）对指控证据的归纳、概括和要点

指控证据是指公诉机关提供给法院的用以证明其指控的被告人犯罪的事实及相关的量刑情节的证据。指控证据一般应当能够证明被告人实施了所指控的具体犯罪行为（甚至包括被告人在实施犯罪过程中的具体表现）、被告人的行为导致的

危害结果(包括造成的社会影响)以及被告人犯罪前后的表现。从指控的逻辑要求讲,其指控的事实与其所举证据之间,存在逻辑上的因果关系,其指控的事实,应当是其所举证据进行演绎的结论,其所作的指控,应当是证明其指控的事实与证据之间存在因果关系的过程,也是一个由结果推断原因的过程。在这个证明过程中,既要涉及诸多证据知识,又要遵循证明的逻辑规则,包括举证和质证的规则。从而,在裁判文书的表述上,既要反映指控的这个过程,又要服从整个裁判文书的结构安排。因此,要完成好对指控证据的归纳,必须按照证明的逻辑规范和表述的规范要求进行。

1.证据和证明的基本原理

要对指控证据进行合理的归纳、概括,首先必须掌握证据和证明的基本原理。《刑事诉讼法》第四十二条第一款规定:"证明案件真实情况的一切事实,都是证据。"第二款规定:"证据有下列七种:(一)物证、书证;(二)证人证言;(三)被害人陈述;(四)犯罪嫌疑人、被告人供述和辩解;(五)鉴定结论;(六)勘验、检查笔录;(七)视听资料。"第三款规定:"以上证据必须经过查证属实,才能作为定案的根据。"根据法律的规定,刑事证据的实质,是证明刑事案件真相的根据。证据之所以能够证明案件的真相,是因为证据与案件真相,即案件事实之间具有因果联系。案件事实是原因,证据是案件事实所导致的必然结果。以证据证明案件事实,就是根据事实和结果之间的因果关系,从结果推断原因。案件事实和证据之间的这种因果联系,就是证明的内在逻辑。我们来看一个实例:公诉机关指控被告人李某将与其关系暧昧的同村妇女官某杀害。

被告人供述,他在被害人家中玩,被害人官某叫他去买瓜子,他不愿意,被害人生气,并骂他。他想哄被害人开心,去捂被害人的嘴,又遭被害人辱骂。他因此生气,也骂了被害人。被害人拿起桌上的两把菜刀,对其叫嚷:"有本事你来杀了我。"被告人在愤怒之下,想起被害人曾答应嫁给他,他在被害人身上花了不少钱。现在被害人如此无情无义,就决定给她一点教训。于是,他上前掐被害人的脖子,两人一同摔倒在地。但是,被害人越来越凶,用脚踢他,他才决定杀了被害人。他伸手拿起灶间的一把榔头,在被害人的头上击打了数下,见被害人死了,就离开了现场。

两名女邻居证明,当时听到隔壁房间有争吵声,她们出门时看见被告人从被害人家的门洞出来,匆匆向村外走去。被害人家的门关着。她们敲门,没有回应,感觉异常,又从窗口探望,看见被害人躺在地上。随即报警。经现场勘查和鉴定,被害人已经死亡,榔头上有被害人的血,墙上有被害人头部被敲击后溅上去的血。

就该杀人案而言,从被告人与被害人发生争吵、被告人在特定的心理状态下产生杀人动机直至实施杀人行为，导致被害人死亡的结果，这个犯罪过程，实际上是被告人杀害被害人的一个犯罪行为系统。罪犯杀了被害人，即使杀人现场没有目击证人，只要罪犯实施了杀人行为，并造成被害人死亡的结果，现场总会留下与该杀人犯罪行为系统——我们通常说的“犯罪事实”相关的迹象，甚至在犯罪现场之外的地方，犯罪行为人也会留下与犯罪相关的迹象。上述现场勘查笔录和鉴定确认的“被害人已经死亡，榔头上有被害人的血，墙上有被害人头部被敲击后溅上去的血”就是犯罪事实留下的与案件相关的迹象。犯罪留下的迹象，不管是在犯罪现场，还是在犯罪现场之外的其他地方，是犯罪事实必然导致的直接或间接的结果，如果我们能够没有遗漏地把这些与犯罪相关的迹象收集在一起，并加以科学的分析鉴定，这些迹象及其鉴定材料，就是一个可以证明犯罪事实的证据集合。这个证据集合，就是作为原因的犯罪行为系统所导致的综合结果。就该案而言，其证据集合应当由以下证据构成：

(1)被告人的供述。被告人李某是一个具有正常感知能力的人，“他亲身经历的犯罪事实在他的头脑中留下了记忆”，这是被告人自己犯罪所导致的一个必然的直接结果，被告人如实供述其记忆中的事实，就是对犯罪事实的真实反映。

(2)现场勘查所收集的物证和痕迹材料。被告人用榔头敲击被害人头部，血溅到墙上，墙上有被害人血溅的痕迹，榔头上应有被害人的血，榔头的木柄上有被告人的手印和指纹；被害人死亡，现场有尸体，被害人头颅内和外都有钝器伤和出血点；被害人摔倒在地，身上可能有挫伤的痕迹；被告人掐被害人的脖子，被害人脖子上应当有掐痕，其眼睑可能有出血点；被害人反抗、拉扯被告人，被害人的手指甲里可能有被告人的血迹；被害人的胃内容物的消化状况，可以反映被害人死亡的时间；被害人曾经拿起桌上的两把菜刀，两把菜刀的柄上应当有被害人对称的手印或指纹；被告人与被害人近距离接触，其身上可能有被害人的血迹；现场地上可能有被告人的毛发或纽扣等遗留物，地上有被告人的鞋印；被告人离开被害人房间随手关门，门的把手上可能有被告人手印和指纹。

(3)勘验、检查记录。警察接到报警即赶到现场进行勘查，其现场勘查笔录是对现场情况的真实记录，能够真实反映案件事实所导致的某些结果。

(4)鉴定结论。对以上血迹、尸体、手印、指纹、鞋印、毛发、胃容物等现场勘查获取的材料所作的鉴定，只要其鉴定方法是科学的，就是对鉴定材料的来源和反映的事实所作的科学判断。

(5)证人证言。被告人与被害人发生争吵，他们的争吵声音被邻居听见，被告人从被害人家的门洞里走出去，被邻居看见，邻居从被害人家窗口看到被害人躺在地上，这些“声音和状况的内容留在邻居的记忆中”，这也是被告人犯罪及相关行为所导致的一个直接结果,邻居就其听到的声音和看到的状况的内容所作的陈述,也是对犯罪的部分事实的真实反映。

被告人在被害人家里杀人,需要一定的时间,在该时间段,他没有与其他任何人接触,他生活中最亲密的人在该时间段都没有见到过被告人;被告人杀人后逃离,内心一般有犯罪的恐惧感,其逃离现场后第一个见到的熟人,必然对其感觉不一样;被告人亲身经历了一个杀人过程,其心中必然有负罪感,有对该过程非常害怕的表现,其回到家里后,必然有一段时间的生活态度与以前不同。被告人的亲友对上述相关事实的反映,也是证据。

上述因犯罪事实而留在现场的迹象和印在邻居记忆中的迹象,鉴定机关对现场获取的迹象材料所作的鉴定,犯罪行为人在犯罪之后带给相关人员的印象等,不论有形还是无形,都是发生在特定的时间和空间的犯罪事实所导致的直接或间接的结果,侦查人员把这些结果收集起来,形成不同种类、相互印证的证据,就是一个证明犯罪行为系统真相的证据集合,这个集合,实际就是一个证据系统。这个证据系统所包含的全部证据中,既有直接证据,也有间接证据。

根据上述证据的原理,我们可以对证据作出这样的定义:证据是犯罪事实所直接和间接导致的能够反映和证明其真相的结果的集合,这个集合,是一个证明犯罪事实的证据系统。该证据系统所包含的证据,有些是犯罪事实本身的一部分,属于事实,有些则是对犯罪事实起证明作用的其他迹象、反映材料和判断,如证人证言以及依据科学原理作出的鉴定结论等。

虽然犯罪事实及其导致的结果是客观存在的,但是,发现并收集证据却有赖于人们的认识能力和采用的方法,因此,控方指控被告人犯罪和辩方对指控进行抗辩所提供的证据,既可能是上述证据系统的证据,也可能是证据系统之外的被误作证据使用的材料,因此,对于案件中控方指控被告人犯罪和辩方用于抗辩的诉讼证据,都应当经过法庭的查证,其中经庭审确认与犯罪事实之间具有因果关系的证据,才能成为最后定案的依据。

2. 对指控证据的归纳和概括

公诉机关指控被告人犯罪,必须举证证明被告人确实犯有其指控的罪行,因此,裁判文书表明公诉机关指控的事实之后,紧接着需要表明公诉机关为证明其指控成立而向法庭提供的证据。由于公诉机关证明其指控的犯罪事实,不仅可能涉及诸多种类的证据,而且,还会将不同种类和性质的证据组合在一起进行逻辑演绎,因此,指控被告人犯罪的证据,仅从表述的需求讲,其所含的文字数量,远比指控的被告人犯罪的事实多得多。但是,裁判文书对指控证据的表述,与表述指控的犯罪事实一样,不可能全盘复制,因此,对指控证据的归纳和概括,也是制作裁判文书的一个重要环节。

对指控证据的归纳和概括,司法实践中一般按照严格程序的要求和简化的实体性表达方式,也就是严格按照举证责任的分配规则,简明扼要地表明公诉机关指控被告人犯罪,向法庭提供了哪些证据,且该证据在形式上与指控的犯罪相对应,符合举证的要求。而在证据的内容上,则采用简化的表述方式,一般仅表明证据的名称或证据概要,使之在形式上与指控的罪行相对应,而不展开证据的具体内容。采用这样的表述方式,主要是出于两种考虑,一是公诉机关的指控证据,在经法庭质证确认之前,尚不是定案的根据,即使经过质证,有些指控证据也未必能够成为定案的依据,如果未经法庭质证确认就展开其内容,一旦最后不作为定案证据,那么,先前对这些证据内容展开的叙述就失去了意义,这无疑是浪费诉讼资源。从合理配置诉讼资源的要求讲,在判决书的表述上,应当简要表述的内容,要有"惜墨如金"的吝啬,需要充分阐述的内容,则不惜"挥金如土"。因此,在法庭对指控证据进行实质性审查之前,没有必要展开证据的具体内容。裁判文书表述公诉机关就其指控而向法庭的举证,主要是从程序的意义上,表明公诉机关承担了指控的举证责任,符合程序公正的要求,而对于其指控证据的具体内容、效力和对案件的证明作用,则在法庭的质证和认证阶段予以表述。二是从裁判文书的结构和表达的需要考虑。如果在表述指控证据时,详细展开其内容,那么,在法院对证据进行实质性审查时,又必须展开其内容,从而,在裁判文书的结构上,就难免证据内容的重复,因此,对指控证据的简化表述,可以避免细化的指控证据与法院审查证据的重复表述。

3. 归纳和概括指控证据的要点及应注意的问题

刑事裁判文书对指控证据的表述,还有一个归纳和概括的要求,包括两个方面,一是要剔除明显不符合证据规格的指控证据,二是在指控证据与指控的事实之间建立逻辑上的对应关系,也就是在对指控证据的排列顺序上,使之与指控的犯罪事实之间能够对应,这种对应,一般从两方面考虑,一是按照证据对案件事实的证明作用的强弱排列,即在指控证据与指控的犯罪事实以及相关的量刑情节相对应的前提下,按照证据本身具备的证明效力,把证明力较强的证据排在前面,对于补强证据,一般也是按照证明的作用归类,紧随着排在相应的基本证据之后。比如,被告人的供述,因被告人没有自证其罪的义务,除非特别需要,一般都把被告人的供述放在最后。二是从证据和事实之间的因果关系排列,即犯罪事实导致的第一结果的证据在先,导致第二结果的证据次之,依次类推,其间,还需要根据证据的证明作用适当归类。通常以如下顺序排列:(1)报案及现场勘查材料;(2)犯罪对象转化的物证和书证(赃款赃物、送交检验的材料);(3)犯罪工具;(4)专家鉴定材料;(5)被害人陈述;(6)证人证言;(7)被告人供述。

如上述〔例1〕三人共谋抢劫致人死亡案件的指控证据的表述:为支持上述指控,公诉人当庭出示或宣读了下列证据:上海市公安局《现场勘查笔录》,上海市公安局物证鉴定中心《尸体检验报告》《DNA鉴定书》,上海市公安局《打捞提取物品清单》及照片;证人梁某、易某、张某、施某等证人证言;被告人赵A、徐B以及杨C的供述。

上述表述其中排列在先的《现场勘查笔录》,实际是犯罪导致的第一结果在证据上的反映,而紧接其后的鉴定中心出具的检验报告和鉴定书等证据,则是应证明的需要而作的归类。

(三)对公诉机关的定罪量刑意见及其理由的归纳和要点

公诉机关举证之后,必须明确无误地表明其对案件的处理意见和理由,其中的理由,是法律依据这个大前提,其定罪量刑的意见,则是指控的逻辑三段论中的最后一个结论,具有结构上的终结性价值。因此,刑事裁判文书在归纳和概括指控事实及其证据之后,需要对公诉机关提出的对被告人定罪量刑的意见和理由进行必要的归纳和概括,这也涉及一个如何归纳和概括的问题。从司法实践看,对这一段表述的要求,通常是直截了当、简明扼要地表明公诉机关对其指控的被告人定罪量刑的意见和理由。其表述的要点有以下五方面内容:

1. 所举证据已经证实被告人实施了所指控的危害社会的行为;
2. 被告人的行为触犯了哪一个法条,构成该法条确定的罪名;
3. 被告人还具备哪些量刑的情节,依法应当如何对待;
4. 依照法律规定,应当如何对被告人定罪处罚;
5. 提请法院支持其指控,依法对被告人定罪处罚。

如上述〔例1〕抢劫案的相关表述:公诉机关认为,被告人徐B、赵A经预谋,在徐B实施盗窃被发现的情况下,赵A使用暴力手段伤害被害人顾某,劫取顾的财物,并致顾死亡,两名被告人的行为已触犯《刑法》第二百六十三条第(五)项,犯罪事实清楚,证据确实充分,应以抢劫罪追究两名被告人刑事责任。提请法院依法判处。

二、按照平等对抗的原理归纳和概括抗辩意见、理由和证据

针对公诉机关指控的被告人犯罪的事实及其相关举证,以及公诉机关对被告人定罪量刑的结论性意见和理由,被告人及其辩护人要进行必要的抗辩,对于其认为指控不当的部分,要提出否定性意见。因此,被告人及其辩护人抗辩的内容,逻辑上与公诉机关的指控呈对应的三个部分,一是针对指控的犯罪事实和情节进行

的抗辩,二是针对指控的举证进行的抗辩和相关的举证,三是针对控方提出的定罪量刑意见和理由进行的抗辩。但是,实际上,由于被采取强制措施的被告人一般不可能向法院提供证据材料,其辩护人在刑事诉讼中的地位受到客观条件的限制,一般也很难针对案件事实展开切实有效的调查取证。因此,在审判实践中,被告人及其辩护人很少直接向法庭提供足以对抗指控证据的抗辩证据。从而,辩方的抗辩,通常表现为对指控证据的质疑和质证的意见以及针对控方指控的事实、情节和定罪量刑意见的回应。这种回应,很少一概否认指控的犯罪事实和情节,更多的是采用不否认公诉机关指控的犯罪事实和情节,以"避其锋芒、迂回反击"的方式进行抗辩,即正面不否认指控的事实和情节,但强调对被告人有利的一些事实和情节,并以此为依据,充分论证其抗辩意见和理由。常见的是建议对被告人从轻或者减轻以及免予处罚或判处缓刑。当然,偶尔也有辩方对指控事实和情节进行全部或者部分否定的抗辩。

在抗辩的过程中,由于辩方个性特征或者能力问题,其抗辩意见可能引经据典、丰富多彩,也可能洋洋洒洒而不到位,或者其关键的内容混杂在一大堆无关紧要的意见中,使得抗辩的论证过于冗长,未免赘述之言。因此,对于辩方的一系列抗辩意见,刑事裁判文书也不能全文照录,需要进行合理的归纳和概括,要提炼其精华,删减其赘述之言,使之有条理和有针对性。裁判文书中抗辩的内容再精彩,也不能自然反映到文书上,而需要我们承办案件的法官进行精细的加工和整合,只有经过这一个加工提炼的过程,控辩双方的意见才能被准确、完整而概要地反映到裁判文书上。

如上述〔例 1〕抢劫案件判决书对辩方抗辩的归纳和概括:被告人赵 A 对公诉机关指控其犯抢劫罪不持异议,辩解他没有与徐 B 等人预谋。他到上海后,徐 B 盗窃时叫他望过风,这次也是徐 B 叫他望风。徐 B 进入出租屋盗窃被发现后叫他进去。徐 B 持电警棍电击被害人,向被害人要钱,被害人不从,徐 B 先从他手中拿过刀砍了被害人。在徐 B 与被害人扭打时,他也砍了被害人。

赵 A 的辩护人对指控被告人赵 A 犯抢劫罪没有异议,认为被害人受伤直至死亡,是徐 B、赵 A、杨 C 等人的共同行为所致,赵 A 在整个犯罪中起次要作用,徐 B 的罪责明显重于赵 A。赵 A 始终如实供述罪行,认罪悔罪,建议予以从轻处罚。

从该实例可见,刑事裁判文书对于辩方针对公诉机关的指控所进行的抗辩的归纳和概括,注重突出抗辩所坚持的对被告人有利的关键事实、情节和处理意见。在表述上,也是遵从事实情节在先、证据次之,最后提出处理意见的顺序,而其内容的多少,则根据实际情况而定,不必拘泥于形式上的面面俱到。对于抗辩事实、情节的归纳和概括,要突出指控疏漏或者容易被忽视的方面,对于抗辩证据的归纳和概括,要突出其具有证明作用的内容,以体现其证据价值,如果没有抗辩证据,仅有辩方对指控证据的质证意见,则要突出其针对性质证意见,反映其对指控证据的效力、瑕疵或者证明作用欠缺等问题的质疑。最后对抗辩的意见和理由的概括,既要层次清晰,明白无误,又要求简单扼要,切忌啰嗦拖沓。

三、归纳指控和抗辩应注意的问题

审判实践中,由于控辩双方的实际地位存在差异,辩方的抗辩能力往往弱于控方,这种差异难免给法官归纳和概括控辩双方的抗辩带来影响。因此,在归纳指控和抗辩的内容上,法官应当注重对控辩双方意见表述的平衡,避免产生控方指控内容的强势和辩方抗辩的弱势。即使辩方的抗辩不足以否定控方的意见,也应当客观表述辩方对案件处理的具体意见和理由,至少应当体现法院平等对待控辩双方的意见,居中裁判的公正立场。

第三节 刑事裁判文书的事实论证

从刑事审判的逻辑讲,审判由两大部分组成,一是审,二是判,审就是通过开庭审理,审查案件证据,查明并确认案件事实,包括相关的量刑情节;判就是判断罪与非罪、罪重罪轻,并最终作出处理决定。在审和判之间,审是为了查明和确认案件事实,为判决提供事实依据,是判的前提和基础;判是依据事实和法律,对案件作出处理,是审的目的和结果。而在"审"的范畴内,在审查证据和确认事实之间,也存在类似的前提和结果的关系。审查证据,是要查明证据对案件的证明效力,具体来说,要查明证据来源的合法性、证据内容的真实性以及证据与案件的关联性,为确认案件事实提供依据。这是确认案件事实的前提,更是确认的事实能够成立的基础。而确认事实,则是依据有效证据对案件真相作出的判断,是审查证据的目的和结果。显然,在"审"的范畴内,审查证据是法院审查案件事实最基本的内容,是确认案件事实的前提条件。明确审查证据和确认案件事实之间的这一逻辑关系,是正确表述法院审查证据和确认案件事实的前提。

一、刑事裁判文书事实论证的概念

在刑事裁判文书的结构上,法院对刑事证据的审查和对事实的认定,是刑事裁判文书正文的第三部分"法院审判"中的第一节内容,在结构上是继控、辩双方对证据、事实和定罪量刑的抗辩之后,以"经审理查明"的形式,表述法院对刑事证据进行的审查和对事实的认定。这段表述反映了法院按照刑事诉讼法的规定和证据学的原理,分析和判断在案证据对案件事实的证明效力,并根据有效证据证明和确认案件事实的过程,既是一审刑事判决书正文的基础,也是决定最终的裁判正确与否的前提。由于法院对全案证据进行的审查以及对事实的最终认定,在思维逻辑上是一个论证案件事实的过程,因而,通常把法院审查证据和认定案件事实称为事实论证。事实论证,是一种动态的刑事裁判活动,作为裁判活动静态化的形式,刑事裁判文书的内容,必然包含了事实论证的完整过程,从而,这部分内容就被称为裁判文书的事实论证。

二、刑事裁判文书事实论证的特点

刑事裁判文书作为格式化的司法文书,在体例上具有严格的结构规范,在行文上具有严密的逻辑要求,从而决定了刑事裁判文书的事实论证,也具备外在结构和内在逻辑两个方面的特点,这两个特点通常体现为论证形式的结构严谨和论证过程的逻辑严密。

(一)事实论证的结构严谨

事实论证的逻辑结构,源于我国刑事诉讼法规定的控、辩、审三方诉讼地位分明,控方的举证责任突出,辩方的抗辩地位平等,法官居中裁判、地位超脱的诉讼格局。这一清晰的诉讼格局,体现在裁判文书的事实论证中,就是其论证的结构严谨。具体表现在以下两个方面:

1. 严格的审查证据的程序规范

严格的审查证据的程序规范,包含两项内容。

(1)公开举证、质证,公开认证。事实论证的结构严谨,首先体现在法院审查证据的严格程序规范上。《刑事诉讼法》第四十八条规定,可以用于证明案件事实的材料,都是证据。证据必须经过查证属实,才能作为定案的根据。根据这个规定,对于案件证据的审查,必须在法庭上通过控辩双方的举证和质证,公开查明证据的来源是否合法,其内容是否客观真实,证据与指控的事实之间是否存在关联,对案件事实是否具有证明作用。只有经过公开举证、质证和认证,才能将具有证据效力的证据认定为定案证据。

(2)同等对待、同等严格、居中审查。严格的审查证据的程序规范,还表现在法院审查证据的立场,始终是平等对待控辩双方的举证和质证,同等严格地审查案件证据的效力,不因为控辩双方诉讼地位的实际差异而有丝毫的偏向。审判实践中,由于辩方的抗辩力量相对较弱,法官在审查证据上,往往更加重视抗辩证据的作用以及对指控证据的质疑,以免控方的强势而妨碍对指控证据的严格审查。

2. 严格按证据规则认定案件事实

在严格的审查证据的程序规范下,法院严格地执行公开的举证、质证和认证规则,确定证据的效力,同时,还要严格遵循证据的采信规则,对有效证据、瑕疵证据以及无效证据作出认定和决定取舍,最后,依据有效证据确认案件事实。

(二)事实论证的逻辑严密

事实论证的逻辑严密,表现为证明对象的完整性和论证形式的严密性。

1. 对象的完整性

事实论证的对象是一个完整的被指控为犯罪的行为系统。该行为系统的各要素,均是事实论证的必要对象:(1)主体,包括行为主体的年龄、责任能力、文化程度、职业、职务和职权、专业知识、相关经历;(2)行为起因、动机、目的;(3)行为方式、具体手段、使用的工具;(4)行为对象及其负载的客体;(5)具体时间、空间(地点和场合)、行为过程;(6)行为的直接结果;(7)行为及其结果造成的影响、有关方面的反应;(8)行为人对其行为的认识;(9)涉及罪与非罪或量刑的情节。

2. 论证形式的严密性

事实论证逻辑的严密性,还表现在论证的形式上采用递进式结构,根据证明的内容和要求,从结构上分为三个递进的层次,由表及里,由一般到重点,最后取得论证的必然、唯一的结论。

第一,程序性表层论证。事实论证由表及里,首先是表层论证,也是证据要求的形式论证。即对指控认定的事实和辩方主张的事实的证据进行"捉漏",确认指控认定的事实和辩方主张的事实,哪些有证据证明,哪些没有证据证明。表层论证是简单地从证据的"有"或"无"这两个方面对指控认定的事实进行审查,而不从证据的效力上进行深入分析。因此,这种表层论证只是初步的程序上的论证。表层论证的目的,是用最简便的方式对案件证据进行全面的初步审查,以及时发现指控认定的犯罪事实或抗辩在证据支持上的缺损。如果指控认定的事实或辩方主张的事实没有相应的证据,那么,就可以立即作出指控认定的某一节事实不清、证据不足或辩方主张的事实缺乏依据的判断,而无须再作不必要的分析论证。

在表层论证中,对于控方指控认定的事实虽有相应的证据证明,但辩方对该证据提出异议,甚至提供了相反证据的情况,应当引起足够的重视。对于没有提供证据的异议,要客观反映其没有证据的事实,对于提供证据的异议,要表明对抗证据之间的矛盾关系,以挑出事实论证中的审查重点,引出下一层次的针对性重点论证。

第二,针对性重点论证。即相对于表层论证,属于深层次实质性论证。针对性重点论证的对象,通常是控辩双方有争议的证据和事实,在特定的情况下,法官认为必须进行重点查证的证据和事实,也应划入重点论证的范围。针对性重点论证是在表层论证的基础上,以辩方对指控的事实和证据提出的异议为焦点,从指控的证据来源是否合法、证据与案件事实之间有无客观联系、证据本身是否真实以及各证据相互之间有无矛盾等实质性问题的层面,对存在争议的证据和事实进行重点审查。通过质证,逐一剔除因来源不合法、与案件事实之间没有客观联系或本身不真实以及证据相互间存在矛盾而对案件事实没有证明力的证据,同时,对来源合法,与案件事实之间具有客观联系,内容客观真实,彼此没有矛盾,对案件相关事实具有证明力的证据予以确认。这是对定案证据的认证过程,也是对指控的犯罪事实所依据的证据是否确实、充分,抗辩是否有理的论证过程。

第三,论证结论。刑事裁判文书事实论证的结论,是通过对事实和证据的分析、论证,对指控的有充分证据证明的事实予以确认,同时,对缺乏证据的指控的事实明确地予以否定,这是裁判文书对事实论证的小结,意味着事实论证到此为止。对于事实论证,我们还应注意两个问题:一是对事实的确认,要按照上述证明对象的完整性要求,把证明对象的各要素全都概括进去;二是要严格地把事实论证限定在审查证据和确认事实的范围内,不要对事实的性质展开论证,那是“本院认为”说理的内容,在事实论证时包揽了说理的内容,不仅文体上不协调,而且会导致“本院认为”无话可说,或者会产生前后重复的现象。

三、事实论证的内容、方法和要求

刑事裁判文书的事实论证,包含了法院对案件事实所作的全部审查和认定,通常在表述控辩双方的意见和证据之后,以“经审理查明”的形式出现在裁判文书上。

裁判文书的事实论证,是以证明的方式查明公诉机关指控的被告人犯罪的事实是否确实存在,阐明公诉机关指控的犯罪是否成立。其论证的目的,力图重现案件的真相,要求以证据证明案件事实,因此,其论证过程应当严格遵循“指控举证——质证抗辩——据证认定”的思维逻辑,真实体现法院在“控辩双方平等对抗、法院居中裁判”的诉讼程序中,依法审查和认定案件事实的过程。由于“指控举证和质证抗辩”作为正文的前两部分内容,已经在第二节作了表述,因此,本节所述裁判文书的事实论证,逻辑上是对事实论证的第三阶段“据证认定”的表述。该“据证认定”,一般包括三项内容:一是对证据的审查、取舍和认定,即在控辩双方进行举证和质证的基础上,按照证据规则,排除无效证据,认定并采信有效证据。二是对案件事实,包括犯罪事实和影响定罪量刑的相关情节的确认,即在认定并采信有效证据的基础上,依据有效证据确认案件事实和影响定罪量刑的相关情节,这是事实论证的必然结果(定罪证据不足的另当别论),也是进一步对案件作出裁判的事实依据。在裁判文书上,该两项内容就是法院"经审理查明"中表述的证据和事实、情节,是审判逻辑三段论中的小前提。三是针对控辩双方就案件证据和事实、情节所持观点进行的客观评判,表明控辩双方哪些观点有证据支持,符合事实,可以成立,哪些观点缺乏依据,不能成立。

(一)法院对刑事证据的审查认定

法院对刑事证据的审查认定,是法院在控辩双方进行举证和质证的基础上,按照证据规则,排除无效证据,合理排除证据瑕疵,认定并采信有效证据。《刑事诉讼法》第四十二条规定,证明案件真实情况的一切事实,都是证据。所有证据必须经过查证属实,才能作为定案的根据,未经法庭查证属实的证据,不能作为定案的根据。据此,要查明和确认案件事实,必须严格遵循法律规定和逻辑规范审查和认定证据。由于任何一个案件,绝对不会只有一个证据。因此,对证据的审查,必然是一个在诸多起诉证据和抗辩证据中寻找并采信定案证据的过程。在这个过程中,要通过控辩双方的举证和对证据的质证,排除无效证据,认定并采信有效证据,这就是对证据的审查和认定。

1. 审查证据的基本内容

如上所述,刑事证据是犯罪事实导致的结果,以证据证明犯罪事实,就是以犯罪导致的结果为证据,依照逻辑推断作为原因的犯罪事实。确认证据的真实有效性是查明事实的前提。只有证据本身是真实有效的,才能据以证明案件事实。因此,对证据的审查认定的基本内容,实际是通过对证据来源的合法性、证据内容的真实性以及证据与案件的关联性的审查来认定证据的效力。只有被确认有效的证据,才能作为认定案件事实的依据。

(1)对证据合法性的审查和认定。对于证据合法性的审查,属于程序性审查,主要是查明其来源的合法性,是否通过合法途径取得。如果来源不合法,诸如刑讯逼供所取得的证据,就属于应当排除的非法证据,不能作为定案的依据。若证据的合法性有瑕疵,比如企业承包人怀疑搬运工盗窃金属原料,将参与运输的被告人请到饭店吃饭,让被告人喝酒,趁被告人酒兴高涨,引诱其说出了盗窃的相关情况,并且作了录音,随后,承包人凭借录音报案。由于承包人没有侦查权,其不是通过公安机关获取,而是私自获取的录音资料,在来源上即取得的方式含有非法性。对于这种瑕疵证据,是否能够认定为有效证据,还需要通过其他相关证据的印证予以确认。如果有旁证证实,被告人是在喝酒后的兴奋状态下,而不是醉酒状态下,或者被强迫的情况下叙述了盗窃的经过,而且,其所述内容,能够得到其他相关证据的印证,那么,该瑕疵证据还是可以认定为有效证据的。但是,将这种证据认定为有效证据,必须在裁判文书上表明上述审查认定的过程,从而证实该证据的瑕疵不影响其证据效力。

(2)对证据内容的真实性及其与案件的关联性的审查和认定。在证据来源合法的前提下,必须查明证据内容真实且与案件有关联,才能将该证据认定为有效证据。因此,对于证据内容的真实性及其与案件的关联性的审查,属于对证据的实质性审查。

对证据内容的真实性审查,就是要审查该证据反映的内容,与其他证据反映的内容是否吻合或者相互印证,其内容是否符合真实情况。对于证据内容的真实性审查,主要是对书证和言词证据的审查。比如,记录被告单位在某一阶段与被害单位经济往来的账目的真实性,一是要审查其形成的时间,二是要对照同一阶段被害单位的相关账目情况,以及相关阶段双方银行账户的资金流转情况。对于言词证据真实性的审查,则需要对照当事人或者证人所述的情况与其他物证、书证、鉴定材料反映的情况,从而判断其真实性。比如,被告人供述,他与被害人一起喝茶时,看到被害人当天背着一只绿色的背包,而根据被告人供述的其丢弃被害人背包的地点所查获的被害人背包却是红色的,其供述的相关内容的真实性就存在疑问。这种问题,应当在审查证据中予以反映。

对证据与案件关联性的审查,主要是审查该证据所反映的内容与案件之间是否存在关联,对案件是否存在证明作用。比如,在被害人遇害的现场,发现一把小刀,而尸体检验表明,被害人身上没有锐器伤,被告人也没有供述用小刀伤害被害人,且经被告人辨认,其没有使用过类似的小刀。对此,可以认定该现场发现的小刀与案件没有关联性,不属于该案件的证据。

2. 审查认定证据的方法和要求

审查认定证据的方法,逻辑上是从证据的三性上把握证据的效力,有效则确认、无效则排除。操作上,则需要根据实际情况,分析、判断证据的效力,通常有“矛盾排除法”、“相互印证法”和“综合认定法”等方法。

(1)审查认定证据的方法。

①矛盾排除法。所谓矛盾排除法,就是以已知的事实或者已经确认为有效的证据为依据,将与事实不符合或与其他有效证据的内容相矛盾的证据予以排除。比如,为了证明死婴出生时是活产儿还是已经死亡,鉴定单位对死婴的肺进行液体中的浮扬实验,因肺浮扬呈阳性,即浮在液体中,鉴定结论为该死婴出生时是活产儿。但是,产妇的亲属和非法行医的被告人都证明,婴儿出生时没有哭,是被告人为了抢救婴儿而给婴儿做了人工呼吸。据此,认定婴儿为活产儿的鉴定结论与事实不符,应予排除。

②相互印证确认法。所谓相互印证确认法,是指证据的内容基本上相互印证的,即使部分内容不能相互印证,但是,对于能够相互印证的内容,应当确认为有效证据。相互印证确认法是事实论证中常用的方法。

③综合认定采信法。所谓综合认定采信法,实际上是综合了矛盾排除和相互印证两种方法,在去除证据瑕疵或者错误内容的同时,确认并采信其中真实有效的内容,将证据的有效内容综合在一起,使之成为具有证明力的有效证据。其实质是将证据中相互印证的内容综合起来,排除证据瑕疵,形成具有足够证明力的证据集合,用以证明事实的真相,从而确认案件的事实,这也是证据审查最终的结局。如上述〔例1〕被告人赵A和徐B抢劫致人死亡案件,相隔6米的对面邻居梁某证明,她看到被害人在对面二楼阳台上抱住徐B,听到徐B叫"快来砍",也看到赵A从楼下跑上二楼阳台砍了被害人十几刀;楼下邻居易某和张某证明,看到二楼阳台上有人用刀砍被害人,但是,很快被拉开;赵A辩解他已经从二楼跑下楼,没有在阳台上砍被害人,徐B也否认叫赵A砍被害人。其他证据证实只有赵A持刀。分析这些证据,对面邻居梁某所述看到赵A砍了被害人十几刀,没有其他证据印证,梁某看到赵A砍了被害人十几刀的证言有瑕疵,但是,该瑕疵可以合理排除。梁某看见赵A从楼下跑上二楼持刀砍被害人的内容,与楼下邻居证明二楼阳台有人砍被害人的证言相印证,结合只有赵A持刀的证据,可以认定赵A在二楼阳台上持刀砍被害人。梁某所述看见赵A从楼下跑上二楼的内容,结合赵A辩解其在徐B与被害人从二楼屋内扭打到门口阳台时,就先跑下楼的供述,可以证明赵A曾从二楼跑下楼。既然赵A已经下楼,又在二楼阳台砍人,且只有赵A持刀,那么,赵A从楼下跑上二楼阳台砍被害人的事实可以认定。既然赵A已经下楼准备逃跑,不应该无故再上楼,所以,梁某听到徐B叫"快来砍"的证言,与已经下楼的赵A再次上楼砍被害人的事实相符,应据此认定徐B叫已经下楼的赵A再次上楼砍被害人。梁某所述看见赵A砍了十几刀的内容不实,但是,梁某证言的该部分瑕疵不影响其证据效力,属于有效证据,可以采信。根据上述证据,经综合分析,可以确认该案徐B叫赵A上楼砍了被害人。

(2)审查认定证据的要求。

①公开表明对证据审查的过程。《刑事诉讼法》第四十八条第二款把证据分为八种,从司法实践来看,根据证据本身具备的属性,可以把法律上的八种证据归入三类,一是客观证据,包括物证、书证和视听资料。二是主观证据,包括证人证言、被害人陈述及犯罪嫌疑人、被告人供述和辩解。三是主客观结合的证据,包括鉴定结论和勘验、检查笔录。从证据对案件真相的证明力来看,客观证据的证明力最强,主客观结合的证据的证明力次之,主观证据相对较弱。根据证据的这些特

点,表述对证据的审查认定,应当公开表明对证据的审查过程,这个过程至少包括以下两个方面:

a. 公开证据的来源和形成过程。如对被告人温 W 抢夺案的证据审查,首先就表明了证据的合法性:公诉机关指控的被告人温 W 伙同潘 Y 从广州到上海预备抢夺作案,被告人到案后作了供述,公安机关收集了相关证据,扣押了准备用于作案的工具。

b. 公开证据内容,展示证据的证明效力。公开证据内容,展示证据的证明效力,就是把证据所包含的内容,客观地予以反映,让读者看明白所列证据包含了什么内容,能够证明哪些事实。如温 W 抢夺案件,裁判文书表述法院对证据的审查,首先是公开被告人温 W 和潘 Y 供述的他们在广州共谋飞车抢夺以及到上海预备抢夺的内容。然后,再公开公安机关制作的被告人温 W 和潘 Y 指认武宁路 360 号交通银行和中山北路 2700 号工商银行是他们 6 月 9 日下午踩点的银行这两份辨认笔录,最后,公开上海市公安局查获的被告人准备用于作案的粤 AFM507 红色幸福牌二轮摩托车以及广州市货运交易市场(新百佳)恒达货运公司的托运单、《旅客住宿登记单》等证据。

②运用证据规则审查证据,强化控方的举证责任。公开表明对证据的审查过程,还必须公开反映法院严格按照证据规则审查、判断和认定证据的过程,强化控方的举证责任。

(3)概括归纳对证据的认定。概括归纳对证据的认定,就是在完成了法院审查和认定证据的表述之后,对证据的效力所作的一个总结性的确认。例如,温 W 抢夺案以上证据均经法庭当庭质证,证据来源合法,证据的相关内容相互印证,其中,被告人温 W 供述的事实过程,与现场勘查笔录、查获的赃证物品、证人证言等相关证据基本相符,与被告人潘 Y 的相关供述相互印证,具备证据效力……

3. 表述审查认定证据应注意的问题

在表述法院审查认定证据的过程中,既要注意与指控证据的呼应和协调,切忌重复或者突兀,又要注意审查认定证据不分析等问题。

①要客观、真实地反映审查证据的思维过程。要避免缺乏针对性、不顾抗辩意见的我行我素的表达。

②要避免与指控或者抗辩完全重复的表述。为了避免法院审查认定的证据与控辩双方提供的证据在表述上的重复,需要合理安排待审证据和认定证据的表述。在实践中,一般对待审证据的表述简单化,通常的做法是列出待审证据的名称或简要表明属于什么证据,而将法院审查证据的过程具体化,公开证据的内容,反映其证明效力,避免了在证据表述上的重复。

③要避免缺乏分析的证据堆积。审判实践中,判决书上证据堆积而不分析的情况比较普遍,读者看不出所列证据与认定事实之间的必然联系。对此,应当引起我们每一个刑事法官的高度重视。证据堆积而不分析的表述,在"先定后证"的表述方式中比较容易发生,原因在于"先定后证"的方式本身就是不分析证据的罗列式。其表述模式为:

"经审理查明:……证明以上事实的证据有:1. ……2. ……3. ……"

鉴于目前审判实践中还普遍采用"先定后证"的表述方式,我们提倡在罗列的证据中,适当展开证据内容,表明该内容与相关证据的印证关系,体现一些必要的证据分析,从而避免证据堆积不分析的表述。

④避免没有表明来源的证据表述。虽然法院是居中裁判的主体,不参与控辩双方的对抗,但是,刑事诉讼法规定了法院调查核实证据的权利和义务,因此,在审判实践中,难免发生法院亲自收集证据的情况。只要是作为证据使用的材料,都必须经法庭质证,因此,在判决书上也必须予以表明。在表述这类证据材料时,必须表明其来源于法院的调查核实,以免在判决书上出现没有来源的证据。

(二)法院对案件事实的确认和表述

法院对案件事实的确认,是在认定并采信有效证据的基础上,依据有效证据对案件事实和影响定罪量刑的相关情节的确认。在裁判文书上,该项内容就是法院"经审理查明"的事实和情节。通常有两种表述方式,一是先定后证式表述,二是先证后定式表述。

1. 确认事实的基本内容

先定后证式表述,通常在"经审理查明"之后,直接表述犯罪的基本事实和罪前、罪后的表现,包括被告人因何起意犯罪、如何预谋、何时、何地,针对何人、何物、实施了哪些行为,造成哪些后果,犯罪之后有哪些行为,犯罪之前有无前科劣迹等。

先证后定式表述,在内容上与先定后证没有太大区别,只是表述的前提不同,引出确认的事实的方式不同。以上述〔例1〕赵A抢劫致人死亡案件为例,判决书采用了先证后定的表述方式:以上证据均经法庭当庭质证,证据来源合法,证据的相关内容相互印证,其中,被告人赵A供述的事实过程,与现场勘查笔录、查获的赃证物品、证人证言等相关证据基本相符,与被告人徐B的相关供述相互印证,具备证据效力,本院据此确认如下事实:……不论是采用先定后证还是先证后定的表述方式,都应遵循表述的基本要求,表述法院确认的案件事实。

2. 表述确认事实的方法和要求

(1)表述确认事实的基本方法。表述法院对案件事实的确认,总体上要求详略得当,繁简兼顾,而在具体的写作方法上,由于案件事实本身的差异巨大,有些错综复杂,有些则简单明了。从犯罪主体分类,既有多人多次的犯罪,又有多人一次或一人多次的犯罪;既有主从分明的共同犯罪,又有非主非从的共同正犯;既有单位犯罪,又有自然人犯罪,还有单位和自然人共同犯罪。从罪名上分类,既有多次连续的一罪,又有分别多次的数罪,还有一次牵连的数罪或者数个罪名竞合的犯罪。正是由于案情的复杂多样或者差异巨大,在对法院认定事实的具体表述上,需要因案制宜,在详略得当,繁简兼顾的要求下,采用适合不同类型案件的表述方法。

①顺序表述法。顺序表述法,是指按一定的要求,先后表述每一次犯罪事实。按照顺序的要求不同,可以将顺序表述法分为时序表述法和主次表述法。

a. 时序表述法,即按照自然的时间顺序,先后表述每一次犯罪事实。

b. 主次表述法,即按照主要犯罪事实和次要犯罪事实的排列,先后表述每一次犯罪事实。犯罪的主次之分,一般将重罪或者多次连续犯罪作为主要犯罪,相对轻罪或者单独一次犯罪为次要犯罪。运用主次表述法,要注意遵循以下规则:先主要犯罪事实,后次要犯罪事实;先重罪事实,后轻罪事实。先主要成员共同犯罪事实,后次要成员共同犯罪事实,再叙个人单独犯罪事实。例如,被告人因抢劫杀人被捕,又查明被告人另有两次抢夺犯罪和一次盗窃犯罪,对于这样的案情,就可以按照主要和次要的顺序表述犯罪事实。

②先总后分法。先总后分法,就是先概述每一次犯罪涉及的具有共性的事实,包括共同犯罪的结伙主体、共谋形式、犯罪目的、行为方式和分工、犯罪时间段、地点范围、作案手段、使用的工具、犯罪对象、犯罪结果。然后,再分述每一次具体犯罪的事实概要。所谓事实概要,就是省略了已经由总述反映过的内容,只表述总述未能概括的事实。如某法院一审刑事判决书表述:经审理查明,2005 年 10 月至 2007 年 2 月,被告人王 H 先后在本市徐汇、闵行、长宁等区域内的别墅小区,采用翻围墙、破门窗等方法,实施入户盗窃,具体分述如下:……就属于先总后分法,这种表述方法,适合于表述连续犯等多次数的案件。

③综合归纳法。综合归纳法,就是边综合分析证据,边归纳犯罪事实,将原本复杂的案情简单化。这种表述方法,较适合于犯罪时间跨度大、次数多且被害人众多的诈骗类案件。如对被告人江 G 诈骗案的事实表述:江 G 供述诈骗张某等 10 名被害人及某公司钱款的数额,与被害人的陈述和被害单位的报案相一致。该 11 节事实,江 G 骗取"本金"190. 35 万元,已归还"本金"和支付利息 25. 7 万元,实际骗得 164. 65 万元。另 12 节诈骗事实,江 G 的供述与被害人所述存在不同程度的差异。其中,被告人供述骗取 7 名被害人的"本金"数额与被害人的陈述相一致共 373. 8 万元。而已经归还的"本金"和支付的利息,江 G 的供述与被害人的陈述不一致。骗取另外 5 名被害人的"本金"以及已归还的"本金"和支付的利息,江 G 的

供述与被害人的陈述也不一致。对于江G骗取该5名被害人“本金”的数额,应按照与书证一致或者接近书证的数额认定,共计230.6万元。江G所述已归还12名被害人的“本金”或支付的利息,因没有书证证实,应就低认定。江G已归还的“本金”和支付的利息共120.775万元。综上,被告人江G共骗取“本金”794.75万元,扣除已归还的“本金”和支付的利息146.475万元,实际骗得钱款共计648.275万元。证实上述事实的证据,均经法庭质证,证据来源合法,相关内容相互印证,具有证据效力,证实了被告人江G实施诈骗犯罪的事实和过程。

(2)表述确认事实的要求。裁判文书表述法院确认的案件事实,具有三方面的基础功能,一是裁判的基础,二是法官顺利进行宣判的基础,三是当事人及相关人员接受判决的基础。因此,裁判文书表述法院确认的案件事实,必须为实现上述三个方面的功能而展开。

①系统完整、突出重点,奠定裁判的事实基础。对一个案件作出裁判,必须以案件的全部事实和情节为根据,因此,裁判文书表述法院确认的案件事实,首先应当系统和完整地反映案件事实,并按照犯罪构成的原理,以相应的事实揭示案件的性质,对于符合犯罪构成的案件,要揭示其具体的犯罪性质,并反映案件的危害程度和量刑情节,为裁判奠定事实基础。系统和完整地表述案件事实,不仅要表述被告人的犯罪行为事实,还要表明其行为的前因后果,以及相关的影响定罪量刑的情节。要从犯罪行为的系统上突出犯罪构成要素的重点,尽量展示犯罪事实的真相,这些要素包括犯罪主体的心理、能力特征及其前科劣迹,犯罪的直接起因、动机、主观目的、预谋过程,犯罪的具体时间、地点、场合、犯罪对象、使用的犯罪工具、实施的手段和行为过程,造成的直接结果和间接后果,犯罪后的态度和相关行为等。

犯罪起因是促使行为人产生犯罪动机的外在事因,如失业后生活陷入困境等;犯罪动机是促使行为人决定实施犯罪行为的内在动因,如报复和贪利的欲望;犯罪目的是行为人希望通过实施犯罪行为而实现的结果的状态,如营利目的和非法占有目的等;犯罪能力,是指行为人为完成犯罪所必须具备的身体、智力、知识以及职务便利等主客观条件;预谋过程是指共同犯罪人因何起意犯罪、如何商量、如何分工准备和实施犯罪;犯罪的时间、地点、场合,是指实施犯罪的具体时间、地点以及当时的环境状况;犯罪工具,是指行为人为实现犯罪目的而借助的、能够帮助行为人对犯罪对象发生作用力的介质或物件,如抢劫犯罪用于伤害或者威胁被害人的刀具等;犯罪手段,是行为人实施的具体行为方法,如使用暴力或胁迫、秘密窃取等;犯罪对象,是指直接承受犯罪行为包括犯罪使用的工具针对其发出的作用力的载体;犯罪结果,是指犯罪行为造成的危害后果和社会负面影响,如杭州飙车案致行人死亡和路上行人对穿马路心有余悸,网民对事故发生地区的交通和治安深表忧虑等;犯罪之后的态度和行为,是指行为人面对其所犯罪行及其造成的后果所持的态度和相关行为,包括是否采取措施防止危害扩大,是否积极退赃,是否主动赔偿损失,是否主动坦白交代罪行等。上述一系列犯罪行为系统的构成要素,对于定罪量刑都具有重要意义,在法院确认的案件事实中,表明这些要素的客观情况,公开案件的事实过程和全部情节,目的就是要为最后作出公正的判决奠定事实基础。

由于上述犯罪行为系统的要素不仅反映了犯罪的事实和过程,还反映了犯罪的情节,系统、完整地表明这些内容,就为裁判奠定了确实充分的事实基础。

②繁简兼顾,详略得当,奠定宣判的文字基础。法院确认的案件事实,首先是裁判的基础,而法院的裁判必须经过宣判才能生效,因此,法院认定的事实,也必然是宣判的内容。为了能够顺利宣判,表述法院确认的案件事实,必须适合宣判的要求。所述案件事实,不仅要事实清楚而确切,还要层次分明,清晰地反映行为和结果之间的逻辑关系。要用准确、客观、平实和流畅的语言表述案件事实,繁简兼顾,详略得当、杜绝拗口和重复赘述,为宣判奠定畅达的文字基础。

审判实践中,表述法院确认的案件事实中存在的问题,主要是详略不当,特别是与公诉机关指控的事实重复赘述,不仅使得裁判文书变得冗长累赘,而且枯燥乏味,明显降低了宣判的效果。因此,表述法院认定的案件事实,需要特别强调详略得当、繁简兼顾、避免重复。

避免法院确认的案件事实与公诉机关指控的事实重复,可以采用"此简彼详"或者"此括彼分"的方式。此简彼详,就是简写指控的事实,详写法院认定的事实,或者反而行之。此括彼分,就是概括指控的事实,分别表明法院认定的具体事实。不论是此简彼详还是此括彼分,或者兼而有之,其实质都是详略得当,繁简兼顾。

〔例2〕王H14次入户盗窃、4次入店盗窃案判决文书对指控和法院认定事实的表述:

上海市某区人民检察院指控被告人王H于2005年10月至2007年2月,先后在本市徐汇、闵行、长宁及普陀等区域内的别墅小区、大型超市及商场,大肆盗窃公私财物,共计价值人民币120余万元,数额特别巨大。

经审理查明,2005年10月至2007年2月,被告人王H先后在本市徐汇、闵行、长宁等区域内的别墅小区,采用翻围墙、破门窗等方法,实施入户盗窃,具体分述如下:

1. 2005年10月1日,被告人王H至本市闵行区××花园16号602室,窃得被害人郑某放置于卧室拎包内的人民币3000余元及黄金项链1条。

……

14. 2007年2月2日,被告人王H至本市长宁区××花园22号别墅,窃得被害人王某某软壳中华牌香烟47条、硬壳中华牌香烟1条及熊猫牌香烟17条。

2006年12月至2007年2月,被告人王H先后在本市徐汇、普陀及长宁等区域内的大型超市和商场等地,采用撬门等方法,潜入室内实施盗窃,具体分述如下:

1. 2006年12月19日,被告人王H至本市普陀区某超市,窃得超市内的诺基亚6270型手机1部、诺基亚3250型手机1部、三星D808型手机2部、三星D528型手机1部及索爱手机1部。

……

4. 2007年2月11日凌晨3时许,被告人王H经事先踩点,携带老虎钳、旋凿、帽子、口罩等作案工具,至本市华山路某百货徐家汇店,由安全通道至五楼,用老虎钳撬开安全门的门锁,蒙面潜入店内,先后窃得上海某珠宝有限公司、某通讯有限公司、某通讯有限公司等设在该店柜台内的积家、奥威马手表共23块、各类项链、手链等首饰110件、诺基亚N72型手机5部、各类皮具11件、三星数码相机1架及其相关配件等财物。上述物品共计价值人民币117.4365万元。被告人王H将所窃赃物放置于拉杆箱内,携赃逃离现场。

〔例3〕对王J等7名被告人盗窃、抢劫案的事实表述。

……(人民检察院)指控,被告人王J、泽K、三基S、杨L、罗M、让N和兰P于2003年1月至2004年9月间,分别结伙或伙同他人流窜于上海市、江苏省徐州市、湖南省株洲市、四川省成都市等地的宾馆、招待所,经预谋和分工,随身携带藏刀等凶器,采用爬窗、塑料硬片插门以及撞门等方法入室,盗窃或抢劫公民财产。所得赃款赃物朋分化用。其中,被告人王J参与抢劫三次,共计劫得被害人财物4万余元、参与盗窃三次,共计窃得被害人财物7万余元;被告人泽K参与抢劫七次,共计劫得被害人财物9万余元、参与盗窃两次,共计窃得被害人财物2万余元;被告人三基S参与抢劫一次,共计劫得被害人财物5000余元、参与盗窃四次,共计窃得被害人财物9万余元;被告人杨L参与抢劫两次,共计劫得被害人财物8000余元、参与盗窃三次,共计窃得被害人财物5万余元;被告人罗M参与盗窃五次,共计窃得被害人财物10万余元;被告人让N参与盗窃两次,共计窃得被害人财物4万余元;被告人兰P参与盗窃两次,共计窃得被害人财物2万余元。具体事实如下:

(一)本市作案五次

1. 2003年6月13日凌晨3时许,被告人王J伙同格某某(另案处理)等人至本市××大酒店采用塑料硬片插门等方法入室206房间、207房间,窃得被害人王某、王某某人民币3万余元、摩托罗拉V66手机1部(价值人民币980元)、LG8088型手机1部(价值人民币2070元)等物品。

……

(二)在外省市作案六次

1. 2003 年 1 月 31 日凌晨,被告人泽 K 同李某、谷某、杨某(均已另案处理)等人窜至四川省成都市××宾馆 308 房间,采用塑料硬片插门等方法入室,后持刀威胁惊醒的被害人高某、黄某,劫得被害人人民币 1000 余元、三星 A288 型手机 1 部(价值人民币 2640 元)、迪比特 2017 型手机 1 部(价值人民币 888 元)等物品。

……

为支持上述指控,公诉人当庭出示、宣读了下列证据:

……

经审理查明,上述公诉机关提供的证据,经当庭质证和辩证,证明其具备证据效力,本院据此确认公诉机关指控被告人王 J、泽 K、三基 S、杨 L、罗 M、让 N 和兰 P 参与犯罪的基本事实清楚,证据确实充分。

以上〔例 2〕采用了"此简彼详"的方式,也就是简写指控的事实,详写法院查明的事实,而〔例 3〕则采用了详写指控事实、法院予以概括认定的方式,该两种方式,都体现了详略得当、繁简兼顾的写作要求,避免了指控事实与法院认定事实表述上不必要的重复,不失为较好的范例。

③条理清楚、通俗易懂,奠定当事人服判的基础。裁判的基本功效之一是向社会展示司法的公正,而当事人及相关人员必须通过聆听宣判或者阅读判决书,才能明白法院作出相关判决的事实基础,才有可能从事实和法律结果之间的因果关系上理解法院的判决,从而信服法院的判决。因此,表述法院认定的案件事实,能够让普通的当事人很容易地看懂,是一个基本的要求。我们要求用通俗易懂的语言表述案件事实,要让当事人能够看清楚案件的来龙去脉和前因后果,明白案件事实的完整过程,从而使当事人在信任法院认定事实清楚的基础上接受法院的判决。按照这一要求,刑事裁判文书表述法院认定的案件事实,切忌文字晦涩、语言歧义、叙事跳跃、杂乱无序、含糊不清,让当事人看得云里雾里。

3. 表述认定事实应注意的问题

(1)要根据指控证据是否充分进行不同的表述。

①对于指控犯罪证据不足的表述。如果指控被告人犯罪的证据不足,因其指控的事实缺乏证据支持,逻辑上没有犯罪事实,因此,在表述上,要突出不构成犯罪的事实和情节以及相关证据的内容,以反映指控缺乏证据支持的客观情况。

例如,被告人张某被诉故意伤害宣告无罪案的事实表述:被告人葛某某系被告人张某的姑夫。1996 年 11 月 10 日上午,张某至本市××路 893 弄 11 号 104 室葛某某家看望祖父母,适逢葛因邻居韩某在葛居室前绿化带搭棚而与韩发生争执,张某参与争吵。韩某之子梁一、梁二等人闻讯赶至现场参与争吵,并与张发生冲突。

张的姑母秦某见状将张拉回家中,张某脱去外衣后又出门与围上前来的梁一、梁二、李某某互殴。张某在互殴中挥手还击梁一等人。秦某再次将张拉回家中,并嘱其离去。被告人葛某某则在另一侧与韩某争执。梁一在互殴后,退至弄内绿化地水泥护栏处停下,继而仰面倒地,在被急送医院途中死亡。经法医鉴定,"死者梁一因患严重冠心病,致急性心力衰竭死亡。情绪激动、剧烈运动及一定的外力作用为引起死亡的诱发因素。"这段表述突出了相互争吵中被告人有"挥手还击"之轻微的互殴事实和死者"退至弄内绿化地水泥护栏处停下,继而仰面倒地"这一非即时被殴打倒地的情形。基于对两名当事人行为的客观表述和最后的医学鉴定,表明了指控犯罪证据不足的客观状态。

②对于指控的行为不构成犯罪的事实的表述。如果指控的事实清楚,但是,依据法律不构成犯罪,那么,在表述上要突出其不具备犯罪构成要件的事实。比如,对于正当防卫不构成故意伤害罪的事实确认,应当突出其在遭受不法侵害时实施防卫行为的事实。

(2)要注意突出量刑情节的表述。长期以来,刑事审判实践缺乏对量刑的论证,习惯于在量刑幅度之内凭经验估算量刑,使类似案件因不同经验的法官审判而导致量刑出现较大的差异。随着量刑规范化改革的开展,量刑的论证势在必行,从而作为量刑重要事实依据的各种量刑情节,在量刑过程中的价值越来越被重视,相应地,在刑事裁判文书上,也要充分体现量刑规范化的要求,把影响量刑的各种情节事实,包括法定情节和酌定情节,或者说,罪中情节和罪前、罪后情节,都充分反映在裁判文书上。这是量刑规范化改革"牵一发动全局"的必然效应,我们应当顺应量刑规范化改革,并在裁判文书上体现量刑论证的过程。

(3)要避免认定事实与指控的重复。避免认定事实与指控的重复,最合适的表述就是采用"此简彼繁"或者"此繁彼简"的方法,对于指控事实基本可以认定,但是不够全面的,可以简述指控事实,详述法院认定事实,如果指控事实可以完整认定的,则详述指控事实,简化法院认定。切忌重复堆积。

(三)对控辩双方就案件证据和事实所持的观点作必要的评析

对控辩双方就案件证据和事实所持观点作出必要的评析,也是为了使控辩双方对案件事实和情节有一个明确的认识。这是法院在确认案件事实之后就案件证据和事实给控辩双方的一个回应,这个回应,既是法院对控辩双方的尊重,体现法院审查案件的公开、公平和中立的形象以及法官主持公道的风范,也是裁判文书事实论证的逻辑要求,是对论证结果的一个判断。

必须注意的是,针对控辩双方在证据和事实上所持观点的评析,是一种摆事实、讲道理的客观评判,而不是法院对双方意见是否采信所表示的主观态度。比如,“公诉机关指控被告人在未窃得财物的情况下所实施的暴力拒捕的行为构成抢劫罪,但没有提供证明被告人为非法占有财产而实施暴力的证据”,就是一种纯客观的评判。这种评判,也只需要客观反映控辩双方所持观点是否成立,而无须表示法院的主观态度。若在该评判之后,再加上一句“本院不予采信”的主观表态,就属于画蛇添足。因为按照事实论证和裁判说理的结构功能区分,表态应属于“本院认为”中裁判说理的内容。因此,在事实论证中,不应出现任何主观意志的表态。

四、提倡先证后定的论证方式

司法实践中,刑事裁判文书对事实论证这一部分的表述,习惯采用“先定后证”的形式,即先表述法院经审查认定的事实,后表述法院据以认定事实的证据。这种表述方式,在简单案件或者特别复杂、难以展开证据内容的案件中采用得较多,多数法官比较认同这样的表述方式,其原因在于先定后证可以规避严密的论证要求。但是,这种方式的缺陷也是明显的,因为先定后证省略了严谨的论证过程,即使最后的定案没有错,因其论证过程的不严密甚至缺失,容易引起被告人因对事实和情节认定的不服而上诉,甚至也难免发生对事实和情节认定的错误。我们来看一个先定后证导致的认定事实不清的实例。

上海市某区人民检察院指控,2000 年 12 月 7 日凌晨 3 时许,被告人李 T 携带老虎钳、电笔螺丝刀、手电筒等作案工具骑自行车窜至本区 × × 村红星路上,盗剪该路段正在使用的路灯电线 6 段,总长共计 720 米,价值 1600 余元,在被巡逻的联防队员发现后逃窜,混迹于外来打工人员之中,仍被前来围追堵截的联防队员抓获,盗剪的电线及作案工具均被查获。证据有:证人张某某、金某、陈某、王某、蔡某某等的证言;扣押的赃证物品;有关的价值鉴定结论、照片以及被告人的供述等。检察机关认为,被告人李 T 破坏电力设备,危害公共安全,其行为已触犯刑律,根据《刑法》第一百一十八条之规定,构成破坏电力设备罪,应予惩处。

在庭审中,被告人李 T 辩称,其没有携带钢丝钳剪断正在使用的路灯线,而是捡到在地上的电线,不构成破坏电力设备罪。被告人李 T 的指定辩护人认为,检察机关指控系被告人李 T 盗剪本案中正在使用的路灯电线 6 段的证据不足。

公诉人在答辩中指出,本案有 2 名联防队员目击被告人李 T 正在盗剪路灯线,李 T 在到案后的供述与证人证言及作案现场的情况相吻合,足以认定系被告人李 T 盗剪了本案的路灯线,建议法院予以确认,并对被告人的交代认罪态度在量刑中予以体现。

经审理查明,被告人李 T 于 2000 年 12 月 7 日凌晨 3 时左右,骑自行车携带手电筒、电笔螺丝刀、塑料编织袋等作案工具,窜至××村村级道路上,盗剪正在使用的路灯电线6段,总计长720米,被值勤的联防队员发现后逃窜。联防队员经堵截,在上海某织布厂××分厂附近将被告人李T抓获。上海市价格事务所××分所对盗剪的电线估价鉴定结论为人民币1600余元。

证实上述事实的证据有:联防队员张某某、王某某证实,12月7日凌晨3时许,其2人巡逻至××村2队1户农家阳台下,听到有类似金属线被剪割的声音,见红星路上有1名男子正用手中的工具割剪路灯电线,遂轻手轻脚向其靠拢,被其发现。该男子丢掉电线即逃。联防队员金某证实,其听到电台指令,××村发现有贼,进行包围伏击,后在某织布厂门口附近抓住一个无任何证件的嫌疑人,待张某某前来辨认,确认是偷剪路灯线的对象。联防队员陈某证实,12月7日凌晨4时许,接队长电台指令,在××村沿线查找赃物,发现1只蛇皮袋内有几十斤电线,1辆自行车后座上还有蛇皮袋、绳子、手电筒和电笔螺丝刀等,路边还有四圈已卷好的路灯线。证人××村电工蔡某某证实,7日晚上被人剪断6段路灯线,总长度为800米左右,从剪下的电线断口痕迹看是用钢丝钳钳断的,路灯是村里投资的,考虑村民上中班方便,一般是上半夜至凌晨一两点,电源自动开合。村民钱某某、王某某、金某某均证实,6日夜里路灯还是亮的,7日早晨发现家门前的路灯线被人剪断。证人陈某关于被告人李T被抓到公安机关后一开始未供认,且否认现场缴获的自行车是他的,在用其随身的钥匙开启该自行车锁后,其才供认了盗剪路灯线的经过的证言。另有:电线丈量记录——共12根720米长;上海市价格事务所××分所价格鉴定结论——电线价值1684.80元;公安机关在作案现场摄制的照片、扣押和发还电线的清单,扣押在案的赃证物品以及被告人李T在公安机关所作的供述等。

上述证据经当庭质证,合法有效,本院予以确认。

以上是一审法院在判决书上表述的对证据的审查和事实的认定,我们称为事实论证,仔细分析上述判决书的事实论证,可以发现存在以下五个问题:

1. 事实论证中,指控被告人携带老虎钳等作案工具到现场盗剪电线,而法院认定被告人的作案工具中,却没有老虎钳(对照下表)

要素	公诉指控事实	法院认定事实
时间	12月7日凌晨3时许	12月7日凌晨3时左右
地点	××村路上	××村村级道路上
行为人	被告人李T	被告人李T

续表

要素	公诉指控事实	法院认定事实
行为手段	骑自行车窜至该路段盗剪	骑自行车窜至、盗剪
犯罪对象	正在使用的路灯电线	正在使用的路灯电线
作案工具	手电筒、电笔螺丝刀、自行车、老虎钳等	手电、电笔螺丝刀、自行车编织袋等，无老虎钳
行为结果	使用的路灯电线 6 段 720 米价 1600 余元	6 段，总长 720 米，估价为人民币 1600 余元
行为后果	被联防队发现后逃窜，追截异处抓获	被发现后逃窜，经堵截异处抓获
行为后果	盗剪的电线及作案工具均被查获	查获电线

试想，认定被告人盗剪正在使用中的路灯电线，却不认定被告人携带老虎钳，那么，被告人是怎样盗剪正在使用中的路灯电线的？这是最简单的逻辑问题，又是最关键的事实。

2. 对案件事实的确认也不是很清楚

法院认定被告人“盗剪正在使用的路灯电线 6 段，总计长 720 米，被值勤的联防队员发现后逃窜。联防队员经堵截，在上海某织布厂 × × 分厂附近将被告人李 T 抓获”。那么，盗剪电线的结果到底怎样，我们不得而知。被告人逃跑的时候，被剪的电线处于何种状态，现场留下什么东西，用来剪电线的老虎钳在哪里，为何没有在现场，电力设备遭破坏，被破坏的程度及后果如何，这一切应当是必须查明的事实，事实论证中都没有认定清楚，是事实论证的一大缺憾。

3. 指控与定案证据存在严重差异，无理回避问题（见下表）

证据	指控证据	法院定案证据
证人证言	张某王某目击被告人盗剪路灯线	凌晨 3 时听到剪割声音，见一男子正割剪路灯电线，该男子丢掉电线即逃。工具？
证人证言	蔡某	被剪断 6 段路灯线，总长为 800 米左右，是用钢丝钳钳断
证人证言	金某	接令伏击，在织布厂门口附近抓住，张某辨认是偷剪人
证人证言	陈某	接令查见一蛇皮袋内有电线，一自行车后座上有蛇皮袋，绳子，手电筒和电笔螺丝刀等，路边有四圈路灯线
证人证言	村民钱、王、金	6 日夜路灯亮，7 日晨发现被剪断
证人证言	陈某	李被抓后始未供，否认现场自行车是他的，在用其随身的钥匙开启该自行车锁后才供认盗剪经过

续表

证据	指控证据	法院定案证据
证人证言	电工	被剪6段路灯线800米
物证	扣押的赃证物品、照片	照片,扣押和发还清单,扣押在案的赃证物品
书证	价值鉴定结论	丈量记录,12根720米价格鉴定,电线价值1684.80元
供述	被告人的供述	被告人李T的供述

指控认定作案工具是老虎钳,而法院认定的事实中却没有,显然是指控没有提供相应的证据,法院无法认定。对此,裁判文书没有作出任何解释,这是故意回避问题。审判实践中确实也经常会有这种情况,讲得清楚的多讲一点,讲不清楚的干脆不讲。但是,从事实论证的要求来看,剪电线的工具是认定犯罪的重要证据,如果被告人确实没有老虎钳,那么,认定被告人用老虎钳剪电线就有逻辑问题。如果该作案工具确实是被告人丢弃了,无法找到,那么,在事实论证中就必须把这个问题解释清楚,同时,对指控证据要作出必要的评判,采取回避态度很不明智。如果被告人拒不承认是他用老虎钳盗剪正在使用的电缆线,那也应当作出法院根据其他那些证据认定被告人盗窃的论证。如果被告人供认老虎钳在逃跑过程中丢失,应当公开被告人的供述。

4. 指控遗漏关键证据

在证据中,指控没有把被告人骑到作案现场的自行车作为定案的证据,而本案恰恰是认定了该自行车系被告人所有,才使认定被告人系现场作案人有了证据支持。如果没有从被告人身上缴获的自行车钥匙,就无法认定被告人与现场留下的自行车、手电筒、电笔螺丝刀、塑料编织袋等作案工具以及被剪下的电线之间有何关系。在凌晨3时,且没有灯光的条件下从远处看到一男子正割剪路灯电线,而被告人又不是当场被抓获,仅凭联防队员指认被告人就是现场盗剪电线的作案人的证言,从证据的要求讲,是无法认定被告人就是作案人的。对于自行车这个重要的证据,指控却没有使用,对此,法院也没有作任何评判,这也是论证的一个缺陷。当然,问题还是存在,如果被告人辩称其有两把钥匙,其自行车被他人借用或被偷,现场有被告人的自行车,不等于就是被告人剪电线。还有一个问题,当时自行车是锁着还是开启着?何以会造成锁和钥匙分离?现场盗剪电线,为了便于逃跑,自行车锁一般不会锁闭,应当开启才合逻辑。当时锁是开着还是锁着?对此,没有表述清楚。

以上指控被告人犯罪的证据不足,法院代替公诉机关将自行车及其钥匙作为补强证据,且该补强的证据又是定案的关键证据,此外,村民钱某、王某、金某关于6日夜晚路灯亮着,7日早晨发现路灯电线被剪断,以及电工蔡某关于被剪断6段路灯线总长度为800米等证言,都不是公诉机关的指控证据,也是由法院自己补强的定罪证据。这种情况,从控审分离的诉讼格局讲,属于法院越俎代庖,是不可取的。

5. 罗列证据,分析难以展开

以上在裁判文书的事实论证中反映出的这些问题,反映了我们的法官对事实论证的要求还不清楚,但是,从论证的结构上分析,上述论证中的问题,都与先定后证的结构有关。该案采用先定后证的论证方式,实际上已经决定了论证难以展开的局面。例如,在表述"上海市某区人民检察院指控……"之后,判决书表明:"证实上述事实的证据有:证人张某某、金某、陈某、王某、蔡某某等的证言;扣押的赃证物品;有关的价值鉴定结论、照片以及被告人的供述等。"试想,从以上罗列的证据中,我们能够分清哪些证据证明哪些事实吗?这种表述,不论是从举正的解说规则讲,还是从论证的要求讲,都是有缺陷的。在"先定后证"存在先天不足的情况下,只有采取一些补救的方式,才能稍微弥补一些先定后证的不足,就是在各证据之前,加上一些关于什么内容的限定语,一是有利于区别不同的证据,二是可以辨别该证据有否证明力。

正是由于先定后证的论证方式存在种种问题,随着以公开、公正为目标的裁判文书改革的深入,人们越来越强调证据内容的公开和论证过程的公开,越来越要求以证据内容来论证案件事实的成立。于是,在刑事裁判文书的表述上,出现了"先证后定"的形式。所谓"先证后定",就是先行表述法院审查证据的过程,通过公开证据的内容及其相互之间的逻辑关系,论证经法院审查确认的案件事实的客观性和真实性,以及法院认定事实的必然性结论。

如被告人温W抢夺案:

……(人民检察院)指控,被告人温W与潘Y(另案处理)在广州商定实施"飞车"抢夺后,两人将潘的一辆牌号为粤AFM507的幸福牌摩托车托运至上海。同年6月9日,两人至本市后,驾驶该摩托车至本市武宁路360号交通银行、中山北路工商银行等处踩点准备抢夺犯罪。后因故未实施。为支持上述指控,公诉人当庭出示、宣读了下列证据:(1)上海市公安局《调取证据通知书》及公安机关查获的银行监控录像;(2)上海市公安局查获的作案工具;(3)《旅客住宿登记单》及相关照片;(4)被告人温W及其同案犯潘Y的供述及辨认笔录。

公诉机关认为,被告人温W伙同他人为实施抢夺而准备工具,寻找作案目标,其行为触犯了《刑法》第二百六十七条、第二十二条之规定,系犯罪预备,应当以抢夺罪追究其刑事责任。提请本院依法从轻判处。

被告人温W对公诉机关的指控没有异议,提出他与潘Y去踩点,因害怕而想放弃犯罪,要求法庭从轻处罚。

经审理查明,公诉机关指控的被告人温W伙同潘Y从广州到上海预备抢夺作案,被告人到案后作了供述,公安机关收集了相关证据,扣押了准备用于作案的工具。具体如下:

温W供述,2004年6月3日,潘Y在广州提出和他一起到上海驾驶摩托车抢钱,由潘Y驾驶摩托车,他坐后座抢夺,赃款平分。6月4日,他和潘Y一起到广州的托运站将潘Y的一辆粤AFM507红色幸福牌125型摩托车托运到上海,因潘Y没有带钱,他付了350元托运费。摩托车的行驶证、托运人和提车人都是潘Y。6月6日,他和潘Y乘火车到达上海,入住普陀区的×旅店,共住三夜,用他的身份证登记。6月8日中午,他和潘Y去看银行和银行周围的情况。第一家是交通银行,他们俩一同进入,第二家是建设银行,后两家不记得是什么银行,都是他进入,潘Y在外等候。6月8日晚上,潘Y说要抢从银行里取大笔钱款的人,叫他在银行里找目标,发现目标就跟着出来,潘Y驾驶摩托车停在银行外,找机会跟上,由他坐车上负责抢这些人的钱,抢完后驾车逃离。由于托运的摩托车一直没有到上海,他们没有实施抢夺。6月9日,他们换了旅馆,用潘Y的身份证登记入住长风酒店。晚上7时许,潘Y打电话后,说潘某等人在闵行区,叫他们一起去玩。他和潘Y就去了园馨招待所,那天夜里被抓获。

潘Y到案后就其与温W从广州来上海准备抢钱的过程作了供述。两人供述的基本内容相同。

2004年6月13日公安机关制作的两份辨认笔录分别记载,被告人温W和潘Y指认武宁路360号交通银行和中山北路2700号工商银行是他们6月9日下午踩点的银行。

上海市公安局2004年7月16日调取证据清单所列牌号粤AFM507红色幸福牌二轮摩托车一辆以及印有"广州市货运交易市场(新百佳)恒达货运公司"的托运单,温W于2004年6月6日登记住宿、温W和潘Y于2004年6月9日登记住宿的《旅客住宿登记单》等证据,印证了被告人的供述。

上述证据均经法庭当庭质证,其来源合法,内容客观真实,对本案具有证明力,本院据此确认公诉机关指控被告人温W伙同潘Y从广州来上海准备驾驶摩托车抢夺从银行取款的人钱款并到银行实地察看的事实清楚,证据确实、充分。

从以上判决书的事实论证可见,先证后定以公开的证据内容和证据之间相互印证的逻辑关系,清晰地论证了指控的事实清楚,证据确实充分的结论,这种论证形式无疑比先定后证具有论证优势，公开的证据内容隐瞒不了事实，也歪曲不了事实，这种公开既是防止错案的有效途径，也是司法公开、公正的必然要求。但是，由于先证后定，对证据内容的归纳和分析的要求较高，表述上不如先定后证容易，因此，审判实践中，先证后定的形式尚未普遍采用。然而，无论是先定后证，还是先证后定，刑事裁判文书的事实论证的要求应当是相同的，都要求做到事实清楚，证据确实、充分。从司法公开、公正的要求出发，我们提倡先证后定的论证方式。

第四节　刑事裁判文书的说理

刑事裁判文书的说理是刑事裁判文书正文的第三部分法院裁判中的前两项内容，是法院据以作出裁判的理由和依据。

一、刑事裁判文书说理的概念

刑事裁判文书的说理，是法院以审查确认的案件事实为基础，依据法律规定和相关的法理，分析认定案件的性质，阐述处理案件的具体意见和理由，并针对控辩双方提出的相关意见进行评判的过程。

二、刑事裁判文书说理的形式和基本内容

（一）裁判文书说理的形式

裁判文书的说理，是法院依法对案件作出处理的过程在裁判文书上的具体体现。从现行裁判文书的格式讲，裁判文书的说理，是以法院为说理的主体，以“本院认为”的形式，表明法院依据法律、运用法理阐述和确认案件的性质、处理案件的理由以及对案件的处理决定。这是一个按照逻辑规范对案件进行分析论证的思维过程。在这个过程中，还需要对控辩双方就案件的定性和处理提出的相关意见做出回应，表明法院对各方意见是否符合法律和法理、是否予以采纳的意见。

“本院认为”阐述其裁判理由的逻辑形式为三段论：首先，以相关的法律规定和法理为大前提。其次，以查明的事实为小前提。最后，根据小前提符合大前提的客观事实为依据，得出符合大前提规定的唯一的处理案件的结论性意见。例如，《刑法》第二百六十三条规定，以暴力、胁迫或者其他方法抢劫公私财物的，处三年以上十年以下有期徒刑，并处罚金（大前提），被告人张某于某日深夜在马路边持刀威胁下班女工，迫使女工交出随身携带的价值人民币2000余元的诺基亚手机一部和价值1000余元的白金戒指一枚后逃逸（小前提）。被告人张某的行为构成抢

劫罪,应以抢劫罪判处张某三年以上十年以下有期徒刑(结论性意见)。

(二)裁判文书说理的基本内容

“本院认为”作为定罪量刑的论证,在其文书的结构中,就是以说理的方式,为法院作出最终裁判提供理由和依据,因此,其说理的核心任务,就是要证明法院判之有理,判决正确。其基本内容,始终是围绕定罪量刑必须解决的五个方面的问题。

1. 对案件的定性论证

对案件定性的论证,就是根据法院确认的案件事实,依照法律规定的犯罪构成,分析论证被告人的行为属于什么性质,是否具有社会危害性,其危害性达到了什么程度,是否构成犯罪,构成何罪。

定性论证的基本内容,是从包括犯罪客体、客观方面、主体、主观方面等犯罪构成要件在内的犯罪行为系统上,对被告人行为的社会危害性及其性质进行分析认定,对于具备严重的社会危害性并且符合具体犯罪构成的,需要进一步对照相关的法律规定,结合相关的司法解释,阐明被告人的行为构成什么罪。在对被告人的行为性质分析论证的过程中,要依据查明的事实,确认被告人的行为是构成一罪还是数罪,如果罪名存在竞合的,还必须阐明相关的法理,为正确定性提供法律和理论依据。如果被告人的行为不构成犯罪的,要详细阐述不构成犯罪的理由,表明属于事实不清、证据不足,还是情节显著轻微,危害不大,或者已过了追诉时效等。最后,还要表明检察机关指控的罪名是否成立。

2. 对情节的评价和量刑论证

所谓情节,就是案件事实本身或者犯罪发生的前因后果中所蕴含的那些促使我们对案件作出从宽或者从严处理的事实细节或因素。在定罪的案件中,情节就是指量刑情节。按照法律是否有明确的规定,量刑情节可以分为法定情节和酌定情节。按照情节对量刑的作用,情节可分为从严情节和从宽情节。犯罪事实中的情节以及犯罪发生前后的相关情节,对定罪量刑都具有实际意义,因此,在定性论证之后,需要对案件所具备的全部情节作出法律上的评价,表明其对量刑的影响,进而阐明被告人的行为是否应当受到刑罚处罚,依据各项情节,应受哪些处罚。

3. 法律适用的论证

所谓法律适用的论证,就是依据事实、法律和法理,阐述应当适用哪些法律处理案件的理由。适用法律的论证,是在定性和情节论证的基础上,根据案件事实与相关法律之间的逻辑关系,结合案件的有关情节,阐述和选择处理案件应适用的法律。适用法律的论证,是裁判文书最后也是最高层次的论证。

4. 总结性意见以及对控辩双方意见的表态

通过对全案的定性分析、量刑论证以及适用法律的论证,法院应当表明对案件定性和处理的总结性意见,并针对控辩双方对案件的定性和处理的意见,分析其是非曲直,最后,表明哪些意见可以采纳,哪些不能采纳,法院支持哪些意见的态度,为最终作出裁判定下基调。

5. 引用法律条文

完成了上述裁判说理之后,法院应当引用相关的法律条文,对案件作出裁判,因此,裁判说理的最后一个部分,就是引用法律条文作为裁判的依据。其通常的表述为:“据此(即上述定性量刑的理由),依照《中华人民共和国刑法》……判决如下:……”

引用法律条文是为裁判提供法律依据,因此,引用法律条文首先必须恪守“依法裁判”的原则,严格按照法律效力的位阶,完整引用法律条文,不遗漏应当引用的法律条文。其次,引用法律条文,应当遵循法律条文与裁判之间的逻辑关系,按照定罪量刑及审判附带民事诉讼的顺序,相对应地引用法律条文,尽可能体现引用的条文与判决主文之间的对应关系。

(1)引用法律条文原则和要求。引用的法律条文,应当遵循“全面引用、规范引用和准确引用”的原则,并按照以下要求排列:

A. 先刑事后民事;

B. 先罪刑、后罪责;

C. 先重罪后轻罪;

D. 先客观后主体;

E. 先单处后并罚;

F. 先主刑、缓刑后附加刑;

G. 先刑罚后追缴;

H. 先空白条文后转引;

I. 先法条后附属规范;

J. 先法条后司法解释。

对于刑法的附属规范和相关的司法解释的引用,一般情况下,考虑文体结构的协调,常常放在刑法条文之后,但必要时,可以紧随其相关的法条之后。但附属规范和司法解释条文的排列,总体上也应当按其定罪量刑的逻辑确定。

(2)法律条文的排列顺序。按照上述引用法律条文的原则,法律条文应按以下顺序排列:

A. 罪名和刑罚幅度的条款;

B. 犯罪行为本身的刑幅及条款,如盗窃金融机构、入户抢劫等;

C. 犯罪行为本身的量刑情节(包括犯罪形态)条款:预备、未遂、中止、防卫过

当、避险过当;

D. 共同犯罪的不同罪责条款:主从犯、首要分子、教唆犯、协从犯;

E. 特殊主体及减、免责条款:单位犯罪或未成年人、聋哑人、限制行为能力人等;

F. 罪前表现条款:累犯;

G. 罪后表现条款:自首、立功;

H. 数罪并罚条款;

I. 缓刑条款;

J. 附加刑条款;

K. 追缴、退赔条款;

L. 赔偿损失条款;

M. 相关的刑事法律解释;

N. 司法解释。

(3)刑事附带民事诉讼裁判文书的法律条文排列顺序,见本书第六章第六节民事裁判文书法律依据引用。

(三)刑事裁判文书说理的特点和要求

裁判说理是裁判文书的核心内容,是将法院查明的案件事实与裁判结果联系在一起的桥梁。裁判说理的水平,反映了一个国家的法治文明状态,也是衡量一个国家的法治文明程度的重要标志。据资料反映,早在1810年,法国法律就已经规定:"不包括裁判理由的判决无效。"而以美国为突出代表的英美法系国家的法院判决中动辄上万字的裁判说理,使裁判的结果和公正性更加容易被公众认同,并由此产生对于法律的尊重和敬仰。美国联邦法院法官中心的《法官写作手册》中就有这样的记载:"不管法院的法定和宪法地位如何,最终的书面文字是法院权威的源泉和衡量标准。因此,判决正确还是不够的——它还必须是公正的、合理的、容易让人理解的。司法判决的任务是向整个社会解释、说明该判决是根据原则作出的好的判决,并说服整个社会,使公众满意。"正是由于裁判说理在刑事司法活动中具有如此重要的地位,在表述法院裁判的理由上,要求遵循裁判的逻辑,充分展示裁判说理与身俱来的特点,使之放射出法治文明的光辉。

1. 裁判说理的特点

如上所述,裁判说理,是严格按照逻辑规范,根据确认的案件事实和情节,依照刑法的规定和相关的刑法理论,分析认定被告人行为的性质,确定被告人应承担的责任,以及应当适用哪些法律条款对被告人定罪处罚。裁判说理,是裁判文书正文部分最规范、最严谨、写作要求也最高的内容,以其逻辑严密、结构严谨、层次分明、分析透彻而见长。为了阐明裁判的理由和依据，在写作上，既可以平铺直叙，又可以分析论证，甚至还可以夹叙夹议加说明，自然而然地集记叙文、议论文和说明文之长，不拘形式，丰富多彩。一篇优秀的刑事裁判文书，其裁判论证释法明理、有情有义、贯通浩然正气、闪耀睿智光辉；其行文流畅、通俗易懂、朗朗上口，成为裁判文书中最具文字魅力的不朽篇章。

2. 刑事裁判文书说理的要求

据资料反映，衡量刑事司法裁判水准的最低限度的一种标准是，“一个受过法律训练但不熟悉案情的人能够无须求助书面判决以外的材料而评估判决在法律上的正确性。”这个标准，应当属于最基本的要求，从现代法治的要求讲，我们的裁判文书的说理，应当从裁判说理应有的功能上给裁判说理一个恰当的定位。从司法实践来看，一篇优秀的裁判文书的裁判说理，应当具备全面性和针对性、公开性和客观性、合法性和理论性、规范性和逻辑性、充分性和透彻性以及公正性和教育性六个方面的要求。

(1)全面性和针对性。裁判说理的全面性和针对性，具有两层意思：一是指刑事裁判文书说理，既要求全面论证案件的性质和处理意见，又要求针对控辩双方的意见阐明道理。二是指裁判说理，还要把握好全面性和针对性的关系，也就是阐述与定性相关的基本原理要全面而概要，针对争议问题的分析论证，则要求突出重点、简略枝节，使之详略得当。

全面论证包括对案件的定性分析、情节及量刑的论证、适用法律的论证、终局性裁判意见以及对是否采纳控辩双方的意见表态和法律条文的引用等全部内容。具体来说：一是要求全面审查控辩双方的意见及其理由，二是要求综合全案事实对案件的性质进行分析、认定，三是要针对控辩双方对案件的定性和处理所持的观点作出全面的回应，即通过针对性的重点分析和论证，阐明法院相应的观点，表明对控辩双方的争议的评价和态度。针对性论证，是指根据查明的事实，依据法律和法理，围绕控辩双方的争议焦点，阐明裁判的意见和理由，并给予必要的回应，表明哪些意见予以采纳，哪些意见不予采纳。裁判说理的全面性和针对性，既是裁判说理的逻辑要求，也是获得正确的裁判结论的基础。

(2)公开性和客观性。裁判说理的公开性和客观性，是指在说理论证的过程中，不仅要公开表明法院认定案件性质以及处理决定的意见和理由，还要公开、客观地表明作为依据的法律和法理，公开、客观地反映控辩双方的不同意见和法院的态度。裁判说理，表述的形式具有主观性，但是，其具体的内容都应当源于客观的事实和法律或法理的规定。裁判说理的公开性和客观性，是最终的裁判取信于民的前提和基础。

(3)合法性和理论性。裁判说理的合法性和理论性,是指刑事裁判文书的说理,必须充分运用法律和法理分析、认定案件的性质,评价量刑的情节,所提出的裁判意见和理由,具备充分的法律和法理依据。裁判说理的合法性和理论性,随着社会法治水平的提高而不断增强,代表了一个历史时期公正司法的水平。

(4)逻辑性和规范性。裁判说理的逻辑性和规范性,是指裁判说理的表达,都严格按照思维逻辑和法律逻辑的内在要求,形成了规范化的表达方式,使得裁判说理,具备了条理清晰、层次分明、格式规范的特点。其裁判说理,严格遵循思维的逻辑和法理,其提出的定性和量刑的意见和理由,具备充分的事实和法律、法理依据,其言之有物、论证严密、层次分明、逻辑清晰、词语规范、简练流畅、前后呼应、无懈可击。

(5)充分性和透彻性。裁判说理的充分性和透彻性,是指刑事裁判文书的说理,能够根据对案件定性和量刑的实际需要,从正反两面充分阐述其定性、量刑意见的理由和依据,对于相关的似是而非的观点,通过有条有理的分析论证,揭示其谬误所在。裁判说理的充分性和透彻性,还表现在其说理深入浅出、通情达理,其分析透彻而入木三分,又通俗浅显而易懂。其充分说理而得出的结论性意见,真切客观、令人信服。例如,被告人吴一等抢劫犯罪上诉案的裁判说理。

被告人吴一、曾二、甘三于1998年5月7日上午9时许,至上海市××镇北新村梅园组居民季某某家中,向与其素不相识的正在季家做油漆工的周某索取人民币1000元,并对周拳打脚踢和威胁,当户主季某某上前询问缘由时,被告人谎称周欠其人民币未还。季信以为真,从他处借得人民币1000元交给吴一。三名被告人得款后随即逃跑,途中被公安人员抓获。周某经验伤诊断,胸、腿部软组织挫伤。一审法院认定三名被告人入户抢劫,以抢劫罪分别判处三名被告人有期徒刑十三年、十二年和十年,并处罚金和剥夺政治权利。三名被告人上诉否认入户抢劫,要求改判。

二审法院认为:认定本案三名被告人的行为是否构成入户抢劫犯罪,不应以被告人是否进入公民住所抢劫或抢劫行为是否发生在居民家中的客观状态为依据,而应以被告人的行为是否具备了入户抢劫犯罪的构成要件为依据。

从犯罪行为系统来看,抢劫犯罪是具有刑事责任能力的行为人在利己主义人生观、唯我所需的价值观支配下,为了满足自己对财产的需要,不顾法律的禁止,以非法占有他人财产为目的,在一定的时空条件下,不惜伤害甚至杀害他人,采用暴力或其他强制力,将他人的财产强行占为已有,侵害公民的财产权利和人身权利,危害社会治安的行为。入户抢劫与一般的户外抢劫,都是抢劫犯罪行为系统的行为,本质上没有差别,但由于行为人的犯罪目的、犯罪对象和空间范围这些系统要素不同,入户抢劫的人身危险性和社会危害性比一般的户外抢劫更为严重。

入户抢劫以“户”为抢劫对象,该“户”的含义,从空间范围讲,是指公民的住所,主要是公民的“家”和公民的家庭生活场所。从犯罪目的的直接指向来看,是指公民住所内的所有人及其所有或保管的财产。因此,“户”的实质,是公民的家和家中的财产。从入户抢劫的犯罪构成来看,行为人的主观方面,具有以暴力或暴力威胁的手段,非法占有其闯入的他人住所内公民所有或保管的财产的直接故意;客观方面,行为人对公民住所内的某一个人或者数个人甚至所有人实施了暴力或暴力威胁手段,抢劫财产,该抢劫犯罪的侵害,辐射公民家庭生活的整个区域,该区域范围内所有公民及其财产均在入户抢劫的目标范围之内,户内所有在场的人及其财产,均成为抢劫犯罪的对象,不可避免地受到犯罪的侵害和威胁。由于被侵害的公民身处相对封闭的户内,当其突然遭受入户抢劫的侵害时,往往因不易与外界联系而处于孤立无援的境地,其抗拒犯罪侵害的力量极其有限,其人身遭受犯罪任意侵害的危险程度远远大于一般的户外抢劫犯罪,同时,对于犯罪分子来说,由于被害人抗拒入户抢劫的力量有限,其犯罪得逞的可能性也远远大于一般的户外抢劫犯罪。因此,仅就入户抢劫犯罪对被害人的侵害而言,其社会危害性就明显比一般抢劫犯罪严重。再从维护整个社会治安稳定的大局考虑,公民的住所,作为公民最基本的人身权利和财产权利的庇护场所,也是公民赖以生存、抵御灾难的最后屏障,如果其受到入户抢劫犯罪的侵害,公民在自己的住所内都不能保证自己人身和财产的安全,这对于全社会的公民来说,无异于生存安全受到威胁。入户抢劫就是这样一种以公民的住所为对象的严重危害社会治安和稳定的犯罪,曾经本院审判的被告人陶峰杀害著名女作家戴厚英的抢劫案,就是这样一种入户抢劫的典型案例。这类恶性犯罪案件表明,一旦遭受入户抢劫,住所内公民的人身和财产安全往往难免遭受灾难性侵害。如果一个社会不能保障公民的生存安全,那么,这个社会就可能因治安的不稳定而最终导致全面的社会危机,因此,为了维护社会的稳定,必须严厉打击入户抢劫犯罪,通过严惩入户抢劫犯罪,减少这类犯罪的发生,增强社会的安全感。对于入户抢劫犯罪,《刑法》规定处十年以上有期徒刑、无期徒刑或者死刑。《刑法》规定对入户抢劫的处罚,与对持枪抢劫,抢劫致人重伤、死亡,抢劫银行以及故意伤害致人死亡,绑架等严重犯罪的处罚同等严厉,充分反映了入户抢劫的严重社会危害性和国家打击这类犯罪的决心。也正是由于法律对入户抢劫规定了如此严厉的刑罚,在审判中,必须准确认定入户抢劫,正确区分入户抢劫与非入户抢劫,以保证认定犯罪性质和适用法律的准确性,维护司法的公正性和严肃性。

本案被告人吴一、曾二、甘三为敲诈安徽籍同乡钱财,闯入被害人周某正在做油漆工作的居民季某某家的客厅,对周某实施抢劫。从犯罪侵害的对象来看,三名被告人的行为,是对特定的正在居民家中工作的被害人实施抢劫,而不是对居民一家实施抢劫。虽然三名被告人闯入了被害人工作的居民住所,并对居民住所内的公民实施了抢劫,但是,由于三名被告人主观上没有对住户实施抢劫的犯罪故意,客观上也没有实施任何对住户居民抢劫的行为,住户居民的人身和财产安全均没有受到侵害,该户居民甚至没有感觉到任何遭抢劫的威胁。因此,被告人的这种"入户"实际上是进入被害人的工作场所,而非抢劫犯罪所指向的居民的住所。因此,三名被告人的行为不具备入户抢劫犯罪"入户"的构成要件,根据主客观相一致的原则,三名被告人的行为构成抢劫罪,但不构成入户抢劫犯罪。原审法院认定三名被告人的行为构成入户抢劫缺乏事实依据。吴一上诉认为其行为不构成入户抢劫的意见应予采纳。

以上案例的裁判说理,从入户抢劫犯罪的构成要件及其与一般抢劫犯罪的区别,到对入户抢劫的对象"户"的实质分析,从入户抢劫犯罪的危害分析到刑法的特别处罚规定,直至最后对被告人行为的定性和量刑,作了充分、透彻的论证,较好地反映了裁判说理的充分性和透彻性的特点和要求。

(6)公正性和教育性。刑事裁判文书说理的公正性是指法院的裁判说理,态度中立、立场公正、论证公开、说理充分、言之有据、合法合情、伸张正义、鞭笞罪行、定性准确、量刑恰当,体现了公正司法的浩然正气。裁判说理的教育性,是指公正的裁判,能给当事人和相关人员以及社会群众以应有的法治教育。裁判说理的公正性和教育性,不仅体现为具有教育被告人的特殊功能,而且具备宣传法制,教育全社会的公民自觉遵守法律的普遍性功能。一般来说,一篇裁判文书的公正性与其教育性成正比例关系,但是,公正的裁判要依靠充分的说理来表达,而深入浅出、通俗易懂的表达,最能为广大群众所接受,因此,树立裁判说理的公正形象,强化其教育功能,还需要我们在表达上用心去努力。

三、刑事裁判文书说理的方法和应注意的问题

(一)刑事裁判文书说理的基本方法

刑事裁判文书的说理,是裁判说理在裁判文书上的体现,需要根据查明的事实,以法律和法学原理为依据,运用逻辑方法,分析和认定案件的性质,阐明处理案件的结论性意见。这也是思维的内在程序规则,违反这一程序规则,得出的结论必然经不起检验,也是无效的结论。

在简单案件中,一般可以直接依据法律规定,对案件的性质做出判断,并据以决定如何处理。如前述裁判说理的逻辑三段论所引用的被告人张某拦路抢劫案,

就无须花费笔墨进行分析论证。但是,在有些复杂的案件中,控辩双方意见分歧甚至尖锐对立,且都有一定的道理,难以简单作出判断。对此,就必须运用相关法理对案件的性质进行分析和认定。说理的篇幅,由论证所需的内容决定,而不是事先确定。“本院认为”可能是长篇宏论,也可能短小精悍。从审判实践来看,裁判说理,一般有以下几种方法。

1. 聚焦分析法

所谓聚焦分析法,就是抓住案件争议的焦点和关键问题,把思维的重心集中在争议焦点上,汇集案件事实和法理的有力论据,针对关键问题进行充分的论证,形成争议焦点、事实要点以及论证重点三点聚焦,直至阐明理由、得出令人信服的结论。例如,被告人杨Z过失致人死亡一案的裁判说理。原审法院认定被告人杨Z拉被害人张某的衣袖而致张摔至底楼死亡。一审判决书在“本院认为”中只表明:“被告人杨Z因过失而致人死亡,其行为已构成过失致人死亡罪,依法应予惩处”的结论,而没有阐明理由。虽然该案的事实比较简单,但却包含了如何区分间接故意杀人与过失致人死亡这样一个容易混淆的问题。一审判决后被告人杨Z以原判量刑过重为由提起上诉,被害人的亲属则认为被告人是故意犯罪而不服一审判决。二审法院抓住这个要害问题,紧紧围绕原审被告人杨Z在“推”被害人时的心态这个重点,展开了针对性的论证和令人信服的说理,二审的裁判说理作了如下表述:

本院认为,原审被告人杨Z因故与被害人张某在二楼楼梯处推搡,致被害人张某从二楼楼梯上跌下底楼。原审法院认定被告人杨Z拉被害人张某的衣袖而致张摔至底楼缺乏依据。但是,对于被告人杨Z犯罪的主观罪过形态的认定,并不以被告人是故意推搡被害人还是拉被害人的行为为依据,而是以被告人对其推搡被害人的行为所可能导致的危害后果,主观上是否存在故意或者过失的事实为依据。如果被告人杨Z已经预见其行为可能导致的危害后果,仍放任自己推搡被害人的行为,那么,被告人主观上就有放任危害后果发生的间接故意。如果被告人杨Z应当预见而没有预见其行为可能导致的危害后果,那么,其主观上就是过失。本案事实表明,当被害人张某被推跌至底楼昏迷后,被告人杨Z才意识到后果的严重性,但直至张某被送入医院抢救之时,其对张某可能死亡的后果仍没有充分的认识,也没有想到要推卸罪责,以致在病史上如实叙述张某系“被人推倒”。其以后供称张某系被其拉扯而跌倒,显然是避重就轻。如果被告人杨Z已经预见其行为可能导致的危害后果而放任自己的行为,那么,其就不必如实向医院叙述张某系“被人推倒”。其如实叙述,恰恰说明了其对自己推搡被害人张某可能导致张某死亡的危害后果没有预见。

原审被告人杨Z应当预见在二楼楼梯处对被害人张某由内往外推搡,可能使张某跌倒至底楼,发生人身伤害的危害后果。但被告人因急于赶走被害人张某而对其行为可能导致的危害后果没有预见,其主观上有过失,依法应对其将被害人张某推倒跌至底楼,因颅脑损伤而死亡的后果承担过失致人死亡的刑事责任。因此,原审判决认定被告人杨Z犯有过失致人死亡罪并无不当。

上述二审的"本院认为"针对被告人故意犯罪还是过失犯罪的争议焦点,聚集了被告人过失行为的事实和过失犯罪的心理学和法学原理,剖析了被告人的过失心态,阐明了被告人应承担的过失犯罪的责任,其言之有物,言之有理,得出了令人信服的结论。为我们运用聚焦分析法分析和认定案件的性质提供了一个范例。

2. 法理分析法

所谓法理分析法,就是针对案件争议的理论问题,运用法理深入案件的争议焦点,找出争议的理论误区,排除认识上的谬误,使案件性质明朗化。例如,对被告人徐五抢夺抗诉一案的争论。被告人徐五解除劳动教养后不务正业,敲诈勒索家母和兄弟姐妹钱财。2003年某日下午,被告人携刀具至其兄徐四的办公室,向徐四勒索钱款人民币4万元,被拒绝后,被告人即持刀威逼,徐四被迫取出准备出差用的人民币3万元,放在茶几上。被告人嫌少,继续索要。公安人员接报警后赶到现场,询问了有关情况并收缴了被告人的刀具。后警察以为是兄弟间的经济纠纷而准备撤离。被告人乘众人不备,将茶几上的3万元装入口袋并逃离现场。检察机关指控被告人犯抢劫罪,原审法院以抢夺罪判处被告人有期徒刑五年,罚金人民币一万元;追缴赃款。检察机关提出抗诉。二审法院的裁判说理这样表述:

本院认为,被告人徐五闯入其兄徐四公司的办公室,持刀逼迫徐四交出4万元,当徐四被迫将3万元放在徐五的面前,被告人的行为已经构成抢劫罪。由于被告人没有直接把该3万元拿走,在抢劫既遂之前,其行为因警察到场而中断,随后又因警察干预不力而继续,表现为两个既有延续关系,又似独立成罪的行为。对于被告人该行为性质的认定,原审法院与公诉机关发生了分歧,分歧的根源,在于对被告人前后两个行为之间的关系认识的差异。

从本案事实来看,被告人徐五的前后行为之间存在密切的关联,不属于两个没有关系的独立行为,同时,也不是一个犯罪过程中的手段行为与目的行为,或者作为原因的行为与作为结果的行为之间发生的牵连,更不是法定的复合为一罪的两个行为。

从转化犯的构成来看,转化犯是在犯罪的连续过程中,因后一行为而改变前一行为的性质,或者因犯意的改变而使前一行为终止于新的犯意追求的状态。而本案被告人的行为是在抢劫既遂的最后一个环节前发生中断,并不是抢劫既遂前被迫终止，其后的行为，也不是趁机直接将被害人控制的钱款夺走，而是将其抢劫中控制的赃款拿走。虽然该行为具备了抢夺的特征，却不能改变其前一抢劫行为的性质，也没有超出抢劫的范围，只是对前一抢劫行为的接续。由于被告人的后一行为不能改变前一抢劫行为的性质，不符合转化犯的构成，不论当时被告人是否产生了新的犯意，都不能使前一抢劫犯罪行为发生转化。

再从吸收犯的构成来看，吸收犯的一个重要特征，是行为人在一个目的犯罪过程中实施了两个以上既有独立的犯罪构成，又有依附与被依附关系的行为，其中不具有独立意义的犯罪被一个具有独立意义的犯罪所吸收，成为该具有独立意义的犯罪行为的一个组成部分。而本案被告人的前后两个行为之间，既不是因为抢劫依附于抢夺而形成吸收关系，并由后一行为吸收前一行为而成立抢夺罪，也不是因为抢劫吸收抢夺而成立抢劫罪。因此，本案也不符合吸收犯的构成。

排除了上述数罪和复合的一罪以及牵连犯、转化犯和吸收犯，对被告人的前后两个行为应当认定为一个抢劫过程中两个阶段的行为。

以上二审法院的裁判说理，就属于运用法理透析法的范例。

3. 要件分析法

所谓要件分析法，就是以犯罪构成的特殊要件为标准，对照案件事实，分析确认被告人的行为是否具备特殊的犯罪构成要件，从而确认被告人的行为的性质。要件分析法是常用的定性分析方法。

例如，上述被告人吴一、曾二、甘三抢劫案的裁判说理，就是从三名被告人主观上不具备抢劫居民家庭财产的故意，客观上没有抢劫居民家庭财产的行为和结果，只是使用暴力和威胁的手段，抢劫正在居民家中劳动的农民的事实，对照入户抢劫的特殊犯罪构成，从而确认被告人的行为属于普通抢劫而非入户抢劫。

4. 系统分析法

所谓系统分析法，就是根据控制论和系统论的原理，将具体的犯罪行为，与其前后环节的行为，或者与其上游犯罪和下游犯罪联系在一起，形成一个完整的行为系统，从整个系统的性质上把握具体犯罪的行为性质。比如，运输毒品犯罪，本质上是制造、贩卖毒品的一个环节，是整个贩卖毒品犯罪行为系统的组成部分，如果是受雇佣运输毒品，其行为的性质就属于贩毒的帮助犯。专业运输毒品情节严重的，属于贩毒的主要参与者，原本可以按照贩毒主犯定罪量刑，因刑法规定了专门的运输毒品罪，并与贩毒同等的量刑，依法应当按照运输毒品定罪量刑。但是，对于偶然一次受雇佣携带毒品、获得一定劳务费的，应按照贩毒的帮助犯认定。同样，洗钱行为的实质，是掩饰、隐瞒犯罪所得的赃款来源，是一种破坏金融管理秩序的隐匿和转移赃款的方法，立法将这种危害特别严重的隐匿和转移赃款犯罪的方法规定为新的罪名,从而以洗钱的方法转移和隐匿赃款,就构成了洗钱罪。但是,其本质仍然是隐匿和转移赃款。我们提倡通过对犯罪行为的系统分析,揭示其本质,是准确把握案件性质的有效方法,可以保障对法律没有明确规定罪名的危害行为准确定性。

5. 因果关系分析法

指控的行为与危害结果之间存在直接和必然的因果联系,是认定犯罪的客观要件。因果分析法,就是根据行为与结果之间的因果关系的原理,去分析指控的行为与结果之间是否存在直接和必然的因果联系,只有行为与结果之间存在因果关系的,才具备犯罪的客观要件,如果不存在因果联系,就不构成犯罪。运用因果分析法,是正确认定罪与非罪的基本方法。例如,对被告人宋士故意伤害宣告无罪案的裁判说理。

2006年9月19日凌晨0时30分许,龚某在本市××足疗店与该店的龙某及被告人宋士因故发生争执,宋士将龚某拉至店外,拳击龚某头面部。在店内的龙某的丈夫被告人徐某闻讯亦赶到店外,拳击龚某头面部。龚某被打后倒地。宋士即与他人将龚某送至医院抢救。经CT检查诊断,龚某蛛网膜下腔出血,经治疗,病情逐渐好转。10月5日经CT检查,龚某颅脑已无异常。10月6日凌晨,龚某又出现蛛网膜下腔出血症状,经抢救无效于当日下午死亡。经鉴定,龚某右侧椎动脉曲张畸形,左侧大脑中动脉近基底动脉环处见0.2厘米×0.2厘米破裂口,该处血管狭窄畸形。龚某系生前脑血管破裂、出血,造成中枢神经系统功能衰竭而死亡。龚某生前脑血管存在病变基础,是导致其死亡的主要原因。10月6日龚某蛛网膜下腔再次出血致龚某死亡与其9月19日所遭受的颅脑外伤之间的直接因果关系难以认定,且无证据表明9月19日遭受的颅脑外伤是龚某死亡的诱发因素。

××人民检察院指控被告人宋士、徐某犯故意伤害罪。被告人宋士、徐某对指控事实均没有异议。辩护人认为,被告人的行为与被害人死亡之间没有因果关系,请求宣告无罪。

一审法院认为:公诉机关指控被告人宋士、徐某于2006年9月19日殴打龚某的事实成立。鉴于目前没有证据证明龚某死亡与其2006年9月19日遭受的颅脑外伤之间有因果关系,亦无证据证明其该日遭受的颅脑外伤是其死亡的诱发因素,公诉机关指控被告人宋士、徐某以殴打手段故意伤害龚某致龚死亡的证据不足,指控的犯罪不能成立。辩护人请求对两被告人宣告无罪的辩护意见,予以采纳。据此,依照《刑事诉讼法》第一百九十五条第(三)项的规定,判决宣告被告人宋士和徐某无罪。

6. 综合分析法

综合分析法,就是综合案件事实反映的多种情节,从历史和社会学、刑法学等不同的角度,对案件的情节进行分析论证,从而获得对案件的性质和情节的正确判断,为定性和量刑提供有力的事实和情节依据。例如,对被告人郭某非法行医案的裁判说理。

被告人郭某曾是安徽省某县的医生,嫁到上海后,在未取得执业资格的情况下开设诊所,1999 年 2 月 7 日上午 9 时,郭某为江苏来沪打工者侯某接生,下午 6 时 20 分侯某分娩,胎儿娩出即死亡,侯宫颈全层裂伤,引起产后出血。晚上 7 时许侯某被送到医院,医院诊断"宫颈无撕裂",虽经输血等治疗,但持续出血,继发 DIC,次日凌晨 2 时死亡。郭某自首。原审法院以非法行医罪判处被告人郭某有期徒刑 5 年,罚金人民币 5000 元。被告人上诉。二审法院的裁判说理这样表述:

本院认为,被告人郭某非法行医,在缺乏完备的医疗设备的情况下为产妇接生,发生婴儿在娩出过程中颅脑损伤并死亡、被害人侯某产后出血的后果,其行为与婴儿颅脑损伤有一定的关系,与产妇因宫颈裂伤致产后出血有直接的关系,依法应承担非法行医严重损害就诊人身体健康的刑事责任。我国《刑法》第三百三十六条规定,非法行医严重损害就诊人身体健康的,处三年以上十年以下有期徒刑,并处罚金。由于本案被告人非法行医、在为产妇接生时发生产妇母子身体受损害的结果,既有被告人非法行医的原因,也有其复杂的客观因素。因此,对于被告人的量刑,不仅要按照罪刑相适应的刑罚原则,根据被告人的行为所造成的实际危害后果及其主观罪过的大小,结合被告人自首的罪后表现,确定其应承担的刑事责任,同时,还应从刑法的价值上充分考虑对被告人刑罚处罚的社会效果,从而依法予以相应的处罚。

被告人非法开设私人诊所,为产妇接生,因设备简陋而损害产妇母子健康,从代表现代文明的法治要求来看,其非法行医具有社会危害性,依法应受刑罚处罚。但是,从历史和社会学的角度来看,在外来人员聚居地,像被告人这样具有一定的医学知识和医务经历,又无证行医的,既有违法的性质,又有其不可否认的存在的历史原因,反映了被告人非法行医在外来人员聚居地对满足外来人员就医需要的客观性,从而也反映了本案非法行医的社会危害性的有限范围和有限程度。

外来人员进城打工,是农村富余劳动力从土地上解放出来的历史必然,也是经济改革和开放带来的新的社会现象。虽然外来人员进城打工,给城市的管理提出了新的课题,但从历史和发展的观点来看,这在本质上是社会的一大进步。外来人员打工,在城市从事拾遗补阙的工作,对城市的建设和发展起到了不可替代的作用,作出了积极的贡献。由于外来打工人员与农村的天然联系,他们在打工的过程中,不断地把城市的文明向农村传播,成为向广大农村传播现代文明最直接和最有效的传播者,成为广大农村中最先直接接受现代文明的新一代。随着外来打工人员自身素质的不断提高,他们必将成为推动农村发展的生力军。但是,由于外来人员在本市打工,相当程度上处于自然状态,对于他们的生活、学习、就业的管理,还没有完全纳入当地政府的管理体系,因此,外来打工人员逐渐形成了一个特定的社会阶层。

由于既希望到大城市打工挣钱,又没有稳定的职业,他们自然地聚居于城乡结合部这些消费水平相对较低的区域,从事一些城市居民不太愿意做的环卫、回收废旧物品、保姆以及强体力劳动等工作。他们的经济、文化生活,虽然要比他们原籍的农民有所进步,但与本市居民相比,有着相当大的差距。他们的经济收入,大多处于较低水平,也不能像本市居民一样享受包括社会保障在内的现代文明成果。但是,出于对物质生活的追求,对现代文明的向往,他们仍然选择了在城市打工的生活。客观上,尽管他们在本市的生活比较艰苦,所处的社会、经济地位比较低,但他们在本市打工的生活质量,总要比在原籍好一些,其所能感受到的大城市的现代文明气息,要比原籍乡村浓郁得多。正是由于他们所处的这种特殊的社会、经济地位,形成了这样一个相对稳定和封闭的特定的外来打工人员群体。从而也决定了在其聚居地,需要有一系列满足最基本生活需要,又适合于他们经济地位的各种服务设施,包括杂货店、理发店、诊所等。被告人郭某开设的私人诊所,正是适应了外来人员就诊的需要。这样的诊所,从现代医学的文明要求来看,是不符合规范要求的非法诊所,应当予以取缔。但是,要是我们从外来人员所处的实际地位出发,客观地把外来人员的聚居地当作他们原籍农村土地在本市的延伸,他们在聚居地的生活,是他们原籍农村生活在本市的移植,那么,我们就能感到,在他们的生活区域,有一个像被告人这样受过中等医学专业教育、有过医务工作经历的人开一个私人诊所为他们治病,而且所花的费用也能够承受得起,对他们来说,无疑是需要的,通常情况下,这个诊所给他们带来的益处要比危害多。这就是本案具有的两面性。面对法律,被告人开设私人诊所绝对是非法的,但在其另外一面,客观上也解决了聚居于城乡结合部的外来打工人员治病求医的需要。对此,应当从历史的观点和社会学的观点去全面评价被告人非法行医的行为,准确认定其社会危害的程度,并作为减轻对被告人处罚的量刑情节。

从被告人非法行医严重损害就诊人身体健康的主观方面来看,其非法行医的动机是为了贴补家庭生活,利用自己的“一技之长”挣些钱,对非法行医的性质及危害后果认识上比较模糊。其应产妇家属的要求,同意为超过预产期20余日的产妇接生,既对严重损害就诊人健康的危害后果的发生存在“过于轻信”的过失,又有“即使发生危险自己也没有责任”的法盲心态;从客观方面来看,被告人曾经是医生,并非不懂医术而非法行医,其非法行医的危害性与不懂医术而非法行医有重大差别。

从本案的实际情况来看,对于侯某这样过期妊娠的特殊产妇,在缺乏必要的医疗设施的情况下为之接生,就必然造成损害就诊人身体健康的结果。但是,由于没有证据能够认定被告人使用催产素致婴儿颅脑损伤的程度,也无法认定被告人对产妇健康造成的损害已经不可逆转,同时,从因果关系分析,本案发生的产妇母子身体受损害的结果,并非被告人非法行医的唯一原因引起,也不是被告人非法行医单方面所必然导致的结果。在为产妇接生的过程中,被告人确也尽了其所能尽的努力。基于这些事实,应当辩证地确定被告人非法行医的行为与发生损害产妇母子健康的结果之间的关系。两者既有逻辑上的联系,又不是单一的因果关系。

以上对被告人行为的性质及其危害程度的分析表明,按照罪刑相适应的原则,应当对被告人从轻处罚,结合其自首的表现,可以减轻处罚。再从量刑的综合平衡考虑,刑法规定,过失致人重伤的,应当判处三年以下有期徒刑或者拘役;过失致人死亡的,应当判处三年以上七年以下有期徒刑,情节较轻的,处三年以下有期徒刑。本案被告人的行为结果,类似于过失致人重伤,因此,根据罪刑相适应的原则,结合被告人非法行医的主、客观方面及自首等情节,可以对被告人减轻处罚,在三年以下有期徒刑的幅度内量刑。

刑法作为国家解决个人与社会利益冲突的最后手段,其适用的价值,在于通过适用刑罚,防止和制止为了追求非法利益或满足非法需求而不择手段、严重危害社会、与社会利益直接冲突的个人或团体行为。对于这些严重危害社会行为以外的个人利益与社会利益的冲突,可以通过加强行政管理,包括行政处罚等非严厉的或经济的手段解决。这不仅是社会公正的要求,也是司法经济的要求。就本案而言,被告人非法行医的行为,与严重危害社会管理秩序的非法行医尚有区别,对于类似的非法行医,可以通过加强行政管理和社区建设予以制止。虽然被告人的行为已经造成了刑法规定的应当予以刑罚处罚的结果,且尚不具备可以免予处罚的法定条件,依法必须予以刑罚处罚,但从刑法的目的和适用刑罚的价值考虑,对于被告人的量刑应当尽量从轻,包括依法减轻处罚。

以上二审法院的裁判说理,属于运用综合分析法的一个范例。

(二)刑事裁判文书说理应注意的问题

1. 据实论证、切忌截取片段

裁判说理的基础是事实真相,因此,裁判说理必须据实论证,绝对不允许割裂事实的过程,截取部分似是而非的事实片段,作为裁判说理的依据,甚至按照主观臆断,对事实偷梁换柱,得出片面的结论。例如,被告人赵某某故意伤害案,就是缺乏事实依据的裁判说理导致错判的典型。

被告人赵某某与被害人王某等人曾在舞厅为舞伴而发生纠纷,事后,王某等人多次至赵家,采用踢门等方法对赵寻衅,均因赵避让而未果。2000年1月4日晚7时许,王某等人再次至赵家,赵因未开门,王某踢开赵家上锁的房门(致门锁舌弯曲)闯入赵家,与赵扭打,其间,赵某某持榔头,用木柄挥打王某,致王头面部多处裂伤,经法医鉴定属轻伤。公诉机关指控被告人赵某某犯故意伤害罪,认定赵自首。

一审法院的裁判说理这样表述:本院认为,被告人赵某某故意伤害他人身体,致人轻伤,其行为已构成故意伤害罪,依法应予惩处。鉴于被告人赵某某案发后的行为可视为投案自首,依法可以从轻处罚。据此,依法以故意伤害罪判处被告人赵某某拘役三个月,宣告缓刑三个月。被告人赵某某不服,提出上诉。

二审法院认为:王某多次上门寻衅滋事,并在未经赵某某允许的情况下,踢开赵家房门强行进入赵家,其行为是非法侵入他人住宅的不法侵害行为。赵某某为避免本人的人身和财产遭受正在进行的不法侵害,被迫实施制止不法侵害的行为,且其行为也未明显超过必要限度造成重大损害,符合《刑法》关于正当防卫构成要件的规定,是正当防卫,依法不应承担刑事责任。原判决根据赵某某对王某造成的伤害后果,认定赵某某的行为构成犯罪并追究刑事责任不当,应予纠正。二审法院据此依法撤销原判,宣告原审被告人赵某某无罪。

对照一审和二审的判决,可以发现本案一审裁判说理存在的主要问题,是没有以被告人赵某某在王某非法侵入其住宅的情况下,实施正当防卫行为的客观事实为根据来判断被告人行为的性质,也没有客观反映并回答被告人及其辩护人的抗辩意见,而是仅根据被告人赵某某打伤了王某这一事实片段,毫不讲理地认定被告人犯故意伤害罪,也没有用法律和法学原理分析和认定案件的性质。这种违反审查案件的思维逻辑得出的结论,当然经不起检验,二审改判也就是必然的了。

2. 言之有物、切忌空话套话

裁判说理中需要分析和论证的对象是事实和情节,因此,说理的过程必然是边叙边议或先叙后议。真正的裁判说理,不可能是通篇没有事实依据的高谈阔论,或者是脱离实际的术语泛滥、概念和法理的堆积,更不可能是违背事实的强词夺理。就此而言,裁判说理必须言之有物、切忌脱离实际、不看对象的空话套话,更要杜绝由此而养成的自说自话的学究气和蛮不讲理的霸气。

裁判说理强调言之有物,特别是在回应控辩双方的意见中,尤其要注重摆事实讲道理,以理服人。虽然回应控辩双方对定性和量刑的意见,已经是基于法院阐明的对案件定性和量刑的分析,以及适用法律处理案件的具体意见和理由,针对控辩双方提出的相关意见所进行的评判,在表述上具有裁判性和终局性,但是,其说理依然有根有据，绝非以权压人。例如，某法院的判决书对控辩双方意见的评析，很有借鉴价值。

该案被告人项某利用担任劳教所专管中队中队长的职务的便利，为劳教人员张某办理所外执行，先后收受张某及其他劳教人员价值人民币7万元的钱物。张某在所外执行期间，因生意急需而向项某借款，并口头约定每月支付10%的利息。项某按约定借款人民币50万元给张某，此后，张某先后返还项某人民币66万元。

本案争议焦点：被告人项某收受张某以利息名义给予的16万元，应认定为受贿款还是基于民间借贷给予的利息款。

公诉机关意见：项某与张某非平等主体关系，项某为张某办理所外执行时有过事成后给予20万元的许诺，基于上述情况，双方借款行为不是民间借贷行为，且张某实际给予项某的钱款数额亦与最初许诺基本吻合，故双方的行为是以借贷为名，行受贿之实。至于从16万元中扣除2.4万余元利息的原因是项某确实存在利息损失，故该节事实应认定为受贿人民币13.6万元。

辩护人意见：项某与张某的行为属于民间借贷，即使劳教人员亦可行使民事权利；项某出借钱款是真实的，张某亦曾供述其借款目的系生意急需资金；公诉机关根据银行存款利息计算方式，从16万元中扣除借款期间利息2.4万余元，与《最高人民法院关于人民法院审理借贷案件的若干意见》相悖，项某收取的16万元利息款未超出法律保护的范围，项某获取对价收益合法合理；参照《最高人民法院关于办理受贿刑事案件适用法律若干问题的意见》，项某获取的“收益”亦不属于明显高于出资应得收益，不能认定为受贿。

针对上述争议，判决书在本院认为中作了如下表述：

针对本案争议焦点及控辩双方意见，本院评判如下：

(1)从(口头合同)双方当事人履行借款合同的目的来看，借款合同系双务合同，出借方将钱款借出后，即享有收取利息的权利，借款方则通过对借款的合理使用，往往能获取比所付利息更高的收益。因此，实现互补互助是借款合同双方的共同目的，甚至在某些场合下，出借方履行合同的行为，体现了对借款方更多的支持和帮助，如国家鼓励公民支持国家建设购买国库券的行为等。联系本案，一个无法回避的事实是：张某为了扩展经营是借款发生的主要起因之一。

(2)投资方式的多元化，形成了投资收益的巨大差别。计划经济时代，银行存款几乎是人们投资理财的唯一选择，但目前我国已进入完全的市场经济，形成了投资理财方式的多元化，除存款外，还有投资股票、基金、企业债权、合作办企业等途径，选择不同的投资方式往往会造成投资收益的巨大差别。在审理以投资理财名义收取贿赂的案件时，如果仍然沿用计划经济时代的传统做法，不加以区别地用银行存款利息作为被告人的合理收益,有悖实事求是的基本原则。本案的证据可以确认,被告人与张某之间的借款属民间借贷性质。被告人并未将钱款投资到"银行存款"中,但公诉机关却按银行存款扣除了被告人的投资收益,与事实不符。不可否认,民间借贷与银行存款存在巨大的收益差距。根据相关司法解释,民间借贷收益不超过银行贷款利息4倍,均给予保护。如果公诉机关按银行存款利息作为被告人的投资收益可以成立,就会产生按企业债券,按贷款利率,按股票,按民间借贷……作为被告人投资收益似乎均可成立的不确定状态。

(3)借款事实的发生是16万元利息产生的基础。公诉机关认为:张某为了办理所外执行一事,曾许诺给予项某好处费20万元,由于该20万元与16万元利息数额和其他赠送钱款、物品等价值总和相近,因此被告人收取的16万元利息当然地包含在许诺的20万元中。问题在于,当我们将20万元好处费与16万元利息关联一体时,应当依据证据而不能仅凭现象分析得出结论。本案证据证实16万元利息是基于50万元借款事实的发生而产生的,至于20万元好处费一事,尚处在一个曾经有过,可能尚未发生,或者两者之间可能有关联,也可能无关联的或然状态中。而刑事诉讼的证据规则要求,在认定事实时必须根据证据推出必然的结果,当证据推出的结果存在多种可能性时,则只能从有利于被告人的原则作出否定判断。除此之外,公诉机关在该节的指控中存在诸多自相矛盾处,如既认可有50万元借款事实的发生,又否认被告人与张某之间属民间借贷关系;既认定被告人收取的16万元是好处费,又按银行存款利息收益在好处费中扣除。如果不是借款,又何来利息收益呢?公诉机关扣除利息的做法实质上是对被告人出借事实及合法收益的认可。本院根据现有证据得出的结论是:被告人项某与张某之间确实发生过民间借贷关系,50万元借款事实的发生是产生16万元利息的客观基础。

(4)应当正确把握立法关于以委托理财名义收受贿赂的立法精神。最高人民法院的相关司法解释规定,国家工作人员利用职务上的便利为请托人谋取利益,以委托请托人投资证券、期货或者其他委托理财的名义,未实际出资而获取"收益",或者虽然实际出资,但获取"收益"明显高于出资应得"收益"的,以受贿论处。本院认为立法的这一规定,既体现了对经济犯罪从严掌握的基本精神,又充分兼顾到市场经济发展的实际现状。在把握时应当关注两点:一是根据被告人的投资方式,扣除出资应得收益,体现了公平原则。二是"明显高于出资收益"是构成受贿犯罪的"临界点"。"利用职务便利"固然是受贿罪构成的主要特征,但牟取非法经济利益则是此类犯罪的本质属性。以本案为例,被告人项某通过出借50万元,收取张某利息16万元。如果项某将该款出借给他人,同样可以合法收取16万元甚至更多的利息,则至少说明,被告人获取的该16万元利息与其职务之间并无直接的必然的关联。根据立法的这一规定，对照被告人的行为特征，本院认为，被告人与张某之间建立借款关系后，收取利息16万元（约银行同类贷款利率的2～3倍），尚属现行法律关于民间借贷收益在银行同类贷款利率4倍的合理收益范围内，不应作受贿数额认定。需要指出的是，否定被告人16万元的受贿性质，并非肯定被告人的行为具有合法性；相反，本院认为：被告人项某身为国家工作人员，与张某具有管理与被管理的从属关系，再与张建立经济往来，其行为严重损害了国家机关的执法形象，应当从党纪、政纪上给予严肃处理。

综上，本院认为：被告人项某身为国家机关工作人员，利用职务便利，先后多次收受他人贿赂共计7万元，其行为构成受贿罪，应予处罚。公诉机关指控罪名成立，但是，指控将16万元的借款收益认定为受贿不符合事实，本院不予支持，辩护人的相关意见予以采纳。鉴于被告人具有自首情节，退出全部赃款赃物，依法对其减轻处罚。

显然，该案的裁判说理，针对控辩双方的争议，展开了很有说服力的分析和评判，其结论令人信服。

3. 详略得当、切忌重复累赘

裁判说理中，如何处理详细和简略的关系，是一个很现实的问题。该详不详，说理不充分、分析不透彻；该简不简，喧宾夺主，或者重复累赘，令读者陷入纷纭谜团，不知所云。因此，要注重详略得当，使之详而知细节，简而免累赘，详而精彩论证，简而一目了然。

4. 因案而宜，切忌千篇一律

因案而宜，是根据案件的不同情况和特点，按照裁判说理的要求，运用不同方式进行说理论证，避免对不同类型和性质的案件的裁判说理陷入千篇一律和八股文式的套路。因案而宜，最基本的方面，是要根据定罪量刑有没有争议的不同情况进行适当的说理。

（1）定罪量刑没有争议的说理。定罪量刑没有争议的说理，在简易程序或者普通程序简化审的案件中普遍存在，对于这些案件的说理，要注意防止为说理而说理，以致无话找话，徒生废话。因为案情简单，事实清楚，控辩双方均无异议的，裁判说理应当直接根据相关法律，表明被告人的行为符合法律规定，构成具体罪名，并表明相关的情节，依法对案件作出处理。

（2）案件存在争议的说理。案件存在争议的情况，包括定性存在争议和量刑存在争议两大类。定性有争议的案件，包括罪与非罪、此罪与彼罪以及同罪不同情节三种争议的情况。由于存在这些不同情况的争议，裁判说理需要根据不同的案件，有针对性地因案说理，其步骤如下：

第一,确定争议的性质和范围;

第二,对各个争议的问题进行归纳和概括,分层次排列;

第三,针对不同的争议问题,逐一展开分析、论证,并随之对控辩双方的意见作出回应,表明是否予以支持的态度;

第四,表明总结性意见,定下裁判的基调。

在上述说理的过程中,要善于运用上述裁判说理的六种方法。

5. 法律解释讲逻辑,切忌作扩张解释

裁判说理需要正确适用法律,而具体的法律条文从其确立之日起,就存在一个立法的稳定性与社会生活的复杂多变性、法条的抽象性与现实生活的具体多样性之间的矛盾,而且,有些法条的用语存在笼统或多义的问题,难免存在理解上的分歧。虽然最高人民法院常以相关的司法解释来规范其含义,指导法律的适用。但是,司法解释并不能完全解决这些问题,甚至司法解释本身也存在需要解释的问题。因此,为了正确适用法律,公正处理案件,争取司法的良好法律效果和社会效果,在适用法律的过程中,仍然需要法官对法律作出正确的解释,从而,如何进行法律解释就成了裁判说理不可回避的问题。

法律解释是针对相关法条,阐明其规范的含义。法律解释有许多方法,有文义解释、论理解释(包括当然解释、扩张解释和限制解释、反对解释)、目的解释、比较解释、合宪解释等。在法律适用的过程中,需要根据案件的具体情况选择法律解释的方法。从法律解释的原则上讲,不可能规定应当选择哪一种方法解释法律,但是,必须明确,解释法律必须符合逻辑和文字的本义,不能作出不利于被告人的扩张解释。对于因含义多样、解释可能扩张其本义的,必须符合公众认同的原则,也就是能够让公众接受。例如,对于《刑法》第二百六十七条第二款“携带凶器抢夺的,依照本法第二百六十三条的规定定罪处罚”中的“凶器”,如果不作出必要的解释,司法实践中必然会出现许多分歧。比如,随身携带一把水果刀抢夺,是否转化为抢劫?对此,最高人民法院作出了司法解释,对“凶器”作了三项限定,一是该携带的凶器属于枪支、爆炸物、管制刀具等国家禁止个人携带的器械,二是为了实施犯罪而携带的其他器械,三是该携带的凶器没有故意向被害人显示、被害人未能察觉。据此,对于青少年携带水果刀临时起意抢夺的,就不能将该水果刀确定为上述“凶器”。因此,法律解释必须讲逻辑,切忌强词夺理,绝对不能作出对被告人不利的扩张解释。

6. 正确引用法律和司法解释,切忌漏用和盲目引用

在裁判说理时,经常需要引用相关的法律条文及其司法解释,因而就有一个正确引用法律和司法解释的问题。

(1)法律条文的引用,要注意以下问题:

第一,不要遗漏应当引用的法律条文。第二,要根据条文的内容与裁判内容之间的对应关系排列条文。第三,要注意法律条文的规范表述,一要全称引用条文,二要注意引用刑法条文涉及的修正案问题。根据2007年4月13日起施行的《最高人民法院关于在裁判文书中如何引用刑法修正案的批复》的规定,在裁判文书中适用刑法修正案的,应当直接引用修正后的刑法条文,表述为“《中华人民共和国刑法》第×××条的规定”,或者“《中华人民共和国刑法》第×××条之×的规定”。

(2)引用司法解释,必须注意三个问题:

一是要注意司法解释的有效性,司法解释在颁布了新的法律,或在原法律修改、废止或者制定了新的司法解释后,不再具有法律效力。

二是要注意引用的司法解释必须经过最高人民法院审判委员会讨论通过后,已经公开发布。对于未经最高人民法院审判委员会讨论通过并公开发布的“意见”或“会议纪要”,不能作为司法解释公开引用。

三是要注意司法解释的主体,刑事裁判文书引用的司法解释必须是最高人民法院的司法解释或者最高人民法院与最高人民检察院联合作出的司法解释,最高人民检察院单独作出的司法解释不能引用。

第五节 刑事裁判文书的简写

一、刑事裁判文书的简写概述

裁判文书的简写,是指对于案情相对简单,事实清楚、证据确实充分,控辩双方对定罪量刑均无实质异议的案件,可以采用简化裁判文书的事实论证和裁判说理的方式表明查明的事实、裁判的理由和结果。

(一)刑事裁判文书简写的实质和特点

1.刑事裁判文书简写的实质

刑事裁判文书的简写,其实质是在裁判文书的事实论证和裁判说理部分,简化可以省略的内容,从而使裁判文书的内容得到简化,篇幅得到减缩。这种简化的最大效益,就是节约诉讼资源,提高审判率。

2.刑事裁判文书简写的特点

裁判文书简写的目的,是要采用言简意赅、详略得当的表达方式,表明起诉指控的事实、证据和理由,表明被告人、辩护人的意见以及法院认定的事实、证据和裁

判理由,省略不必要的论证和说理,避免内容的重复和赘述。因此,裁判文书的简写,应当具备两个特点:

(1)简明扼要、短小精悍。简明扼要,就是表述指控的犯罪事实或者法院认定的事实,采用概括的方式,使得表述十分的简明扼要,从而省略了不必要的内容,使得裁判文书显得短小精悍。

(2)言简意赅、简而不漏。裁判文书简写,就是采用简明的表达方式,清楚地表述整个案件,其言简而意赅,简化而不遗漏基本内容。

(二)裁判文书简写的条件

由于经济转型、社会变革等因素的影响,我国犯罪的绝对数量逐年增加,相对于在编法官的人数,审判任务日益繁重,整个司法界面临保证质量、提高效率的问题。由此,简化审理简单案件的程序,缩短简单案件的审理时间,就成了司法必然的选择。从2001年开始,上海法院系统逐步推行了简单案件简化审理的审理方式。与之相应,简审案件的简写也就应运而生。根据简审案件的程序和要求,裁判文书的简写应当符合以下条件:

(1)对事实、证据没有争议的案件;

(2)对事实、证据没有异议,对定性有异议;

(3)适用简易程序审理的案件。

(三)刑事裁判文书的简化内容

如前所述,裁判文书是裁判活动的静态化表现,裁判文书的内容,反映了裁判活动的内容。因此,裁判文书简写,并不是由法官主观随意决定,而是由简化的裁判活动所决定。就此而言,裁判文书的简写,是简化审理方式的静态化表现。其简略的内容源于简化的审理,可以省略已经被审理程序精简的内容。

1. 可以简略的内容

根据最高人民法院制作裁判文书的样式,以及审判实践的探索,裁判文书的简写,主要有以下两个方面:

(1)适用简易程序审理的一审刑事案件。可以省略"被告人及其辩护人的辩护意见"、法院"经审理查明"的事实和证据的具体内容。

(2)适用普通程序简化审理的"被告人认罪案件"。可以省略"起诉书指控事实"、"被告人及其辩护人的辩护意见"和证据的具体内容等。

2. 不能简略的内容

(1)基本事实和证据。包括犯罪行为系统的要素及相关证据;

(2)量刑的情节及其适用。包括法定情节和酌定情节;

(3)被告人的认罪、悔罪态度;

(4)处理意见和理由;

(5)引用的法律条文。

二、刑事裁判文书简写的基本类型和方法

简写刑事裁判文书的目的是避免因内容的重复、赘述而使文书冗长,以节约审判资源,提高审判效率。

(一)裁判文书简写的基本类型

裁判文书的简写,主要是根据简审程序对证据的举证、质证和辩论的简化,以及控辩双方对定罪量刑没有异议的实际情况,而简化裁判文书的事实论证和裁判说理。从刑事司法实践对简审案件简写的实际来看,裁判文书的简写主要有以下两种类型:

1. 省略指控和抗辩的简写

省略指控和抗辩的简写,是指在正文的一开始,就开门见山地表述"经审理查明"。例如,某基层人民法院的一份刑事判决书的简写。

公诉机关上海市××区人民检察院。

被告人王某,曾用名周某某,男,1975年6月13日生,汉族,出生地上海市,高中文化程度,原系上海××销售有限公司销售部副经理,住上海市××路821弄58号104室;因涉嫌职务侵占犯罪于2003年7月2日被上海市公安局××分局取保候审,因涉嫌挪用资金犯罪于2004年1月13日被依法逮捕;现羁押于××区看守所。

辩护人……

上海市××区人民检察院以沪×检刑诉〔2004〕92号起诉书指控被告人王某犯挪用资金罪,于2004年2月27日向本院提起公诉。本院依法组成合议庭,公开开庭审理了本案。……现已审理终结。

经审理查明,2002年11月至同年12月,被告人王某在担任上海××销售有限公司销售部副经理期间,利用职务便利,将客户金某多次付给本公司的购车款现金人民币102,323元不入账,擅自挪用购买足球彩票以及进行赌球等非法活动。2003年4月,被告人王某离开本公司。2003年7月2日,被告人王某主动到公安机关投案自首,至今未归还人民币100,000元。

上述事实,被告人王某在开庭审理过程中亦无异议,且有证人杨某、金某、丁某、徐某的证言,上海××销售有限公司出具的情况说明、购车合同及机动车销售统一发票、还款协议、劳动合同、营业执照、劳动手册、工资支付明细表等证据证实,足以认定。

本院认为……

2. 省略法院“经审理查明”的简写

省略法院“经审理查明”的简写,是指在全面而概要地表述指控事实和证据之后,经对证据的质证和确认,直接表述裁判说理的“本院认为”。例如,某区人民法院刑事判决书的简写。

公诉机关上海市××区人民检察院。

被告人王乙,男,1991年3月17日出生于江苏省,汉族,初中文化,无业,住江苏省淮安市××区××乡××村八组26号。因本案于2009年2月21日被刑事拘留,同年3月27日被逮捕。现羁押于上海市××区看守所。

法定代理人魏××,系被告人王乙的母亲。

被告人丁七,男,1991年5月13日出生于安徽省,汉族,初中文化,无业,住安徽省蚌埠市××县××路32号。因本案于2009年2月18日被刑事拘留,同年3月27日被逮捕。现羁押于上海市××区看守所。

上海市××区人民检察院以沪×检未诉〔2009〕28号起诉书指控被告人王乙、丁七犯盗窃罪,依法向本院提起公诉。本院于2009年6月17日受理后,依法适用简易程序,实行独任审判,于2009年6月23日公开开庭进行了审理。……现已审理终结。

上海市××区人民检察院指控,2009年1月7日凌晨,被告人王乙、丁七伙同朱某、黄某(另处)等人经预谋,携带液压钳等作案工具,先后两次至本市××新村,撬开车棚门锁后入内,采用撬车锁搭线的方法,共窃得停放在车棚内的被害人戚某价值人民币4431元的呈捷牌TR02P-1B1型燃气助动车一辆、被害人张某价值人民币4134元的呈捷牌TR04P-1E型燃气助动车一辆、被害人项某价值人民币2452元的呈捷牌TR04P-1G型燃气助动车一辆、被害人耿某价值人民币6435元的永久牌TR2004P型燃气助动车一辆、被害人臧某价值人民币3365元的永久牌TR2004P型燃气助动车一辆、被害人王某价值人民币2352元的呈捷牌TR04P-1E型燃气助动车一辆、被害人吴某价值人民币2848元的呈捷牌TR04P-1E型燃气助动车一辆、被害人朱某价值人民币3295元的呈捷牌TR04P-1E型燃气助动车一辆、被害人桂某呈捷牌TR04P-1E型燃气助动车一辆及被害人张某呈捷牌TR02P-1B1型燃气助动车一辆共计十余辆助动车,总计价值人民币29,312元。嗣后,将赃车行驶至本市××浴都停车场,销赃给他人。

上述事实,被告人王乙、丁七在开庭审理过程中亦无异议,且有被害人戚某、张某、项某、耿某、臧某、王某、吴某、朱某、桂某、张某的陈述,证人朱某、黄某、尤某、周某、王某、唐某、池某、郑某、商某、张某、王某、王某、李某、马某、支某、鲍某、乔某的证言,被害人提供的购车发票及行驶证复印件,公安机关调取证据、扣押及发还物品清单,上海市××区物价局物品财产估价鉴定结论书,公安机关出具的工作情况以及被告人王乙、丁七的户籍证明等证据证实,足以认定。

根据《最高人民法院关于审理未成年人刑事案件的若干规定》的规定,在法庭审理过程中,本院了解到被告人王乙、丁七道德、法制观念淡薄、交友不慎、贪图不劳而获,以致触犯法律。

本院认为,被告人王乙、丁七伙同他人,共同以非法占有为目的,秘密窃取他人财物,数额巨大,其行为均已构成盗窃罪,依法应予惩处。公诉机关指控被告人王乙、丁七犯盗窃罪的罪名成立。被告人王乙、丁七作案时均已满十六周岁未满十八周岁,依法应当减轻处罚。希望被告人王乙、丁七能够通过本案吸取教训,树立用劳动来获得钱财的观念。据此,依照《刑法》第二百六十四条、第二十五条第一款、第十七条第一款、第三款和第六十四条的规定,分别判决如下:……

(二)刑事裁判文书简写的方法

根据对司法实践的总结,刑事裁判文书的简写主要有以下两种方法。

1. 选择省略法

选择省略法,就是根据指控的事实和证据,以及案情的实际,选择适用不同的省略方法。最高人民法院对简写的格式做了规定,既有《一审公诉案件适用简易程序刑事判决书样式》,又有《一审公诉案件适用普通程序审理"被告人认罪案件"刑事判决书样式》,该两种格式,前者省略"被告人及其辩护人的辩护意见"、"经审理查明"的事实和证据的具体内容,后者省略"起诉书指控事实"、"被告人及其辩护人的辩护意见"和证据的具体内容等。在实际操作中,在原则上依照上述样式简写外,还应根据实际需要选择省略的内容,使得简写的裁判文书不因内容的简化而失去公正的形象。

2. 概括表述法

由于刑事裁判文书简写的事实是简单、清楚而又无争议的事实,因此,没有必要具体详写,通常采用的是概括叙述的方法,使之既做到要素齐全,又简明扼要。运用概括表述法应注意两点:一是要写全事实要素,不能遗漏。事实要素也就是犯罪行为系统的要素,即何人、何时、何地、何因、何行为(手段)、何对象及何结果。二是要写全法律要素。不同的犯罪有不同的犯罪构成要件,证据规格也不尽相同,因此,写法应因案而异。如挪用公款案件,应写明被告人的职务、职权及其如何利用职务,何时、因何挪用公款、挪用数额、用途、挪用的时间段,是否归还、归还多少等情况。裁判文书可以这样概述:被告人×××利用其担任××单位××职务的便利,于××××年××月××日挪用公款××万元,用于个人购房,至案发尚未归还,挪用时间超过三个月。

三、裁判文书简写应注意的问题

经过以上简写裁判文书的介绍,可以看到,不论是省略指控和抗辩的简写,还是省略法院查明事实的简写,两种简写的裁判文书几乎不需要论证,也无须回应控辩双方的意见,确实简化了不必要的内容,避免了指控和法院认定的证据及事实的重复。这种写作方法,有其实际价值,应予肯定。但是,在简写裁判文书中,有些问题还是需要引起注意。

1. 准确确定简写对象

要写好一篇简写的裁判文书,首先要选好可以简写的案件,也就是要准确确定简写的对象。

最高人民法院、最高人民检察院、司法部《关于适用普通程序审理"被告人认罪案件"的若干意见(试行)》规定,下列案件不适用该意见审理(即不适用简化审):(1)被告人系盲、聋、哑人的;(2)可能判处死刑的;(3)外国人犯罪的;(4)有重大社会影响的;(5)被告人认罪但经审查认为可能不构成犯罪的;(6)共同犯罪的案件中,有的被告人不认罪或者不同意适用本意见审理的案件。据此,适合简写的对象,应当是事实清楚,证据确实、充分,被告人自愿认罪,没有争议或争议不大的案件。

2. 合理选择简写的方式

以上两种简写的方式中,省略指控事实的简写,比较适合于证据没有问题而指控事实略有缺憾的情况。因为指控事实存在缺憾,我们不能在表述指控事实上给予弥补,只能在本院查明的事实中弥补,从而掩饰其指控事实的不足。因此,这时省略表述有缺憾的指控事实是明智的。不同的是,省略法院查明事实的方式,则比较适合于指控比较到位的案件。因为表述了指控的事实和证据之后,案情已经很清楚,证据也很充分,被告人明确表示没有异议,法院无须再重复几乎没有区别的查明的事实和证据。这时,我们只能选择省略法院查明的事实。综合这两种情况,简写方式的选择,一定要根据指控和认定事实的情况确定。

3. 前后、详略要照应

刑事裁判文书简写,并非绝对简化而没有论证说理,必要时也应当论证说理,只是论证和说理,一般不可能洋洋洒洒,纵横阔论。总的格局属于简化写法。在简写中,要注意文书前后和详略的照应协调。总体上应遵循彼详此略,彼略此详的原则。实践中可以把握两个方面:一是表述起诉指控的事实和证据与法院认定的事实和证据时应前详后略;二是表述起诉理由与裁判理由时则应前略后详。当然,这里的“详”是简写前提下的详，并不需要多层次反复论证。

4. 简写也要注重对证据、事实和情节的准确表达

简写也要注重对证据、事实和情节的准确表达，包括两项内容，一是指要准确表达证据的证明作用，二是要准确表达不能简略的要素。

(1) 注重对证据的准确表达。简写的裁判文书中，普遍存在一个容易被忽视的证据表达问题，应当引起我们的注意。比如上述基层人民法院刑事判决书对指控事实的确认的表达：“上述事实，被告人王乙、丁七在开庭审理过程中亦无异议，且有被害人戚某……的证言，……等证据证实，足以认定。”其中“上述事实”，应当是指尚未被确认的指控事实，而不是法院已经认定的事实，两者在逻辑上被混淆了。此外，证实指控事实的证据，应当按照证据的证明力合理排列，证据之间并没有递进关系，文书表达为“被告人……亦无异议，且有……等证据证实”，混淆了证据的证明力，且毫无理由地给被告人的供述赋予了“证据之王”的地位，似乎没有后面的证据已经可以定案，“且有”之后的证据成了补强证据，这显然不妥当。合理的表述应当是：“以上指控的事实，有……等证据证实，被告人……亦无异议，本院据此确认指控的事实成立。”

(2) 注重对事实和情节的准确表达。注重对事实和情节的准确表达，主要有以下三项内容：

①被告人的行为构成何罪。

被告人的行为构成犯罪的，可以直截了当地表明其行为构成什么罪，公诉机关指控的罪名是否成立。定罪理由可以概要地写明符合刑法规定的犯罪特征和具体罪状。如被告人的行为构成盗窃罪的，可以表述为：“被告人×××采取秘密手段窃取公民财物，数额较大，其行为已构成盗窃罪。公诉机关指控的罪名成立。”

②法定情节及其适用。

法定情节及其适用，应当按照法律规定表述。如被告人系累犯，应表述为：“被告人×××曾因犯××罪被判处有期徒刑，刑满释放后5年内，又故意犯应当判处有期徒刑以上刑罚之罪，系累犯，依法应当从重处罚。”如被告人系从犯，可表述为：“被告人×××在共同犯罪中起辅助(或者次要)作用，系从犯，应当比照主犯从轻(或者减轻、或者免除)处罚。”

③被告人的认罪、悔罪态度。

适用简审简写的简单案件，被告人大多认罪、悔罪态度较好，因此，为了对被告人的认罪有一个公正的表态，在简写的裁判文书中应写明“被告人认罪(悔罪)态度较好，可酌情从轻处罚”。这既是对被告人犯罪以后表现的肯定，又是对被告人酌情轻判的理由，也有利于对被告人的教育改造。

第六节 刑事裁判文书语句、词、字使用中应注意的问题

制作刑事裁判文书,从制作的工程讲,实际上是使用语句、词、字(包括数字)这些要素,生产"刑事裁判文书"这个产品,而语句、词和字这些要素的质量,直接影响或决定着裁判文书这个产品的质量。因此,制作刑事裁判文书,首先要重视语句、词、字(包括数字)的使用规范和质量。

(一)表述犯罪行为的事实必须客观真实,经得起推敲

首先,表述被告人犯罪行为的事实必须客观真实,实际上就是要求表述的事实,必须符合行为与结果之间内在的逻辑关系,经得起推敲,切忌不符合事实的夸张词语。例如,有一篇判决书这样表述:"被告人返回餐饮舱内,朝被害人刘某某头部猛砍数刀欲砍死刘,但由于刘反抗及其他船员阻止并从其手上夺下菜刀而未得逞,被害人刘某某因外伤致头部遗留疤痕累计长9.8厘米,经法医鉴定属轻伤。"这一表述的问题在于,被告人用菜刀对准被害人头部猛砍数刀,欲置被害人于死地,但是,结果却是轻伤,只留下疤痕,该"猛砍"似乎与事实不符,如果真的是挥刀猛砍,为何除了被害人头部遗留疤痕外,没有伤及旁人?显然,这里的"猛砍"所表达的意思超过了实际,用"连砍"数刀可能更符合事实。其次,叙述事实和过程,应以平铺直叙为宜,少用"但"这类转折词语,没有必要。最后,一个事实过程结束,应当用句号。

(二)表述证据的证明作用应遵从证明的逻辑要求

表述证据的证明作用应遵从证明的逻辑要求,是指在表述某一证据对相关事实的证明作用时,不要有违背证明的逻辑表达。

例如,对被告人李某抢劫案临界年龄的论证这样表述:"另查明:被告人李某的出生日期是1984年5月2日。以上事实,有下列证据予以佐证:被告人李某的父亲李巴的证言;证人李一、李二、王某、李三的证言。李巴的证言得到了证人李一、李二、王某、李三的证言的印证。并经庭审查证属实。"

为了进一步论证李某的年龄,法院在"本院认为"中这样表述:"被告人李某在归案后即提出其年龄未满18周岁,经本院查证,其辩解有证人李巴、李一、李二、王某、李三的证言印证,其中李巴、王某的证言否定了被告人李某户籍资料的客观性,而其他证人的证言又印证了李巴证实的李某的出生日期,故应认定被告人李某在作案时的年龄未满18周岁。"

对以上论证,人们有理由质问,被告人的出生日期难道是证人证言所证实的吗?难道证人证言就能否定被告人的户籍资料吗?如此证明被告人的年龄,证据上还不充分,至少应当由公安机关出具户籍资料登记存在问题的证明,从而导致户籍资料无效,然后,再根据证人的证言确认那个人的年龄。

此外,该案对被告人的年龄的论证,是犯罪主体的刑事责任能力的事实,应当在事实论证中予以认定,不应当在"本院认为"中论证。

对于证据的证明作用的表述,还有一些常见的问题,需要引起注意。例如,在裁判文书中经常会看到这样的证据表述:"证人××的证言证实……"试问,哪一个证人的证言可以直接、单独证实一个事实?其实,任何一名证人的证言都是不能单独证实一个事实的,这是一个误区,要注意纠正。

(三)要用肯定句式直接表明意思,避免使用否定句式

在表述事实或者分析证据时,要避免使用否定句式,以免使用不当发生问题。例如,自诉人周夫诉被告人顾丈故意伤害案裁判说理中使用否定句式引出的问题。

自诉人周夫与妻子顾妇发生争执并扭打,其岳父顾丈在场,后周夫鼻骨中段粉碎性骨折,构成轻伤。周诉称,被告人顾丈用右拳面对面猛击其面部,致其鼻梁骨折。顾丈称周夫在殴打顾妇时滑倒在地,鼻子撞在顾妇头上而受伤,顾妇也证明是周夫打她时摔倒,鼻子撞在她头上。邻居范一和周二都予以相同证明。邻居卜三证明,先听见周夫与其妻吵架,见503室范一和403室周二进入504室自诉人家中,后见周夫出来时鼻子上有血。但是,邻居张四作证称,当天早晨,他与邻居郑五也发生争吵,503室范一等人均来相劝,大家均在五楼的走廊上,忽见504室周夫满脸是血从房内出来下楼,当时范一在走廊上,不在504室房内。

关于自诉人是否被其岳父打伤,证人范一是否在现场,原判作了这样的表述:"证人张四的证言也不能否认对被告人顾丈有利的证人范一不在现场,而辩方证人范一、周二、卜三相互证实均是现场的目击证人,且均证明自诉人周夫鼻子骨折是自己摔倒所致,而非被告人顾丈拳击所致。"其中的"不能否认……不在现场"这个否定句式显然存在问题。"不能否认不在现场",等于"能确认不在现场",而文书要表达的本义却是"能确认范一在现场",范是目击证人。这个例子很好地说明了使用否定句式的风险,而且,从裁判说理的要求讲,裁判说理对于应当确认的事实和结论,应直接用肯定式表达,而不应用否定的形式来肯定。因此,在裁判文书中应当避免使用否定句式。

(四)正确使用代词,避免"其"指代不明产生歧义

在裁判文书的事实论证中,经常发生不当使用代词"其"的情况,例如,有份刑事判决在事实论证中这样表述:"自诉人朱某与被告人杨某系同村村民。2000年

11月5日晚上,被告人杨某回到家,看见自诉人与其妻子从其住宅的底楼东面房间走出来,见状被告人便用拳头殴打自诉人,用脚踢自诉人胸口,致使自诉人朱某左额、颗、顶部广泛性软组织挫伤,左第六、七肋骨折,经鉴定为轻伤。"

上述事实中代词"其"具有歧义,容易让人误解。从"自诉人与其妻子从其住宅的底楼东面房间走出来"这一句看,应当是自诉人夫妻俩从他们的住宅内走出来,但是,事实是自诉人与被告人的妻子从被告人的住宅内走出来。上述这段文字应这样调整:"被告人杨某回到家,看见其妻子与自诉人从其住宅的底楼东面房间走出来,"这个句子中的代词"其"指代同一个对象。

代词"其"一般用于后句中指代前句中已经出现过的主语或宾语,指代主语,有指代其主格和所有格之分,表示"他、她或他们、她们"和"他的、她的或他们的、她们的";如"任其自流"、"各得其所"、"自圆其说"、指代宾语,表示"哪个、那样",如"查无其事"、"不厌其烦"。一般来说,在非特指的情况下,"其"指代范围较宽,也较抽象,在特指的情况下,多表示所有格,尤其在裁判文书中,一般不宜表示主格。例如,"被告人及其代理人"。为了指代的明确,在间接引语中,指代被告人一个人或数个人的,用"他、他们"或"她、她们",如"三名被告人在他们到案后的第一次供述中,均对作案现场的特征进行了相同的描述"。凡有两个以上主语的,避免用"其",以免指代不明。例如,"被告人李某、陈某到案后主动对犯罪事实作了供述,王磊还检举了同案犯张某的犯罪,表明其有认罪悔罪表现。"比例句中的"其"指代不甚明了。逻辑上,检举同案犯属于立功的范畴,未必真正悔罪。

(五)注重数字的规范使用

虽然最高人民法院已经专门制作了裁判文书中使用数字的技术规范,但是,在审判实践中,仍然存在使用数字不规范的情况,其中突出的问题是不清楚在什么情况下可以用汉字数字,什么情况下用阿拉伯数字。例如,被告人树某、杨某寻衅滋事案中的数字使用情况:"争执中,被告人树某、杨某等人持酒瓶等物砸向对方,致被害人徐某某头面部创累计长14.7cm,体表多处损伤,经鉴定,构成轻伤;……被告人树某的供述证实,2002年10月11日晚,我和杨某等人在成事园酒家就餐时,因认为邻桌1名男子将香烟头扔到我们的饭桌上,遂双方引起争吵,后被该酒家经理等人劝阻。当就餐后准备离开酒家时,我又上前责问这名男子,并打了这名男子一记耳光,遂双方再次引起争执。"这段文字中,三处涉及数字,一是"累计长14.7cm",二是"1名男子",三是"一记耳光"。其中,"累计长14.7cm",是构成伤害罪的伤痕长度指标,是具有统计意义的数值,应当用阿拉伯数字,而"一记耳光"中的数字一,不是具有统计意义的数字,而是"一记耳光"这个偏正词组中的数量词"一记"的词素,因此,不能用阿拉伯数字,而应用汉字。同样,"一名男子"也是一个偏正词组，所以，上述“1 名男子”的数字用法错误，应当纠正。为了强调数字的规范使用，这里对应当使用汉字的情况作一些规范要求。

1. 凡是属于修饰句子基本成分的各类词的词素，不具有统计意义的数字，应当用中文数字即汉字

为了表述的全面或精确而在句子中使用数量词，对相关的主语、谓语或宾语等句子基本成分进行限定，其中的数字是作为主语、谓语或宾语的限定词的构词成分的词素（构成词语的最小单位）出现，比如，构成定语、补语、状语等限定词的词素，而不是为了表明一个确切的具有统计意义的数量，即使不用这些起限定作用的数量词，或用其他不确定的数量词代替，句子成分仍然完整，语句照样通顺，没有语法问题，应当用汉字。例如：

（1）“被告人将功放器两台、中置环绕音箱五套、话筒十只、影碟机两台提走”。该案一、二审刑事裁判文书均表述为“被告人将功放器 2 台、中置环绕音箱 5 套、话筒 10 只、影碟机 2 台提走”。

以上“将功放器等提走”，是宾语“功放器”前置，一般的表述应是“被告人提走功放器两台、中置环绕音箱五套、话筒十只、影碟机两台”。其中的数量词均是宾语的补语，以说明宾语的数量特征，其在句子中的作用只是对宾语的限定，没有统计上的数量意义，法院也不以被告人盗窃多少台、多少套或多少只计算盗窃数额。所以，这些数量词中的数字在语法上属于构成补语的数量词的词素，在审判上不具有统计意义，应当用汉字表示。

（2）“被告人三次上门盗窃”或“被告人上门盗窃三次”。前句中的“三次”，是反映盗窃作案状态的状语，后句中的“三次”，是谓语“盗窃”的补语。该“三次”，类似于“多次”、“三番五次”，其中的“三”，是构成作为状语或补语的数量词的词素，应当用汉字。

（3）“两名被告人约定 1 小时后见面”。是“两名被告人约定他们一小时后见面”的简略表述，语法结构很简练，但原句“1 小时”的表述值得推敲。“一小时后”是修饰“见面”的时间状语，其中“一小时”，就像“一整天”、“大半天”一样，是构成时间状语的偏正词组，“一”是构成词组的词素，没有时间量的统计意义，即使不用确定的“一小时”，用“三四天”，句子依然通顺，因此，该句中的数字应当用汉字。

（4）“赃款被两人均分”，是“两人均分赃款”的“被”字结构，其中“两人”是“两名被告人”的简略表述，而“两名”是对主语“被告人”作限定的数量词，“两”是词素，没有统计意义，因而应当用汉字。对于“两”的使用还应注意与“二”区别，不能混淆。

2. 邻近两个数字并列连用,表示概数或约数的词语,应当用汉字

如二三米,三五天,一两个小时,三四个月,一二十个,五六套。

3. 带"几"字的约数,应当用汉字

如十几天,几十万分之一,不能表述为10几天。

4. 序数词中的数字,是构成序数词的词素,应当用汉字

如"被告人在第一、第二次讯问中所作的有罪供述"。

(六)要注重裁判用语的规范和流畅

在制作裁判文书时,还有注重裁判用语的规范和流畅,裁判文书使用的文字、语句,都要考虑适合宣判的需要,要容易表达,适合宣判,切忌使用过于长的长句,以免造成宣判时不能换气的局面。

第七节 二审刑事裁判文书的制作

本章前六节以一审刑事判决书为蓝本,对刑事裁判文书的制作规范和要求作了比较全面的阐述。但是,对二审刑事裁判文书的制作,尤其是审判实践中制作二审刑事裁判文书存在的一些普遍性问题及其原因,以及应当如何注意避免这些问题,尚未论及。从本章体系的完整性考虑,增加一节二审刑事裁判文书的制作尤为必要,也为审判刑事二审案件的法官们提供一些参考的便利。

一、二审刑事裁判文书

(一)二审刑事裁判文书的概念

二审刑事裁判文书,是二审法院就一审法院认定的案件事实是否清楚、定性是否正确,定罪量刑是否恰当,上诉或抗诉意见和理由是否成立,以及对审理刑事案件的相关程序问题,依法进行裁判而制作的具有终审法律效力的司法文书。

(二)二审刑事裁判文书的基本分类

常用的二审刑事裁判文书,大致可以分为以下六种:

(1)维持原判的二审刑事和刑事附带民事裁定书;

(2)部分或全部改判的二审刑事和刑事附带民事判决书;

(3)发回重审的二审刑事和刑事附带民事裁定书;

(4)维持一审裁定的二审刑事裁定书;

(5)撤销一审裁定的二审刑事裁定书;

(6)准许撤回上诉或抗诉的二审刑事裁定书。

以上六种二审刑事裁判文书的前三种,是最基本司法文书,本节主要阐述制作这三种文书的规范要求。

（三）二审刑事裁判文书的功能和特点

刑事二审是因当事人对刑事一审裁判不服而提起,在诉讼阶段上,刑事二审与刑事一审属于后审与前审的关系。在诉讼的级别上,刑事二审与刑事一审是终审与初审的关系。从设置二审程序的功能讲,对于当事人不服的一审裁判,二审既不能无端怀疑,也不能盲目轻信,尤其在对案件事实的审查认定上,既不能完全依赖一审证据,又不能全部废弃重起炉灶。二审必须通过独立自主的审查判断,既肯定一审的正确认定,又否定其错误认定,既支持一审的正确裁判,又撤销其错误的裁判。在审级权限上,二审有权否定一审的认定,并变更一审裁判,二审一旦终结,其裁判立即发生法律效力。显然,二审的功能,就是监督一审,并纠正一审的错误。这也决定了二审必然具备审级高、权力大,风险大和责任大“一高三大”的特性。刑事二审的功能特性,最终都体现在二审刑事裁判文书上。

二、二审刑事裁判文书的制作规范

二审刑事裁判文书的基本结构,与一审裁判文书的基本结构大致相同,总体上也是三大部分,首部、正文和尾部,三大部分内部,也都由三项内容构成。刑事裁判文书的框架结构和内在构成,已在本章第一节刑事裁判文书概述中详细介绍,本节主要对基于二审裁判活动而形成的制作二审刑事裁判文书的规范进行论述。

（一）基本规范和要求

裁判文书是一种高度程式化的司法文书,具有严格、稳定的规范性格式,制作二审刑事裁判文书,与制作一审文书一样,也应当严格遵循最高人民法院制定的规范样式,不能随意创造格式,破坏规矩。但是,由于二审裁判是基于一审裁判而对案件的全面审查和裁判,二审裁判文书表述的内容相对复杂,其表达形式也必然会因内容的不同而有所变化。因此,制作二审刑事裁判文书,既要在总的框架结构上遵循规范样式,又要根据案件的特点和审判的需要,遵循适合于二审裁判的论证说理规范。既要注重发挥法官的主观能动性,不拘泥于习惯的表达形式,又要按照二审的程序规范,善于用最简练的语言把案件事实表述清楚,用基于严密的逻辑演绎而作出的精辟论断,把对案件的处理意见及其理由阐述明白。二审裁判文书的论证和说理的规范要求,源于二审刑事裁判文书正文的结构功能和特性。

（二）二审刑事裁判文书正文表述的规范要求

由于刑事二审具备上述“一高三大”的特性,二审刑事裁判文书主要内容的表述,与一审裁判文书有着明显的不同,其主要不同,反映在二审裁判文书的正文部分。

二审刑事裁判文书的正文,分为内容上递进、逻辑上有因果联系的四个部分,以上诉案件的正文为例:

第一部分,是引述原审法院认定的事实、定案的证据和裁判,以及原审被告人及其辩护人对原判的意见、理由和二审检察院对原判的意见和理由。这一部分既是二审法院审理的对象和基本范围,也是二审对案件进行全面审查的基础。

第二部分,是二审法院以“经审理查明”的形式,在第一部分内容的基础上,融入二审调取的证据,通过对全案证据的分析认定,以及对二审诉辨双方的意见和理由的分析,确认二审查明的事实,同时对一审认定的事实作出评判,并回应二审中诉辨双方针对案件事实提出的异议,为二审裁判奠定事实基础。这一部分是二审法院对案件事实进行全面审查和事实论证的重点内容。

第三部分是二审法院以“本院认为”的形式,通过对案件性质的分析认定、对适用法律的说理论证,为二审裁判提供法理和法律依据。这一部分内容是以说理为形式,以逻辑论证为途径的说理论证的过程,是在第二部分事实论证的基础上,以二审确认的事实为依据,根据相关知识、法理和法律规定,对全案进行的综合性裁判说理。在这一部分,二审不仅对一审裁判认定事实、适用法律和对被告人的定罪量刑分别作出肯定与否的总结性结论,同时,也对诉辩双方提出的意见分别作出肯定与否的结论,并表明二审对诉辩双方的意见是否支持的意见,为最终作出二审裁判定下基调。

第四部分是裁判主文。裁判主文是裁判文书正文的最后一个部分,是二审法院对案件作出的终审裁决,是二审对全案说理论证的“水到渠成”,是刑事诉讼的最终成果,体现着国家的审判权威。该裁决的正确程度,取决于以上事实论证和说理论证达到的水准,也代表着刑事司法的公正程度。

(三)规范表述二审刑事裁判文书正文要把握的三个关键

二审刑事裁判文书正文的规范表述,需要把握好以下三个关键。一是对二审查明事实、证据的表述与引述原判事实和证据的协调,二是对二审查明事实中的表述与诉辩双方对原判事实和证据的异议的呼应,三是二审“本院认为”部分的说理论证与二审查明事实、定案理由及上抗诉意见的呼应。

1. 对二审查明的事实和证据的表述与引述原审认定事实和证据的协调

在正文的事实论证这一部分,需要注意二审和一审认定事实相同或不相同的表述上的区别。

如前所述,事实论证部分,主要由引述原判认定事实和裁判结论、上诉意见和理由、二审检察院的意见和理由以及二审经审理查明的事实等四个段落组成。在这一部分,关键要协调好第一段落和第四段落的表述,即对原审认定事实的引述与对二审查明事实的表述之间的协调。从二审裁判文书对这前后两审认定事实的表述情况来看,两部分内容缺乏协调的问题比较突出,存在繁简失衡的情况。有的在“原审判决认定”中照搬原审认定的事实,在本院“经审理查明”中又重复一审认定的事实和证据;有的则简略到以“二审经审理查明的事实和证据与原判决相同”一句话概括。对此,合理的表述方法,应当是在遵循“彼繁此简,彼简此繁”原则的前提下,根据不同的情况规范而灵活布局。

(1)前后审认定事实基本相同的表述。

上诉对原审认定事实不持异议,仅认为原判定性不当或量刑过重,二审经审查确认原审认定事实清楚、证据确实充分的,可以全面而简要地引述一审认定的事实和证据,概括表明二审对一审认定事实的肯定。为了直观地说明这个道理,我们来看一段(1998)沪××刑终字第210号被告人王某涛、翁某耘、董某峰伪造信用卡一案裁定书对原审事实和二审事实的表述:

“上海市××区人民法院判决认定,被告人王某涛、翁某耘于1996年11月通过同学王某认识了蒋某,商定由蒋某提供窃取信用卡信息资料的专用工具‘读码机’,由翁利用担任上海静安某酒店收银员接触外汇信用卡的机会,在客人使用信用卡结算时,秘密使用‘读码机’窃取客人信用卡磁条上信息(因使用‘读码机’窃取信用卡信息,是将信用卡有磁条的一端,插入‘读码机’的卡槽,沿卡槽从头至尾拉过,而被称为‘拉卡’)。蒋某允诺,帮他拉一张卡,给报酬人民币500元。同年12月上旬,被告人王某涛将从蒋某处取得的‘读码机’交给翁某耘。至1997年1月,翁某耘伙同被告人董某峰,先后数十次将在某酒店小商店、餐厅、咖啡厅使用信用卡消费的客人的信用卡,在正常结算后,秘密使用‘读码机’窃取客人信用卡磁条上的信息,然后通过被告人王某涛将‘读码机’交还给蒋某。蒋某支付报酬人民币2万元。王、翁分得7000元,董分得1.3万元。据此,原审法院以伪造金融票证罪分别判处被告人王某涛、翁某耘、董某峰有期徒刑2年,并处罚金人民币5万元;对被告人翁某耘宣告缓刑2年;非法所得人民币2万元予以没收。

董某峰上诉对原审判决认定其窃取信用卡信息的事实不持异议,但认为原审判决认定其犯罪的事实不清,证据不足,定性与适用法律不当。董某峰还提出法无明文规定不为罪,本案被告人不构成犯罪。

董某峰的辩护人认为,董某峰的行为不构成犯罪。本案没有证据能证明董某峰已预见到危害结果的发生。

上海市人民检察院第×分院认为,原审判决认定的事实清楚,定性正确,审判程序合法。……原审判决对被告人的定罪量刑并无不当,建议二审法院驳回上诉,维持原判。

经审理查明,原审判决认定的被告人王某涛、翁某耘、董某峰为贪图钱财,用‘读码机’秘密窃取持卡人信用卡磁条上的信息资料,并将这些资料交予蒋某,换取蒋某给予的人民币2万元报酬的事实清楚。三名被告人到案以后,对上述窃取信用卡信息的事实均供认不讳,且各人的供述能相互印证。二审庭审中董某峰、王某涛和翁某耘对原审判决认定的其窃取信用卡信息的事实也不持异议。”

以上第一段和第四段的表述,全面而简要地表明了一审和二审对案件事实的认定,实现了二审认定的事实与一审认定事实表述的协调。这种表述是站在二审的立场客观介绍前后审对案件事实的认定,对一审认定事实的引述,不能用直接引语,而要用间接引语,更不能添加任何二审的观点。

(2)前后审认定事实有部分不同的表述

上诉对原审认定事实有异议,并认为原判定性不当或量刑过重,二审经审查确认原审部分事实认定正确,部分事实认定有误的,可以在第一段全面引述一审正确认定的事实,并突出其正确的部分,在第四段概括指出原判认定事实正确的部分和不正确的部分,然后,表明二审认定的事实。

例如,(1999)沪××刑终字第32号贺某等九名被告人非法转网诈骗案判决书对二审查明事实的表述:

“经审理查明,原审法院根据华某等一百余名证人的证言、本案被告人相互印证的供述、查获的用于转网的假凭证和有关鉴定书以及打印假凭证的电脑、打印机等证据,认定被告人贺某、金某勇、宋某伟、徐某共同出资,租借本市海宁路某号店面柜台无证经营移动电话,后经潘某根提议并共谋,利用‘长信局’办理移动电话异地异网转入‘139网’的机会,伪造‘130网’凭证出售,或者为用户办理转入‘139网’手续非法牟利,其他被告人也分别参与,以致国家邮电部门少收移动电话初装费和开户费共人民币30余万元的基本事实清楚。但是,原审判决以每台移动电话入网费人民币2200元认定被告人骗取国家邮电部门少收的移动电话初装费和开户费缺乏事实依据。原判认定的被告人金某勇、宋某伟、金某等人自1997年12月20日至1998年1月6日,还在‘迅联’店内非法出售伪造的‘130网’凭证给贺某、徐某、李某生、周某等人共计60余套,非法牟利人民币1.9万余元一节,由于该出售行为属于本案诈骗犯罪的一部分,应作为共同犯罪予以认定,不应按出售假凭证单独认定。

在被告人用假凭证转入‘139网’的移动电话用户中,有90台转网的用户支付给被告人的费用数额不确切,本院根据能够相互印证的证人证言和被告人的供述以及部分转网的用户提供的有关单据,按被告人向75台转网的移动电话用户收取的入网费计算其非法所得额。根据上述证据,被告人为移动电话用户转网75台共收取人民币110,100元,扣除支付给'长信局'的转网手续费人民币30,750元(每台人民币410元),被告人实际非法所得人民币79,350元,平均每台非法所得人民币1058元。被告人金某勇、宋某伟、金某实际参与用假凭证为移动电话用户转网161台,参与转网诈骗的数额为人民币17万余元;贺某参与为移动电话用户转网44台,参与的数额为人民币4.6万余元;徐某参与38台,参与的数额为人民币4万余元,宋某伟参与139台,参与的数额为人民币14.7万余元;顾晓参与10台,参与的数额为人民币1.058万元;周某参与12台,参与的数额为人民币1.2万余元;李某生参与39台,参与的数额为人民币4.1万余元。"

以上二审判决书仅用了800余字,就概括了案件的全部事实,比原判对事实认定的字数少了1800余字,其中二审判决确认一审判决对事实的正确认定,仅用了200余字,主要原因就是合理概括了原审对事实的正确认定。并且在确认原判正确认定的基础上,用不足400字的概括性表述,表明了被告人的犯罪数额,纠正了一审判决对犯罪数额的错误认定。

(3)原审认定事实不清、证据不足的表述

上诉对原审认定事实有异议,二审经审查确认原审认定事实不清、证据不足,决定发回重审的,二审裁定书没有必要详细引述其错误的认定,可以分两个层次进行表述。第一层次,概括表述案件的由来、原判结论、上诉意见和理由以及二审的审理经过;第二层次,即以"本院认为"的形式,表述二审认为原判认定事实不清的意见和理由。

"本院认为"这一段,应概括表明原判认定的哪些事实缺乏依据,然后,分层进行针对性论证,阐明必须发回重审的事实和理由。例如(1999)沪××刑终字第317号被告人郭某娜非法行医案发回重审裁定书的表述:

"上海市××区人民检察院指控原审被告人郭某娜犯非法行医罪、原审附带民事诉讼原告人王某国提起附带民事诉讼一案,上海市××区人民法院审理后,于1999年7月12日作出(1999)×刑初字第227号刑事附带民事判决,认定被告人郭某娜犯非法行医罪,判处有期徒刑十年,并处罚金人民币1万元;赔偿附带民事诉讼原告人王某国医疗费、赔偿费、扶养费、尸解费等经济损失人民币11.64万元。被告人郭某娜不服,以一审刑事判决对有关证据辨别不清,对引起后果的原因和责任不加分析,将所有责任归结于被告人,导致量刑偏重以及一审附带民事判决亦未分清责任,将所有赔偿责任都强加于被告人为由提出上诉。本院依法组成合议庭,公开开庭审理了本案。……本案现已审理终结。

本院认为,原审判决认定被告人郭某娜在没有取得本市卫生行政部门审查核发的执业许可证的情况下,在其借住的本市某老徐宅47号非法行医,1999年2月7日上午,为被害人侯某梅接生,侯某梅因产后出血被送入上海铁道大学医学院附属甘泉医院(以下简称医院)的事实清楚。但是,原审在缺乏认定婴儿死亡时间和原因的充分证据以及未取得完整病史资料且部分病史有修改痕迹,亦未查明医院抢救病人全过程的情况下,认定被告人郭某娜非法行医致人死亡的事实不清,证据不足。"

以上"本院认为"的第一段是概括表述原判认定的哪些事实缺乏依据,接下去是具体的针对性论证。

"本案证人王凤勤和被告人郭某娜均证实,婴儿娩出后没有呼吸,被告人即对婴儿作人工呼吸。司法鉴定以婴儿肺浮扬试验呈阳性为依据,认定婴儿有自主呼吸,婴儿为活产儿。鉴定对婴儿死亡原因的'补充说明'又认为,婴儿死亡与颅脑损伤有关。但是,婴儿究竟死于何时、何因,司法鉴定没有作出明确的结论。原审在没有查明婴儿死亡的时间和原因、被告人的行为与婴儿死亡之间有否直接因果关系以及应当对婴儿的死亡承担多少责任的情况下,判决认定被告人非法行医致婴儿死亡缺乏事实依据。

司法鉴定证实,侯某梅系产后出血致失血性休克死亡。但侯某梅是在产后出血送入医院近7个小时后才死亡。从产后出血至失血性休克死亡,有一个病情加重、恶化的过程,而这个过程主要发生在侯某梅被送入医院以后。只有在确认侯某梅被送入医院以后的这段时间内,医院的确实施了积极、正确的抢救措施,最后因抢救无效而死亡,才能认定侯某梅的死亡系被告人非法行医所致的结果。因此,要确认被告人是否应当对侯某梅的死亡承担全部责任,必须查明医院是否确实对侯某梅进行了积极、正确的抢救。这不仅对正确认定被告人的刑事责任有着重大影响,而且也直接影响着对被告人的民事责任的认定。

司法部司法鉴定科学技术研究所[1999]病鉴字第014号鉴定书认定,侯某梅'子宫颈下段多条纵行撕裂伤,其中于3点、9点处呈全层撕裂伤,伴宫颈肌层出血','引起侯某梅产后出血的原因为子宫颈裂伤及胎盘组织残留等因素,尤以前者为主'。而医院却诊断为'宫颈无撕裂,宫腔内少许胎膜组织,未见明显胎盘组织'。侯某梅于当晚7时20分被送入医院急诊,至次日凌晨2时05分死亡,出血始终没有得到制止,出血总量达到2300ml,而出血的最初原因始终没有明确。直至当晚10时30分,才确诊为病理性产科所致的DIC(弥漫性血管内凝血)晚期。但司法鉴定没有认定产后出血系DIC引起。医院完整病史'讨论分析'记载,DIC是导致产后出血的原因之一,同时,DIC也可以是产后出血致出血性休克的结果。如果侯某梅被送入医院后,因出血性休克而致DIC,是没有及时得到制止的产后出血引起的结果而不是导致产后出血不止的最初原因，那么医院就有诊断失误的问题。诊断失误与侯某梅的死亡之间究竟有什么关系，是本案的一个关键事实。原审法院在未查明这个关键事实的情况下，把侯某梅的死亡完全归责于被告人的非法行医，认定被告人非法行医致侯某梅死亡，也缺乏充分的事实依据。

被告人郭某娜非法行医、致侯某梅产后出血、健康受到严重损害，应当承担为抢救侯某梅所支出的基本医疗费用。对于因侯某梅死亡而造成的损失，应在查明附带民事诉讼原告人遭受的实际经济损失和被告人对侯某梅的死亡所应负的责任的前提下，认定被告人的民事责任。原审在没有查明被告人对侯某梅的死亡是否应负全部责任的情况下，判决由被告人赔偿附带民事诉讼原告人因侯某梅产后出血及死亡而造成的全部经济损失显然不当，依法应通知医院参加诉讼，查明医院是否有抢救不力的问题，医院在附带民事诉讼中，属于必要共同诉讼被告人。但是，由于原审法院没有通知医院参加诉讼，医院不是本案当事人，本院审理期间，无法追加医院为附带民事诉讼被告人并确认其在抢救侯某梅的过程中是否存在过错的事实，从而也无法确认被告人究竟应当对侯某梅的死亡及附带民事诉讼原告人的经济损失承担多少责任。为了保障当事人的诉讼权利，切实查明案件全部事实，正确认定被告人的刑事责任和民事责任，本案应当由原审法院通知医院参加诉讼并重新审理。”

从以上发回重审裁定书的说理可见，二审发回重审的裁定书，关键部分在于表明一审认定事实不清的客观情况，并阐明依据法律必须发回重审的理由，只有把这一部分表述清楚，二审裁定书才能起到指导原审法院按照正确的思路重新审判的作用。

从目前审判实践反映的情况来看，二审裁定书笼统表述一审判决认定事实不清、证据不足，不阐述发回重审的原因和具体理由的问题普遍存在，究其原因，是二审法官存在“言多必失”的心态，宁愿在裁定书上以“原判决认定事实不清、证据不足”的套话笼统表述，也不愿意多说理由，甚至还习惯于使用内部的“发回重审函”，向原审法院阐述本该写在裁定书上的理由。这种做法显然与司法公开的原则相悖，应当引起二审法官的高度重视，并努力予以纠正。

2. 对二审查明事实表述与诉辩双方对原判事实和证据的异议的呼应

对二审查明事实表述与诉辩双方对原判事实和证据的异议的呼应，包含两方面内容，一是表述二审查明的事实，要突出针对诉辩双方对原判事实和证据的异议；二是在表明二审查明的事实之后，或者在论证二审查明的事实的过程中，要对诉辩双方对原判事实和证据的异议作出回应。

我们再以上面列举的(1998)沪××刑终字第210号裁定书的相关表述为例。

“董某峰上诉对原审判决认定其窃取信用卡信息的事实不持异议,但认为原判认定其‘明知用非法手段获取客人的信用卡磁条信息并提供给他人,可能会损害权利人的利益,而仍然为之,为他人实施伪造信用卡犯罪提供帮助’,缺乏事实依据。辩称当初其只被告知窃取信用卡信息是搞市场调查,且不明知‘读码机’的用途,根本无法预见可能会造成的损害结果。其辩护人也认为,本案没有证据能证明董某峰已预见到危害结果的发生。董某峰是受翁某耘所托,搞市场调查,对于其行为的后果,主观上不明知,故其没有犯罪故意。

经审理查明,原审判决认定的被告人王某涛、翁某耘、董某峰为贪图钱财,用‘读码机’秘密窃取持卡人信用卡磁条上的信息资料,并将这些资料交予蒋某,换取蒋某给予的人民币2万元报酬的事实清楚。三名被告人到案以后,对上述窃取信用卡信息的事实均供认不讳,且各人的供述能相互印证。二审庭审中董某峰、王某涛和翁某耘对原审判决认定的其窃取信用卡信息的事实也不持异议。在一、二审庭审中,董某峰、王某涛和翁某耘均提出,原以为‘拉卡’是搞市场调查,董某峰提出其主观上没有伪造信用卡的犯罪故意,但均未提供相应的证据。

对于‘拉卡’的用途,董某峰到案后在公安机关的第一次讯问中明确供认,当时翁某耘不肯说‘拉卡’派什么用场,只告诉他有专人送到香港去。对此,他觉得不安全,风险很大。但翁某耘认为不要紧,即使被人知道了,也没有证据。根据翁某耘在公安机关被讯问的全部记录,从王某约王某涛到城市酒店谈‘拉卡’,至王某涛将“读码机”交还给蒋某并收取人民币2万元报酬,翁某耘对‘拉卡’的全过程作了供述,从未提到‘拉卡’是搞市场调查,也未讲到她曾经告诉董某峰‘拉卡’是搞市场调查。在到案后的第一次讯问中,公安人员问翁某耘是否知道蒋某叫她‘拉卡’作何用,翁供认‘肯定不是正当行为’。同日第二次讯问时翁供认,蒋某没有跟她说为何‘拉卡’。在1997年6月9日的讯问中公安人员问翁某耘是否问过王某‘拉卡’的目的,翁供认王某边上的一个人叫她不要多问,王某要她‘拉卡’时不要让单位同事及持卡人知道。根据被告人王某涛到案后的最初供述,蒋某没有告诉他‘拉卡’作何用,好像是准备卖给别人,只要求不要让客户知道。在1997年4月7日的讯问中,王某涛第一次供认,王某和另一个人对他说是搞市场调查,但这一供述,与翁某耘所作供述相矛盾。董某峰在1997年6月5日的讯问中第一次供认,翁某耘第二次将‘读码机’交给他时,讲‘拉卡’是作一个信用卡使用的市场调查,但这一供述不能与翁某耘在公安机关的供述相印证,也与翁某耘在一、二审中所作的‘一开始就告诉董是搞市场调查’的供述相矛盾,而且还与董某峰自己以前所作的供述相矛盾。根据三名被告人关于‘拉卡’过程的全部供述,从对言词证据取得的合法性、言词证据形成的合理性判断,他们在第一次讯问中,各自所作的能相互印证的供述最具真实性,依法应作为认定本案事实的有效证据。三名被告人关于‘拉卡’是为了‘搞市场调查’的供述,不仅彼此存在矛盾,而且还自相矛盾,缺乏真实性,不能作为认定本案事实的有效证据。”

以上裁定书对二审查明事实的论证,明显的特点是突出针对上诉意见,多角度论证“拉卡”的目的并不是“搞市场调查”,从而为论证被告人行为的实质奠定事实基础。

3. 二审“本院认为”部分的说理论证与二审查明事实、定案理由及上抗诉意见的呼应。

上述“拉卡”案例中,上诉人及其辩护人均认为“拉卡”的行为不构成犯罪,对此,裁定书在“本院认为”中展开了与二审查明的事实、定案的理由和上诉意见充分呼应的论证。裁定书这样表述:

“本院认为,信用卡作为持卡人在银行转账结算、存取现金和在商店信用消费的金融凭证,是现代金融管理活动的重要媒介,也是持卡人行使财产权利的重要手段。持卡人使用信用卡的权利受法律保护,持卡人对信用卡的使用安全也受法律保护。为了维护信用卡使用的安全和持卡人对信用卡的专用权,发卡银行在信用卡上设置了储存持卡人个人金融信息及防伪密码的磁条,该磁条上的信息具有证明持卡人身份和权利的作用,因而,信用卡磁条上的信息必然成为伪造信用卡犯罪的首选目标。窃取信用卡磁条上的信息,除了用于伪造信用卡,没有任何其他合法用途。因此,作为对持卡人信用卡使用安全的保障,持卡人信用卡磁条上的信息绝对禁止他人非法获取和使用。任何非法获取、使用持卡人信用卡磁条上信息的行为,都是对持卡人信用卡使用安全的侵害,也是对持卡人信用卡账户内存款安全和金融管理活动的侵害,应当坚决予以制止。

窃取信用卡磁条上的信息,同制造或用其他方法取得空白信用卡、或在空白卡上伪造发卡银行和持卡人身份以及将窃得的他人信用卡磁条上的信息拷贝至伪卡磁条一样,都是伪造信用卡行为系统的必要组成部分,统一于伪造信用卡的总目标,共同构成一个完整的伪造信用卡的行为系统。因此,窃取信用卡信息的行为与最后将窃得的信息拷贝至伪卡磁条一样,虽然都不是独立完成伪造信用卡的完整行为,但都是伪造信用卡的行为。根据法律规定,伪造信用卡犯罪是行为犯,只要行为人实施了伪造信用卡犯罪行为系统四种行为中的任何一种行为,就构成了伪造信用卡犯罪。对于伪造信用卡犯罪的认定,不以伪造信用卡的最终结果为依据,而以行为人故意实施的伪造信用卡的具体行为为依据。

伪造信用卡的犯罪行为系统由四种不同的行为构成,行为人实施具体行为的直接目的各不相同,因此,认定伪造信用卡的犯罪故意,不以行为人主观上是否有明确的伪造信用卡的目的为依据,而以行为人实施的具体行为的直接目的所具有的社会危害性为依据。

董某峰、翁某耘,担任涉外大酒店收银工作,接受过信用卡结算操作培训,明知窃取客人信用卡信息是违规行为。他们在窃取信用卡信息的过程中,主观上明知不是好事,心理上有风险感,证明了他们对窃取信用卡信息所具有的社会危害性有着明确的认识。王某涛身为财务人员,即使没有接受过信用卡结算的操作培训,其在与妻子翁某耘商量是否参与'拉卡'的过程中,也已明知'拉卡'不是好事,且风险很大,因此,王某涛对窃取他人信用卡信息的社会危害性主观上也是明知的。

被告人王某涛、翁某耘明知窃取他人信用卡信息的行为具有社会危害性,因贪图非法利益,在认为不会被发现的心理驱使下,放任行为的后果,接受蒋某指使,窃取外籍客人信用卡磁条上的信息,并将窃得的信息提供给蒋某,换取非法报酬。其间,王某涛、翁某耘又拉拢董某峰共同窃取信用卡磁条上的信息。三名被告人的行为,既侵害了持卡人信用卡内存款的安全,又破坏了金融机关对信用卡使用的管理秩序,还严重损害了我国信用卡使用环境的国际声誉,具有严重的社会危害性。作为窃取信用卡磁条上信息的直接行为人,三名被告人不仅具有与指使者相同的窃取信用卡信息的直接故意,而且还有放任危害持卡人财产安全、破坏金融管理秩序等结果发生的间接故意,主观上有罪过。虽然三名被告人窃取信用卡信息时,主观上没有伪造信用卡的目的,也没有意识到窃取信用卡信息的行为属于伪造信用卡犯罪,但认识上的错误不能免除其主观上的罪责。根据主客观一致的原则,三名被告人的行为均已构成伪造金融票证罪,依法应承担刑事责任。原审法院根据三名被告人窃取信用卡磁条上信息的事实,认定三名被告人犯有伪造金融票证罪,事实清楚,证据确实、充分,定性准确。董某峰上诉提出原审判决认定其犯罪的事实不清,证据不足,定性不当以及当初被告知'拉卡'是搞市场调查,不明知'读码机'的用途,无法预见可能会造成的损害结果,其行为不构成犯罪的意见与事实不符。董某峰的辩护人关于董某峰是受翁某耘所托搞市场调查,主观上没有犯罪故意,属于被诱骗参加犯罪,其行为不构成犯罪的意见缺乏事实依据。辩护人提出仅从伪造信用卡数个环节中的一环去定罪,不符合犯罪构成的规定的意见也缺乏依据。"

以上"本院认为"不惜笔墨,针对被告人提出的当时只知道"拉卡"是搞市场调查,即主观方面缺乏罪过的辩解,从三名被告人口供的内容及其形成的过程,有条有理地展开了分析论证,用事实否定了上诉意见和理由,阐明了为什么被告人的辩解不能成立的理由。对于"拉卡"行为与伪造金融票证罪之间的内在联系和定罪的理由,"本院认为"通过系统分析,论证了一审判定被告人犯金融票证罪的罪名成立,为二审维持原判提供了充分的依据。

三、制作二审刑事裁判文书需要注意的问题

（一）确立正确的司法理念

司法既是从根本上平息社会利益冲突、平衡社会利益、维持社会正常运行的方式和机制，也是解决社会利益冲突的终局性措施。其功能和目的，就是通过公开和公正的司法，平息社会利益冲突、有效平衡社会利益，彰显社会正义，维护正义的社会秩序，给广大群众以基于法治和公正的社会安全感。

司法理念，是基于对司法本质的认识而确立的具有明确的目的指向和价值取向以及行为准则意义的思想观念。

制作高质量的二审刑事裁判文书，全面掌握制作二审刑事裁判文书的基本规范和表述技巧，是不可或缺的基础。但是，倘若没有正确的司法理念指导二审裁判，仅仅在技术层面严格要求，结果难免让人失望。因为没有正确的司法理念指导二审裁判，就不可能真正发挥二审的功能作用，若二审裁判形同虚设，就不可能制作出高质量的二审刑事裁判文书。显然，讨论和研究如何提高二审刑事裁判文书的质量，还得注意确立正确的刑事司法理念。

1. 确立恪守刑事二审职责的理念

要求二审法官确立恪守刑事二审职责的理念，就是要求二审法官在审判上诉或抗诉案件中，以责无旁贷的心态，严格依照法律和二审规范，把好事实审查和法律适用这两关，认真、负责、正确地审判案件，维持一审正确裁判，纠正一审裁判的错误，通过充分说理论证的二审裁判，树立公正司法的标杆。

从审判实践来看，二审刑事法官缺乏恪守刑事二审职责理念的情况并不鲜见，有些二审法官似乎不懂得二审的功能是纠正一审的错误，甚至认为，尽可能维持原判才是二审的职责，对于一审判决明显不当的，依然予以维持。这种情况反映在二审刑事裁判文书上，就是裁判没法说理，经不起历史检验。有两个时间跨度达 20 年的案例，多少能够说明这些问题的存在。

第一个案例，（2004）×刑初字第 319 号被告人熊某诈骗案。

一审判决认定，熊某曾因犯诈骗罪被判处有期徒刑 1 年，2000 年 7 月刑满释放。2004 年 5 月 27 日，熊某以假装拾到钻戒同对方互分好处，骗取老年妇女沈某价值人民币 2237 元的金项链一根。当熊某欲骑车逃逸时，被联防队员人赃俱获。

一审法院认为，被告人熊某诈骗数额较大，构成诈骗罪。被告人熊某在刑满释放后五年内又重新犯罪，系累犯，依法应从重处罚。鉴于被告人熊某自愿认罪，所骗财物已全部查获，酌情从轻处罚。据此，依照《刑法》第二百六十六条（诈骗罪）、第六十五条第一款（一般累犯）、第五十三条（罚金的缴纳）之规定，以诈骗罪判处

被告人熊某有期徒刑一年,罚金人民币1000元。

类似这样的案件,被告人一般都不可能懂得原判到底存在哪些问题,他们只会凭借与相似案件的比较,以及自己对量刑的感觉,判断原判是否公正。本案被告人熊某也是这样,他不服一审判决,上诉称,与他同监房的诈骗累犯,诈骗1.3万元,赃款未追回,判处有期徒刑一年,他诈骗价值2000余元,未遂,赃物被追回,也判一年,量刑过重,要求改判。二审最终驳回上诉,维持原判。

对于该案的量刑,且不说被告人与同监犯的量刑比较,同一法院的量刑不平衡,本来也是一个需要纠正的问题。仅就本案的情节而言,确有值得商榷之处。

(1)诈骗未遂的认定。

本案熊某刚从老太太手里骗取金项链,这时候,其诈骗行为属于刚完成、还未真正占有骗取的财物,其未及逃离现场就被抓获,属于诈骗行为实施终了的未遂。虽然一审以熊某"已经取得金项链"的一瞬间认定其诈骗既遂也不是没有一点理由,但是,根据"行为实施终了的未遂"的刑法理论,和"现场抓获"的结果认定诈骗未遂,理由明显充分,也符合适用刑法的谦抑原则和不加重被告人罪责的原则。

(2)情节严重的认定和量刑平衡。

根据最高人民法院1996年12月16日发布实施的《关于审理诈骗案件具体应用法律的若干问题的解释》第一条第六款规定,已经着手实行诈骗行为,只是由于行为人意志以外的原因而未获取财物的,是诈骗未遂。诈骗未遂,情节严重的,也应当定罪并依法处罚。根据该第一条第三款及其第(七)项规定,诈骗数额巨大,曾因诈骗受过刑事处罚的,属于情节特别严重。据此,司法实践将诈骗数额较大,曾因诈骗受过刑事处罚的,认定为情节严重。以此类推,诈骗数额较大未遂,曾因诈骗受过刑事处罚的,属于情节严重,应当定罪处罚。本案被告人熊某诈骗数额较大未遂,有诈骗前科,理应定罪处罚,这点毫无疑义,关键是要正确适用量刑情节,公正合理地量刑。

首先,被告人诈骗未遂,如果被告人没有诈骗前科,其"以假装拾到钻戒同对方互分好处"这种常人一眼就能识别的手段行骗,尚不属于情节严重,因而,可以不适用刑法。因其有诈骗前科,才构成"情节严重",需要定罪处罚。

被告人的诈骗前科,作为定罪情节,在定罪上被使用了一次。定罪之后,决定处以有期徒刑,又因其刑满释放不满五年,被认定为累犯。该同一个前科在量刑上也使用了一次。显然,原判对被告人"曾因诈骗受过刑事处罚"和"刑满释放不满五年"这同一情节两次使用、重复评价,难免加重被告人的刑事责任。

对于这样的案件,承办法官应当有平衡的意识,诈骗未遂原本可以不定罪,因"前科"而升格定罪的,量刑应当考虑从轻,甚至降格量刑,这就是定罪量刑的平衡。根据我国刑法的规定,诈骗数额较大的,处三年以下有期徒刑、拘役或者管制,并处或者单处罚金。如果一审注意到应避免重复评价被告人的前科情节,根据被告人熊某诈骗未遂的事实,判处拘役六个月,并处罚金,就避免了适用累犯规定,量刑也可以得到平衡。二审没有纠正一审判决的量刑,其维持原判的裁定书,当然不可能进行充分的说理,也就没有裁判文书的质量可言。

第二个案例,(2014)×刑初字第4821号被告人秦某、罗某、尹某、朱某、冯某等五人寻衅滋事案。

一审判决认定,2014年7月2日2时30分许,被告人秦某、罗某等人因当日在上海市某广场101酒吧与该酒吧保安人员发生冲突中被打而怀恨在心,遂纠集被告人尹某、朱某、冯某等人,携带砍刀、军刺、仿真手枪、菜刀等工具,至上述酒吧附近准备报复,将前来酒吧消费的被害人魏某、杨某、陈某误认为酒吧保安人员而持上述器械进行殴打、枪击,致被害人陈某右大腿皮肤软组织裂创、合并失血性休克(轻度)、右大腿皮肤遗留裂创瘢痕,构成轻伤和轻微伤;致被害人魏某右臀部、左大腿皮肤软组织裂创,构成轻微伤;致被害人杨某左肩顶部皮肤擦伤、伴局部软组织挫伤。当日3时30分许,被告人秦某、罗某、尹某、朱某发觉误打他人后再次返回上述酒吧附近,持械追逐路人,随意殴打途经此处的被害人焦某,致焦左肩部软组织裂创,构成轻微伤。

一审法院认为,被告人秦某等五人结伙持械在公共场所随意殴打他人,情节恶劣,其行为均已构成寻衅滋事罪。被告人罗某、尹某系累犯,依法从重处罚。被告人罗某、朱某系自首,被告人秦某、尹某、冯某均如实供述罪行,五名被告人均自愿认罪,分别依法从轻处罚。被告人罗某、冯某的家属代为赔偿被害人经济损失,取得被害人谅解,对二被告人酌情从轻处罚。据此,依照刑法第二百九十三条第(一)项,以寻衅滋事罪,判处被告人秦某有期徒刑二年六个月;判处罗某有期徒刑一年九个月;判处尹某有期徒刑二年六个月;判处朱某有期徒刑一年十个月;判处冯某有期徒刑一年。

该案系共同犯罪,司法实践中对共同犯罪案件的处理,最关键的是要在查明各名被告人的行为的基础上,分清楚各名被告人在共同犯罪中的地位和作用,依据各人的地位和作用,合理确定各人的罪责,并以此为依据,给予适当的刑罚处罚。

从一审判决书可见,法院查明的事实中,只有被告人“携带砍刀、军刺、仿真手枪、菜刀等工具……将前来酒吧消费的被害人魏某、杨某、陈某误认为酒吧保安人员而持上述器械进行殴打、枪击……”根本看不出各人的行为和地位、作用。虽然一审在“本院认为”中,也阐述了累犯、自首、认罪以及赔偿等情节,并表明在量刑上有所体现,但是,由于没有区分各人行为的情节,在量刑上缺乏必要的论证,以致数名被告人对判决不服。尤其是第五被告人冯某,上诉要求二审根据其参与犯罪的实际情况,按照罪刑相适应原则,改判对其从轻处罚。

冯某上诉提出以下这些理由:

(1)他在寻衅滋事的整个过程中地位作用均及其微弱。这可以从几个方面证明。

第一,他原本与秦某等人在某广场101酒吧发生的纠纷没有任何关系。那天晚上,他身体不适早已入睡,是秦某打电话叫他去小区棋牌室门口,他碍于邻居的情面,去见了秦某,在场的另几个人他都不认识。是秦某叫他一起去某广场,他没有好意思拒绝,就跟着去了某广场。到达后,他劝秦某不要上楼,在停车场发现被害人后,秦某一伙冲上前,他跟随后面,没有积极行为,有一个被害人倒地后,他跟在别人后面踹了两脚,被害人随即起身逃走,他没有追赶,也没有实施其他危害行为。

第二,他没有实质性的"持械"参与殴打被害人的行为。在棋牌室门口,秦某塞给他一个毯子包裹的棍子类东西,因别人手上都有东西,冯某感觉无法拒绝,就接受了,但是并没有打算使用。到现场后一直夹在身上,没有打开,实际也没有使用。外人根本不会看到他"持械"参与打架,被害人也没有注意到他"持械"。

第三,他仅第一次跟随到某广场,也仅有一次跟着秦某对倒地的被害人"踹两脚"的行为,回到居住地后,即脱离秦某一伙,回家睡觉。秦某等人再次去寻衅,他没有参与。

总体来说,他被动参与寻衅滋事,对秦某一伙持械伤害被害人、危害社会治安秩序,起到了一定的帮助作用,但是,其作用明显微弱,即使没有他的参与,秦某一伙寻衅滋事的态势和结果不会有任何改变。

(2)冯某主观上没有寻衅滋事的故意。冯某虽然被动参与第一次到某广场,但是,主观上一直不想惹事,原因在于前不久的一个交通事故还未了结,家里孩子小,生怕惹出事情,心里的底线就是给秦某一个面子,跟着去看看,尽量不沾边。第一次离开,就有他看到"有警车"后,催促秦某回家的作用。

(3)冯某真诚悔过、积极赔偿。

冯某次日听说有人受伤后,心里很是后悔,也很害怕与自己沾边。接到派出所电话后,就主动到派出所。因心里觉得自己没有实质性的伤害行为,被害人受伤与他无关,担心承认自己对被害人有"踹两脚"的行为后说不清楚,撇不清关系,一开始没有承认。但是,后来还是承认了,并且积极赔偿。委托家里赔了1万元。他心里清楚,其行为并没有直接造成被害人损害,按责任不需要承担那么多的民事责任。他积极赔偿,是一种悔罪表现,而且实际上也得到了被害人的原谅。被害人曾经请求一审法官免除对他的刑事处罚。

简单概括一下冯某的上诉内容,冯某是因为与秦某系邻居关系,不好意思拒绝而跟随到现场,虽然随身带了秦某给他的器械,但并未解开使用,仅仅跟着秦某,对已经跌倒的被害人踹了两脚,且被害人当即起身逃离,并未造成后果。之后,其他被告人实施了什么行为,被害人怎么受伤,与冯某先前踹被害人两脚的行为没有任何关系,冯某不知情,也未参与,仅此行为,一审判处一年有期徒刑,处罚明显过重。但是,该案二审最终也是维持原判,毋庸置疑,二审维持原判的裁定书也无法进行充分的说理,同样没有裁判文书的质量可言。

这两个时间跨度达20年的案例,说明我们的二审承办法官,对于应当如何坚持公正司法,守住二审对一审的监督关,主观上还缺乏应有的认识。仅从提高二审裁判文书的质量上说,也有必要确立恪守刑事二审职责的理念。

2. 追求公正自觉担当的司法理念

二审法官不能坚守二审的职责,或许还有一个认识误区的问题,以为维持原判的案件,都是轻罪轻刑案件,即使量刑偏重,维持原判也不会有多大的负面效应。这种认识误区,根源在于二审法官的内心缺乏对司法公正的敬仰和追求,缺乏自觉担当社会责任的司法理念,从而看不到司法不公对社会带来的潜在危害。我们强调公正司法必须体现在每一个案件上,很重要的一个原因,就是要通过公正司法,伸张社会正义,防止因小案件的司法不公,酿成重大恶性案件,给社会的长治久安带来隐患,给广大群众的长远利益带来危害。这绝非危言耸听。例如,(2004)沪××刑初字第177号被告人顾某保杀人抢劫案,就是一个很典型的教训。1980年7月,顾某保因犯窝藏包庇罪,被×区法院判处有期徒刑四年。1984年刑满释放。为了报复社会,于1985年5月和6月,连续四次入户抢劫,致三人死亡。1986年结婚以后的10年,顾某金盆洗手。1997年离婚后,精神颓废,1998年4月第五次入户抢劫致一人死亡。顾某保在2004年8月19日的《亲笔供词》中写道:"我自84年2月释放后,对80年的判决一直感到很冤恨,一直在寻找当时定我罪的承办,想报仇。因为当时这个承办太坏了,提审时打骂我,抽我耳光,如我反抗,他就和看守所管教讲我不老实,叫管教好好教训教训我,接下来灾难来临。这个承办太可恨了。我曾想,等我出来,杀了他全家。几经寻找未果,我就迁就于社会,用人命来抵我官司,造成社会重大影响。85年上半年实施我的报仇。98年,我已离婚,情绪低落,整天赌博,输钱后心情更坏,心也横下来了,反正以前有过命案。现在我对自己犯下的罪行供认不讳。但是,我想讲的是,80年,公检法极其不负责任,草菅人命,轻罪重判,打骂犯人,我当时年轻,所谓血气方刚。4年官司吃得实在太冤,想好出来就要报复,做轰动社会的事情。有了这种思想,悲剧就在我身上发生了。

现在想想,这种想法、做法极其错误,我造成了五个家庭的无辜伤害,亲人的悲痛,给社会带来了不安定的影响和动荡,我罪孽深重,不杀不足以平民愤。现在我认罪服法,希望政府从重从快早日处理。"开庭审理中,被告人没有对自己作任何辩护,他说:"我没有什么好说的,如果当时能对我作出公正的判决的话,就不会发生这些惨案了"。

顾某五次入户抢劫的犯罪历史,虽不能说是追究其刑事责任导致的结果,但是,从顾某的心态上看,量刑过重是一个直接的因素。被告人因窝藏包庇犯盗窃罪的同学而被定罪处罚,按照罪刑相适应的原则,判处二年徒刑也够重了。一审判处四年,被告人因量刑过重不服判决而决意报复社会,最终不惜以身试法,这不能不说是该案量刑的失败。

许多案例表明,法院审判案件不当,很有可能埋下隐患,特别是刑事审判,定罪量刑不当,刑事被告人不服裁判,内心不接受惩罚,对社会公正失去信心,很容易在绝望中走向与社会的对立。这些与社会对立的思想和情绪的聚集,终将形成严重的反社会的能量,加上社会其他诱发因素的作用,一旦具备合适的条件,很可能引起更为严重的犯罪。

从总结经验教训的角度讲,我们的刑事法官,应当清醒地看到自己身上的责任,在对被告人定罪量刑时,一定要积极追求刑法的目标价值,尽可能减少适用刑法的负面影响。这既是基于人权意识而确立的适用刑法最基本的价值观,也是实现社会公正的必然要求。我们的法官要在正确的刑法价值观的指导下,给予被告人一种与他们的罪行相当的处罚。要通过公正的审判和必要的处罚,让有罪的被告人能够切实感受到法律对他们的追究是必需的,法院对他们的定罪量刑是公正的。从而为他们心服口服地接受处罚,真正改过自新、重新做人打下应有的基础。这是所有法官的社会责任,绝对不能因自己的失职而给社会添乱。其实,要做到这些,也不是什么很困难的事情,法官只要确立追求公正自觉担当的司法理念,认真审理案件,尤其是二审法官,只要坚持在二审裁判文书上充分论证说理,依法顺理成章地作出二审的判决,不论是改判还是维持原判,都能够体现司法的公正,不可能导致被告人丧失理性地陷入怨恨的绝望心境,也就不会演绎新的恶性案件。

(二)注重把握定罪量刑的综合平衡

提高二审刑事裁判文书的质量,前提是要确保刑事二审对案件的公正审判,其中很重要的一个方面,就是要注重定罪量刑的综合平衡,不然,刑事二审就不可能发挥其应有的功能,也就谈不上提高二审刑事裁判文书的质量。

1. 明确定罪量刑综合平衡的含义

平衡,词义上是相对各方的单位计量相等,使各方保持相同或相当的水平。如天平两边的重量相等,天平保持平衡。定罪量刑的综合平衡,一般理解,是指按照相同的原则和方法,依照相同的标准,综合考虑个案的具体情节因素,对相同性质或相同类型案件的定罪量刑,其结果大体相同或具有可比性,不出现没有逻辑的差异,在总体上保持平衡。

作为定罪量刑的基本规则,综合平衡包括时间先后的纵向平衡和不同方面的横向平衡两个方面。

纵向平衡,是指不同历史时期,相同性质或相同类型的案件,综合历史因素和个案情节因素,处理结果具有变化的逻辑依据和可比性。

横向平衡,是指在同一历史阶段,相同性质和相同类型的案件,应遵循统一的标准和方法,综合个案情节因素,在定罪量刑的基准上保持一致,裁判结果具有可比性。

2. 注重把握定罪量刑的综合平衡

定罪量刑的综合平衡,是对同类案件定罪量刑标准的把握上,要求在纵向和横向两个维度保持平衡。从刑事一审和二审的审级特点及要求来看,刑事一审比较注重纵向平衡,容易忽视横向平衡,而刑事二审不仅要注重纵向平衡,确保司法先后的连贯性和变化的继承性,还要注重横向平衡,确保辖区范围内司法标准的统一性和整体的协调性。

基层法院习惯于对审判结果作纵向比较,尤其注重先例,其刑事审判的视角和视野,比较注重其所在地区的社会治安形势和社会需求,甚至受到有关部门利益的影响,其裁判在个案的公正性要求上,往往难以摆脱地域性局限,以致在全市或全国范围的视野中,难免有失平衡甚至明显不当的情况。相对而言,二审法院审级较高,视界更宽,刑事二审不仅要及时维持一审的正确裁判,纠正一审裁判存在的错误和不当,由此统一辖区的审判思路和执法标准,还要注重平衡辖区内不同地区法院对刑事案件的定罪量刑,其裁判对全局性的公正和平衡要求更高,终局性裁判对社会的影响及其责任也更大。因此,无论是在法律效果上,还是社会效果上,二审的裁判都更重视全局性的综合平衡,这也对刑事二审提出了更高的要求,同时也对二审刑事裁判文书提出了更高的要求。

(1)公正裁判,把握好个案定罪量刑的综合平衡

在制作二审刑事裁判文书的时候,要尽力在文书上真实反映刑事二审的过程,充分体现二审视野的宽度和高度,确保二审刑事裁判文书的水准,与终审裁判的责任相匹配。对于确实存在问题的一审裁判,应当改判的坚决改判,绝对不能为了顾及二审与一审的关系而背离公正的立场。要通过纠正一审裁判的错误,发挥刑事诉讼程序设定的二审对一审进行监督和指导的功能性作用,并通过二审的正确裁

判,确立公正司法的导向和标杆。

例如,(2001)沪××刑终字第783号自诉人王某国等诉被告人刘某成、刘某文等侮辱上诉案。

刘某文所在单位上海某叉车汽配公司(以下简称某汽配店)与被害人王某香所在单位上海某汽车配件公司(以下简称某汽配店)在某镇的同一个街面,相邻几个门面。王某香生前患有癫痫性精神障碍,容易激惹,平时服用药物控制情绪。1998年10月,王某香与刘某文的母亲邵某英发生矛盾,此后,王某香经常上门与邵某英争吵、骂人。王某香的丈夫王某国与邵某英的丈夫刘某成曾经商量解决问题,并告诉刘某成,王某香有精神病,要刘某成忍让一点。刘某成也曾对王某国提出,如果王某香有病,就给她积极治疗,如果没有毛病,他们对她就不客气。对于王某香与刘某成家人的争吵,某镇派出所民警曾多次调解无效。1998年12月23日下午5时许,被告人刘某成得知王某香当天又上门吵骂后,即持木棒闯入某汽配店,被告人刘某文及其丈夫许某荣跟随其后。刘某成不顾他人劝阻,敲碎两只柜台玻璃后,将躲到店内后墙处的王某香强行拖拉至店外,反扭手臂按倒在地上,与刘某文和许某荣一起,对王某香进行殴打,并指使邵某英将某汽配店门口工人洗手的一只塑料桶里的水浇在王某香头上和身上,让王某香"清醒清醒"。某镇派出所民警接警到达现场后,事态被平息。王某香当时脸面部有青肿,软组织挫伤。次日,王某香为了留下证据,在某城中照相馆拍了照,又在附近商店送发写着"12月23日刘某成打人"等内容的纸。当晚,王某香在家坠楼自杀身亡。1999年1月7日,上海市公安局某分局以刘某成、邵某英、刘某文公然侮辱他人为由,决定对刘某成治安拘留10天,对邵某英和刘某文分别予以治安罚款200元。

王某国以刘某成等人的行为构成侮辱罪为由,提起刑事自诉并附带民事诉讼,其子女亦提起附带民事诉讼。上海市某区人民法院认为被告人的行为不构成犯罪,于2000年5月16日作出(1999)×刑初字第224号刑事附带民事判决,宣告被告人刘某成、邵某英、刘某文无罪,不承担民事赔偿责任;准许三名被告人自愿补偿自诉人王某国等人民币1000元。自诉人王某国等不服,提出上诉。二审中,发现原审存在审判人员依法应当回避而没有回避的问题,裁定撤销原判、发回原审法院重新审判。原审法院重审期间,王某国等又对许某荣提起刑事自诉和附带民事诉讼。

原审法院经重审后认为,刘某成夫妇及其女儿殴打王某香的行为属故意伤害的违法行为,与王某香的死亡之间无直接因果关系,不构成侮辱罪。因无证据证明许某荣参与殴打被害人,许某荣无罪。刘某成等人殴打被害人的行为是引起王某香坠楼的外在诱发因素之一,根据过错责任原则,应对原告人因王某香死亡而造成的经济损失应承担相应的民事赔偿责任，许某荣不应承担民事责任。据此，于2001年7月9日作出(2001)×刑重字第1号刑事附带民事判决，宣告刘某成、邵某英、刘某文、许某荣无罪；判令刘某成等三人赔偿王某国等经济损失人民币7千余元。

王某国等仍不服判决，再次上诉。认为刘某成等四名被告人在某汽配店内外对被害人王某香所实施人身不法伤害和人格侮辱行为，构成侮辱罪，应承担相应的刑事责任和全部民事赔偿责任。刘某成等四名被告人表示同意原审判决。其辩护人建议驳回上诉、维持原判。

二审法院经审理认为，刘某成等被告人为泄愤而殴打精神病人王某香，并向王某香头上和身上浇冷水，其行为直接侵害了王某香的身体健康，损害了王某香的人格尊严，是导致王某香精神抑郁加重至绝望的直接原因，也是引起王某香自杀行为的主要原因。由于王某国对王某香疏于监护，难免监护失当的责任。刘某成系本案的挑起者，起主导作用，情节严重，其行为构成侮辱罪，应承担相应的刑事责任。其他三名被告人跟随刘某成对被害人实施侵害行为，情节尚不严重，可不以犯罪论处。附带民事诉讼部分，四名被告人应承担因被害人受伤和死亡而导致原告人经济损失的赔偿责任。鉴于被告人的行为非直接导致被害人死亡，原审法院综合被告人的行为与被害人自杀之间的客观联系以及原告人因此而遭受经济损失的实际情况，判决刘某成等人酌情赔偿原告人经济损失人民币7千余元不违反法律规定。二审法院据此撤销原审法院重审的刑事部分对刘某成的无罪判决；维持原审重审其余部分的判决，以侮辱罪判处被告人刘某成拘役两个月。

本案是一起比较特殊的刑事自诉案件。被害人是一个有精神疾病的妇女，常需服药控制情绪。在医疗资源相对紧缺的历史条件下，医院不可能将这样的病人收院治疗。对于病人及其家庭而言，能够积极努力，保持病人正常生活和就业，已经很不容易，也为社会减轻了负担。即使因某些偶然因素，致病人情绪失控，知情的邻居，应当以宽容的心态去对待，主动回避，或协助其家人稳定病人的情绪，避免不良状态的持续。这也是每一个健康人应当承担的社会责任。而不能怀着怨恨，为了泄愤而对病人进行报复和侵害。

本案四名被告人，不能以健康人的宽容心态，正确对待王某香的病态情绪，尤其是刘某成，因王某香当天下午有过上门骂人的病态行为，当晚就对王某香实施泄愤报复行为。对于被告人侵害患有精神疾病人员的违法行为，如果没有造成严重的后果，从避免事态扩大化及缓和双方关系考虑，可作为一般违法处理。但是，一旦造成不可逆转的严重后果，性质发生了变化，不能再按一般违法处理。这不是客观归罪，而是对行为人的主观罪过和行为的严重情节作出的公正评价，给当事人一个公正的交代,也为社会确立一个公正的标杆。

二审根据本案的实际情况,按照罪责刑相适应的刑法原则,对为首实施报复行为的被告人刘某成作出有罪判决,并予以相应的刑罚处罚,对跟随刘某成实施侵害行为的其他三人,以“情节较轻”不认定犯罪,一是考虑行为犯的情节要素,对于共同侵害中,处于非主导地位,行为的情节较轻,不起决定性作用的,可以不追究刑事责任;二是考虑适用刑法的效果,包括对被告人的公平和当事人之间的利益平衡,有利于教育当事人,给社会以正面的影响。

原审法院两次宣告无罪,二审法院最终改判第一被告人有罪,充分反映了一审法院和二审法院对案件认识上的分歧。被告人的行为是否构成侮辱罪,问题不在王某香的死亡与被告人的行为之间有无直接的因果关系。一审裁判的问题,就在于错误地将被告人的行为与被害人死亡之间的因果关系作为界定罪与非罪的依据。对此,二审刑事判决书明确指出,若被告人的行为与王某香的死亡之间存在因果关系,被告人的行为就可能构成故意杀人罪、故意伤害罪或过失致人死亡罪,而不是侮辱罪。因此,本案不能以此作为判断被告人的行为是否构成侮辱罪的依据。原审判决以王某香的死亡与被告人的行为之间无直接因果关系为由,认定被告人的行为不构成自诉人指控的侮辱罪,显然违背了侮辱犯罪构成的基本原理。根据被告人为报复患有精神病的被害人,实施具有公然侮辱被害人人格尊严的殴打等行为,以及其行为与被害人的自杀行为之间具有因果关系的事实,认定为首实施行为的刘某成的行为构成侮辱罪,并予以相应的处罚。

该案历时三年,二审最终改判,既反映了二审坚持公正司法,发挥其纠正一审裁判错误的功能作用,也反映了二审对个案定罪量刑综合平衡的严格把握。

(2)全面考量,注重同类案件定罪量刑的综合平衡

审判刑事二审案件,需要对案件的审判进行全面的考量,注重同类案件定罪量刑的综合平衡。审判时,既对案件的定罪量刑进行纵向考察,借鉴之前的同类案例,又注重比较同类案件在辖区不同法院的审判情况,严格按照定罪量刑综合平衡的要求审判案件。

例如,(2014)沪××刑终字第1122号被告单位某泓公司和被告人杨某虚开增值税专用发票案。

2012年12月至2013年6月间,杨某在实际经营某泓公司期间,在无真实交易的情况下,以支付开票费的方式,让他人为某泓公司虚开增值税专用发票42份,税额共计人民币64.2万余元,全部由某泓公司申报抵扣。杨某经民警电话通知至公安机关,在第五次讯问中如实供述了上述事实。之后,某泓公司向税务机关退缴税款62.6万余元。一审法院认定某泓公司及杨某犯虚开增值税专用发票罪,情节特

别严重。鉴于杨某能如实供述自己的罪行并自愿认罪，某泓公司已退出税款62.6万余元，依法予以从轻处罚。据此，于2014年9月12日作出（2014）杨刑初字第756号刑事判决。依法以虚开增值税专用发票罪判处某泓公司罚金8万元，判处杨某有期徒刑10年，剥夺政治权利1年，责令某泓公司退出违法所得人民币1.6万余元。杨某认为原判量刑过重，上诉要求对其减轻处罚。

二审法院经审理认为，某泓公司和杨某犯虚开增值税专用发票罪，情节特别严重，依法应予惩处。原判认定事实和适用法律正确，诉讼程序合法，但量刑不当，依法予以改判。据此，依法撤销原审对杨某判处有期徒刑10年，剥夺政治权利1年的判决，以虚开增值税专用发票罪对杨某改判有期徒刑7年。维持一审其余判决。

从本案二审的情况来看，二审根据杨某如实供述以及单位退赃、基本挽回国家税款损失的实际情况，依照刑法修正案（八）的相关规定，决定杨某减轻处罚是正确的。二审对该案的改判，必将引起同类案件量刑的参照。

例如，（2015）×刑初字第207号被告单位宜某公司和被告人葛某虚开增值税专用发票案。

葛某在负责经营宜某公司期间，在宜某公司与开票的六家公司无真实业务往来的情况下，以支付开票费为条件，让这些公司为宜某公司虚开增值税专用发票共计52份，其中税款41.2万余元，宜某公司以此申报抵扣。2014年10月16日，葛某在其暂住地被公安派出所民警带至公安机关，即如实供述了上述事实。之后，宜某公司向税务局退缴了全部抵扣税款。一审法院认定宜某公司和葛某犯虚开增值税专用发票罪，情节特别严重，依法以虚开增值税专用发票罪判处宜某公司罚金人民币20万元，判处葛某有期徒刑10年。葛某以原判量刑过重为由提起上诉，要求减轻处罚。

对于这个案例，二审就面临一个如何平衡量刑的问题。比较该案与上述某泓公司虚开增值税专用发票的量刑，该案宜某公司骗取抵扣税额41万余元，某泓公司骗取抵扣税额64万余元，某泓公司的犯罪数额高出宜某公司犯罪数额的50%，一审对某泓公司判处8万元罚金，二审维持对某泓公司罚金的判决，将对杨某的量刑从10年有期徒刑减为7年有期徒刑，那么，对于一审判处宜某公司罚金20万元，判处葛某有期徒刑10年，是否需要改判？对于这样的情况，二审必须作全面考量，要从同类案件定罪量刑的综合平衡上，充分论证对该类案件的定罪量刑，不论是维持原判还是改判，都需要在二审裁判文书中，充分阐明二审裁判的理由。不然，就会出现同一个辖区内二审裁判标准不统一的混乱局面，损害司法的公信力和公正司法的形象。

(三)强化二审裁判文书对一审裁判文书的弥补作用

审判实践中,但凡上诉或抗诉的案件,其上诉或抗诉,或多或少总有一些涉及事实认定或法律适用,或者定罪量刑的问题,并且能够说出一些理由。相对而言,一审裁判文书,在有些方面,也或多或少存在一些对事实认定或证据表述上的缺陷,或者裁判说理上的不到位,特别是量刑上虽然不能说有错,但也确实存在有失平衡的情况。对于这种情况,站在二审的立场上,往往难免左右为难的尴尬。特别是裁判文书认定的事实存在一些错误,但量刑结果在法定幅度之内,而且轻重也比较恰当,比如,团伙扒窃案,认定其中一名被告人参与盗窃六次,其中盗窃200元的一次,该被告人实际并没有参与,二审期间,辩护人还提供了该被告人回江苏农村老家的确凿证据。对于这一次,若原判不予认定,量刑结果也是一样。但是,在二审认定的事实中,排除了原判认定的这一节事实,确认该被告人参与盗窃五次的情况下,对该被告人的量刑是否还要改变?二审法官往往很难权衡,虽然维持原判,对被告人并没有实质的不公正,但是,逻辑上,既然减少了一次该被告人参与犯罪的认定,量刑怎么可以维持不变?怎么才能让被告人信服。尽管二审中,对于类似情况的处理并没有统一的规定,因承办法官的认识不同,会出现不同的结果,有的维持,有的改判。但是,问题还是客观存在。鉴于这种现象在短时间内还难以完全消失的客观实际,我们的二审法官应当明确这样的认识,二审对于一审,其裁判不是简单地维持或改判,或发回重审,而是要在坚持公正的前提下,采用最合适的方法,纠正一审的错误,实现二审的功能价值。而要实现这一要求,二审法官特别要重视二审裁判文书对一审裁判文书的弥补作用,特别是既要纠正一审认定事实的错误,又要维持原判的二审裁定书,更不能简单化了事。一定要针对原判的缺憾和上诉理由,进行必要的论证和说理,要通过二审裁判的论证说理,纠正一审裁判的错误,弥补一审判决论证和说理的不足,为二审维持原判提供充分的事实和法律以及法理依据,从而避免上述二审法官觉得左右为难的尴尬。例如,本章第四节阐述刑事裁判文书说理的“聚焦分析法”中所列举的被告人杨Z过失致人死亡上诉案,就是一个很好的范例。一审法院认定被告人杨Z拉被害人张某的衣袖而致张摔至底楼死亡,构成过失致人死亡罪。但是,一审判决不仅认定被告人拉被害人的衣袖没有充分的依据,而且也没有阐明为何认定被告人的行为属于过失而不是故意犯罪的理由,以至于被害人的亲属始终认为被告人是故意将被害人推下楼梯,而不是过失致被害人摔至底楼死亡。经二审查明,虽然被告人杨Z确实是在二楼的楼梯口推了被害人张某,致张某跌至底楼死亡,但被告人确实没有致人死亡的故意。因此,在二审维持原判的裁定书中,针对被告人是故意还是过失的要害问题,抓住被告人杨Z在“推”被害人时的心态这个重点,依据被告人送被害人至医院后,第一时间向医生所作的陈述这个事实,展开了针对性的论证和说理,并在纠正一审判决所作被告人拉被害人衣袖的错误认定的同时,论证了被告人在故意推搡被害人时,对其行为后果的过失心态,弥补了一审判决书认定被告人过失犯罪缺乏事实依据的缺憾,为二审维持一审判决提供了充分的依据。

第七章　民事裁判文书制作

第一节　民事裁判文书概述

民事裁判文书是指人民法院在民事诉讼中，为解决当事人之间的民事权利义务关系的争议，就案件的实体问题和程序问题依法制作的具有法律效力的文书。

一、民事裁判文书的种类

民事裁判文书按照裁判方式不同，可分为民事判决书、民事裁定书、民事调解书三类。

民事判决书是人民法院对审理终结的民事案件，就如何解决当事人之间的实体权利义务争议问题依法作出的法律文书。

按照不同的审判程序，民事判决书可以分为第一审程序民事判决书、简易程序民事判决书、第二审程序民事判决书、审判监督程序民事判决书、特别程序民事判决书。

民事裁定书是人民法院在审理民事案件过程中，就解决诉讼程序方面的问题依法作出的法律文书。

民事调解书是人民法院对正在审理中的民事案件依法进行调解，在当事人自愿、合法地达成协议后予以认可而制作的具有法律效力的法律文书。

二、民事诉讼文书样式中的民事裁判文书

最高人民法院颁布并于1993年1月1日试行的《法院诉讼文书样式（试行）》中，民事裁判文书有49种，其中民事判决书16种、民事裁定书30种、民事调解书3种。2003年又新增了样式，《〈民事证据规定〉文书样式（试行）》中民事裁定书1种，《海事诉讼文书样式（试行）》中民事裁定书29种、民事判决书3种，《民事简易程序诉讼文书样式》中民事调解书3种、民事判决书4种。2016年6月，最高人民法院发布的《民事诉讼文书样式》中的民事裁判文书，包括民事判决书、民事裁定

书、民事调解书,均规定在第一部分人民法院制作民事诉讼文书样式中。

民事判决书均规定在审判程序部分,共47种样式。其中:第一审普通程序1种,简易程序3种,简易程序中的小额诉讼3种,公益诉讼2种,第三人撤销之诉1种,执行异议之诉2种,第二审程序3种,非讼程序14种,审判监督程序17种,公示催告程序1种。而民事判决书(第一审普通程序用)最具有典型性,本章第二节至第七节将重点围绕该种民事判决书展开论述。

民事调解书共7种,包括第一审普通程序用、简易程序用、小额诉讼程序用、公益诉讼用、第二审程序用、申请撤销劳动争议仲裁裁决案件用、再审案件用。

民事裁定书规定较为分散,共178种。其中:管辖10种,诉讼参加人2种,证据6种,保全和先予执行12种,诉讼费用2种,第一审普通程序12种,简易程序3种,简易程序中的小额诉讼3种,公益诉讼3种,第三人撤销之诉3种,第二审程序11种,非讼程序29种,审判监督程序47种,督促程序5种,公示催告程序4种,涉外民事诉讼程序的特别规定26种。此外,执行程序规定的是不同于民事裁定书的执行裁定书,共42种。

三、第一审民事判决书的结构

民事裁判文书中最典型的是第一审民事判决书,本章第二节至第七节中的民事裁判文书均以第一审民事判决书的各个组成部分为基本形态。

根据《人民法院民事裁判文书制作规范》的规定,民事裁判文书由标题、正文、落款组成。其中,正文的事实部分可以分为三部分,即诉讼主张归纳部分、诉讼证据展示部分和法律事实叙述部分;理由部分可以分为两部分,即判决理由阐明部分和法律依据引用部分;判决主文部分即判决结果部分。由此可见,诉讼主张归纳部分是事实论证的前提,诉讼证据展示部分是事实论证的过程,法律事实叙述部分是事实论证的结果;法律依据引用部分是裁判说理的前提,判决理由阐明部分是裁判说理的过程,判决主文表达部分是裁判说理的结果。由于论证说理需要将正文各个组成部分的内容联系起来综合考虑,因此,提高第一审民事判决书的论证说理能力,需要提高正文各个组成部分的制作能力,即诉讼主张归纳、诉讼证据展示、法律事实叙述、判决理由阐明、法律依据引用和判决主文表达六个方面的能力。

第二节　民事裁判文书诉辩意见归纳

诉辩意见即当事人的起诉意见、答辩意见、陈述意见部分。诉辩意见归纳是指分别归纳参加诉讼的全部当事人的诉讼请求、主张的事实和理由。

一、诉辩意见归纳的基本要求

诉辩意见的归纳,应当根据《人民法院民事裁判文书制作规范》和《民事诉讼文书样式》的“民事判决书(第一审普通程序用)”说明中有关事实部分的规定。

民事一审案件,事实部分首先写明当事人的诉辩意见。按照原告、被告、第三人的顺序依次归纳当事人的起诉意见、答辩意见、陈述意见。诉辩意见应当先写明诉讼请求,再写事实和理由。诉讼请求两项以上的,用阿拉伯数字加点号分项写明。

民事二审案件,事实部分先写明当事人的上诉请求等诉辩意见,再概述一审当事人的诉讼请求,后写明人民法院认定的案件事实、裁判理由、裁判结果。

民事再审案件,事实部分先写明当事人的再审请求等诉辩意见,后简要写明原审基本情况。生效判决为一审判决的,原审基本情况应概述一审诉讼请求、法院认定的案件事实、裁判理由和裁判结果;生效判决为二审判决的,原审基本情况应先概述一审诉讼请求、法院认定的案件事实、裁判理由和裁判结果,后写明二审上诉请求、认定的案件事实、裁判理由和裁判结果。

诉辩意见不需原文照抄当事人的起诉状或答辩状、代理词内容或起诉、答辩时提供的证据,应当全案考虑当事人在法庭上的诉辩意见和提供的证据综合归纳。

二、诉讼请求的归纳

(一)诉讼请求的基础性

诉讼请求,在民事裁判文书中具有基础性。这种基础性体现在三个方面:第一,它是当事人之间争议的核心;第二,它是当事人主张事实和理由的目的;第三,它是法院作出民事裁判主文的对象。因此,《人民法院民事裁判文书制作规范》和《民事诉讼文书样式》均改变了原民事裁判文书样式中先事实和理由、后诉讼请求的写法,而将诉讼请求置于事实和理由之前,以突出诉讼请求的诉讼地位。

民事裁判文书中归纳的诉讼请求,应当来源于当事人提交的民事起诉状、民事反诉状、民事上诉状、民事再审申请书、非讼程序申请书和复议申请书等的请求事项部分。归纳增加、变更诉讼请求的内容,应当有当事人提交的申请书;归纳放弃全部或部分诉讼请求的,应当有当事人提交的声明书。对于补充性、说明性的内容,例如利息的计算方式或者具体金额,可以根据笔录记明的当事人口头陈述归纳。

（二）民事一审程序的诉讼请求

第一审程序本诉原告的起诉请求和有独立请求权的第三人的申请事项通常称为诉讼请求，反诉原告的请求事项称为反诉请求。

本诉原告的起诉请求，归纳为："×××向本院提出诉讼请求：1.……；2.……；3.……。"

原告在诉讼过程中增加、变更、放弃诉讼请求的，应当连续写明。增加诉讼请求的，写明："诉讼过程中，×××增加诉讼请求：……。"变更诉讼请求的，写明："诉讼过程中，×××变更……诉讼请求为：……。"放弃诉讼请求的，写明："诉讼过程中，×××放弃……的诉讼请求。"

被告提出反诉的，归纳为："×××向本院提出反诉请求：1.……；2.……；3.……。"

第三人提出申请事项的，归纳为："×××向本院提出诉讼请求：1.……；2.……；3.……。"

诉讼请求不应写入本案诉讼费用的负担，即不写"本案诉讼费用由×××负担"。理由是：第一，诉讼费用是由当事人向法院负担，并非当事人之间的相对给付；第二，诉讼费用的多少受案由和诉讼标的金额的影响，不具有独立性；第三，对于诉讼费用负担的确定不属于裁判主文而属于尾部。但是，对于当事人为本次诉讼已经支付，并且根据合同约定或者诉讼文书决定由其负担的诉讼费用，例如律师代理费、公证费、保全申请费等，可以作为本案的一项诉讼请求提出，并应当写明具体金额。归纳为："×××给付×××为本案诉讼支出的××费×元"。

第一审程序民事判决书、民事调解书以及管辖、不予受理、驳回起诉等民事裁定书，应当写明当事人实体性的诉讼请求。实体性的诉讼请求，可以分为确认之诉、撤销之诉、解除之诉、变更之诉、给付之诉等。

依申请的第一审程序民事裁定书，只写明程序性的请求事项，不写实体性的诉讼请求。例如，准许撤诉的民事裁定书，写明："×××于20××年×月×日向本院申请撤诉。"

依职权的第一审程序民事裁定书，不写请求事项。例如，中止诉讼或者终结诉讼的民事裁定书，不写诉讼请求。

（三）民事救济程序的诉讼请求

民事救济程序的诉讼请求，应当包括针对原审裁判主文救济内容的诉讼请求、上诉请求或再审请求。

第三人撤销之诉，诉讼请求应当包括撤销或者改变原判决、裁定、调解书的内容。归纳为："撤销××××××人民法院（××××）……民初……号民事判决/

裁定/调解书;”“撤销××××××人民法院(××××)……民初……号民事判决/裁定/调解书第×项;”或者“变更××××××人民法院(××××)……民初……号民事判决/裁定/调解书第×项为……”。

执行异议之诉,诉讼请求应当包括不得执行或者准许执行执行标的的内容。案外人执行异议之诉案件,归纳为:“不得执行……(20××)……号……。”包含确认之诉的,归纳为:“一、不得执行……(20××)……号……;二、确认×××……。”申请执行人执行异议之诉案件,归纳为:“准许执行……(20××)……号……。”

第二审程序,诉讼请求包括上诉请求和一审诉讼请求。上诉请求归纳为:“×××上诉请求:……”上诉请求的内容可以为:“一、撤销××××××人民法院(××××)……民初……号民事判决/裁定;”或者“一、撤销××××××人民法院(××××)……民初……号民事判决/裁定第×项;”“×、变更××××××人民法院(××××)……民初……号民事判决为……”或者“×、变更××××××人民法院(××××)……民初……号民事判决第×项为……”。其他上诉请求的归纳,可以参照民事一审诉讼请求。在写明被上诉人答辩意见和原审其他当事人陈述意见后,还需写明一审诉讼请求。本诉原告的,归纳为:“×××向一审法院起诉请求:……。”反诉原告的,归纳为:“×××向一审法院反诉请求:……。”有独立请求权的第三人的,归纳为:“×××向一审法院提出诉讼请求:……。”

审判监督程序,诉讼请求包括再审请求和原审诉讼请求。再审请求,归纳为:“×××再审请求:……”再审请求的内容可以为:“撤销××××××人民法院(××××)……民×……号民事判决/裁定/调解书。”或者“撤销××××××人民法院(××××)……民×……号民事判决/裁定/调解书第×项。”其他再审请求的归纳,可以参照民事一审诉讼请求。在写明被申请人答辩意见和原审其他当事人陈述意见后,还需写明原一审诉讼请求和上诉请求。

(四)非讼程序的请求

非讼程序申请人的请求,归纳为:“×××请求:……。”除主体不同外,请求内容相对固定,通常可以比照《民事诉讼文书样式》的第二部分“当事人参考民事诉讼文书样式”中同类案件申请书的请求事项的写法。例如,宣告失踪案件,归纳为:“1.宣告×××失踪;2.指定×××为失踪人×××的财产代管人。”实现担保物权案件,归纳为:“准许拍卖、变卖×××的……。”公示催告除权案件,归纳为:“1.宣告申请人×××持有的号码……、票面金额×元的×票无效;2.自本判决公告之日起,申请人×××有权向支付人请求支付。”

三、主张的事实和理由的归纳

(一)主张的事实和理由的铺垫性

主张的事实和理由在民事裁判文书中具有铺垫性。这种铺垫性体现在三个方面:第一,它是当事人提出诉讼请求的事实根据;第二,它是相对方当事人诉辩意见的反驳对象;第三,它是法院认定事实的逻辑起点。

民事裁判文书中归纳的当事人主张的事实和理由,应当来源于当事人提交的民事起诉状、民事反诉状、民事上诉状、民事再审申请书、非讼程序申请书和复议申请书、代理词等书面材料或者反映当事人口头陈述的询问笔录、庭前会议笔录、法庭笔录中。

事实和理由的铺垫性决定了要全面反映当事人主张的基本要素,而不限于归纳与相对方当事人在法律事实上的争议焦点。因此,对于当事人主张的事实的归纳既要详细归纳当事人之间有争议的事实,在必要时也要简略归纳当事人之间无争议的事实。

(二)归纳当事人主张的事实和理由的裁判文书种类

民事判决书以及管辖、不予受理、驳回起诉、非讼程序民事裁定书,应当归纳当事人主张的事实和理由。但是,民事调解书、部分民事裁定书、小额诉讼程序民事判决书可以不归纳当事人主张的事实和理由。

《民事诉讼法》第九十七条第一款规定:“调解达成协议,人民法院应当制作调解书。调解书应当写明诉讼请求、案件的事实和调解结果。”根据该条规定,第一审普通程序、简易程序、小额诉讼程序、公益诉讼、第二审程序、申请撤销劳动争议仲裁裁决案件、再审案件等各种民事调解书应当写明诉讼请求、案件的事实,但不必写明当事人主张的事实和理由。

最高人民法院《民诉法解释》第二百八十二条规定:“小额诉讼案件的裁判文书可以简化,主要记载当事人基本信息、诉讼请求、裁判主文等内容。”根据该条规定,小额诉讼程序民事判决书可以省略当事人主张的事实和理由。

(三)归纳当事人主张的事实和理由的形式和内容

按照先诉讼请求、后事实和理由的顺序,在诉讼请求全部写完后,再写“事实和理由:……。”事实和理由部分一般可以接排在诉讼请求之后;篇幅较长的,可以在诉讼请求后另起一段;篇幅很长的,事实和理由本身也可以分段。

事实和理由的内容,包括当事人之间民事法律关系发生的时间、地点和内容,产生纠纷的时间、原因、经过、情节和后果,法律依据及其对法律依据的理解和说明。

四、答辩意见和陈述意见的归纳

(一)答辩意见和陈述意见的争议性

答辩意见和陈述意见,在民事裁判文书中要体现争议性。这种争议性表现在三个方面:第一,对于无争议的事实可以简化或省略;第二,对于有争议的事实应当详尽;第三,对于诉讼请求的回应尤其要求准确。

民事裁判文书中归纳的答辩意见和陈述意见,既可以来源于当事人提交的民事答辩状和意见书等书面材料,也可以来源于当事人在询问笔录、庭前会议笔录、法庭笔录中反映的口头答辩和陈述。

(二)答辩意见

答辩意见是指提起诉讼当事人的相对方当事人的意见。相对方当事人包括:第一审程序的本诉被告、反诉被告、有独立请求权的第三人提出诉讼请求的本诉原告和被告;第二审程序的被上诉人;审判监督程序的被申请人;非讼程序的被申请人。

答辩意见,一般归纳为:“×××辩称,……。”未作答辩的,归纳为:“×××未作答辩。”

承认提起诉讼当事人主张的全部事实的,归纳为:“×××承认×××主张的事实。”承认部分事实的,归纳为:“×××承认×××主张的……事实。”然后接续写明有争议的事实。

承认全部诉讼请求的,归纳为:“×××承认×××的全部诉讼请求。”承认部分诉讼请求的,归纳为:“×××承认×××……的诉讼请求,不同意×××……的诉讼请求。”不同意全部诉讼请求的,归纳为:“×××不同意×××的全部诉讼请求/上诉请求/再审请求/申请。”“不同意”也可以归纳为“请求驳回”。

第二审程序、审判监督程序、非讼程序,“诉讼请求”相应改为“上诉请求”“再审请求”“申请”。

(三)陈述意见

陈述意见是指第一审程序的无独立请求权的第三人、第二审程序的上诉人和被上诉人以外的其他当事人、审判监督程序的再审申请人和被申请人以外的其他当事人的意见。

陈述意见,一般归纳为:“×××述称,……。”未作陈述的,归纳为:“×××未作陈述。”

陈述意见的具体内容,可以参照答辩意见的写法。

第三节　民事裁判文书诉讼证据展示

诉讼证据即展示证据、质证、认证部分。诉讼证据展示是指展示当事人提供和法院调查收集的证据名称或内容、说明当事人对证据的质证意见、分析认定证据。

一、诉讼证据的展示类型

按照在民事裁判文书中的位置，诉讼证据展示有四种类型：

（一）前置式

前置式是指在当事人的诉辩意见之后、法院认定的案件事实之前展示诉讼证据。

在各方当事人诉辩意见之后，先写明："当事人围绕诉讼请求依法提交了证据，本院组织当事人进行了证据交换和质证。对当事人无异议的证据，本院予以确认并在卷佐证。对有争议的证据，本院认证如下：……。"后写明："根据当事人陈述和经审查确认的证据，本院认定事实如下：……。"

普通程序民事判决书一般采用前置式。

（二）后置式

后置式是指在法院认定的案件事实之后、裁判理由之前展示诉讼证据。

先写明："根据当事人陈述和经审查确认的证据，本院认定事实如下：……。"再写明："上述事实，有……证据证明，本院予以确认。"后写明："对有争议的证据，本院认证如下：……。"

简易程序民事判决书可以采用后置式。

（三）清单式

清单式是指在附录中，添附证据目录清单。

序号	证据名称	份数和页数	证据来源	证明对象和内容
1				
2				
3				
4				

疑难复杂的民事判决书可以采取清单式。

(四)省略式

是指不单独写诉讼证据部分。

当事人对案件事实没有争议的民事判决书、民事裁定书、民事调解书一般可以不单独写诉讼证据部分。

二、当事人质证意见的异议类型

对当事人无异议的证据,无须在裁判文书中具体说明质证意见即"×××对……没有异议"。对当事人有争议的证据,一般需要具体说明当事人在质证过程中提出的异议。当事人质证意见的异议类型,可以分为下列三种:

(一)真实性异议

是指认为证据不符合客观事实。

例:×××对×××出示的合同复印件有异议,认为与原件不符,不具有真实性。

(二)关联性异议

是指认为证据与诉辩意见或者案件事实不相关。

例:×××对×××出示的鉴定意见书有异议,认为该鉴定意见书能够证明系争医疗事件非医疗事故,但不能证明×××主张的医院对患者受损害无过错的事实。

(三)合法性异议

是指认为证据的形式、来源不符合法律规定或者认为证人、提供证据的人与当事人有利害关系。

例:×××对×××出示的借条有异议,认为该借条是×××在被非法拘禁期间被迫所写,不具有合法性。

三、法院认证的规则

《最高人民法院关于民事诉讼证据的若干规定》第六十四条规定:"审判人员应当依照法定程序,全面、客观地审核证据,依据法律的规定,遵循法官职业道德,运用逻辑推理和日常生活经验,对证据有无证明力和证明力大小独立进行判断,并公开判断的理由和结果。"这是对法院认证的一般规定。该规定"五、证据的审核认定"中的第六十七条至第七十八条是12条具体的认证规则,可以分为以下种类:

(一)否定单一证据证明力的认证规则

1.妥协规则

第六十七条"在诉讼中,当事人为达成调解协议或者和解的目的作出妥协所涉及的对案件事实的认可,不得在其后的诉讼中作为对其不利的证据。"

例:鉴于×××承认×××拖欠利息10万元的协议书,是其在为和解的目的作出妥协所涉及的对案件事实的认可,不得在其后的诉讼中作为对其不利的证据。

2. 违法规则

第六十八条"以侵害他人合法权益或者违反法律禁止性规定的方法取得的证据,不能作为认定案件事实的依据。"

例:鉴于100万元借条系×××在被非法拘禁期间被迫所写,属于以侵害他人合法权益取得的证据,不能作为认定案件事实的依据。

3. 补强规则

第六十九条"下列证据不能单独作为认定案件事实的依据:(一)未成年人所作的与其年龄和智力状况不相当的证言;(二)与一方当事人或者其代理人有利害关系的证人出具的证言;(三)存有疑点的视听资料;(四)无法与原件、原物核对的复印件、复制品;(五)无正当理由未出庭作证的证人证言。"

例:鉴于×××出示的10万元收条复印件无法与原件核对,×××的异议成立,故该合同复印件不能单独作为认定案件事实的依据。

4. 陈述规则

第七十六条"当事人对自己的主张,只有本人陈述而不能提出其他相关证据的,其主张不予支持。但对方当事人认可的除外。"

例:鉴于×××已支付×××利息10万元的陈述无其他相关证据印证,故对该主张不予支持。

(二)肯定单一证据证明力的认证规则

1. 确认规则

第七十条"一方当事人提出的下列证据,对方当事人提出异议但没有足以反驳的相反证据的,人民法院应当确认其证明力:(一)书证原件或者与书证原件核对无误的复制件、照片、副本、节录本;(二)物证原物或者与物证原物核对无误的复制件、照片、录像资料等;(三)有其他证据佐证并以合法手段取得的、无疑点的视听资料或者与视听资料核对无误的复制件;(四)一方当事人申请人民法院依照法定程序制作的对物证或者现场的勘验笔录。"

例:鉴于勘验笔录系×××申请本院依照法定程序制作的,×××虽提出异议但没有足以反驳的相反证据,故确认其证明力。

2. 鉴定规则

第七十一条"人民法院委托鉴定部门作出的鉴定结论,当事人没有足以反驳的相反证据和理由的,可以认定其证明力。"

例:鉴于×××没有足以反驳的相反证据和理由,故确认鉴定意见书具有证明力。

3. 自认规则

第七十四条"诉讼过程中,当事人在起诉状、答辩状、陈述及其委托代理人的代理词中承认的对己方不利的事实和认可的证据,人民法院应当予以确认,但当事人反悔并有相反证据足以推翻的除外。"

例:鉴于×××在答辩状中承认曾收到×××10万元利息,其在庭审中反悔,但未能提供相反证据,故确认×××收到×××10万元利息的事实。"

4. 推定规则

第七十五条"有证据证明一方当事人持有证据无正当理由拒不提供,如果对方当事人主张该证据的内容不利于证据持有人,可以推定该主张成立。"

例:鉴于×××无正当理由不提供由其保管的病历卡,故采纳×××提出的×××在此医疗事件中存在过错的主张。

(三)比较多个证据证明力大小的认证规则

1. 优势规则

第七十七条"人民法院就数个证据对同一证据的证明力,可以依照下列原则认定:(一)国家机关、社会团体依职权制作的公文书证的证明力一般大于其他书证;(二)物证、档案、鉴定结论、勘验笔录或者经过公证、登记的书证,其证明力一般大于其他书证、视听资料和证人证言;(三)原始证据的证明力一般大于传来证据;(四)直接证据的证明力一般大于间接证据;(五)证人提供的对与其有亲属或者其他密切关系的当事人有利的证言,其证明力一般小于其他证人证言。"

例:鉴于证人提供的对与其有亲属关系的当事人有利的证言,其证明力一般小于其他证人证言,故认定证人×××的证言不具有证明力,而证人×××的证言具有证明力。

2. 证人规则

第七十八条"人民法院认定证人证言,可以通过对证人的智力状况、品德、知识、经验、法律意识和专业技能等的综合分析作出判断。"

例:鉴于证人×××不具有鉴定资格,在收条出具时也不在场,故其作出的100万元收条落款上的签名系×××所写的证言不具有证明力。

3. 反驳规则

第七十二条"一方当事人提出的证据,另一方当事人认可或者提出的相反证据不足以反驳的,人民法院可以确认其证明力。""一方当事人提出的证据,另一方当事人有异议并提出反驳证据,对方当事人对反驳证据认可的,可以确认反驳证据的证明力。”

例：鉴于证人×××关于×××仅借款90万元的证言不足以反驳×××出具的100万元银行转账明细单，故确认100万元银行转账明细单具有证明力，而证人×××关于×××仅借款90万元的证言不具有证明力。

4. 盖然规则

第七十三条“双方当事人对同一事实分别举出相反的证据，但都没有足够的依据否定对方证据的，人民法院应当结合案件情况，判断一方提供证据的证明力是否明显大于另一方提供证据的证明力，并对证明力较大的证据予以确认。”

例：×××出示了×××收到×××100万元的收条，收条上不具有赠与内容；而证人×××证明×××给付×××100万元系赠与。鉴于×××与×××在出具欠条的当月才经人介绍相识，赠与不符合常理，故确认100万元收条证明双方当事人之间系借款而非赠与。

第四节　民事裁判文书案件事实认定

案件事实即经审理查明事实部分。案件事实认定是指根据当事人陈述和经审查确认的证据，固定法院认定的案件事实。

一、案件事实认定的方式

（一）叙述式

是指在展示诉讼证据的情况下，完整叙述法院认定的案件事实。

表述为：

根据当事人陈述和经审查确认的证据，本院认定事实如下：……。

叙述式适用于普通程序和当事人对事实争议较大的简易程序案件，是最常用的案件事实认定方式。

（二）确认式

是指在写明原告主张的事实和其他当事人没有争议的前提下，不再写案件事实认定部分，而在本院认为中直接确认原告主张的事实。

表述为：

×××向本院提出诉讼请求：……。事实和理由：……。

×××承认×××主张的事实，……。

本院认为，×××承认×××在本案中主张的事实，故对×××主张的事实予以确认。……。

确认式适用于当事人对事实没有争议的令状式小额诉讼程序和简易程序案件。

(三)要素式

是指根据当事人填写的要素表和要素式庭审等内容,不再写当事人主张的事实和理由,而直接根据查明的要素认定事实,并且不再另写理由部分。

以物业服务合同纠纷为例,表述为:

本案认定事实如下:

一、系争物业地址:__________。

二、签订(前期)物业服务合同时间:____年____月____日。

三、合同期限:____年____月____日至____年____月____日(合同期满后继续提供实际管理的,写明实际管理的起始时间)。

四、系争物业管理收费标准:______________。(如有调整,写明调整情况、调整依据)

五、系争物业建筑面积:______________。

六、物业管理完成情况:______________。(根据物业服务合同及附件约定,对保洁、保安、保绿、维修等方面综合评价,已提供服务的写"提供管理服务")

七、房屋权利人:______________。(有未成年人的,写明监护人情况)房屋实际使用人:______________。

八、未缴纳物业费期间:____年____月____日至____年____月____日。

九、滞纳金的起算时间:__________________。

十、催缴物业管理费的时间及方式:____年____月____日__________________催缴。

十一、需要说明的其他事项:__________________。

十二、原告的诉讼请求:__________________。

以上事项中,双方有争议的事项为第×项、第×项,其他事项双方无争议。

要素式适用于能够概括出固定要素的小额诉讼程序和简易程序案件。

(四)省略式

是指既不写当事人主张的事实和理由,也不写法院认定的案件事实和理由,完全省略除诉讼请求以外的全部事实和理由部分。

省略式适用于当事人对诉讼请求和案件事实都没有争议的表格式小额诉讼程序案件。

(五)照搬式

是指对于原审认定事实完整引用后,予以全部确认且不再补充认定事实。

表述为:

原审法院认定事实:……。原审法院认为,……。判决:……。

……

经审理,原审认定事实无误,本院予以确认。

照搬式适用于第三人撤销之诉、第二审程序和审判监督程序中原审认定事实没有错误且不需要补充认定的案件。

(六)补充式

是指对于原审认定事实完整引用后,予以全部确认且补充认定事实。

表述为:

原审法院认定事实:……。原审法院认为,……。判决:……。

……

经审理,原审认定事实无误,本院予以确认。

本院另认定事实如下:……。

补充式适用于第三人撤销之诉、第二审程序和审判监督程序中原审认定事实没有错误但需要补充认定的案件。

(七)修正式

是指对于原审认定事实部分修正,并对其余认定事实予以确认。

表述为:

原审法院认定事实:……。原审法院认为,……。判决:……。

……

对于原审认定的……事实。本院经审理认定,……。

原审认定的其余事实无误。

修正式适用于第三人撤销之诉、第二审程序和审判监督程序中原审认定事实部分有错误的案件。

(八)全新式

是指对于原审认定事实部分有较大差错,对认定事实重新予以全面叙述。

表述为:

原审法院认定事实:……。原审法院认为,……。判决:……。

……

本院认定事实如下:……。

全新式适用于第三人撤销之诉、第二审程序和审判监督程序中原审认定事实存在较多错误或者遗漏的案件。

二、案件事实认定的原则

(一)来源合法

案件事实认定的合法来源包括三个方面:1. 当事人陈述一致的事实,即无争议的事实;2. 依照肯定单一证据证明力的认证规则,被认定具有证明力证据的内容;3. 依照比较多个证据证明力大小的认证规则,被认定证明力较大证据的内容。

(二)内容完整

案件事实认定的固定内容应当包括:当事人之间民事法律关系发生的时间、地点和内容,产生纠纷的时间、地点、原因、经过、情节和后果。

(三)层次分明

案件事实认定的叙述顺序,应当兼顾以下几个方面:

1. 按照案件事实发展的时间顺序。2. 按照案件事实的性质:先人身关系,后财产关系;先合同订立,再合同履行,后合同终止;先侵权行为,后损害后果。3. 按照案件事实对于法律适用的影响程度:先主体事实,后枝节事实;先当事人之间,后与案外人之间。

(四)重点突出

案件事实的叙述,应当重点突出,详略得当。对于当事人有争议或对法律适用影响较大的案件事实,应当详细;对于当事人无争议并对法律适用影响较小的案件事实,应当简化或者省略。

三、案件事实认定的叙述要点

以离婚纠纷为例,案件事实认定需要把握以下要点:

(一)婚姻人身关系

1. 婚史。写明“×××系再婚”或“×××与×××均系再婚”。初婚的不必写明。

2. 婚姻基础。写明“×××与×××原系××关系,××××年×月恋爱”“×××与×××于××××年×月自行相识恋爱”或“×××与×××于××××年×月经人介绍相识恋爱”。有包办、买卖婚姻和其他违反婚姻自由的行为的,对于该违反婚姻自由的内容应具体展开。

3. 婚姻过程。写明“××××年×月×日,×××与×××登记结婚”。结婚时间较短的可以同时写明订婚时间、共同生活时间。未共同生活的,写明“未共同生活”。

4. 子女情况。写明是否生育子女或者子女的生育、收养、形成抚养关系的时间和子女的性别、姓名等。例:“未生育子女”“×××与×××于××××年×月生育一子取名×××”“×××与×××于婚后共同收养一女×××(××××年×月生)”。子女未成年而原、被告分居的,写明抚养情况,例:“×××随×××共同生活”。子女已成年且能够独立生活的,可以概括写明,例:“×××与×××生育一子一女均已独立生活”。

5. 婚后感情。写明“×××与×××婚后感情尚可”等情形。有法定离婚情形的,写明“×××于20××年××月××日与×××登记结婚/开始同居”“×××自20××年××月起对×××实施家庭暴力/虐待×××/遗弃×××”“×××20××年××月形成赌博/吸毒/××恶习”“×××与×××自20××年××月起,因感情不和而分居”“20××年××月××日,双方因是否生育发生纠纷”等。

(二)婚姻财产关系

1. 夫妻共同所有财产。写明夫妻共同财产的名称、数量和金额,不动产和动产分类写明,不动产主要是房屋,写明地址;动产写明所在地。有争议的共同财产,写明“工资、奖金”“生产、经营的收益”“知识产权的收益”“继承或赠与所得的财产”“其他应当归共同所有的财产”的来源情况,内容应具体展开。

2. 夫妻一方财产。写明夫妻一方财产的名称、数量和金额,不动产和动产分类写明,不动产同时写明户名,动产写明所在地。写明“一方的婚前财产”“一方因身体受到伤害获得的医疗费、残疾人生活补助费等费用”“遗嘱或赠与合同中确定只归夫或妻一方的财产”“一方专用的生活用品”“其他应当归一方的财产”,内容应具体展开。

3. 财产约定情况。写明约定的形式和内容,例:“×××与×××书面约定,婚姻关系存续期间所得的财产以及婚前财产归各自所有”“×××与×××口头约定,婚前财产归各自所有,婚姻关系存续期间所得的财产归共同所有”。

4. 债务情况。写明债的主体、客体和内容,例:“×××于××××年×月为购房向×××借款×万元”。

第五节　民事裁判文书裁判理由阐明

裁判理由即本院认为部分。裁判理由阐明是指针对当事人的诉讼请求,根据认定的案件事实,依照法律规定,明确当事人争议的法律关系,阐述原告请求权是否成立,依法应当如何处理。

一、裁判理由阐明的原则

(一)针对性

指针对当事人的诉辩意见,重点是针对当事人之间在诉讼过程中形成的各项争议焦点。

(二)证明性

指以认定的证据和案件事实为根据,不能以未经审查确认的证据材料和主张的事实作为论证说理的根据。

(三)法律性

指以可以被引用的法律依据和被附录的法律条文作为形式逻辑推理的大前提。

(四)逻辑性

指符合形式逻辑的基本要求,并按照先立后驳或先驳后立循序渐进地进行推理。

(五)目的性

指裁判理由阐明的目的,围绕诉讼请求,为作出裁判主文打下基础。

二、裁判理由阐明的形式

(一)法律关系命名式

是指根据案件涉及的各项法律关系命名并依此分层次阐明裁判理由。

例如,离婚纠纷的裁判理由,表述为:

本院认为,对于本案的各项法律关系,分别分析认定如下:

一、关于婚姻关系

……

二、关于子女抚养

……

三、关于财产所有和处置

……

四、关于损害赔偿

……

法律关系命名式的优点是能够在裁判理由中全面地阐明各项法律关系,缺点是不能从标题本身反映当事人之间的争议焦点,不能突出裁判理由阐明的重点。

（二）争议焦点归纳式

是指归纳当事人之间的争议焦点并以此分层次阐明裁判理由。

例如，离婚纠纷的裁判理由，表述为：

本院认为，本案当事人之间存在以下争议焦点，分别分析认定如下：

一、夫妻感情是否破裂？

……

二、子女应当由谁抚养？

……

三、系争房屋是否共同财产？

……

争议焦点归纳式的优点是能够通过提炼并分析当事人之间的争议焦点来突出裁判理由阐明重点，缺点是在当事人之间的争议焦点未能全面涵盖各项法律关系以及存在虚假诉讼等情形时，会造成部分裁判理由无法在归纳的争议焦点的框架下阐明。

（三）复合式

是指在既提炼法律关系，也归纳当事人争议焦点的前提下，全面深入阐明裁判理由。

例如，离婚纠纷的裁判理由，表述为：

本院认为，对于本案的各项法律关系，分别分析认定如下：

一、关于婚姻关系

1. 夫妻感情是否破裂？

……

2. 是否存在不准予离婚的法定情形？

……

二、关于子女抚养

1. 子女应当由谁抚养？

……

2. 应当支付多少抚养费？

……

三、关于财产所有和处置

1. 系争房屋是否共同财产？

……

2. 系争房屋如何分割？

……

复合式的优点是能够在裁判理由中全面阐明各项法律关系和争议焦点,比较适合复杂案件,缺点是形式结构比较烦琐,不够简练。

(四)无题式

是指不添加提炼法律关系和归纳当事人争议焦点之类的小标题而直接阐明裁判理由。

表述为:

本院认为,……

……

……

无题式的优点是能够比较自由灵活地阐明裁判理由,缺点是不能直观反映法律关系和争议焦点。

三、裁判理由阐明的内容

(一)概述法律规范

概述法律规范是指概述适用于案件的法律文件名称、条款项序号和具体内容。

《中华人民共和国婚姻法》第三十二条第三款规定:"有下列情形之一,调解无效的,应准予离婚:(一)重婚或有配偶者与他人同居的;(二)实施家庭暴力或虐待、遗弃家庭成员的;(三)有赌博、吸毒等恶习屡教不改的;(四)因感情不和分居满二年的;(五)其他导致夫妻感情破裂的情形。"以下均以此为例说明概述法律规范的类型。

1. 单一式

是指将一个裁判依据引用单位的全部内容加以概括的法律规范。

例:"根据婚姻法第三十二条第三款第四项规定,因感情不和分居满二年,调解无效的,应准予离婚。"

2. 选择式

是指将一个裁判依据引用单位的部分内容加以概括的法律规范。

例:"根据婚姻法第三十二条第三款第一项规定,有配偶者与他人同居,调解无效的,应准予离婚。"

3. 结合式

是指将两个裁判依据引用单位的内容加以概括的法律规范。

例:"根据婚姻法第三十二条第三款第二项和第三项规定,实施家庭暴力,或有赌博恶习屡教不改,调解无效的,均应准予离婚。"

4. 省略式

是指在裁判理由阐明部分不概述法律规范，而直接明确纠纷性质和答复诉讼结果。

法律规范概述、裁判依据引用、附录法律条文都是形式逻辑三段论中大前提的表现形式，法律规范概述具有分散性的特点，裁判依据引用、附录法律条文具有集中性的特点。在法律依据作为附件完整引用，或者通过直接明确纠纷性质足以使读者明白法律规范内容时，在裁判理由阐明部分中可以不概述法律规范。

（二）明确纠纷性质

明确纠纷性质是指明确案件事实中对于裁判结果有影响的性质和案由。原案由错误的，应当首先进行叙述并阐明理由。

1. 求同式

是指明确案件事实与法律规范内容相互一致。

例："×××与×××因感情不和分居已满二年。"

2. 存异式

是指明确案件事实与法律规范内容不相一致。

例："×××与×××虽因感情不和分居，但未满二年，且也无其他可以认定夫妻感情确已破裂的法定情形。"

（三）答复法律后果

答复法律后果是指阐明对当事人的诉辩意见是否予以支持。

按照诉辩意见得到支持与否，可以分为四种类型：

1. 肯定式

是指对当事人的某项诉辩意见予以支持。

例："×××主张离婚，应予支持。"

2. 否定式

是指对当事人的某项诉辩意见不予支持。

例："×××关于系争房屋系婚前财产的主张，不予支持。"

3. 折中式

是指对当事人的某项诉辩意见部分予以支持。

例："离婚后，×××应分担×××必要的生活费和教育费，分担费用的多少和期限的长短，因双方协议不成，由法院根据子女的实际需要、双方当事人的负担能力和当地的实际生活水平确定。"

4. 综述式

是指在裁判理由阐明的最后一段，对当事人的各项诉讼请求是否支持进行总结评述。

以二审判决为例,一审判决认定事实清楚,适用法律正确,维持原判的,写明:“综上所述,×××的上诉请求不能成立,一审判决认定事实清楚,适用法律正确。”

一审判决认定事实或者适用法律虽有瑕疵,但判决结果正确,维持原判的,写明:“综上所述,一审判决认定事实……,适用法律……,但判决结果正确,故对×××的上诉请求不予支持。”

二审改判的,写明:“综上所述,×××的上诉请求应予支持。”或者“综上所述,×××的上诉请求部分成立。”

第六节　民事裁判文书裁判依据引用

裁判依据即裁判所依据的法律文件名称和法律条款项序号部分。裁判依据引用是指法官根据认定的案件事实,在法律、法律解释、行政法规、地方性法规、自治条例、单行条例和司法解释中,寻找适用的法律文件和法律条文,并在裁判主文之前予以集中公开援引法律文件名称和法律条款项序号。

一、裁判依据的引用渊源

2009年11月4日,《最高人民法院关于裁判文书引用法律、法规等规范性法律文件的规定》颁布。其中第四条规定:“民事裁判文书应当引用法律、法律解释或者司法解释。对于应当适用的行政法规、地方性法规或者自治条例和单行条例,可以直接引用。”这是关于民事裁判文书裁判依据引用的专门规定,应当严格遵守。

(一)法律及法律解释

是指由全国人民代表大会及其常务委员会制定的规范性文件。

民事裁判文书均应当引用法律。其中,民事判决书应当引用民事实体法和程序法,民事裁定书应当引用民事程序法。

民事判决书引用的民事实体法,包括《婚姻法》《继承法》《物权法》《合同法》《侵权责任法》《著作权法》《商标法》《专利法》《反不正当竞争法》《反垄断法》《劳动合同法》《社会保险法》《公司法》《保险法》《票据法》等。

民事判决书和民事裁定书引用的民事程序法,主要是《民事诉讼法》。非讼程序民事裁定书,需要引用《仲裁法》《劳动争议调解仲裁法》《反家庭暴力法》等。

民事法律解释极少。较有代表性的是《全国人民代表大会常务委员会关于〈中华人民共和国民法通则〉第九十九条第一款、〈中华人民共和国婚姻法〉第二十二条的解释》，明确公民在父姓和母姓之外选取姓氏如何适用法律。

(二)行政法规

是指由国务院制定的规范性文件。

民事裁判文书引用的行政法规，数量相对较少。引用较多的行政法规包括《机动车交通事故责任强制保险条例》《电信条例》《物业管理条例》《著作权法实施条例》《商标法实施条例》《劳动合同法实施条例》《职工带薪年休假条例》等。

(三)地方性法规或者自治条例和单行条例

是指由具有地方立法权的地方人民代表大会及其常务委员会制定的规范性文件。

民事裁判文书引用的地方性法规，数量相对于行政法规更少，且限于地方适用而非全国适用。可以引用的上海市的地方性法规包括《上海市消费者权益保护条例》《上海市房屋租赁条例》《上海市劳动合同条例》《上海市机动车道路交通事故赔偿责任若干规定》等。

(四)司法解释

是指由最高人民法院制定的关于法律适用的规范性文件。

《最高人民法院关于司法解释工作的若干规定》第九条明确，司法解释的形式分为解释、规定、批复三种。

民事裁判文书引用的司法解释，以解释、规定类司法解释为主，包括《最高人民法院关于适用〈中华人民共和国物权法〉若干问题的解释(一)》《最高人民法院关于审理买卖合同纠纷案件适用法律问题的解释》《最高人民法院关于审理民间借贷案件适用法律若干问题的规定》《最高人民法院关于审理利用信息网络侵害人身权益民事纠纷案件适用法律若干问题的规定》《最高人民法院关于审理道路交通事故损害赔偿案件适用法律若干问题的解释》《最高人民法院关于审理环境民事公益诉讼案件适用法律若干问题的解释》《最高人民法院关于审理消费民事公益诉讼案件适用法律若干问题的解释》等。

二、裁判依据的引用顺序

裁判依据的引用顺序，包括法律文件的引用顺序和法律条文的引用顺序两个层次。

(一)法律文件的引用顺序

引用多个法律文件的，顺序如下：法律及法律解释、行政法规、地方性法规、自治条例或者单行条例、司法解释;同时引用两部以上法律的,应当先引用基本法律,后引用其他法律;同时引用实体法和程序法的,先引用实体法,后引用程序法。实体法的司法解释可以紧随被解释的实体法之后。

(二)法律条文的引用顺序

对于一个法律文件引用两条以上法律条文的,顺序如下:行为模式条文先于法律后果条文;人身关系条文先于财产关系条文;权利义务分配条文先于权利义务实现条文;定性条文先于定量条文。

三、裁判依据的引用单位

裁判依据引用以法律条文为单位。根据外延最小的要求,法律依据的引用单位有整条式、条款式、条项式、条款项式四种。以下以《婚姻法》的条文说明。

(一)整条式

是指只引用条,不引用款和项。例:第一条。

整条式适用以下两种情形:1. 被引用的法律条文既不分款也不分项。第三十三条规定"现役军人的配偶要求离婚的,须得军人同意,但军人一方有重大过错的除外。"如果现役军人的配偶要求离婚,应当引用"第三十三条",而不应画蛇添足地引用"第三十三条第一款"。2. 被引用的法律条文虽分款或项,但涉及整条法律条文。第三十六条共三款"父母与子女间的关系,不因父母离婚而消除。离婚后,子女无论由父或母直接抚养,仍是父母双方的子女。""离婚后,父母对于子女仍有抚养和教育的权利和义务。""离婚后,哺乳期内的子女,以随哺乳的母亲抚养为原则。哺乳期后的子女,如双方因抚养问题发生争执不能达成协议时,由人民法院根据子女的权益和双方的具体情况判决。"如果双方因抚养问题发生争执不能达成协议,应当引用"第三十六条",而不应化整为零地引用"第三十六条第一款、第二款、第三款"。

(二)条款式

是指引用条和款,不引用项。例:第一条第一款。

条款式适用于被引用的法律条文分款且只须引用部分款而无须引用全部款的情形。第三十七条共二款"离婚后,一方抚养的子女,另一方应当负担必要的生活费和教育费的一部或全部,负担费用的多少和期限的长短,由双方协议;协议不成的,由人民法院判决。""关于子女生活费和教育费的协议或判决,不妨碍子女在必要时向父母任何一方提出超过协议或者判决原定数额的合理要求。"如果在判决离婚时一并判决负担生活费和教育费,应当引用"第三十七条第一款";如果子女在父母离婚后要求增加生活费和教育费,则应当引用"第三十七条第二款"。均不应囫囵吞枣地引用“第三十七条”。

如果一个法律条文有两款以上被引用的，条应当合并。第三十八条共三款“离婚后，不直接抚养子女的父或母，有探望子女的权利，另一方有协助的义务。”“行使探望权利的方式、时间由当事人协议；协议不成时，由人民法院判决。”“父或母探视子女，不利于子女身心健康的，由人民法院依法中止探望的权利；中止的事由消失后，应当恢复探望的权利。”如果在判决离婚时一并判决探望权的，应当引用“第三十八条第一款、第二款”，而不应叠床架屋地引用“第三十八条第一款、第三十八条第二款”。

（三）条项式

是指引用条和项，不引用款。例：第一条第一项。

条项式适用于被引用的法律条文不分款而分项且只须引用部分项而无须引用全部项的情形。第四十六条规定“有下列情形之一，导致离婚的，无过错方有权请求损害赔偿：（一）重婚的；（二）有配偶者与他人同居的；（三）实施家庭暴力的；（四）虐待、遗弃家庭成员的。”如果一方重婚导致另一方请求损害赔偿的，应引用“第四十六条第一项”，而不应笼而统之地引用“第四十六条”。

如果一个法律条文有两项以上被引用的，条应当合并。如一方既有重婚，又有实施家庭暴力的情形，应引用“第四十六条第一项、第三项”，而不应多此一举地引用“第四十六条第一项、第四十六条第三项”。

（四）条款项式

指同时引用条、款和项。例：第一条第一款第一项。

条款项式适用于被引用的法律条文既分款又分项且只须引用部分项而无须引用全部项的情形。第三十二条第三款规定“有下列情形之一，调解无效的，应准予离婚：（一）重婚或有配偶者与他人同居的；（二）实施家庭暴力或虐待、遗弃家庭成员的；（三）有赌博、吸毒等恶习屡教不改的；（四）因感情不和分居满二年的；（五）其他导致夫妻感情破裂的情形。”如果因感情不和分居满二年且调解无效，准予离婚的，应当引用“第三十二条第三款第四项”，而不应偷工减料地引用“第三十二条”或“第三十二条第三款”。

如果一个法律条文的一款中有两项以上被引用的，条、款都应当合并。如既有有配偶者与他人同居的情形，又有因感情不和分居满二年的情形，并且调解无效的，引用“第三十二条第三款第一项、第四项”，而不应事倍功半地引用“第三十二条第三款第一项、第三十二条第三款第四项”或“第三十二条第三款第一项、第三款第四项”。

需要说明的是，法律条文都是序数而不是基数，故整条式、条款式、条项式和条款项式中的“第”字均不应省略;引用法律条文应当尊重立法原貌,故条、款、项的数字均应使用汉字小写;引用法律条文不应引用标点符号,故项的数字不应加括号。

四、民事裁判文书中的常用条文

民事裁判文书引用的法律条文,尽管数量庞大,但常用条文数量相对集中,可以分为民事实体法常用条文和民事诉讼法常用条文。

(一)民事判决书的民事实体法常用条文

民事判决书主要引用民事实体法。不同案由有不同的常用条文,各种案由往往有一条或数条不可或缺的常用条文,也可以被称为核心条文、万能条文。以常见多发案由为例,说明如下:生命权、健康权、身体权纠纷,引用规定人身损害赔偿、财产损失计算标准、侵害人身权益造成财产损失赔偿的《侵权责任法》第十六条、第十九条、第二十条;离婚纠纷,引用规定是否准予离婚的《婚姻法》第三十二条;法定继承纠纷,引用规定法定继承顺序的《继承法》第十条;遗嘱继承纠纷,引用规定遗嘱形式的《继承法》第十七条;借款合同纠纷,引用规定支付利息、返还借款、支付逾期利息的《合同法》第二百零五条、第二百零六条、第二百零七条;机动车交通事故损害责任纠纷,引用规定机动车交通事故损害责任的《交通安全法》第七十六条。

(二)民事判决书的民事诉讼法常用条文

民事判决书引用民事诉讼法的条文数量较少,且高度集中。

常用的《民事诉讼法》的条文主要有:被告承认原告全部诉讼请求的,引用第十三条第二款;公益诉讼的,引用第五十五条;第三人撤销之诉的,引用第五十六条第三款;当事人证据不足的,引用第六十四条第一款;公告送达的,引用第九十二条;虚假诉讼的,引用第一百一十二条;对原告缺席判决的,引用第一百四十三条;对被告缺席判决的,引用第一百四十四条;就一部分事实先行判决的,引用第一百五十三条;小额诉讼的,引用第一百六十二条;第二审程序的,引用第一百七十条第一款;再审的,引用第二百零七条;执行异议之诉的,引用第二百二十七条;公示催告除权的,引用第二百二十二条。

(三)民事裁定书的民事诉讼法常用条文

民事裁定书除确认仲裁协议效力案件、撤销仲裁裁决案件、人身安全保护令案件等非讼程序案件外,均引用《民事诉讼法》。其中,第一百五十四条规定:“裁定适用于下列范围:(一)不予受理;(二)对管辖权有异议的;(三)驳回起诉;(四)保全和先予执行;(五)准许或者不准许撤诉;(六)中止或者终结诉讼;(七)补正判决书中的笔误；（八）中止或者终结执行；（九）撤销或者不予执行仲裁裁决；（十）不予执行公证机关赋予强制执行效力的债权文书；（十一）其他需要裁定解决的事项。”“对前款第一项至第三项裁定，可以上诉。”“裁定书应当写明裁定结果和作出该裁定的理由。裁定书由审判人员、书记员署名，加盖人民法院印章。口头裁定的，记入笔录。”该条规定了民事裁定的适用范围、上诉范围、内容和落款方式，为民事裁定书的通用条文。

在《民事诉讼法》其他条文中明确规定民事裁定的，只需引用相应条文。例如：准许撤诉的，只需引用规定是否准许撤诉的第一百四十五条第一款，不需同时引用规定准许或者不准许撤诉的第一百五十四条第一款第五项。

在《民事诉讼法》其他条文中规定符合民事裁定条件的情形，但未规定民事裁定方式的，同时引用相应条文和第一百五十四条的相应款项。例如，终结诉讼的，需要同时引用规定终结诉讼情形的第一百五十一条第×项和规定裁定终结诉讼方式的第一百五十四条第一款第六项。

在《民事诉讼法》其他条文中没有规定而第一百五十四条明文规定的，只引用第一百五十四条中的相应款项。例如，补正判决书中的笔误，其他条文没有规定，只引用第一百五十四条第一款第七项。

第七节　民事裁判文书裁判主文表述

裁判主文即裁判结果、裁判、裁判项部分。裁判主文表述是以法院认定的案件事实为根据，以引用的法律依据为准绳，对于民事案件当事人之间争议的权利义务关系作出处理。

一、裁判主文的要素

裁判主文包括序号、主体、内容、客体和标点符号五个要素。

（一）序号

裁判主文只有一项的，不使用序号；裁判主文有两项以上的，各项前均使用序号。

序号使用汉字小写数字，不使用汉字大写数字、阿拉伯数字等其他数字。

序号从“一”开始，依次递增使用。

（二）主体

裁判主文中主体写明当事人姓名或名称，不写当事人诉讼地位。

姓名或名称应当与首部的姓名或名称相同,使用全称,不得使用简称。

(三)内容

裁判主文的内容包括确认、撤销、解除、变更、给付、驳回、维持等。裁判主文根据内容的不同,可以区分为不同种类。

在各种裁判主文中,以给付裁判主文最具有典型性。给付方式可以分为履行行为方式和给付金钱方式。给付时间可以分为即时给付时间和定期给付时间。

(四)客体

客体即对象,可以分为人身利益、智力成果、不动产、货物、金钱。在主体相同和内容相同的前提下,同类客体应当合并在一项裁判主文中,不同类客体不宜合并在一项裁判主文中。

1. 人身利益

人身利益包括生命、健康、身体、姓名、名称、肖像、名誉、荣誉、婚姻、扶养等。对于人身利益写明种类,常与主体连用以特定化。

2. 智力成果

智力成果包括著作、商标、专利、发明、发现、专有技术等。对于智力成果应当写明名称和种类。

3. 不动产

不动产以房屋最为典型。不动产系不能移动的特定物,表达的重点在于空间范围。

4. 货物

货物应当以先质后量的方式表达。质即名称,价值大或需给付的应当冠以处所、占有人、户名、品牌、规格等;量即数量,数词使用阿拉伯数字,量词应当符合国家标准。通常价值大的在前,价值小的在后。

5. 金钱

金额用阿拉伯数字表示。金额前不加“人民币”。人民币以外的其他种类货币,金额前加货币种类。有两种以上货币的,金额前均加货币种类。货币单位使用“元”,一般不使用辅币单位“角”“分”。

如果是利息且难以确定具体数额的,仅表达包含基数、利率和起止日等内容的计算方法。

(五)标点符号

裁判主文中各种标点符号都有可能出现,重点应掌握常用标点符号。

1. 句号“。”

单项裁判主文和末项裁判主文的末尾用句号。

2. 分号“；”

当裁判主文有两项以上时，分行列举的各项之间用分号。项内不宜用分号，更不能用句号；如果根据内容认为各项之内的分句必须用分号时，应当以该分号为分隔符号分项。

3. 逗号“，”

各项内部的分句之间的停顿用逗号。

4. 顿号“、”

项号后用顿号，各项内的并列词语之间的停顿也用顿号。

5. 括号“（　　）”

裁判主文中注释性的文字，用括号注明。注释词语的，括注紧贴在被注释词语之后；注释分句的，括注放在分句末标点符号之后；注释整句的，括注放在句末后另起一段。

二、裁判主文的类型之一——民事一审程序裁判主文

根据裁判主文的内容，可以将第一审程序民事裁判主文分为确认判决主文、撤销判决主文、解除判决主文、变更判决主文、给付判决主文、驳回裁判主文、诉权裁定主文。

（一）确认判决主文

确认判决主文是指宣告当事人的民事法律关系是否成立或有效的判决主文。

表述为：“×××与×××……无效。”“×××享有……权。”例：“×××与×××的婚姻无效；”“×××与×××不存在亲子关系；”“×××与×××于××××年×月×日订立的建设工程合同无效；”“×××享有《……》著作权；”。

（二）撤销判决主文

撤销判决主文是指宣告效力待定的民事法律关系自始无效的判决主文。

表述为：“撤销×××与×××……。”例：“撤销×××与×××的婚姻。”“撤销×××与×××于××××年×月×日订立的房屋买卖合同。”

（三）解除判决主文

解除判决主文是指宣告有效的民事法律关系终止的判决主文。

表述为：“解除×××与×××……。”例：“准予×××与×××离婚；”“解除×××与×××的收养关系；”“×××与×××订立的房屋租赁合同于××××年×月×日解除；”。

(四)变更判决主文

变更判决主文是指宣告民事权利或义务发生变更的判决主文。

表述为:"……变更为……。"通常简化为变更后的内容。例:"×××随×××共同生活;""……归×××所有,……归×××所有;"。

(五)给付判决主文

给付判决主文是指责令一方当事人向其他当事人履行行为或给付金钱的判决主文。

例:"×××于本判决生效之日起×日内迁出上海市××路××号××室房屋;""×××于本判决生效之日起立即停止侵害×××第……号"……"注册商标专用权;""×××于本判决生效之日起×日内支付×××货款×元;"。

(六)驳回判决主文

驳回判决主文是指不支持当事人诉讼请求的判决主文。

判决驳回诉讼请求的,表述为:"驳回×××……的诉讼请求。"省略号的内容可以为"全部""其余"或者具体内容。

(七)诉权裁定主文

诉权裁定主文是指对当事人诉讼权利作出程序处理的裁定主文。

裁定不予受理的,表述为:"对×××的起诉,本院不予受理。""对×××的反诉,本院不予受理。"

裁定驳回起诉的,表述为:"驳回×××的起诉。"

裁定驳回追加共同诉讼当事人申请的,表述为:"驳回×××追加×××为共同原告/被告的申请。"

裁定按撤诉处理的,表述为:"本案按×××撤回起诉处理。""本案按×××撤回反诉处理。"

裁定准许撤诉的,表述为:"准许×××撤回起诉。""准许×××撤回反诉。"

裁定不准许撤诉的,表述为:"不准许×××撤诉。"

裁定合并审理的,表述为:"本案并入本院(××××)……民初……号案件审理。"

裁定中止或终结诉讼的,表述为:"本案中止诉讼。""本案终结诉讼。"

裁定准许变更当事人的,表述为:"准许×××替代×××作为原告/被告/第三人参加诉讼,×××退出诉讼。"

裁定准许未参加登记的权利人适用生效判决或裁定的,表述为:"本案适用本院(××××)……民初……号民事判决/裁定。"

裁定准许申请书证提出命令的,表述为:"×××于××××年×月×日前向本院提交……。”

裁定返还鉴定费用的,表述为:“×××于××××年×月×日前返还×××鉴定费用×元。”

裁定移送管辖的,表述为:“本案移送××××××人民法院处理。”

裁定驳回管辖权异议的,表述为:“驳回×××对本案管辖权提出的异议。”

裁定驳回申请的,表述为:“驳回×××的申请。”

三、裁判主文的类型之二——民事救济程序裁判主文

救济程序是指第三人撤销之诉、执行异议之诉、民事管辖上诉、第二审程序、审判监督程序、补正程序等对原审程序进行各种救济的程序。根据裁判主文的内容,可以将救济程序民事裁判主文分为维持裁判主文、撤销裁判主文、变更判决主文、继续审理裁定主文、执行效力裁判主文、驳回裁判主文、补正裁定主文。救济程序中需要作出救济之外的新的裁判主文的,可以参照民事一审程序裁判主文。

(一)维持裁判主文

维持裁判主文是指全部或部分维持第一审民事裁判的裁判主文。

民事管辖上诉案件,裁定维持一审民事裁定的,表述为:“驳回上诉,维持原裁定。”

第二审程序,判决全部维持一审民事判决的,表述为:“驳回上诉,维持原判。”判决部分维持一审民事判决的,表述为:“维持××××××人民法院(××××)……民初……号民事判决第×项;”裁定维持一审民事裁定的,表述为:“驳回上诉,维持原裁定。”

审判监督程序,判决或裁定全部维持原审民事裁判的,表述为:“维持本院/××××××人民法院(××××)……民×……号民事判决/裁定/调解书;”部分维持原审民事裁判的,表述为:“维持本院/××××××人民法院(××××)……民×……号民事判决/裁定/调解书第×项;”。

(二)撤销裁判主文

撤销裁判主文是指全部或部分撤销第一审民事裁判的裁判主文。

第三人撤销之诉,判决全部撤销一审民事判决的,表述为:“撤销本院(××××)……民初……号民事判决;”部分撤销一审民事判决的,表述为:“撤销本院(××××)……民初……号民事判决第×项;”全部撤销一审民事调解书的,表述为:“撤销本院(××××)……民初……号民事调解书;”部分撤销一审民事调解书的,表述为:“撤销本院(××××)……民初……号民事调解书第×项;”。

民事管辖上诉案件,撤销一审民事裁定的,表述为:“撤销××××××人民法院(××××)……民初……号民事裁定;”。

第二审程序,判决或裁定全部撤销一审民事判决的,表述为:“撤销××××××人民法院(××××)……民初……号民事判决;”部分撤销一审民事判决的,表述为:“撤销××××××人民法院(××××)……民初……号民事判决第×项;”全部撤销一审民事裁定的,表述为:“撤销××××××人民法院(××××)……民初……号民事裁定;”。

审判监督程序,判决或裁定撤销本院一审民事裁判的,表述为:“撤销本院(××××)……民初……号民事判决/裁定/调解书;”撤销下级法院一审民事裁判的,表述为:“撤销××××××人民法院(××××)……民初……号民事判决/裁定/调解书;”撤销一、二审民事裁判的,表述为:“撤销本院/××××××人民法院(××××)……民终……号民事判决/裁定/调解书及××××××人民法院(××××)……民初……号民事判决/裁定;”。

(三)变更判决主文

变更判决主文是指不撤销原判而直接对于原审民事判决内容变动的判决主文。

第三人撤销之诉,判决变更民事判决的,表述为:“变更本院(××××)……民初……号民事判决第×项为……”。

第二审程序,判决变更民事判决的,表述为:“变更××××××人民法院(××××)……民初……号民事判决第×项为……”。

(四)继续审理裁定主文

继续审理裁定主文是指在撤销原裁判的同时,确定管辖、指令立案受理、指令审理、发回重审、再审、提审的裁定主文。

民事管辖上诉案件,对管辖权裁定有错误的,在裁定撤销原裁定之后,表述为:“二、本案由××××××人民法院管辖。”或“二、本案移送××××××人民法院处理。”

第二审程序,对不予受理裁定确有错误的,在裁定撤销原裁定之后,表述为:“二、本案指令××××××人民法院立案受理。”对驳回起诉裁定确有错误的,在裁定撤销原裁定之后,表述为:“二、本案指令××××××人民法院审理。”对原判决认定事实不清或者严重违反法定程序的,在裁定撤销原判决的同时,表述为:“二、本案发回××××××人民法院重审。”

审判监督程序,上级法院裁定提审的,表述为:“本案由本院提审。”上级法院裁定指令再审的,表述为:“本案指令××××××人民法院再审。”原审人民法院裁定再审的,表述为:“本案由本院再审。”“本案由本院另行组成合议庭再审。”

(五)执行效力裁判主文

执行效力裁判主文是指对于执行标的作出不得或者准许执行、中止或者不中止执行的裁判主文。

案外人执行异议之诉,判决对案外人就执行标的享有足以排除强制执行的民事权益的,表述为:“不得执行……(20××)……号……。”

申请执行人执行异议之诉,判决对案外人就执行标的不享有足以排除强制执行的民事权益的,表述为:“准许执行……(20××)……号……。”

审判监督程序,裁定再审的,对于原审裁判有执行内容的,表述为:“二、再审期间,中止原判决/裁定/调解书的执行。”“二、再审期间,不中止原判决/裁定/调解书的执行。”

(六)驳回裁判主文

驳回裁判主文是指驳回诉讼请求、上诉请求、再审申请等裁判主文。

第三人撤销之诉,判决驳回原告诉讼请求的,表述为:“驳回×××……的诉讼请求。”

第二审程序,判决驳回上诉人全部诉讼请求的,表述为:“驳回上诉,维持原判。”判决驳回上诉人部分诉讼请求或者部分上诉人请求的,表述为:“驳回×××……的上诉请求。”裁定驳回上诉人上诉的,表述为:“驳回上诉,维持原裁定。”

审判监督程序,裁定驳回再审申请的,表述为:“驳回×××的再审申请。”

(七)补正裁定主文

补正裁定主文是指补正法律文书中的笔误的裁定主文。

裁定补正法律文书中的笔误的,表述为:“(××××)……民初……号……书中‘……’补正为‘……’。”

四、裁判主文的类型之三——民事非讼程序案件裁判主文

非讼程序是指特别程序案件、确认仲裁协议效力、撤销仲裁裁决、人身安全保护令、督促程序、公示催告程序等。根据裁判主文的内容,可以将非讼程序民事裁判主文分为宣告裁判主文、限制裁判主文、撤销裁判主文、驳回裁判主文三大类。

(一)宣告裁判主文

宣告裁判主文是指宣告权利状态或者事实存在的裁判主文。

选民资格案件,表述为:“×××在……选区具有选民资格。”“×××在……选区不具有选民资格。”

宣告失踪、宣告死亡案件,表述为:“一、宣告×××失踪;二、指定×××为失踪人×××的财产代管人。”“宣告×××死亡。”

认定民事行为能力案件,表述为:“×××为无民事行为能力人。”“×××为限制民事行为能力人。”“×××恢复完全民事行为能力。”

认定财产无主案件,表述为:“……为无主财产,收归国家所有。”“……为无主财产,归……所有。”

实现担保物权案件,表述为:“准许拍卖、变卖×××的……。”

监护权特别程序案件,表述为:“一、撤销×××为×××的监护人的指定;二、指定×××为×××的监护人。”“×××的监护人变更为×××。”“一、撤销×××为×××的监护人的资格;二、指定×××为×××的监护人。”

确认仲裁协议效力案件,表述为:“确认×××与×××的仲裁协议无效。”

公示催告除权案件,表述为:“一、宣告申请人×××持有的号码……、票面金额×元的×票无效;二、自本判决公告之日起,申请人×××有权向支付人请求支付。”

(二)限制裁判主文

限制裁判主文是指作出限制被申请人行为的裁判主文。

人身安全保护令案件,可以裁定作出一项或多项人身安全保护令,表述为:“禁止×××对×××实施家庭暴力;”“禁止×××骚扰、跟踪、接触×××及其相关近亲属;”“责令×××迁出×××的住所;”等。

(三)撤销裁判主文

撤销裁判主文是指作出撤销原生效裁判的裁判主文。

特别程序案件,撤销民事判决的,表述为:“撤销××××××人民法院(××××)……民特……号民事判决。”

特别程序监督案件,撤销民事裁定的,表述为:“撤销××××××人民法院(××××)……民特监……号民事裁定。”

支付令监督案件,撤销支付令的,表述为:“撤销××××××人民法院(××××)……民督……号支付令。”

撤销本院裁判,且法院名称没有变更的,“××××人民法院”改为“本院”。

撤销仲裁裁决案件,撤销全部仲裁裁决的民事裁定,表述为:“撤销××××××仲裁委员会(××××)……号裁决。”撤销部分仲裁裁决的民事裁定,表述为:“撤销××××××仲裁委员会(××××)……号裁决第×项,即:……。”

人身安全保护令案件,撤销民事裁定,表述为:“撤销本院(××××)……民保令……号驳回申请民事裁定。”“撤销本院(××××)……民保令……号人身安全保护令民事裁定。”“撤销本院(××××)……民保令……号人身安全保护令民事裁定第×项。”

（四）驳回裁判主文

驳回裁判主文是指作出驳回申请或异议的裁判主文。

非讼程序案件驳回申请的，表述为：“驳回×××的申请。”

人身安全保护令驳回复议申请的，表述为：“驳回×××的复议申请。”

监护人指定异议案件驳回异议的，表述为：“驳回×××不服指定监护的异议。”

督促程序案件驳回异议的，表述为：“驳回×××的支付令异议。”

五、裁判主文的注释

裁判主文的注释，是指为了更好地执行裁判主文，在裁判主文之中或之后，对裁判主文用括号加以说明。

（一）先行给付的注释

对于裁判前已全部或部分履行的，可以说明已履行的财物或金额，以便于在执行过程中抵扣。例如：（已履行）（已给付……元，尚需给付……元）。

（二）执行标的的注释

对于难以在裁判主文中直接表明执行方式或者表述过于烦琐的，可以说明执行标的的审核方式、计算方式或具体指向，以避免在执行过程中产生争议。例如：（内容须事先经×××本院审查）（清单详见附件）。

（三）折抵结果的注释

对于裁判主文中当事人互相具有金钱给付义务，可以分别合计后再互相折抵，在全部裁判主文之后另起一行写明。例如：（上述各项给付金额，经合计和折抵后，×××应于本判决生效之日起×内给付××××元）。

第八章　行政裁判文书制作

第一节　行政裁判文书概述

一、行政裁判文书的概念及种类

行政诉讼是人民法院解决行政争议的法律制度。德国行政法学家爱斯曼总结到，行政诉讼具有“魔鬼四角”之功能，即主观权利以及法律所承认利益的保护；行政决定的审查和稳定；客观法秩序的确保与和谐；法律发展可能性的维持。行政诉讼功能能否实现，在一定程度上，需要通过行政裁判来影响，需要通过行政裁判文书来体现。所谓行政裁判，是人民法院就受理的行政案件所作的判断或者意思表示。所谓行政裁判文书，是人民法院在行政诉讼中，为解决当事人之间的争议，对行政案件实体、程序问题所作的依法产生法律效力的文书。行政裁判文书就其种类而言，按照裁判方式的不同，可以分为行政判决书、行政裁定书、行政调解书、行政赔偿判决书、行政赔偿裁定书、行政赔偿调解书等。

关于行政诉讼中的判决，通说认为是人民法院审理行政案件终结时，根据事实和法律，就行政案件的实体问题所做的处理决定。行政判决书（包括行政赔偿判决书）作为行政判决的书面载体，是人民法院行使行政审判权对案件实体问题终局结论的宣示，突出展现了人民法院在行政案件处理结果方面的司法权力和对当事人权利救济的程度。行政判决是否正确、妥当，行政判决书制作的好坏，关系到行政诉讼活动所要达到的终极目标能否实现。

按照不同的审判程序，行政判决书可以分为一审、二审和再审行政判决书。一审判决书，又称为初审判决书，是人民法院对行政争议案件第一次审理终结，对实体问题所作的判决书。二审判决书，又称为终审判决书，是人民法院对行政争议案件第二次审理终结后所作的判决书。再审判决书是人民法院按照审判监督程序，对已经生效的裁判重新审理所作的判决书。

关于行政诉讼中的裁定，是人民法院在审理行政案件和审查非诉执行行政行为的过程中，为解决案件的程序问题所做的处理决定。所谓程序问题有两方面的内容：一是在人民法院主持下，人民法院指挥当事人和其他诉讼参与人按照法定程序进行诉讼活动中所发生的问题；二是人民法院依照法定程序审理行政案件和审查非诉执行行政行为中发生的问题。

按照不同的审判程序，行政裁定书（包括行政赔偿裁定书）可以分为一审、二审和再审诉讼程序中的行政裁定书。就裁定涉及事项而言，包括不予受理、驳回起诉、诉讼期间停止具体行政行为的执行、中止和终结诉讼程序、补正裁判文书中的笔误、采取诉讼保全措施、准予或不准予撤诉、二审维持或撤销一审裁定、二审发回重审、提起再审、指定管辖、移送管辖等。

关于行政诉讼中的调解书是人民法院在审理行政案件过程中依法进行调解，基于当事人自愿达成解决争讼的协议，对此予以确认其法律效力的司法文书。司法实践中，行政调解书（包括行政赔偿调解书）一般可以适用于诉讼的各个阶段。

在行政裁判文书中，一审裁判文书具有突出的地位。本章所指的行政裁判文书，主要是从狭义的角度而言的，专指包括行政赔偿范围在内的一审行政裁判文书。本章所讨论的行政裁判文书制作，着重于一审行政裁判文书。

二、行政裁判文书的特点

毫无疑问，行政裁判文书应当带有鲜明的行政诉讼特色，尤其以行政判决为主。行政案件的复杂性决定了行政判决形式的多样化。以行政诉讼的目的为标准，可以将行政判决划分为给付判决、确认判决、形成判决和撤销判决。给付判决是指法院命令被告做或者不做某种行为的判决，例如履行判决、撤销后的责令重作判决和行政赔偿判决；确认判决是指法院确认被诉行政行为合法与否或法律关系存在与否的判决，如确认违法或无效判决，包括情况判决中的违法确认等，现行法律规定的驳回原告诉讼请求判决属于否定性的确认判决；形成判决是法院改变现存法律地位和法律关系的判决，所以又称变更判决，典型的如法院对行政处罚不当的变更判决；撤销判决是行政诉讼中特有的判决种类，是指法院撤销被诉行政行为，使之丧失法律效力的判决形式。不同的判决内容，导致不同的行政裁判文书的面貌各异，但万法归宗、万流溯源，在《行政诉讼法》（1989 年 4 月 4 日第七届全国人民代表大会第二次会议通过，1990 年 10 月 1 日起施行；2014 年 11 月 1 日第十二届全国人民代表大会常务委员会第十一次会议决定修正，该决定自 2015 年 5 月 1 日起施行）及 2000 年 3 月 10 日起施行的《最高人民法院关于执行〈中华人民共和国行政诉讼法〉若干问题的解释》（以下简称《2000 解释》）、2002 年 10 月 1 日起施行的《最高人民法院关于行政诉讼证据若干问题的规定》（以下简称《行政诉讼证据规定》）、2015 年 5 月 1 日起施行的《最高人民法院关于执行〈中华人民共和国行政诉讼法〉若干问题的解释》(以下简称《行政诉讼法解释》)等司法解释规制下,行政裁判文书不仅是对行政审判权运用的记录,而且是对司法审查权力运用公正的表明。因此,与刑事、民事裁判文书相比,行政裁判文书应当展现其浓郁、独特、鲜明的行政诉讼和行政审判特色。

(一)诉讼目的上,行政裁判文书应当能够体现合法性审查的特点

判与诉是相对应的,行政判决毫无疑问是对原告诉讼请求的一种回应。但在行政诉讼中,对于公民、法人或其他组织合法权益的保护,是建立在司法审查的基础之上的。《行政诉讼法》第六条规定,人民法院审理行政案件,对行政行为是否合法进行审查。合法性审查原则的确立,忠实地反映了行政诉讼活动的性质、要求与价值取向,是指导行政审判权运用的基本行为准则。表面上,行政判决解决的是行政争议,实质上,行政判决是人民法院对行政活动合法与否进行的评判,是对行政违法行为的纠正,是司法权对行政权的制衡。行政裁判文书作为行政审判权运行结果的一种书面意思表示,如不能反映对被诉行政行为合法性审查的要求,无疑背离了行政诉讼和行政审判的轨道,其"血统"将受到质疑。

(二)审理对象上,行政裁判文书应当能够体现复审性的特点

合法性审查原则明确了行政案件的审理对象问题,即以被诉行政行为为审理对象,这就明确了人民法院在行政诉讼中的地位、职权和工作重点。像审理民事案件去审理行政案件,以原告的行为为审理对象,不仅仅是偏离了行政诉讼和行政审判的特殊性的问题,而且是司法权代替行政权、司法权与行政权合流的问题,难以实现诉讼的目的。故制作行政裁判文书,不能迷失方向,应以被诉行政行为为审理对象。作为对公民、法人或其他组织权利义务产生实际影响的行政行为,是行政主体行使行政管理权对相关争议的处理。行政利害关系人对行政行为不服,提起行政诉讼,所包含的争议既有最原始的相关争议,也有对行政行为合法与否的争议。行政判决对被诉行政行为的合法性作出判断,有时并不直接处理最原始的相关争议。从该角度而言,行政诉讼主要是一种复审程序,即此前一般已经经历了完整的行政程序(如行政处罚程序、行政裁决程序、行政许可程序等),行政审判是对被诉行政行为的复审,类似于上诉审(国外一般直接称其为向法院上诉)。行政审判的事实认定是以行政程序收集的证据为基础,对其在获取和处理证据及得出事实结论上是否符合法律要义进行审查(对事实的合法性审查,与此相类似者诸如《民事诉讼法》第一百六十八条有关"第二审人民法院应当对上诉请求的有关事实和适用法律进行审查"的规定)。值得注意的是,行政诉讼作为"民告官"的制度,基于"民"与"官"参与诉讼的能力难以相提并论,在行政诉讼审判程序中对当事人主义的追求应该弱于民事诉讼,人民法院对被诉行政行为的合法性审查,还应当带有较

强的职权主义色彩。制作行政裁判文书,如忽视复审性的特点,就不能较好地体现司法审查的层次;如忽视职权主义的特点,就不能较好地体现司法审查的本质。

(三)证明责任上,行政裁判文书应当能够体现被告负举证责任的特点

在行政诉讼中,原告提出认为被诉行政行为违法的诉讼主张,对此承担举证责任的不是原告,而是否定原告诉讼主张的被告(行政机关)。被告对被诉行政行为的合法性负举证责任,这是行政诉讼复审性质的必然要求。在行政程序中,要求行政机关"先取证,后裁决",行政机关应当在收集充分证据基础上再作出行政行为。当公民、法人或者其他组织不服行政行为提起诉讼时,行政机关应当用充分的证据材料证明其行为的合法性。作为我国行政诉讼制度的一大创设,《行政诉讼法》第三十四条规定,被告对作出的行政行为负有举证责任,应当提供作出该行政行为的证据和所依据的规范性文件。因此,被告负举证责任,实际上就是将其被诉行政行为的案卷移送给法院。换言之,行政判决的作出主要建立在对被告提供的证据和依据的甄别、判定和采信之上。制作行政裁判文书,如不能反映对被告的举证进行质证的过程和予以认证的缘由,显然难以突出司法审查的重点,难以体现人民法院的公正形象。

当然,在行政诉讼中,还有一些情形不具有或者不完全具有复审性的特点,典型的就是起诉不作为(要求履行法定职责)的案件和行政赔偿案件。因此,被告负举证责任是一个主要的规则,但不是一个通用的标准。"谁主张,谁举证"的规则对于行政案件的原告和第三人也是适用的。在具体个案中,应当根据案件本身的性质来分配行政诉讼的举证责任。如被告对被诉行政行为负有举证责任,原告应当证明其起诉符合法定条件;原告要求被告履行法定职责,应当证明其提出申请的事实;原告要求被告赔偿,应当证明因受违法行政行为侵害而造成损失的事实。因此,制作行政裁判文书时,要注意举证责任的不同分配,与"事"俱进,不能墨守成规。

三、行政裁判文书的规范化

我国行政诉讼之初,行政裁判文书的制作在很大程度上不仅参考了民事裁判文书,而且有趋同的现象,形成了明显的不足。行政裁判文书的规范化,主要的竞技场是在行政判决书的制作方面。有学者认为,改革前我国一审行政判决书存在以下问题:第一,从表现形式观察,它不能展示行政案件特有的被告举证、原告质证的庭审规律;第二,从内容分析,它不能体现行政审判对具体行政行为合法性审查的主要特征;第三,从逻辑架构研究,它不能严谨地表现行政法律关系。鉴于此,在最高人民法院的鼓励下,各地法院致力于行政裁判文书的改革。与改革前相比,行

政裁判文书的总体水平有了很大提高,主要特点为:一是能够较好地体现行政诉讼的特点。绝大多数判决书的制作能够围绕审查具体行政行为合法性这个核心展开,同时也体现了被告负举证责任等行政诉讼的特点。二是裁判文书的说理性普遍受到重视。大多数判决书在本院认为的说理部分均有所加强,对案件争议的焦点问题能够从法律上和法理上加以分析论证,从而增强了判决的针对性和说服力。三是举证、质证和认证过程交代得比较清楚。相当一部分判决书能够对证据的效力进行分析和归纳,并且能够与判决认定的事实紧密相连。四是裁判文书的格式和内容有所创新。许多判决书能够根据不同案件的特定情况和需要,在判决的结构和内容等方面突破了传统的模式,既保持了判决的完整性,又体现了实事求是、改革创新的精神。可以说,最高人民法院对行政裁判文书改革的肯定,为行政裁判文书制作的进一步规范指明了方向。

2004年12月8日,最高人民法院制定了《一审行政判决书样式(试行)》(以下简称2004样式),对行政判决书制作进一步作了规范,奠定了行政判决书制作的基本框架结构、基本方法思路,成为现今制作行政判决书的基本参考、指南、模本。

自2015年5月起,由于修改后的《行政诉讼法》在立案、审理和执行等方面创设了许多新的制度和规定,为确保新法的贯彻实施,最高人民法院行政审判庭为此编写了《行政诉讼文书样式(试行)》(以下简称新样式)。与原有样式相比,新样式有以下几个特点:第一,更加强调以审判为中心,重视通过证据交换和庭前准备程序发现并确定当事人无争议和有争议的问题,以便让其后的审理和裁判文书制作紧密围绕争议问题,重点突出;第二,更加强调裁判文书的论理性和可读性,注重文书撰写的繁简得当,重视文书对法理问题和争议问题的阐述分析;第三,更加强调文书规范化和个性化的统一,在确保裁判文书基本要素完整、主要结构规范的同时,也注意兼顾为各级人民法院和法官个人对文书的发展续造预留空间。新样式在格式方面也有一些创新,比如要求所有的判决书都要以附录方式载明所适用的相关法律依据,以当事人看得见、听得懂、能理解的方式实现司法公正。同时,为了适应修改后行政诉讼法的新规定,新增了一审行政协议类行政案件用判决书、复议机关作共同被告类一审行政案件用判决书、调解书、简易程序转普通程序行政裁定书以及对规范性文件提出处理建议用的处理建议书等。

故此,行政裁判文书的制作,应立足于2004样式,并借鉴新样式的创新发展。正如《行政诉讼文书样式(试行)》"编者的话"指出的,本样式只是提供一个基本模式,供大家在实践中参考。文书所必需的基本要素虽不可或缺,也不必拘泥于样式,限缩发展创新的空间。

第二节　行政判决书

一、行政判决书的组成结构

(一)基本架构及要求

2004 样式涉及 3 种样式,即作为类、不作为类和行政赔偿案件。在这 3 种样式中,不作为类和行政赔偿案件的行政判决书是在作为类行政判决书的基础上,再根据其案件特性而制作的。也就是行政判决书的制作样式,基本上以复审性为主,以非复审性为辅。

第一审行政判决书由首部、事实、理由、判决结果和尾部五大部分组成。首部除应依次写明标题、案号、当事人及其代理人的基本情况外,为表明法院审判活动的公开和透明,还要求书写案件的由来、审判组织、被告与第三人的应诉、当事人进行证据交换情况以及开庭审理过程。有关程序活动可根据时间节点的先后顺序表明。事实部分,应写明当事人行政争议的内容,以及经法院审理确认的事实和证据。理由部分,要根据查明的事实和有关法律、法规与法学理论,就行政主体所作的行政行为是否合法、原告的诉讼请求是否有理进行分析论证,阐明判决的理由。判决结果部分,应写明法院对当事人之间的行政诉讼争议作出的实体处理结论。尾部,应依次写明诉讼费用的负担,交代上诉的权利、方法、期限和上诉审法院,合议庭署名,判决日期,书记员署名等内容。

实践中,“事实—理由—判决结果”的总体架构是行政判决书正文部分一般的叙事说理章法,是长久沿袭的行文方法。这一部分,包含了行政法官在行政判决书中对证据的分析认定、对法律事实的推导以及对法律问题的阐明,实质上是整个行政判决书体系的核心组成部分,体现了行政判决书的论证和说理。行政判决书的事实论证,主要内容包括被诉行政行为及诉辩争议、当事人的举证、法庭质证及对证据的审核认定、法律事实推导叙述,归纳起来为三个部分,即诉讼主张归纳部分、诉讼证据展示部分和法律事实叙述部分。行政判决书的裁判说理,主要内容包括法律阐释和判决所依据条文的引用。行政判决书的判决结果即是判决主文。

(二)应当注意的考量因素

《行政诉讼法》修正后于 2015 年 5 月 1 日起施行,新法共计 103 条规定,与之前的《行政诉讼法》的 75 条规定相比,实现了诸多方面的制度创举,这些新的法律规定,既体现了行政诉讼中的增量因素,也反映出在行政裁判文书制作中的变量因素,不得不加以考量。这些因素,使得行政裁判文书的制作难度更高、变数更大,即涉及的诉讼程序叙述更为复杂、诉讼主张陈情更为复杂、事实证据内容列举更为复杂、举证质证认证过程开示更为复杂、裁判理由阐明更为复杂、裁判主文表述更为复杂。在框架结构编排上、文字表达组织上更需费一番心思以达到脉络清晰、详略得当、重点突出、有序到位、全面又精准的良好效果。

1. 当事人部分的列项

《行政诉讼法》第三条第三款规定了被诉行政机关负责人的出庭应诉。第二十八条规定了共同诉讼。第二十九条规定了利害关系人可以作为第三人参加诉讼。第三十一条第二款第(三)项规定了公民代理。

(1)提起行政诉讼的原告包括公民、法人或者其他组织。

原告是公民的,写明姓名、性别、出生年月日、居民身份证号码、民族和住址,居民的住址应写住所地,住所地和经常居住地不一致的,写经常居住地。原告是法人的,写明法人的名称和所在地址,并另起一行列项写明法定代表人及其姓名和职务等。原告是不具备法人资格的其他组织的,写明其名称或字号和所在地址,并另起一行写明负责人及其姓名和职务。原告是个体工商户的,写明业主的姓名、出生年月日、居民身份证号码、民族、住址;起有字号的,在其姓名之后用括号注明"系……(字号)业主"。原告是无诉讼行为能力的公民,除写明原告本人的基本情况外,还应列项写明其法定代理人或指定代理人的姓名、住址,并在姓名后括注其与原告的关系。

群体诉讼案件,推选或指定诉讼代表人的,在原告身份事项之后写明"原告暨诉讼代表人……",并写明诉讼代表人的基本情况,格式与原告基本情况相同。如涉及原告人数众多的,可在首部仅列明诉讼代表人基本情况,原告名单及其基本身份情况可列入判决书附录部分。

(2)行政判决书中的被告,应写明被诉的行政主体名称、所在地址;另起一行列项写明法定代表人或诉讼代表人姓名和职务;副职负责人出庭的在此不要列写,在交待到庭参加庭审活动的当事人及其他诉讼参加人情况时载明。法定代表人项下,另起一行列写委托代理人的基本事项。

(3)有第三人参加诉讼的,第三人列在被告之后,第三人基本情况的写法同上。

(4)委托代理人系律师或基层法律服务工作者的,只写明其姓名、工作单位和职务。当事人的代理人系当事人的近亲属的,应在代理人的姓名后括注其与当事人的关系。

代理人系当事人所在社区、单位以及有关社会团体推荐的公民的,应写明代理人的姓名、性别、出生年月日、居民身份证号码、民族、工作单位和住址。上述代理人应符合《民诉法解释》第八十七条第一款的规定。

2. 复议机关作共同被告

《行政诉讼法》第二十六条第二款规定，经复议的案件，复议机关决定维持原行政行为的，作出原行政行为的行政机关和复议机关是共同被告；复议机关改变原行政行为的，复议机关是被告。第七十九条规定，复议机关与作出原行政行为的行政机关为共同被告的案件，人民法院应当对复议决定和原行政行为一并作出裁判。

《行政诉讼法解释》第九条、第十条规定了复议机关作共同被告的举证规则和裁判规则。第九条规定，复议机关决定维持原行政行为的，人民法院应当在审查原行政行为合法性的同时，一并审查复议程序的合法性。作出原行政行为的行政机关和复议机关对原行政行为合法性共同承担举证责任，可以由其中一个机关实施举证行为。复议机关对复议程序的合法性承担举证责任。第十条规定，人民法院对原行政行为作出判决的同时，应当对复议决定一并作出相应判决。人民法院判决撤销原行政行为和复议决定的，可以判决作出原行政行为的行政机关重新作出行政行为。人民法院判决作出原行政行为的行政机关履行法定职责或者给付义务的，应当同时判决撤销复议决定。原行政行为合法、复议决定违反法定程序的，应当判决确认复议决定违法，同时判决驳回原告针对原行政行为的诉讼请求。原行政行为被撤销、确认违法或者无效，给原告造成损失的，应当由作出原行政行为的行政机关承担赔偿责任；因复议程序违法给原告造成损失的，由复议机关承担赔偿责任。

虽然复议机关作共同被告的案件具有一定的特殊性，但这里所讨论的行政裁判文书制作要求及技法，同样是制作此类案件行政裁判文书的基础考量，亦能适用之。至于制作此类案件的一审行政判决书样式及要求，可以参见最高人民法院行政审判庭编写的《行政诉讼文书样式（试行）》，故不再赘述。

3. 行政协议

根据《行政诉讼法》第十二条第一款第（十一）项的规定，认为行政机关不依法履行、未按照约定履行或者违法变更、解除政府特许经营协议、土地房屋征收补偿协议等协议的，属于人民法院行政诉讼受案范围。第七十八条规定，被告不依法履行、未按照约定履行或者违法变更、解除本法第十二条第一款第十一项规定的协议的，人民法院判决被告承担继续履行、采取补救措施或者赔偿损失等责任。被告变更、解除本法第十二条第一款第十一项规定的协议合法，但未依法给予补偿的，人民法院判决给予补偿。

《行政诉讼法解释》对审理行政协议案件的有关事项作了进一步明确。第十二条规定，公民、法人或者其他组织对行政机关不依法履行、未按照约定履行协议提起诉讼的,参照民事法律规范关于诉讼时效的规定;对行政机关单方变更、解除协议等行为提起诉讼的,适用行政诉讼法及其司法解释关于起诉期限的规定。第十三条规定,对行政协议提起诉讼的案件,适用行政诉讼法及其司法解释的规定确定管辖法院。第十四条规定,人民法院审查行政机关是否依法履行、按照约定履行协议或者单方变更、解除协议是否合法,在适用行政法律规范的同时,可以适用不违反行政法和行政诉讼法强制性规定的民事法律规范。第十五条规定,原告主张被告不依法履行、未按照约定履行协议或者单方变更、解除协议违法,理由成立的,人民法院可以根据原告的诉讼请求判决确认协议有效、判决被告继续履行协议,并明确继续履行的具体内容;被告无法继续履行或者继续履行已无实际意义的,判决被告采取相应的补救措施;给原告造成损失的,判决被告予以赔偿。原告请求解除协议或者确认协议无效,理由成立的,判决解除协议或者确认协议无效,并根据合同法等相关法律规定作出处理。被告因公共利益需要或者其他法定理由单方变更、解除协议,给原告造成损失的,判决被告予以补偿。第十六条规定,对行政机关不依法履行、未按照约定履行协议提起诉讼的,诉讼费用准用民事案件缴纳标准;对行政机关单方变更、解除协议等行为提起诉讼的,诉讼费用适用行政案件缴纳标准。

4. 规章以下规范性文件

《行政诉讼法》第五十三条规定,公民、法人或者其他组织认为行政行为所依据的国务院部门和地方人民政府及其部门制定的规范性文件不合法,在对行政行为提起诉讼时,可以一并请求对该规范性文件进行审查。前款规定的规范性文件不含规章。第六十四条规定,人民法院在审理行政案件中,经审查认为本法第五十三条规定的规范性文件不合法的,不作为认定行政行为合法的依据,并向制定机关提出处理建议。

《行政诉讼法解释》进一步作了明确要求。第二十条规定,公民、法人或者其他组织请求人民法院一并审查行政诉讼法第五十三条规定的规范性文件,应当在第一审开庭审理前提出;有正当理由的,也可以在法庭调查中提出。第二十一条规定,规范性文件不合法的,人民法院不作为认定行政行为合法的依据,并在裁判理由中予以阐明。作出生效裁判的人民法院应当向规范性文件的制定机关提出处理建议,并可以抄送制定机关的同级人民政府或者上一级行政机关。

5. 行民交叉时一并审理的民事案件

《行政诉讼法》第六十一条规定,在涉及行政许可、登记、征收、征用和行政机关对民事争议所作的裁决的行政诉讼中,当事人申请一并解决相关民事争议的,人民法院可以一并审理。在行政诉讼中,人民法院认为行政案件的审理需以民事诉讼的裁判为依据的，可以裁定中止行政诉讼。

《行政诉讼法解释》作了进一步明确。第十七条第一款规定，公民、法人或者其他组织请求一并审理行政诉讼法第六十一条规定的相关民事争议，应当在第一审开庭审理前提出；有正当理由的，也可以在法庭调查中提出。第十七条第二款规定，有下列情形之一的，人民法院应当作出不予准许一并审理民事争议的决定，并告知当事人可以依法通过其他渠道主张权利：(1)法律规定应当由行政机关先行处理的；(2)违反民事诉讼法专属管辖规定或者协议管辖约定的；(3)已经申请仲裁或者提起民事诉讼的；(4)其他不宜一并审理的民事争议。对不予准许的决定可以申请复议一次。值得注意的是，第十八条第一款规定，人民法院在行政诉讼中一并审理相关民事争议的，民事争议应当单独立案，由同一审判组织审理。第十八条第二款规定，审理行政机关对民事争议所作裁决的案件，一并审理民事争议的，不另行立案。第十九条第一款规定，人民法院一并审理相关民事争议，适用民事法律规范的相关规定，法律另有规定的除外。第十九条第二款规定，当事人在调解中对民事权益的处分，不能作为审查被诉行政行为合法性的根据。第十九条第三款规定，行政争议和民事争议应当分别裁判。当事人仅对行政裁判或者民事裁判提出上诉的，未上诉的裁判在上诉期满后即发生法律效力。第一审人民法院应当将全部案卷一并移送第二审人民法院，由行政审判庭审理。第二审人民法院发现未上诉的生效裁判确有错误的，应当按照审判监督程序再审。

鉴于行民交叉案件中的行政争议和民事争议应当分别裁判，即分别作出行政裁判及民事裁判，故此，《2000 解释》第六十一条规定的行政附带民事裁判文书的形式已无必要。如涉及的法律关系或争议解决需先民后行的，则制作相应的行政裁判文书时应兼顾到民事判决的事实，而民事裁判文书制作时未必需以行政裁判结果为基础。基于此，民事裁判文书的制作本章不再赘述。

6. 简易程序

《行政诉讼法》第八十二条规定，人民法院审理下列第一审行政案件，认为事实清楚、权利义务关系明确、争议不大的，可以适用简易程序：(1)被诉行政行为是依法当场作出的；(2)案件涉及款额二千元以下的；(3)属于政府信息公开案件的。除前款规定以外的第一审行政案件，当事人各方同意适用简易程序的，可以适用简易程序。发回重审、按照审判监督程序再审的案件不适用简易程序。第八十三条规定，适用简易程序审理的行政案件，由审判员一人独任审理，并应当在立案之日起四十五日内审结。第八十四条规定，人民法院在审理过程中，发现案件不宜适用简易程序的，裁定转为普通程序。

所谓简易程序，是相对普通程序而言在起诉、审理、审限等方面有所简化的程序。通俗地说,简易程序就是一种简化了的普通程序。2010年11月17日,最高人民法院发布了《关于开展行政诉讼简易程序试点的通知》,有关基层人民法院开始了简易程序的试行和探索。在试行过程中,关于适用简易程序案件的审理及行政判决书制作,实践中存在两种观点:一种是简易程序只是简化了诉讼程序,庭审环节、庭审内容和行政判决书制作上并不作简化,与适用普通程序案件的做法并无实质性区别;另一种做法是全面探索简化,法庭调查和辩论可以围绕主要争议问题进行,庭审环节可以适当简化或者合并。在裁判文书制作上,人民法院的行政裁判文书仅记载争议的事实要点和主要理由,无须记载全部争议的事实和全部的理由,对于认定事实和判决理由可以作适当简化。在裁判文书格式上,可以借鉴美国加州采用表格记载和裁判的做法,即在表格内填写当事人双方的姓名和基本情况、双方争议的事实和理由的要点、法院的裁判及送达,最后加盖法院的印章。

鉴于适用简易程序裁判的案件,如行政裁判文书制作上与普通程序案件没有区别,则本章中没有必要再作叙述。如在行政裁判文书上要简化或者希望简化到极致,则说明还有很大的探索空间,目前似乎尚未形成成熟的可供推广复制的经验,则本章再作叙述更无必要。值得关注的是,在诉讼及审判实践中,民事案件繁简分流已经行之有年,民事案件适用简易程序而制作的简化型裁判文书已经取得了不错的实效,正可以为简易程序行政案件裁判文书制作所借鉴。

二、行政判决书的诉讼主张归纳

行政判决书的诉讼主张归纳部分,除反映参与诉讼的全部当事人(原告、被告、第三人)的诉讼主张及诉辩理由之外,还有其特殊要求。行政诉讼所具有的合法性审查和复审性特点,决定了这一部分的首要内容必须明确审理对象——被诉行政行为。我们认为,行政判决书的诉讼主张归纳部分的制作,一要确定审理对象,二要确定诉讼请求,三要确定基本争执焦点。

(一)被诉行政行为

行政行为可以界定为是由行政主体作出或可以归属于行政主体的,行使职权与履行职责或与行使职权履行职责相关的,并产生行政法律效果的行为。在行政案件中,引发争议并成为审理标的的行政行为就是被诉行政行为。被诉行政行为作为审理对象,是原告、被告和第三人的诉讼主张所直接针对的目标,在行政诉讼中具有基础性的地位。就原告而言,是反驳的对象;就被告而言,是证明的对象;就法院而言,是合法性审查的对象。从机理上来讲,行政裁判,就是基于当事人诉辩、紧扣被诉行政行为做好一篇文章。故对被诉行政行为进行归纳,其目的是树立一个标靶,当事人的诉辩、举证、质证和法院的认证、评判莫不围绕这一标靶,步步推进、层层展开。所以,如果把被诉行政行为也视作一种诉讼主张的话,行政判决书采用的就是被告诉讼主张前置的写作方法。因此,行政判决书中对被诉行政行为的归纳应达到准确性和完整性的要求。

被诉行政行为作为案件整体事实的一部分,可以独立存在,具有很强的叙事性。对被诉行政行为的归纳,实质上是对被诉行政行为的来龙去脉作出叙述,一般而言,几大要素不能忽漏,包括被诉行政行为的作出时间、行政主体和行政相对人、认定事实、法律适用和结论。对被诉行政行为进行归纳,最主要是对被诉行政行为的内容即认定事实、法律适用和结论的归纳。对于被诉行政行为的内容进行归纳,应按照行政行为的不同方式、形式采取不同的方法。

从一定意义上说,行政行为的方式无非两种,即作为方式和不作为方式。作为方式的行政行为是指具有积极动作的行政行为,如实施行政检查、作出行政处罚、采取行政强制执行等;不作为方式的行政行为系指具有消极动作的行政行为,如不履行法定义务等。无论行政行为是作为方式还是不作为方式,行政行为赖以存在的形式大致为四种:口头形式、书面形式、动作形式和默示形式。法律、法规对某些行政行为采用特定的形式有专门的要求,如根据《行政处罚法》的规定,行政处罚决定必须采用书面形式,而法律、法规对某些行政行为采用什么形式则不作特别要求。当法律、法规对行政行为采用什么形式有特别要求时,这类行为属于要式行政行为;当法律、法规对行政行为采用什么形式没有特别规定时,这类行为便是不要式行政行为。因此,对被诉行政行为的内容进行归纳时,必须考虑行政行为方式及形式的各种因素,予以区别。

1. 作为类案件

作为类行政案件中,被诉行政行为属于要式行政行为且以书面形式的居多。

(1)被诉行政行为的行政法律文书中,对事实认定、法律适用有比较明确和详细表述的,可以按照行政法律文书的内容加以概括,如行政处罚决定、房屋征收补偿决定案件。例如,原告某渔业公司不服被告农业部某海区渔政渔港监督管理局作出的行政处罚决定一案,根据行政处罚决定书,对被诉行政行为的内容归纳如下:

被告认定:原告所属鲁荣渔××船(船长:宋某某)于2007年8月上旬至2007年10月上旬在北太平洋(公海)海域生产期间,非法从事流网作业,流网生产鱿鱼1739盘(每盘约15公斤),并于2007年10月5日,在42°30′N、152°22′E.被美国海岸警备队BOUTWELL719舰查获。且原告在北太平洋(公海)海域生产期间,未按规定填写《渔捞日志》,未按规定标写船名号,未随船携带农业部远洋渔业项目审批通知。原告的行为违反联大46/215号决议,《渔业法》第二十五条、第三十条,《远洋渔业管理规定》第二十条,《渔业船舶船名规定》第二条,《渔业捕捞许可管理规定》第十六条之规定,属情节特别严重。依据《渔业法》第三十八条和《渔业行政处罚规定》第四条之规定,遂于2007年12月17日作出东渔政罚[2007]003号行政处罚决定,决定对原告作出以下行政处罚:1. 没收流网渔获物(鱿鱼)壹仟柒佰叁拾玖盘(每盘约壹拾伍公斤);2. 罚款人民币伍万元;3. 没收渔具(流网伍佰肆拾柒片、流网起网机壹台、电浮标肆只、导网管肆根、喇叭口贰个、分网器壹台、测向仪壹台);4. 没收"鲁荣渔××船"壹艘。

(2)被诉行政行为虽有一定的书面形式,但大多是填写式的,往往只写明行为的最终结论,对事实认定、法律适用缺乏具体的表述,这时宜结合被告作出被诉行政行为的内部审批材料以及其他文件加以归纳,如行政许可、房地产登记案件。在此类案件中,基于案件事实和需要,对于被诉行政行为内容的归纳,可以采用两种方法处理。

第一,在反映行政行为的最终结论时,可以结合当事人诉争焦点归纳被诉行政行为,与诉争焦点无关的内容可以简略。例如,原告葛某某等9户居民不服核发建设工程规划许可证案,鉴于当事人争议的焦点在于建筑间距及由此产生的日照分析结论是否合法,则与此相关的四至范围、层数高度等内容应当详写;对于建设工程相关的绿化、卫生等指标当事人没有争议,则在归纳被诉行政行为时可以省略。故综合被诉建设工程规划许可证、申请表及相关文件、图纸,对被诉行政行为的内容提炼如下:

第三人某房地产经营公司向被告上海市某某区规划土地管理局申请本市某某花苑10号楼建设工程规划许可证。被告根据《城市规划法》第三十二条等有关规定,经审定认为该项建设工程符合城市规划要求,遂于1998年4月28日作出核发编号为沪普建(1998)0033号建设工程规划许可证的具体行政行为,准予第三人建造建筑面积为14,471平方米、建筑高度为69.1米、建筑层数为24层的某某花苑10号楼。该楼南北向宽度为28米,东西向长度为29.6米,与南侧建筑层数为23层的某某花苑3号楼之间的建筑间距为24米,与北侧建筑层数为6层的本市某某新村318.318号居民楼之间的建筑间距为25.4米,与东侧建筑层数为6层的居民楼之间的建筑间距为13米,与西侧配电间的建筑间距为6米。

第二,当有些行政行为书面形式中所填写的内容不能涵盖行政行为所设定的所有权利义务时,对于被诉行政行为内容的归纳,就要将被诉行政行为所设定的权利义务表达清楚。如房屋拆迁许可证中,被拆迁人的安置方式、安置去向往往是不记载的,这时就要结合房地部门颁发房屋拆迁许可证的通知等文件内容来加以归纳。例如:

被告认定：经审核第三人上报的某某村及周边地区改造地块房屋拆迁许可证的申请，拆迁计划和拆迁方案符合条件，遂于 2002 年 5 月 8 日作出颁发拆许字(2002)第 7 号房屋拆迁许可证的具体行政行为。确定事项如下：建设项目为某某村及周边旧城改造，拆迁人和拆迁实施单位均为第三人，拆迁范围是某某村 1～23 号、26 号、27 号、39 号，拆迁居民 580 户，其中私房 41 户，拆迁居住房屋建筑面积 10,831 平方米，其中拆迁私房建筑面积 1500 平方米。拆迁单位 1 个，拆除单位非居住房屋建筑面积 60 平方米。项目占地面积 31,877 平方米(部分)。房屋拆迁安置方式可以实行货币补偿，也可以实行价值标准房屋调换以及面积标准房屋调换。房屋调换的房源为南翔镇某某新村及桃浦某某苑现房。拆迁期限为 2002 年 5 月 8 日起至 2002 年 11 月 30 日止。

(3)被诉行政行为既没有书面形式，也无内部审批材料的，可以根据被告在庭审中的陈述加以归纳。例如，原告黄某某不服某公安派出所对其留置盘问案，对被诉行政行为的内容归纳如下：

被告对原告黄某某作出留置盘问的具体行政行为，认定：1998 年 2 月至 7 月间，原甲建设公司员工陈某、秋某，在甲建设公司委托乙工程公司承包本市金贸大厦燃气管道安装工程期间，勾结乙工程公司项目经理黄某某，采取高估冒算的手段，虚报工作量，从乙工程公司提取回扣，造成甲建设公司经济损失达 71,600 元。被告在接到甲建设公司报案后，于 1999 年 10 月 23 日凌晨 1 时对黄某某进行书面传唤，在进行询问后，又以黄某某对事实部分避重就轻并有串供迹象为由，于 1999 年 10 月 23 日凌晨 4 时 40 分对原告实施留置盘问。

必须注意，对于作为类的被诉行政行为，一定要翔实叙述被诉行政行为的主要内容(认定事实、适用的法律规范和处理结论)，使合法性审查目的得以充分展示。特别是对于被诉行政行为一定要按照法律规范予以表述。譬如，作出出具业主大会、业主委员会备案证的行政行为，不要写成作出“核发”业主大会、业主委员会备案证的行政行为。“出具”与“核发”词义不同，出具对应备案，核发对应许可；出具是法定用语，核发是一般叫法。如果用“核发”替代“出具”，不仅是对行政行为性质的误读，实质上改变了合法性审查的条件。有时，更有可能被当事人借题发挥，无端生事。这一问题，在对不作为类的被诉行政行为进行表述时，也值得关注。此外，鉴于行政判决书附录法律条文工作已经推广实施，故在法律规范的引用上，一般只需表述到条款项目，无须直接表述条文内容。当然，对于有些案件，如果适用的法律规范简单，表述条文内容效果更好的，则在表述条款项目时，可以有选择地援引法条的内容。

2. 不作为类案件

不作为类行政案件中,行政不作为是具有特殊性的行政行为,其行为方式上也存在书面形式和非书面形式之分。行政机关不作为主要是指程序上的不作为,即公民、法人或者其他组织申请行政机关履行保护人身权、财产权的法定职责,行政机关拒绝履行、不予答复或拖延履行。

(1)行政机关不予答复或拖延履行的,一般不具有实体形态,即没有具体有形的行为形态,只是事实上存在的一种现象,这种现象被法律拟制为行为。通常情况下,此类不作为案件中对被诉行政行为的归纳,缺乏可以援引、参照的材料,即难以从被告的角度,直接归纳行政不作为的认定事实和法律适用。但从树立审理对象的角度,一般可以在当事人诉辩内容之前作如下表明:

原告×××于××××年××月××日向被告××××提出×××申请(申请事项),被告在原告起诉之前没有作出处理决定。

实践中,上述表明有时无须单独成一段落,可以根据需要略去,但其内容必须通过原告的诉称部分予以反映。

值得注意的是,对于行政机关以口头方式明示拒绝履行的,如能够概括行政不作为的内容,可以参照作为类案件,对被诉行政行为(不作为)的内容加以归纳。

(2)行政机关以书面方式明示拒绝履行的,如果原告的诉请不是要求撤销被告所作的书面明示拒绝行为,而是要求被告履行所诉法定职责的,此类案件与作为类案件无异,被诉行政行为的内容也可以按照行政法律文书的内容加以归纳。例如,原告张某某诉被告上海市某某区房屋土地管理局要求履行受理其房屋拆迁裁决申请的法定职责一案,对被诉行政行为归纳如下:

被告于2008年4月3日向原告张某某作出沪(2008)房拆字第3号不予受理通知,主要内容为:经审查,你们的申请属于《上海市城市房屋拆迁行政裁决若干规定》第九条第一款第三项(申请人与被申请人达成房屋拆迁补偿安置协议后发生合同纠纷的)不予受理的情形,本机关决定不予受理,并将裁决申请及相关资料一并退回。

(二)原告诉讼请求及理由

行政诉讼与民事诉讼有所不同,在民事诉讼中,原告的诉讼主张起着基础性的作用,它是法院认定事实的逻辑起点,是法院司法审理的对象;而在行政诉讼中,起基础性作用的是被诉行政行为,而不是原告的诉讼主张。基于这种认知,在行政诉讼中往往认为原告的诉讼请求及理由所起的作用不大,仅是启动了行政诉讼合法性审查而已。但是,由司法活动的自身特点所决定,行政判决与民事判决一样,都是对原告诉讼请求的回应,原则上均不能超出原告诉讼请求的范围。因此,行政判决首先是一种答复,是对原告诉讼请求及理由的答复。原告的诉讼请求,包含了原告的诉的利益,直接与法院对被诉行政行为合法性的判断相对应,在行政判决中既是起点,也是原点。原告的诉讼理由,包含了原告对被诉行政行为合法性的认知,无论是否正确,有待于司法审查的检验。行政裁判是否具有公信力、说服力,很大程度上受两个方面结合的好坏的影响,其一是用法律的标准(可能原告的诉讼理由中没有包含)去检验被诉行政行为的合法性;其二是用社会的标准(可能原告的诉讼理由受其个人角度的局限)去检验被诉行政行为的合理性。在此意义上,对于原告的诉讼请求及理由,应该给予足够的关注和研究。

在理论层面上,行政诉讼的请求包括五种:一是撤销性请求,即请求取消或撤销行政行为,该类请求针对的是已作出的行政行为;二是履行性请求,即请求命令行政机关为一定的行为,适用于行政机关不履行法定义务的情形;三是禁止性请求,即请求禁止行政机关实施一定的行为,这类请求针对的是行政机关正在实施的违法行为,包括作出决定前的行为,也包括执行过程中的决定;四是确认性请求,即请求确认某种法律关系是否存在或行政机关的行政行为是否违法,这类请求适用于行政机关的行为不具有可撤销的内容,或原告只要求确认、不要求撤销的情况;五是变更性请求,即要求变更行政机关的决定,这类请求适用于行政机关的部分违法行为。无论在英美法系国家还是在大陆法系国家,行政判决都是围绕着原告的诉讼请求设计的。行政判决只能对原告的请求进行回应,而不涉及被告的要求。因此,原告的诉讼请求及理由部分的制作,首要任务是规范并明确原告诉讼请求。原告的诉讼请求不规范、不明确,将影响到行政裁判的作出。《行政诉讼法解释》第二条第一款明确规定,行政诉讼法第四十九条第三项规定的"有具体的诉讼请求"是指:(1)请求判决撤销或者变更行政行为;(2)请求判决行政机关履行法定职责或者给付义务;(3)请求判决确认行政行为违法;(4)请求判决确认行政行为无效;(5)请求判决行政机关予以赔偿或者补偿;(6)请求解决行政协议争议;(7)请求一并审查规章以下规范性文件;(8)请求一并解决相关民事争议;(9)其他诉讼请求。该条第二款又规定,当事人未能正确表达诉讼请求的,人民法院应当予以释明。其次,要归纳概括原告的诉讼理由,反映出对原告诉讼权益的关注和尊重,这将成为行政判决书论证说理重点针对的内容。需要指出,有的判决书中,对于原告诉讼理由中分析被诉行政行为的内容写得很详细很到位,但却遗漏了对原告诉讼请求的表述,通观整篇判决书,只知道原告不服被诉行政行为,却不知道原告主张的请求是何。如果原告的诉讼请求不是撤销性请求,而是其他性质的请求,则行政判决主文具不具有针对性,是会引起质疑的。甚至有可能因遗漏行政赔偿请求或其他实体请求,而造成漏判。

对原告诉讼主张的归纳也应当包括三个方面,即在写作原告诉称时,要先写原告主张的事实、次写原告主张的理由,再写原告的诉讼请求。对于原告主张事实和理由的归纳,重要的是突出争执焦点。从内容上看,应当是行政法律关系主体之间的行政争议,对于原告与第三方的民事争议,一般不应该成为这部分的主要内容。从范围上看,应当是原告从起诉之后到法庭审理结束之前所主张的事实和理由,其中内容不一致的,贯彻从新原则,起诉状陈述的事实理由与当庭陈述的事实理由不一致的,以当庭陈述为准;经多次开庭的,以最后一次开庭陈述为准。对于原告诉讼请求的归纳,一方面要把握当事人的真实意思,另一方面也要贯彻从新原则,但这种做法也不是绝对的。例如,当起诉状副本送达被告后,原告在庭审结束前提出新的诉讼请求,人民法院依照《2000解释》第四十五条的规定不予准许时,原告仍坚持新的诉讼请求且对原诉讼请求不表示撤诉意愿的,此时,行政裁判所要回应的仍然是原诉讼请求,仍应对原诉讼请求予以归纳。

对于原告诉讼请求及理由的归纳,也可以分为三种情况:

1.作为类案件

作为类行政案件中,由于已经对被诉行政行为的内容作了归纳,有了合法性审查的标靶,即作为正方的被告立论已经建立,在对于原告诉讼请求及理由进行归纳时,要注重作为反方的原告驳论的推出。实践中,原告对被诉行政行为的质疑往往有三个阶段三个层面:其一在起诉阶段通过起诉状,此时较为注重整体;其二在庭审阶段通过质证,此时较为注重证据细节;其三在庭审阶段通过辩论,此时往往是整体与证据细节相结合。虽然这些内容都可以写入原告诉称部分,但具体制作时还是要有所区分,原告对于证据细节发表的意见宜作为庭审质证意见,归入行政判决书的证据展示部分。否则,行政判决书的结构编排、内容取舍上会出现混乱和重复。也就是说,对于原告诉讼请求和理由部分的归纳,要既能突出争执焦点,又贵在简要精练。还以原告某渔业公司不服农业部某海区渔政渔港监督管理局作出的行政处罚决定一案为例,原告起诉状上对被诉行政处罚决定认定的原告违法事实基本没有异议,但在庭审中对一些证据的证据能力、证明效力提出了质疑。鉴此,对原告的诉讼请求及理由归纳如下:

原告诉称:原告的违法行为不构成情节特别严重,被告对原告处以没收渔船的行政处罚滥用行政裁量权,显失公正,请求撤销被诉行政处罚决定。

2.不作为类案件

不作为行政案件中,对于原告的诉讼请求及理由的归纳有其特别要求。如上所述,行政机关以书面方式明示拒绝履行的,此类案件与作为类案件无异,对于原告诉称部分可以参照作为类案件的方法书写。但是,行政机关不予答复或拖延履行的,因一般不具有实体形态,特别需要通过原告的诉称部分,对原告提出申请而被告不作为的过程予以反映。不作为行政案件与民事案件有相似性,存在证明责任转换的问题,也就是要考虑到"谁主张,谁举证"的情况。此种案件中,有时将原告的诉讼请求及理由视为正方立论、将被告的答辩理由及要求视为反方驳论,反而更为适宜。在实践中,原告要求被告履行的所诉法定职责,并非被告的权责所在,此类案件,原告对于其认为被告具有所诉法定职责的主张,应有一定的说明责任。无论原告能否说明,均宜在原告的诉讼理由中加以表述,以凸显争执焦点。例如,原告上海某某科技有限公司诉被告上海市工商行政管理局某某分局要求履行法定职责一案,对原告的诉讼请求及理由归纳如下:

原告诉称:2001 年 5 月 7 日,原告和山西某机电股份有限公司共同制定了章程,由原告出资人民币 15 万元,山西某机电股份有限公司出资人民币 35 万元,设立上海某机电有限公司。2001 年 6 月 29 日,上海市工商行政管理局向上海某机电有限公司核发了《企业法人营业执照》,住所为本市宜昌路××号××幢×××室。原告认为,本市宜昌路××号××幢×××室为虚假地址,上海某机电有限公司在申请办理《企业法人营业执照》时,具有提交虚假的公司住所证明材料的行为。上海某机电有限公司在委托上海某会计师事务所进行验资时,山西某机电股份有限公司用银行短期流动资金贷款以"货款"冒充投资款,故上海某机电有限公司具有虚假出资的违法行为。2001 年 12 月 11 日,上海某机电有限公司法定代表人郭甲及监事郭乙支取了 34 万元,具有抽逃出资的违法行为。2002 年 1 月 18 日、3 月 13 日,郭甲及郭乙分二次又分别支取了 1 万元和 1.45 万元,具有挪用本单位资金和职务侵占的违法行为。自 2001 年 8 月起,虽经原告多次要求查处上述违法行为,被告仍拒绝履行其法定职责。故请求:1. 要求被告履行查处上海某机电有限公司在登记时提交虚假证明材料、虚假出资的违法行为的法定职责。2. 要求被告履行查处上海某机电有限公司法定代表人郭甲及监事郭乙抽逃出资的违法行为的法定职责。3. 要求被告履行查处上海某机电有限公司法定代表人郭甲及监事郭乙挪用本单位资金和职务侵占的违法行为的法定职责。

3. 行政赔偿案件

行政赔偿案件以被诉行政行为违法为前提,原告对于其所主张的赔偿主张负有证明责任,在原告诉称部分中应将原告的诉讼理由表述完整,写作方法与不作为行政案件相似。

行政赔偿案件中,对于原告诉讼请求要进行规范与明确。由于行政侵权行为既可能涉及当事人的人身权,也可能涉及当事人的财产权,由此产生了不同性质的赔偿金或不同内容的赔偿请求,对此要尽可能地分项处理,以利于判决主文的表述。还要注意,行政赔偿案件中,不应出现要求对被诉行政行为进行合法性审查的请求,此种情况出现的话,说明本案不应当是行政赔偿案件,而是行政案件,在案号上要有所区别。例如,高某诉某公安分局要求行政赔偿案,高某的诉讼请求为"1.要求确认被告某公安分局不作为违法,并赔偿损失;2.被告某公安分局吊扣其驾驶证的行为已自行撤销,故要求赔偿其各项损失215,900元。"单从字面而言,可很清晰地看出,该案诉讼请求的归纳上可以作进一步改进。其一,行政诉讼中,原告的诉讼请求针对了不同的被诉行政行为,实质上涉及不同的行政法律关系,对此不应并案处理,而是应当分案处理。高某的诉讼请求涉及两个被诉行政行为即不作为行为与吊扣驾驶证行为,前一行为尚未确认违法,原告要求赔偿的话需要通过行政诉讼一并提出处理;后一行为通过被告的自行纠正已经被确认违法,原告要求赔偿的话通过行政赔偿诉讼可以单独主张。如果将两种不同性质诉请放在同一行政判决书中,显然混淆了行政赔偿案件与行政案件的区别,会造成案件审理标的上的混乱。其二,原告的行政赔偿请求涉及多项损失要求,有的主张属于法律规定的赔偿项目,有的主张超出法律规定的范围。换言之,有的损失请求要判决支持,有的损失请求要判决驳回,基于与判决主文的针对性与对称性的考虑,对原告的赔偿各项损失的请求宜分项处理,不宜笼统表述。

(三)被告、第三人的答辩理由及主张

1.被告的答辩理由及主张

一般情况下,被告的答辩理由及主张包含三层意思,对被诉行政行为合法性的说明、对原告诉讼理由的反驳或认同、对原告诉讼请求同意与否的态度。被告作为接受被诉行政行为合法性审查的承受者,其与原告之诉的利益相攸关,对被告的答辩理由及主张的归纳,在行政判决书中具有接应诉求、点明争议的作用,可根据情况分别处理。

(1)作为类案件

作为类行政案件中,被告的答辩理由及主张,在行政判决书中不能省略。有些观点认为,被告对被诉行政行为负举证责任,其答辩理由及主张可以在反映举证、质证的段落中加以表明。这其实也是进入了一种误区。固然,在归纳被诉行政行为后,可以紧接着被告的举证,反映被告对被诉行政行为合法性的说明,但这与被告对原告诉讼请求的表态是两个概念。考虑到行政判决书的结构编排、内容取舍上的协调性,对于被告的答辩理由及主张的书写,重在针对原告的诉讼请求表明态度和立场,有些内容无须重复和大加渲染。因此,这一部分可以用一些固定化、程式化的内容予以表达。再以原告某渔业公司不服农业部某海区渔政渔港监督管理局作出的行政处罚决定一案为例,鉴于在归纳被诉行政行为后,被告展示了其证

据、依据并就合法性问题予以陈述,故对被告的答辩理由及主张就可以简要归纳如下:

被告辩称:被诉行政处罚决定认定事实清楚、证据充分,适用法律正确,程序合法,要求予以维持。

(2)不作为类案件和行政赔偿案件

不作为类行政案件和行政赔偿案件中,被告的答辩理由及主张除针对原告的诉讼请求表明态度和立场外,应当更加注重与原告诉讼理由的相互对应,充分全面反映被告对于原告的诉讼主张的逐一反驳意见,以更好地突出争执焦点。例如,原告上海某某科技有限公司诉被告上海市工商行政管理局某某分局要求履行法定职责一案,对被告的答辩理由及要求归纳如下:

被告辩称:对在办理公司登记时提交虚假证明材料、虚假出资或在公司成立后抽逃出资的违法行为,根据《公司登记管理条例》第五十九条、第六十条、第六十一条的规定,应由上海某机电有限公司的公司登记机关上海市工商行政管理局依法处理。对挪用公司资金和职务侵占的违法行为,根据《公司法》第二百一十四条的规定,由公司给予处分,构成犯罪的依法追究刑事责任。因此,被告不具有原告所要求履行的法定职责,原告之诉没有法律依据,要求予以驳回。

2. 第三人的答辩理由及主张

行政案件追加第三人的,第三人不仅与被诉行政行为存在法律上的利害关系,而且往往与原告存在民事法律关系和争议。如房地产登记案件,原告和第三人存在权属争议;房屋拆迁裁决案件,存在拆迁纠纷。因此,对待第三人也要像对待原告一样,反映出对其诉讼权益的关注和尊重。有时,第三人在行政案件中的立场和态度,往往与被告一致。在此种情况下,对于第三人答辩理由及主张的表述,可以用"第三人的述称意见与被告一致"予以表述。如果第三人的答辩理由及主张与被告意见不完全一致,则应加以充分表述。譬如,房地产登记案件中,原告关于房地产登记行政行为违法的主张涉及民事法律关系基础,对此被告可能难以作出答辩,此时第三人的述称意见就显得相当重要,必须加以体现。在写作上,第三人的述称意见与原告诉称意见的操作方法相同。

大体而言,对于当事人诉辩意见的归纳,要求简明扼要,准确归纳当事人发生行政诉讼争议的实质要点,并与下文的叙事说理相结合。要避免两个倾向,一是对当事人的诉辩意见不善于归纳,照抄起诉状、答辩状的内容,过多展开具体理由,显得行政判决书烦琐冗长;二是对当事人诉辩意见归纳概括不够,分析论证不充分,显得行政判决书头重脚轻。总体而言,对于行政判决书的诉讼主张归纳,其写作要求是:观点完整、文字简洁、适当剪裁、抓住关键、突出焦点,既不能有失原意,也不能有闻必录。

三、行政判决书的证据展示

证据的重要性毋庸置疑,对行政机关而言,其作出被诉行政行为的主要的事实方面、程序方面的证据是否确凿、充分,是被诉行政行为合法性的前提和基础;对人民法院而言,只有掌握确凿、充分的证据,才能保证办案质量,正确地审理行政案件。行政判决书的证据展示部分,不仅包括当事人提供的事实证据,而且还包括当事人提供的法律依据,并且包括法院依职权调取的事实证据;不仅是对当事人证据依据的静态罗列,而且还是当事人质证辩驳的动态演映,并且还要表明法院的认证意见。审判规律告诉我们,作出一个正确的行政裁判结论,不是来源于法官的主观臆断,而是基于法官对证据进行分析甄别后作出的正确判断。正如国外法学大家所言,“以我幼稚、轻蔑的方式,我承认有四种判断:第一种是认知的,属于并通过反思和词义争执;第二种是运气的,属于并通过抓阄;第三种是直觉的,属于并通过感觉或‘预感’;以及第四种是愚蠢的,属于并通过一个傻瓜;以同样幼稚、轻蔑的方式,我还认为,后三种判断不过是改头换面,这些过程的结果与那些好法官全然无关。”欲得出司法判断,必先对当事人的提供的证据、依据的名称、内容以及证明对象进行归纳展示,通过描述庭审举证、质证的过程,来确认证据的真实性、关联性、合法性,以完成对证据的取舍和对依据的选择。这项基础性工作,具有如同树立被诉行政行为这一合法性审查标靶一样的意义。对于制作行政判决书来讲,加强证据、依据的展示,可以让人感觉很踏实。

(一)证据展示的技术思考

所谓证据,从不同角度可以作不同的界定:从内涵(定义)角度来看,证据是证明案件事实的事实(已知事实);从其形态上看,证据为证明案件事实的有关事实材料,正如有的英国著作所界定的,“证据是向法院或者仲裁庭提供的用以决定此前提出的事实主张的可能性的材料,即根据该材料往往能够证明或者否定该事实”;从功能或结果来看,证据为认定案件事实的根据,这种“根据”具有因果关系的意味,即证据为“因”,依照证据认定的事实为“果”。而且,从功能意义上来说,证据也是一种证明案件事实的方法。《行政诉讼法》第五条规定,人民法院审理行政案件,以事实为根据,以法律为准绳。无论是人民法院审查被诉行政行为合法性,还是回应原告的诉讼主张,都必须围绕着证据,通过当事人的举证、质证和法院认证的基本途径和重要方法,来完成事实认定。

1. 行政审判方式对证据展示的影响

长期以来,行政审判方式存有当事人主义与职权主义之分。一般认为,当事人主义是指诉讼的开始与进行、诉讼请求的确定、诉讼资料和证据的收集及证明主要由当事人负责的制度设计，它突出当事人在诉讼中的主体地位，注重当事人双方地位和权利平等，要求法官只起消极公断人的作用。职权主义虽也注重当事人的地位平等，但较为强调法院在诉讼中的主导作用。法院在诉讼中的主导地位可以表现为两个方面：第一，法院在诉讼程序运作方面拥有一定的主导权。第二，法院在证据调查方面拥有一定的主导权。职权主义和当事人主义对于行政案件庭审方式和行政判决书制作所带来的作用是不同的。职权主义下，在庭审中采取“纠问式”，当事人出于消极被动地位，强调法官主动发现案件事实，不强调当事人的举证、质证；由此而来，行政判决书主要叙述法院查明的事实和适用的法律，对当事人提交的证据展示不足，影响了论证说理的质量。当事人主义下，在庭审中采取“辩论式”，当事人处于积极主动地位，不强调由法官主动发现案件事实，强调当事人的举证、质证；由此而来，行政判决书在注重叙述法院查明的事实和适用的法律的同时，明显增强了对当事人提交证据进行展示的内容，更好地提升了论证说理的质量。

行政审判方式改革在我国已开展多年，其重点之一是适当淡化诉讼中法院的职权主义因素，引进和强化诉讼的对抗机制。从目前的情况来看，当事人主义与职权主义相互混合的趋势越来越明显。但是，当事人主义并非万能，该模式有其生存的社会背景和本身的价值取向及由此产生的某些弊端。故而要求在行政诉讼中保持有限度的职权主义正是源于我国行政诉讼的特殊要求。行政审判方式的改革带动了行政判决书制作的改革，改革的重点是加强对质证中有争议证据的分析、认证，增强判决的说理性；通过裁判文书，不仅记录裁判过程，而且公开裁判理由，使裁判文书成为向社会公众展示司法公正形象的载体，进行法制教育的生动教材。我们的意见是，虽然行政审判方式上职权主义色彩较为浓重，但在行政判决书制作上应尽可能体现当事人主义色彩，完全有条件将诉讼的对抗性予以强化，这个突破口即在于证据展示部分。将改革前与改革后的行政判决书相比，很明显的特点是行政判决书中增设了证据展示部分，带来了行政判决书篇章架构的主体性变动。譬如，2004 样式之前的行政判决书的架构为：

被诉行政行为
原告诉称
被告辩称
第三人述称
经审理查明
本院认为

判决主文

当前的基本格式要求是,在经审理查明部分之前,增设了证据展示部分,对当事人的举证、质证和法院的认证的动态过程进行了叙述。可以这么认为,证据展示部分的制作,实质上是整个行政判决书的要点、亮点,也是案件个性化的精华所在。

2. 行政诉讼证据规则对证据展示的影响

在制作证据展示部分时,对当事人提供的“证据”和法院认定的“证据”,要认识到其属性上存在的差异,正确、清晰地刻画两者关系。在进行证据展示时,要体现举证、质证、认证的层次感,特别借助于质证环节,完成证据材料到定案证据的转变。

(1)当事人举证的只是证据材料,经法院认定的才是证据

“证据”一词,有两种意义,一种是当事人在诉讼的初始阶段为证明自己所主张的事实向法庭提供的书证、物证、证人的书面证言等,另一种是法院在判决中用来认定案件事实的各种书证、物证、视听资料等。前一种尚未经过法庭的审核,能否作为认定案件事实的事实依据不清楚,将其称为证据不合适,其准确的名称是证据材料;后一种才是确切意义上的证据。换言之,当事人提供的证据应为证据材料,证据材料经法院认定才为证据。

(2)当事人提供的证据材料属于非定案根据,经法院认定的属于定案根据

《行政诉讼法》第三十三条第二款规定,以上证据经法庭审查属实,才能作为定案根据。按此规定,从能否作为认定案件事实的依据角度,可将证据分为定案根据与非定案根据,定案根据是指同时具有真实性、合法性、关联性的证据。反之,则为非定案根据。当事人提供的证据材料未经查证属实,尚不能成为定案根据。

3. 行政裁判效果对证据展示的影响

让当事人胜败皆服的效果,是行政裁判应当努力追求的境界。这就要求行政裁判不仅要做到公正,而且要做到透明。为此,在制作行政判决书证据展示部分时,必须达到的目标——按司法审查要求、服务于查明事实、体现当事人的举证责任。

制作证据展示部分时,对当事人提供的证据材料,没有必要全部进行展示。证据展示,归根结底是围绕司法审查的需要进行的,特别是从当事人的举证责任展开,对证明对象和审理重点有所选择,使所展示的证据归属于事实认定。

作为类行政案件带有明显的复审性,被告应当提供据以作出被诉行政行为的全部证据和所依据的规范性文件,举证范围大致涉及:(1)被诉行政行为属于其主管和管辖范围;(2)作出被诉行政行为的程序和法律依据;(3)被诉行政行为认定的事实和适用的法律规范;(4)被诉行政行为的目的及其考虑的相关因素;(5)其

他应当由被告举证证明的事实。不作为行政案件中,由于其特殊性,不能简单地如此套用上述举证责任。对原告而言,并非其不承担举证责任,根据《2000 解释》第二十七条规定,原告举证范围涉及"(一)证明起诉符合法定条件,但被告认为原告起诉超过起诉期限的除外;(二)在起诉被告不作为的案件中,证明其提出申请的事实;(三)在一并提起的行政赔偿诉讼中,证明因受被诉行为侵害而造成损失的事实;(四)其他应当由原告承担举证责任的事项。"《行政诉讼法》第三十八条进一步明确规定,在起诉被告不履行法定职责的案件中,原告应当提供其向被告提出申请的证据。但有下列情形之一的除外:(1)被告应当依职权主动履行法定职责的;(2)原告因正当理由不能提供证据的。在行政赔偿、补偿的案件中,原告应当对行政行为造成的损害提供证据。因被告的原因导致原告无法举证的,由被告承担举证责任。因此,基于当事人的举证责任不同,在罗列证据、解释证明对象时,要根据案件具体的审理需要,服务于查明事实,对当事人提供的证据进行筛选,力求化暗为明、化繁为简,这样才有助于行政判决书论证说理的简明有效。

(二)证据展示的表达方法

一定程度上,证据展示部分是庭审过程的再现,当事人质辩过程的对话性和对抗性,司法审查的针对性,均蕴含其中。证据展示部分的制作,要注意到下述事项。

1. 证据展示部分在行政判决书中的布局

证据展示部分的内容,不外乎三项,即当事人提供的证据及内容(包含法院依申请或依职权调取的证据)、当事人的质证意见,法院的认证意见。根据 2004 样式,证据展示部分应在被诉行政行为后,经审理查明前。一般而言,质证和认证部分应相结合作为一个段落,而举证部分,可以视具体需要,与质证和认证部分作适度区隔。在顺序上,举证、质证、认证应做到依次为序、相互连贯。在表达上,举证、质证、认证应做到井然有序、相互承接。

(1)按照 2004 样式要求,在详细写明被诉行政行为认定的事实、适用的法律规范和处理的内容后,另起一个段落,可以根据案情,从法定职权、执法程序、认定事实、适用法律等方面,分别列举被告提供的有关证据和依据,或者综合列举证据,略写无争议部分。之后再起一个段落概述当事人诉辩。但是,2004 样式中,对于当事人质证部分应置的具体位置未作明确规定。实践中,一般认为,当事人质证意见的展示位置应在各方当事人全部证据、依据列举完成之后、认证分析之前。这样处理的理由在于,当事人质证意见的提出首先是基于各方的举证,在证据、依据充分列举之后和法院进行判断推理之前,以专有段落描述法庭事实审理阶段当事人对于证据、依据的观点和争议,既凸显了法庭审理的质辩特征,又符合审判过程的

逻辑顺序,而且与传统写作惯例相一致,更容易为受众所接受。故对于证据展示部分在行政判决书的具体布局,一般可以确定如下:

被诉行政行为

被告提交的证据及依据

原告诉称及提交的证据

被告辩称

第三人述称及提交的证据

本院调取的证据

当事人的质证意见

本院的认证意见

经审理查明的事实

本院认为

判决主文

实践中,上述篇章的基本架构并非一成不变,也有较为成功的个性化处理,如将被告提交的证据及依据置于当事人诉辩之后,根据合法性审查的几个方面分层次进行质证、认证;还有的将证据划为有争议与无争议证据,分别进行认证,譬如,在行政判决书中取消对被诉行政行为的归纳,但将"原告诉称"以下的结构调整为:

原告的诉请及提交的证据

被告的答辩及提交的证据

原告对被告答辩的答复及补充提交的证据

本院调取的证据

经庭审质证,双方认可的证据、事实

双方争议的证据、事实及对具体法律适用的争议

本院经审理认定的证据、事实

本院认为

(2)以新样式为例,行政判决书(一审请求撤销、变更行政行为类案件用)的具体布局如下:

被告×××(行政主体名称)于××××年××月××日作出……(被诉行政行为名称),……(简要写明被诉行政行为认定的主要事实、定性依据和处理结果)。

原告×××诉称,……(写明原告的诉讼请求、主要理由以及原告提供的证据、依据等)。

被告×××辩称,……(写明被告的答辩请求及主要理由。)

被告×××向本院提交了以下证据、依据:1.……(证据的名称及内容等);2.……。

第三人×××述称,……(写明第三人的意见、主要理由以及第三人提供的证据、依据等)。

本院依法调取了以下证据:……(写明证据名称及证明目的)。

经庭审质证(或庭前交换证据、庭前准备会议),……(写明当事人的质证意见)。

本院对上述证据认证如下:……(写明法院的认证意见和理由)。

经审理查明,……(写明法院查明的事实。可以区分写明当事人无争议的事实和有争议但经法院审查确认的事实)。

本院认为,……(写明法院判决的理由)。依照……(写明判决依据的行政诉讼法以及相关司法解释的条、款、项、目)的规定,判决如下:

……(写明判决结果)。

……(写明诉讼费用的负担)。

如上所述,因证据展示部分的制作,而引起的行政判决书框架结构的变动,出现的多种情况不一而足,难以以偏概全。我们认为,根据案件的类型、证据和事实及个人的写作习惯等范畴,对于如何进行证据展示,说明举证、质证和认证的庭审过程,在不损害行政判决书论证说理质量的前提下,法官可以有个案选择的权利,并非一定千篇一律,统一使用一种架构安排。甚至在一些简单的作为类行政案件,或者不作为类行政案件、行政赔偿案件中,若可通过其他方法,清楚明白地予以论证说理,裁判文书中的证据展示部分可简化处理或省略,使文字简略,一目了然,也不失为一种好的选择。

2. 证据的罗列、组合和证据内容的表述

当事人举证,出于一个事实还原的目的。当事人主张的事实是否真实可靠,必须让证据来说话。

(1)关于证据的罗列组合

这里要考虑三个因素。第一,提供证据的主体,这些证据是由谁提供的,按其来源尽可能组合在一起。第二,证明对象,这些证据为了证明什么事实,按其内容尽可能地组合在一起。第三,与司法审查的关系,即这些证据与合法性审查、当事人的争议有无关联,按其必要进行筛选,无关的可以剔除,相关的尽可能地组合在一起。比如,行政许可案件中,被告对被诉行政许可行为的合法性承担举证责任,其既提供了程序性证据(除申请书外,还包括申请人的身份事项证明书、委托书),

也提供了实体性证据(证明具体是否满足行政许可条件)。合法性审查、当事人的争议均围绕实体性证据的,则对于程序性证据可以简略(可将申请人的身份事项证明书、委托书等隐去),不必全部照抄,加以罗列。反之,如果合法性审查、当事人的争议均围绕程序性证据的,尤其在于申请人身份、委托事项方面,这些证据则必须在裁判文书上予以罗列,表明质证意见,进行认证。证据的罗列组合方法,可以视案件事实的复杂性、证据数量的多寡,分作以下处理:

对于案情比较简单,证据比较少且双方争议不大的案件,可以先全部列举被告方认定事实的证据,然后再写明原告(或第三人)的质证意见并列举其反证。可供参考以下模式操作:

庭审中,被告以下列证据证明被诉行政行为的合法性:……

原告对上述证据提出如下异议:……

对于案情比较复杂,证据较多且双方争议较多的案件,就有必要随着叙事的发展,在各个环节中分别举证和反映证据的作用。以合法性审查为中心,将法院认定的事实分为若干层次,从执法主体、认定事实、适用法律、执法程序、执法目的展开叙述。如果涉及多个法定事实要件或文件规范的证据,可以标上序号。可参考如下模式操作:

庭审中,被告以下列证据证明被诉行政行为的合法性:

一、关于职权依据。被告以……

二、关于认定事实。被告提供了……

三、关于执法程序。被告提供了……

四、关于法律适用。被告以……

(2)关于证据内容的表述

证据是法律事实确认的基础,引述证据,不能只列举证据的名称或标题,还应写明各种证据所证明的主要内容。一般情况下,物证、书证要写明来源,鉴定要写明鉴定机关及鉴定意见,勘验、现场笔录要写明时间、地点及主要内容,询问笔录、证人证言等要写明姓名、时间、摘要内容。对于某些本身不能明显体现证明力的证据材料,应当对证据的作用和各证据间的相互印证作用作出分析。行政诉讼中,政府部门的批文是一种常见证据,尤其是层级在规章以下的行政部门规范性文件常常作为执法依据,在引述时,不仅应当写明发文机关、发文时间、更是要概述文件的主要内容或证明的主要事实。对于案件定性有重要意义的证据、依据,有必要详细引述甚至摘录原文。

试举下述例子,对证据的罗列、组合和证据内容的表述加以说明。

例一,按照合法性审查要件分层推进式。

以原告上海某某钢铁发展有限公司不服质量技术监督行政处罚决定一案为例，证据展示部分归纳如下：

被告为证明被诉具体行政行为的合法性，提供证据和法律依据如下：

一、《产品质量法》第八条第二款、第四十九条的规定，证明被告具有作出被诉具体行政行为的执法主体资格，且法律适用正确。

二、关于执法程序方面。被告提供了2005年4月11日的现场检查笔录、行政执法检查告知单、登记保存（封存）（扣押）决定书及涉案物品清单、监督检查抽样单，2005年4月14日的检验（检定）（鉴定）委托书，2005年5月8日对江苏省某集团公司的立案审批表、通知书、产品质量检查结果告知书及送达回证，2005年5月17日的对原告的立案审批表、通知书及送达回证，2005年5月25日对周某某所作的调查笔录，2005年7月26日的行政处罚告知书、原告的《关于要求减轻或免于行政处罚的几点说明》，2005年8月2日的案件移送意见书、2006年6月12日的退回案件的公函，2006年6月13日的对原告的立案审批表、通知书及送达回证，2006年7月14日的行政处罚告知书、关于行政处罚告知书的送达说明及照片，行政案件审理记录，2006年9月6日的关于留置送达行政处罚决定书的说明和送达回证。证明被告作出被诉具体行政行为经过了法律法规规章所规定的管辖、受理、调查取证、审理、事先告知（征询是否听证）等程序，符合《行政处罚法》第三十一条、第三十二条及一般程序、听证程序的规定，并符合《技术监督行政案件办理程序的规定》第五条、第十五条第一项、第十八条、第二十一条、第二十四条、第二十七条第一项、第二十八条等规定。

三、关于认定事实方面。

（一）被告提供了2005年4月11日的现场检查笔录、登记保存（封存）（扣押）决定书及涉案物品清单、监督检查抽样单、现场照片。证明被告在江苏省某集团公司农工商×××店二期工地上查获了涉嫌存在严重质量问题的钢号为“2TZ14”φ14mm螺纹钢（即热轧带肋钢筋）、钢号为“2BG16”和“2×16”φ16mm的螺纹钢。

（二）被告提供了2005年4月14日的检验（检定）（鉴定）委托书，2005年4月28日的编号为20052243号检验报告（显示该批“2TZ14”φ14mm热轧带肋钢筋，其外观尺寸、重量偏差、化学成分、物理性能指标均不合格）、编号为20052242号检验报告（显示该批“2BG16”φ16mm热轧带肋钢筋，其外观尺寸、重量偏差、化学成分指标均不合格）、编号为20052248号检验报告（显示该批“2×16”φ16mm热轧带肋钢筋，其化学成分不合格），2005年5月8日的产品质量检查结果告知书及送达回证和2005年5月17日对陈某某所作的调查笔录，2005年5月25日对周某某所作的调查笔录等。证明上述三批产品经检验均被判定为不合格，原告和江苏省某集团公司对检验结果没有异议。

(三)被告提供了:1. 2005年3月16日江苏省某集团公司工地收料员签收的原告出具的编号为0000164发货单及附随的唐山某轧钢有限公司的产品质量证明书;2. 原始钢材收货进库台账;3. 2005年4月4日江苏省某集团公司工地收料员签收的原告出具的编号为0000258发货单及唐山某体钢总厂的产品质量证明书;4. 工地原始收料台账;5. 2005年4月11日的现场检查笔录;6. 2005年5月17日、29日对陈某某的调查笔录;7. 2005年5月25日对周某某的调查笔录;8. 农工商超市×××店项目部出具的情况说明;9. 原告出具的《关于农工商×××店钢筋供应的情况的说明》和《关于要求减轻或免于行政处罚的几点说明》;10. 2005年7月7日江苏省某集团公司与原告签订的《关于上海某某钢铁发展有限公司钢材质量问题处理的协议书》等。证明原告分别在2005年3月16日、4月4日,向江苏省某集团公司农工商项目部销售了不合格的12吨"2TZ14"φ14mm的螺纹钢、14.22吨"2BG16"和8.532吨"2×16"φ16mm的螺纹钢。该批12吨"2TZ14"φ14mm螺纹钢的进货单价是3760元/吨,销售单价是3790元/吨,销售货值45,480元,现场检查时已在工程中使用了8吨,尚余4吨零130支,违法所得为240元[(3790-3760)×8];该批14.22吨"2BG16"和8.532吨"2×16"φ16mm螺纹钢销售单价均为3640元/吨,销售货值是82,817.26元,现场检查时均未使用。

从该例证据展示部分的制作来看,基本满足了三个层面上的需要,其一,按照合法性审查要求,对证据罗列组合后层层推进;其二,按照不同违法事实的证据,对证据分类进行罗列组合;其三,按照不同的证据内容,表述不同的证明对象。

例二,按照事实审查需要,交代证据出处,摘录证据内容。

上海市城乡建筑设计院日照分析图纸。证明建设单位在向被告申请核发建设工程规划许可证之前,委托某某公寓的设计单位上海市城乡建筑设计院就拟建建筑对邻近居民住宅的日照影响进行分析。上海市城乡建筑设计院对某某路1332弄25号、1262弄20号两幢住宅的每一户住户的现状日照和受影响后的日照进行了分析,日照分析结论是:"本小区住宅建造后,使甲楼一层A户、B户(即某某路1332弄25号102、103室)冬至日居室满窗连续一小时有效日照的要求不能满足;甲楼二至六层A户、B户冬至日居室满窗连续一小时有效日照的要求仍能满足;甲楼一至六层C户、D户冬至日居室满窗连续一小时有效日照的要求仍能满足;乙楼一至六层每户(即某某路1262弄20号)冬至日居室满窗连续一小时有效日照的要求仍能满足。"

再如:

房屋保证书。系第三人于1988年3月所立,保证事项为:某某路某某新村

713号房屋系1958年上海第一印染厂自建公助房屋,房屋价格为1850元,上海第一印染厂工会在保证书上盖章。

例三,按照法律审查需要,陈述法律适用。

如原告某渔业公司不服农业部某海区渔政渔港监督管理局作出的行政处罚决定一案,法律适用上既涉及国际法也有国内法,既有法律也有行政法规,具有多层次和综合性的特点,对执法依据的展示归纳如下:

关于法律适用。被告陈述,联合国大会通过的44/225号决议,认为大型流网作业是对有效地保护海洋生物资源,如高度洄游性和溯河性鱼类、鸟类及海洋哺乳动物产生威胁的、毫无选择性、极其浪费的捕捞方法,应强行暂禁所有大型流网作业,并应立即制止大型流网作业在北太平洋公海及太平洋外的其他所有公海的进一步扩张。之后,联合国大会又通过了45/197号决议,46/215号决议,明确要求停止大型流网作业。原告于2007年8月上旬至2007年10月上旬在北太平洋(公海)海域生产期间,非法从事流网作业,不仅违反了联大46/215号决议,而且违反了《渔业法》第三十条禁止使用禁用渔具的规定;且原告在北太平洋(公海)海域生产期间,未按规定填写《渔捞日志》,未按规定标写船名号,未随船携带农业部远洋渔业项目审批通知,分别违反了《渔业法》第二十五条、《远洋渔业管理规定》第二十条和《渔业船舶船名规定》第二条、《渔业捕捞许可管理规定》第十六条的规定。被告依据《渔业法》第三十八条第一款和《渔业行政处罚规定》第四条第(二)项、第(三)项之规定,认定原告违法情节特别严重,作出被诉行政处罚决定,适用法律正确。

需要指出,在表述法律依据时,除了点明主题的必要外,不一定直接摘录条文内容,可以在正文之后附录相关的法律条文。这样有助于保持阅读的连续性,使人感觉顺畅明白。但要注意,规章以下的规范性文件的具体条文内容宜摘录,不应作为相关的法律条文在后附录。

3. 证据表述的应注意事项

(1)根据我国《行政诉讼法》第四十一条和《行政诉讼证据规定》第四条,公民、法人或者其他组织向人民法院起诉时,应当提供其符合起诉条件的相应证据材料。对原告是否符合起诉条件进行开庭审理的,应在判决书中写明审理、质证的情况。如需要时,可以在判决书中对此予以交代:“原告起诉时,提供了……等举证材料,以证明……(主要写明原告证明被诉具体行政行为客观存在,其起诉符合起诉条件的内容)”。

(2)对被告未提供证据的,应使用“被告××××在法定期限内未向本院提交作出具体行政行为时的证据、依据”的格式;被告逾期提交的,需说明法院收受或不收受证据的依据和理由;被告申请延期提供证据的,则写"被告以……为由,于××××年××月××日提供了证据"。

(3)如有法院依职权(或者依原告、第三人申请)调取证据的情况,则需写明被调取证据的名称、证明目的和双方当事人(或者第三人)的观点;如果法院不准许调取的或者经调取未能取得相应证据的,亦应予以说明。法院根据原告或第三人的申请而调取的证据,应作为原告或第三人的证据,在庭审质证表述中,可分别归于原告或第三人提供的证据作为质证内容。

(4)对于根据原告(或者第三人、被告)的申请,委托鉴定部门进行鉴定的,需写明鉴定部门、鉴定事项和鉴定结论以及双方当事人(或者第三人)的意见。

(5)事实表述中,应注意保守国家机密,保护当事人的声誉。

(6)为保持阅读的流畅性,尽可能减少序号的使用。

(三)证据的质证及认证

1. 对证据进行质证及认证的归依

一般而言,行政判决书中在当事人举证后,表述质证意见和法院的认证意见。但在当事人对于法律问题无异议,且案情中不涉及复杂的法律判断或法律冲突时,亦可在以"本院认为"为导语的说理部分进行,并且同法理分析相结合。无论质证、认证意见的表述位置如何,都是论证说理的关键要素。以当事人举证为先导,以当事人质证为过渡,法院的认证意见的得出就会显得顺理成章。法院针对双方当事人(尤其是被告)提供的证据,运用证据规则,进行分析、判断,决定采信哪些证据,不认定哪些证据。对于案情比较复杂,证据较多的案件,质证、认证可以分类说明,分段进行。对证据的质证和认证进行表述,应按照行政诉讼证据规则对证据判断的要求进行。

《行政诉讼证据规定》第三十九条第一款规定,当事人应当围绕证据的关联性、合法性和真实性,针对证据有无证明效力和证明效力大小,进行质证。证据的质证和认证,其出发点和落脚点均在于证据的"三性"和证明效力。所谓关联性,是指证据与案件的待证事实之间的客观联系。证据的关联性要求证据应当是能够全面或者一部分地证明案件的待证事实是否存在。所谓合法性,是指证据必须是按照法律的要求和法定程序取得的事实材料。通常认为,它具有两方面的含义:一是证据的提供、收集和审查必须符合法定的程序要求。二是证据的形式应当合法。所谓真实性,又称为客观性,是指证据为客观存在的事实,而不是主观猜测和虚假的东西。它是证据的本质特征,要求用以证明案件事实的证据应当是对案件事实的客观反映和真实的描述。证据具备"三性",实际上是对定案根据的属性要求。至于证明效力,是指对案件事实的证明作用,即证明力。在诉讼实践中,我们不但要承认证据存在是否具有证明力的区别，而且应当承认证据有证明力大小的区别。法院要审查的是证据所能够证明的法律事实，而不是客观事实。而法律事实的认定，又必须回溯到证据本身所包含的内容：(1)证据材料是否符合法定的证据种类；(2)收集证据的方法、程序是否合法；(3)在事实方面的推定和认知是否正确；(4)举证责任分配是否恰当；(5)证明“待证事实”的证据是否充分；(6)证据与待证事实之间的因果关系是否充分；(7)对事实的定性是否准确。

2. 证据的质证及认证的方法

如上所述，证据的质证，实质是对当事人提供的证据材料进行质证；证据的认证，实质上是对定案根据进行认定。从证据的“三性”及证明效力出发，对于质证部分的叙述，应将当事人对于证据材料所发表的异议进行归纳；对于认证部分的叙述，应针对当事人的异议发表法院对证据及待证事实认定与否的意见。

证据的逻辑性、严谨性、系统性是构成法官确认法律事实的关键，只有对证据进行深层认证和综合认证，才能使行政裁判具有说服力。对于证据的认证一般可分为三个层面：

首先是对证据形式的认定。要在行政判决书中就当事人争议的事实、庭审中各自提供的证据、证据的主要内容、待证事实和证明对象，反对方的质证意见和提供的反证证据等内容，一一加以叙明和固定。具体到要写明其内容、形式、来源、状态及当事人欲证明的事实。写证据内容就是写证据中与案件相关联的内容；写证据形式就是写证据属于哪一种类型，是否具备证明力所必要的条件，例如证人是否出庭等；写证据来源就是写证据是直接还是间接来的，来源渠道是否合法；写证据状态就是写证据在提交法庭时的状态，例如证据复制件有没有证据保存人的证明、视听资料有没有原始性、完整性的证明等。

其次是对证据内容的认定。要依据行政诉讼证据规则，对证据认定采用不同的标准，确定哪些证据为可采用证据。证据的采用标准应遵循证据的合理性标准、客观性标准、关联性标准和举证期限的标准，并确定哪些是原始证据、哪些是传来证据、哪些是直接证据、哪些是间接证据等，进而分析某一具体证据本身是否客观真实、与案件事实有无直接客观联系、是否在法定或法院指定的举证期限内提供、证据是否有失权等情形，在裁判文书中写明证据被采纳或不被采纳的理由。例如，对录音证据，应审查是否以侵害他人合法权益或者违反法律禁止性规定的方法取得的；对证人证言，要了解分析证人的智力状况、品德、知识等情况并加以区分，对未成年人所作的与其年龄、智力状况不相当的证言，对与当事人有利害关系的证人证言，对无正当理由未出庭作证的证人证言的判断采信，均应遵循证据的补充规则。当然，根据行政诉讼证据规则，对当事人无争议的证据，是否采纳的理由可以不在行政判决书中表述。

最后是对证据间相互印证的情况和双方当事人证据证明力的衡量判断。行政诉讼特点在于被告对被诉行政行为的合法性承担举证责任,行政判决书制作者在对证据采纳与否的说明论证中,一定要对谁负举证责任有着清醒的把握,注重证据间的印证分析,尤其是双方证据对抗性的分析,应当有深刻的论证,而不是仅仅局限于表层性、单体性的论证。

试以下述实例加深对质证、认证的理解。

例一,原告葛某某等9户居民不服核发建设工程规划许可证案,对日照分析结论是否合法成为当事人的争点,由此,围绕相关证据,诉辩双方展开了多轮对抗。

庭审中,被告对被诉具体行政行为认定某某花苑10号楼建设工程符合城市规划要求的事实列举下列证据证明:

……

15.江苏工业民用建筑设计院作出的某某花苑日照分析图纸(盖有上海市建设委员会统一颁发的工程施工图设计出图专用章,编号为临施字090号,有效期1998年4月1日至1999年3月31日)。

江苏工业民用建筑设计院上海分院的企业法人营业执照。

江苏工业民用建筑设计院的工程设计证书(证书等级甲级)。

上海市建设委员会核发给江苏工业民用建筑设计院的沪建建证临沪外字第090号上海市勘察设计临时许可证(有效期自1998年4月1日至1999年3月31日)。

被告陈述,第三人委托具有资质的江苏工业民用建筑设计院对某某花苑进行日照分析,该分析所依据的技术参数和资料经被告核实,该日照分析图纸综合分析了某某花苑1号楼(23层)、2号楼(24层)、3号楼(23层)、4号楼(7层)、10号楼(24层)对某某新村316、318、318号居民楼组合日照影响及相互之间的日照影响,日照分析的主要结论是某某花苑1、2、3、10号四幢高层建筑能够满足受遮挡的某某新村316、318、318号居民楼的居室冬至日满窗的有效时间不少于连续一小时的日照要求。该日照分析符合1997年10月1日起执行的《〈上海市城市规划管理技术规定〉的解释(一)》(以下简称《解释一》)第一条第(三)项"居住建筑受高层建筑遮挡的,其日照分析应对新建高层建筑和原有高层建筑遮挡日照产生的影响进行叠加分析;同时还应对其周围设计方案经规划管理部门审定的但尚未建设的高层建筑遮挡日照产生的影响进行叠加分析,日照叠加分析的先后次序以设计方案的批准日期为准"的日照分析要求,并符合《技术规定》附录一第17条日照有效时间表中的要求。故该日照分析图纸能够证明被告准予建设的某某花苑10号楼符合《技术规定》第二十九条"高层居住建筑与低层独立式住宅的间距,应保证受遮挡的低层独立式住宅的居室冬至日满窗日照的有效时间不少于连续两小时;与其他居住建筑的间距,应保证受遮挡的居住建筑的居室冬至日满窗日照的有效时间不少于连续一小时,……"的规定。

经质证,原告对此提出以下异议:

(1)日照分析图纸上的单位名称是江苏省民用建筑设计研究院,而不是江苏工业民用建筑设计院。被告举证的证据上反映还有江苏工业民用建筑设计院上海分院和上海东尼建筑工程设计事务所,名称相互矛盾,被告对此没有审查清楚。

(2)日照分析图纸第六点,"1 号楼对 2 号楼 Q ~ R 段无法满足一小时日照要求"的结论,说明不符合《技术规定》的日照要求。

(3)日照分析图纸第九点,分析依据称"建筑物朝向南偏西 16 ~ 30 度,日照有效时间 9:00 ~ 14:30"是错误的,某某花苑 10 号楼朝向应为南偏东 17 度,说明该日照分析的依据不正确,所得出的结论失实。

(4)日照分析图纸上日期是 1997 年 11 月,而设计出图专用章有效期是 1998 年 4 月 1 日至 1999 年 3 月 31 日,说明日照分析图纸不符合证据要求,有效性、合法性存在问题。

针对原告的异议,被告质证意见如下:

(1)单位名称不一致系打印笔误,出图单位已有证明。

(2)日照分析图纸第六点结论不涉及本案争议的某某花苑 10 号楼对居民的日照影响。

(3)日照分析图纸第九点"南偏西"是笔误,建筑物朝向应以图纸上指北针的标向为准是南偏东,且图纸上日照有效时间是符合《技术规定》第 17 条"南偏东 16 ~ 30度,日照有效时间 9:00 ~ 14:30"的要求,因而该图纸的分析依据是正确的。

(4)被告认定该日照分析图纸是否有效是以图纸上施工图设计出图专用章为准,该专用章的编号证明是具备资质的江苏工业民用建筑设计院作出日照分析。日照分析图纸是合法有效的。

庭审中,原告提出反证:

1. 1998 年 10 月由某某新村居民委托上海营都城市规划设计有限公司(以下简称营都公司)对某某花苑 10 号楼作出的日照分析,结论是某某花苑 10 号楼建设后某某新村 316、318 号的居民住宅中将有 11 个居室窗户无法满足日照要求。

2. 1998 年 3 月由上海某某房产经营公司委托营都公司对某某花苑 10 号楼作出的日照分析,结论是客体建筑的所有南向窗户均能满足一小时日照要求。

3. 某某区环境卫生管理局和第三人对居民的二份答复意见,主要内容是经营都公司3月日照分析,某某花苑10号楼能满足居民的日照分析。

原告认为,其提供的反证1证明某某花苑10号楼无法满足居民的日照要求,被告认定的日照分析图纸的结论是错误的;反证2和3说明被告发证时采信的是1998年3月营都公司的日照分析,而不是江苏工业民用建筑设计院的日照分析。

对此,被告质辩如下:

(1)原告提供的1998年3月营都公司的日照分析委托方上海某某房产经营公司不是建设工程规划许可证的申请人,该施工单位的日照分析不能作为被告的发证依据。

(2)1998年10月营都公司的日照分析报告除对某某花苑1、2、3、10号楼产生的日照影响进行叠加分析外,还增加了某某花苑10号楼东侧一幢某某新村六层居民楼,该报告依据的规定是1998年8月26日实行的《〈上海市城市规划管理技术规定〉的解释(二)》(以下简称《解释二》),被告所作具体行政行为是1998年4月28日,该规定对被告当时核发建设工程规划许可证不适用。该日照分析中某某花苑10号楼的高度是77.7米,高于被告规划许可的69.1米,且报告中某某花苑1、2、3号楼的高度均与被告核准的高度不一致,说明该日照分析依据的参数技术资料不准确,没有必须的数据,因而被告对该日照分析的结论有异议。

(3)原告提供的反证3是信访答复,被告没有参加对原告的信访处理,对答复中的内容被告从未认定。

庭审中,原告承认原告自己推算估测某某花苑10楼的高度为77.7米,与被告核准的69.1米不一致,其余技术资料均采用上海某某房产经营公司提供给营都公司的技术资料。

对原告提供的反证,第三人进行了质证并当庭提供了证据:

A.1999年5月营都公司的关于某某花苑日照分析报告情况说明。

营都公司证明,其所作1998年3月和10月二份报告结果不同,主要原因是:一、委托进行日照分析的范围和对象有区别,3月的报告分析的日照遮挡高层建筑仅为某某花苑10号楼,被遮挡的客体建筑仅为某某新村316、318号住宅;10月的报告分析的日照遮挡高层建筑共有四幢,要求分析的被遮挡住宅是某某新村316、318号。二、1998年8月26日,上海市城市规划管理局发布沪规法(1998)第524号文(即《解释二》),在对日照分析计算方法作如下补充说明中明确,在分析高层建筑日照遮挡影响时,应先分析被遮挡对象的现状日照状况,然后再分析拟建高层建筑建设后的日照状况。实际是要求将建设前现状日照与建设后日照叠加分析。营都公司所作10月报告在《解释二》发布之后,按建设前、建设后分别列表,叠加分析。营都公司所作3月报告在《解释二》发布之前,未按建设前、建设后分别分析。

B. 江苏工业民用建筑设计院上海分院二级建筑设计师吴某某受单位委托当庭作证。

吴某某证明,江苏工业民用建筑设计院接受第三人的委托对某某花苑10号楼进行了日照分析。日照分析是根据《建筑设计资料集》的具体规定,要确定太阳位置,确定日照时间指标,然后运用建筑日影图解法进行分析。对某某花苑10号楼的日照分析是根据《建筑设计资料集》、《上海住宅建筑设计标准》、《技术规定》第二十九条和《解释一》等规定要求,参考了第三人提供的规划技术资料,综合分析了某某花苑1、2、3、10号楼四幢高层建筑的日照影响,为保险又多考虑了某某花苑4号楼多层建筑。江苏工业民用建筑设计院所作日照分析是在《解释二》颁布之前,如根据《解释二》的要求进行日照分析,则除了需对某某花苑1、2、3、4、10号楼进行叠加分析外,还要纳入某某花苑10号楼东侧的一幢六层居民楼进行组合日照分析。根据《解释一》和《解释二》的不同要求所作的结果可能是不同的。

对第三人提供的证据A营都公司的情况说明,原告无异议。对证据B证人吴某某的陈述,原告坚持认为江苏工业民用建筑设计院所作的日照分析图纸没有证据效力。

……

庭审质证表明,本案争议的事实和焦点在于江苏工业民用建筑设计院的某某花苑日照分析图纸是否合法……。对此,本院作如下认定:

(一)第15号证据某某花苑日照分析图纸上所盖临施字090号工程施工图设计出图章与市建委核发给江苏工业民用建筑设计院的沪建建证临沪外字第090号上海市勘察设计临时许可证一致,足以认定该图纸是江苏工业民用建筑设计院作出。该图纸第六点结论不涉及对原告的日照影响,第九点建筑物朝向以图纸上的指北针为准,且日照有效时间与《技术规定》附录一第17条的规定一致。故被告称该图纸上设计单位名称系打印笔误等质辩意见成立,本院予以采信。

被告认定的某某花苑日照分析图纸与原告举证的1998年10月营都公司的日照分析报告结论之所以截然相反,除各自依据和参考的技术资料、数据有所不同外,主要区别在于各自依据的日照分析要求不相一致。被告认定的日照分析图纸根据1997年10月1日起执行的《解释一》的日照分析要求得出某某花苑10号楼能够满足受遮挡的某某新村316、318号居民楼居室的日照要求的结论,而原告举证的日照分析报告则根据1998年8月26日起颁布执行的《解释二》的日照分析要求得出某某花苑10号楼不能满足受遮挡的某某新村316、318号居民楼居室的日照要求的结论。从本案的证据审查来看,1998年8月26日颁布施行的《解释二》

本身不具有法律上的溯及力,被告核发建设工程规划许可证的日期是1998年4月28日,只能够依据当时施行的具有行政法律效力的《解释一》的规定对日照分析图纸进行审核认定,而不可能根据时隔近4个月后才颁布施行的《解释二》的规定来要求第三人。基于同样的原因,营都公司所作的1998年3月和10月两份日照分析报告亦得出了相反的结论。因此,被告作出被诉具体行政行为认定第15号证据某某花苑日照分析图纸合法、认定某某花苑10号楼能够满足被遮挡的客体建筑的日照要求是符合当时的规定和要求的。第三人举证的营都公司情况说明和证人吴某某的证词均证实了由于《解释一》和《解释二》分别规定了两种不同的日照分析要求而可能得出不同的日照分析结论这一客观的事实,对此本院予以采信。故第15号证据某某花苑日照分析图纸符合行政诉讼的证据要求,本院予以认定。原告举证的营都公司1998年10月日照分析报告不具备否定被告认定的某某花苑日照分析图纸的行政诉讼的证据效力,对原告认为某某花苑日照分析图纸不合法的质辩意见,本院难以采信。

总之,通过庭审质证或交换证据,如果被告对原告诉讼理由中予以认可的部分与法院审查的事实相一致,则只须说明即可;如果不一致,且影响被诉行政行为合法性成立的,应当在质证后,再对这一部分事实的合法性进行认证。对于法院阐明证据取舍分析的内容,应有不同层次的认证。除对个别证据的"三性"认证之外,还应根据具体案情进行对抗证据之间的对比分析或同类证据之间的印证分析,针对证据与待证事实因果关系存在与否进行推理分析,以及合法性审查过程中对全案证据进行综合分析认定。

四、行政判决书的法律事实叙述

法律研究中经常要区别事实问题和法律问题。事实问题是通过感官或通过从行为或事件中的推论而确定的,它包括诸如实际、地点、气候、光线、速度、颜色以及对人的所说、所做、所听的认定,也包括人的目的、精神状态、心理状况及知识等需要推断的问题。事实问题需要通过证人、专家及证书、记录、报告等提供的合法和相关的证据来确定或否定。事实问题的行为表现是事实认定。《行政诉讼证据规则》第五十四条规定,法庭应当对经过庭审质证的证据和无需质证的证据进行逐一审查和对全部证据综合审查,遵循法官职业道德,运用逻辑推理和生活经验,进行全面、客观和公正地分析判断,确定证据材料与案件事实之间的证明关系,排除不具有关联性的证据材料,准确认定案件事实。我们知道,任何司法裁判的形成,实质上是逻辑中的三段论推理过程,即大前提、小前提和结论。具体来说,一要查明和确认案件事实,作为小前提;二要选择和确定与上述案件事实相符合的法律规范,作为大前提;三要以整个法律体系的目标为标准,从两个前提中推导出法律决定或法律裁决。在实际的裁判活动中,这三个步骤“绝不是各自独立且严格区分的单个行为。它们之间界线模糊并且可以相互转化。”查明和确认案件事实的过程不是一个纯粹的事实归结过程,而是一个在法律规范与事实之间的循环过程,即目光在事实与规范之间来回穿梭。法官对于当事人所叙述的生活事实进行整理、选择和判断后,形成的案件事实即法律事实,“所有经法律判断的案件事实都有类似的结构,都不仅是单纯事实的陈述,而且是通过考量法律上的重要性,对事实所作的某些选择、解释和联结的结果。”法律事实的产生,即司法裁判中事实认定的过程实际上可以分为两个紧密联系而又有本质不同的阶段:一是将客观事实提供程序法和证据法则的调整和规范而转化为证据事实的阶段,即由证据来证明案件证据事实的阶段(证据事实认定阶段);二是将已由证据所证明的生活事实(证据事实)通过与实体法的事实构成要件的对比而转化为法律事实的阶段,即生活事实的法律认定阶段(法律事实认定阶段)。对于行政裁判而言,法律事实的认定也是与法律适用相互联动的结果。但因行政案件所具有的专有特点,在制作行政判决书时,对于法律事实的写作一直存有较高的难度,对事实如何取舍、如何裁剪,是一大困惑。我们认为,行政判决书的法律事实部分的制作,一方面要能够在举证、质证、认证的基础上反映客观事实,另一方面又必须在合法性审查的基础上与法律规范中的事实构成要件相吻合,最终服务于裁判结果。

(一)合法性审查与法律事实

行政裁判的结论是建立在合法性审查基础之上的,合法性审查不仅是行政诉讼的灵魂,而且是行政诉讼的方法。合法性审查问题实质上是法定构成要件问题。“法律规范是一种条件式的规定,由构成要件和法律效果两部分所构成,在构成要件被满足时,即发生法律效果。”行政裁判的基础,就在于确定案件的事实是否符合合法性审查下某一法律规范的构成要件。因此,行政裁判认定的法律事实必须结合合法性审查的要件来展开。撰写法律事实部分,我们必须反复在案件事实和合法性审查之间,来回进行比较、分析、权衡。案件事实是目,合法性审查为纲。确认与合法性审查下法定构成要件相对应的裁判事实,是行政判决书法律事实叙述的首要任务。《行政诉讼法》第六十九条规定,行政行为证据确凿,适用法律、法规正确,符合法定程序的,或者原告申请被告履行法定职责或者给付义务理由不成立的,人民法院判决驳回原告的诉讼请求。反之,则不能判决驳回原告的诉讼请求。由于行政行为种类繁多,有行政许可、行政处罚、行政强制、行政裁决等,讨论合法性审查的要件,从正向即行政行为合法的角度,难以一一叙明,殊为不易。若从反向即行政行为违法的角度切入,可能更容易窥一斑而见全貌。一般情况下,每一个行政案件所要讨论的行政违法情形都是特定的,要么是一种情形,要么是多种情形的结合,根据行政违法的构成要件去审查被诉行政行为,不仅是庭审的方向,也是行政判决书制作的题中之义。小前提——法律事实与大前提——合法性要件相匹配,行政判决书自然就会变得精练。换言之,制作行政判决书的功夫在"书"外,其实质在于对合法性审查要件的把握之上。庭审如此,裁判亦然。因此对行政违法问题作一番介绍,寄望于通过了解掌握行政行为合法性的基本构成要件,能够夯实基础,有助于提高行政判决书制作能力。

1. 行政不作为违法

行政不作为违法是指行政主体负有积极实施法定行政作为的义务,而且能够履行而未履行的行政行为状态。其构成要件有:(1)行政不作为违法以行政主体有法定的行政作为义务为前提。行政作为义务的来源有:法律、法规及规章的规定(包含直接规定和间接体现),行政主体先行行为,行政契约等。(2)行政不作为违法以行政主体没有履行其法定的行政作为义务为内容。如拒绝履行、拖延履行或不予答复。(3)行政不作为违法以行政主体具有作为的可能性为主观要件。从肯定角度来看,行政主体的主观过错表现为故意不作为和过失不作为两方面;从否定角度看,行政主体的主观过错表现为不具备阻却作为义务履行的法定事由时行政主体不作为。法定事由有不可抗力、意外事件、紧急避险、申请人承诺(事先征得申请人同意)。

2. 行政越权

行政越权是行政主体超越其法定行政职权(权能和权限)的违法行政行为。行政越权主观上不以过错为要件,只能以积极的作为方式构成。行政越权可分为行政权限逾越即管辖权逾越和行政权能逾越。行政权限逾越有事务管辖权逾越、地域管辖权逾越和层级管辖权逾越。行政权能逾越分为:(1)行政主体拥有某项行政权能,但其行政行为超越了该行政权能的法定幅度或限度。(2)行政主体不拥有某项行政权能,但其行政行为却是该项行政权能的表现,即未恪守法定职责,行使了不属于自身享有的行政权能。(3)行政主体不拥有非行政性国家权能,但其行政行为却是该非行政性国家权能的表现,如行政主体行使了属于人民法院的司法裁判权、强制执行权。(4)行政主体的行政行为没有任何国家权能的基础。

3. 行政滥用职权

行政滥用职权,即滥用行政自由裁量权,是指行政主体在自由裁量权限范围内不正当行使权力导致显失公正的行政违法行为。行政滥用职权的表现主要有:第一,因受不正当动机和目的支配致使行为背离法定目的和利益。第二,因不合法考虑致使行为结果失去准确性。第三,任意无常,违反同一性和平等性。第四,强人所难，违背客观性，即行政主体所作行政行为要求相对人履行一种客观上无法履行的义务。

4. 事实和证据上的错误

行政主体在作出行政行为时依靠证据和推理认定事实，但由于证据和推理的运用可能会产生（故意的、过失的，甚至意外的）误差，甚至是虚假，所以事实认定难免会出现瑕疵。主要情形有：(1)行政主体收集、审定并最后采纳的作为认定事实的证据违法，导致事实认定瑕疵。具体表现为证据缺乏客观性、证据缺乏关联性、证据形式不符合法律要求、非法定主体收集的证据、违反法定程序获得的证据、通过非法权能取得的证据。(2)行政主体因行政程序中举证责任分配违法导致事实认定瑕疵。因我国目前尚无统一的行政程序法，行政程序中举证责任分配主要依据各实体法的规定。一般来讲，法律有明文规定的依法律的规定；如无法律规定，应参照三大诉讼法的举证责任分配规则及其精神，并依赖经验法则，进行合理分配。(3)行政主体认定事实时的行政推定和行政认知违法，导致事实认定瑕疵。(4)行政主体在行政程序中对事实的认定违反证明标准导致事实认定瑕疵。一般来讲，对于人身方面的行政制裁行为和非常重大的非人身性制裁，应采用排除一切合理怀疑证明标准。对于其他行政行为应采用合理性证明标准，即占优势的盖然性标准。

从《行政诉讼法》第七十条第(一)项的规定来看，被诉行政行为的事实和证据上的瑕疵必须达到“主要证据不足的”，法院方可以撤销。“主要证据不足”介于“证据确实、充分”和“无证据”之间，既可以理解为证据数量不充分，也可以理解为证据质量不高。

5. 适法错误

适用法律、法规错误是指行政主体在作出行政行为时，没有按法律、法规、规章的要求办事，错误地援引了法律、法规、规章。在实践中，主要表现形式有十种：(1)行政行为应适用甲法，却适用了乙法。(2)行政行为应适用法律规范的此条，却适用了彼条。(3)行政行为应适用效力高的法律规范，却适用了效力低的法律规范。(4)行政行为应同时适用几个法律规范，却仅适用了其中一个法律规范；或应适用一个法律规范，却适用了几个不应适用的法律规范。(5)行政行为应同时适用法律规范的几项条款，却仅适用了其中一项条款；或应适用一项条款，却适用了几项不应适用的条款。(6)行政行为适用了尚未生效的法律规范。(7)行政行为适用了已经废止、撤销的法律规范。(8)行政行为应当适用法律规范，却适用了没有法律效力的其他文件、规定。(9)行政行为应适用调整特定地区事项的法律规范，却适用了非调整特定地区事项的法律规范；或不应适用调整特定地区事项的法律规范,却适用了调整特定地区事项的法律规范。(10)行政行为适用的法律规范相互抵触,或适用的法律规范与同级别的其他法律规范相互抵触。

6. 程序违法

程序违法是指行政主体在作出行政行为过程中违反行政程序法规则。其表现可以分为两大类:第一类方式违法,分为两种情况:(1)行政行为未按法定方式进行。(2)法定方式运行有缺陷。如行政决定遗漏日期、漏盖公章。第二类步骤违法,表现为:(1)法定步骤省略;(2)法定步骤颠倒;(3)无根据增加步骤;(4)不遵守时限。

7. 行政侵权

行政侵权是指行政主体及其工作人员在行使行政权力时,不法侵害他人合法权益,依法应当承担行政赔偿责任的行为。其可分为:(1)侵犯人身权与侵犯财产权;(2)行政行为侵权和事实行为侵权。事实行为侵权例如以殴打等暴力行为或者唆使他人以殴打等暴力行为造成公民身体伤害或者死亡的,违法使用武器、警械造成公民身体伤害或者死亡等。

8. 行政行为不成立或者无效

行政行为不成立就等于说这个行为在法律上还不存在。判断行政行为是否成立的标准主要是该行为是否经过必经法定程序,是否具备必备形式,不符合这些标准则行政行为不成立。

无效行政行为指的是行政机关作出的行政行为具有重大明显的违法,因而该行为自始无效的情况。目前"重大且明显"尚不是一个法律上明确肯定的标准,而且该标准的自由裁量余地很大,法院及法官在适用这一标准时必须充分考虑特定行政管理法及相关法和《行政诉讼法》的立法目的,兼顾法律效果与社会效果。对于无效行政行为的认定标准虽不统一,但有学者认为无效条件有以下几点:特别重大的违法;明显的违法;将导致犯罪;不可能实施的内容;受胁迫或欺骗所作的决定;行政机关不明确或明显越权等。

综上所述,一方面,法律事实的确定,一定是按照合法性审查要件进行比较、检验和配对的过程。实体法的构成要件指引着法律事实的认定过程。另一方面,法律事实也是在程序法和证据规则的规范下得以认定。在行政诉讼案件中,当事人的争议事实必然多种多样,但有些争执与合法性审查相关,有些争执则毫无意义。对于行政判决书制作者而言,在撰写法院的认证意见和经审理查明部分时,一定要在实体法的构成要件及程序法、证据规则的规范下敢于筛选、取舍、裁剪,将脱离了合法性审查要件这一根本要求的无关事实和争议剔除。唯其如此,行政判决书才会显得主题明确、不凌不乱,力求精而有神、繁而不冗。

(二)客观事实与法律事实

基于行政案件的专有特点,行政案件的事实相较于民事案件而言显得更为复杂。行政案件的审理,由于是对行政行为的复审,行政案件的事实呈现出不同的层次。为解述方便,这里以第一事实、第二事实、第三事实、第四事实区别之。所谓第一事实——当事人陈述的原初事实;所谓第二事实——被诉行政行为认定的事实;所谓第三事实——作出被诉行政行为的事实(关于执法程序、法律适用也存在原初事实和行政机关庭审中陈述的事实之分);所谓第四事实——裁判事实,则涵盖了上述所有的事实,并在上述事实的基础上形成了行政裁判所查明认定的法律事实。

以不服行政处罚决定行政案件为例,被处罚人的行为被认定为行政违法行为,则被处罚人的行为(原有状态如何)为第一事实,行政处罚决定认定的违法行为内容为第二事实,行政机关如何作出行政处罚决定的行为内容为第三事实,行政判决书中法院认定查明的事实为第四事实。从合法性审查的视角来看,第一事实、第二事实只涉及对被处罚人的行为认定的合法性,即行政处罚决定的认定事实是否清楚、证据是否确凿充分,进而影响到行政处罚决定的法律适用是否正确。一般来讲,多数不服行政处罚决定的行政案件,当事人之间的争议焦点是第一事实和第二事实之争,即原告对于被告认定其违法行为的事实存有异议,在这种情况下,原告提出了其行为的原初事实并力图证明,希望通过法庭查明以第一事实否定第二事实。至于第三事实,是为了迎合行政处罚决定的合法性审查而涉及的,包括行政机关是否具有职权依据即执法主体资格的合法性,以及行政机关作出行政处罚决定的执法程序依据和实际执法程序上的步骤、期限和方法,即执法程序的合法性,甚至还包括执法目的的合法性。第四事实的确定,是在上述三个事实的基础上,根据合法性审查的要求,查明的定案事实。

如上所述,行政判决书的制作上,事实部分的陈述实际上贯穿全文,自始至终存在着第一事实、第二事实、第三事实、第四事实的交织与联系,同时也必须体现出不同层次之间的差别。概括被诉行政行为是为了说明第二事实,展示被诉行政行为的证据和依据是为了说明第三事实,展示当事人的质辩意见及相应证据、依据是为了回溯到第一事实(还有被告作出被诉行政行为的相关程序和法律适用的原初事实),法院的认证意见和经审理查明部分确定无疑则是为了表明第四事实。由于不同事实的层次性,在一份行政判决书上将其如何表述完整而又不相混淆,力求避免层次不清、重复过多的现象,这是每一位行政判决书制作者必须面对的问题。我们认为,每一份行政判决书中,对于如何安排事实表述应遵循以下方法:1. 第二事实必不可少,因为对被诉行政行为的概述不仅明确了案件的审理对象,而且关乎当事人的权利义务。2. 第三事实、第一事实要结合案件争点、裁判结果有选择性体现。譬如一个行政案件中经查明行政机关作出被诉行政行为超越职权,则对其认定事实清楚与否、证据确凿与否的审查则退位于后一层次,此时对于第一事实的表述可有可无,对于第三事实的表述应从如何超越职权的问题入手择要点即可。3. 第四事实中,对于行政机关作出被诉行政行为的执法程序事实的表述必不可少,其他法律事实也应当结合案件争点、裁判结果有选择性体现,甚至可以选择不予表述。

(三)裁判结果与法律事实

裁判结果对应原告的诉讼请求,裁判事实的认定围绕着裁判结果展开。因此,行政判决书的事实表述,必须回归到裁判结果。

若判决原告败诉——对被诉行政行为经审查后认为正确合法的,作判决驳回原告诉讼请求的,对于第一事实、第二事实、第三事实、第四事实的表述必须面面俱到(当事人对第二事实无异议的例外),尤其是经过认证后,当事人主张的第一事实、被诉行政行为认定的第二事实、行政机关作出被诉行政行为确定的第三事实和行政裁判认定的第四事实之间必须保持多数情况下的一致性。也就是根据《行政诉讼法》第六十九条所规定的合法行政行为及原告诉讼请求不成立的法定构成要件等规定,形成裁判的法律事实。

若判决被告败诉——即对被诉行政行为作判决撤销、部分撤销、撤销重作或确认违法、确认无效、履行、变更的,则第一事实、第二事实、第三事实、第四事实之间相互不能形成一致性的情况较为复杂,对于上述事实的表述,则要根据案件情况作具体分析,不必面面俱到。一般情况下,裁判结果建立在否定第二事实的条件下的,对于第一事实应当予以查明,进行表述。裁判结果建立在否定第三事实的条件下的,对于第一事实的表述可以简略。无论如何,对于第四事实的认定,均应当根据《行政诉讼法》第二节第一审普通程序所规定的判决方式等规定,将其归结到其中的一种情形或多种情形,形成裁判的法律事实。例如,《行政诉讼法》第七十条规定,"行政行为有下列情形之一的,人民法院判决撤销或者部分撤销,并可以判决被告重新作出行政行为:(一)主要证据不足的;(二)适用法律、法规错误的;(三)违反法定程序的;(四)超越职权的;(五)滥用职权的;(六)明显不当的。"基于上述撤销判决的六种情形,作撤销判决时对第四事实的认定,必须与之相对应,予以认定构成上述一种或多种情形的事实,即主要证据不足的事实,适用法律、法规错误的事实,违反法定程序的事实,超越职权、滥用职权的事实,明显不当的事实。

除撤销判决外,修正后的《行政诉讼法》还规定了被告败诉的其他情形,进一步丰富了行政诉讼的司法裁判方式。这些情形,形成了认定法律事实的法定构成要件。《行政诉讼法》第七十二条规定了履行法定职责判决,即人民法院经过审理,查明被告不履行法定职责的,判决被告在一定期限内履行。第七十三条规定了履行给付义务判决,即人民法院经过审理,查明被告依法负有给付义务的,判决被告履行给付义务。第七十四条规定了确认违法判决,分成不撤销行政行为和不需要撤销或者判决履行的两种类型,等等。总之,《行政诉讼法》第七十二条至第七十八条分别规定了判决履行法定职责、履行给付义务、确认违法、确认无效、责令采取补救措施或赔偿、变更行政行为、涉及行政协议履行等判决方式,与之相适应的法律规定的情形,亦是事实认定中必须加以注意并形成事实和法律的有效对接。

若判决被告赔偿或驳回原告行政赔偿请求的,必须结合《国家赔偿法》(1995年1月1日起施行,2012年10月26日第2次修正)和《最高人民法院关于审理行政赔偿案件若干问题的规定》,结合行政赔偿或不应赔偿的构成条件,查明行政赔偿请求的范围、内容等事实,以明确不予赔偿或者赔偿的具体方式、标准。

五、行政判决书的理由与主文表达

(一)裁判理由制作的基本要求

裁判文书应以严密的逻辑、完整的分析,明明白白地宣示:为何如此认定事实、何以适用此条法则、据何作出价值判断、如何进行利益衡量、因何判定此等结果。

1. 法理性

阐明行政裁判理由,第一要务是阐明行政裁判的法理,即应阐明本案适用的法律规范以及因何、如何适用该规范的具体理由。法理实际上是透过案件事实对相关法律、法规、规章规定进行的具体运用,其过程如下:(1)法律上构成要件的内容解释及确定、法律上构成要件为何?(2)事实关系的调查及认定,已经发生什么事?或事实上存在什么?(3)涵摄:该项事实关系是否符合法律上的构成要件特征?(4)法律效果的确定:应适用什么?上述过程并不是彼此互相独立,而是彼此相互交替作用。有关事实关系的调查,则应取向于特定的法律上构成要件,而事实关系的定性,也应考虑法规范的意旨及目的。法律、法规、规章规定的具体适用,不仅是单纯的逻辑推论,而且也是一种评价的(价值判断)认识过程。

阐明行政裁判的法律,就是要熟练运用法律规定、法律原则来分析被诉行政行为的合法性。我们应当改变传统写法中只是简单罗列法律名称和法条序号,对所认定事实与所选用法律之间的逻辑关系不作阐述的弊端。事实上,每一法条的背后都隐含着一定的法理精神,非经高度阐明,并不一定为普通大众所了解。法官的作用就在于将看似抽象、枯燥的法条活用于鲜活的现实生活中,以揭示法律精神,以让人看得见的方式实现正义。这里也恰恰是体现法官专业水平、思想素质、文字功底和个性修养的最佳之处。做好了这一点,判决书也就实现了宣教先例等法律功能。

判决理由部分的核心内容是法律分析,一般包括两个方面内容:一是对法律条文的分析解释。裁判文书说理的重要性已经被每个法官所重视,但是有时因为知识结构或自身水平等,往往说理不能尽如人意。司法判决应当有深刻的法理论证。法官裁判案件就是要将成文法运用到具体的事实当中去,将抽象的法条和具体的事实联系在一起,但是一个或某几个法条为什么能够适用于特定的案件,这就需要法官在判决书中作出详细的说明。二是在法律没有直接可适用条文的情形下,运用法律原理进行推导解释。这就是说法官不仅要准确地引证法条,并且对该法条的含义作出准确的解释,而且在不能找到可以直接适用的法条,而需要援引有关的原则,或者要通过公平正义的观念来作出判决。这就需要在判决书中有详细的说明,在许多情况下还要根据法理来说明。如以下判决书中对于工伤构成的法理分析:

工伤保险是社会保险的一种。被告所承担的保险责任或义务如同第三人在未为原告之女陈某某购买工伤保险时发生意外所应承担的责任是一致的。工伤主要是因工作原因在工作时间和场所而遭致的伤害。上述工伤保险条例规定仅作了两项特别的例外列举,即上下班途中发生非本人承担主要责任的交通事故和遭受不可抗力的意外伤害,但原告之女陈某某被刺身亡并不属这两种情形的任何一种。工伤保险为保险之一种,有其特定的时间和空间。在第三人为原告之女投保参加了原告的工伤保险之后,作为代替第三人承担保险责任的被告,其保险的范围亦是同工作相关的,而不会超过工作因素之外。

本案中原告之女陈某某被害身亡是下班之后发生的意外,并非因工作或工作中发生的意外。原告之女被害身亡应当由罪犯在承担刑事责任的同时承担其相应的民事责任。因此,原告请求的工伤待遇应当是依法在刑事附带民事诉讼中的赔偿。原告之女被刺既不是履行工作遭致的伤害,也不是如原告所称的法律、法规规定的其他情形的伤害。因此,原告的工伤请求没有法律依据,依法应予驳回。

2. 情理性

行政裁判文书不能只满足于国家强制力的后盾,而不关心裁判内容是否(特别是受裁判影响不利的一方)能够接受。法院审判就是基于双方存在利害冲突和互不相容的主张,如果完全不顾当事人的感情,会有后患。民主和法治时代,社会秩序的安定和人际关系的和谐,在很大程度上取决于法院或法官在社会生活中角色的功能。行政诉讼是"民告官"的诉讼,适当给予处于弱者的当事人以人文关怀,深切关注其诉讼权益,会缓和当事人的对立情绪,减少当事人诉讼请求与判决结果间的疏离。如下面一篇判决书的论理:

当然，本案中被告核准第三人建造的三幢楼，对已建的1#、2#楼产生影响是显然的，原告对此提出异议乃至提起行政诉讼都是可以理解的。但需要指出的是，土地资源非常有限，上海的土地资源更是有限，对土地的利用和开发就必须贯彻执行《土地管理法》确定的"十分珍惜和合理使用"的方针，以及《城市规划法》确定的"坚持适用、经济的原则，贯彻勤俭建国的方针"。因此，上海城区的住宅建设必然以选择建造楼房为主，住宅也不可避免地较为密集，由此新建的楼房也就必然会对已建房屋的通风、采光等产生一定的影响。国家不能也不会因这种影响的存在而不发展，或减缓发展城市建设，所以才制定城市规划的法律、法规，并制定有关规划技术规定，从而既允许这种影响的存在，以保证城市建设不断发展，同时又设定了影响的程度，也就是技术规范的要求，以维护原权利人的利益。本院经过以上审理，认为第三人新建的三幢楼对原二幢楼有影响，但仍在规划法规规定的范围之内，并未违法。本院注意到原告中部分是第三人某某大学的工作人员，1#、2#楼中也居住着许多某某大学的工作人员。作为大学的工作人员相信一定可以理解，学校改善教学环境条件和教师住房条件之艰难。所以希望原告及未起诉的其他居民都能正确对待，因为这是社会发展过程中的问题。只有当整个社会发展了，每个个体才有进一步发展的空间和可能。同时，对既作为建设单位，又作为1#、2#楼部分居民工作单位的第三人某某大学而言，应就新建的三幢楼对他们产生的影响进行深入细致的解释工作，尽量打消他们存在的各种顾虑，争取取得他们的谅解和支持。第三人还应尽可能地加强管理，优化1#、2#、3#、4#、5#楼周围的居住环境，以提高包括1#、2#楼居民在内的广大居民的居住环境质量。

这篇判决理由对于被诉具体行政行为合法性的各个方面都进行了全面论述，在论述完毕之后似乎可以戛然而止并宣示判决主文了，但法官却没有就事论事地匆忙收笔，而是从严谨的法理论证转向法律的边缘，以一种人文情怀和对社会现实的深刻感悟，写明对原告的不满情结表示理解。判决书没有回避生活现状，而是对数名原告的居住质量因相邻楼房建设而有所下降的情形予以充分认可，同时对规划管理法律的立法精神及国家和地方政策作了深入分析，说明了保护资源，城市建设发展的大背景，并对学校改善环境和住房条件之艰难作了意味深长的解释，同时亦对第三人某大学提出诚恳建议。法理与情理之间存在着无形的张力，寓情入理的分析体现了法官对当事人诉讼权益的真诚关注，也潜含着法官的司法良知和职业素养。法官在制作行政判决书时应当力求使之富有博大的容量，在清晰严谨的文字中沁入深层的法律内涵。这篇判决书正是包含了法律、社会生活、人文背景和主、客观现象等诸多因素，字里行间贯穿着一种道义责任，使判决书达到了这样一种功能，即在实现法律公正基础上取得了良好的社会效益。

3.逻辑性

判决理由部分,必须合乎逻辑,上与已经认定的事实、情节相适应,下与判决结果相吻合,中与适用的法律法规不矛盾、不脱钩,做到前后呼应、浑然一体、无懈可击。

首先是要保持事实和理由的一致。事实和理由应当一一对应,原则上事实部分涉及多少证据,理由部分就应有多少分析。当然,分析可以有所侧重,主要取决于叙事的侧重及案件特点。

其次是保持理由与法律规范的一致。书写理由时,应当以现行相关的法律规范和公认的法律原则为大前提,对行政行为进行评判。另外,有争议的法学观点,一般不能作为立论或驳论的依据。

最后是保持理由和裁判结果(判决方式)的一致。判决书分析事实、阐明理由都是为最终的裁判服务的,如果理由与判决结果不一致,那么前面所做的一切工作都是白费。例如,曾经有一个判决理由部分认定被告作出行政处罚"认定事实不清,主要证据不足",而判决结果却以显失公正为由变更行政处罚。显失公正是在认定事实、适用法律等方面没有违法的前提下,在法定幅度内发生的行政处罚畸轻畸重现象,其结论显然与"认定事实不清"的观点相悖。

4.针对性

在书写整个理由部分时,首先要针对本案事实和情节的特点立言,而不是针对同类性质案件的泛泛而谈;其次应当针对行政争议双方在诉讼中的观点,做到有的放矢,遇到复杂的案件,还可以分若干层次,有理有据地评判双方关于合法性审查的一个或几个方面的争议,对双方当事人争议的焦点有的放矢地进行重点论述。既要兼顾全面,又要突出重点,克服传统写法中的那种"你辩你的,我判我的"结构性脱节的弊端。理由的论述针对了双方争议的焦点,就会增强说服力,也体现了对当事人诉讼权利的尊重。如下面列举的不服环境保护处罚判决书的理由部分,根据争议事实的层次,将事理和法理的论证融于一体,条理清晰,且符合该案案情,具有针对性:

根据上述有效证据,本院对案件的事实与法律问题分析如下:依《大气污染防治法》第四条规定,被告作为环境保护行政主管部门,对大气污染防治实施统一监督管理,有权对污染大气环境的行为进行行政处罚。

被诉处罚决定中认定原告有安装的生产设备不能达到建设项目规定的要求,未经环保部门验收,擅自于2002年4月从事高强度聚酯漆包线生产,生产过程中产生的废气污染大气环境四项违法事实,本院分别认定如下:

关于处罚认定的原告安装的生产设备不能达到建设项目规定要求的事实,本院认为,依国务院1998年11月29日颁布的《建设项目环境保护管理条例》第七条第二款“建设项目环境保护分类管理名录,由国务院环境保护行政主管部门制订并公布”的规定,国家环境保护总局于2002年10月13日颁布的《建设项目环境保护分类管理名录》系按国务院上述行政法规授权制定,现仍依法有效。依被告所举的原告委托上海大学制作的《建设项目环境影响报告表》、《建设项目环境保护分类管理名录》和庭审中所作的陈述等证据,可以证实原告建设的聚酯漆包线生产线属建设项目。但对新建聚酯漆包线生产线这一建设项目应达到何种规定要求,原告安装的生产线在哪些方面未达到要求,庭审中被告未举证,亦未作相应陈述,故处罚认定的该节事实不清、证据不足。

关于原告的建设项目未经验收的事实,本院认为,依2001年12月27日国家环境保护总局令第13号《建设项目竣工环境保护验收管理办法》第十条“进行试生产的建设项目,建设单位应当自试生产之日起3个月内,向有审批权的环境保护行政主管部门申请该建设项目竣工环境保护验收”的规定,本案原告建设的聚酯漆包线生产线这一建设项目应通过环保验收。2002年6月10日某某区环保局出具的《环境影响报告表审批意见》第六条明确告知原告应于接到审批意见后的三个月内通过环保验收,第七条“今后若建设项目生产地点、规模、性质、工艺等发生改变,须向我局另行申报”的文义应理解为通过环保验收后若建设项目生产地点等发生改变须另行申报验收。现被告不予认可曾收到过验收申请材料,原告亦不能举证其建设项目已经环保验收,故原告认为从第七条可推断验收材料已交与被告,未验收系被告不作为造成的理由不能成立,被诉处罚决定认定的原告的建设项目未经验收的事实,本院予以确认。

关于处罚认定的原告擅自于2002年4月从事高强度聚酯漆包线生产的事实,本院认为,2002年4月30日被告出具的《关于同意上海来祥电工器材有限公司边试生产、边整改的批复》能证明被告同意原告试生产,故处罚认定原告擅自生产,系事实不清,证据不足。

关于原告企业生产过程中产生的废气污染大气环境的违法事实,本院认为,因被告提供的三份《环境监测测试报告》不能作为处罚认定事实的依据,故被告根据《环境监测测试报告》所列数据与《建设项目环境影响报告表》所列污染物排放浓度与排放量相对照,而认为原告生产过程中产生的废气污染大气环境的理由不能成立,处罚认定的该节事实不清,证据不足。

关于处罚适用的法律,本院认为,被告认定原告有多项违法事实,但作出处罚时只针对未达到建设项目规定要求投入生产的事实适用法律,未对其他三节违法事实适用相应的法律,可认定处罚适用法律错误。

在执法程序方面,本院认为,被告发出的听证告知书和听证通知书中均未载明原告有擅自于2002年4月从事高强度聚酯漆包线生产的违法事实,但在听证时,被告已将该事实告知原告,原告未提出异议,也未要求对该事实给予相应期限再行听证,故原告认为被告未告知违法事实剥夺原告行使陈述、申辩权利的理由难以成立,本院不予采信。但《行政处罚法》规定行政机关应当在听证的7日前,通知当事人听证时间、地点,其目的是让当事人有充足的时间为听证作相应准备。本案被告未按上述规定发出听证通知书,又未能提供曾征得原告同意缩短期限的相应证据,故本院认定处罚程序不合法。

对原告请求赔偿为诉讼而支付的律师费用,因无法律依据,本院不予支持。

环境保护是我国的基本国策,对推进社会生产力和保持国民经济可持续发展,增强城市综合竞争力具有重要意义。本案被告曾因原告未办理环保手续擅自生产,以及生产过程中产生的异味和噪声影响周围居民的生活,而于2002年4月5日作出责令停止生产并处罚款的行政处罚,鉴于原告履行了处罚义务,被告于同月30日批复同意原告试生产。但原告并未从中吸取教训,在试生产期满后的一年多时间,未申请环保验收,至被告再次予以处罚时,尚在生产,导致在当地居住的居民多次上访,对此,原告负有不可推卸的责任。而被告作为环境保护行政主管部门,在原告未按规定期限申请环保验收的情况下,未能及时履行监管职责,放任原告试生产期满未申报办理环保验收手续而继续生产,亦负有一定的责任。经济和社会的发展不能以损害环境为代价,希望原、被告通过本案的审理,正视自己的不足和违法之处,保护环境,共同维护上海这座国际化大都市良好的城市形象。

综上,本院认为,上海市某某区环境保护局作出行政处罚决定认定事实不清、证据不足,适用法律错误,执法程序不当,应予撤销。原告提出的赔偿请求,无法律依据不予支持。依照《行政诉讼法》第五十四条第(二)项第1.2.3目、《最高人民法院关于审理行政赔偿案件若干问题的规定》第三十三条之规定,判决如下……

5. 全面性

对于维持被诉具体行政行为的判决,要围绕被诉行为的法定构成要件,针对执法权限、认定事实、适用法律、执法程序、执法目的进行全面分析。如下面行政判决书理由部分,对于被诉具体行政行为的合法性有较全面的论述:

综合上述证据的认证,本院认为,被告所举证据能够证明两原告无证运输蟹苗的事实。原告认为具有准运证的主张,本院不予采信。被告对于无证运输蟹苗的,依法具有作出渔业行政处罚决定的主体资格。原告还曾提出运输的是幼蟹,故不需要准运证。庭审中表明,原、被告双方对于没收的原告认为是幼蟹,每只经测算小于五十克,这一点双方是一致的。原上海市水产局关于贯彻执行《上海市水产养殖保护规定实施细则》中有关蟹苗收购、运输管理问题的若干意见第十条规定：本意见所称蟹苗是指中华绒螯蟹的大眼幼体及个体小于五十克的幼蟹。故原告认为运输的是幼蟹，不应受处罚，缺乏事实依据与法律依据。被告在调查时，执法人员未少于两人，在作出处罚决定之前，告知了原告依法享有的权利，经过了告知程序，最后有被告负责人对调查结果进行审查，作出行政处罚决定，并将处罚决定书送达原告。被告处罚程序合法。适用法律法规正确。原告诉讼请求缺乏事实证据，本院不予支持。据此，根据《上海市水产养殖保护规定》第十五条第二款、第二十二条第(九)项、《行政诉讼法》第五十四条第(一)项之规定，判决如下……

(二)行政判决书论证和说理的基本原则

行政判决书制作过程应当是法官思考、梳理和解释的过程。在每件行政案件的裁判文书写作当中，要思考写作的目的、实现裁判文书的价值，梳理行政案件的法律事实。要使判决理由成为法律规则与案件事实的连接点，体现法官对于被诉行政行为进行合法性审查的全案思维过程。

1.明确写作要旨，思考每一篇行政判决书论证说理所应该达到的目的和所要实现的社会价值

行政判决书应当是法院行政审判全部审理活动的对外文字反映，是司法审查过程及处理结果的载体，是裁判的物质外壳。裁判文书不仅是整个司法文书体系的核心部分，而且是特定时代、特定法律文化的载体。因此从宏观角度而言，行政判决书制作的价值取向在于体现司法公正。从个案来说，其价值是为了平息行政争议。案件是千差万别，写作方式也各有千秋。要注意对当事人诉讼请求的关注，恰如其分地概括双方当事人的诉讼请求及理由，为下文做好铺垫。行政判决书制作时，案件已经经过合议庭讨论，在实体上审理终结。在行政判决书论证说理的写作中，应当具有动态的视野，抱着兼容的思想，了解与被诉行政行为有关的背景知识和各种影响判决结果形成的因素，思考论证、说理的深浅和要害。

(1)善于观察原告诉讼请求背后的实际目的，原告所要追求的根本利益何在，在表述有关争议时可以就此埋下伏笔，并针对有关问题作出实质性的论证分析。

如一起不服房屋拆迁裁决案件，房地局裁决之后，拆迁人又把裁决的安置房售于他人，且买受人已经装修完毕，实际入住，并取得了产权证，是善意取得房屋所有权的第三人。对此，法官在案件审理当中了解到原告并不情愿要裁决中被安置的房屋，并在诉讼争议部分着重表述了原告不服拆迁裁决的实质理由是要求就近安置，裁决中安置给原告的房屋系其所不愿接受的。从解决争议，保护原告和善意第三人合法权益的角度出发，对于这起案件的判决没有就是论事地简单予维持，而是以撤销方式解决了行政争议。因此，在论证和说理部分法官说明了这一行政行为

的合法性,被撤销的原因是从民法诚实信用和公平原则出发,同时强调了这一行政行为的不可执行性和原告主观上不愿接受该套房源的情形,从稳定与和谐既有的社会关系出发,表明了拆迁人在其中的过错。由于个案的特殊性,法官必须在判决书中透彻分析法律原则,以体现在司法审判中平衡各种利益关系,把相关的法律原理和法院对于当事人合法权益保护的宗旨,解决纠纷的价值取向明确宣示给当事人和社会公众,以达到确保司法公正与维护社会正义的目的。

(2)选择论证说理的角度,对裁判文书的个案意义和社会意义应当有充分的关照。

行政法官不仅要在行政判决书中对个案行政争议阐明事实、理由和处理结果,尤其还要考虑到某一起案件的处理结果对社会整体利益的影响,对于同类案件及潜在行政争议是否可能造成负面效应,以及对于法制完善状况、行政管理制度设置、社会关系及法律关系的和谐稳定应当有理性的法律思考。

如一起不服环境保护处罚的行政案件,其判决书论证说理所选择的角度表明了法官对于行政相对人、利害关系人和社会全体成员之间的利益平衡,以及国家基本国策、综合治理等问题的重大思考:

本院对被诉行政处罚决定的合法性审查后认为,被告某某区环保局对原告某某经营部作出的行政处罚决定,认定事实不清,适用法律错误,处罚决定内容表述不准确和不完整。被告某某区保局在处罚决定中认定原告某某经营部擅自进行食品经营,但其提交的原告的营业执照却证明原告的经营行为得到了工商行政管理部门的许可,并非擅自经营。被告某某区环保局认定原告某某经营部在未报批环境影响评价,需要配套建设的环境保护设施未与主体工程同时设计、同时施工、同时投产使用,需要配套建设的环境保护设施未经验收合格的情况下进行食品经营,该行为违反了《建设项目环境保护管理条例》第九条、第十六条、第二十三条规定。《建设项目环境保护管理条例》第九条规定,建设单位应当在建设项目可行性研究阶段报批建设项目环境影响报告书、环境影响报告表或者环境影响登记表;但是,铁路、交通等建设项目,经有审批权的环境保护行政主管部门同意,可以在初步设计完成前报批环境影响报告书或者环境影响报告表。按照国家有关规定,不需要进行可行性研究的建设项目,建设单位应当在建设项目开工前报批建设项目环境影响报告书、环境影响报告表或者环境影响登记表;其中,需要办理营业执照的,建设单位应当在办理营业执照前报批建设项目环境影响报告书、环境影响报告表或者环境影响登记表。该条例第十六条规定,建设项目需要配套建设的环境保护设施,必须与主体工程同时设计、同时施工、同时投产使用。该条例第二十三条规定,建设项目需要配套建设的环境保护设施经验收合格,该建设项目方可正式投入生产或者使用。故上述三条法规规定并未对进行食品经营应当报批环境影响评价作出规定,也未对进行食品经营需要实行环境保护“三同时”并验收合格作出规定,因此,被告某某区环保局认定原告某某经营部行为违法,证据和依据均不足,故被告某某区环保局作出的被诉行政处罚决定认定事实不清。

行政处罚决定是行政行为,具有确定力、拘束力和执行力等法律效力,因此,合法的行政行为必须具有明确、具体、可执行的内容。而本案被诉行政处罚决定第一项处罚内容仅为责令停止使用,该处罚并未确定停止使用的对象,设定原告某某经营部义务不明确,不具有可执行内容,故不能成为合法的行政行为。

此外,本院需指出:本案是对被诉行政处罚决定合法性作出裁判,原告某某经营部不应因被告某某区环保局实施的行政处罚认定事实不清、适用法律错误,就认为自己进行食品经营没有环境保护的义务。环境保护是基本国策,每一位公民和法人都有责任保护环境,防止污染。原告某某经营部在进行肉类食品销售经营活动时,正如被告某某区环保局答辩中所说会产生一些噪声、废水和固体废弃物等环境污染,因此,原告某某经营部应主动向被告某某区环保局征询环境保护意见,按要求做好环境保护工作,尽量减少对周围居民生活的影响。被告某某区环保局接到居民投诉,对原告某某经营部进行监督检查,是履行职责行为,原告某某经营部对监督检查应当积极配合,共同维护好环境保护秩序。原告某某经营部对居民投诉反映的问题,应当重视和改进并主动听取居民意见,处理好相邻关系,维护社会稳定。

综上所述,被告某某区环保局作出被诉行政处罚决定认定事实不清,证据不足,适用法律错误,处罚内容不明,故被诉行政处罚决定不合法,依法应予以撤销。

该判决书反映的是环保处罚案件,涉及《建设项目环境保护管理条例》中的相关规定,其中对于法理问题和国家政策、社会问题都有开放性的论证。在选择论证说理角度时,法官考虑了时代背景、国家政策和社会影响等各种因素,从字面上指明相关法条中未对“食品经营”需要实行“三同时”制度作出规定(擅自经营应属工商机关管理范畴),而实际上由于具体法律依据的缺失以及执法的惯例问题,环保部门在处罚决定中只认定需要与主体工程配套建设的环保设施未做到“三同时”,但却无法举证是哪项主体工程的配套设施,而关于擅自经营食品的认定又有逾越环保管理权限之嫌。但环境保护却是国家基本政策,直接关系社会经济和生产力的可持续发展,是立法领域和制度配套方面亟待完善的问题。出于对社会效果和负面影响的考虑,法官对这一问题的说理还是选择了立足本案,以细致的方式深入论证了行政机关对违法事实认定的逻辑错误,而未在文字层面上有任何扩及制度设置与立法现状的表述。从社会效果上避免了相应的负面影响,同时亦满足了原告的诉讼请求。行政诉讼作为解决行政争议的机制,从其最基本的功能出发,首先对于社会关系和法律关系是立足个案的微观性调整。该案法官在实体审理过程结束后,在判决书制作阶段能够运用法律技能和文字技术恰当选择论证说理角度,满足了微观意义上的当事人诉求,同时又注意避免因此案而引起整体意义上社会关系的波动和新的行政争议产生的可能性,反映了判决书在选材和表述上的审慎,以及法官对于法律效果与社会效果的凝重思索。同样鉴于上述考虑,判决书说理的最后段落向原告表明了环境保护国策的重要性和作为公民、法人对保护环境的社会责任,敦促原审原告对周围居民生活质量的影响程度应尽到关注义务等,由此体现了法官在法律思维方面的成熟性与对社会和谐、综合治理以及环境保护制度完善等方面的深切关照。

2. 确定行政判决书论证说理写作的篇幅和详略方式

篇幅的长短并没有绝对的标准,应该视论证说理的实际需要而定。英美等西方国家的裁判文书详细而且篇幅长,而我国的裁判文书篇幅相对短些,这是由一个国家的基本法律制度、法律文化等因素决定的。对行政行为合法性审查的全案性又使行政判决书叙事、说理内涵从一开始就具备了多层次性,因此行政判决书篇幅往往较其他类裁判文书更长。但从司法文书严谨凝练、刚健流畅的行文风格和审美要求来看,篇幅的长短绝不是衡量论证说理质量的主要标准。如果能够用简明扼要的文字将法院对于证据的分析认证、对事实的推理过程和对法律的解释论证清楚传达给当事人及社会公众,那么宁可不要选择冗长的篇幅结构。我们认为,篇幅长短的标准应该是:能够使诉讼当事人和中等文化程度社会大众理解裁判文书所依据的事实和法律依据,而且在不借助其他材料的情况下,单凭裁判文书就能判断出判决结果是不是公正合理(个别疑难案件的说理可能比较深奥,也应该以一般律师能够理解为标准)。因此不至于怀疑裁判的公正性和权威性。

3. 客观反映审理程序,推导案件法律事实

从目前行政判决书制作的情况来看,大多数行政判决书中对于庭审质证过程能够有较为客观的表述。事实部分的难点在于法院对证据取舍的认证分析和对法律事实的推导过程。其中证据的认证部分包含了法官对证据的看法,也就是逻辑推理。认证是根据有关证据规则,通过逻辑推理方式对法庭质证的证据进行取舍。其实就是事实论证和事理阐释的过程。有的学者把法官对事理或法理的论证分为表层论证和实质论证两种。表层论证是简单地从证据有或没有两个方面来对有关事实进行审查;而实质论证是对已有个别及全部证据的效力进行三性审查,并在此基础上进行综合分析。表层论证一般无须借助法理分析,但实质论证要通过法理分析才能进行。尤其是实质论证,要运用科学、合理的证据规则,在判决书中表述

证据的来源是否合法,证据和事实之间有无关联,证据本身是否真实以及同组证据之间相互印证和对抗证据之间的证明力比较等情况。如一起不服颁发建设工程规划许可证案件的行政判决书中对个别证据认证表述值得借鉴:

根据《上海市城市规划管理技术规定》第二十九条的规定,被告批准第三人建造的3#、4#、5#楼应保证1#、2#楼的"居室冬至日满窗日照的有效时间不少于连续一小时"。某建筑设计研究院于2001年10月作出的《××路研究生学生公寓(二期)日照分析》报告认定,1#、2#楼均满足上述日照条件的规定。原告对作出日照分析报告的主体提出异议,并认为2#楼中部分单元不能满足全年日照大于冬至日的条件。本院注意到作出日照分析报告的某建筑设计研究院是具有甲级资质的、独立的工程设计单位,在没有直接的、确凿的相反证据证明的情况下,其职业操守和职业公信力应得到尊重和信赖。同时,某建筑设计研究院作出日照分析报告的方法等未违反有关规定,原告也未提供足够的证据证明分析报告中的结论违反规定或常理。因此,被告以此为依据认定符合日照要求并无不当。原告对作出日照分析报告的主体资格和报告结论提出的异议,缺乏事实依据。

显然上述日照分析的证据是该案当事人存在争议的问题,法官根据证据规则的要求,在论证时对该证据的形式、内容从不同角度进行了有深度的论证,推理严谨,具有说服力。

行政判决书中对证据的认证不仅在于对个别证据的分析,而且要综合全案,对证据之间的印证关系和与事实的因果关系进行分析论证,反映出对法律事实的推导过程。如一份不服治安拘留行政处罚案件的行政判决书的综合认证分析:

被告某市公安局作出的被诉行政行为,认定原告贾某于1998年3月17日上午实施了盗窃戴某家中财物的行为事实的主要证据中,仅有指纹鉴定证据用作直接证明,其他证据是用以证明指纹的来源、案件查处过程及贾某曾经实施过盗窃行为并受到制裁等事实。指纹鉴定的科学根据及其技术的成熟程度,使其对于确定被鉴定人的身份有着显著的证明作用。但对于所需证明的案件事实,应当要求所鉴定的指纹与案件事实直接关联,同时能够对抗相反的证据。本案中被告向法院提供的,用以证明被提请鉴定的指纹的来源证据是现场勘验笔录,但该证据证明的事实缺乏相应的现场提取指纹的工作照片予以佐证;又由于现场勘验笔录记录中,存在失主当场陈述的报案时间在勘验结束之后的情况,以及勘验时间与询问笔录中戴某陈述的报案时间的矛盾,其中报案时间是属于失主的陈述内容,难以用工作人员的笔误作为合理的解释。故该现场勘验笔录关于提取指纹一节内容的真实性亦不能确认。关于贾某主张其不在现场的事实,其有责任提供相应的证据证明,但因在案件的处理及诉讼过程中,其处于被限制人身自由的状态下,提供证据明显困难;且其是否提出证据,并不能影响被告对所认定事实的证明责任。贾某主张的不在现场事实,与被告以指纹证据证明的事实相悖。根据法律对于行政执法的公正性要求和行政机关所采取的法律制裁的严厉程度,被告应查明该节事实,排除关键疑问。但被告对该节事实没有进行实质性调查,在不能排除重要疑点又未能提交其他证明贾某有涉案违法行为的情况下,仅以孤立的指纹鉴定证据认定贾某实施了涉案盗窃行为,属于主要证据不足。

上述论证说理是该判决书最为精彩的部分,充分体现了法官娴熟的法律技能和较强的判断能力。其中对被诉行政行为认定事实不当的分析透彻入理,指出了被告仅以孤立的指纹鉴定证据认定贾某实施了涉案盗窃行为证据不足。法官先以行政诉讼法规定的举证原则作为统领,而后对涉案证据及事实进行分析,指出被诉行政行为所认为违法行为的主要证据仅有指纹鉴定,其他证据均非直接证据;同时,对于指纹证据本身的技术性以及与该案待证事实的关联性作了具体分析,并且结合现场勘验笔录与报案时间的矛盾,表明对勘验笔录之真实性不能确认。而对于贾某主张不在现场的事实,法官论证了一般情形下其所承担的证明责任以及该案中其处于举证困难的弱势情形,指出被告有排除疑点的责任与义务;深刻阐述了证据与待证事实的相关性及证据链的逻辑关联,分析了被告取证与判断的缺陷与错误。理直而气壮,该判决书以逐层递进的方式对法理进行了阐释,字里行间透出无懈可击的气势,具有较强的思辨色彩。

4. 运用法律解释的方法阐述判决理由

这是裁判文书制作的核心。裁判理由应该以解读法律本意,阐明法律精神,并将现有法律条文与案件事实相对应,证明法律对个案的可适用性为主要任务。在法理分析中,要对行政案件的法律原理作一般性的介绍,概括地说明法律的基本原则和基本内容。根据不同的事实要素逐一阐述道理,运用法律、法理进行衡量。法律解释方法有多种,但是,目前司法实践中所运用的主要是局限于法条字面意思的解释,至多会有一些目的解释。由于我国是成文法国家,法官对于法律的解释往往囿于现有法律条文的规定,而行政诉讼有限的司法审查强度又决定了法官运用解释和推理的"保守性",再加之自身职业素养等原因,许多行政法官对于法律解释过程始终持一种过于谨慎的态度,我们平时看到的判决书中对法律条文和原则能进行有深度、有广阔容量的解释和推理的并不多见。很多情况下,行政案件所涉及的法律问题或者法条的字面含义未必十分复杂,有时稍作解释,甚至直接引用条文就能作为有力的论据。如判决理由中对于法律适用原则的论述具有一定的典型性:

本院认为,依据后法优于前法的原则,本案应适用《行政复议法》。根据《行政复议法》第十三条第一款的规定，某某市人民政府具有作出行政复议的法定职权。原告申请行政复议的两项内容中的第二项（×号占用土地批复）因不明确，被告未予审查并无不当；对第一项（101号占用土地批复）确已超过法定复议期限且无正当理由，并且庭审中原告又承认其2000年9月即知道了该批复的内容，因当时其告的是民事侵权故未申请行政复议。现被告对原告作出行政复议不予受理决定所依据的证据，能够证明其认定的事实。《行政复议法》对非行政复议前置案件的起诉期限没有明确规定。综上，被告某某市人民政府根据《行政复议法》第九条、第十七条的规定，对原告王某某作出的行政复议不予受理决定认定事实清楚，适用法律正确，程序合法。

这段理由论证中在涉及法律选择和法律条文理解等方面表明了两个观点：一是根据后法优于前法的原则选择适用《行政复议法》的问题；二是以《行政复议法》对非行政复议前置案件的起诉期限是否规定为切入点，直接判断该案原告是否符合复议受理的条件。因法律问题不复杂，所以法官对有关法律条文的解释论证简明扼要，观点明确。

又如，被告某某市工商行政管理局依法具有对不正当竞争行为进行查处的职权。按照被告作出处罚决定所适用的《反不正当竞争法》第六条之规定，不正当竞争行为的实施主体为公用企业或其他具有独占地位的经营者。按立法旨意，具有独占地位是实施不正当竞争行为的公用企业或者其他经营者的核心特点。因为无独占性的公用企业无限定他人购买其指定商品的能力，也无法实现排挤其他经营者公平竞争权的行为目的。本案证据显示：某某市某某区内获准经营燃气业务的企业数共有七家，且保险公司与除原告之外的其他燃气公司亦有保险代理协议，居民也可自由选择除原告之外的其他燃气公司作为交易单位，由此可见原告与其他同行企业仍处于公平竞争地位，不存在“排挤其他经营者的公平竞争权”的情况，故被告的证据不足以证明原告是具有“独占地位”的公用企业。另被告仅向原告的两位用户取证，该两位用户数不足原告总用户数的万分之零点二，且原告用户中仅约十分之四投保，由此得出的结论既不具有普遍性又不具有科学性，故被告的证据不足以证明处罚决定的“当事人（原告）没有明确向用户告知保险自愿”。

这是一起曾引起争议的案件。我国现行法律规范对“公用企业”的解释并不清楚。实体问题并非本章所探讨的重点，仅从判决书论证说理的写作层面而言，该一审判决书并未因此陷入法律规范本身关于“公用企业”的模糊定义之中，而是巧妙地避开了对主体要件的完整认定，通过精确剖析《反不正当竞争法》第六条的含义，牢牢地把握住主体要件的核心特点“具有独占地位”。独占地位是依特殊法律取得，不是通过市场竞争形成的。所依的“法”是广义上的法，包括法律、法规、规章或者其他与法律法规不相抵触的法律规范性文件。“独占地位”是指经营者的市场准入受到法律、法规、规章或者其他合法的规范性文件的特别限制,该经营者在相关市场上独家经营或者没有充分的竞争以及用户或者消费者对其提供的商品具有较强的依赖性的经营地位。正如一审认定部分所述“无独占性的公用企业无限定他人购买其指定商品的能力,也无法实现排挤其他经营者公平竞争权的行为目的。”既然某某市某某区的居民可自由选择除原告之外的其他燃气公司作为交易单位,可见原告与其他同行企业仍处于公平竞争地位,原告就不存在独占地位。因而也就缺乏依照《反不正当竞争法》第六条作出处罚决定的主体要件。某某市工商行政管理局却就此作出处罚,系事实不清、证据不足。其中既有对法律规定的解释,又有对法律规则的推理,要素完整。

(三)行政判决书论证和说理的基本方法

论证说理无疑是整篇行政判决书的核心内容。从行政判决书与审判过程中合法性审查演绎的经过相比,行政判决书的制作具有“回溯推理”的特质。简言之,裁判文书是人民法院行政审判活动最后载体和最终环节。行政判决书制作时,案件处理结果已经藏于法官心中,对事实和法律适用的判断已有结论,而制作裁判文书的任务在于如何以最为合理的篇章,最为恰当的论证说理将裁判结果形成的推理经过公诸于众。因此,行政判决书的文字演绎过程中,判断性是第一位的,而推理性是第二位的。研究行政判决书论证和说理的方法,应该处理好以下几个关系:

1. 处理好证据分析与事实认定的关系

在一定的意义上,行政案件的事实审就是证据审,因为对行政行为进行事实审的任务是审查被诉行政行为认定的事实是不是符合法律规范预先设定的事实要件,以及满足事实要件的证据。核心是审查被诉行政行为证据是否充分。但这并不意味着在行政判决书中事实认定部分丧失了存在的理由,不能用所谓的证据审查过程的描述完全取代对有关事实的确认。但是,也有的法官提出对行政行为的审查是证据审,行政机关根据有关证据已经作出了行政行为,法院只是根据法律规定和证据规则来判断,确认行政行为认定的事实正确与否,认定事实是对行政机关的要求,不属于行政司法权的范畴(并且举了行政处罚的案例,法院不能取代行政机关去认定原告之违法行为),法院认定的事实是通过叙述行政行为内容而体现的。但是,行政诉讼受案范围中不仅仅是处罚类案件,还有其他类型的案件,比如房地产权证案件中“没有争议”的问题,假如是因为有争议错发,首先要确认有争议的事实,而这些内容产权证上无法记载,是由原告举证被法院采信后才确认的法律事实,甚至还有一些与案件有关但被诉行政行为的要式当中没有明确表述的内容。例如,建设工程规划许可证建在了高压电缆之上,从行政行为本身是不能明确凸显这个问题的,但在审理中固定了这一法律事实,行政行为被撤销的基础是建立在电缆之上这一法律事实。又如公安对未成年人的处罚,对精神病患者(无行为能力)的处罚是错误的,但经过审理查明了这些事实,才能下判。比如重复抵押登记问题,要确认有人抵押在先的事实。尤其是行政不作为案件,法院往往需要确认包括原告申请、被告受理而未予答复或拖延履行等过程性的事实。

我们认为,从逻辑上说,证据的作用在于证明有关的待证事实,没有待证事实的前提,所谓的证据及其审查不就成为没有用的材料和时间的空耗了?因此,事实审和证据审并不是相互取代关系,而是一种层次关系。反映在行政判决书的制作当中,在结构上不应该将证据分析部分和事实认定部分对立起来,互不相容,而应该有机地加以结合。在按照行政诉讼合法性审查原则确定对被诉行政行为审查的法定要件事实的基础上,合理组织相应证据的举证、质证、认证后的证明效力,进而推导出应认定的法律事实。法律事实是司法裁判结果赖以存在的基础,无论是刑事、民事还是行政诉讼,诉讼与审判所追求的结果都是要与一定的事实基础相联系的。从裁判文书的表述框架结构上说,事实、理由和处理结论是不可缺少的要素,少了任何一样都会破坏逻辑结构的完整性。至于内容的重复问题,可以在表述中对文字和篇章布局进行斟酌。只罗列证据材料及其质证、认证过程而没有对待证事实的认定,就会使判决书陷于证据的汪洋而没有办法一览案件的整体事实,同样不能对案件的裁判结果形成全面客观的推理过程,所以,以待证事实(包括法定要件事实和案件整体事实)统领证据,建立事实认定和证据审查之间的有机联系,应当成为行政判决书框架中一个基础的重要的环节。

2. 处理好全案审查与局部争点的关系

行政诉讼法的基本原则是合法性审查,是对包括主体资格、认定事实、适用法律、执法程序、执法目的等几方面内容进行全面审查的过程。行政诉讼全面审的特点决定了法官不受原告诉讼请求的限制,客观上形成了“你说你的,我判我的”结构性脱节的现象。但是,这种结果并不能化解纷争和对立情绪。而且,行政诉讼作为诉讼制度的一种,与其他诉讼制度一样,最初的含义应该是解决纠纷,化解矛盾,稳定法律关系和社会秩序。行政诉讼这一最初的含义不应该被其保障公民权利和监督行政权力的特点所取代,也不应该因此消失或者弱化。所以,只要行政诉讼作为一种诉讼制度存在并在审判实践中运作,其解决纠纷的目的就始终会存在。原告的诉讼理由往往是引发争议的主要内容,那么,关注原告的诉讼请求和诉讼理由,调整好全面审查和局部争点的关系是我们目前制作行政判决书要达到的效果之一。同时,围绕诉讼请求和理由进行叙事说理也使裁判文书内容能够前后一致,具有严谨的逻辑性和比较强的说服力。

所以,在制作行政判决书时要围绕争议焦点,将案件的法律事实及相对应的证据叙述清楚,根据证据规则判断证据与待证事实的逻辑关系。首先,要将各方当事人的主要观点和理由,以及举证情况表达清楚、完整,注意对当事人诉讼请求的变更进行陈述,在保护当事人诉讼权利的同时,使各方当事人的诉讼争点“一目了然”。其次,事实和理由部分要结合合法性审查原则,围绕有争议的焦点问题进行重点分析、认定。保持事实、理由和判决结果的一致性。这样,裁判文书就具有了对话性和论证性的综合色彩,在事理和法理方面有翔实的内容。

3. 处理好合法性论述与合理性分析的关系

合法性审查原则决定了司法审查的范围极其有限,一般不作合理性审查(例外的情况是行政处罚的显失公正)。当然,行政合理性原则正越来越多地受到关注,是当前学术界和司法实务界所讨论的热点问题,一般比较通行的观点是认为合理性原则是行政法治原则的另一重要组成部分,是合法性原则的补充。但司法实践中的做法通常是将合理性问题排除在司法审查监督之外,法院在审判过程中一般不作出行政行为合理不合理,适当不适当的评价,所以对于行政行为的司法审查监督从某种意义上说是一种局部的、有限的审查,相对人受到不合理行政行为侵犯时,在诉讼中要承担被判决驳回诉讼请求的败诉后果。而且判决具有既判力,今后也不可能对同一诉讼标的再提起诉讼。当然,合理与否的判断虽然是案件实体审理中发生的问题,在现行行政诉讼法律框架体制下,行政判决书有时很难将合理与否的判断鲜明地付诸文字,而裁判文书又是法院全部审理活动的对外文字反映,传递了法官在案件审理中进行法律判断和价值衡量的重要法律信息。因此,处理好合法性论述与情理性分析的关系,主要是指行政判决书要在合法性审查的框架之下,注意文字表述中的衡情酌理,深切关注当事人诉讼理由和诉讼权益,减少判决受众的距离感,尽力缓和判决结果与当事人请求之间的疏离。这也是体现审判的人文关怀,体现司法为民的一个重要的方面。例如,曾有一起不服规划处罚的案件,原告许××为个体工商户,营业地址是自己所搭的建筑,但他的搭建行为没有经过规划部门批准。从法理上认定该建筑为违法建筑并没有错,应该受到处罚。但这起案件有一定的特殊情节,就是原告原来的营业地址因属拆迁范围,经过与拆迁人及街道有关部门协商,给予其一定的经济补偿,新的营业地点被安置于某房屋楼底,街道有关部门默许其搭建了涉案违法建筑,用于营业。这个建筑虽然是违法建筑,但街道负有不可推卸的责任,其中存在的问题是原告的信赖利益可能受损。法官充分注意到这一情节,所写的判决书在认定上述建筑为违法建筑的同时,也叙述了违法建筑搭建的来龙去脉,这段情节看似与案件关系不大,文字中也未加以评论,仅说明了上述背景事实,但却凸显出对原告违法搭建行为事出有因、情有可原的体谅。这篇判决书因为有适当的情理性,使当事人切实体会到法院对当事人诉讼权益的深切关注,也为原告今后继续主张自己的合法权益铺就了道路。当事人亦因此而服判息诉。

此外,对于诉讼请求和理由的逐一回答,并且提出肯定或者否定的理由,都是尊重当事人诉讼权益,体现人文关怀的潜移默化的表现。行政诉讼法确立的合法性审查原则决定了法院审理行政案件可以不受原告诉讼请求的限制,原告的诉讼请求与法院将要给出的行政判决形式之间往往也没有完全必然的联系。而法院对法律和司法解释规定的几种判决方式的选择适用取决于法院的司法能动性,当原告的诉讼请求不能牵制司法审查权的时候,一个行之有效的办法就是要求法院对其发挥司法能动性的结果,即判决方式的选择要在行政判决书的理由部分中作出充分的释明。

4. 处理好基本格式固定化和谋篇布局个性化的关系

行政判决书和所有的司法文书一样,是高度程式化的法律公文,主要在于首部、尾部、正文中必须写清楚的固定事项,正文部分"由事而理、由理而断"的写作顺序,以及一些基本的写作要素(如法庭质证内容、法律事实的认定和理由的阐述过程等),传统的基本框架有必要继续保持;而在基本写作顺序和格式固定情况下,每个案件还有各自不同的特点。尤其是行政诉讼案件的复杂性和多样性,无法用一类格式或者几类格式来穷尽所有案件。因此,作为行政判决书核心部分的事实和理由的表述应该体现案情特点,甚至在更高层次上体现出法官的办案风格与行文个性。如何合理谋篇布局,对上述基本要素进行排列组合,实际上是制作技巧问题。最高人民法院颁布的2004年样式在论证说理部分的设计中注意了预留相应自主选择余地,旨在给法官以充分思考和发挥的空间。例如,有的判决书将案件事实和证据进行分解表述;有的判决书因为涉及比较复杂的价格对比问题,就直接以表格形式进行表述;有些当庭宣判而事后送达判决书的案件,将判决主文写在前面;在一些特殊情况下,还可将事实与理由融合表述,夹叙夹议。

实践表明,行文顺序与形式绝非一成不变,格式的规范性和判决构成要素的完整性,以及恰当合理的篇章组合才是裁判文书成功写作的关键,高质量的行政判决书必然是做到了程式的原则性和个案的灵活性的完美结合。

(四)几类案件论证说理的要点

1. 行政处罚、强制措施及其他决定类

此类判决书论证说理的主要特点在于,被诉行政行为是行政机关依据管理职权对管理相对人单方面作出行政处罚或行政决定,审理的争议焦点往往集中在事实和证据上,要在裁判文书中对此加以重点表述。而《行政处罚法》对处罚程序和主体的进一步规定,要求法院审理时对执法程序运作的时间、方式和正当性等各个方面进行全面审查,对当事人的争议焦点有明确的评价。因此,庭审质证部分的书写中必须重视并突出各方当事人对证据的看法。在事实部分,要写明行政处罚或行政决定中所指向的行政相对人是否存在应受处罚或采取措施的行为,并根据案情实际进行分别或综合的分析。如争议仅涉及对相对人行为的法律定性问题,而对行为事实本身不存在争议,可以简写证据,将重点置于法律事实的确认部分,并对法律规范预先设定的事实要件加以分析。

2. 行政裁决类

此类判决书论证说理的主要特点在于,原告与第三人之间往往有民事权益上的争议,行政机关依据职权作出实体权益的判断。诉诸法院后,法院在依法审核行政机关作出的判断是否合法,是否存在严重不合理现象。行政判决书在事实论证部分要着重突出民事争议的时间、地点、产生争议的原因等所有影响行政裁决处理结果的争议因素。由于之前的环节较多,事实审查的内容也较多,为了叙述清楚,可根据案情分层进行。在论证说理中,要注意案件实体是基于当事人之间的民事权利义务的特点,一般应着重于事理论证,且有必要思考在判决书文字层面上对民法法律关系的相关原理如何进行解释或运用。

3. 行政许可、审批类

此类行政判决书论证说理的特点在于,确认管理相对人的权利义务标准法定和条件法定。权证类案件与许可类案件在审理方式的把握上有相似之处,其前提是基于法律规范预先设置的条件或标准。在此类案件审理中,应先引导被告将法定标准或条件,即行政行为作出时适用的法条予以出示,让各方当事人认识自己在法律关系中的位置与得失,避免调查阶段当事人不围绕真正的争议焦点,不针对法律条款,盲目强调一些与法定构成要件无关的事实和证据。写判决书时同样应体现上述特征,将被告颁发许可、审批时所适用的行政许可法或相关行政实体法律规范的规定完全展示。而此类案件的事实一般较行政处罚案件单一,焦点往往在于法律规范设定的条件或标准成就与否。此类裁判文书的论证说理应当注意引用法条内容的完整性,以明确法律规范设定的条件或标准,再对相关事实和证据予以表述。理由阐释往往以对法律条文规定条件的解释和运用为主,强调原告申请材料与相关规则的比较评断。行政许可法实施后,对于被诉行政行为是否属于行政许可法所界定的行政许可行为,即是否应适用行政许可法来对许可设定和实施情况进行合法性审查,可能会成为庭审争议的中心焦点,这种情况下,行政判决书的论证说理中还须对被诉行政行为的性质进行深刻的法理分析,对双方的争议作出回应。

4. 要求履行法定职责类

此类行政判决书论证说理的特点在于，原告须对自己是否提出申请等部分事实承担举证责任，而行政机关需要对是否具有原告所诉请履行的法定职责，是否存在行政不作为，原告要求履行的理由是否成立等方面进行举证，行政判决书写作中除对原告申请的事实进行事理方面的分析之外（如对申请的事实无争议，可以不加论证），主要应针对法律对行政机关行使职责的要求，以及原告申请条件成就与否进行法理分析，对相关法条有明确的解释说明，以表明原告的诉请是否有理，法院是否予以支持。

5. 行政协议类

此类行政判决书论证说理的特点涉及两个方面：其一，事实部分，行政协议案件的审理对当事人双方的举证要求与一般行政案件有所区别，应在判决书中有所体现。原告应提供被诉行政机关不依法履行、未按照约定履行或者违法变更、解除政府特许经营协议、土地房屋征收补偿协议的初步证据和依据。被告应提供充分证据证明不依法履行、未按照约定履行或者变更、解除政府特许经营协议、土地房屋征收补偿协议是否符合法律规定等。判决书要围绕行政实体法预先设定的有关条件，结合案件查明的事实，进行充分说理、论证，最后明确被告不依法履行、未按照约定履行或者变更、解除政府特许经营协议、土地房屋征收补偿协议是否合法，原告请求是否成立。其二，“本院认为”部分，要写明协议的有效性和合法性，运用行政实体、程序法律规范以及有关民事合同法律规范，对不依法履行、未按照约定履行或者违法变更、解除政府特许经营协议、土地房屋征收补偿协议等协议合法性进行分析论证，对各方当事人的诉讼理由逐一分析，论证请求是否成立，表明是否予以支持或采纳，并说明理由。原告主张被告不依法履行、未按照约定履行协议或者变更、解除协议违法的理由成立，但被告无法继续履行或者继续履行已无实际意义的，应当在理由部分对被告行为的违法性予以阐述和确认。裁判所依照的法律依据部分，要写明判决依据的行政诉讼法、有关民事合同法律规定以及相关司法解释的条、款、项、目。

6. 复议机关作共同被告类

此类行政判决书论证说理的特点应当结合当事人的争议焦点，围绕原行政行为和复议决定的合法性进行论述。当事人对复议程序的合法性提出争议的，还应当就复议程序的合法性单独进行论述。同时注意：复议决定未改变原行政行为的处理结果，但已经改变原行政行为认定的事实和适用的依据的，一般应当基于复议决定改变后的事实和依据审查原行政行为是否合法。改变后的事实和依据合法的，一般应认定原行政行为及复议决定均合法（复议程序的合法性除外）。

(五)法律依据之引用

1. 法律依据引用规则

行政判决书的说理部分,对法律条文的援引要做到准确。根据《行政诉讼法》和《2000解释》、《行政诉讼法解释》、《引用规范性法律文件规定》的规定,法律依据的引用规则如下:

(1)审理行政案件应当依法引用法律、法规、行政法规或者司法解释。对于应当适用的地方性法规、自治条例和单行条例、国务院或者国务院授权的部门公布的行政法规解释或者行政规章,可以直接引用。国务院各部、委以及省、自治区、直辖市人民政府和较大的市人民政府制定、发布的行政性规范文件,根据审理案件的需要,经审查认定为合法有效的,可以作为裁判说理的依据。

(2)引用时应当准确完整写明规范性法律文件的名称、条款序号,需要引用具体条文的,应当整条引用。

(3)并列引用多个规范性法律文件的,引用顺序如下:法律及法律解释、行政法规、地方性法规、自治条例或者单行条例、司法解释。同时引用两部以上法律的,应当先引用基本法律,后引用其他法律。引用包括实体法和程序法的,先引用实体法,后引用程序法。

(4)确需引用的规范性法律文件之间存在冲突,根据立法法等有关法律规定无法选择适用的,应当依法提请有决定权的机关做出裁决,不得自行在裁判文书中认定相关规范性法律文件的效力。

2. 法律依据引用中的注意事项

第一,关于参照规章。

根据《行政诉讼法》第六十三条第三款的规定,人民法院审理行政案件,参照规章。因此,人民法院没有直接就规章的有效性、合法性、合理性进行审查的司法权力,但在审理行政案件时对规章具有选择适用权。王汉斌在《关于〈中华人民共和国行政诉讼法(草案)〉的说明》指出,"对符合法律、行政法规规定的规章,法院要参照审理。对不符合或不完全符合法律、行政法规原则精神的规章,法院可以有灵活处理的余地。"这里的"灵活处理的余地"不是法律术语,但确实给法院一个较大的司法斟酌权,实际上是在赋予法院在其法律专业的领域内寻求合理解决问题的办法,我们不妨将其理解为"判断余地"。对于规章合法性有效性的判断,一般应当从以下几个方面进行审查:(1)行政机关制定的规章是否超越权限范围,包括是否存在超越其他法律规范或者无权制定规章的情况。(2)行政规章是否与所依据的法律、行政法规和决定命令相抵触或者不一致。(3)规章是否违背了制定规章的基本原则和精神。(4)规章是否遵循了《规章制定程序条例》的规定。(5)规章是否生效或者已经失效。

第二,关于其他规范性文件。

《2000解释》第六十二条第二款规定,人民法院审理行政案件,可以在裁判文书中引用合法有效的规章和其他规范性文件。其他规范性文件的范围主要是指除法律、法规、规章以外的规范性文件。具体包括:(1)国务院根据宪法和法律,规定行政措施,发布决定和命令。值得注意的是,国务院的决定和命令是国务院有关部门制定规章的依据,其效力高于规章。(2)国务院各部门根据法律和国务院的行政法规、决定、命令,在本部门的权限内,发布具有普遍约束力的命令和指示。(3)县级以上地方各级人民政府依照法律规定的权限可以规定行政措施、发布具有普遍约束力的决议和命令。(4)乡镇人民政府可以发布具有普遍约束力的决定和命令。(5)县级以上地方各级人民政府工作部门发布的具有普遍约束力的决定和命令。上述其他规范性文件中,除第(1)种外,其余均属于规章以下规范性文件。

其他规范性文件往往是行政机关自行设权,质量上存在一定的不足,存在的消极方面有:(1)有的行政机关违背职权法定原则,超越职权、滥用职权制定规范性文件。(2)行政机关由于职能设置存在交叉,造成制定的规范性文件内容互相冲突、矛盾。(3)行政机关违背其他规范性文件的制定规则,随意为行政相对人设定权利和义务。(4)行政机关制定规范性文件的程序由于没有法定的统一程序,随意性较大。鉴于此,人民法院对于其他规范性文件(国务院的决定和命令除外)相较于规章有更大的取舍权力,引用规范性文件必须确保其合法性、有效性,甚至是合理性。

基于《行政诉讼法》第五十三条、第六十四条的规定,人民法院在审理行政案件中,有权对规章以下规范性文件进行审查。在法院进行合法性审查之前,其他规范性文件对于行政机关而言,是行政行为的直接依据,对于法院而言,不具有法律规范意义上的约束力,在性质上类似于待证事实;在法院进行合法性审查之后,其他规范性文件包括两种情况:如果经过合法性审查认为合法、有效并合理、适当的,应当承认其具有法律效力;如果经过合法性审查认为存在不合法、无效、失效、不合理、不适当的,法院不承认其具有法律效力。值得注意的是,法院此时进行的"合法性审查"不同于对于案件事实的合法性审查,因为,此时"其他规范性文件"并非一概对法院没有约束力;也不同于对规章的合法性审查,因为,规章的合法性审查标准是"合法有效"标准,对于其他规范性文件的标准是"合法有效合理适当"标准,这个标准已经远远超出对规章"合法性审查"的内涵,审查的强度更大、更有深度。经过合法性审查之后,无论审查结果如何,法院可以对其他规范性文件是否合法、有效、合理或者适当进行评述。

3. 规章以下规范性文件合法性审查标准

在司法实践中,规范性文件的主要问题是违反上位法的规定。根据立法法的规定,下位法(规范性文件是否具有“法”的地位权且不论)的规定不符合上位法的,人民法院原则上应当适用上位法。从审判实践来看,下位法与上位法相抵触的常见情形是:

(1)减少、变更或者增加制裁条件、制裁手段、制裁幅度,扩大或者缩小特定机关的制裁权限等。主要包括五种情形:其一,下位法增设或者限缩违反上位法规定的适用条件。其二,下位法扩大或者限缩上位法规定的给予行政处罚的行为、种类和幅度的范围。其三,下位法改变上位法已规定的违法行为的性质。其四,下位法超出上位法规定的强制措施的适用范围、种类和方式。其五,下位法增设或者限缩其适用条件。

(2)增加或者减少了特定对象的义务,或者改变义务承担者的条件,或者扩大或者缩小承担义务者的义务范围、性质或者数量。在实践中,增加或者减少特定义务主体范围、义务范围、性质或者数量,大多采取了“参照”“准用”的方式。其一,下位法以参照、准用等方式扩大上位法规定的义务。上位法没有规定相关义务,下位法则就此进行了规定;下位法对上位法规定的义务进行了扩大等,均属之。其二,下位法以参照、准用等方式限缩上位法规定的义务。其三,下位法以参照、准用等方式扩大义务主体的范围、性质或者条件。其四,下位法以参照、准用等方式限缩义务主体的范围、性质或者条件。其五,法规、规章或者其他规范性文件设定不符合行政许可法规定的行政行为,或者增设违反上位法的行政许可条件。

(3)增加、减少或者变更利害关系人的范围或者权利,或者改变享受权利的条件,或者扩大、缩小或者改变权利的范围、性质或者数量。其一,下位法缩小上位法规定的权利主体范围。其二,下位法违反上位法立法目的扩大上位法规定的权利主体范围。其三,下位法限制或者剥夺上位法规定的权利。其四,下位法违反上位法立法目的扩大上位法规定的权利范围。

(4)扩大或者改变行政机关的职权或者范围。其一,下位法扩大行政主体范围。其二,下位法超越其他行政主体职权。其三,下位法扩大了上位法规定的行政机关的职权。其四,下位法延长上位法规定的履行法定职责期限。

(5)扩大或者缩小特定术语的内涵和外延,以致引起不同的法律后果。其一,扩大特定术语的内涵和外延,导致行政职权的扩大和公民权益的缩减。其二,缩小特定术语的内涵和外延,导致行政机关义务的缩减和个别公民权益的扩大,影响行政目标的达成。

（六）裁判主文之表达

行政判决书制作质量如何，一定程度上建构于对裁判效力的理解把握是否透彻的基础之上，这对于裁判主文的表达尤为重要。通说认为，行政裁判效力有四种即拘束力、确定力、形成力、执行力。拘束力是指法院在作出判决之后，除非有特殊理由，否则，不能任意加以变更或者取消。从理论上讲，行政诉讼判决的拘束力主要是拘束法院的行为。在中国的行政诉讼中，甚至包括当事人尤其和行政机关不能再就同一事项进行再次处理。确定力有形式和实质之分，形式上的确定力是指判决一经生效，当事人就不得对判决认定的事实提起诉讼或者提出上诉；实质上的确定力是指依确定判决承认或者否认的权利或者法律关系使之在后诉中不变的效力，其效果包括禁止重复起诉和禁止重复判决两个方面。形成力是指生效判决引起行政法律关系发生、变更或者消灭的法律效果。在行政诉讼类型中，主要是撤销判决、变更判决才存在形成效力。执行力是指在给付判决中，当义务人不依照判决确定的内容履行应当履行的义务时，权利人可申请法院强制执行的效力。行政审判实践告诉我们，行政裁判主文与行政裁判的效力有着最为直接的关系。行政裁判主文的表达是否正确、合法、准确、具体，是行政裁判效力能否体现的关键所在。

行政裁判主文，实际上是对行政案件所作的最直接、最简短的结论。这一结论，包含着对原告诉讼请求或被诉行政行为的所作的肯定性或否定性评价。按照《行政诉讼法》第六十九条、第七十条、第七十二条至第七十八条以及行政赔偿的相关规定，行政裁判主文涉及九种情况。故制作行政裁判主文，应区别类型，分别把握其要点。

1. 驳回原告诉讼请求判决

系依照《行政诉讼法》第六十九条规定而作出。一般情况下，其表述方式为：

驳回原告×××的诉讼请求。

值得注意的是，驳回诉讼请求是完全对应原告诉讼请求的一种判决形式，这就要求在行政判决书的原告诉称部分中，必须将原告诉讼请求的内容叙述得清楚、完整、准确、具体。这样，原告诉讼请求可以无须再在判决主文中加以表述，只需简述为“驳回原告的诉讼请求”即可。

实践中，驳回诉讼请求判决的表述方式还可以为：

驳回原告×××要求撤销（或变更、确认违法等）被告××××（行政主体名称）作出的+被诉行政行为的诉讼请求

此种表述方式，必须将原告诉讼请求的内容叙述得清楚、完整、准确、具体，并且与原告诉称部分中的原告诉讼请求的表述保持一致。

2. 撤销判决

系依照《行政诉讼法》第七十条规定而作出。一般情况下分为三种情况。

第一,全部撤销。

其表述方式为:

撤销+被告××××(行政主体名称)作出的+被诉行政行为

例一,撤销被告××××局作出的××[××]××号行政处罚决定。

需要指出:

(1)对于被诉行政行为,有文号的必须按照文号来表述。有类型的必须按照类型来表述,但是,除行政决定(如行政处罚决定)之外,有些行政行为(如行政许可、房地产登记)后还必须加上"行政行为"的后缀。

例二,撤销被告××××局作出颁发××(××)第××号房屋拆迁许可证的行政行为。

(2)对于被诉行政行为的表述,要注意被诉行政行为与被诉行政行为内容的书面载体的区别。以例一为例,行政处罚决定不宜表述为"撤销被告××××局作出的××[××]××号行政处罚决定书"。

(3)对于被诉行政行为的作出日期,是否表述应当区分情况。

如在不予表述的情况下也能够明显、清楚地指明被诉行政行为,则可以不予表述。但有些情况下,作出日期本身就是一个行政争议点,则经法院查明后可以表述。在有些行政行为中,行政行为的作出日期并不外化,如何表述很费一番周章,表述不清的还不如不表述。例如,房地产登记案件中,房地产权证上只有登记日的记载,并无作出颁发房地产权证的日期记载。事实上,登记日实为房地产登记申请的受理日,之后有核准房地产登记并同意颁发权证的核准日,再后有通知房地产登记申请人领取权证的通知日,最后还有房地产申请人领取权证的领取日。在这样的一个行政程序中,确定行政行为的作出日期较为不易,稍有疏忽,搞错了日期,反而存在瑕疵,故表述不准确的还是不表述为宜。

如果要表述作出日期的,则表述方式为:

撤销+被告××××(行政主体名称)于××××年××月××日作出的+被诉行政行为

(4)对于被诉行政行为的相对人是第三人而不是原告的,行政裁判主文中对于第三人的表述可以视情况而定。特别是被诉行政行为有具体文号的,根据文号即能查明相对人情况的,从裁判主文的文字精练出发,对第三人不予表述也是可以的。如要表述,以例二为例,则应表述为"撤销被告××××局向第三人某某公司作出颁发××(××)第××号房屋拆迁许可证的行政行为"。反之,如果被诉行政行为没有文号的,则宜将第三人予以表述。

第二,部分撤销。

部分撤销时,应将被诉行政行为中被维持和被撤销的具体内容加以明确,其表述方式如下:

(1)维持被告××××(行政主体名称)作出的+被诉行政行为的第×项(维持的具体内容)

(2)撤销被告××××(行政主体名称)作出的+被诉行政行为的第×项(撤销的具体内容)

以上可以加入被诉行政行为的作出日期,相关注意要求同上。

第三,判决重作。

撤销判决时,可以同时判决被告行政机关重新作出行政行为。此时,主文可以作如下表述:

责令被告××××(行政主体名称)在本判决书生效之日起××月(或日)内重新作出行政行为

需要指出,首先,通常情况下,重新作出行政行为的期限必须设定。至于期限设定多长时间方为合理,还应当由法院根据案件的实际情况进行指定,一般来讲,有法定标准的应参照法定标准;没有明确法定标准的,可以参照行政惯例即实践中行政机关作出类似具体行政行为的期限标准来确定;如果以上三个标准无法适用,则法院可以综合考虑国家利益、公共利益和相对人要求的迫切性,以及行政机关的履行能力和一般的效率水准的基础上,自行确定期限。我们认为,根据被诉行政行为的类型和性质,以法律法规规章规定被告行政机关履行法定职责的期限为准,如无相应规定的,一般可以根据《2000解释》第三十九条第一款确定的60日来确定具体的重作期间。对于责令被告重新作出何种行政行为,该行政行为的内容如何,行政裁判主文是否要加以明确、限定,应当结合案件情况和裁量目的,视需要而定。但应以司法权不替代行政权为考量。

3. 确认判决

系依照《行政诉讼法》第七十四条、第七十五条规定而作出。一般情况下,分为两种情况》

(1)作为类行政案件的表述方式为:

确认+被告××××(行政主体名称)作出的+被诉行政行为+违法(或无效)

(2)不作为类行政案件的表述方式为:

确认+被告××××(行政主体名称)不履行××××(应当履行的法定职责

内容)违法

与撤销判决类型一样,确认判决的主文表述上,具有相同的要求。

4.履行判决

系依照《行政诉讼法》第七十二条、第七十三条规定而作出。一般情况下,其表述方式有两种:

(1)责令被告××××(行政主体名称)在本判决书生效之日起××月(或日)内履行××××法定职责(或给付内容)。

(2)被告××××(行政主体名称)应在本判决书生效之日起××月(或日)内对原告×××申请的×××事项作出处理(或履行××××法定职责或给付内容)。

需要指出,首先,通常情况下,履行法定职责的期限必须设定,根据被诉行政行为的类型和性质,以法律法规规章规定被告行政机关履行法定职责的期限为准,如无相应规定的,一般可以根据《2000解释》第三十九条第一款确定的60日来确定具体的履行法定职责期间。具体期限的设定标准,与判决重新作出具体行政行为的标准一致。其次,对于被告履行何种法定职责,履行法定职责到何种程度,行政裁判主文是否要加以明确、限定,应当结合案件情况和裁量目的,视需要而定。但应以司法权不替代行政权为考量。最后,原告申请依法履行返还财产、排除妨碍、停止侵害、恢复原状等给付义务且无须被告再行作出处理的,判决主文可以根据结合原告诉讼请求和案件事实,直接写明相应的给付义务内容。

5.变更判决

系依照《行政诉讼法》第七十七条规定而作出,适用于行政处罚或者其他行政行为涉及对款额的确定、认定确有错误的案件,人民法院可对行政处罚的相对人所受行政处罚或款额加以变更。一般情况下,其在行政判决书的说理部分已经明确了被诉行政处罚决定显失公正的事项所在,故主文中可以直接表述行政处罚决定内容,表述方式为:

对原告×××处以……的行政处罚(写清具体种类和幅度,如罚款人民币×××元、行政拘留××日)。

或者:

变更被告××××(行政主体名称)作出的被诉行政行为(具体内容或具体项),改为××××(变更内容)。

需要指出,如行政处罚相对人的违法事实不能成立,则依照《行政处罚法》第三十八条第一款第(三)项规定,不得给予行政处罚。此时对于被诉行政处罚决定应不适用变更处罚,以适用撤销判决为妥。如行政处罚相对人的违法行为轻微依法可以不予行政处罚的，则依照《行政处罚法》第三十八条第一款第（二）项规定，不予行政处罚。此时，对于被诉行政处罚决定如适用变更判决的，其表述方式为：

对原告×××不予行政处罚。

6. 情况判决

系依照《行政诉讼法》第七十四条、第七十八条第一款规定而作出，适用于责令被诉行政机关采取相应的补救措施的判决情形。一般情况下，因被诉行政行为被确认违法或者无效的，才能适用此种判决形式，以保障行政利害关系人的合法权益。情况判决可以参考履行法定职责判决，一般表述为：

被告××××（行政主体名称）应在本判决书生效之日起××月（或日）内采取相应的补救措施。

实践中，补救措施的具体内容存在很大的模糊性、不确定性，如何执行亦值得商榷。因此，作出这种判决时，应当好好研究，尽可能明确其具体要求和内容，并应当确保补救措施在被诉行政机关的权限和职责范围内是可以执行的。至于采取的具体补救措施和期间，应当结合案件情况和裁量目的，视需要而定。但也应以司法权不替代行政权为考量基础。

7. 行政赔偿判决

系依照《行政诉讼法》第七十六条、第七十八条第一款，《国家赔偿法》第二条、第三条、第四条和《最高人民法院关于审理行政赔偿案件若干问题的规定》（以下简称《行政赔偿规定》）第二十九条、第三十三条等相应规定而作出，分为两种情况。

第一，判决驳回原告行政赔偿请求，其主文表述方式为：

驳回原告×××的行政赔偿请求。

或者为：

驳回原告×××关于……（赔偿请求事项）的赔偿请求。

判决驳回行政赔偿请求的，有关注意事项与判决驳回原告诉讼请求的情况同理。

第二，判决被告行政机关给予赔偿的，其主文的表述方式为：

被告××××（行政主体名称）应于本判决生效之日起××日内赔偿原告×××……（写明赔偿金额）。

需要指出：（1）行政赔偿案件不收取案件受理费。（2）行政赔偿的方式按照《国家赔偿法》第三十二条、第三十五条的规定，除支付赔偿金外，还有返还财产、恢复原状、消除影响、恢复名誉、赔礼道歉，故行政赔偿的主文应根据判决内容比照民事判决要求作相应的调整。

8. 行民交叉下的民事判决

系依照《行政诉讼法》第六十一条规定而作出,在涉及行政许可、登记、征收、征用和行政机关对平等主体之间民事争议所作的裁决的行政诉讼中,因当事人要求法院一并解决相关民事争议,法院对民事争议部分作出裁判。此种裁判文书的主文表达,应按照民事裁判文书的主文要求制作。

9. 行政协议判决

《行政诉讼法》第十二条第一款第(十一)项规定行政协议属于人民法院行政诉讼受案范围。由于政府特许经营协议、土地房屋征收补偿协议等本身具有的民事合意的合同属性,与一般行政行为有所不同,带来了司法审查方式的不同,判决内容理当有所区别。

(1)协议有效,原告主张被告不依法履行、未按照约定履行协议或者变更、解除协议违法,理由成立的,判决主文可以表述为:

"一、被告继续履行协议;(可写明具体履行的内容)

二、被告×××(行政主体名称)于本判决生效之日起××日内赔偿原告……(写明赔偿的金额)。"(原告未请求赔偿的,该项不写)

对于被告无法继续履行或者继续履行已无实际意义的,判决主文可以表述为:

"一、被告×××采取相应的补救措施……(写明具体补救措施);

二、被告×××(行政主体名称)于本判决生效之日起××日内赔偿原告……(写明赔偿的金额)。"(原告未请求赔偿的,该项不写)

(2)原告请求解除协议或者确认协议无效,并要求赔偿理由成立的,判决主文可以表述为:

"一、确认(协议名称)无效或者自××××年××月××日解除(协议名称);

二、被告于本判决生效之日起××日内赔偿原告……(写明赔偿的金额)。"

(原告未提出赔偿请求的,第二项不写)

(3)被告因公共利益需要或者其他法定理由变更、解除协议,给原告造成损失的,判决主文可以表述为:

"被告×××(行政主体名称)于本判决生效之日起××日内补偿原告……(写明赔偿的金额)。"

(4)其他情形,参照民事判决书的样式制作。

需要说明的还有诉讼费用问题。对行政机关不依法履行、未按照约定履行协议提起诉讼的诉讼费用,按照民事诉讼法律规定执行;对行政机关变更、解除协议等与协议相关的单方行政行为提起诉讼的,按照行政诉讼法律规定执行。

10. 复议机关作共同被告类

复议机关作共同被告类的行政案件，涉及两种行政行为，故“判决结果”部分应当注意对原行政行为与复议决定裁判的一致性。对被诉行政行为以及维持被诉行政行为的复议决定作审查后，可以针对不同情况分别采用以下判决方式；也可以根据具体案情，遵循有利于明晰法律关系、及时定分止争的原则，适当调整：第一，原行政行为及复议决定均合法的，判决主文可以表述为：

驳回原告×××的诉讼请求。

第二，原行政行为与复议决定均违法的，判决主文可以表述为：

“一、撤销（原行政行为，应写明行政机关、作出时间、文号及名称等，下同）及（复议决定，应写明复议机关、作出时间、文号及名称等，下同）；

二、责令原行政机关在×日内重新作出行政行为（不需要重作的，此项不写；不宜限定期限的，期限不写）。”

第三，确认原行政行为违法的，判决主文可以表述为：

确认（原行政行为）及（复议决定）违法。

第四，确认原行政行为无效的，判决主文可以表述为：

“一、撤销（复议决定）；

二、确认（原行政行为）无效。”

第五，变更原行政行为的，判决主文可以表述为：

“一、撤销（复议决定）；

二、（参照判决变更行政行为的主文）。”

第六，原行政机关对原告请求的履行法定职责或给付义务不予答复违法，判决主文可以表述为：

“一、撤销（复议决定）。（判决主文第二项已经使法律关系明确的，该项亦可不写）；

二、（参照判决被告履行法定职责或者给付义务的判决主文）。”

第七，行政机关对原告请求的履行法定职责或给付义务予以拒绝违法，判决主文可以表述为：

“一、撤销（原行政行为）及（复议决定）。（如判决主文第二项已经使法律关系明确的，该项亦可不写）；

二、（参照判决被告履行法定职责或者给付义务的主文）。”

第八，原行政行为合法，但复议决定违反法定程序的，判决主文可以表述为：

“一、确认（复议决定）程序违法；

二、驳回原告×××……（写明有关针对原行政行为）的诉讼请求。”

第九,原行政行为合法,但复议决定改变原行政行为的事实或依据错误的,判决主文可以表述为:

"一、撤销(复议决定);

二、驳回原告×××……(写明有关针对原行政行为)的诉讼请求。"

第三节 行政裁定书

一、行政裁定书的架构

(一)行政裁定与行政判决的区别

行政裁定(包括行政赔偿裁定)与行政判决(包括行政赔偿判决)都是人民法院行使行政审判权,对行政案件依法作出处理的决定。就解决的内容而言,行政判决解决的问题是实体问题。行政裁定解决的问题总体上讲是程序问题,但有时也会涉及实体问题。不过,行政裁定所涉及的实体问题,只是人民法院为最终解决案件实体问题,而在程序上采取的一种措施。就适用的依据而言,行政裁定适用的是程序性规范,行政判决适用的是实体性规范。就表现形式而言,行政判决必须是书面形式,而行政裁定可以有口头形式。就作出时间而言,行政判决应当在案件审理终结时作出,而行政裁定可以在任何一个特定的诉讼阶段中围绕诉讼环节上出现的问题及时作出。因此,与行政判决相比,行政裁定具有很大的灵活性、适应性。

(二)行政裁定书的适用范围

行政裁定的书面形式,就是行政裁定书。根据《2000解释》第六十三条的规定,裁定适用的范围有:不予立案;驳回起诉;管辖异议;终结诉讼;中止诉讼;移送或者指定管辖;诉讼期间停止具体行政行为的执行或者驳回停止具体行政行为的申请;财产保全;先予执行;准许或者不准许撤诉;补正裁判文书中的笔误;中止或者终结执行;提审、指令再审或是发回重审;准许或者不准许执行行政机关的具体行政行为;其他需要裁定的事项。其中,对不予立案、驳回起诉、管辖异议三项裁定,当事人可以上诉。

虽然对何种行政裁定必须用书面形式,《行政诉讼法》和《2000解释》等并未作进一步的规定,但从裁定的事项内容、能否上诉等情况来判断,基本上可以得出除"其他需要裁定的事项"之外,《2000解释》规定的适用范围基本上为书面裁定。实践中,口头裁定多为指挥诉讼的方式,指挥当事人及其他诉讼参与人依法定程序进行诉讼。作出裁定的审判长、承办审判员如认为不当,得随时撤销或者变更。口头裁定通常是在审理过程中,对程序事项较为简单而且必须立即作出决定的事项作出的,如延期审理、一方当事人未到庭可否进行审理、更换不符合条件的当事人、传唤未到庭的证人等。口头裁定必须由书记员记入笔录。与口头裁定相比,书面裁定或涉及当事人的诉讼权利,或涉及诉讼是否进行。书面裁定一经宣告或送达,不仅当事人受其约束,作出裁定的人民法院也受其约束,非依法定程序,不得自行撤销或变更。

(三)行政裁定书的架构

根据人民法院行政审判实践,行政裁定书主要由首部、事实、理由、裁定结果和尾部五大部分组成。首部,应依次写明标题、案号、当事人及其代理人的基本情况、案件的由来、当事人起诉受理的情况,案件审理的情况等。有关程序活动可根据时间节点的先后顺序表明。事实部分,应写明当事人行政争议的内容,以及经法院审理确认的事实和证据。理由部分,要根据查明的事实和有关法律、法规和法学理论,就案件在程序上需要加以解决的问题进行评断,阐明裁定的理由。裁定结果部分,应写明法院对程序性问题所作的司法决定。尾部,写明合议庭署名,裁定日期、书记员署名等内容,需要注意对案件决定再审的裁定书必须由院长署名。如有诉讼费用的负担要写明。如当事人可以上诉的,交代上诉的权利、方法、期限和上诉审法院。

对可以提出上诉的行政裁定书中的事实、理由部分,可以借鉴行政判决书的架构、方法、思路进行制作,鉴于不同行政裁定的差异性较大,难以再作统一的叙述。具体的裁定书制作,可见下文的列举。

二、不予立案和驳回起诉裁定书

(一)不予立案和驳回起诉裁定的适用范围

1. 起诉的概念

起诉是指公民、法人或者其他组织认为行政主体的行为侵犯其合法权益,依法请求人民法院行使国家行政审判权力给予司法救济的诉讼行为。包含以下含义:

(1)起诉是利害关系人请求人民法院进行司法救济的诉讼行为。利害关系人向行政复议机关或者其他国家机关提出申请,不是行政诉讼法规定的起诉。

(2)起诉是利害关系人单方面行使诉讼权利的行为。

(3)起诉的行使权利属于行政法律关系中的利害关系人,根据我国相关法律的规定,这里的"利害关系人"并不包括行政主体,而是受到行政主体行为侵害或影响的一方当事人。

(4)起诉人须认为自己的合法权益受到行政主体行为的侵害或者影响。诉权保护的基本原则是诉讼权利只能是为了自己的权益而行使,不允许为别人权益提起行政诉讼。

2. 法律规定的起诉条件

根据《行政诉讼法》的相关规定,当事人提起行政诉讼,必须符合起诉条件。也就是说,只有符合法律规定的起诉条件,人民法院才可以立案受理并作出实体处理。人民法院审查的起诉条件有:被诉行政行为是否存在、被诉行政行为是否属于行政诉讼受案范围、"原告"是否具有与被诉行政行为存在法律上利害关系的诉讼主体资格、"被告"是否具备适格被告的主体资格、是否在法定期限内起诉、是否属于受诉人民法院管辖、是否未经行政复议前置、是否重复起诉等。《行政诉讼法》第四十九条规定提起诉讼应当符合下列条件,"(一)原告是符合本法第二十五条规定的公民、法人或者其他组织;(二)有明确的被告;(三)有具体的诉讼请求和事实根据;(四)属于人民法院受案范围和受诉人民法院管辖。"《行政诉讼法解释》第三条又规定"有下列情形之一,已经立案的,应当裁定驳回起诉:(一)不符合行政诉讼法第四十九条规定的;(二)超过法定起诉期限且无正当理由的;(三)错列被告且拒绝变更的;(四)未按照法律规定由法定代理人、指定代理人、代表人为诉讼行为的;(五)未按照法律、法规规定先向行政机关申请复议的;(六)重复起诉的;(七)撤回起诉后无正当理由再行起诉的;(八)行政行为对其合法权益明显不产生实际影响的;(九)诉讼标的已为生效裁判所羁束的;(十)不符合其他法定起诉条件的。"上述规定与《2000 解释》第四十四条规定的 11 种情形基本一致。基于上述规定,人民法院对于原告(起诉人)的起诉,应当裁定不予立案;已经受理的裁定驳回起诉。

根据《2000 解释》第八十六条规定,行政机关向人民法院申请执行其具体行政行为,应当具备 7 项条件:(1)具体行政行为依法可以由人民法院执行;(2)具体行政行为已经生效并具有可执行内容;(3)申请人是作出该具体行政行为的行政机关或者法律、法规、规章授权的组织;(4)被申请人是该具体行政行为所确定的义务人;(5)被申请人在具体行政行为确定的期限内或者行政机关另行指定的期限内未履行义务;(6)申请人在法定期限内提出申请;(7)被申请执行的行政案件属于受理申请执行的人民法院管辖。人民法院对符合条件的申请,应当立案受理,并通知申请人;对不符合条件的申请,应当裁定不予受理。根据《2000 解释》第九十条的规定,享有权利的公民、法人或者其他组织申请人民法院强制执行具体行政行为,参照行政机关申请人民法院强制执行具体行政行为的规定。

(二)不予立案裁定书的样式

此项裁定是在第一审人民法院接到行政起诉状后,在没有立案受理的情况下作出的,不予立案裁定书只送达起诉人。其样式和内容为:

1. 首部。

依次写明制作机关的名称“××××人民法院”、标题“行政裁定书(行政赔偿裁定书)”和案件编号。

2. 正文。

(1)写明起诉人的姓名或名称等基本情况。

行文表述为:“起诉人……”。

由于起诉未被立案受理,则诉状上的“原告”称为起诉人,“被告”称为被起诉人。由于尚未通知“被告”应诉,故在首部不需要列写被起诉人的姓名或名称等基本情况。值得注意的是,虽然未受理起诉,但对于原告的基本情况必须查明清楚,避免裁定针对的对象错误。对于被起诉人的姓名或名称可以抄写起诉状上的记载即可。

(2)写明起诉人起诉的时间,并概括起诉的事由及诉讼请求。

行文表述为:“××××年××月××日,本院收到×××的起诉状,诉称……”。

(3)写明不予立案的理由。

行文表述为“经审查,本院认为:……(主要是对不予立案的理由进行阐明,如不属于行政诉讼的受案范围等)。依照……的规定(写明法律依据的引用),裁定如下:”

(4)写明裁定结果。

行文表述为:“对起诉人×××的起诉,本院不予立案。”

对不予立案行政裁定书的正文部分的制作,列举下例予以示样。

起诉人吕某某,男,1955年1月16日出生,汉族,住某某市某某东路479弄105号502室。

2008年11月25日,本院收到起诉人吕某某起诉某某市工商行政管理局某某分局的起诉状,起诉状称,被起诉人违反法律法规对不具备申请资格、不符合法定条件的公司准予登记签发营业执照,致使集体财产和人民利益遭受重大损失。现起诉至法院要求依法撤销被起诉人登记签发的注册号为3101071019791的某某房地产有限公司的企业法人营业执照。

经审查,本院认为:2001年1月11日,某某房地产有限公司经被起诉人批准成立。同年5月,某某房地产有限公司经批准对包括起诉人原居住的本市某某区某某村71号房屋在内的地块进行拆迁。本案中,起诉人吕某某与要求撤销的被诉行政行为之间并不形成法律上的利害关系,起诉人依法不具有提起行政诉讼的原告主体资格。据此,依照《行政诉讼法》第四十一条第(一)项,《行政诉讼法解释》

第十二条、第四十四条第一款第(二)项之规定,裁定如下:

对起诉人吕某某的起诉,本院不予受理。

3. 尾部。

(1)交代上诉事项。

行文表述为:"如不服本裁定,可在裁定书送达之日起十日内,向本院递交上诉状,上诉于××××人民法院。"

(2)合议庭成员署名,注明裁定日期,书记员署名,加盖人民法院印章。

(三)驳回起诉裁定书的样式

此项裁定是在第一审人民法院立案受理后作出的,驳回起诉裁定书须向各方当事人送达。其样式和内容为:

1. 首部。

依次写明制作机关的名称"××××人民法院"、标题"行政裁定书(行政赔偿裁定书)"和案件编号。

2. 正文。

(1)写明当事人及委托代理人(法定代表人、法定代理人、指定代理人)的姓名或名称等基本情况。

行文表述与一审判决书相同。

(2)写明案件的由来、审判组织、被告与第三人的应诉及开庭审理过程。有关程序活动可根据时间节点的先后顺序表明。

开庭审理后作出裁定的,行文表述与一审判决书相同。

未经开庭审理即作出裁定的,行文表述为:"原告×××不服被告×××作出××××行政行为一案,于××××年××月××日向本院提起诉讼,本院于××××年××月××日受理后,依法组成合议庭进行了审理。本案现已审理终结。"

(3)写明当事人的诉辩意见。

行文表述与一审判决书相同。

(4)写明裁定理由。

经过开庭审理的,其行文表述与一审判决书相同。即"经审理查明……",后另起一段接"本院认为……(主要是对驳回起诉的理由进行阐明,如不属于行政诉讼的受案范围等)。依照……的规定(写明法律依据的引用),裁定如下:"。

未经开庭审理的,行文表述为"经审查,本院认为:……。依照……的规定,裁定如下:"

(5)写明裁定结果,并写明诉讼费用的负担。

行文表述为："驳回原告 × × × 的起诉。"另起一行表述"案件受理费人民币 × ×元，退回原告 × × × 。"需要指出，按照现行诉讼费收费办法，行政案件的受理费为人民币 50 元；行政赔偿案件依法不需要收取受理费；非诉行政执行案件也不需要收取受理费；行政附带民事诉讼案件中民事部分按照民事案件的标准收取受理费。

对驳回起诉行政裁定书的正文部分的制作，列举下例予以示样。

原告周某某不服被告上海市某某区城市规划管理局于 2002 年 3 月 26 日作出的要求其拆除在本市方家宅搭建的 800 平方米(54)间房屋的限期拆除违法建筑决定，于 2007 年 6 月 18 日向本院提起诉讼。本院于同日受理后，依法组成合议庭进行了审理。本案现已审理终结。

原告诉称：1990 年年初，原告向某某镇某某村第九生产队租赁了本市方家宅铁路桥向北沿河旁一块约三亩的废荒地，由原告投资建房从事经营活动。2002 年 3 月 26 日，原告收到被告作出的限期拆除违法建筑决定书，该决定认定原告在方家宅搭建的 800 平方米(54 间)房屋系违法建筑，限原告于 2002 年 4 月 2 日前自行拆除。2002 年 4 月 3 日，被告还在被拆房屋处张贴通告，要求原告限期自行拆除上述违法建筑。2002 年 4 月 16 日，原告在方家宅所搭建的房屋被强制拆除。被告所作限期拆除违法建筑决定，系滥用职权强行消灭原告承租地上的地上物，与土地法有关租赁的规定相违背，侵犯了原告的合法权益，故请求撤销被告于 2002 年 3 月 26 日对原告作出的限期拆除本市方家宅 800 平方米(54 间)房屋的限期拆除违法建筑决定。为此，原告提供了限期拆除违法建筑决定书(复印件)等证据材料。

被告辩称：原告所建位于方家宅铁路桥附近的房屋属成片违法建筑，严重防碍公共安全、公共卫生、市容景观。被告对原告作出被诉限期拆除违法建筑决定，符合《上海市城市规划条例》和《上海市拆除违法建筑若干规定》等相关规定。原告收到的限期拆除违法建筑决定书上已明确告知了行政复议、行政诉讼的途径和期限，且原告也明知违法建筑被拆除的事实，现原告起诉已超过了行政诉讼的法定起诉期限，要求驳回原告起诉。为此，被告提供了 2002 年 4 月 3 日通告、2002 年 4 月 4 日通告、情况说明及关于 2002 年 4 月 16 日强制拆除方家宅地区违法建筑的证明等证据。

经审查，本院认为：根据《行政诉讼法》第三十九条规定，公民、法人或者其他组织直接向人民法院提起诉讼的，应当在知道作出具体行政行为之日起三个月内提出。本案中，根据原、被告各自的陈述和提供的相关证据，能够确认如下事实，即被告于 2002 年 3 月 26 日作出了被诉限期拆除违法建筑决定，同日向原告送达的限期拆除违法建筑决定书上告知了不服被诉限期拆除违法建筑决定的救济途径和期限,被告还在被拆除房屋处张贴通告,向原告告知了被拆除房屋的范围、拆除期限等事项,系争违法建筑于2002年4月16日被强制拆除。上述事实,原告予以认可。因此,原告迟至2007年6月18日提起行政诉讼,不仅未在知道诉权或者起诉期限之日起三个月内提出,而且从知道或者应当知道具体行政行为内容之日起已超过了二年,更从具体行政行为作出之日起已经超过五年,故原告之诉不符合行政诉讼法规定的起诉条件。据此,依照《行政诉讼法》第三十九条,《最高人民法院关于执行〈中华人民共和国行政诉讼法〉若干问题的解释》第四十一条第一款、第四十二条、第四十四条第一款第(六)项之规定,裁定如下:

驳回原告周某某的起诉。

案件受理费人民币50元,退回原告周某某。

4. 尾部。

(1)交代上诉事项。

行文表述为:"如不服本裁定,可在裁定书送达之日起十日内,向本院递交上诉状,上诉于××××人民法院。"

(2)合议庭成员署名,注明裁定日期,书记员署名,加盖人民法院印章。

(四)裁定书理由部分的评判

如上所述,不予受理和驳回起诉行政裁定解决的是原告起诉事项的可受理性问题,并不需要针对被诉行政行为的合法性进行评价。裁定理由的评判均应当围绕原告之诉是否符合行政诉讼的起诉条件而展开。在具体案件中,面对众多的起诉条件,究竟选择何项起诉条件去适用并作出裁定,其中蕴含着一定的逻辑性和规律性,不能随意处理。否则,虽然裁定结果正确,但由于理由不正确,可能产生负面作用。审判实践表明,阐述裁定理由时,必须遵循以下的进路。

1. 必须查明被诉行政行为是否存在或成立。如果原告所起诉的被诉行政行为是虚拟的,则其提起诉讼虽有诉讼请求但无事实根据,则不需要再考虑其他的起诉条件即可作出裁定。

例如,原告甲公司向第三人乙公司租赁库房后在库房外的场地上搭建违法建筑,第三人在城管部门拆除该违法建筑后,当日向原告提出解除租赁合同并将出租库房自行拆除。原告和第三人在租赁合同纠纷民事诉讼结束后,又以库房被城管部门拆除为由提起行政诉讼要求行政赔偿。

经审查,本院认为:原告甲公司认为被告某某市某某区城市管理监察大队于2007年7月27日上午将原告向第三人乙公司租赁的本市某某路2021号内幢号16、22、23、31号库房错误拆除,对此提起行政诉讼,要求确认上述行为违法并请求行政赔偿。根据庭审中的举证、质证，原告不能证明其租赁的库房被拆除系被告实施所为。第三人对于被告实施的代为拆除行政行为的范围限于本市某某路2021号内场地上擅自搭建的建筑物、构筑物的事实，亦予以了确认。因此，原告认为被告在拆除违法建筑的同时实施了“被诉行政行为”，缺乏事实证据，本院不予采信。原告所诉的“被诉行政行为”并不成立。综上，原告之诉不符合行政诉讼的起诉条件。据此，依照《行政诉讼法》第二条、第四十一条第（三）项、第（四）项和《行政诉讼法解释》第一条、第四十四条第一款第（一）项之规定，裁定如下：

驳回原告甲公司的起诉。

2. 必须判断被诉行政行为是否属于行政诉讼受案范围。如果被诉行政行为的确存在，但由于不属于行政诉讼受案范围而不具有可诉性，则不需要再考虑其他的起诉条件即可作出裁定。

3. 基于被诉行政行为存在且具有可诉性的前提下，此时必须考虑起诉人或原告的诉讼主体资格。如果起诉人或原告与被诉行政行为无法律上的利害关系，则不需要再考虑其他的起诉条件即可作出裁定。

以前述起诉人吕某某起诉某某市工商行政管理局某某分局准予登记签发营业执照案件为例，某某房地产有限公司经被起诉人批准成立的被诉行政行为作出时间是2001年1月11日，起诉人于2008年11月25日提起行政诉讼，假如以超过起诉期限为由裁定不予受理，则该项裁定在理由表述上显然是欠妥的。

实践中，当面临起诉条件是否符合原告诉讼主体资格和起诉期限两项判断选择时，由于是否超过起诉期限只是一个事实问题较容易作出判断，而原告诉讼主体资格却既是一个法律问题又是一个事实问题，由于对“与被诉行政行为是否具有法律上的利害关系”的起诉条件的判断存在一定的难度，故有的承办法官往往以起诉超过起诉期限为由作出行政裁定。此种做法，实质上赋予了起诉人或原告在实体上有权主张被诉行政行为违法的诉讼权利，给予了起诉人或原告一种不良的期待，难以取得良好的法律效果和社会效果，在行政审判中应该深以为戒。

4. 基于前面三项起诉条件均已满足的前提下，必须审查被告是否适格。需要指出的是，如果是作为类的行政诉讼案件，当作出被诉行政行为的行政主体与被诉的被告不一致时，存在被告是否适格的问题。如果起诉人或原告错列被告，人民法院必须进行释明，只有当其拒绝变更的情况下，才能作出不予受理或驳回起诉裁定。反之，则不能。但是，对于不作为类的行政诉讼案件，即起诉人或原告要求被告履行处理某种事项的法定职责的，如果被告不具有要求履行的被诉法定职责而向原告明示拒绝履行时，在起诉人或原告坚持要求被告履行而提起行政诉讼的情况下，实际上是不存在错列被告的问题的，案件宜从实体上作出判决驳回原告的诉讼请求,而不是从程序上以被告不适格不符合起诉条件为由裁定不予受理或驳回起诉。

5.考虑其他相关起诉条件并进行审查。

值得注意的是,《行政诉讼法解释》第三条规定的10项起诉条件,或者《2000解释》第四十四条规定的11项起诉条件,在逻辑上有一种层次关系,可以按其次序逐一审查起诉条件,前项满足的,再考虑后项,前项不满足的,后项可以不予考虑。当然,鉴于行政审判中具体案件的复杂性,对于起诉条件的审查要有一定的灵活性,切忌生搬硬套,一定要在查明起诉条件事实和法律定性准确的前提下,作出不予受理或驳回起诉裁定。

三、准予撤回起诉和准予撤回上诉裁定书

(一)准予撤回起诉和准予撤回上诉的适用范围

1.撤回起诉和撤回上诉的概念

撤回起诉和撤回上诉,是相对于起诉和上诉而言的,其实质是撤回诉讼,简称撤诉,是当事人主动申请撤回其诉讼请求要求终结行政诉讼程序的诉讼行为。发生在第一审程序中的称为撤回起诉,撤诉人是原告;发生在第二审程序中的称为撤回上诉,撤诉人是上诉人。当然,在再审程序中还有撤回再审申请的问题,鉴于再审和第二审存在一定的相似性,故对撤回再审裁定不作赘述。当事人申请撤诉,往往意味着行政争议得到了有效的解决,不外乎以下几种情形:(1)原告认可被诉行政行为、第一审判决的法律效力;(2)行政机关通过改变被诉行政行为满足了原告的全部诉求或部分诉求;(3)原告和第三人等利益攸关方达成了合意(如房屋拆迁裁决中的拆迁双方);(4)原告需要通过其他诉讼或救济途径去解决争议,等等。最高人民法院鼓励和提倡双方当事人通过合意协商,在妥善解决争议的基础上通过撤诉的方式结案。因此,撤诉是行政诉讼案件结案的一种主要方式。

2.法律规定的准予撤回起诉和撤回上诉的情形及理由

《行政诉讼法》第六十二条规定,人民法院对行政案件宣告或者裁定前,原告申请撤诉的,或者被告改变其所作的行政行为的,原告同意并申请撤诉的,是否准许的,由人民法院裁定。对于第二审行政案件,上诉人是否可以撤回上诉,《行政诉讼法》未作明确规定,根据《2000解释》第九十七条的规定,可以参照民事诉讼法的有关规定。《民事诉讼法》第一百七十三条规定,第二审人民法院判决宣告前,上诉人申请撤回上诉的,是否准许,由第二审人民法院裁定。此外,《最高人民法院关于行政诉讼撤诉若干问题的规定》(2008年2月1日起施行,以下简称《行政诉讼撤诉规定》第八条第一款规定,第二审或者再审期间行政机关改变具体行政

行为，当事人申请撤回上诉或者再审申请的，参照本规定。该规定第三条、第四条对被告改变具体行政行为进行了界定。

就上述规定而言，原告撤回起诉基本上可以概括为两种情形及理由：一种是被告不改变其所作的行政行为而原告申请撤诉的，此种情况下，原告放弃了其诉求；另一种是被告改变其所作的行政行为而原告同意并申请撤诉的，此种情况下，原告的诉求得到了满足。在第二审程序，上诉人撤回上诉不可能基于第一审法院改变了第一审判决或裁定这样的原因，上诉人申请撤回上诉要么是对第一审判决或裁定服判息诉，要么也是基于相同于撤回起诉的两种情形及理由。

3. 对撤回起诉和撤回上诉申请的审查处理

对于撤诉申请，包括形式审查和实质审查两个方面，形式审查是对申请撤诉的方式、形式、时机等方面的审查，实质审查中，首先必须审查撤诉是否自愿，即撤诉申请是否是其真实的意思表示，如申请人对诉讼后果和行政主体的行为是否存在重大误解、申请人是否受到胁迫等；其次必须审查申请人撤诉行为的合法性、正当性，是否会损害国家利益、社会公共利益或者他人合法权益；如果被告改变被诉行政行为的，还应当根据《行政诉讼撤诉规定》第二条第（二）、（三）、（四）项规定进行审查。

根据审查结果，符合撤诉条件的，作出准予撤诉的裁定；不符合撤诉条件的，作出不准予撤诉的裁定。准予撤诉后，行政诉讼终结。

（二）准予撤回起诉裁定的样式

此项裁定是在第一审人民法院立案受理后判决或裁定（驳回起诉）前作出的，准予撤回起诉裁定书须向各方当事人送达。一般情况下，原告不得重新起诉。其样式和内容为：

1. 首部。

依次写明制作机关的名称“××××人民法院”、标题“行政裁定书（行政赔偿裁定书）”和案件编号。

2. 正文。

（1）写明当事人及委托代理人（法定代表人、法定代理人、指定代理人）的姓名或名称等基本情况。

行文表述与一审判决书相同。

（2）写明案件的由来、撤回起诉的理由。

行文表述为：“原告×××不服被告×××于××××年××月××日作出××××行政行为，于××××年××月××日向本院提起诉讼，本院已于××××年××月××日受理。在审理过程中，原告以……为理由，于××××

年××月××日向本院申请撤回起诉。"

被告不改变其所作的行政行为而原告申请撤诉的,其撤诉理由可以表述为无行政诉讼必要、对被诉行政行为无异议等;被告改变其所作的行政行为而原告同意并申请撤诉的,撤诉理由可以根据具体事实情况加以表述。

(3)写明裁定理由。

行文表述为:"经审查,本院认为:原告自愿申请撤诉理由正当,符合法律规定(可以根据案件情况对撤诉理由展开评判)。依照《行政诉讼法》第五十一条的规定(如被告改变具体行政行为的,还需要写明相关的法律依据),裁定如下:"。

(4)写明裁定结果,并写明诉讼费用的负担。

行文表述为:"准许原告×××撤回起诉。"另起一行表述"案件受理费减半收取计人民币××元,由原告(或被告)×××负担。"

准予撤回起诉案件的诉讼费用中,只有受理费可以减半收取,具体的诉讼费用应按有关诉讼费用交纳办法规定的收费标准和实际的支出计算。需要指出,如被告改变被诉行政行为的,被告实质上是败诉方,案件受理费和其他诉讼费用应由被告承担,原告自愿承担的除外。如果行政行为是部分改变的,可以参照民事诉讼中的做法,原、被告可以各半承担。

3. 尾部。

合议庭成员署名,注明裁定日期,书记员署名,加盖人民法院印章。

(三)准予撤回上诉裁定的样式

此项裁定是在第二审人民法院立案受理后判决或裁定前作出的,准予撤回上诉裁定书须向各方当事人送达。在任何情况下,上诉人不得重新上诉。其样式和内容为:

1. 首部。

依次写明制作机关的名称"××××人民法院"、标题"行政裁定书(行政赔偿裁定书)"和案件编号。

2. 正文。

(1)写明当事人及委托代理人(法定代表人、法定代理人、指定代理人)的姓名或名称等基本情况。

行文表述与二审判决书相同。

(2)写明案件的由来、撤回起诉的理由。

行文表述为:"上诉人×××因……一案,不服××××人民法院(年号)×行初字第××号行政判决(或裁定),于××××年××月××日向本院提起上诉。本院在审理过程中,上诉人以……为理由,向本院申请撤回上诉。"

撤回上诉的理由部分,可参见前述。

(3)写明裁定理由。

行文表述为:“经审查,本院认为:原告自愿申请撤回上诉的理由正当,符合法律规定(可以根据案件情况对撤诉理由展开评判)。现裁定如下:”。

需要注意的是,由于《行政诉讼法》没有规定撤回上诉的相应条文,故可以不引用行政诉讼法的规定而迳行写明“现裁定如下”即可。但如因行政机关改变被诉具体行政行为而撤诉的,应当引用《行政诉讼撤诉规定》第二条、第八条的规定。

(4)写明裁定结果,并写明诉讼费用的负担。

行文表述为:“准许上诉人×××撤回上诉,双方当事人按原审判决(或裁定)执行。”另行表述诉讼费用的负担。

3. 尾部。

(1)写明裁定的效力。

行为表述为“本裁定为终审裁定。”

(2)合议庭成员署名,注明裁定日期,书记员署名,加盖人民法院印章。

(四)裁定书理由部分的评判

1. 被告改变行政行为的处理

在第一审诉讼期间,被告改变行政行为的,根据《行政诉讼撤诉规定》第六条的规定,准许撤诉行政裁定书中可以载明被告改变行政行为的主要内容及履行情况,并可以根据案件具体情况,在裁定理由中明确被诉行政行为全部或者部分不再执行。

在第二审诉讼期间,行政机关改变行政行为的,根据《行政诉讼撤诉规定》第八条第二款的规定,准许撤回上诉行政裁定书中可以载明行政机关改变被诉行政行为的主要内容及履行情况,并可以根据案件具体情况,在裁定理由中明确被诉行政行为或者原裁判全部或者部分不再执行。

2. 行政诉讼与其他诉讼交叉情况的处理

在行政诉讼案件中,往往出现行政和民事争议交叉、行政和刑事争议交叉,这就带来了究竟何种诉讼为基础的问题,也带来了行政诉讼撤诉后能否再次起诉的讨论。如果行政争议的处理以民事、刑事争议的先行解决为基础,原告往往会以先行提起民事诉讼或要求有关部门作出刑事处理为理由而申请撤回起诉。例如,在审判实践中,房地产登记行政案件中交叉情况较为多见,基于房地产买卖合同的效力之争或者是否涉及诈骗的刑事问题,当事人在提起行政诉讼后会转向民事诉讼或刑事追责。在此情况下,行政诉讼案件的审理就出现了两个选项:一是中止诉讼,待中止诉讼的事由消除后恢复诉讼;二是原告申请撤诉,由于其申请撤回起诉的确存在正当事由,则裁定不准予撤回起诉显然有所不妥。

如前所述,行政诉讼案件原告撤诉后一般不能重新起诉,但如果因行政争议的处理以民事、刑事争议的先行解决为基础而准予撤回起诉的话,从理论上来讲,当民事、刑事争议处理结束后,不能剥夺原告在法定起诉期限内再次就同一被诉行政行为提起行政诉讼的诉权。因此,为了方便原告以后再次起诉,也为了有利于下一次的行政诉讼立案受理的起诉条件(主要是起诉期限)审查,对于此种情况下,在准予撤回起诉裁定的说明理由部分,必须对原告撤诉的前提即原告已经或者准备通过何种其他的救济途径解决基础性的争议的事实进行充分表述。在原告撤回起诉的理由部分,最后还可以用"暂无行政诉讼必要为由"加以表述,为其下一次能够依法起诉埋下伏笔。

四、二审维持或撤销一审裁定、二审撤销原判发回重审的裁定书

(一)二审维持或撤销一审裁定的适用范围

根据《行政诉讼法》和《2000解释》的相关规定,对行政诉讼案件作出的第一审裁定中,涉及不予受理、驳回起诉、管辖异议事项的,当事人可以提起上诉。

《行政诉讼法》第八十九条第(二)项规定,原判决、裁定认定事实错误或者适用法律、法规错误的,依法改判、撤销或者变更。《2000解释》第六十八条规定,第二审人民法院经审理认为原审人民法院不予受理或者驳回起诉的裁定确有错误,且起诉符合法定条件的,应当裁定撤销原审人民法院的裁定,指令原审人民法院依法立案受理或者继续审理。对于管辖权异议裁定提出上诉的,第二审人民法院如果认为一审裁定有错误的,亦应当裁定撤销一审裁定,在解决管辖权问题的基础上,指令有管辖权的人民法院受理。

(二)二审撤销原判发回重审裁定的适用范围

根据《行政诉讼法》第八十九条第(二)项规定,原判决、裁定认定事实错误或者适用法律、法规错误的,依法改判、撤销或者变更。该条第(三)项规定,原判决认定事实不清,证据不足的,发回原审人民法院重审,或者查清事实后改判。该条第(四)项规定,原判决遗漏当事人或者违法缺席判决等严重违反法定程序的,裁定撤销原判决,发回原审人民法院重审,也可以查清事实后改判。《2000解释》第七十一条第一款还规定,原审判决遗漏了必须参加诉讼的当事人或者诉讼请求的,第二审人民法院应当裁定撤销原审判决,发回重审。二审裁定撤销原判发回重审,是对原审判决的全面否定。根据《2000解释》第八十条规定,"违反法定程序可能影响案件正确判决的"主要情形有:审理本案的审判人员、书记员应当回避而未回避的;依法应当开庭审理而未经开庭即作出判决的;未经合法传唤当事人而缺席判决的;遗漏必须参加诉讼的当事人的;对与本案有关的诉讼请求未予裁判的;其他违反法定程序可能影响案件正确裁判的。

(三)二审维持或撤销一审裁定的裁定书样式

此项裁定是在第二审人民法院对上诉人不服一审不予受理或者驳回起诉的行政案件,在立案审理后决定维护或者撤销原裁定而作出的,须向各方当事人送达。该裁定书一经送达,即发生法律效力。其样式和内容为:

1. 首部。

依次写明制作机关的名称“××××人民法院”、标题“行政裁定书(行政赔偿裁定书)”和案件编号。

2. 正文。

(1)写明当事人及委托代理人(法定代表人、法定代理人、指定代理人)的姓名或名称等基本情况。

行文表述与二审判决书相同。

(2)写明案件的由来、审理过程等。

行文表述为:“上诉人×××不服××××人民法院(年号)×行初字第××号行政裁定,于××××年××月××日向本院提起上诉。本院依法组成合议庭,审理了本案。”

如果第二审法院通过开庭审理作出裁定的,则行文表述中可以叙述开庭日期,出庭人员。

(3)写明裁定的事实及理由。

行文表述为:“经审查,本院认为:……(可以根据案件情况展开评判)。依照……(法律适用的规定),裁定如下:”。

或者可以分段叙明,其行文可表述为:

“经审查查明(或经审理查明):……

本院认为:……(可以根据案件情况展开评判)。依照……(法律适用的规定),裁定如下:”

这一部分包含两个内容:一是针对适用的起诉条件查明相应的事实;二是根据查明的事实对争议的起诉条件问题进行评判,说明裁定的理由。

(4)写明裁定结果。

第一,驳回上诉,维持原裁定的,行文表述为“驳回上诉,维持原裁定。”

第二,撤销原裁定,应予立案受理或进行审理的,行文表述为:。

一、撤销××××人民法院(年号)×行初字第××号行政裁定;

二、本案由××××人民法院立案受理(或继续审理)。”

对二审撤销一审裁定的行政裁定书的正文部分的制作,列举下例予以示样。

上诉人丁某某因要求履行法定职责一案,不服某某市某某区人民法院(2008)某行初字第26号行政裁定,向本院提起上诉。

经审查查明,上诉人丁某某系本市某某路240弄3号102室房屋的产权人,因其邻居101室将防盗门外开,并在门口铺设地砖事宜,通过其儿子张某某多次向某某市某某区房屋土地管理局(以下简称某某房地局)及某某市房屋土地资源管理局信访,认为影响其居住,要求恢复原状。2006年8月10日,某某市房屋土地资源管理局向张某某出具200604417号复查意见书,认为101室住户的行为由区房地产管理部门责令改正,恢复原状。之后,某某房地局分别于2007年4月8日、7月24日向张某某出具了某房地信访(2007)第2007040698号和某房地信访(2007)第2007071488号答复信函两份。被上诉人某某房地局在(2007)第2007071488号答复信函中表示对101室门口铺设地砖的行为不宜进行行政处罚。2008年4月,丁某某不服,向原审法院提起诉讼,要求判令某某房地局履行法定职责,执行某某市房屋土地资源管理局作出的200604417号《复查意见书》,责令101室住户将擅自在户门外安装外开防盗门并在门口铺设地砖的行为依法改正,恢复原状。

本院认为,《行政诉讼法解释》第四十一条规定,行政机关作出具体行政行为时,未告知公民、法人或者其他组织诉权或者起诉期限的,起诉期限从公民、法人或者其他组织知道或者应当知道诉权或者起诉期限之日起计算,但从知道或者应当知道具体行政行为内容之日起最长不得超过2年。本案中,某某房地局对上诉人的申请于2007年7月24日作出了拒绝履行的答复,上诉人不服,于2008年4月提起要求履行法定职责的行政诉讼,并未超过法定起诉期限。原审法院以上诉人超过3个月起诉期限为由,裁定驳回其起诉不当,应予纠正。据此,依照《行政诉讼法解释》第六十八条之规定,裁定如下:

一、撤销某某市某某区人民法院(2008)某行初字第26号行政裁定;

二、本案指令某某市某某区人民法院继续审理。

3. 尾部。

(1)写明裁定的效力。

行为表述为:"本裁定为终审裁定。"

(2)合议庭成员署名,注明裁定日期,书记员署名,加盖人民法院印章。

(四)二审撤销原判发回重审的裁定书样式

此项裁定是在第二审人民法院对上诉人不服一审判决的行政案件,在立案审理后决定,认为原判事实不清、证据不足或违反法定程序而作出的,须向各方当事

人送达。该裁定书一经送达,即发生法律效力。其样式和内容为:

1. 首部。

依次写明制作机关的名称“××××人民法院”、标题“行政裁定书(行政赔偿裁定书)”和案件编号。

2. 正文。

(1)写明当事人及委托代理人(法定代表人、法定代理人、指定代理人)的姓名或名称等基本情况。

行文表述与二审判决书相同。

(2)写明案件的由来、审理过程等。

行文表述为:“上诉人×××因……一案,不服××××人民法院(年号)×行初字第××号行政判决,于××××年××月××日向本院提起上诉。本院依法组成合议庭,公开(或不公开)审理了本案。”

如果第二审法院通过开庭审理后作出裁定的,则行文表述中可以叙述开庭日期,出庭人员。

(3)写明裁定的事实及理由。

行文表述为:“本院认为:……(可以根据案件情况展开评判)。依照《行政诉讼法》第六十一条第(三)项的规定,裁定如下:”。

或者可以分段叙明,其行文可表述为:“

经审查查明(或经审理查明):……

本院认为:……(可以根据案件情况展开评判)。依照《行政诉讼法》第六十一条第(三)项的规定,裁定如下:”

这一部分包含两个内容,一是查明相应的事实;二是根据查明的事实对实体和程序问题进行评判,说明裁定的理由。

(4)写明裁定结果。

行文表述为:“

一、撤销××××人民法院(年号)×行初字第××号行政判决;

二、发回××××人民法院重审。”

3. 尾部。

合议庭成员署名,注明裁定日期,书记员署名,加盖人民法院印章。

(五)裁定书理由部分的评判

对于不予立案或驳回起诉提起的上诉所作的第二审维持或撤销一审裁定的裁定,主要围绕案件涉及的起诉条件进行事实和法律判断,裁定理由要有针对性。

对于不服判决提起的上诉所作的第二审撤销原判发回重审的裁定,如何叙述理由存在两种观点,现行通常的做法是简要概况说明理由,即"简要写明发回重审的理由,可以概况地指明原审判决认定事实不清,证据不足,或者违反法定程序可能影响案件正确判决等,至于该案存在哪些具体问题,可以另行发函向原审法院指出。"随着司法透明化的进程,也有观点认为,一般情况下,二审法院裁定撤销原判发回重审,应当就原审判决中存在的问题进行较为详细的阐述,指出原审判决应当就案件事实、程序等作出相应的纠正。原审法院应当注意二审法院的裁定理由,并在此基础上重新作出裁判。我国台湾地区"行政诉讼法"第260条有类似的规定:"除别有规定外,经废弃原判决者,最高行政法院应将该事件发回原高等行政法院或发交其他高等行政法院。前项发回或发交判决,就高等行政法院应调查之事项,应详予指示。受发回或发交之高等行政法院,应以最高行政法院所为废弃理由之法律上判断为其判决基础。"两种观点,实际上是将发回重审的具体事实和理由作内化还是外化处理的问题,不同的观点见智见仁。我们认为,应根据案件的具体情况慎重处理。如果废弃理由限于《2000解释》第八十条规定的程序情形,则撤销原判发回重审的行政裁定书上可以详细写明,不会影响重审的事实问题。反之,如果废弃理由是原审判决认定事实不清、证据不足,则还是在撤销原判发回重审的行政裁定书上简要概况理由更为妥当,以免对重审产生过度影响和负面作用。

五、非诉行政执行合法性审查的裁定书

(一)非诉行政执行合法性审查裁定的适用范围

非诉行政执行,是与诉讼执行相对而言的。所有没有经过行政诉讼程序的行政执行,都可称为非诉行政执行。非诉行政执行具有以下内涵:1. 执行的主体是人民法院。2. 执行的客体是非诉行政行为,即未经过诉讼审查的已经生效并具可执行内容、属于人民法院管辖的具体行政行为。3. 执行的申请人是作出具体行政行为的行政机关,以及生效具体行政行为确定的权利人或者其继承人、权利承受人。4. 执行的前提是非诉行政行为确定的义务人在法定期限内不履行义务,申请人在法定期限内提出申请。5. 执行的程序是对非诉行政行为的受理、审查和执行。6. 执行的条件是非诉行政行为不存在重大违法情形。

《行政诉讼法》第九十七条规定,公民、法人或者其他组织对行政行为在法定期限内不提起诉讼又不履行的,行政机关可以申请人民法院强制执行,或者依法强制执行。《行政强制法》第五十七条规定,人民法院对行政机关强制执行的申请进行书面审查,对符合本法第五十五条规定,且行政决定具备法定执行效力的,除本法第五十八条规定的情形外,人民法院应当自受理之日起七日内作出执行裁定。根据《2000解释》第九十三条的规定,人民法院受理行政机关申请执行其具体行政

行为的案件后,应当在30日内由行政审判庭组成合议庭对具体行政行为的合法性进行审查,并就是否准予强制执行作出裁定。

行政行为能否由人民法院裁定准予强制执行,其法律依据是《行政强制法》的相关规定。《行政强制法》第五十八条第一款规定,人民法院发现有下列情形之一的,在作出裁定前可以听取被执行人和行政机关的意见:(1)明显缺乏事实根据的;(2)明显缺乏法律、法规依据的;(3)其他明显违法并损害被执行人合法权益的。该条第二款规定,人民法院应当自受理之日起三十日内作出是否执行的裁定。裁定不予执行的,应当说明理由,并在五日内将不予执行的裁定送达行政机关。第三款规定,行政机关对人民法院不予执行的裁定有异议的,可以自收到裁定之日起十五日内向上一级人民法院申请复议,上一级人民法院应当自收到复议申请之日起三十日内作出是否执行的裁定。第五十九条规定,因情况紧急,为保障公共安全,行政机关可以申请人民法院立即执行。经人民法院院长批准,人民法院应当自作出执行裁定之日起五日内执行。《2000解释》第九十五条亦规定了与《行政强制法》第五十八条第一款规定基本相同的条件。《2000解释》第九十条第二款还规定,享有权利的公民、法人或者其他组织申请人民法院强制执行具体行政行为,参照行政机关申请人民法院强制执行具体行政行为的规定。因此,非诉行政行为要进入强制执行阶段,必须通过合法性审查。人民法院通过对被申请执行的行政行为进行合法性审查后,分别作出准予强制执行和不准予强制执行的行政裁定。

(二)准予强制执行裁定的样式

此项裁定是人民法院在受理非诉行政执行案件30日内进行合法性审查作出的,裁定一经作出并送达当事人即发生法律效力,由本院负责强制执行非诉行政行为的机构执行。其样式和内容为:

1. 首部。

依次写明制作机关的名称“××××人民法院”、标题“行政裁定书”和案件编号。

非诉行政执行案件的编号,宜单独编号,与执行案件编号有所区别。

2. 正文。

(1)写明当事人及委托代理人(法定代表人、法定代理人、指定代理人)的姓名或名称等基本情况。

行文表述为:“申请执行人”,另行表述为“被执行人”。

(2)写明案件的由来、申请执行的行政行为内容及申请执行的事项等。

行文表述为:“申请执行人××××(行政机关名称)于××××年××月××日作出……(行政法律文书编号、名称)的行政行为,认定被执行人……(认定事实),根据……(法律适用),决定……(行政法律文书的主文)。申请执行人××××于××××年××月××日送达了……(行政法律文书编号、名称)。被执行人接到……(行政法律文书编号、名称)后,在法定期间不提起行政诉讼,又不履行,故申请执行人××××于××××年×月×日向本院申请强制执行。"

如果是申请行政法律文书主文的部分事项,则行文表述可以为"故申请执行人××××于××××年××月××日向本院申请强制执行……(行政法律文书编号、名称)主文的第×项"。

(3)写明裁定的事实及理由。

行文表述为:"本院受理后,依法组成合议庭对申请执行的行政行为的合法性进行了审查。

经审查,本院认为申请执行人作出的……(行政法律文书编号、名称),认定事实清楚,适用法律正确,执法程序并无不当。因被执行人×××未自觉履行,故依据《行政诉讼法》第九十七条及《最高人民法院关于执行〈中华人民共和国行政诉讼法〉若干问题的解释》第九十三条之规定,裁定如下:"

这一部分包含两个内容:一是查明相应的合法性事实;二是根据查明的事实对合法性审查问题进行评判,并可以有针对性对被执行人的异议进行评析,说明裁定的理由。

(4)写明裁定结果。

行文表述为:"申请执行人××××于××年××月××日作出的……(行政法律文书编号、名称),准予强制执行。"

如果准予执行法律文书的部分事项,则行为表述为:"申请执行人××××于××年××月××日作出的……(行政法律文书编号、名称)主文第×项,准予强制执行。"

需要指出,准予强制执行的申请事项,如属于可由行政机关组织实施的,一并写明"由××××组织实施"。

3. 尾部。

(1)行文表述为:"申请执行人如不服本裁定,可以在收到裁定书之日起十五日内,通过本院向××××人民法院(上一级人民法院)申请复议,也可以直接向××××人民法院申请复议。"

(2)合议庭成员署名,注明裁定日期,书记员署名,加盖人民法院印章。

(三)不准予强制执行裁定的样式

此项裁定是人民法院在受理非诉行政执行案件30日内进行合法性审查作出的,裁定一经作出并送达当事人即发生法律效力。其样式和内容为:

1. 首部。

依次写明制作机关的名称“××××人民法院”、标题“行政裁定书”和案件编号。

非诉行政执行案件的编号，宜单独编号，与执行案件编号有所区别。

2. 正文。

(1)写明当事人及委托代理人（法定代表人、法定代理人、指定代理人）的姓名或名称等基本情况。

行文表述为：“申请执行人”，另行表述为“被执行人”。

(2)写明案件的由来、申请执行的行政行为内容及申请执行的事项等。

行文表述为：“申请执行人××××（行政机关名称）于××××年××月××日作出……（行政法律文书编号、名称）的行政行为，认定被执行人……（认定事实），根据……（法律适用），决定……（行政法律文书的主文）。申请执行人××××于××××年××月××日送达了……（行政法律文书编号、名称）。被执行人接到……（行政法律文书编号、名称）后，在法定期间不提起行政诉讼，又不履行，故申请执行人××××于××××年×月×日向本院申请强制执行。”

如果是申请行政法律文书主文的部分事项，则行文表述可以为：“故申请执行人××××于××××年××月××日向本院申请强制执行……（行政法律文书编号、名称）主文的第×项”。

(3)写明裁定的事实及理由。

行文表述为：“本院受理后，依法组成合议庭对申请执行的行政行为的合法性进行了审查。

经审查，本院认为申请执行人作出的……（行政法律文书编号、名称），……（写明不合法的具体理由），故依据《行政诉讼法》第九十七条（可以《行政强制法》第五十七条、第五十八条、第五十九条相应规定为依据）及《最高人民法院关于执行〈中华人民共和国行政诉讼法〉若干问题的解释》第九十五条第×项之规定，裁定如下：”

这一部分包含两个内容，一是查明相应的合法性事实；二是根据查明的事实对合法性审查问题进行评判，并可以有针对性对对被执行人的异议进行评析，说明裁定的理由。

(4)写明裁定结果。

行文表述为：“申请执行人××××于××年××月××日作出的……（行政法律文书编号、名称），不准予强制执行。”。

如果不准予执行法律文书的部分事项，则行文表述为：“申请执行人××××

于××年××月××日作出的……(行政法律文书编号、名称)主文第×项,不准予强制执行。”

3.尾部。

(1)行文表述为:“申请执行人如不服本裁定,可以在收到裁定书之日起十五日内,通过本院向××××人民法院(上一级人民法院)申请复议,也可以直接向××××人民法院申请复议。”

(2)合议庭成员署名,注明裁定日期,书记员署名,加盖人民法院印章。

(四)裁定书理由部分的评判

非诉行政执行的裁定理由,本质上是根据《2000解释》第九十三条规定对申请执行的行政行为的司法审查标准和程度问题。对此,一直存在两种看法。一种是全面的合法性审查,即按照《行政诉讼法》第五十四条规定的诉讼审查方式进行审查,诉讼标准与非诉讼标准同一。另一种是适度审查,即审查的标准和内容应当适当,重点应放在是否明显或者严重影响行政行为的合法性、侵犯被执行人合法权益上。现行非诉行政执行制度采纳了适度审查的标准,即《2000解释》第九十五条规定的明显错误或违法的标准。采用“明显”限定词的本意在于表达该种审查标准的程度,这一标准显然没有人民法院对于行政诉讼案件的审查标准严格,似乎非诉行政执行的司法审查问题得到了解决。但是,“明显”是相对于“不明显”而言的。《行政诉讼法》第五十四条规定的违法标准基本上没有程度的要求,只要有违法情形存在,就应予撤销。被诉行政行为的合法性审查与非诉行政行为的合法性审查之间无法区分彼此,找不到明显的区别和统一的标准。因此,非诉行政执行的合法性审查标准究竟如何把握,合法性审查强度究竟如何控制,实践中确实缺乏可操作性。

司法公正性的实现主要是通过诉讼程序予以保障的。如果行政相对人未提起行政诉讼,而人民法院以诉讼标准审查非诉行政行为的合法性,那么《行政诉讼法》关于起诉期限的规定就失去意义,这对行政机关是不公平的。为兼顾维权和控权的关系,平衡行政效率与司法效率,体现“诉讼”与“非诉讼”的区别,审判实践中宜确立非诉行政行为的无效性审查标准。违法的行政行为,依其违法情形之轻重,以及由此造成的法律后果,可以区分为三大类型,即无效的违法行为、可撤销的违法行为和瑕疵的违法行为。无效行政行为自始无效,不具有任何法律效力,且不受诉讼时效的限制,相对人可以在任何时间向有权机关提出确认无效的请求;而可撤销行政行为在未被撤销前具有法律效力,具有公定力和执行力,受法定时效制度的约束,相对人必须在法定期限内请求救济,在起诉的时限经过以后,这个行政行为便不能再被提起诉讼。因此,就行政诉讼而言,是行政相对人在法定期限内提起诉讼的一种主动救济手段,其程序设计严谨,对被诉行政行为的审查应当采用全面审查的合法性审查标准。但就非诉行政执行而言,对非诉行政行为的审查是在相对人放弃起诉情况下,法律提供的一种被动救济手段,程序规定得比较简便。故而,非诉行政执行的司法审查不仅具有独立的存在价值,其审查内容和标准,更应当与合法性审查标准相区别,以体现不同的层次需要。以行政行为效力理论为基础,建立非诉行政行为的无效性审查标准不失为一种科学的选择。非诉行政执行中,采用低于合法性审查标准的无效性审查标准,其实质是在行政复议和行政诉讼等救济途径之外,提供相对人一个说理的机会,以证明其拒绝无效行政行为所设定义务的正当性。建立非诉行政行为的无效性审查标准,不仅符合我国非诉行政执行审查的实际情况,而且与《2000 解释》第九十五条规定的"重大明显违法原则"相吻合,并且显得更有包容性。

通说认为,行政行为是行政主体代表国家运用行政权所为的行为,由于公务上的连续性和不可中断性,使其不待上级机关或司法机关对其进行正式评价,就产生不容相对人自行抵抗的效力。行政行为无论是否合法,行政行为的公定力决定了其具有效力先定的特权。因此,法院审查非诉行政行为是否具有可执行性,并非审查其合法性,而是从其是否具有公定力入手,审查非诉行政行为是否无效。非诉行政行为无效,即可因违法而产生,也会因其他事由所占致,可以从以下标准进行判断:(1)行政行为是否具有特别重大的违法情形;(2)行政行为是否具有明显的违法情形;(3)行政行为的实施是否将导致犯罪;(4)行政行为是否不可能实施;(5)行政行为是否是行政主体受相对人胁迫或欺骗而作出的;(6)行政行为的行政主体是否不明确或者明显超越相应行政主体职权。

此外,非诉行政行为是否具有可执行内容,也是作出是否准予强制执行的审查条件。如果非诉行政行为所确定的事项不存在执行内容或者不具备执行条件,在作出非诉行政执行裁定时必须要加以考虑。

六、其他

行政诉讼中,除了以上裁定外,还有下述一些情形也应适用裁定,这里仅作简介。

(一)停止执行行政行为或者驳回停止执行申请的裁定书

根据《行政诉讼法》第五十六条规定,诉讼期间,不停止行政行为的执行。但有下列情形之一的,裁定停止执行:(1)被告认为需要停止执行的;(2)原告或者利害关系人申请停止执行,人民法院认为该行政行为的执行会造成难以弥补的损失,并且停止执行不损害国家利益、社会公共利益的;(3)人民法院认为该行政行为的执行会给国家利益、社会公共利益造成重大损害的;(4)法律、法规规定停止执行的。据此,人民法院在审理案件过程中,接到原告要求停止执行某一行政行为的申请后,须进行审查并作出停止执行行政行为或者驳回停止执行申请的行政裁定书。

(二)财产保全裁定书

根据《2000解释》第四十八条第一款、第三款的规定,人民法院对于因一方当事人的行为或者其他原因,可能使具体行政行为或者人民法院生效裁判不能或者难以执行的案件,可以根据对方当事人的申请作出财产保全的裁定;当事人没有提出申请的,人民法院在必要时也可以依法采取财产保全措施。当事人对财产保全的裁定,可以申请复议。

《2000解释》第九十二条也规定,行政机关或者具体行政行为确定的权利人申请人民法院强制执行前,有充分理由认为被执行人可能逃避执行的,可以申请人民法院采取财产保全措施。后者申请强制执行的,应当提供相应的财产担保。

(三)先予执行裁定书

根据《行政诉讼法》第五十七条规定,人民法院对起诉行政机关没有依法支付抚恤金、最低生活保障金和工伤、医疗社会保险金的案件,权利义务关系明确、不先予执行将严重影响原告生活的,可以根据原告的申请,裁定先予执行。当事人对先于执行裁定不服的,可以申请复议一次。复议期间不停止裁定的执行。

此外,《2000解释》第九十四条也规定,在诉讼过程中,被告或者具体行政行为确定的权利人申请人民法院强制执行被诉具体行政行为,人民法院不予执行,但不及时执行可能给国家利益、公共利益或者他人合法权益造成不可弥补的损失的,人民法院可以先予执行。后者申请强制执行的,应当提供相应的财产担保。

(四)补正裁判文书中的笔误裁定书

根据《2000解释》第六十三条第一款第(十一)项规定,裁定适用于补正裁判文书中的笔误。根据上述规定,人民法院在制作裁判文书过程中的笔误,适用履行程序上的失误,是由于制作环节上的疏忽,不涉及裁判的实体问题,可以裁定补正。

(五)本院提起再审、上级法院提审或指令再审裁定书

根据《行政诉讼法》第九十二条第一款规定,各级人民法院院长对本院已经发生法律效力的判决、裁定,发现有本法第九十一条规定情形之一的,或者发现调解违反自愿原则或者调解书内容违法,认为需要再审的,应当提交审判委员会讨论决定。第二款规定,最高人民法院对地方各级人民法院已经发生法律效力的判决、裁定,上级人民法院对下级人民法院已经发生法律效力的判决、裁定,发现有本法第九十一条规定情形之一的,或者发现调解违反自愿原则或者调解书内容违法,有权提审或者指令下级人民法院再审。

(六)中止诉讼、终结诉讼裁定书

根据《2000解释》第六十三条第一款第(四)、(五)项规定,裁定适用于终结诉讼、中止诉讼。

在行政诉讼过程中,发生了一些客观情况,使诉讼不能继续进行,中途停止诉讼后可再恢复的,为中止诉讼。《2000解释》第五十一条规定了七项中止诉讼的情形:(1)原告死亡,须等待其近亲属表明是否参加诉讼的;(2)原告丧失诉讼行为能力,尚未确定法定代理人的;(3)作为一方当事人的行政机关、法人或者其他组织终止,尚未确定权利义务承受人的;(4)一方当事人因不可抗力的事由不能参加诉讼的;(5)案件涉及法律适用问题,需要送请有权机关作出解释或者确认的;(6)案件的审判须以相关民事、刑事或者其他行政案件的审理结果为依据,而相关案件尚未审结的;(4)其他应当中止诉讼的情形。

在行政诉讼过程中,发生了一些特殊情况,使诉讼不能继续进行,诉讼程序结束的为终结诉讼。《2000解释》第五十二条规定了三项终结诉讼的情形:(1)原告死亡,没有近亲属或者近亲属放弃诉讼权利的;(2)作为原告的法人或者其他组织终止后,其权利义务的承受人放弃诉讼权利的。因本解释第五十一条、第一款第(一)、(二)、(三)项原因中止诉讼满90日仍无人继续诉讼的,裁定终结诉讼,但有特殊情况的除外。

(七)中止执行、终结执行裁定书

在非诉行政执行中,同样存在中止执行和终结执行的情形,人民法院需要作出裁定。由于《行政诉讼法》对此未作明确规定,故参照《民事诉讼法》的规定执行。《民事诉讼法》第二百五十六条规定了应当裁定中止执行的五种情形:申请人表示可以延期执行的;案外人对执行标的提出确有理由的异议的;作为一方当事人的公民死亡,需要等待继承人继承权利或者承担义务的;作为一方当事人的法人或者其他组织终止,尚未确定权利义务承受人的;人民法院认为应当中止执行的其他情形。第二百五十七条规定了应当裁定终结执行的六种情形:申请人撤销申请的;据以执行的法律文书被撤销的;作为被执行人的公民死亡,无遗产可供执行,又无义务承担人的;追索赡养费、扶养费、抚育费案件的权利人死亡的;作为被执行人的公民因生活困难无力偿还借款,无收入来源,又丧失劳动能力的;人民法院认为应当终结执行的其他情形。中止和终结执行的裁定,送达当事人后立即生效。

第四节 行政调解书

一、行政调解书概述

《行政诉讼法》第六十条第一款规定,人民法院审理行政案件,不适用调解。但是,行政赔偿、补偿以及行政机关行使法律、法规规定的自由裁量权的案件可以调解。第二款规定,调解应当遵循自愿、合法原则,不得损害国家利益、社会公共利益和他人合法权益。此外,《行政赔偿规定》第二条、第三条、第四条规定,公民、法人或者其他组织请求行政赔偿的两种救济途径:其一是在提起行政诉讼的同时一并提出行政赔偿请求;其二是赔偿请求人单独提起行政赔偿诉讼。《行政赔偿规定》第三十条进一步明确,人民法院审理行政赔偿案件在坚持合法、自愿的前提下,可以就赔偿范围、赔偿方式和赔偿数额进行调解。调解成立的,应当制作行政赔偿调解书。因此,行政调解书(含行政赔偿调解书)是人民法院在行政诉讼及行政赔偿诉讼中,通过调解促使当事人达成自愿解决赔偿争议的协议后,依法制作的具有法律效力的法律文书。

行政调解书(含行政赔偿调解书)的制作,必须遵守的基本操作规则是:1. 进行调解,必须在查明事实,分清是非的基础上进行;2. 必须双方当事人自愿达成协议,不能强迫;3. 调解协议的内容不得损害国家利益、社会公共利益和他人合法权益,即必须符合法律规定。

行政调解书与行政判决书(含行政赔偿判决书)具有同等的法律效力,可以从三个方面进行理解:

1. 调解是赔偿诉讼(此处亦可理解为行政诉讼)中法定的结案方式,因而,调解书一经制作完成并送达双方当事人,就具有终结诉讼程序的效力。人民法院不能就已经调解结案的行政赔偿案件再行审理或另行判决,当事人也不能谋求上诉而改变调解书的内容。

2. 调解书确定了双方当事人的行政法上的权利义务关系,产生了实体法上的后果。当事人不得就调解解决了的行政赔偿争议,以同一事实和理由向人民法院再行起诉。

3. 对于发生法律效力的调解书,双方当事人应自觉履行。对于一方当事人不履行调解书确定的义务的,对方当事人可向人民法院申请强制执行。

二、行政调解书的样式

此项调解书是人民法院在行政案件或单独提出行政赔偿诉讼的案件中，促成当事人达成调解协议后作出，经当事人签收后，即发生法律效力。其样式和内容为：

1. 首部。

依次写明制作机关的名称“××××人民法院”、标题“行政调解书”或“行政赔偿调解书”和案件编号。

2. 正文。

(1)写明当事人及委托代理人(法定代表人、法定代理人、指定代理人)的姓名或名称等基本情况。

与判决书相同。

(2)写明案由及事实认定。

案由部分，简要写明当事人的诉讼请求和案件的事实。

(3)写明调解结果。

行文表述为：

“经本院调解，双方当事人自愿达成如下协议：

……(写明协议的内容)

……(写明诉讼费用的负担)”

关于协议的内容，应明确、具体、便于履行。

关于诉讼费用的负担，由当事人协商解决的，可以作为协议内容的最后一项；当事人不能协商解决的，由人民法院依法律规定决定的，应另起一行写明，可参照判决书的制作方法表述。《行政赔偿规定》第三十九条规定，赔偿请求人要求人民法院确认致害行为违法涉及的鉴定、勘验、审计等费用，由申请人预付，最后由败诉方承担。

3. 尾部。

(1)行文表述为：“上述协议，符合有关法律规定，本院予以确认。”

另起一行表述为：“本调解书经双方当事人签收后，即具有法律效力。”

(2)合议庭成员署名，注明裁定日期，书记员署名，加盖人民法院印章。

三、行政调解书的事实认定、理由论证

行政调解书正文中有关证据的列举、认证、说理方式以及相关的写作要求等，也可以参考一审请求撤销、变更行政行为类案件判决书样式及其说明。对当事人

诉辩意见、审理查明部分应当与裁判文书有所区别,应当本着减小分歧,钝化矛盾,有利于促进调解协议的原则,对争议和法院认定的事实适当简化。

行政调解书的制作要求也适用于行政赔偿调解书。行政赔偿调解书的事实认定、理由论证,一般采用简明概括的方法叙明。首先应当交代被诉行政行为的内容、作出的时间,是否经过行政复议、行政诉讼或者先行要求确认违法的事实过程;其次叙明被诉行政行为的法律效力,即是否被撤销或被部分撤销或被变更,是否被确认合法或者违法,是否被确认有效或者无效。只有确定了存在行政赔偿的前提,最后才能进入讨论如何承担行政赔偿的责任的阶段。行政赔偿责任的承担包括赔偿范围、赔偿方式和赔偿数额。

一般来讲,行政赔偿诉讼的提起往往经过行政机关的先予处理或者行政诉讼的救济,即在行政行为被确认违法后,要么是赔偿请求人对行政赔偿的义务机关拒绝承担行政赔偿责任有异议,要么是赔偿请求人对义务机关确定的赔偿范围、赔偿数额或责任承担方式存在异议。此种情况下,对于被诉行政行为的违法性的确定较为容易,可以依据相关的行政处理决定或行政诉讼的判决书、裁定书(改变行政行为原告撤诉的)予以明确。其后,在事实认定和理由论证上主要围绕行政赔偿的赔偿范围、赔偿数额或责任承担方式展开。

如果行政赔偿诉讼是基于行政赔偿义务机关拒不确认致害行为违法的情况下提起的,那么行政赔偿调解书的事实认定还必然要着重讨论被诉的致害行政行为的合法性,确定其法律效力后,再讨论行政赔偿的赔偿范围、赔偿数额或责任承担方式。其他方面,制作要求与前述相同。

四、调解书主文表述

行政调解书的主文即协议内容应明确、具体、便于履行。行政调解书主文内容较多的,尽可能分项述之。

行政赔偿调解书主文表述中,如果确定被告行政机关承担行政赔偿法律责任的,可以紧密结合《国家赔偿法》确定的行政赔偿方式和计算标准及《行政诉讼撤诉规定》所确定的改变具体行政行为的相关情形,来确定行政赔偿范围,并确定具体的赔偿方式即是支付赔偿金、返还财产、恢复原状,还是为受害人消除影响、恢复名誉、赔礼道歉、应当支付相应的精神损害抚慰金,还是采取相应的补救、补偿等措施,或者是根据案件具体情况来明确被诉具体行政行为全部或者部分不再执行。

对于当事人达成的超出《国家赔偿法》等法律法规规定的赔偿范围、赔偿方式和赔偿数额的协议内容,需慎重对待,应进行一定的审查确保其合法性,不要照搬照抄,避免违法的协议内容经司法确认后形成负面作用,防止由此产生的不良社会效果和法律效果。

需要指出的是,行政行为违法,不一定必然带来行政赔偿责任。行政赔偿责任的成立,在具备行政行为被确认违法、存在受损害事实的条件下,该两项条件之间还必须存在关联性。根据《国家赔偿法》的规定,因公民、法人和其他组织自己的行为致使损害发生的,国家不承担赔偿责任。因此,行政赔偿调解书的达成,有可能是在不构成行政赔偿责任的情况下,为解决行政争议而达成的。对此,行政赔偿调解书的主文应加以区分,不一定用"赔偿"的文字表述,可强调是"补偿"等,措辞上应当谨慎。

第五节　行政诉讼决定、通知、书函类文书

一、决定、通知、书函类文书的概念和种类

(一)行政诉讼中的决定

1. 行政诉讼中决定的概念

行政诉讼中的决定,是人民法院为了保证行政诉讼的顺利进行,就诉讼中发生的某些特殊事项所作的司法决断。决定可以采用书面形式,也可以采用口头形式计入笔录。与判决和裁定相比决定具有如下特点:(1)就决定所解决的问题而言,既不同于判决所解决的案件争议问题,也不同于裁定所解决的程序问题,而是解决诉讼过程中可能出现的特殊问题。(2)就决定的功能而言,它旨在保证案件的正常审理和诉讼程序的正常进行,或者为案件审理和正常的诉讼活动创造必要的条件。(3)就决定的效力而言,决定不是对案件的审判行为,不能依上诉程序提起上诉,当事人不服,只能申请复议。

2. 行政诉讼中决定的种类

行政审判实践中,根据《行政诉讼法》、《2000 解释》、《行政诉讼证据规定》等法律、司法解释,决定的种类和运用范围主要有:对当事人申请回避的决定;对诉讼参与人或者他人妨害行政诉讼的行为采取予以训诫、责令具结悔过或者处以罚款、拘留强制措施的决定;公民、法人或者其他组织因不可抗力或者其他特殊情况耽误法定期限的,在障碍消除后的十日内,申请延长期限的,决定是否延长;审判委员会对已经生效的行政裁判认为应当再审的决定;有关执行程序事项的决定;对当事人申请人民法院调取证据是否准许的决定;相关的复议决定等。

(二)行政诉讼中的通知

1. 行政诉讼中通知的概念

行政诉讼中的通知以书面形式出现,是人民法院在诉讼活动中,将有关事项告诉当事人、其他诉讼参与人或者有关的机关、团体、企业事业单位的司法文书。通知书是根据程序法的规定,在诉讼活动中,明确告知被通知方什么事项或者什么情况,应当如何办理,是一种知照性的书面文件。

2. 行政诉讼中通知书的种类

行政审判实践中,根据法律、司法解释及最高人民法院行政审判庭于2015年5月编写的《行政诉讼文书样式(试行)》等规定,通知书的种类和运用范围主要有:受理通知书;应诉通知书;参加诉讼通知书;行政机关负责人出庭通知书;合议庭组成人员及书记员通知书;变更合议庭组成人员及书记员通知书;举证通知书(被告举证用);举证通知书(原告、第三人举证用),准许延长举证期限通知书;不予准许延长举证期限通知书;因公告送达变更举证期限通知书;准许当事人申请法院调查收集证据通知书;调取证据通知书;证据保全担保通知书;驳回证据保全申请通知书;通知当事人交换证据、召开庭前会议通知书;准许/不予准许对被告提供的鉴定结论重新鉴定申请通知书;准许/不予准许对法院委托的鉴定部门的鉴定重新鉴定申请通知书;准许/不予准许对法院的勘验结论重新勘验申请通知书;准许证人出庭作证通知书;不予准许证人出庭作证通知书;法院依当事人申请通知证人出庭作证通知书;法院依职权通知证人出庭作证通知书;准许具有专门知识的人员出庭协助质证通知书;具有专门知识的人员出庭通知书;对新的证据提出意见或者举证通知书等。

(三)行政诉讼中的书函

1. 行政诉讼中书函的概念

行政诉讼中的书函,是涉及案件的有关公务往来的信件、公函。主要是人民法院在审理行政诉讼案件过程中,与有关机关、单位之间商洽工作,提出建议,询问和答复问题的公务文书。

2. 行政诉讼中书函的种类

行政审判实践中,根据《行政诉讼法》、《2000解释》、《行政诉讼证据规定》等法律、司法解释,书函的种类和运用范围主要有:对专门性问题,需要委托法定鉴定部门或指定鉴定部门进行鉴定的,有委托鉴定书;对在审理行政诉讼案件中发现的问题或者某些特定事项,需向被告和有关机关、单位提出司法建议的,有司法建议书;诉讼环节中的案件移送函、调卷函、送卷函、退卷函、报送上诉(抗诉)案件函;诉讼环节中的委托调查、宣判、送达等委托函;等等。

二、对申请回避的决定书

(一)对申请回避的决定书的适用范围

对申请回避的决定书,是人民法院按照程序法的有关规定,对当事人的回避申请,经审查后以书面形式作出准许回避申请或者驳回回避申请的司法文书。根据《行政诉讼法》第五十五条和《2000 解释》第四十七条的规定,在行政诉讼案件审理中,当事人有权在法庭辩论终结前提出回避申请,人民法院应当在3 日内以口头或者书面形式作出决定。一般情况下,对回避申请的决定以口头形式为主,但在审判实践中,常有当事人对口头形式的决定表示不满。我们认为,如果不是在开庭过程中因情况紧急而用口头形式作出决定外,其他情况下可以考虑以书面形式作出,以便当事人行使复议权。

(二)对申请回避的决定书的样式

此项决定是针对当事人回避申请而作出的,书面决定须向当事人送达。其样式和内容为:

1. 首部。

依次写明制作机关的名称"××××人民法院"、标题"对申请回避的决定书"和案件编号。

2. 正文。

(1)写明申请人的姓名或名称等基本情况。

(2)写明案件的由来、申请理由,决定理由等。

行文表述为:"本院在审理……一案中,申请人以……为由,申请×××(被申请人员的姓名)回避。本院院长(或审判长,或本院审判委员会讨论)认为,……(写明准许或驳回回避申请的理由)。依照《中华人民共和国行政诉讼法》第五十五条第四款的规定,决定如下:"

(3)写明决定结果。

准许申请的,行文表述为:"准许×××提出的回避申请。"

不准许申请的,行文表述为:"驳回×××提出的回避申请。"

3. 尾部。

(1)另起一行表述:"如不服本决定,可以向本院申请复议一次。"

(2)注明决定日期,加盖人民法院印章。

(三)决定书理由部分的表述

《行政诉讼法》对于回避条件的规定是概括性的,即该法第五十五条"与本案有利害关系或者有其他关系可能影响公正审判"的规定。与《民事诉讼法》相比欠具体。《民事诉讼法》第四十四条规定了四种回避条件:一是本案的当事人或者当事人、诉讼代理人的近亲属;二是与本案有利害关系;三是与本案的当事人、诉讼代理人有其他关系,可能影响对案件公正审理的;四是审判人员接受当事人、诉讼代理人请客送礼,或者违反规定会见当事人、诉讼代理人的,当事人有权要求他们回避。在叙明决定理由时,也依法应当参照《民事诉讼法》关于回避的规定。

三、不予准许当事人申请法院调查收集证据决定书

(一)不予准许当事人申请法院调查收集证据决定的适用范围

在行政诉讼中,由于原告、第三人与被告诉讼能力上的差异,存在当事人受其能力所限而无法收集相关证据的情况。为了平衡诉讼双方,保护当事人的诉讼权利,体现行政诉讼的程序公正,当事人依法有权申请人民法院调取证据。《行政诉讼证据规定》第二十五条规定,人民法院对当事人调取证据的申请,经审查符合调取证据条件的,应当及时决定调取;不符合调取证据条件的,应当向当事人或者其诉讼代理人送达通知书,说明不准许调取的理由。当事人及其诉讼代理人可以在收到通知书之日起三日内向受理申请的人民法院书面申请复议一次。因此,当当事人申请人民法院调查收集证据时,人民法院应当根据相关条件审查是否准许,并以书面决定形式送达提出申请的当事人。

需要指出,关于人民法院对当事人调取证据的申请是否要规定一个审查期限,本条没有规定。行政诉讼实践中,人民法院对当事人调取证据申请的审查有一个期限限制,即在一定的期限内作出答复,有利于诉讼的顺利进行。我们认为,这个审查期限一般应与人民法院对当事人提起行政诉讼的立案期限一样,均为一周,一周之内必须作出是否调取证据决定,否则就容易造成诉讼的拖延。当然,对于具体案件、具体情况,审查期限把握上可以有适当的弹性。

(二)不予准许当事人申请法院调查收集证据决定的样式

此项决定是针对当事人提出的调查收集证据申请,人民法院决定不予准许而作出的,书面决定书须向当事人送达。其样式和内容为:

1. 首部。

依次写明制作机关的名称“××××人民法院”、标题“决定书”和案件编号。

2. 正文。

(1)写明申请人的姓名或名称。

(2)写明案件的由来、申请调取的证据名称等。

如果是原告提出申请的,行文表述为:“你方因不服被告××××(行政主体名称)作出××××(行政行为名称)行政行为一案,于××××年××月××日

向本院申请调查收集下列证据：……（写明申请调查收集的证据名称）。”

如果不是原告提出申请的，行文表述为：“你方因与××××（对方当事人的姓名或者名称及案由）纠纷一案，于××××年××月××日向本院申请调查收集下列证据：……（写明申请调查收集的证据名称）。”

（3）写明决定理由和结论。

不准许申请的，行文表述为“经审查，本院认为：……（不予准许当事人申请调查收集证据的理由）。你方的申请不符合《最高人民法院关于行政诉讼证据若干问题的规定》的有关规定，本院决定不予准许。”

3. 尾部。

（1）另起一行表述“如不服本决定，可以在收到本决定书之日起三日内向本院提出书面复议申请。”

（2）注明决定日期，加盖人民法院印章。

试举下述决定予以示样，加深理解。

决　定　书

（2007）×行初字第××号

顾甲、陈乙、刘丙：

你方因不服被告某某市某区环境保护局作出某环保审〔2007〕××号审批意见一案，向本院申请调查收集关于某某城三期东块主楼及裙房的下列证据：1. 烟道建筑图；2. 某某市环保局验收意见、某区环保局预审意见；3. 设计变更通知、工程图纸变更记录；4. 设计会审记录；5. 专用烟道设计单位；6. 专用烟道具体位置图；7. 施工单位、烟道材质；8. 监理文件；9. 12 根烟道概算及决算；10. 初步设计图纸和说明；11. 技术设计图和说明；12. 审定设计方案通知书及审查意见；13. 有关行政主管部门（环保）批准文件或取得的有关协议；14. 施工图及其说明；15. 政府有关部门对施工图设计文件的审批意见；16. 规划审批申报表及报送的文件和图纸；17. 建设工程规划许可证及其附件；18. 房屋土地权属调查表（编号：05－商－×××，成果号：2005000×××××）。

经审查，本院认为，被诉具体行政行为系对第三人某某餐饮经营管理有限公司项目环境影响报告表的审批意见，因审批内容中的厨房油烟气排放涉及排油烟竖井是否存在的事实争议，本院于2007年10月30日至某某市某区城市规划管理局调取了上述申请中编号17建设工程规划许可证所附图纸（20号楼地下层、一层、二层、三层、标准层、屋顶平面图各一份）及20号楼上述楼层的竣工图各一份。至于你方申请调取的其他证据材料,因与被诉具体行政行为缺乏关联性,且现有证据已经足以证明案件事实,故你方的申请不符合《最高人民法院关于行政诉讼证据若干问题的规定》的有关规定,本院决定不予准许。

如不服本决定,可以在收到本决定书之日起三日内向本院提出书面复议申请。

二〇〇七年××月××日

(三)决定书理由部分的表述

《行政诉讼证据规定》对于申请调取证据的条件,可以分为形式条件和实质条件。关于形式条件,见于第二十四条规定,即1. 当事人申请人民法院调取证据的,应当在举证期限内提交调取证据申请书。2. 调取证据申请书应当写明的内容为,证据持有人的姓名或者名称、住址等基本情况;拟调取证据的内容;申请调取证据的原因及其要证明的案件事实。关于实质条件,见于第二十三条规定,即原告或者第三人不能自行收集,但能够提供确切线索的,可以申请人民法院调取下列证据材料:(1)由国家有关部门保存而须由人民法院调取的证据材料。这类证据材料主要包括档案材料等。(2)涉及国家秘密、商业秘密、个人隐私的证据材料。所谓国家秘密,根据《保守国家秘密法》第二条的规定,是关系国家的安全和利益,依照法定程序确定,在一定时间内只限一定范围的人员知悉的事项。该法第八条规定有:国家事务的重大决策中的秘密事项;国防建设和武装力量活动中的秘密事项;外交和外事活动中的秘密事项以及对外承担保密义务的事项;国民经济和社会活动发展中的秘密事项;科学技术中的秘密事项;维护国家安全活动和追查刑事犯罪中的秘密事项;其他经国家保密工作部门确定应当保守的国家秘密事项。此外,政党的秘密事项中符合本法第二条规定的,属于国家秘密。所谓商业秘密,根据《反不正当竞争法》第十条规定,是指不为公众所熟悉、能为权利人带来经济利益、具有实用性并经权利人采取保密措施的技术信息和经营信息。有生产设计、产品配方、制作工艺、货源情报、价格信息、计算机程序等。所谓个人隐私,是指法律予以保护的,不受他人非法侵犯的隐私权利。如个人的储蓄、财产状况、通信、日记、私人档案等。(3)确因客观原因不能自行收集的其他证据材料。人民法院不得为证明被诉具体行政行为的合法性,调取被告在作出具体行政行为时未收集的证据。

人民法院对当事人调取证据的申请,认为符合条件的,应及时决定调取。如果当事人调取证据的申请基本上符合调取条件的,只是某个条件没有达到要求或者有其他欠缺的,人民法院应当告知其予以补正。如果当事人在指定的期限内补正的,人民法院应决定调取。人民法院对当事人调取证据的申请,认为不符合调取条件,决定不予调取的,应当向当事人或者其诉讼代理人送达通知书,说明不准许调取的理由。这里的"理由"主要是指当事人调取证据的申请不符合调取条件,或者人民法院认为现有证据已经足以证明案件事实,申请调取的证据与讼争的案件不具有关联性等。行政审判实践中,人民法院对当事人调取证据的申请作出不予准许决定,一般均应当从调取所申请证据的必要性、可查性和与案件审理的关联性三方面加以审查,并阐明相关理由。对当事人滥用申请人民法院调取证据的诉讼权利的情况,必须加以遏制。

四、不予准许证人出庭作证通知书

(一)不予准许证人出庭作证通知书的适用范围

在行政诉讼中,存在当事人申请证人出庭作证、原告或者第三人要求相关行政执法人员作为证人出庭作证两种情形。证人因其知道案件事实,在法律上负有出庭作证的义务。但证人能否出庭作证,需向法院提出申请,该项申请属于举证范畴,须经法院许可。《行政诉讼证据规定》第四十三条规定,当事人申请证人出庭作证的,应当在举证期限届满前提出,并经人民法院许可。人民法院准许证人出庭作证的,应当在开庭审理前通知证人出庭作证。当事人在庭审过程中要求证人出庭作证的,法庭可以根据审理案件的具体情况,决定是否准许以及是否延期审理。因此,对当事人申请证人出庭作证如没有正当理由,人民法院有权不予准许,并作出不予准许证人出庭作证通知书,送达申请人。如果当事人申请证人出庭作证在庭审前提出,人民法院可以在一定的期限内作出答复;如果当事人申请证人出庭作证在庭审中提出,法庭可以视情况当庭作出答复是否准许。需要指出的是,当事人对人民法院不予准许证人出庭作证,不能申请复议,故既可以通知书的形式作出,也可以口头告知并记入笔录。

(二)不予准许证人出庭作证通知书的样式

此项通知是针对当事人提出的证人出庭作证申请,人民法院决定不予准许而作出的,书面通知书须向申请人送达。其样式和内容为:

1. 首部。

依次写明制作机关的名称“××××人民法院”、标题“通知书”和案件编号。

2. 正文。

(1)写明申请人的姓名或名称。

(2)写明案件的由来、申请出庭作证的证人姓名或名称、作证事项等。

如果是原告提出申请的,行文表述为:“你方因不服被告××××(行政主体名称)作出××××(行政行为名称)行政行为一案,于××××年××月××日向本院申请×××(证人的姓名或者名称)出庭就……(写明证人作证的事项)事项陈述证言。”

如果不是原告提出申请的,行文表述为:"你方因与××××(对方当事人的姓名或者名称及案由)纠纷一案,于××××年××月××日向本院申请×××(证人的姓名或者名称)出庭就……(写明证人作证的事项)事项陈述证言。"

(3)写明通知理由和结论。

不准许申请的,行文表述为:"经审查,本院认为:……(不予准许当事人申请证人出庭作证的理由)。你方的申请不符合《最高人民法院关于行政诉讼证据若干问题的规定》的有关规定,本院不予准许。"

3. 尾部。

注明决定日期,加盖人民法院印章。

(三)通知书理由部分的表述

申请证人出庭作证,审查是否准许,亦可以从形式条件和实质条件两方面进行。关于形式条件,按照《行政诉讼证据规定》第四十三条规定,1. 当事人申请证人出庭作证的,应当在举证期限内届满前提出(应要求申请人提交证人出庭作证申请书)。2. 证人出庭的申请应当明确证人的姓名或者名称、住址等基本情况;申请证人出庭作证的原因及其拟作证的事项。关于实质条件,1. 证人有无出庭的必要性,能否出庭;2. 证人能否正确表达意志;3. 行政执法人员出庭必须基于法定的情形。需要指出,对于证人出庭作证的必要性,人民法院应当围绕当事人申请出庭的证人、申请出庭的事项,与本案是否有关联性,以及现有证据能否证明案件事实等方面进行综合判断。对当事人滥用申请证人出庭作证的诉讼权利的情况,应当加以遏制。

五、不予准许对被告提供的鉴定结论撤销鉴定申请通知书

(一)不予准许对被告提供的鉴定结论重新鉴定申请通知书的适用范围

《行政诉讼证据规定》第二十九条规定,原告或者第三人有证据或者有正当理由表明被告据以认定案件事实的鉴定结论可能有错误,在举证期限内书面申请重新鉴定的,人民法院应予准许。因此,对原告和第三人申请重新鉴定如没有正当理由的,人民法院有权不予准许,并作出不予准许证人出庭作证通知书,送达申请人。鉴于鉴定结论是证据的一种形式,对于鉴定结论的异议是当事人进行质证的意见。故当事人如果在庭审前提出申请重新鉴定,人民法院可以在一定的期限内作出答复;如果当事人在庭审中申请重新鉴定,法庭可以视情况当庭作出答复是否准许。需要指出的是,当事人对人民法院不予准许对鉴定结论重新鉴定申请,不能申请复议,故既可以通知书的形式作出,也可以口头告知并记入笔录。

(二)不予准许对被告提供的鉴定结论重新鉴定申请通知书的样式

此项通知是针对当事人提出的对被告提供的鉴定结论重新鉴定申请,人民法院决定不予准许而作出的,书面通知书须向申请人送达。其样式和内容为:

1. 首部。

依次写明制作机关的名称“××××人民法院”、标题“通知书”和案件编号。

2. 正文。

(1)写明申请人的姓名或名称。

(2)写明案件的由来、申请出庭作证的证人姓名或名称、作证事项等。

如果是原告提出申请的,行文表述为:“你方因不服被告××××(行政主体名称)作出××××(行政行为名称)行政行为一案,对××××(被告名称)据以认定案件事实的××××(鉴定书文号)鉴定结论有异议,认为……(申请重新鉴定的理由),于××××年××月××日向本院申请重新鉴定。”

如果是第三人提出申请的,行文表述为:“你方因原告×××不服被告××××(行政主体名称)作出××××(行政行为名称)行政行为一案,对××××(被告名称)据以认定案件事实的××××(鉴定书文号)鉴定结论有异议,认为……(申请重新鉴定的理由),于××××年××月××日向本院申请重新鉴定。”

(3)写明通知理由和结论。

不准许申请的,行文表述为:“经审查,本院认为:……(不予准许当事人申请重新鉴定的理由)。你方的申请不符合《最高人民法院关于行政诉讼证据若干问题的规定》第二十九条规定,本院不予准许。”

3. 尾部。

注明决定日期,加盖人民法院印章。

(三)通知书理由部分的表述

对原告或者第三人提出的对被告提供的鉴定结论重新鉴定的申请,审查是否准许,仍然可以从形式条件和实质条件两方面进行。关于形式条件,1. 依《行政诉讼证据规定》第二十九条规定,在举证期限内书面申请。申请书应说明重新鉴定理由,以及申请重新鉴定的事项。2. 依《行政诉讼证据规定》第三十一条规定,提出重新鉴定的申请人应预交鉴定费用、提供相关材料。关于实质条件,依《行政诉讼证据规定》第二十九条的规定,为原告或者第三人有证据或者正当理由表明被告据以认定案件事实的鉴定结论可能有错误,这种错误只是一种可能性而非必然性,鉴定结论可能有错误实际上说明重新鉴定存在必要性。鉴定结论可能有错误,依照《行政诉讼证据规定》第三十条的规定,存在四种情形:1. 鉴定部门或者鉴定人不具有相应的鉴定资格的;2. 鉴定程序严重违法的;3. 鉴定结论明显依据不足的;4.经过质证不能作为证据使用的其他情形。此外可以结合《行政诉讼证据规定》第三十二条规定,对鉴定结论是否有可能错误是否有重新鉴定的必要性进行综合判断。

需要指出,对于是否重新鉴定,人民法院应当围绕当事人申请重新鉴定的事项、要求,结合案件情况判断是否具有必要性、是否具有关联性、是否具有可操作性,以及现有证据能否证明案件事实等方面进行综合判断。对当事人滥用申请重新鉴定的诉讼权利的情况,应当加以遏制。

六、案件移送函

(一)案件移送函的适用范围

在行政诉讼中,当案件受理后,常常会涉及管辖的问题,发生移送管辖后,需要制作案件移送函。案件移送,是为了方便当事人行政诉讼,方便人民法院审判,确保行政诉讼立法目的的实现。

(二)案件移送函的样式

此项书函是向受移送人民法院或主管机关发送的,其样式和内容为:

1.首部。

依次写明制作机关的名称"××××人民法院"、标题"案件移送函"和案件编号。

2.正文。

(1)写明受移送的人民法院或者主管机关的名称。

(2)写明案由、移送的理由等事项,行文表述为:

"关于原告×××不服被告××××(行政主体名称)作出××××(行政行为名称)行政行为一案中,因……(写明移送的原因和理由)。根据……现将该案移送你……(受移送的任免法院或主管机关的名称),请查收。

附件:……"

3.尾部。

注明制作日期,加盖人民法院印章。

(三)案件移送函主文部分的表述

案件移送函主文部分的表述,主要是简要说明移送的原因和理由。移送管辖基于两种情形:一种情形为不属于法院主管,即《行政诉讼法》第六十六条第一款规定,人民法院在审理行政案件中,认为行政机关的主管人员、直接责任人员违法违纪的,应当将有关材料移送监察机关、该行政机关或者其上一级行政机关;认为有犯罪行为的,应当将有关材料移送公安、检察机关。另一种情形为不属于本院管辖,此种情形分为以下几种情况:1.受案人民法院自己发现对案件无管辖权而移送的,即《行政诉讼法》第二十二条“人民法院发现受理的案件不属于本院管辖的,应当移送有管辖权的人民法院。受移送的人民法院应当受理。受移送的人民法院认为受移送的案件按照规定不属于本院管辖的,应当报请上级人民法院指定管辖,不得再自行移送”的规定。2.当事人提出管辖异议成立而移送的,即《2000 解释》第十条“当事人提出管辖异议,应当在接到人民法院应诉通知之日起 10 日内以书面形式提出。对当事人提出的管辖异议,人民法院应当进行审查。异议成立的,裁定将案件移送有管辖权的人民法院;异议不成立的,裁定驳回”的规定。3.指定管辖的,即《行政诉讼法》第二十三条“有管辖权的人民法院由于特殊原因不能行使管辖权的,由上级人民法院指定管辖。人民法院对管辖权发生争议,由争议双方协商解决。协商不成的,报它们的共同上级人民法院指定管辖”的规定。4.提级管辖的,即《行政诉讼法》第二十四条“上级人民法院有权审理下级人民法院管辖的第一审行政案件。下级人民法院对其管辖的第一审行政案件,认为需要由上级人民法院审理或者指定管辖的,可以报请上级人民法院决定”的规定。此外,《最高人民法院关于行政案件管辖若干问题的规定》(2008 年 2 月 1 日起施行),对指定管辖和提级管辖进行了更为明确的规定。

七、司法建议书

(一)司法建议书的适用范围

司法建议书,是人民法院针对案件审理和执行过程中发现的问题,或者就某一特定事项,主动向有关机关、单位提出建设性意见的司法公务性文书。它是人民法院参与社会治安综合治理,积极为经济建设服务,扩大审判工作的社会效果,预防犯罪和减少纠纷的一种有效方法,能够起到处理一片、教育一片、防范一方的积极作用。与民事诉讼相比,行政诉讼更为强调司法建议的作用,是人民法院有效监督行政机关依法行政的一项主要的司法措施。《行政诉讼法》第九十六条第(四)项规定,行政机关拒绝履行判决、裁定、调解书的,第一审人民法院可以采取向监察机关或该行政机关的上一级行政机关提出司法建议的措施;接受司法建议的机关,根据有关规定进行处理,并将处理情况告知人民法院。《2000 解释》第五十九条规定,根据行政诉讼法第五十四条第(二)项规定判决撤销违法的被诉具体行政行为,将会给国家利益、公共利益或者他人合法权益造成损失的,人民法院在判决撤销的同时,可以向被告和有关机关提出司法建议的方式处理。行政审判实践证明,行政诉讼中的司法建议,对于督促行政机关及相关单位依法履行生效裁判,有助于行政机关及相关单位改进工作中的不足、弥补制度上的缺陷、堵塞程序上的漏洞,是积极履行维护和监督行政机关依法行使行政职权、维护国家利益、公共利益或者他人合法权益的一项行之有效的重要措施,是能动司法的具体体现,对实现和谐社会、法治社会具有非常积极的正面作用,值得在行政审判中加以倡导。

除了《行政诉讼法》第九十六条第(四)项、《2000解释》第五十九条规定外,在行政审判实践中,针对以下情形,可以考虑发送司法建议:

1. 发现被诉行政行为所依据的其他规范性文件与法律、法规、规章的规定相冲突,可建议被告在行政执法中排除适用,或向制定该文件的行政机关提出修改意见;

2. 行政机关行使自由裁量权失当,或者行政程序存在瑕疵的;

3. 被告应诉能力和应诉水平待提高的;

4. 其他与被诉行政行为相关,需要行政机关予以改进的问题,或者有利于提高行政执法水平、完善行政管理工作、保护行政相对人及利害关系人合法权益的情形。

必须注意,在行政诉讼中,对于不属于人民法院行政审判主管范围的问题,不应以司法建议方式提出,如行政机关内部人事任免,国防、外交事务,等等。

(二)司法建议书的样式

此项建议是针对相关行政机关或单位提出的,司法建议书须向受文行政机关或单位送达,必要时可以抄、报相关政府部门和同级的人大内司委。其样式和内容为:

1. 首部。

依次写明制作机关的名称"××××人民法院"、标题"司法建议书"和发文编号。

2. 正文。

(1)写明受建议的行政机关或者单位的名称。

(2)写明案由及建议的具体内容,行文表述为:

"本院在审理原告××不服被告××××(行政主体名称)作出××××(行政行为名称)行政行为一案中,发现……(写明存在的问题和提出建议的理由)。为此,特建议:

……(写明建议的具体事项)。

以上建议请研究处理,并将处理结果在××日内函告本院。"

3. 尾部。

(1)注明制作日期,加盖人民法院印章。

(2)如有抄、报的,写明抄、报的相关部门。

(3)如有材料相附,注明所附材料的名称。

(三)司法建议正文的表述

司法建议正文部分,可根据案件所涉问题确定表述内容,至少应当包括以下几个方面:1.提出问题,以司法审查为基本视角,揭示被告在行政执法等方面存在的不足或者需要引起重视和解决的;2.分析成因,正确剖析问题发生的原因;3.提出建议,阐明具有合理性和可操作性的改进措施和应对方略;4.告知反馈期限,发出司法建议时,应要求被建议单位在一定期限内向法院进行书面反馈,反馈期限一般为收到司法建议之日起2个月内,法院也可以根据具体情况确定合理期限。确定反馈期限,有利于对司法建议落实整改情况的监督,如果被建议的行政机关在期限内不予反馈,不进行调查、研究和处理,未引起重视的,人民法院可以进一步向其上级主管机关或同级政府法制部门进行反映,并可以根据具体情况报同级党委和人大相关部门。

试举下述实例加深理解。

某某市某某区城市管理监察大队:

原告徐某某起诉要求确认你单位在执法中造成其身体伤害行政行为违法并要求行政赔偿一案,本院已经判决结案[见(××××)普行初字第××号行政判决书]。在案件审理中,我院发现你单位城管执法人员在进行本案所涉的城市市容环境整治执法中,面对行政管理相对人或旁观人员的不理解、不配合、不理智甚至予以对抗时,处置不当。原告徐某某与城管队员发生冲突在被强制拖入执法车辆过程中,由于不恰当的肢体接触,原告形成了"头面部四肢软组织挫伤,腰背部软组织挫伤"的轻微伤。为此,原告诉称其所受身体伤害是遭到城管队员的殴打所致。依据《国家赔偿法》等相关法律规定,执法中造成公民身体伤害,受害人有取得赔偿的权利。

你单位为迎"世博"工作,在整治城市环境中,进行了艰辛的工作,作出了很大的努力。由于城市管理行政执法时较容易遭到行政管理相对人或旁观人员的不理解,甚至抵触和抗拒,往往现场情况复杂、执法难度大,这就更需要不断提高执法能力,慎重应对,妥善处置激化的矛盾,把握好执法尺度,追求行政执法良好的社会效果和法律效果。为更好地做好城市管理行政执法,请你们认真研究,如何在行政执法中依法应对突发事件。例如,当对方辱骂如何办,当对方推搡如何办,当对方抗拒如何办,当对方殴打如何办,当对方暴力抗法如何办,以避免不当行政所造成的负面影响。为此,特向你单位提出建议如下:

一、加强队伍管理,培养良好的执法理念。通过法律知识培训和职业素养教育,牢固树立依法、规范、文明和尊重当事人权益的意识,牢固树立依法化解行政争议的意识,切实做到严格执法与文明执法并举、维护公共利益和社会秩序与维护相对人合法权益并举,杜绝因不当行政而引发民怨。

二、加强执法方式改进,提高对意外情况发生的应对能力。应该重新审视执法行为和方式的合法性,使之有合情合理的操作,使执法工作更正确、更规范、更细微、更周到。特别要注意在行政执法时不要违法侵犯公民的人身权,避免因采取不必要的措施而造成伤害。

三、加强证据意识,依法保护城管执法队员的合法权益。依照法律规定,行政机关依法不承担行政赔偿责任有相应的法定情形。在执法中要切实采取可靠措施,做好对相关证据的收集、固定工作,为提交或督促有关部门依法处理打好事实基础。

四、加强执法沟通,创新协调机制。通过与公安机关等相关部门、单位的沟通联系,有效制定工作预案,争取行政执法上的支持,形成相互协作和配合的工作机制。

以上建议请研究处理,希将研处结果在30日内函复我院。

八、协助化解矛盾建议函

(一)协助化解矛盾建议函的制作目的

在预防、减少、化解行政争议当中,行政机关是主体,是主要渠道。近年来,有些法院在行政案件的协调化解中,尝试通过向市、区(县)政府法制部门,向被告行政机关、被告的上一级行政机关或者其他有关行政机关发送协助化解矛盾建议函,以期进一步发挥行政机关在化解涉诉行政争议的积极作用,促进行政诉讼案结事了,争取较好的社会效果和法律效果。

(二)协助化解矛盾建议函的适用范围

人民法院在审理行政案件中,认为当事人之间存在协调和解可能的,且存在下列情形的,一般可以发出协助化解矛盾建议函。

1. 协调和解方案可能涉及被告之外的其他行政机关,需要政府法制部门予以协调的;

2. 涉及该行政执法领域面上情况,需要被告的上一级行政机关共同参与协调或制定矛盾化解方案的;

3. 其他需要有关政府法制部门和行政机关参与协调的。

协助化解矛盾建议函与司法建议的区别在于,司法建议针对的是行政行为中存在的涉及合法性等不足问题,建议或要求相关行政机关或单位进行整改。而协助化解矛盾建议函则主要提出化解方案,建议或邀请相关行政机关或单位参与协调化解矛盾。两者的功能和效用不能相混同。

(三)协助化解矛盾建议函的内容

协助化解矛盾建议函一般应包括以下内容：

1. 基本案情；
2. 法院的初步审查意见；
3. 协调和解的必要性；
4. 协调和解工作的进展情况或当事人主要意向；
5. 需要受文单位协助的事项；
6. 其他需要说明的事项。

法院可以根据案情随函附送相关诉状、法律文书等材料。

试举下列示样：

关于原告顾甲诉被告某某市社会保险事业基金结算管理中心要求调整连续工龄信息案协调化解矛盾的建议函

某某市社会保险事业基金结算管理中心：

我院于2008年3月3日受理了原告顾甲诉你中心要求调整连续工龄信息一案。原告顾甲诉称,其自1941年6月起在私营大有成记铁号工作。1956年因原单位歇业,原告转入国营企业工作,并于1986年8月退休。2005年,原告发现你中心对其连续工龄的计算有误,只计算了1956年至1986年的30年工龄,对原告在私营企业工作的15年工龄却未予计算。原告即向你中心提出异议,要求纠正,但被拒绝。现原告认为你中心对于原告的连续工龄认定有误,损害了原告的合法权益,故要求你中心重新调整原告退休前的连续工龄信息,并补发自2005年7月起的养老金差额。现你中心认为,原告在1956年1月已被大有成记铁号解雇并领取了解雇费,后至1956年5月方进入市五金公司工作,故原告在大有成记铁号工作时的工龄不应计入其连续工龄。

针对双方的争议焦点,我院审查了原告与你中心提交的有关材料,并赴原告的原工作单位查阅了原告的档案。据档案记载:原告原为私营大有成记铁号员工,1956年1~4月因病回无锡老家修养。当年该私有企业因社会主义改造而歇业,原有员工均转入国营单位(市五金公司)安置。原告领取了协商解雇费320元,并于1956年5月进入市五金公司工作,至退休。从已有档案材料来看,并未反映出原告在1956年1~4月期间因病回老家休养究竟属何性质,仅凭原告领取了解雇费的事实,尚不能证实你中心的观点。根据《行政诉讼法》的有关规定,行政机关应当对其作出的具体行政行为所认定的事实承担举证责任。故你中心仍应进一步提供相关证据,否则将承担举证不能的不利后果。

审理中,考虑到本案涉及的争议问题年代久远,你中心进一步举证确有困难的实际,我院依据本市高院关于行政诉讼协调和解的有关规定,与诉讼双方当事人积极沟通协商化解方案。现原告明确表示,你中心如能调整原告退休前的连续工龄信息,其同意撤回起诉,并不再提出要求补发自2005年7月起的养老金差额的主张。

我院认为,连续工龄的核定牵涉当事人的切身利益何社会稳定。为保护退休人员的合法权益,避免发生不安定因素,建议你中心从维护社会稳定大局出发,积极配合我院的协调和解工作,认真考虑原告的和解方案,早日解决本案争议。

二〇〇八年五月六日(院印)

第 三 编

裁判文书实例各论

第九章　裁判文书实例点评概述

裁判文书点评是发掘裁判文书内在价值的重要手段。采取不同方法对于裁判文书进行全方位、多层次、宽领域的点评,可以充分发掘裁判文书的内在价值,以达到促进法官提高裁判文书制作质量的目的。

一、全面点评与重点点评

全面点评是指对裁判文书的首部、事实、理由、裁判主文和尾部各部分内容均作出一定的评价。重点点评是指对裁判文书的部分内容作出有选择的评价。从点评者的思维过程来看,全面点评是重点点评的基础,重点点评是全面点评的深化。一般而言,点评者要对裁判文书作出点评,首先必须通读整篇裁判文书,对裁判文书有一个总体印象;其次再分段精读,对裁判文书的各个组成部分的优劣作出判断。如果认为各个组成部分均有点评价值而进行的点评即是全面点评;如果认为只有部分内容具有点评价值而进行的点评即是重点点评。《"一五"改革纲要》明确"裁判文书改革的重点是对有争议证据的分析、认定和对裁判理由的阐明"。因此,与之相应,裁判文书重点点评的对象往往是分析认证部分和裁判说理部分。当然,对于一篇裁判文书,也可以就当事人和其他诉讼参加人的基本情况部分、案件的由来和审理经过部分、当事人的诉讼请求、争议的事实和理由部分、法律事实叙述部分、法律依据引用部分、裁判主文表达部分等内容作出重点点评。点评对象的多样性有利于点评内容的丰富性,而点评对象的特定性则有利于点评内容的深刻性。在裁判文书点评中,允许"平庸的全面",更提倡"深刻的侧面"。

二、肯定点评与否定点评

肯定点评是指对裁判文书的可取之处加以展示、赞扬,以达到推广的目的。否定点评是指对裁判文书的不足之处加以揭露、批评,以达到警示的目的。从点评的具体内容来看,绝大多数裁判文书点评纯粹是肯定点评或者是附带小部分否定点评内容的肯定点评,只有极少数裁判文书点评是纯粹的否定点评或者以否定点评为主的。裁判文书点评以肯定点评为主的原因:一是绝大多数被点评的裁判文书均是遴选出的优秀裁判文书,优秀裁判文书自然是以优点为主;二是肯定点评能够使裁判文书制作人、点评人、读者均容易接受,也便于借鉴。同时,必要的否定点评也是需要的,要能够提醒裁判文书制作人和读者在原有基础上对裁判文书的不足之处作出改进,以进一步提高裁判文书质量。就点评的功能而言,肯定点评较利于普及,否定点评更利于提高。由于目前的裁判文书制作水平尚处于发展阶段,因此既需要肯定点评,也需要否定点评。

三、规范点评与创新点评

规范点评是指将一篇具体的裁判文书实例与相应的裁判文书样式、说明和法律规定进行求同性对照评价。创新点评是指将裁判文书实例与裁判文书样式等进行求异性对照评价。对于一篇裁判文书,我们首先要求它基本符合规范,其次在基本规范的前提下希望它有所创新。规范点评是裁判文书点评的基本要求,创新点评是裁判文书点评的较高要求。可以作为规范点评和创新点评样本的主要有:《法院诉讼文书样式(试行)》、《刑事诉讼文书样式(样本)》、《行政诉讼文书样式(试行)》、《海事诉讼文书样式(试行)》、《民事诉讼文书样式》、《最高人民法院关于〈法院诉讼文书样式(试行)〉若干问题的解答》、《上海法院关于制作裁判文书有关技术要求的规定》等。此外,其他一切有效的法律、法规、司法解释中的内容也是裁判文书规范点评和创新点评的样本。规范点评和创新点评也是可以转化的。例如,1999年7月1日起施行的《刑事诉讼文书样式(样本)》中“一审公诉案件适用简易程序用”刑事判决书样式中包括“被告人的供述、辩解及其辩护人的辩护意见”和“经审理查明”两部分。以后有些法院在新一轮裁判文书改革中省略了这两部分内容,对此的求异性对照评价即为创新点评。2003年3月14日与《关于适用简易程序审理公诉案件的若干意见》同时施行的“一审公诉案件适用简易程序用”刑事判决书样式删除了这两部分内容,此后再对于裁判文书省略这两部分内容进行求同性对照评价即为规范点评。总之,规范点评是对裁判文书规范的尊重,为裁判文书提供一个共同的平台;创新点评则是对裁判文书规范的扬弃,符合裁判文书发展趋势的创新点评有助于建立更高的平台。

四、文字点评与结构点评

文字点评是指对裁判文书的字、词、句、段的表达运用进行评价。结构点评是指对裁判文书组成部分的内部结构和相互关系进行评价。文字点评属于咬文嚼字,留心细节,偏重于从微观上分析裁判文书的制作,以法律术语为主干,而又不局限于法律术语;结构点评属于宏大叙事,胸怀大局,偏重于从宏观上把握裁判文书的制作,以裁判文书样式为依托,而又不拘泥于裁判文书样式。裁判文书点评可以是文字点评,点评者应当具备一定的语言文字审美能力,能够从字、词、句、段等各个层次欣赏裁判文书中的语言美,识别是清词丽句还是浮辞杂采。裁判文书点评更宜是结构点评,点评者应当具备良好的法律逻辑思维能力,能够从开头和结尾、层次和段落、过渡和照应等各个方面欣赏裁判文书中的形式美,判断是秋水华章还是信手涂鸦。无论是文字点评还是结构点评,都是为了共同促进裁判文书的真善美。

第十章 裁判文书实例点评

第一节 刑事裁判文书实例

注:本章裁判文书中的当事人姓名均作技术处理,并省略了首部、尾部及附件相关法律条文的有些内容,需要说明的是实例中的案号、适用法律等均保持了原貌。

[实例1]

上海市宝山区人民法院

刑事判决书

(2011)宝刑初字第961号

公诉机关上海市宝山区人民检察院。

被告人叶某禄……原系上海盛某食品有限公司法定代表人

被告人徐某明……原系上海盛某食品有限公司(销售)经理

被告人谢某铣……原系上海盛某食品有限公司生产主管

上海市宝山区人民检察院以沪宝检刑诉(2011)888号起诉书指控被告人叶某禄、徐某明、谢某铣犯生产、销售伪劣产品罪,于2011年8月26日向本院提起公诉。本院依法组成合议庭,公开开庭审理了本案。……现已审理终结。

上海市宝山区人民检察院指控:被告人叶某禄于2000年3月24日在上海市松江区天马经济开发区注册成立上海盛某食品有限公司(以下简称盛某公司),并于同日在上海市宝山区某北路某苑新村132号注册成立上海盛某食品有限公司分公司(以下简称分公司,非法人机构),从事盛某公司的全部经营活动。2003年10月分公司迁至上海市宝山区某大路380号,生产馒头等食品(本案案发后盛某公司及分公司分别于2011年5月9日、2011年4月20日被依法吊销营业执照)。被告人叶某禄系盛某公司法定代表人,全面负责公司生产经营,其先后聘请被告人徐某明担任销售经理,被告人谢某铣担任生产主管。被告人叶某禄从被告人徐某明处得知公司生产的玉米馒头因色泽等问题影响销售的情况后,为牟取暴利与提高销量,明知蒸煮类糕点使用“柠檬黄”食品添加剂(以下简称“柠檬黄”)不符合《食品添加剂使用卫生标准》,仍决定添加“柠檬黄”。自2010年9月起,由被告人叶某禄购进“柠檬黄”,指使被告人谢某铣,大量生产添加“柠檬黄”的玉米馒头,被告人徐某明则负责将上述玉米馒头销售至上海市联华、华联、迪亚天天等多家超市。经司法审计,盛某公司自2010年10月1日至2011年4月11日,销售添加“柠檬黄”的玉米馒头计人民币620,927.02元(以下币种均为人民币)。经上海市质量监督检验技术研究院对生产现场查封及相关超市退回的玉米馒头抽样检查,均检出“柠檬黄”成分,属于不合格产品。同期,盛某公司还回收超市过期及即将过期的馒头重新用作生产馒头的原料,并以出厂日期作为生产日期在产品包装上标注。

公诉机关为证实上述指控事实,当庭宣读、出示了被告人供述、相关证人证言、《企业法人营业执照》、《组织机构代码证》、《公司章程》、《食品生产加工企业落实质量安全主题责任监督检查通知书》、《情况自查表》、《自查报告》、《现场检查笔录》、《搜查笔录》、《扣押物品、文件清单》、《检验报告》、《送货单》、销售数据、《司法会计鉴定意见书》、《补充鉴定说明书》、《工作情况》等证据,公诉机关认为,被告人叶某禄作为盛某公司的主管人员,被告人徐某明、谢某铣作为直接责任人员,以不合格产品冒充合格产品,生产、销售金额计62万余元,其行为均已构成生产、销售伪劣产品罪。其中被告人叶某禄在共同犯罪中系主犯;被告人徐某明、谢某铣系从犯,应当从轻或者减轻处罚;被告人徐某明、谢某铣到案后能如实供述自己的罪行,可以从轻处罚,提请本院根据《中华人民共和国刑法》第一百四十条、第一百五十条、第二十五条第一款、第二十六条第一款、第二十七条、第六十七条第三款之规定,追究三名被告人的刑事责任。

被告人叶某禄辩称,其不知晓馒头内禁止添加“柠檬黄”;自2010年10月至案发盛某公司玉米馒头的销售金额约40万元,未达62万余元,且在此期间其曾回老家三次,导致“柠檬黄”断货。其辩护人对公诉机关指控的罪名不持异议,但提出如下辩护意见:1.被告人叶某禄对于添加“柠檬黄”行为的刑事违法性不了解,其目的是提高馒头销量,主观恶性较小;2.回收过期馒头继续使用、生产日期标注不实这两个情节属于行政违规,且无量化标准,不应作为追究刑事责任的依据;3.对于玉米馒头销售金额所作的司法鉴定存在问题,导致公诉机关指控的犯罪数额不准确:(1)盛某公司《送货单》存在不同种类馒头混同、玉米馒头数量未单独披露等情况;(2)发生退货的数量未予扣除;(3)销售金额不应包含增值税,称《增值税暂行条例》中规定:销售额为纳税人销售货物或者应税劳务向购买方收取的全部价款和价外费用,但是不包括收取的销项税额。

被告人徐某明对公诉机关指控的犯罪事实不持异议。其辩护人提出如下辩护意见:1.本案系单位犯罪,盛某公司未设销售部,被告人徐某明仅为普通销售人员,并非销售经理,其受单位领导指派参与犯罪,在犯罪中获利较小,不应认定为单位犯罪中的直接责任人员,因此不构成犯罪;2.食品超过保质期未必变质,不属于不合格产品,不应作为对被告人定罪量刑的依据;3.单位犯罪的定罪起点标准应比自然人犯罪高。本案的法定刑档次应为二年以下有期徒刑或拘役,而并非公诉机关指控的七年以上有期徒刑;4.即使被告人徐某明被认定构成犯罪,其也具有如下从轻情节:(1)被告人徐某明具有从犯、坦白两个法定从轻情节;(2)"柠檬黄"属于色素,无证据证明少量食用"柠檬黄"对人体会造成伤害,故被告人行为的社会危害性不大;(3)被告人徐某明对其行为会构成犯罪无认识,反映出其主观恶性小。

被告人谢某铣对公诉机关指控的犯罪事实不持异议。其辩护人提出如下辩护意见:1.公诉机关指控的犯罪数额不准确,对于销售金额的鉴定存在瑕疵,不应采信;2.盛某公司实行"以销定产"的生产模式,生产过程不需要专人管理,被告人谢某铣并非实质意义上的生产主管,在犯罪中所起作用较小,并没有因犯罪获得非法利益,系从犯;3.被告人谢某铣主观恶性较小,认罪、悔罪态度较好,具有坦白情节,要求依法对其减轻处罚。

经审理查明:

一、盛某公司及分公司的成立、经营情况

盛某公司系有限责任公司,注册成立于2000年3月24日,住所地为上海市松江区天马经济开发区,注册资本50万元,被告人叶某禄为盛某公司法定代表人,全面负责公司的生产经营。同日,被告人叶某禄一并注册成立非法人机构的分公司,营业场所为上海市宝山区某北路某苑新村132号,2003年10月分公司变更营业场所为上海市宝山区某大路380号。

盛某公司及分公司自成立后生产、经营活动合一,生产、经营地点在上海市宝山区某大路380号,并于2007年11月获得上海市质量技术监督局颁发的蒸煮类糕点、其他发酵酒的《全国工业产品生产许可证》。

本案案发后,盛某公司及分公司分别于2011年5月9日、2011年4月20日被依法吊销营业执照。

上述事实,有下列经庭审质证属实的证据予以证实,本院予以确认:

1.盛某公司及分公司的《企业法人营业执照》、《税务登记证》、《组织机构代码证》、《公司章程》、档案机读材料等工商资料,证实盛某公司及分公司的成立及被依法吊销营业执照情况。

2. 上海市松江区卫生局颁发的《食品卫生许可证》、上海市质量技术监督局颁发的《全国工业产品生产许可证》，证实分公司于2007年11月获得上海市质量技术监督局颁发的蒸煮类糕点、其他发酵酒产品生产许可证。

3. 盛某公司与上海某运输有限公司签订的《租赁合同》，证实盛某公司向上海某运输有限公司租赁上海市宝山区某大路380号厂房的情况。

4. 被告人叶某禄的供述，证实盛某公司及分公司的注册及生产经营情况，证实其注册盛某公司时借用了许某波的身份证，并登记为股东，但实际许某波没有出资，盛某公司系其个人出资经营。盛某公司与分公司的资金进出及缴纳税款使用盛某公司开立的同一个银行账户。

5. 证人许某波的证言，证实被告人叶某禄系其远房亲戚，注册成立盛某公司时用过其《居民身份证》，但实际公司的投资、经营与其无关。

二、被告人叶某禄、徐某明、谢某铣生产、销售伪劣产品的犯罪事实

被告人叶某禄先后聘请被告人徐某明担任盛某公司销售经理，被告人谢某铣担任生产主管。被告人叶某禄从被告人徐某明处得知盛某公司生产的玉米馒头因色泽等问题影响销售的情况后，为提高销量，在明知蒸煮类糕点使用"柠檬黄"不符合《食品添加剂使用卫生标准》的情况下，仍决定在生产的玉米馒头中添加"柠檬黄"。自2010年9月起，被告人叶某禄购进"柠檬黄"，在上海市宝山区某大路380号盛某公司厂房内大量生产添加"柠檬黄"的玉米馒头。在明知玉米馒头中添加"柠檬黄"不符合食品添加剂使用标准的情况下，被告人谢某铣根据被告人叶某禄的安排，组织工人大量生产上述玉米馒头，由被告人徐某明以盛某公司名义销往本市联华、华联、迪亚天天、乐天玛特等多家超市。

2011年4月11日，上海市宝山区质量技术监督局在上海市宝山区某大路380号盛某公司厂房内查获大量添加"柠檬黄"的玉米馒头、"柠檬黄"等物品。经上海市质量监督检验技术研究院对上述查获的玉米馒头及相关超市退回的玉米馒头抽样检查，均检出"柠檬黄"成分，属于不合格产品。经司法审计，自2010年10月1日至2011年4月11日，盛某公司添加"柠檬黄"的玉米馒头销售金额计620,927.02元。

同期，盛某公司还回收已销往超市的过期及即将过期的馒头，重新用作生产馒头的原料，并以上市日期作为生产日期标注在产品包装上。

2011年4月12日、4月13日，被告人叶某禄、徐某明、谢某铣分别被公安机关抓获归案。被告人徐某明、谢某铣到案后均如实供述了上述生产、销售伪劣产品的犯罪事实。

上述事实,有下列经庭审举证、质证的证据证实,本院予以确认:

1. 被告人叶某禄的供述证实,盛某公司生产糯米制品、馒头、酒酿之类食品。馒头有高庄馒头、玉米馒头、黑米馒头三种。玉米馒头自2009年起生产,起初未添加"柠檬黄",颜色不够黄,公司销售经理徐某明向其反映销量不好,后其打听到不少生产玉米馒头的厂家添加"柠檬黄",为降低成本,提高销量,遂决定也在馒头中添加。"柠檬黄"由其购买,一般每100斤面粉放2小勺"柠檬黄",其做过试验,这种比例做出来的馒头色泽比较鲜艳,也最接近玉米的颜色。自2010年9月起,盛某公司生产的玉米馒头、玉米小刀切中开始添加"柠檬黄",直到案发没有间断,其离开公司回老家期间也不例外。谢某铣负责公司的生产,具体管理和安排每天的生产进度及设备维修等;徐某明负责将公司产品销往各大超市。公司还从超市回收过期和即将过期的馒头,挑选出没有变质的作为生产馒头的原料,每天退回的馒头有200袋左右。馒头包装袋上的标签标注的是生产第二天送货的日期。质监部门会定期到公司检查,每次都不进入生产车间,由公司将馒头样品交给他们,他们贴好封条后由公司将样品送到检测部门,每次公司都提供质量较好的高庄馒头进行检测,不会提供添加了"柠檬黄"的玉米馒头。

2. 被告人徐某明的供述证实,其在盛某公司担任销售经理,负责将公司产品推销到超市,按公司销售额的3.5%提成,每月收入4000元左右。公司生产馒头、青团、粽子、酒酿等食品,馒头是主打产品,有玉米馒头、黑米馒头和高庄馒头。公司从2006年起生产玉米馒头,2008年左右,超市打电话说顾客反映公司的玉米馒头颜色不够黄,叫他们生产时多放点玉米粉,其告知叶某禄。后叶某禄说做了市场调查,其他公司生产的玉米馒头都添加"柠檬黄",所以决定同样添加。此后公司生产的玉米馒头均添加"柠檬黄","柠檬黄"由叶某禄采购。其知道在玉米馒头中不允许添加"柠檬黄",但公司老板已经决定了,其也没有办法。公司还将从超市回收的过期和即将过期的馒头作为生产馒头的原料。馒头包装袋上的标签标注的生产日期是生产第二天的日期。谢某铣是公司的生产主任,负责管理生产,维修机器,叶某禄不在时谢某铣会负责管理公司的所有事情。公司与超市结账只使用1个账户,账户开设在农商银行大场支行。公司的玉米馒头销往联华、华联、迪亚天天等超市,2011年1月进入联华超市后,每天销售的玉米馒头在1500袋左右,之前在800袋、900袋左右,每袋4个馒头,销售价格为2.4元。

3. 被告人谢某铣的供述证实,其从2006年开始至盛某公司上班,负责生产、基建、设备维修等工作,要求工人按照老板关照的配方,按时完成所有订单任务。公司老板叶某禄不在时其负责公司事务,每月工资3000元。公司有员工十余人,主要做玉米馒头、高庄馒头、黑米馒头这三种主打产品,其他的都是附属产品。以前做过的玉米馒头面粉和玉米粉的比例是10∶3，但是这样做出来的玉米馒头颜色不黄，比较硬、粗糙，口感、色泽都不好。后来在叶某禄的要求下开始添加“柠檬黄”，100斤面粉加3.4斤玉米粉，放2小勺“柠檬黄”，做出来的馒头色泽、口感都好。而且玉米粉的价格较高，这样可以降低成本。其记得“柠檬黄”是从2010年9月开始添加的，因为2010年七八月份是面粉涨价最厉害的时候，叶某禄为了降低成本遂决定用“柠檬黄”代替玉米粉，用“甜蜜素”代替白糖。按照规定，馒头属于蒸煮类的食品，是不能添加“柠檬黄”的。2011年1月之前，盛某公司每天生产的玉米馒头至少600袋，即2400个。2011年1月之后进入联华超市，每天生产的馒头至少五六千个。公司还从超市回收过期和即将过期的馒头，挑选出没有变质的作为生产馒头的原料。质监部门来检查时不进车间，由公司将馒头样品交给他们，他们贴好封条后由公司将样品送到检测部门，每次公司都拿质量较好的高庄馒头给他们检查。因为玉米馒头是添加“柠檬黄”的，老板叶某禄特地关照只拿高庄馒头去抽查。质监部门来检查时如果老板不在，就由其负责接待。叶某禄去年回过三次老家，回去之前都会关照其负责管理一下公司的事务。在叶某禄回家期间玉米馒头一直添加“柠檬黄”，馒头的颜色没有发生变化。公司出事后工人都离开了公司。2011年4月13日，老板娘叶某芳交给其33,200元现金给工人发工资，叫工人尽快离开上海，其被抓后上述现金被扣押。

4. 证人叶某堂的证言证实，其与盛某公司老板叶某禄是老乡。2008年7、8月份其至盛某公司工作了4个月，负责蒸馒头，见过和面工人往玉米馒头内添加“柠檬黄”。2011年2月其又至盛某公司工作，负责和面，每月工资2000元。公司车间主任是谢某铣，负责管理生产，维修机器，不定期到车间看工作的情况，老板不在时负责招工和接待质监人员。销售经理是徐某明。做玉米馒头的时候将从超市回收的过期馒头倒入和面机，每次20个左右，加入1斤糖、1碗玉米粉、1～2勺“柠檬黄”，抓1把甜蜜素和山梨酸钾、半斤酵母，然后放1桶水，最后放入100斤面粉。放“柠檬黄”的勺子是吃冷饮用的塑料勺。加入“柠檬黄”可以让玉米馒头的颜色变黄，光泽更好。每次做玉米馒头都添加“柠檬黄”，没有中断过，1瓶能用1个多月。高庄馒头不加“柠檬黄”，其他需要加入的东西都一样。工人们都知道馒头里不能加“柠檬黄”，但不知道这样做是犯法的。每天从超市退回的过期馒头有100多袋，有人将其中发霉的扔掉，没有发霉的加入和面机搅拌。馒头上贴的标签日期是第二天送货的时间。每天加工50～60袋面粉，1袋面粉能做280个左右的馒头，其中玉米馒头、高庄馒头、黑米馒头的比例约为3∶3∶1。

5. 证人毛某清的证言证实，2010年2月其至盛某公司工作，负责配货和发货，每月工资2000元。公司老板是叶某禄。谢某铣是车间主任，组织管理生产，修理机器,老板叶某禄不在时负责整个公司的事情。2010年9月,其在馒头车间看到搅拌机的边上添了1个上锁的铁皮柜,问当时的和面工人柜子里放的什么,他说放的是色素和其他添加剂,做玉米馒头用的。自从知道公司的玉米馒头添加了色素之类的添加剂后,其就再也不吃公司生产的馒头了。2011年1月之前,公司送到各超市的馒头每天2000袋左右,1月之后,公司业务进入联华超市,每天的销售量至少5000袋,其中玉米馒头至少2000袋。从超市回收的即将过期和已经过期的馒头,工人都会先将发霉变质的馒头挑出来,其他的放入和面机与面粉等搅拌做新馒头。每天从超市回收的馒头至少200袋,其中70~80袋会重新利用。馒头包装袋上的生产日期盖的都是第二天的。证人汪某辉的证言证实,其于2011年3月至盛某公司担任送货驾驶员,应聘时谢某铣负责面试,向其介绍了工作职责与待遇,其每月工资2200元。叶某禄、谢某铣、徐某明分别是公司老板、生产主管和销售经理。谢某铣是公司主要负责人,负责生产、机器修理,有时还代老板发工资。其送货的都是各家超市的门店,共有121家店。公司有6名送货驾驶员,有5辆车送货。2011年3月初,其送货回公司时因肚子饿吃了1个馒头,公司做馒头的小伙子告诉他少吃点,都加过色素和甜蜜素的,以后其再也没吃过公司的馒头。超市没卖完和过期的馒头会退回来,有人会将没变质的挑出来,然后重新搅拌加工一下再卖出去。

6. 证人许某升、罗某云、许某波等人的证言证实,他们均为盛某公司职工,负责跟车送货、包装、贴标签等,每月工资1800元或1600元。被告人叶某禄、徐某明、谢某铣分别是盛某公司的老板、销售经理、生产主管,公司生产的玉米馒头中添加了色素"柠檬黄",且每批馒头基本一致,没有变化。盛某公司还存在将超市过期馒头回收后用作生产原料及在馒头包装上未如实标注生产日期的情况。

7. 证人叶某芳的证言证实,其系叶某禄的妻子,叶某禄、谢某铣、徐某明分别是盛某公司的老板、生产主管、销售经理。

8. 证人王某林(上海市质量监督检验技术研究所工作人员)的证言证实,其负责对玉米馒头检验报告的审核,根据卫生部发布的《食品添加剂使用卫生标准》(GB 2760—2007),蒸煮类糕点可以使用的食品添加剂不包括"柠檬黄",因此是禁止添加的,经过检测,盛某公司生产的玉米馒头中含有"柠檬黄"成分,故检验结论为不合格产品。证人黄某隽(上海市宝山区食品生产监督所工作人员)的证言证实,2010年7月其与同事万某亮曾至盛某公司进行检查,由姓谢的负责人接待,经检查后提出了三点整改意见,并由姓谢的签字确认。对于使用食品添加剂的规定向被检查单位进行过宣传。证人万某亮的证言证实,其参与盛某公司蒸煮类糕点食品生产许可证颁发的核查工作;流程是盛某公司提出申请,上海市宝山区质量技术监督局根据申请材料受理后组成一个核查小组实地进行检查和抽样。抽样合格后会将相关材料送交上海市质量技术监督局审批,审批通过后颁发许可证;在检查蒸煮类糕点所用原料时,会根据上报的原料和添加剂逐一进行检查,检查时叶某禄、谢某铣、徐某明都在现场。

9. 证人周某、常某冰、杨某、马某、滕某敏、邵某海、蔡某峋、刘某强、林某藏等人的证言,多家超市提供的与盛某公司签订的《购销合同》、销售数据,盛某公司《送货单》,上海公信中南会计师事务所有限公司出具的《司法会计鉴定意见书》、《补充鉴定说明书》等证据证实,盛某公司向华联、联华、迪亚天天、乐天玛特等多家超市销售玉米馒头,自2010年10月1日至2011年4月11日,销往上述超市的玉米馒头销售金额共计620,927.02元。

10. 卫生部《食品添加剂使用卫生标准》(GB 2760—2007)证实,在蒸煮类糕点中所能使用的食品添加剂不包括“柠檬黄”。上海市宝山区质量技术监督局出具的《食品生产企业巡查记录》、《现场检查笔录》、《执法检查告知单》、《上海市食品生产企业巡查和巡查抽检记录表》、《责令改正(更正)通知书》、《食品、食品相关产品及化妆品生产企业回访记录》,证实质量监督部门分别于2008年3月12日、2008年7月30日、2008年9月4日对盛某公司进行巡查,其中后两次检查中被检查单位对检查情况意见一栏中有谢某铣的签字。2009年9月10日,质量监督部门对盛某公司进行检查,谢某铣作为单位代表在相关文书上签字确认,其中回访记录由叶某禄签字确认。上海市宝山区质量技术监督局出具的《质量技术监督抽样取证单》,证实质量监督部门抽检时盛某公司提供了高庄馒头,抽样取证单上“单位陪同人”一栏由谢某铣签字。上海市宝山区质量技术监督局出具的《食品生产加工企业落实质量安全主体责任监督检查通知书》、《情况核查表》、《食品生产企业整顿工作检查记录表》,盛某公司填写的《情况自查表》、《自查报告》、《整改报告》、《食品生产加工企业使用规定名单外物质情况自查报告表》、《食品生产加工企业扩大食品添加剂适用范围和使用量情况自查报告表》,证实2010年7月1日、2010年10月8日质量监督部门先后两次要求盛某公司根据食品安全的相关规定进行自查,并进行核查,检查项目有关于食品添加剂使用是否符合规范,是否超范围、超剂量使用添加剂。盛某公司在自查报告中报告了酵母、面包改良剂两种添加剂,称没有使用规定名单外物质情况,没有扩大食品添加剂的使用范围。谢某铣在2010年7月8日的自查报告上签字,徐某明在2010年10月22日的自查报告上签字。上海市宝山区质量技术监督局提供的盛某公司《食品生产许可证申请书》证实,申请书上载明谢某铣系生产管理负责人、徐某明系质量负责人、叶某禄系总经理。

11. 上海市宝山区质量技术监督局出具的《食品加工企业必备条件现场核查表》、《核查报告》,证实食品加工企业负责人应了解生产者的产品质量责任和义务,有食品质量安全知识,食品生产企业应合理使用食品添加剂。涉案玉米馒头外包装上所使用的标签证实,盛某公司对于玉米馒头所使用的"柠檬黄"添加剂并未如实标明。

12. 上海市宝山区质量技术监督局出具的《现场检查笔录》、《涉案物品清单》、上海市公安局宝山分局出具的《搜查笔录》、《扣押物品文件清单》、相关现场照片,证实在上海市宝山区某大路380号盛某公司厂房内扣押添加"柠檬黄"的玉米馒头1200袋、"柠檬黄"一瓶、《送货单》一箱等,在盛某公司保险箱内扣押324,900元,在谢某铣处扣押33,200元。上海市公安局宝山分局出具的《调取证据清单》、上海市宝山区质量技术监督局出具的《抽样取证单》、上海市质量监督检验技术研究院出具的《检验报告》,证实向本市各相关超市调取盛某公司产的玉米馒头,并对超市退回的盛某公司产的玉米馒头进行随机抽样。经检验,于2011年4月12日在上海市宝山区某大路380号盛某公司厂房现场封存的玉米馒头中检出含有"柠檬黄"成分,为不合格产品;现场封存的玉米粉中未检出"柠檬黄"成分。本市各相关超市退回的盛某公司生产的玉米馒头中均含有"柠檬黄"成分,为不合格产品。

13. 上海市公安局宝山分局出具的《工作情况》证实,被告人叶某禄、徐某明、谢某铣分别于2011年4月12日、4月13日被抓获归案。

结合上述经审理查明的事实及证据,本院对控、辩双方的意见评判如下:

(一)关于被告人叶某禄、徐某明犯罪主观故意的认定

被告人叶某禄辩解不知晓馒头内禁止添加"柠檬黄",否认犯罪故意;被告人叶某禄、徐某明的辩护人均提出了两被告人对于添加"柠檬黄"行为的刑事违法性不了解,主观恶性较小的意见。本院认为,被告人叶某禄系食品生产企业的经营者,具有食品生产行业多年从业经验,作为食品生产行业从业者必须具备食品安全知识并在确保产品质量的前提下,严格执行食品添加剂的使用范围与使用量规定等确保食品质量安全的强制性标准,被告人对此应当是明知的。且有关质量监督部门曾多次要求盛某公司自查食品安全,并进行核查,在自查与核查中均设有检查食品添加剂使用情况是否符合规定的项目,检查人员亦曾向公司宣传添加剂使用规定。在质量监督部门检查时,盛某公司仅提供没有加入着色类添加剂的高庄馒头,有意不让监管部门检测添加了"柠檬黄"的玉米馒头;在玉米馒头的标签上,对于使用"柠檬黄"的情况也未如实标明,上述情况均反映出被告人明知在不需要着色的馒头中添加"柠檬黄"违反国家规定却故意为之。另外,被告人徐某明、谢某铣在庭审中对于其明知玉米馒头中禁止添加“柠檬黄”供认不讳,被告人叶某禄在侦查阶段亦曾对此作出多次供述。上述证据足以证明,被告人叶某禄对于“柠檬黄”不得添加到玉米馒头中的禁止性规定是明知的。

被告人叶某禄、徐某明作为盛某公司经营者与负责销售的人员,明知食品添加剂的使用规定,却为了提高产品销量而超规定范围添加“柠檬黄”并进行销售,置消费者权益于不顾,属于明知其行为违法性却故意为之的故意犯罪,故被告人叶某禄的辩解及其辩护人和徐某明辩护人的辩护意见本院均不予采纳(应表述为不能成立)。

(二)关于被告人行为的危害性及罪名的认定

被告人徐某明的辩护人提出无证据证明少量食用“柠檬黄”对人体会造成损害,故被告人的行为社会危害性不大。本院认为,食品添加剂是为改善食品品质和色、香、味以及为防腐、保鲜和加工工艺的需要而加入食品中的化学合成或者天然物质,在现代食品工业中发挥着应有作用,合理使用不致产生危害后果。但所有食品添加剂在允许加入食品之前都应进行风险评估,以保证其安全性。《中华人民共和国食品安全法》规定,食品添加剂应当在技术上确有必要,经过生物性、化学性和物理性危害的风险评估证明安全可靠,方能列入允许使用的范围。根据风险评估的结果,国家法律法规对于食品添加剂的使用范围及使用量均作出了严格规定,并将其作为食品生产者、生产企业强制执行的标准。违反国家标准规定超范围使用或者超量使用则因为具有不可预知的风险而为国家食品安全法律法规所禁止。《中华人民共和国食品安全法》还规定,食品安全标准是强制执行的标准,食品添加剂的品质、使用范围、用量属于食品安全标准。食品生产者应当依照食品安全标准关于食品添加剂的品种、使用范围、用量的规定使用食品添加剂。《食品生产加工企业质量安全监督管理实施细则》规定,食品生产加工企业在生产加工过程中严禁违反国家标准规定使用或者滥用食品添加剂。《食品添加剂卫生管理办法》规定,列入《食品添加剂使用卫生标准》或国家卫生部公告名单中的品种需要扩大使用范围或使用量的必须获得国家卫生部批准。

因此,合法使用食品添加剂应当符合两个标准,一是卫生安全标准,即添加物是否属于国家批准的食品添加剂;二是质量规范标准,即哪类食品允许添加哪些食品添加剂以及添加的剂量标准。超范围、超标准使用均属于违反食品安全法律、法规。具体到本案而言,本案被告人在玉米馒头中添加的“柠檬黄”,属于人工合成着色类食品添加剂,虽在一些食品中可以使用,但根据国家卫生部公布的《食品添加剂使用卫生标准》,其使用范围不包括馒头;盛某公司获得的生产许可证为蒸煮类糕点,但糕点中所允许使用的添加剂中没有“柠檬黄”。因此,在馒头中添加“柠檬黄”的行为,不符合食品安全标准这一强制执行的标准。食品生产关系到公众的身体健康,馒头更是公众普遍食用的主食,在未经风险评估的情况下,擅自在食品中扩大添加剂的使用范围,违反了有关食品安全的强制性规范以及产品质量法等相关法律,存在危及人身健康的不合理危险。超范围添加“柠檬黄”的玉米馒头经产品质量检验机构鉴定,属于不合格产品,生产者、销售者以不合格产品冒充合格产品,其行为具有严重的社会危害性,达到一定的销售金额即构成生产、销售伪劣产品罪。

(三)关于本案犯罪数额的认定

被告人叶某禄及其辩护人、被告人谢某铣的辩护人均认为对于玉米馒头销售金额所作的司法鉴定存在问题,导致公诉机关指控的犯罪数额不准确。经本院审查,公诉机关指控的销售金额以司法会计鉴定结论为基础,该鉴定结论由具有鉴定资质的机构依据盛某公司的《送货单》及各超市的销售数据进行司法鉴定作出,鉴定程序合法。销售金额的确定坚持了以下原则:在盛某公司《送货单》及超市的销售记录相印证的情况下确定销售金额,《送货单》统计的数量低于超市销售记录,就低认定《送货单》统计的数量,并扣除《送货单》上注明退货的数量;对仅有《送货单》无超市销售记录的数量不予认定;而对《送货单》记载语焉不详,玉米馒头数量未单独披露的情况均不予认定。上述原则和方法科学可靠,依据刑事证据认证规则应予采信。

被告人叶某禄的辩护人提出销售金额不应包含增值税,其依据为《增值税暂行条例》中对于“销售额”的规定,但《增值税暂行条例》中规定的“销售额”是销项税额的计算标准,并非刑法意义上的销售金额。根据最高人民法院、最高人民检察院《关于办理生产、销售伪劣商品刑事案件具体应用法律若干问题的解释》,生产、销售伪劣产品罪中的销售金额,是指生产者、销售者出售伪劣产品后所得和应得的全部违法收入。由此,盛某公司将玉米馒头销往超市所得的货款即为销售金额,辩护人要求在销售金额中扣除税额并无法律依据,本院不予采纳。

被告人叶某禄辩解在其回家期间“柠檬黄”曾断货,但其以往供述自2010年9月起,盛某公司生产的玉米馒头中开始添加“柠檬黄”,直到案发没有间断,其离开公司期间也不例外,其他公司职工亦证实每批玉米馒头的色泽没有发生变化,被告人谢某铣更证实在被告人叶某禄回家期间一直添加“柠檬黄”,故对被告人叶某禄的相关辩解不予采纳。综上,对公诉机关指控的犯罪金额应予足额认定。

(四)关于被告人徐某明、谢某铣的身份及各被告人在共同犯罪中的地位、作用

被告人徐某明的辩护人提出被告人徐某明并非销售经理,仅为普通销售人员,不应追究刑事责任。本院认为,大量在案证据可以证实被告人徐某明负责盛某公司产品的销售,并从销售额中提成,无论其头衔如何,均不影响其在玉米馒头销售中起重要作用的认定,且被告人徐某明在明知添加“柠檬黄”违反法律规定的情况下仍执行公司负责人的意志,销售金额达62万余元,应作为单位犯罪的直接责任人员处以刑罚,对其辩护人提出的无罪意见本院不予采纳。

被告人谢某铣的辩护人对谢某铣在公司生产中的管理作用提出异议。经查,被告人叶某禄、徐某明、谢某铣在公安机关多次供述谢某铣系盛某公司生产主管;盛某公司职工许某升、汪某辉、罗某云、许某波、叶某堂、毛某清及叶某禄的妻子叶某芳亦对被告人谢某铣系生产主管的身份陈述一致。以上证据反映被告人谢某铣在盛某公司负责组织管理生产,在叶某禄不在时代发工资、招聘员工等,在质量监督部门对盛某公司的产品质量进行检查时,被告人谢某铣曾多次在相关通知书、自查表上签字。综合上述证人证言及书证,可以确认被告人谢某铣在盛某公司负责生产管理的事实。

被告人徐某明、谢某铣的辩护人均对两被告人在共同犯罪中的作用提出意见,要求在量刑中予以体现。本院认为,被告人叶某禄系盛某公司的经营者,在玉米馒头中违规添加“柠檬黄”系由其决定,“柠檬黄”亦由其本人购买,犯罪所得的利益和其本人密切相关。被告人谢某铣、徐某明均系公司员工,分别负责食品的生产、销售,“柠檬黄”的添加并非由其两人决定。综合考量被告人叶某禄与被告人谢某铣、徐某明之间的雇佣关系及在实施犯罪中是否起决定作用,犯罪和本人的利害关系等因素,被告人叶某禄在共同犯罪中处于主导地位,系主犯,被告人谢某铣、徐某明处于从属地位,系从犯,故在上述被告人中区分主从犯,符合法律规定,辩护人的相关辩护意见可予采纳。

(五)关于盛某公司回收过期和即将过期的馒头继续生产问题

被告人叶某禄、徐某明的辩护人提出,回收过期馒头继续使用不应作为追究刑事责任的依据。本院认为,食品的保质期是指预包装食品在标签指明的贮存条件下保持品质的期限,是对食品质量的保障性规定。超过保质期的食品因其易产生致病因素而影响人体健康,故《中华人民共和国食品安全法》明确禁止生产用回收食品作为原料的食品,禁止生产经营超过保质期的食品。盛某公司回收超市过期和即将过期的馒头,仅通过人工分拣,将肉眼看上去尚未霉变的馒头重新混入面粉中搅拌,用作生产原料,情节恶劣,虽因数量无法完整统计而不计入犯罪数额,但应在对各被告人量刑时酌情予以考虑,故对被告人叶某禄、徐某明的辩护人提出的相关意见不予采纳。

(六)关于本案的量刑依据

被告人徐某明的辩护人提出,本案应当适用二年以下有期徒刑、拘役的法定刑档次。本院认为,根据《中华人民共和国刑法》第一百四十条的规定,犯生产、销售伪劣产品罪,销售金额五十万元以上不满二百万元的,应处七年以上有期徒刑,并处销售金额百分之五十以上二倍以下罚金。被告人徐某明的辩护人提出的辩护意见与法律不符,本院不予采纳。

综上,本院认为,盛某公司违反国家关于食品安全法律、法规的禁止性规定,生产、销售添加"柠檬黄"的玉米馒头,以不合格产品冒充合格产品,销售金额62万余元,被告人叶某禄作为盛某公司的主管人员,被告人徐某明、谢某铣作为盛某公司实施上述行为的直接责任人员,均已构成生产、销售伪劣产品罪,应依法追究三名被告人的刑事责任。公诉机关指控的犯罪事实清楚,证据确实充分,罪名成立。因盛某公司已被吊销营业执照,依法不再追究该公司刑事责任。被告人叶某禄在共同犯罪中起主要作用,系主犯;被告人徐某明、谢某铣在共同犯罪中起次要作用,系从犯,依法减轻处罚。同时,鉴于被告人徐某明、谢某铣到案后能如实供述自己的罪行,均可依法从轻处罚。盛某公司在生产玉米馒头时还存在用回收的过期或即将过期食品作为原料继续生产的情况,违反了国家食品安全法规的禁止性规定,故在对各被告人量刑时应予酌情从重处罚。为维护社会主义市场经济秩序和国家对产(食)品质量安全的管理秩序,促进诚实信用的社会风尚,保障消费者合法权益,依照《中华人民共和国刑法》第一百四十条、第一百五十条、第二十五条第一款、第二十六条第一款、第四款、第二十七条、第六十七条第三款、第六十四条之规定,判决如下:

一、被告人叶某禄犯生产、销售伪劣产品罪,判处有期徒刑九年,并处罚金人民币六十五万元。

(刑期从判决执行之日起计算。判决执行以前先行羁押的,羁押一日折抵刑期一日,即自2011年4月12日起至2020年4月11日止。罚金自本判决生效之日起一个月内向本院缴纳。)

二、被告人徐某明犯生产、销售伪劣产品罪,判处有期徒刑五年,并处罚金人民币二十万元。

(刑期从判决执行之日起计算。判决执行以前先行羁押的,羁押一日折抵刑期一日,即自2011年4月13日起至2016年4月12日止。罚金自判决生效之日起一个月内向本院缴纳。)

三、被告人谢某铣犯生产、销售伪劣产品罪,判处有期徒刑五年,并处罚金人民币二十万元。

(刑期从判决执行之日起计算。判决执行以前先行羁押的,羁押一日折抵刑期一日,即自2011年4月13日起至2016年4月12日止。罚金自判决生效之日起一个月内向本院缴纳。)

四、扣押在案的赃证物品依法没收。

……

[评析]

衡量一份刑事裁判文书的质量高低,往往以裁判的论证和说理是否紧扣案件的争议焦点,是否抓住定罪量刑的关键问题为基本依据,进而,要看裁判的论证和说理是否全面和透彻,逻辑层次是否分明,条理是否清晰,作出的结论是否经得起质疑,最终的判决是否令人信服。

本案的关键问题有两个,第一个是被告人的行为是否具有严重的社会危害性,第二个是被告人是否具备犯罪的故意。通读本案裁判文书,最初的感觉,似乎并没有值得称赞的地方。但是,细细阅读之后才发现,主审法官在本案的争议焦点和定罪量刑的关键问题上,还是拿捏得非常准确,抓住了案件的关键。

一、关于生产和销售染色馒头的社会危害性的论证

对于生产和销售染色馒头的社会危害性的论证,客观地说,在没有显性实害结果发生的情况下,要论证被告人的行为具有严重的社会危害性,还真是有点困难,尤其是在国民的法制观念不强、规则意识薄弱的社会,要让民众都认识到这种没有显性实害结果发生的违法犯罪行为的社会危害性,没有充分的论证,是很难让人心服口服的。尤其是辩护人提出了"无证据证明少量食用'柠檬黄'对人体会造成损害,被告人的行为社会危害性不大"的辩护意见,给了主审法官很大的考验。值得称道的是,主审法官针对辩护人的"小害论",从被告人行为的违法性、行为的危害性及其程度和触犯的罪名三个层次,采用直接援引法律条文的相关内容,按照逻辑推导出生产和销售染色馒头的社会危害性及其严重程度和罪名,立论正当,有理有据,结论正确,令人信服。

首先,根据法律禁止食品生产者在没有经过生物性、化学性和物理性危害的风险评估证明安全可靠的情况下,擅自在食品中使用添加剂的强制性规定,以及被告人为谋取经营利益而违反强制性规定使用添加剂"柠檬黄"的行为,合乎逻辑地推断出被告人的违法行为存在危及人身健康的不合理危险,具有明显的社会危害性。

其次,根据被告人生产、销售染色馒头的数量,论证了被告人行为危害的严重程度。在司法实践中,生产和销售的金额达到60余万元,一般都认为数额达到了巨大的程度。生产和销售染色馒头数额巨大,也反映了消费者食用这种存在危及人身健康危险的染色馒头的范围,已经相当广泛,而且,特定区域内食用染色馒头人群的重复程度也可能很高。这种食用存在危及人身健康危险的染色馒头的广泛性和高重复性,正是被告人生产、销售染色馒头的社会危害性的集中体现。由此,认定被告人生产和销售染色馒头金额达到60余万元的行为具有严重的社会危害性,符合立法精神和逻辑。

最后,在罪名的认定上,文书制作者根据食品检验机构对被告人生产的超范围添加"柠檬黄"的玉米馒头的质量鉴定,确认这些染色馒头属于不合格产品。从而推导出被告人是以不合格产品冒充合格产品,其行为属于生产、销售伪劣产品的行为。依据刑法规定,认定被告人的行为构成生产、销售伪劣产品罪具有必然性。

二、关于被告人犯罪故意的论证

在对被告人具备犯罪故意的事实论证上,文书制作者根据在案的大量证据和确认的事实,针对性地展开论证,论证充分有力,层次清晰。

首先,根据叶某禄几十年从业经历的事实和《食品加工企业必备条件现场核查表》等,从一般经验判断,论证叶某禄对于添加"柠檬黄"的违法性质主观上应当明知;

其次,根据盛某公司在自查和核查以及包装上,均隐瞒在玉米馒头中添加"柠檬黄"的事实,论证被告人明知添加"柠檬黄"属于违规而刻意瞒报的事实;

最后,以被告人曾多次供认他们明知添加"柠檬黄"属于违规而刻意瞒报的供述,加强了对被告人主观上具有故意的论证。

通过上述论证,证实了被告人主观上具有违规生产不合格食品的犯罪故意。论证过程的逻辑清晰,证据确实充分。

从本判决书的总体来看,文书制作者抓住上述两个关键问题进行的论证,有根有据,有条有理,同时,对于控辩双方的意见归纳,语句简练准确,表述清晰。堪称是一篇优秀裁判文书。

[实例2]

上海市虹口区人民法院

刑事判决书

(2013)虹刑初字第207号

公诉机关上海市虹口区人民检察院。

被告人黄某兰,女,……系上海家某豪电子商务有限公司一级代理商……

上海市虹口区人民检察院以沪虹检刑诉〔2013〕155号起诉书指控被告人黄某兰犯组织、领导传销活动罪,于2013年3月4日向本院提起公诉。本院依法组成合议庭,公开开庭审理了本案。……现已审理终结。

上海市虹口区人民检察院指控:

2007年起,上海家某豪电子商务有限公司(原名上海家某电子商务有限公司,以下简称家某豪公司,另案处理)通过旗下的"我爱我买"电子商务购物平台,以推销网站销售商品为名,要求参加者购买5000元或者1万元的商品套餐获得加盟资格,并按照推荐发展加盟的先后顺序组成上下级关系,直接或者间接以发展人员的数量作为返利依据,不断发展他人参与传销活动。

被告人黄某兰于2007年至案发,通过他人介绍担任家某豪公司一级代理商,对外推销家某豪公司关联企业生产的保健品、化妆品等商品。期间,被告人黄某兰根据家某豪公司的规定,要求参加者王某妹、乐某等人缴纳1万元入门费取得代理商资格,并按照发展加入的先后顺序形成上下级关系,以发展人员的数量作为返利依据,引诱参加者继续发展他人参加。经上海公信中南会计师事务所有限公司鉴定:被告人黄某兰发展传销团队人数为2220人,团队级别有市场督导、市场经理、市经销、E店四个级别,自然发展层次有26层。2010年11月至2012年2月,黄某兰传销团队共获取家某豪公司支付的返利人民币1,765,017元。2011年8月至10月,家某豪公司支付黄某兰个人返利人民币107,200元。

公诉机关依据证人王某妹、乐某、陈某兰、顾某仁等人的证言,上海市公安局查获的《销售代理协议书》、《期权计划书》及出具的《远程勘验工作记录》、《案发经过》,上海市公信中南会计师事务所有限公司出具的《司法鉴定意见书》及上海市工商行政管理局出具的《复函》等证据指控被告人黄某兰伙同家某豪公司以推销商品等经营活动为名,要求参加者以缴纳费用等方式获得加入资格,并按照一定顺序组成层级,直接或者间接以发展人员的数量作为返利依据,引诱参加者继续发展他人参加,骗取财物,扰乱经济社会秩序,其行为应当以组织、领导传销活动罪追究其刑事责任,同时认定本案系共同犯罪及被告人黄某兰具有自首情节。提请本院根据《中华人民共和国刑法》第二百二十四条之一、第二十五条第一款及第六十七条第一款之规定,对被告人黄某兰定罪判处。

庭审中,被告人黄某兰对指控的主要犯罪事实无异议。其辩护人提出八点辩护意见:第一,家某豪公司及涉案代理商并不构成组织、领导传销活动罪。第二,家某豪提供给加盟者的套餐在"我爱我买"网站上正常经营销售,并非"道具商品"。第三,家某豪的资金链没有断裂,案发时消费养老项目正常推进。第四,本案没有被害人。第五,国家发改委培训中心曾组织培训以及媒体报道过家某豪。第六,政府部门曾通过"市长之窗"答复称未发现家某豪公司从事非法传销活动。第七,家某豪是依法登记成立,拥有合法资质的电子商务公司,每年都是依法纳税的纳税大户,董事长曹某华更是上海的知名企业家,曾随同国家领导人出访多国,党和国家领导人都认可的企业家,不可能是罪犯。第八,黄某兰传销团队中有部分一级代理商系与黄某兰同时经徐某亮介绍成为一级代理商,该些人员从一开始即与黄某兰是平级关系,只是由徐某亮挂靠在黄某兰名下,因此他们相互之间不存在返利关系,该些一级代理商及其所发展的传销人员也就与黄某兰无关,应予扣除。

经审理查明,家某豪公司自2007年起通过旗下的"我爱我买"电子商务购物平台,以推销网站销售商品为名,要求参加者购买5000元或者1万元的商品套餐获得加盟资格,并按照推荐发展加盟的先后顺序组成上下级关系,直接或者间接以发展人员的数量作为返利依据,不断发展他人参与传销活动。

被告人黄某兰于2007年至案发,通过他人介绍担任家某豪公司一级代理商,对外推销家某豪公司关联企业生产的保健品、化妆品等商品。其间,被告人黄某兰根据家某豪公司的规定,要求参加者王某妹、乐某等人缴纳1万元入门费取得代理商资格,并按照发展加入的先后顺序形成上下级关系,以发展人员的数量作为返利依据,引诱参加者继续发展他人参加。经上海公信中南会计师事务所有限公司补充鉴定:被告人黄某兰发展传销团队人数为195人,团队级别有市场督导、市场经理、市经销、E店四个级别,自然发展层次有8层。2010年11月至2012年2月,黄某兰传销团队共获取家某豪公司支付的返利人民币1,765,017元。2011年8月至10月,家某豪公司支付黄某兰个人返利人民币107,200元。

2012年5月22日,被告人黄某兰主动向公安机关投案并如实供述了自己的罪行。

以上事实,有公诉机关提供和本院调查收集的下列证据证实:

1. 同案犯曹某华的供述笔录,证实黄某兰等9人经徐某亮牵头介绍同时成为一级代理商,该10人从一开始即是平级关系,只是为满足当时的晋级条件,各自的团队人员数量相互挂靠,但相互之间不存在返利关系。

2. 证人王某妹、乐某、陈某兰、顾某仁等人的证言,证实被告人黄某兰组织、领导传销活动的经过。

3. 上海市公安局查获的《销售代理协议书》和《期权计划书》,证实家某豪公司进行传销活动所采用的手法。

4. 上海市公安局出具的《远程勘验工作记录》和查获的《传销团队下线清单》,证实被告人黄某兰领导的传销活动加入的人员数量。

5. 上海公信中南会计师事务所有限公司出具的《司法鉴定意见书》及《补充司法鉴定意见书》,证实被告人黄某兰发展传销团队人数为195人,自然发展层次有8层,该传销团队共获取家某豪公司支付的返利人民币1,765,017元,黄某兰个人返利人民币107,200元。

6. 上海市工商行政管理局出具的《复函》,证实家某豪公司在发展代理商过程中的经营模式涉嫌构成传销行为。

7. 上海市公安局出具的《案发经过》,证实被告人黄某兰具有自首情节。

上述证据经当庭质证,能互相印证并无矛盾,证据确凿、充分,本院予以确认。

综观本案控、辩双方的意见,主要争议焦点集中在以下八个方面。现结合本案查明的事实、认定的证据及法律适用综合评判如下:

一、关于家某豪公司及涉案代理商是否构成组织、领导传销活动罪的问题

辩护人辩称,黄某兰参加的是家某豪公司的"消费养老"项目,不构成组织、领导传销活动罪。

本院认为,根据我国《刑法》第二百二十四条之一、第二百三十一条以及最高人民法院、最高人民检察院、公安部《关于办理组织领导传销活动刑事案件适用法律若干问题的意见》的规定,组织、领导传销活动罪,是指行为人组织、领导以推销商品、提供服务等经营活动为名,要求参加者以缴纳费用或者购买商品、服务等方式获得加入资格,并按照一定顺序组成层级,直接或者间接以发展人员的数量作为计酬或者返利依据,引诱、胁迫参加者继续发展他人参加,骗取财物,参与传销活动人员在三十人以上且层级在三级以上,扰乱经济社会秩序的传销活动的行为。单位可以成为组织、领导传销活动罪的主体。

本案中,家某豪公司以推销商品、"消费养老"为名,要求参加者以缴纳1万元购买商品套餐等方式获得加入资格,并按照推荐发展加入的先后顺序,形成上下线关系,设置"一级、一级半、二级、三级"的晋级制度,具有明显的层级性。家某豪公司以直接或者间接发展的下线人数数量作为返利依据,引诱参加者继续发展他人参与传销活动。家某豪公司从参与传销活动人员缴纳的费用中非法获利,骗取财物,扰乱经济社会秩序。综上,家某豪公司的行为符合组织、领导传销活动罪的构成要件,构成组织、领导传销活动罪。被告人黄某兰参与家某豪公司组织发展传销活动人员195人,且层级为4级,个人非法获利10.7万元,符合构成组织、领导传销活动罪所要求的发展传销活动人员在三十人以上且层级在三级以上的要件,故其行为构成组织、领导传销活动罪,且情节严重,公诉机关的指控成立。在家某豪公司与被告人黄某兰的共同犯罪中,被告人黄某兰起次要作用,系从犯,应当减轻处罚。故辩护人的辩护意见与事实和法律不符,本院不予采纳。

二、关于家某豪提供给加盟者的套餐在"我爱我买"网站上正常经营销售,并非"道具商品"的问题

本案中,家某豪公司要求代理商购买的主要是美容口服液、护肝营养液、营养粉等美容保健产品,售价与成本相差悬殊。许多代理商在购买商品后并未实际领取,而是寄放于家某豪公司,直至案发也未领取。可见,代理商购买这些商品并非正常消费,其主要目的实际上是为了取得加盟资格,继而在随后的发展下线中获得家某豪公司的返利。这与商品有质量保证、售价合理、购买者主要是为了获得商品使用价值的正常商品交易存在明显区别。因此,家某豪公司提供的商品实为代理商获得加盟资格的"道具商品"。故辩护人的辩护意见与事实和法律不符,本院不予采纳。

三、关于家某豪的资金链没有断裂,案发时消费养老项目正常推进的问题

由于家某豪公司的收益实质是来源于加盟者缴纳的费用,而非正常的商品经营利润。家某豪公司非法收取的资金数额达10.9亿余元,但公司并未将吸收的资金用于所谓的保值、增值的消费养老项目,而是大多用于曹某华等高管的个人花用、分成及代理商的返利。其中,有4000余万元被转入曹某华夫妻个人证券账户、4000余万元被曹某华用于个人购房、700余万元被曹妻在案发后转入朋友账户,公司部门负责人项萍获取分成2400余万元、方伯年获取700余万元,众多公司代理商个人也获取了从数万到百余万元的返利。现在公司账户内仅剩2.8亿余元,尚不及收入金额的1/4,已成资金链断裂之势,一旦家某豪公司众多底层代理商要求退出,根本难以为继。因此,如不是司法机关及时介入,随着时间的推移,家某豪公司资金链必然发生断裂的事实。故辩护人的辩护意见与事实和法律不符,本院不予采纳。

四、关于本案有没有被害人的问题

本案之所以表象上没有参与人员报案,是因为家某豪公司在招商时故意隐瞒层级及返利模式真相,利用"消费养老"项目偷换概念,掩盖其进行传销活动的实质,其所谓"消费养老"项目,承诺代理商领取养老金或实现期权等回报都是预期利益,底层代理商因为被这些预期利益蒙蔽而不觉被骗,如任由其发展,必将损害绝大多数参加者的利益。根据最高人民法院、最高人民检察院、公安部《关于办理组织领导传销活动刑事案件适用法律若干问题的意见》第三条的规定,传销活动的组织者、领导者采取编造、歪曲国家政策,虚构、夸大经营、投资、服务项目及盈利前景,掩饰计酬、返利真实来源或者其他欺诈手段,实施刑法第二百二十四条之一规定的行为,从参与传销活动人员缴纳的费用或者购买商铺、服务的费用中非法获利的,应当认定为骗取财物。参与传销活动人员是否认为被骗,不影响骗取财物的认定。家某豪公司及代理商在传销过程中,以推行"消费养老"项目为名掩饰计酬,牟取暴利,其结果必然严重危害传销活动参与人员的利益。故辩护人的辩护意见与事实和法律不符,本院不予采纳。

五、关于国家发改委培训中心曾组织培训以及媒体报道过家某豪的问题

对于组织、领导传销活动、非法吸收公众存款、集资诈骗等涉众型犯罪来说，通过媒体甚至有关部门发布相关广告、组织培训是行为人扩大“业务规模”，吸引更多不明真相的群众参与“投资”所常用的伎俩。本案中，无论是国家发改委培训中心组织的培训还是主流媒体的报道，均是对家某豪公司“消费养老”项目的讨论和宣传，并不涉及家某豪公司实际所实施的传销经营模式。因此，国家发改委组织的培训以及媒体对“消费养老”理念的宣传报道并不能否定家某豪公司以“消费养老”为名行传销之实的犯罪事实。故辩护人的辩护意见与事实和法律不符，本院不予采纳。

六、关于政府部门曾通过“市长之窗”答复称未发现家某豪公司从事非法传销活动的问题

2011年7月29日，“市长之窗”栏目由上海市工商行政管理局浦东新区分局答复如下：“经查，家某豪公司是今年4月从南苏州路999号迁至张杨路838号华都大厦13层B座，对外以家某豪电子商务有限公司营运中心从事经营活动，现场未掌握相关证据证明该公司在非法从事传销活动。我局已继续对家某豪公司相关场所予以重点监控，并加强日常监管力度，如发现传销活动，将严厉处理。”工商行政部门根据群众的询问进行了现场初查，根据当时现场的情况未发现家某豪公司存在传销行为，但工商部门并未排除家某豪有从事传销活动的嫌疑，故采取“继续对家某豪公司相关场所予以重点监控，并加强日常监管力度，如发现传销活动，将严厉处理”的措施。因此，不能因为工商部门的初查结果就断定家某豪公司不存在传销行为。而且，正是由于家某豪公司的犯罪行为十分隐蔽，工商部门在初查时才一时未发现其实施的传销行为，但这并不影响根据现有证据认定家某豪公司实施了组织、领导传销活动罪，并对其进行依法惩处。故辩护人的辩护意见与事实和法律不符，本院不予采纳。

七、关于家某豪是依法登记成立，拥有合法资质的电子商务公司，每年都是依法纳税的纳税大户，董事长曹某华更是上海的知名企业家，曾随同国家领导人出访多国，党和国家领导人都认可的企业家，不可能是罪犯的问题

家某豪公司依法登记成立后，除了开展正常的电子商务以外，还采取传销的方式发展代理商，骗取财物，这是国家明令禁止的违法犯罪行为，构成组织、领导传销活动罪，这与其公司是否依法纳税无关。而且正是由于家某豪公司系依法登记成立的公司，才会在本案中构成单位犯罪，否则对曹某华等人应以自然人犯罪论处。曹某华以前是知名企业家，但并不能得出知名企业家就一定不会犯罪的结论。曹某华作为家某豪公司的董事长、法定代表人，系传销活动的发起、策划、操纵者，应承担家某豪公司单位犯罪直接负责的主管人员的刑事责任。故辩护人的辩护意见与事实和法律不符,本院不予采纳。

八、被告人黄某兰传销团队的人员数量

经查,2007年9月,被告人黄某兰及周某国等9人由徐某亮牵头介绍,经家某豪公司老板曹某华同意,该10人同时成为家某豪公司的一级代理商,该些人员从一开始即是平级关系,只是为了满足当时的晋级人员数量规定,团队成员相互挂靠,故他们相互之间从不存在返利关系,该些一级代理商及其所发展的传销团队也就与黄某兰无关,应予扣除。现经上海公信中南会计师事务所有限公司补充鉴定,被告人黄某兰发展传销团队人数为195人,本院予以确认。故辩护人的辩护意见与事实和法律相符,本院予以采纳。

本院认为,被告人黄某兰伙同家某豪公司以推销商品等经营活动为名,要求参加者以缴纳费用等方式获得加入资格,并按照一定顺序组成层级,直接或者间接以发展人员的数量作为返利依据,引诱参加者继续发展他人参加,骗取财物,扰乱经济社会秩序,情节严重,其行为已构成组织、领导传销活动罪。上海市虹口区人民检察院指控被告人黄某兰犯组织、领导传销活动罪罪名成立。本案系共同犯罪,被告人黄某兰在其中起次要作用,系从犯,应当减轻处罚。被告人黄某兰案发后能自动投案并如实供述自己的主要罪行,系自首,确有悔罪表现,可依法减轻处罚并适用缓刑。为维护社会市场经济的正常管理秩序,依照《中华人民共和国刑法》第二百二十四条之一、第二十五条第一款、第二十七条、第六十七条第一款、第七十二条第一款、第三款及第六十四条之规定,判决如下:

一、被告人黄某兰犯组织、领导传销活动罪,判处有期徒刑一年四个月,缓刑一年六个月,并处罚金人民币十万元。

(缓刑考验期限,从判决确定之日起计算。罚金应自本判决生效之日起一个月内向本院缴纳。)

二、违法所得予以追缴没收。

……

[评析]

上海市虹口区人民法院(2013)虹刑初字第207号刑事判决书,是一篇以论证说理见长的优秀文书。

通读全文,感觉行文很是流畅,从首部的诉讼过程介绍,到正文引述控方的指控和辩方的抗辩意见,直至阐明法院查明的事实,表述都很简洁流畅,即使在针对性论证中,也是一层层有的放矢地展开,内容丰富而不显繁杂,更没有啰嗦拖沓。本篇文书可圈可点之处,就是针对性论证说理。在这篇将近7000字的文书中,这部分针对性论证,就用了3000余字,真可谓不惜笔墨。在正文的这一部分,针对辩方提出的焦点问题,围绕八个方面,有序展开事实论证,夹叙夹议,遵循逻辑,摆事实、讲法律,以事实立论,以理服人。比如,针对辩方提出的被告人不构成组织、领导传销罪的意见,文书制作者以"两高一部"发布的司法解释中的相关规定为大前提,以被告人实施的组织和领导传销的行为为小前提,顺理成章地得出被告人的行为构成组织、领导传销罪的结论,结论不可置疑,令人信服。

本文书尚有不足之处,如法院认定的事实与公诉机关指控的事实,表述上还有较多的重复;在进行针对性论证的部分,有些被引作事实论据的内容,应当在法院查明的事实中予以确认而没有提及,又在论证中作为事实论据出现;有些用词还不够规范,等。尽管本判决书尚存一些不足,但该判决书言简意赅、详略得当、表意清晰、逻辑慎密、论证详实、结论正确、依据充分、说理透彻,显示出该案合议庭人员严谨、规范、到位的表达能力和文字功底。

[**实例3**]

上海市第一中级人民法院

刑事判决书

(2013)沪一中刑初字第3号

公诉机关中华人民共和国上海市人民检察院第一分院。

被告人郑某,……原系某施罗德基金管理有限公司稳健配置混合型证券投资基金经理

被告人夏某红(加拿大国籍),……

被告人夏某玲,……

上海市人民检察院第一分院以沪检一分刑诉[2012]274号起诉书指控被告人郑某、夏某红、夏某玲犯利用未公开信息交易罪,于2012年12月26日向本院提起公诉。本院受理后,依法组成合议庭,于2013年2月26日公开开庭审理了本案。……现已审理终结。

上海市人民检察院第一分院指控:

2009年,被告人郑某和夏某红、夏某玲经预谋后,由郑某利用其担任某施罗德基金管理有限公司(以下简称某施罗德公司)稳健配置混合型证券投资基金(以下简称某稳健基金)经理的职务便利,在某稳健基金进行股票买卖的信息尚未披露前,通过其本人或者指使夏某红、夏某玲根据郑提供的未公开信息,借用原某丽开设在中信建投哈尔滨中医街营业部证券账户和国泰君安北京知春路营业部证券账

户,先于或同期于郑某管理的某稳健基金买入相同股票,并从中牟利。2009年2月28日至8月20日,上述3名被告人采用上述方法买入“西山煤电”、“保利地产”等11只股票,成交2,837,030股,交易金额为人民币46,384,812.25元(以下币种均为人民币),获利金额12,427,516.4元。

为支持上述指控事实,公诉机关出示了证人李某利、周某某、陈某秋、原某丽等人的证言,交易系统日志、股票清单、成交汇总、交易指令执行反馈单、出差纪录、住宿登记表、公司管理制度等书证,司法鉴定意见书,被告人郑某、夏某红和夏某玲的供述以及案发经过等证据。据此,公诉机关认为,被告人郑某系基金管理公司的从业人员,利用职务便利获得该基金管理公司尚未公开的信息后,违反规定,通过本人或者指使被告人夏某红、夏某玲从事与该信息相关的证券交易活动,情节严重,其行为均已触犯了《中华人民共和国刑法》第一百八十条之规定,应以利用未公开信息交易罪追究刑事责任;鉴于郑某系主犯,夏某红、夏某玲系从犯,并应依照《中华人民共和国刑法》第六条、第二十五条、第二十六条、第二十七条之规定处罚。

被告人郑某对指控的主要犯罪事实及罪名不持异议,但提出其没有与夏某红、夏某玲预谋。

被告人郑某的辩护人对郑某的行为构成未公开信息交易罪不持异议,但提出如下意见:(1)郑某与夏某红、夏某玲之间不存在预谋,且目前证据无法证明夏某红、夏某玲曾接受郑某指令操作过个人股票账户,无法认定本案系共同犯罪;(2)本案指控的犯罪金额有误,有部分股票的买入不应认定为利用了未公开信息,如所涉“西山煤电”、“中国神华”、“中煤能源”、“中国平安”、“万科A”、“华侨城A”、“保利地产”、“金地集团”等,全案所涉成交数量应为1,263,830股,交易金额18,321,767.25元,获利金额1,228,829.12元;(3)郑某对基金买卖股票并不具有完全的决策权,利用的未公开信息具有不确定性;(4)违法所得不应按照行为人利用未公开信息买卖股票所赚取的差价来计算,而应以行为人利用未公开信息买卖股票平均价格与基金买卖同一支股票的平均价格之差乘以行为人交易的总股数来计算;(5)应认定被告人郑某自动投案后如实供述犯罪事实,具有自首情节。据此,请求对郑某从轻处罚,适用缓刑。辩护人同时提供了原某丽证券账户交易明细、被告人郑某的讯问笔录等证据。

被告人夏某红提出其没有与郑某及夏某玲预谋,对于郑某系利用未公开信息交易并不完全明知。

被告人夏某红的辩护人提出,目前证据尚难以证明夏某红构成利用未公开信息交易罪的共犯,主要理由是:(1)夏某红主观上一直想通过郑某的专业知识买卖股票,与郑某并不存在利用未公开信息交易的共同故意;(2)现有证据不能认定夏某红具体实施了涉案账户的股票交易;(3)夏某红不符合利用未公开信息交易罪所要求的主体身份。辩护人还提出,如认定夏某红有罪,也应认定夏某红具有自首情节,综合全案事实、情节对其适用缓刑。辩护人同时提供了夏某红的讯问笔录等证据。

被告人夏某玲提出,其没有与郑某、夏某红预谋,也未从股票交易中获利。

被告人夏某玲的辩护人提出,目前证据尚难以认定夏某玲构成利用未公开信息交易罪的共犯,主要理由是:(1)被告人夏某玲与郑某、夏某红之间并不存在预谋,并不能认定夏某玲主观上的共同犯罪故意;(2)夏某玲因没有工作赋闲在家,根据郑某在聊天工具上发布的股票信息偶尔帮助夏某红操作,不应认定夏某玲系接受郑某指使从事股票交易;(3)夏某玲在涉案账户中没有资金,也没有分得任何利益;(4)鉴定意见根据交易记录所显示的MAC地址认定夏某玲参与2009年6月2日操作买入保利地产依据不足。辩护人还提出,如认定夏某玲有罪,也应认定夏某玲具有自首情节,综合考虑其情节及社会危害程度,对夏某玲免予刑事处罚或适用缓刑。

经审理查明:

2007年3月至2009年8月,被告人郑某实际负责某稳健基金的投资管理工作;2007年7月4日起,郑某正式担任某稳健基金经理,2009年8月20日正式离任。任职期间,郑某对于某稳健基金投资股票的种类、数量、价格及时间具有决定权或建议权。

2009年3月至7月间,郑某利用担任某稳健基金经理的职务便利,在某稳健基金买卖股票的信息尚未公开前,由郑某本人或者将需要购买的股票种类、数量、价格等告知夏某红、夏某玲,借用原某丽名下中信建投哈尔滨中医街营业部证券账户、国泰君安北京知春路营业部证券账户,先于或同期于郑某管理的某稳健基金买卖相同股票,并从中牟利。其间,郑某伙同夏某红采用上述方法买卖“万科A”、“泛海建设”、“华侨城A”、“吉林敖东”、“西山煤电”、“保利地产”、“金地集团”、“中国神华”、“西部矿业”、“中国平安”、“中煤能源”等股票11只,一共成交283万余股,交易(买入)金额为4638万余元,获利金额为1242万余元。其中,夏某玲参与交易金额522万余元,获利金额122万余元。

认定上述事实的证据如下:

第一组证据,证实被告人郑某的主体身份及职务情况。

1. 证人李某利(时任某施罗德公司投资总监)的证言证明:2007年后,某稳健基金由其下一任基金经理郑某管理。基金经理投资金额在所管理基金净值的3%以内有完全的自主权,不需要向任何人汇报,超过3%的话需要向投资总监汇报,经其网上审批才可以下单买入,但一般情形下也是将权限下放,只是网上走一个审批流程。投资金额超过基金净值5%的话,就需要公司投资决策委员会开会讨论决定。基金经理买入股票的来源是公司提供的一个约含400只股票的股票池,基金经理只能从股票池里挑选所要投资的股票。基金经理选中要买入的股票后,通过自己的账户将买入指令发送给交易员,指令的内容包括买入股票的数量及价格区间等,然后由交易员独立完成下单工作。股票的抛售完全按照基金经理的意愿,由经理全权决定,不受任何人限制。

2. 被告人郑某的供述证明:其自2007年3月起从海富通基金公司离职后应聘到某施罗德公司任职,于2009年8月离职。由于行业内有从业的静默期,故直到2007年7月才被正式任命为某稳健基金的基金经理。作为基金经理,其需要从公司研究部门提供的股票池内选取股票投资。公司规定大盘股的投资金额不能超过所管理基金净值的3%,小盘股的投资金额不能超过所管理基金净值的1%,在该范围内,其有自主决定投资的权限,当然投资总监和风控部门能够看到所作的投资决定。超过上述3%和1%的范围,其投资决定必须经投资总监审批同意才能下达指令。投资指令是以郑某的名义通过电脑发送到交易室,指令的内容包括所投资股票的名称,买入、卖出数量,买入、卖出价格区间,另外规定了交易是当日单(仅在当日有效)还是长单(规定一段时间的指令有效期),指令下达到交易室并分配给交易员操作后,交易员在其下达的指令范围内以最优价格操作。

3. 证人周某某(时任某施罗德公司基金经理)关于某施罗德公司基金经理权限的证言与被告人郑某的供述及证人李某利的证言相印证。

4. 某施罗德公司投资管理制度证明:投资决策委员会是公司基金投资的最高决策机构,投资总监及基金经理在投资决策委员会制定的权限范围内负责基金投资具体工作。

5. 某施罗德公司出具的情况说明证明:郑某于2007年3月至2009年8月负责某稳健基金的投资管理工作;2007年7月至2009年8月担任某稳健基金经理。

第二组证据,证实被告人郑某利用职务便利获取涉案未公开信息。

1. 某施罗德公司提供的登录交易系统日志等证明:2009年3月至7月间,郑某成功登录公司系统并指令交易买卖股票;2009年3月20日,郑某委托周某某下达交易指令买入股票。

2. 证人周某某的证言证明:2009年3月20日郑某去北京出差前,电话委托其在3月20日当天帮他管理某稳健基金,大幅加仓买入有色金属和煤炭能源股。买入股票包括西山煤电、中国神华、中煤能源等7个股票,并明确了买入金额、数量和比例等。其在郑某管理的基金内买入上述股票完全是按照郑某的具体指令执行的。

被告人郑某的供述证明:2009 年 3 月至 7 月间,由郑某本人下达交易指令,某稳健基金先后买入了“万科 A”、“泛海建设”、“华侨城 A”、“吉林敖东”、“金地集团”、“西部矿业”、“中国平安”、“保利地产”等股票;由其委托周某某下达交易指令买入了“中国神华”、“中煤能源”、“西山煤电”等股票。

3. 某稳健基金成交汇总表、交易指令执行反馈单等证明:2009 年 3 月至 7 月间,郑某管理的某稳健基金买入了“万科 A”等 11 只股票,具体包括:(1)2009 年 5 月 8 日、5 月 19 日,先后买入“万科 A”股票;(2)2009 年 5 月 4 日、5 月 5 日、5 月 8 日,先后买入“泛海建设”股票;(3)2009 年 5 月 8 日、5 月 15 日,先后买入“华侨城 A”股票;(4)2009 年 4 月 2 日、4 月 7 日,先后买入“吉林敖东”股票;(5)2009 年 3 月 20 日,买入“西山煤电”、“中国神华”、“中煤能源”股票;(6)2009 年 6 月 2 日、6 月 3 日、6 月 12 日、6 月 15 日,先后买入“保利地产”股票;(7)2009 年 7 月 23 日,买入“金地集团”股票;(8)2009 年 3 月 23 日、4 月 1 日,先后买入“西部矿业”股票;(9)2009 年 3 月 24 日、3 月 31 日,先后买入“中国平安”股票。上述交易指令执行反馈单均有被告人郑某及相关经手人员签名。

4. 中国证券监督管理委员会《关于郑某涉嫌利用未公开信息交易案有关问题的认定函》证明:本案所涉及的“未公开信息”,是指郑某担任某稳健基金经理期间,因管理该只基金而掌握的有关投资决策、交易等方面的重要信息,包括相关基金投资股票的名称、数量、价位以及买卖时机等。

第三组证据,证实被告人郑某、夏某红、夏某玲利用未公开信息,在原某丽名下证券账户内进行股票交易并从中获利。

1. 被告人郑某的供述证明:(1)其曾利用夏某红名下的证券账户炒股。在 2008 年上投摩根基金管理有限公司唐建因利用未公开信息交易被证监会处罚后,郑某跟夏某红称其作为证券行业从业人员,不能再使用夏某红的证券账户买卖股票,并商议借用夏某红的嫂子原某丽的账户继续买卖股票,同时由夏某红将账户内的资金转入原某丽账户内。(2)其担任某稳健基金经理期间,会在基金买卖的同时在原某丽的账户中也买卖一部分相同的股票。其一般看好哪只股票就在原某丽的账户内买入,也会下达指令让基金买入。郑某操作私人账户下单比较方便,基金买入的话需要走程序,相对慢一点;基金有时会在一段时间内追加投资,如果觉得先期投资的股票不错的话,其也会在原某丽账户内继续买入。原某丽账户内买入股票存在早于基金买入的情况,也有与基金在同一时期买入的情况。(3)原某丽账户主要由郑某操作,其一般是用自己的 IBM 笔记本电脑和某施罗德公司配发的笔记本电脑在自己公司或在外地出差的宾馆等地从网上下单买卖股票。在某施罗德公司对于个人电脑的使用管理越来越严格后,其没有办法在公司下单交易了,就在不方便操作时通知夏某红、夏某玲买卖股票,其通过QQ、MSN等网络聊天工具将要买卖的股票名称或代码、股票价格及股数告知她们。(4)2009年3月20日,郑某在北京出差住在北京京广中心新世界酒店内,在宾馆房间内使用随身携带电脑登陆原某丽账户下单买入了“神华股份”、“西山煤电”、“中煤能源”。郑又打电话给公司另一位基金经理周某某,要求周使用稳健基金资金购入上述三只股票。(5)2008年,其和夏某红协议离婚,约定两人在原某丽账户内的资金归夏某红所有。

某施罗德公司出具的出差纪录等证明:2009年3月19日至21日,郑某到北京出差,住宿在北京京广中心新世界酒店。

2. 被告人夏某红在侦查阶段的供述证明:(1)2004年郑某到基金公司工作后,郑称有机会获悉基金公司股票建仓或者抛售信息。其在申银万国上海银城中路营业部开设了个人证券账户,交给郑某操作,后又转到了中信建投福山路营业部。郑某大都是按照所管理的基金投资股票种类和时间在夏的账户中买卖相应股票。(2)2008年,夏某红和郑某开始借用原某丽的证券账户操作,其将自己证券账户内的资金转到原某丽在中信建投哈尔滨中医街的证券账户内,后来这些账户内的资金又转到了原某丽在国泰君安北京知春路营业部的证券账户内。郑某按照基金买卖股票情况在原某丽账户中买卖股票,其也会根据郑某的指令来操作,有时会根据郑某提供的股票信息让夏某玲操作。(3)其记得在原某丽的账户中根据郑某的指令操作过“万科A”、“保利地产”和“中煤能源”这些股票。其和夏某玲大都在香楠路家里通过网上下单交易,主要使用过两台笔记本电脑。(4)原某丽在账户内也有部分资金投入。

3. 被告人夏某玲在侦查阶段的供述证明:(1)夏某红曾开设了证券账户,主要由郑某操作。夏某红称郑某操作股票交易与郑担任基金经理有关,主要根据郑某管理基金买卖股票的情况在夏某红账户内买卖相同的股票。(2)2008年,夏某红将名下证券账户销户并将股票和资金转至原某丽证券账户,由郑某继续操作原某丽的证券账户。郑当时担任某施罗德公司基金经理,能够决定所管理基金投资股票的种类、数量、价格等,郑会根据基金买入或者卖出的股票,在原某丽的证券账户内买卖相同的股票,这样赢面比较大,对此大家心照不宣。有时郑某会告诉夏某红当天买卖股票的种类、价格区间以及买卖数量,由夏某红负责操作;在夏某红外出或者不方便操作时,她会将上述信息告诉夏某玲,夏某玲一般是在香楠路家中操作交易。(3)其和夏某红主要使用夏某红的一台白色索尼上网本和灰色戴尔笔记本电脑交易股票。(4)其记得操作过的股票有“保利地产”、“中国神华”、“西部矿业”和“中煤能源”等。

4. 证人原某丽（系夏某红的嫂子）的证言及出具的情况说明证明：2007年左右，夏某红或者夏某玲让原某丽开设证券账户借给她们使用。其在哈尔滨中信建投证券公司开设股票账户后，就把账号和密码给了她们。过了一年多，夏某红称哈尔滨的证券营业部收费太高，北京的费用低，让原某丽把账户转到北京知春路上一家国泰君安证券营业部。其在该账户内有部分资金。

5. 上海沪港金茂会计师事务所有限公司司法鉴定意见书、司法鉴定补充意见书及原某丽证券账户涉案股票成交资料等附件证明：（1）2009年2月28日至2009年8月20日间，原某丽中信建投哈尔滨中医街营业部证券账户、原某丽国泰君安北京知春路营业部证券账户的交易记录中，符合先于或同期于某稳健基金买入或卖出同一支股票特征的股票共计11只，成交数量为2,837,030股，且均先于某稳健基金卖出，交易（买入）金额为46,384,812.25元，获利金额为12,427,516.4元。其中，2009年3月20日买入“西山煤电”、“中国神华”、“中煤能源”股票，2009年3月23日买入“西部矿业”股票，2009年3月24日买入“中国平安”股票，2009年4月2日买入“吉林敖东”股票，2009年4月30日、5月4日先后买入“泛海建设”股票，2009年5月4日、5月15日先后买入“华侨城A”股票，2009年5月15日买入“万科A”股票，2009年6月2日买入“保利地产”股票，2009年7月23日买入“金地集团”股票。（2）原某丽中信建投哈尔滨中医街营业部证券账户股票交易的IP地址中，部分与郑某出差地（北京）的IP地址以及与郑某支付宝账号登录的IP地址一致，MAC地址中出现与郑某操作电脑相同的MAC地址；原某丽国泰君安北京知春路营业部证券账户股票交易的IP地址中，部分与郑某支付宝账号登录IP地址相吻合，MAC地址中出现与郑某操作电脑相同的MAC地址。（3）原某丽国泰君安北京知春路营业部证券账户2009年6月2日买入“保利地产”、2009年7月27日卖出“保利地产”委托记录中的MAC地址与夏某红所使用电脑的MAC地址一致。（4）由夏某红、夏某玲参与买入“保利地产”共计223,130股，交易（买入）金额为522万余元，获利金额为122万余元。

此外，被告人郑某、夏某红、夏某玲的供述证实：被告人郑某、夏某红和夏某玲于2012年4月27日去证监部门接受调查前，商定由夏某玲一人承担全部责任。案发经过及三名被告人的供述等证明：三名被告人的到案情况及供述过程。

以上证据均经庭审举证、质证，证据之间能够相互印证，本院予以采信。

针对主要争议焦点，本院评判如下：

一、关于利用未公开信息从事股票交易行为的界定

被告人郑某的辩护人提出，应认定郑某利用未公开信息买入股票金额为1832

万余元,获利金额为122万余元。

经查,从本案所涉11只股票来看,存在以下情形:(1)涉案账户与某稳健基金在同一天买入,如“西山煤电”、“中煤能源”、“中国神华”、“金地集团”4只股票;(2)涉案账户与某稳健基金在同一天买入,之后基金又在关联时间内买入,如“吉林敖东”、“保利地产”、“西部矿业”、“中国平安”4只股票;(3)涉案账户在某稳健基金建仓期间买入,如“万科A”;(4)涉案账户先行买入,数天后涉案账户与某稳健基金在同一天买入,之后基金又在关联时间内买入,如“泛海建设”;(5)涉案账户先行买入,数天后某稳健基金买入,之后涉案账户与基金又在同一天买入,如“华侨城A”。本院认为,从上述情形来看,涉案账户与某稳健基金买入的同一股票均存在交易时间上的直接与实质关联,系利用尚未公开的基金投资方向及持仓量变动方面的交易信息来获取利益,均可认定为涉案账户先于或同期于某稳健基金买入同一股票。据此,应认定郑某系利用未公开信息进行股票交易,交易金额4638万余元,获利金额1242万余元。辩护人的相关辩护意见不予采纳。

二、关于被告人夏某红、夏某玲是否构成利用未公开信息交易罪的共犯

三名被告人的辩护人提出,难以认定夏某红、夏某玲构成利用未公开信息交易罪的共犯。

本院认为,应认定夏某红、夏某玲构成利用未公开信息交易罪的共犯。主要理由是:

1. 被告人夏某红、夏某玲与郑某有共同利用未公开信息交易的主观故意。理由是:(1)夏某红、夏某玲在侦查阶段的供述证明,两人均明知原某丽账户买卖的股票与郑某管理的某稳健基金所买卖的股票有关。(2)夏某红、夏某玲在庭审中供述,两人至少知道郑某可能在原某丽账户股票交易中存在“内部信息”,对于系利用未公开信息交易至少有概括认识。(3)被告人郑某在侦查阶段的供述亦可印证夏某红、夏某玲明知原某丽账户的股票交易与郑某管理某稳健基金买卖股票有关。(4)从常理判断,夏某红系郑某前妻,且离婚后仍保持密切联系;夏某玲系夏某红的妹妹,两人对郑某所从事的职业及职业的性质有非常清楚的认识,应当知道系利用郑某管理基金的股票交易信息在原某丽证券账户中从事股票交易。

2. 被告人夏某红、夏某玲客观上实施了利用未公开信息买卖相关股票的行为。理由是:(1)被告人郑某、夏某红、夏某玲的供述均证明,在某施罗德公司对于个人电脑使用管理越来越严格后,郑某无法在公司上网下单交易,就通过QQ、MSN等将要买卖的股票名称或代码、股票价格及股数告知夏某红、夏某玲,由她们操作。(2)经查,原某丽账户2009年6月2日买入“保利地产”及2009年7月27日卖出“保利地产”委托记录中的MAC地址,与夏某红所使用电脑的MAC地址一致。

(3)被告人夏某红的供述称,其在原某丽的账户中根据郑某提供的信息操作过“万科A”、“保利地产”和“中煤能源”等股票。(4)被告人夏某玲的供述称,其根据郑某提供的信息操作过的股票有“保利地产”、“中国神华”、“西部矿业”和“中煤能源”等。

3.虽然被告人夏某红、夏某玲并非证券、基金行业从业人员,但依法可认定为利用未公开信息交易罪的共犯。本案中,夏某红系涉案资金的出资者与获利者,且根据郑某提供的信息操作过部分股票,参与程度较深;夏某玲亦根据郑某提供的信息,在夏某红不方便操作时具体实施股票交易,在一定程度上促成了本案利用未公开信息交易行为的完成。综合夏某红、夏某玲的共同犯罪故意与客观行为,依据刑法总则关于共同犯罪的规定与共同犯罪的一般原理认定两名被告人为利用未公开信息交易罪的共犯并无不妥。

三、关于数额认定

1.关于违法所得金额的认定

被告人郑某的辩护人提出,违法所得金额不应以被告人通过利用未公开信息交易行为最终所获利益认定,而应按照被告人利用未公开信息买入股票过程中所赚取的差价来计算,即应以被告人利用未公开信息买入股票的平均价格与基金买入同一支股票的平均价格之差乘以买入股票的总股数来认定。

本院认为,本案中,涉案账户11只股票全部系先于或同期于某稳健基金买入,且最终均系先于某稳健基金卖出,全部获利均与利用的未公开信息直接关联,应以被告人的实际获利金额认定违法所得金额,故本案违法所得金额为1242万余元。辩护人所提计算方法并不具有合理性,相关意见不予采纳。

2.关于被告人夏某红、夏某玲犯罪数额的认定

本院认为,被告人夏某红系涉案资金的出资者与获利者,应当对全案承担刑事责任,故认定其参与交易金额4638万余元,获利金额1242万余元。而从被告人夏某玲的情况看,其既未出资也未实际获利,故只应对其所参与具体操作的涉案股票承担相应的刑事责任。基于被告人夏某玲所作的关于其参与具体操作了保利地产等4只股票的陈述,查证的原某丽账户买卖“保利地产”委托记录中的MAC地址与夏某红所使用电脑的MAC地址一致,且夏某红与夏某玲的供述均证明夏某红的电脑系两人共同使用等证据,本院认定夏某玲参与具体操作“保利地产”股票。故认定夏某玲参与交易金额为522万余元,获利金额为122万余元。

四、关于三名被告人是否具有自首情节

三名被告人的辩护人提出,被告人郑某、夏某红、夏某玲具有自首情节。

经查,根据案发经过及三名被告人的供述等证据,三名被告人接到证监部门的

电话通知后主动到案,但因接受调查之前三名被告人已商定由夏某玲一人承担全部责任,故郑某、夏某红、夏某玲到案后均未如实供述所涉犯罪事实,后经多次讯问才如实交代。据此,不能认定三名被告人具有自首情节。

本院认为,被告人郑某身为基金管理公司的从业人员,利用因职务便利获取的基金投资信息这一未公开信息,违反规定,由其本人或者安排被告人夏某红、夏某玲共同从事与该信息相关的证券交易活动,情节严重,其行为均已构成利用未公开信息交易罪。其中被告人郑某、夏某红利用未公开信息交易金额4638万余元,获利金额1242万余元;夏某玲参与利用未公开信息交易金额522万余元,获利金额122万余元。被告人郑某在共同犯罪中起主要作用,系主犯;夏某红、夏某玲在共同犯罪中起次要作用,系从犯,依法应当从轻、减轻或者免除处罚。被告人郑某、夏某红、夏某玲能如实供述罪行,依法可以从轻处罚;本案追缴退赔情况亦在量刑时予以考虑,各名辩护人的相关辩护意见予以采纳。据此,为维护证券市场的公开、公平、公正秩序,保护广大证券投资者和基金投资者的合法利益,综合三名被告人的犯罪事实、性质、情节及对社会的危害程度,依照《中华人民共和国刑法》第一百八十条第四款及第一款、第六条、第二十五条第一款、第二十六条第一款及第四款、第二十七条、第六十七条第三款、第七十二条第一款及第三款、第七十三条、第五十三条以及第六十四条之规定,判决如下:

一、被告人郑某犯利用未公开信息交易罪,判处有期徒刑三年,并处罚金人民币六百万元。

(刑期自判决执行之日起计算,即自2012年4月27日起至2015年4月26日止。罚金自本判决生效之日起一个月内向本院缴纳完毕。)

二、被告人夏某红犯利用未公开信息交易罪,判处有期徒刑二年,缓刑二年,并处罚金人民币六百万元。

(缓刑考验期限自判决确定之日起计算。罚金自本判决生效之日起一个月内向本院缴纳完毕。)

三、被告人夏某玲犯利用未公开信息交易罪,判处拘役六个月,缓刑六个月,并处罚金人民币五十万元。

(缓刑考验期限自判决确定之日起计算。罚金自本判决生效之日起一个月内向本院缴纳完毕。)

四、违法所得予以追缴。

被告人夏某红、夏某玲回到社区后,应当遵守法律、法规,服从监督管理,接受教育,完成公益劳动,做一名有益社会的公民。

……

［评析］

本案是一件利用未公开信息进行股票交易的新类型经济犯罪案件,读了这篇判决书,第一感觉,是清新和流畅。文书之清新,主要是写作的思路清晰,表述审判过程十分地简练顺达,从立案受理到开庭审理,时间节点清楚可见,控辩双方到庭人员的情况简要列明,控辩双方的意见概括表明,法院的审查论证循序展开,有条不紊。文书之流畅,主要是遣词造句规范而精当,内容繁简得当而无任何累赘拖沓。

再细细研读,深感本判决对案件的把握很是到位,裁判的论证说理具有较高的水平。

我们都知道,对于利用未公开信息进行股票交易这类新型案件的审判,最根本的是要把握好对指控犯罪事实是否成立的论证。这个论证,关键在两个要点上,一是指控的事实是否确实成立,二是被确认的事实是否与相关罪名包含的事实相符。而要把握住这两点关键,不仅需要对指控的证据进行全面的审查认定,严密把握对相关事实细节的审查,还要突出对符合犯罪构成的要件事实的针对性论证。正是在这两个关键点上,本判决书确实可圈可点。

首先,本判决书对事实的论证,在概括认定被告人利用未公开信息进行交易的共同犯罪之后,用了4000余字的篇幅,列举了三组共十四项内容的证据,论证被告人利用未公开信息进行交易的共同犯罪的事实成立。其论证不可谓不全面,其细节把握不可谓不周密。

其次,判决书围绕案件的争议焦点,针对辩护人提出的被告人交易行为中罪与非罪的界定、犯罪数额的认定、共同犯罪以及是否具备自首情节等争议问题,也是不惜笔墨,用了2000余字,进行了充分的辨析和阐述,给出了明确的答复。

此外,判决书在最后决定对被告人处罚的说理上,严格遵循罪责刑相适应的刑法原则,其"本院认为"根据三名被告人在共同犯罪中的地位和作用,不仅正确认定了主从犯,还客观反映了三名被告人到案后认罪的表现,阐明了对被告人从轻处罚的理由,表明采纳辩护人的相关意见,也较好地体现了对辩护权的尊重。

［实例4］

上海市第一中级人民法院

刑事判决书

(2013)沪一中刑终字第1583号

原公诉机关上海市浦东新区人民检察院。

上诉人(原审被告人)周某龙,男,1968年2月25日生,汉族,出生地上海市浦东新区,小学文化,无业,户籍地上海市浦东新区某甲5号406室。2000年4月因犯贩卖毒品罪被判处拘役四个月;2002年1月因犯贩卖毒品罪被判处有期徒刑十个月;2009年10月因犯贩卖毒品罪被判处有期徒刑六个月,2010年1月29日刑满释放。因本案于2013年9月24日被刑事拘留,同年9月30日被逮捕。现羁押于上海市浦东新区看守所。

上海市浦东新区人民法院审理上海市浦东新区人民检察院指控原审被告人周某龙犯非法持有毒品罪一案,于2013年11月21日作出(2013)浦刑初字第4351号刑事判决。原审被告人周某龙不服,提出上诉。本院依法组成合议庭,……现已审理终结。

原审根据证人胡某群的证言、扣押决定书、扣押清单、扣押笔录、上海市毒品检验中心检验报告、毒品检测报告单、收缴毒品专用收据、刑事判决书、刑满释放证明书、常住人口基本信息、案发经过以及被告人周某龙的供述等证据认定,2013年9月9日,被告人周某龙主动至公安机关投案,并将其藏匿于上海市浦东新区某甲5号406室家中的3包用塑料袋包装的白色晶体上交给公安机关。经鉴定,3包白色晶体净重为113.63克,从中检出甲基苯丙胺成分。

原判认为,周某龙明知是甲基苯丙胺而非法持有,数量达113.63克,其行为已构成非法持有毒品罪。周某龙系累犯和毒品再犯,依法应从重处罚。鉴于周某龙在公安机关完全没有掌握其犯罪事实的情况下,真诚投案自首并上交毒品,当庭又自愿认罪,故决定对周某龙予以减轻处罚,依照《中华人民共和国刑法》(以下简称《刑法》)第三百四十八条、第三百五十六条、第六十五条、第六十七条第一款、第五十五条、第五十六条、第五十三条之规定,对被告人周某龙犯非法持有毒品罪,判处有期徒刑六年,剥夺政治权利一年,罚金人民币一万二千元。

周某龙上诉提出,他是为向家中年迈的母亲表示愿与毒品彻底决裂而主动将家中所藏毒品交给公安机关,当时他选择将毒品悉数上交而非私下销毁,正是想给自己施加压力,希望通过此举证明自己可以做到今后再也不触碰毒品。上交毒品时,他也做好了接受刑事处罚的准备,并希望尽快服刑完毕以便回家照顾老母,但一审对他判处有期徒刑六年的刑罚太重。

上海市人民检察院第一分院审查意见认为,本案一审判决认定的事实清楚,证据确实充分,定性准确;周某龙在本案中的投案行为充分反映了其认罪悔过的态度和决心,建议二审法院在量刑时依法公正裁决。

本院经审理查明的事实和证据与原判相同,原判所列举的认定上诉人周某龙犯非法持有毒品罪的证据均经原审当庭出示、辨认、质证等法庭调查程序查证属实。

本院认为，原判认定上诉人周某龙犯非法持有毒品罪的事实清楚，证据确实、充分，应予确认。对于非法持有毒品甲基苯丙胺一百余克的行为，依照《刑法》第三百四十八条之规定，可判处七年以上有期徒刑。原审法院虽已注意到上诉人周某龙具有自首情节，并依法对其减轻处罚，判处其有期徒刑六年，但该刑罚裁量仍未充分考虑到本案的特殊性，尚不足以体现《刑法》第五条规定的罪刑相适应原则，应予调整。根据《刑法》第六十七条第一款规定："对于自首的犯罪分子，可以从轻或者减轻处罚。其中，犯罪较轻的，可以免除处罚"。本院认为，对于犯罪轻重程度的评价，不能单纯地看犯罪数额，而应当综合犯罪的社会危害性和犯罪人的人身危险性进行综合考量。对于非法持有毒品人主动将毒品上交公安机关处理的情形，其上交行为已将非法持有毒品的社会危害性程度极大降低，且本案被告人周某龙系出于与毒品决裂、尽心赡养年迈老母的动机而将毒品上交公安机关，足以作出其确有悔改诚意之判断，对其人身危险性程度不能与《刑法》第三百五十六条规定的一般毒品再犯予以同等评价。对非法持有毒品者本着彻底与毒品决裂之诚意而将毒品上交公安机关的行为，予以最大限度地从宽处罚，也有利于准确贯彻我国宽严相济的刑事政策，有利于对毒品犯罪分子的分化瓦解，鼓励更多的毒品犯罪分子幡然悔悟，主动与毒品决裂。故综合本案情况，对被告人周某龙的行为可以认定其属于犯罪较轻，对其适用免除处罚。

综上所述，为维护社会治安秩序，依法惩治毒品犯罪，保障公民身心健康，本院依照上述法律条款及《刑法》第六十四条、《中华人民共和国刑事诉讼法》第二百二十五条第一款第(二)项之规定，判决如下：

一、撤销上海市浦东新区人民法院(2013)浦刑初字第4351号刑事判决，即被告人周某龙犯非法持有毒品罪，判处有期徒刑六年，剥夺政治权利一年，罚金人民币一万二千元；

二、被告人周某龙犯非法持有毒品罪，免予刑事处罚；

三、被告人周某龙上交的毒品甲基苯丙胺113.63克，予以没收。

本判决为终审判决。

……

[评析]

一份裁判文书的品质高低，固然有很多要素构成，但最根本的要素是裁判的说理。尤其是刑事终审裁判文书，定罪量刑的论证说理，几乎是裁判成立与否的决定性因素。

本篇二审改判的刑事判决书，虽然不属于审判疑难复杂案件的经典范例，但是,却给常见简单普通刑事案件的公正裁判,树立了一个很有实践参照价值的榜样,堪称简单案件裁判说理的一个典范。其可圈可点之处,就在于成功地把握了本案裁判说理的关键,用简短的几句话,指出了原判量刑考虑从宽不足的缺憾,道明了二审改判的理由。本判决表明的逻辑大前提,是“对于犯罪轻重程度的评价,不能单纯地看犯罪数额,而应当综合犯罪的社会危害性和犯罪人的人身危险性进行综合考量。”这个大前提,既是对犯罪危害评价标准的高度概括,也是本案进行公正裁判、对被告人公正量刑作所遵循的原则。正是因为遵循了这个原则,才会根据被告人出于与毒品决裂、尽心赡养年迈老母,主动将毒品上交公安机关处理的事实,作出“被告人已经将非法持有毒品的社会危害性程度极大降低,且确有悔改诚意”的判断。进而表明“对被告人的人身危险性程度不能与《刑法》第三百五十六条规定的一般毒品再犯予以同等评价”,应对被告人出于彻底与毒品决裂的诚意而交出毒品的行为予以充分的肯定,并按照宽严相济的刑事政策,对被告人予以最大限度地从宽处罚,以利于对毒品犯罪分子的分化瓦解,最终实现鼓励更多的毒品犯罪分子幡然悔悟,主动与毒品决裂这一适用刑法的目的价值。本案的亮点,不在于长篇宏论,而在于言简意赅,通过简短而精到的说理,为最终认定被告人的行为属于犯罪较轻,可以免除处罚表明了充分的理由。

通过点评本案判决书,我们也看到了简单案件的裁判说理可以复制的说理模式,也期待更多的简单案件的裁判,能够像本案的裁判一样有简要和精到的说理。

[实例5]

上海市高级人民法院

刑事裁定书

(2003)沪高刑再终字第4号

抗诉机关上海市人民检察院

原审被告人魏某某

原审被告人岳甲

原审被告人岳乙

上海市嘉定区人民检察院指控原审被告人魏某某、岳甲、岳乙犯抢劫罪一案,上海市嘉定区人民法院于2002年7月17日作出(2002)嘉刑初字第180号刑事判决。上海市嘉定区人民检察院提出抗诉,上海市第二中级人民法院同年10月28日作出(2002)沪二中刑终字第511号刑事裁定。上述裁判发生法律效力后,上海市人民检察院于2003年4月4日按照审判监督程序向本院提出抗诉。本院受理后，依法组成合议庭，公开开庭审理了本案。……现已审理终结。

原一审判决根据公安机关的《现场勘察笔录》、拍摄的现场照片和《扣押处理物品清单》，被害人陈某某、黄某某的陈述，证人崔某、孙某的证言以及原审被告人魏某某、岳甲、岳乙的供述等证据认定，2002年3月19日，原审被告人魏某某、岳甲、岳乙经预谋，伺机抢劫位于上海市嘉定区马陆镇××村的芳芳商店，并为此准备仿真玩具手枪、透明封箱带、尼龙绳、三棱刀等犯罪工具。当晚11时许，三名被告人携带上述犯罪工具进入商店，对店主陈某某实施暴力，并强行拉上商店卷帘门，由魏某某在该店营业钱箱内劫得现金450元，岳甲持刀冲入内侧卧室，对已睡在床上的陈妻黄某某进行威胁，劫得现金900元。随后，魏某某、岳甲被接到报警赶到的公安人员当场抓获。岳乙于次日被抓获。

上海市嘉定区人民法院认为，魏某某、岳甲、岳乙以非法占有为目的，采用暴力手段抢劫公民财物的事实清楚，上海市嘉定区人民检察院指控的罪名成立，但检察机关提出本案系入户抢劫的意见，因被告人抢劫对象为商店，该店尚在营业中，与外界仍保持相对的联系，不属于法律所规定的“户”之范畴，故应对三名被告人在3年以上10年以下有期徒刑内量刑，并处罚金。本案有预谋、分工，暴力程度相对较大，社会危害严重，故在量刑时酌情从重处罚；鉴于被告人归案后认罪态度尚好等原因，在量刑时亦一并予以考虑。据此，依照《中华人民共和国刑法》第二百六十三条、第五十六条第一款、第五十五条第一款、第五十三条、第六十四条、第二十五条第一款之规定，对被告人魏某某、岳甲、岳乙均以抢劫罪判处有期徒刑八年，剥夺政治权利二年，并处罚金人民币二千元；犯罪工具予以没收。

原二审裁定认定的事实和证据与一审相同，同时确认抗诉机关及被告人的辩护人在二审期间提供的如下证据：(1)证人沈某、王某关于芳芳商店案发之前晚上11点左右关门的证词。(2)被害人黄某某关于芳芳商店卧室内有灶具、水龙头等物，生活较方便，以及虽另有住处，但平时难得去住的证词。(3)被害人陈某某关于芳芳商店营业时间、案发当时有无打烊等的证词，即该店夏天晚上可营业至12点多；案发当天正准备关门，被告人进来了，门还未关；一般都住在店里。(4)芳芳商店的营业执照。

原二审裁定认为，根据本案的事实、证据以及相关法律，尚不能认定为“入户抢劫”，对检察机关的抗诉意见不予支持。依照《中华人民共和国刑事诉讼法》第一百八十九条第（一）项和《最高人民法院关于审理抢劫案件具体应用法律若干问题的解释》第一条的规定，裁定驳回上诉，维持原判。

上海市人民检察院抗诉提出，上海市嘉定区人民法院和上海市第二中级人民法院的判决和裁定确有错误，理由为：(1)三人在经“踩点”确认被害人夫妇晚间宿于店内后,选择深夜作案,且在被害人停止营业之际闯入行劫,表明主观上具有“入户抢劫”的故意,其所实施的抢劫行为指向“户”也是不容置疑。(2)被害人拉下卷帘门的行为表明,此时的芳芳商店已从具有公开性的营业场所,转为与外界相对隔离的家庭生活场所,且客观上被害人妻女已经上床并入睡,故三名原审被告人所侵犯的场所已完全具有“户”的生活功能和特征。(3)三名原审被告人以虚假的借口,趁被害人不备而闯入店内,具有非法侵入性,在侵入后,又强行拉下卷帘门,在使之与外界隔离的情况下,对被害人使用了暴力进行抢劫,而且还进入内侧卧室劫得900余元,其行为不仅侵犯了公民个人的人身安全,而且还危及公民的家庭财产和安全,其客观行为和实际危害均符合“入户抢劫”的特征。

三名原审被告人及其辩护人对犯罪事实均无异议,但都认为三人的行为性质不属于“入户抢劫”。

经再审审理查明:

原审被告人魏某某和岳乙、岳甲于2002年3月下旬共谋抢劫,魏提议抢劫生意较好的位于本市嘉定区马陆镇××村的芳芳商店,岳甲和岳乙表示同意。同月19日下午,三人准备仿真玩具手枪、封箱胶带、尼龙绳和三棱刀等作案工具,等在芳芳商店附近伺机作案。三人商议由岳乙以购物为名先进店,另二人再进去趁机控制店主。当晚11时许,芳芳商店店主陈某某正准备拉下卷帘门停止营业,岳乙即以购物为由进店。当陈某某转身取物时,魏某某、岳甲冲进店内,强行拉下卷帘门,三人分别用仿真玩具手枪、三棱刀顶住店主陈某某进行威胁,用透明封箱带捆住陈,并封住陈的嘴、眼,魏某某从店内的营业箱内劫得现金450元,岳甲冲进商店的内侧卧室,持刀对睡在床上的陈的妻女进行威胁,劫得现金900余元。共抢得现金1300余元。

以上事实认定依据:

1. 陈某某的证词证实,2002年3月19日晚11时许,正准备关门打烊时,先有一男青年进来买啤酒,后两个男青年进入店内,其中一人用刀顶住陈的颈部,一人用手枪顶住陈太阳穴,还有一人拉下卷帘门,并讲要钱。后又被人用封箱带捆住、封住嘴、眼,不久,警察来了。经清点,被抢1000余元。

陈的证词还证实,被告人进来时,商店的门还未关。

2. 陈妻黄某某证实,当晚与女儿已在睡觉,陈某某还在做生意,听到外面有很大响声,感觉有人上门抢劫,即打“110”报警。后来有一个男的持刀冲进来,威胁黄交出钱,此人在陈的衣服口袋和衣柜上搜得现金两三千元。

3. 证人崔某、孙某(公安人员)证实,2002年3月19日晚11时15分许,接“110”指令后赴现场芳芳商店,当场抓获两犯罪嫌疑人,另一人于次日凌晨被抓获。

4. 上海市公安局《现场勘察笔录》、现场照片证实案发现场为芳芳商店，该店三间门面房，在勘察时中间一卷帘门呈开状，南北两卷帘门呈关状。店内最北侧一间为货架，货架上存放物品，中间一间为售货门市部，南侧一间为卧室。

5.《扣押处理物品清单》证实被告人抢劫的金额。

6. 芳芳商店的营业执照证实此处为营业开店之用。

7. 三名被告人到案后对抢劫芳芳商店系因该店生意较好的缘故以及抢劫的经过等情节供认不讳，且相互印证。

以上证据经一、二审及再审庭审质证，本院予以确认。

再审审理中，抗诉机关和原审被告人魏某某、岳甲、岳乙及其辩护人对抢劫犯罪的事实及证据均无异议，分歧在于三名原审被告人的行为是否属于“入户抢劫”。针对上海市人民检察院提出的抗诉理由，原审被告人和辩护人的意见，本院认为，检察机关的抗诉理由不能成立，理由如下：

第一，芳芳商店的外在形式是公开营业的商店。该店有工商机关核发的营业执照，证实此处不是住宅，而是营业场所。

第二，现场勘察笔录和照片反映的芳芳商店的内部陈设，为三间店面房连成一体，当中没有明确的隔离，其中两间分别用于放置货架或作为门市，另一间内有一张床、液化气灶具，同时也堆放货物（内有数袋大米、货架、冰柜），店内的生活区域与营业场所没有明确的分隔，生活功能和营业功能的区分亦不明显。

第三，户与室在法律上是两个不同的概念。刑法意义上的户是指公民的私人住宅，是公民以居住、生活为目的，与外界相对隔离的场所。《最高人民法院关于审理抢劫案件具体应用法律若干问题的解释》规定：户为他人生活的与外界相对隔离的住所，包括封闭的院落、牧民的帐篷、渔民作为家庭生活场所的渔船、为生活租用的房屋等。根据该解释的精神，作为刑法意义上的户，应当以生活为目的或主要以生活为目的而设立，对以其他目的，比如生产、经营、学习而设立的场所一般不能认定为户。很明显芳芳商店是以营业为目的而非以生活为目的所开设，其作为公开营业场所，不是刑法意义上的户。同时，也不具有“户”之相对封闭性的特征。

第四，本案事实表明：

（1）在被告人实施抢劫时，芳芳商店还在营业之中。店主陈某某夫妇陈述，抢劫当时，芳芳商店还未完全关门，卷帘门没有关闭。当魏某某等三人以购物为名进店后，陈又重新开始营业。此节事实证实，芳芳商店在被抢时仍处于公开营业的状态。

（2）被告人拉下商店的卷帘门，是为方便作案而实施的行为，商店的营业性质不因以被告人有无拉下卷帘门而发生改变。因此,检察机关认为"被害人拉下卷帘门的行为表明,此时的芳芳商店已从具有公开性的营业场所,转为与外界相对隔离的家庭生活场所,且客观上被害人的妻女已经上床并入睡,故三名原审被告人所侵犯的场所已完全具有户的生活功能和特征"的观点,与事实不符。

(3)行为人针对的犯罪目标是商店,是为抢商店的营业款而实施犯罪,其犯罪意图和指向明确。而且,三人所抢钱款中确有一部分为营业款。检察机关抗诉提出被告人经踩点确认被害人晚间宿于店内,没有证据证实。本案没有证据表明三人事先知道有人晚间宿于店中的情况。

第五,被害人的卧室仍然是商店的一部分,总体上还没有形成户所要求的空间相对封闭的状态,故不能以进入内室抢劫就认定为入户抢劫。再者,三名被告人仅有岳甲一人进入内室,但这是一起经预谋而实施的共同抢劫犯罪,认定岳甲一人为入户抢劫,显然与事实不合。

综上,本院认为,原审被告人魏某某、岳甲、岳乙共谋抢劫,共同实施暴力威胁的手段进行抢劫,其行为均已构成抢劫罪。根据本案事实,尚不能认定三名被告人为"入户抢劫"。上海市人民检察院的抗诉意见,依据不足,不予支持。各被告人及辩护人认为本案不属入户抢劫的意见,应予采信。依照《中华人民共和国刑事诉讼法》第二百零六条,《最高人民法院关于执行〈中华人民共和国刑事诉讼法〉若干问题的解释》第三百一十二条第(一)项之规定,裁定如下:

一、驳回抗诉;

二、维持上海市第二中级人民法院(2002)沪二中刑终字第511号刑事裁定和上海市嘉定区人民法院(2002)嘉刑初字第180号刑事判决。

本裁定为终审裁定。

……

[评析]

(2003)沪高刑再终字第4号刑事裁定书紧紧围绕控辩双方的争议焦点展开分析,层次明晰,说理充分。

一、结构合理,叙事简洁,布局得当

本案是检察机关针对已经生效的裁判依照审判监督程序提出抗诉后引起的再审案件。再审之前,案件经过一审裁判、二审裁定,检、法两家从案件起诉始,即对原审被告人的行为是否属《刑法》规定的"入户抢劫"存在分歧。检察机关始终认为原审被告人抢劫的芳芳商店属于"户",而法院则认为芳芳商店尚不能认定为刑法意义上的"户"。本篇裁定书以简洁的文字交代了案件的由来以及检、法两家对案件的争议所在,使人对检、法两家的分歧以及原一、二审裁判结论、案件进入再审的过程一目了然。由于本案检察机关和法院仅是对案件是否属于“入户抢劫”看法不一,而针对魏某某等原审被告人进入芳芳商店实施抢劫,抢劫的过程、手段、结果等均没有异议,因此本裁定书就双方均认可的原审被告人的犯罪事实以简练的文字作概括,将笔墨着重于争议焦点的分析。整篇文章布局合理,详略得当。

二、论述针对性强,说理充分,重点突出

鉴于“入户抢劫”特有的社会危害性,我国《刑法》第二百六十三条对“入户抢劫”规定了较之一般抢劫犯罪更为严厉的刑罚。入户抢劫的起点刑为十年以上,而一般抢劫的起点刑为三年。由于实际生活的复杂性,司法实践中对“入户”中的户特别容易产生不同的看法。本篇刑事裁定书中,紧紧围绕魏某某等人所抢劫的芳芳商店是否属于法律规定的“户”的范畴展开充分说理,用较大的篇幅,分别从芳芳商店的外在形式、内部陈列、设立的目的、“户”和“室”的区别以及法律对“户”的规定等方面,进行分析论证,说明魏某某等人抢劫的芳芳商店是以营业为目的,而非以生活为目的开设,其作为公开营业场所,不是刑法意义上的户,不具有“户”的相对封闭性。对于“驳回抗诉,维持原判”这一终审裁定结论的得出,说理充分,有理有据,做到以理服人,以法律依据服人。

综上所述,本裁定书结构分明,清晰概述各方的意见,对定案理由的阐述翔实完整,分析论证有理有据,得出的最终结论令人信服。

第二节　民事裁判文书实例

[实例1]

上海市静安区人民法院

民事判决书

(2011)静民三(民)初字第300号

原告朱某凤

原告朱某国

原告朱某萍

被告上海同甘建筑装潢有限公司

被告上海同舟建筑装潢有限公司

原告朱某凤、朱某国、朱某萍诉被告上海同甘建筑装潢有限公司(以下简称同甘装潢公司)、上海同舟建筑装潢有限公司(以下简称同舟装潢公司)生命权纠纷一案,本院于2011年8月12日受理后,依法组成合议庭,于2011年8月31日组织了证据交换,2011年10月31日公开开庭进行了审理。……本案现已审理终结。

原告朱某凤、朱某国、朱某萍诉称,原告朱某萍为装修本市泰兴路某弄2402－2502复式房屋,与被告签订装修合同。被告同甘装潢公司在实施装修过程中一再拖沓,没有按时完工。2011年7月5日下午,原告朱某萍的母亲杜某前往查看工程进展情况。由于被告同甘装潢公司在拆除24楼至25楼的楼梯后,没有妥善处理好拆除楼梯后的安全保护措施,致使杜某从25楼的楼梯位置摔下到24楼。7月14日杜某经抢救无效死亡。被告同甘装潢公司没有按约完成施工内容,施工现场又没有安全防护措施,没有尽到安全保障义务,致使杜某在查看工程进度时从施工现场摔落导致死亡,应对本起事故承担全部责任。被告同舟装潢公司出借其经营资质给被告同甘装潢公司用于吸引、招揽客户,收取了效果图费、设计费,并参与共同施工,收取了工程款。因此被告同舟装潢公司应对被告同甘装潢公司的侵权行为承担连带赔偿责任。故三原告起诉要求:两被告连带赔偿三原告医疗费人民币45,349元(以下币种均为人民币)、误工费和护理费8690元、交通费173元、住院伙食补助费200元、营养费400元、丧葬费23,376元、死亡赔偿金254,704元、办理丧葬的其他费用9446元、精神损害抚慰金30,000元、调查费126.5元、律师费21,619元,共计394,083.5元。

原告为支持其诉讼请求,提交如下证据:

1.《上海市家庭居室装饰装修施工合同》(以下简称《装饰装修合同》)、《预算书》,证明房屋装修包含的内容,合同系以同舟装潢名义订立;

2.收款收据四张,证明被告同甘装潢公司与被告同舟装潢公司均收取了款项;

3.《家居装饰设计图》,证明装饰图纸是被告同舟装潢公司出具;

4.《施工计划进度表》,证明被告同甘装潢公司在施工过程中存在工期延误情况,应原告要求被告同甘装潢公司作出施工计划安排;

5.上海市医疗急救中心呼叫记录及急救病历,证明杜某急救情况及事发时装修现场正在进行施工;

6.杜某门诊病历、住院病史、死亡医学证明,证明杜某因从装修房屋25楼楼梯洞处坠落,送华山医院急救、住院,因抢救无效死亡;

7.某公寓物业证明、《住宅装修管理协议》、备案材料,证明从2011年3月15日至7月6日泰兴路某弄2402室(复25楼)一直在装修,在物业公司备案的装修公司为被告同舟装潢公司;

8. 照片三张，证明事发现场的情况；

9. 光盘录音，证明事发后家属多次与被告同甘装潢公司联系，被告同甘装潢公司对整个事情都是知情的，也在第一时间派律师去现场查看了，同时还证明被告同甘装潢公司称和被告同舟装潢公司有授权关系；

10. 医疗费单据，证明杜某摔伤后花费的医疗费用；

11. 户口本和户籍情况摘抄，证明死者杜某身份情况和法定继承人范围；

12. 家属误工证明、税单、工资签收单，证明原告朱某萍及丈夫孙宝杰为杜某救治及办理丧事发生了误工损失；

13. 丧葬费用发票，证明办理杜某丧事花费的部分费用；

14. 交通费发票，证明杜某救治及办理丧事期间家属的部分交通支出；

15. 律师费及调查费发票，证明原告为维护自身权益而付出的必要费用；

16. 卫生洁具出仓清单，证明原告早在 2011 年 4 月 22 日即将卫生洁具购至装修房屋，而被告同甘装潢公司工期不断延误，至事发时仍未安装座便器等卫生洁具。

被告同甘装潢公司辩称，首先被告同甘装潢公司不应承担赔偿责任。理由有：1. 被告同甘装潢公司对该房屋装修只是部分承包，进场时楼梯已拆除，公司曾在楼梯洞处安装木栅栏，已经尽到相应的安全防护责任；2. 事故发生时，被告同甘装潢公司已经撤离现场，现场已交付；3. 被告同甘装潢公司的施工不包括主灯具的安装，公司没有派电工前往；4. 根据上海市关于建设工程现场保护的相关规定，保护措施、施工工地范围内的安全防护应由原告朱某萍承担。第二，原告朱某萍应对事故发生负主要责任。理由有：1. 原告朱某萍将装修工程分割承包，应对工地的安全管理负全部责任，且原告朱某萍为了进行其他装修而自行拆除了被告同甘装潢公司搭设的木栅栏，对于防盗门搭设在洞口可能存在的危险没有采取措施防止；2. 原告朱某萍没有按照施工进度表的要求在 6 月 25 日前将楼梯安装完毕；3. 原告朱某萍没有对杜某尽到照顾责任，没有对工地尽到安全管理责任。第三，死者杜某本身的疏忽也与事故的发生具有一定的关系。理由有：1. 杜某自身有眼疾，应避免到危险的施工现场。杜某对现场楼梯未安装的情况应当是清楚的，自己应谨慎小心，避免涉险；2. 防盗门搭设牢固，缝隙仅 20 公分，起到临时防护作用，杜某查看工程进度不是必须靠近洞口；3. 杜某的眼疾、自身疏忽与事故的发生有一定的关系；4. 原告提供的证据并不能充分证明杜某的死亡原因是由坠落引起。最后，被告同甘装潢公司与被告同舟装潢公司没有关系。被告同甘装潢公司虽在经营活动中使用“同舟装潢”作为标志，但从未自称属于被告同舟装潢公司的下属、与被告同舟装潢公司有业务关系，也从未私刻过被告同舟装潢公司的公章。请求法院驳回原告的诉讼请求。

被告同甘装潢公司为支持自己的辩称意见,提交证据如下:

1. 2011年4月19日、6月28日工程质量验收单各一份、《施工计划进度表》一张,证明自己按计划施工,在6月30日前完成全部装修工作;

2. 2011年6月20日制作的工程结算造价书,证明自己只是部分承包,6月底已完成全部施工并制作结算书交业主;

3. 证人黄某某调查笔录,证明在施工期间曾在楼梯洞处做了木栅栏加以防护;

4. 证人余某某到庭作证,证明施工过程中因业主订做石膏线到过现场,当时现场楼梯洞口有防护栅栏,后通知业主此处不便石膏线施工,再去施工时洞口已改为铺设两块防盗门板;

5. 装修现场照片二十三张,证明装修现场清洁、完整,被告同甘装潢公司已完成约定承担的全部装修项目。

被告同舟装潢公司辩称,首先,本案《装饰装修合同》当事人系原告与被告同甘装潢公司,与被告同舟装潢公司无关。本案虽为生命权纠纷,但其基础是在居室装潢过程中发生的人身损害行为,因此当事人应当是签订了家居装饰装潢合同,形成合同关系的双方。被告同舟装潢公司没有与原告签订过任何合同、收取过任何钱款、提供过任何图纸或备案材料,被告同舟装潢公司没有与原告形成任何法律关系。其次,本案不适用“表见代理”条款。本案中被告同甘装潢公司是以自己的名义与原告朱某萍订立合同的,原告在签订合同时及合同履行过程中始终明知合同的相对方是被告同甘装潢公司。基于上述理由,请求法院驳回原告对被告同舟装潢公司的诉讼请求。

被告同舟装潢公司为证明其答辩意见,提交了如下证据:

1. 被告同舟装潢公司出具图纸所应加盖的上海市勘察设计行业协会统一颁发的工程初步设计出图和施工图设计出图专用章、被告同舟装潢公司向其他客户出具的设计图纸,证明原告居室的装潢设计图纸非被告同舟装潢公司出具;

2. 被告同舟装潢公司用于收款的财务专用章、被告同舟装潢公司在银行留底的印鉴卡,证明原告提交的三张收据上的财务专用章并非被告同舟装潢公司印鉴。

被告同甘装潢公司对原告提交的证据2认为钱款均由被告同甘装潢公司收取,交给原告的收据未加盖过被告同舟装潢公司的财务专用章;对证据7认为被告同甘装潢公司未派李某某向物业公司办理过备案手续,对备案情况及材料不清楚;对原告提交的证据1、证据3～6、证据8～16的真实性不持异议,但认为部分证据不能证明原告的主张:证据1《装饰装修合同》上的公章系被告同甘装潢公司为业务推广使用,合同约定工期至6月30日,《预算书》中被告同甘装潢公司施工范围不包括楼梯部分和吊灯安装；证据3系被告同甘装潢公司装潢部门设计，与被告同舟装潢公司无关；证据4无法证明被告同甘装潢公司存在工期延误；证据5、证据6、证据8，不能证明杜某的死亡与被告同甘装潢公司有关，水电工李某某事发时在场不是公司派去安装吊灯的；证据9系未经允许偷录，不应作为质证证据，录音内容原告使用很多诱导性的提问，容易造成对现场情况的误解；证据10、证据11无异议；证据12医院不允许家属护理，故不认可两人误工损失；证据13原告已主张法定丧葬费，其他丧葬费用已包含在内，不应另行主张；证据14交通费无异议；证据15中调查费应该包含在律师费里面，不应额外收费，律师费超出正常收费标准；证据16座便器因考虑卫生问题需最后安装，因原告自己负责的施工还未完成，所以尚未安装。对被告同舟装潢公司提交的证据无异议。

被告同舟装潢公司对原告提交的证据1、证据2、证据3、证据4、证据7真实性不持异议，但认为：在证据1《装饰装修合同》、《预算书》、证据3设计图、证据4《施工进度计划表》上均无被告同舟装潢公司的公章或业务章，说明该工程与被告同舟装潢公司无任何关联；证据2三张收据上财务专用章与被告同舟装潢公司使用的财务专用章明显不符，另一张为被告同甘装潢公司收据，不能证明被告同舟装潢公司收取了款项；证据7物业备案协议上无被告同舟装潢公司的公章，签字的李某某非被告同舟装潢公司人员，营业执照与资质证书均为使用内容为空白的复印件，他人有可能通过各种渠道获得，不能证明该房屋装修工程与被告同舟装潢公司相关。对原告提交的其他证据，因与被告同舟装潢公司无关，不发表质证意见。对被告同甘装潢公司提交的证据认为，证据1工程质量验收单、《施工计划进度表》上都明确加盖了被告同甘装潢公司的公章，原告应当明知合同相对方是被告同甘装潢公司，其他证据与被告同舟装潢公司无关，不发表质证意见。

原告对被告同甘装潢公司提交的证据1中的6月28日工程质量验收单及证据2结算造价书真实性不认可，认为系被告同甘装潢公司单方制作，原告从未收到过也未签字认可，且6月20日即出具结算造价书明显不符合常理；对证据1中4月19日隐蔽工程质量验收单、《施工计划进度表》、证据5照片的真实性无异议，但认为不能证明被告同甘装潢公司已于6月30日前完成全部装修内容，照片也可反映出部分项目未完成；对证据3黄某某书面证言真实性不认可；对证据4余某某的证人证言，认为余某某与被告同甘装潢公司有利益关系，且证人对防护栏的高低、材质等表述含糊、矛盾，证言不具可信度。原告对被告同舟装潢公司提交的证据认为，被告同舟装潢公司提供了鉴章样式，但不能排除鉴章发生变化及本案涉及的财务专用章同样系被告同舟装潢公司使用的可能，被告同舟装潢公司向其他客户出具的设计图纸不能证明原告房屋的装修设计并非由其完成，故被告同舟装潢公司的证据不能证明原告房屋装修工程与其无关。

本院于2011年8月24日查看了现场,并拍摄了现场照片四张;9月9日向证人孙某某作了调查笔录;9月16日向华山医院危重病科(ICU)医生方勇作了调查笔录。原告对上述证据均无异议,被告同甘装潢公司、同舟装潢公司对上述证据真实性无异议,但被告同甘装潢公司认为孙某某与原告有亲属关系,证词不应采信,方勇的证词仅是其作为医生的个人看法,不能代替死亡原因的法医鉴定,被告同舟装潢公司认为上述证据与其无关。

经质证,本院认为原告提交的证据1~16取得方式并无非法之处,与本案待证事实相关,系本案的有效证据。被告同甘装潢公司提交的证据1中的6月28日工程质量验收单、证据2工程造价结算书没有原告签字确认或签收回执,只能认定为被告同甘装潢公司单方制作,真实性无法确认;证据3黄某某证言,因黄某某未到庭作证,真实性无法确认;对被告同甘装潢公司提交的其他书证及证人证言,可认定为有效证据。被告同舟装潢公司提交的证据与本案待证事实相关,可认定为有效证据。孙某某虽为未成年人,但她事发时在场,亲身感知案件事实,待证事实与其年龄、智力状况相适应,可以作为证人,她提供的对与其有亲属关系的原告有利的证言,其证明力一般小于其他证人证言,但并不当然否定其证言效力。上述本院确认的证据与本院依职权取得的证据,均与本案相关,可作为认定案件事实的依据。

经审理查明,原告朱某国、朱某萍为杜某与原告朱某凤所育子女。被告同甘装潢公司、被告同舟装潢公司均为注册登记的有限责任公司。原告朱某萍系本市泰兴路某弄2402室(复25层)房屋的共有人。2011年3月13日,为装修该房屋,原告朱某萍作为甲方(发包方)与乙方(承包方)签订了《装饰装修合同》,乙方(承包方)一栏写为"同舟装潢",合同加盖"上海同甘建筑装潢有限公司-同舟装潢-合同专用章",一份双方联系人签字的《预算书》(共七页)作为合同附件载明装饰施工内容,《预算书》封面印有"同舟装潢"文字、网址及"同舟饰家"图标。此外,乙方(承包方)还向原告朱某萍提供了一套房屋装修施工图纸,图纸封面及每一页均标有"同舟装潢设计-中华人民共和国建设部建筑装饰工程设计甲级"字样及"同舟装潢设计"图标。原告朱某萍于2010年3月6日在被告同甘装潢公司吴淞路的办公场所支付效果图费1500元,后又分别于2011年3月13日支付设计费1500元,3月17日支付首期工程款31,000元。

《装饰装修合同》约定:承包方式为部分承包,工程价款为103,800元,按预算施工,增减项目按实结算;自2011年3月14日开工,至6月31日竣工(应为6月30日之笔误),工期105天;工程竣工后,乙方应通知甲方在七日内组织验收。如果甲方在规定时间内不能组织验收，须及时通知乙方，另定验收日期。装饰工程未经验收或验收不通过的，甲方有权拒收，乙方承担返工及延期交付的责任；甲方提供的施工图纸或施工说明及施工场地应符合防火、防事故的要求，乙方在施工中应采取必要的安全防护和消防措施，保障作业人员及相邻居民的安全；工程开工前，甲方应将房屋分户钥匙交乙方保管；工程交付时，甲方提供新锁，由乙方当场负责安装后交付使用等。《预算书》中列明了施工项目的明细及价格，对于楼梯部分，由乙方负责拆除木结构楼梯、新开楼梯洞及现场浇注混凝土楼板面；乙方负责灯具安装，同时注明“豪华吊灯一般推荐厂家安装，如需公司安装，产品单价1500元以上的按价格的7%计取，数量按实结算”。

2011年3月14日上海某物业管理有限公司某公寓管理处作为管理方与施工方签订《住宅装修管理协议》，施工期限预计自2011年3月14日至2011年6月31日（应为6月30日之笔误）。施工方签署为“同舟装潢”，但未盖公章，委托代理人李某某签字，物业留存了李某某身份证复印件、被告同舟装潢公司的营业执照与资质证书复印件备案，李某某预留的联系电话为139××××××216。之后装潢人员进场施工。

2011年4月19日，原告朱某萍签字确认施工人员完成水电等隐蔽工程，该工程质量验收单上乙方写为“同舟装潢”。4月28日原告朱某萍向被告同甘装潢公司支付二期工程款36,000元。5月3日，被告同甘装潢公司制作了一份加盖公司公章的《施工计划进度表》交原告朱某萍，内容主要有，原有设施折旧与砌建水电项目已在五月一号之前施工完毕，对合同余留工程按四个时间段作出安排，明确每个时间段甲、乙双方的工作责任，各施工项目甲乙双方共同配合，按6月底的约定工期完成施工。

根据《预算书》约定，装修房屋原有楼梯被拆除，被告同甘装潢公司进行了新开楼梯洞、支模现浇工程的施工。约6月下旬，楼梯洞处用两块深色金属防盗门板覆盖，两块门板周边用钉子固定，防止门板移位，两块门板之间及门板与一侧墙壁之间各有一条二米左右长度、二十厘米左右宽度的缝隙。

原告朱某萍的母亲杜某居住在同幢房屋的其他楼层，有时会去装修房屋查看。2011年7月5日，装修房屋内在安装楼梯处的豪华吊灯，上午杜某曾进入过装修房屋查看。下午15时许，杜某与原告朱某萍的女儿孙某某从25层进入装修房屋，当时有水电工在楼梯洞铺设的金属门板上安装吊灯，杜某在查看时不小心从楼梯洞金属门板与墙壁之间的缝隙中坠落至2402室地面。15时52分上海市医疗急救中心接主叫号码为139××××××216的电话呼救（与李某某在物业备案时留存的联系电话号码相同），16时05分急救车到达现场，急救人员现场处置后于16时15分将杜某送至华山医院急诊。华山医院诊断杜某为全身多发伤(1. 蛛网膜下腔出血,右侧枕骨骨折,右枕顶部血肿;2. 两肺挫伤可能大,双侧胸腔少量积液,左侧肋骨及部分胸椎骨折;3. 右肾挫伤,部分腰椎椎体骨折)。急诊抢救后杜某为昏迷状态。7月8日杜某被转入危重病科(ICU)继续治疗。2011年7月14日,杜某在华山医院死亡,死亡原因为“多发伤”。

杜某医疗费用共支出45,349元,其中个人自付13,357.52元;上海英集纺织品有限公司证明,原告朱某萍与丈夫孙宝杰于2011年7月5日至16日误工11天,每人被扣发工资4345元;7月5日至7月15日原告花费交通费173元;亲属办理杜某丧事,殡仪及寿品花费9446元;为主张侵权赔偿,原告支出律师费21,619元、调查费126.5元。

上海某物业管理有限公司某公寓管理处于2011年9月9日出具证明:泰兴路某弄2402室(24楼复25楼)从2011年3月15日起至2011年7月6日一直在装修,到管理处备案的装修公司为被告同舟装潢公司。

本院于2011年8月24日查看了现场,现场见25层楼梯洞处墙面有擦痕,24层相应部位有血迹清理后留下的痕迹,房屋内部分卫生洁具、筒灯、插座、开关尚未完成安装。

本案的争议焦点为:(一)被告同甘装潢公司是否应为杜某的坠落死亡承担侵权责任?(二)被告同甘装潢公司如有责任,承担责任的比例是多少?(三)被告同甘装潢公司如有责任,被告同舟装潢公司是否应承担连带赔偿责任?

关于争议焦点(一)本院认为,被告同甘装潢公司确认与原告朱某萍签订合同、出具设计图、收取款项、实施装修施工。被告同甘装潢公司作为本市泰兴路某弄2402室(复25层)房屋装饰装修工程的承接单位,在施工中应当根据装修现场情况进行施工安全管理,采取必要的安全防护措施,保障施工人员和其他相关人员的人身、财产安全。

《装饰装修合同》约定工期到6月30日,《施工进度计划表》也对按期完工作了进度安排,但这仅是双方对工期的预估与计划,实际施工中可能按时完工也可能存在因种种原因延误的情形。综合本案情况,被告同甘装潢公司虽陈述已于6月29日完工撤离,但未能提供合同约定的双方竣工验收及交付房屋的手续,本院于2011年8月24日查看现场及被告同甘装潢公司庭审陈述与提供的部分照片显示,房屋内部分卫生洁具、筒灯、插座、开关尚未完成安装,急救主叫电话号码及孙某某证言显示7月5日当天仍有被告同甘装潢公司施工人员在装修房屋内,上海某物业管理有限公司某公寓管理处证明从2011年3月15日起至2011年7月6日原告房屋一直在装修中,本院认为应认定7月5日被告同甘装潢公司尚未完成对原告房屋的装修,装修工程尚未交接。

约6月下旬,因房屋装修进程需要,原告朱某萍与被告同甘装潢公司沟通后,被告同甘装潢公司对楼梯洞口采取了铺设两块金属防盗门板防护的措施。被告同甘装潢公司虽否认门板为其铺设,但两块金属防盗门板的铺设及固定,需要一定的工具、技能及人力,以常理判断非原告朱某萍所能完成。无论被告同甘装潢公司之前是否以木栅栏形式采取过防护措施,在因装修进程需要而改变洞口防护措施时,该防护措施仍应当是可以防止危险发生的。现杜某在被告同甘装潢公司的装修施工现场从洞口缝隙意外坠落,说明被告同甘装潢公司对楼梯洞已采取的防护措施仍留有一定的安全风险,故本院认为被告同甘装潢公司在安全管理上有过失。根据杜某的病史记录、死亡医学证明、医生的调查笔录,可认定杜某因高坠致全身多发伤,经抢救无效死亡,故被告同甘装潢公司应当对杜某死亡的损害后果承担相应的侵权责任。

关于争议焦点(二)本院认为,受害人对于损害的发生也有过错的,可以减轻侵害人的民事责任。对同一损害后果的发生,受害人与侵害人均有过失的,应当比较过失之大小及原因力的强弱确定侵害人的责任。

本案涉及的是家庭居室装潢,装潢公司对工程又是部分承包,在此情况下,业主及发包人势必需要经常去工地查看,组织协调各项工程进展,业主及发包人对现场亦有一定的管理责任。6月下旬,业主及发包人与被告同甘装潢公司沟通后,被告同甘装潢公司对楼梯洞口采取金属防盗门板遮盖的措施,对该防护措施业主及发包人是清楚的,在施工现场也查看过,对于该安全风险,业主及发包人应当进行必要的督促与提示,予以消除。从普通人的认知水平可知,装修施工之中的房屋与正常居住的房屋相比,存在较高的风险因素,业主或业主代表进入装修房屋时应尽到审慎的注意义务,保障自身安全,业主还应尽量避免委派自我保护能力、反应能力偏弱的老年人或未成年人进入施工中的装修房屋。杜某作为业主的亲属,曾多次代表业主进入装修房屋查看,7月5日当天上午还曾进入过装修房屋,对装修房屋的现场状况是清楚的,对楼梯洞的防护情况也应当知晓,查看时其自身应注意避开风险所在,必须靠近楼梯洞部位时,自己也应高度注意,防范危险。现场铺设的金属门板与地面、墙面颜色有一定差别,但当天杜某在查看吊灯时没有注意脚下,不小心踩入墙壁旁的缝隙中坠落,如果其在查看时避免贴近墙壁,同时适当注意脚下,应可以避免踩空坠落事件的发生。杜某自身的疏忽大意直接导致坠落事件的发生。本院认为,受害方对损害的发生也有过失。

基于杜某与业主的亲属关系,被告同甘装潢公司不可能阻止杜某进入装修中的房屋;施工现场的楼梯洞口并非裸露,被告同甘装潢公司已采取了遮盖的防护措施,并对金属门板进行了固定,虽留有两条缝隙,但缝隙较窄,通常情况下很难要求其意识到该缝隙的存在会导致人坠落死亡的严重后果而严加防范;被告同甘装潢公司在业务招揽与经营中如存在不规范、欺诈或其他违法行为,可由相关部门处理,与本案人身侵权法律关系无关。

综合上述因素,考虑各方过失与损害后果之间的因果关系,比较各方过失之大小及原因力的强弱,本院确定被告同甘装潢公司承担侵权责任的比例为40%。

关于争议焦点(三)本院认为,《装饰装修合同》、设计图、工程质量验收单及《住宅装修管理协议》上虽多次出现“同舟装潢”字样,但从未出现过被告同舟装潢公司的公章或业务章,《预算书》及设计图上出现的标志也为“同舟装潢”标志。相反,《装饰装修合同》上加盖的是被告同甘装潢公司的业务章,《施工计划进度表》明确加盖了被告同甘装潢公司的公章,二期工程款收据上盖有被告同甘装潢公司财务专用章。即便如原告朱某萍所说,对方在前期接洽中始终以“同舟装潢”名义招揽生意,但原告朱某萍作为成年人又从事公司财务工作,应当知道与其订立装修合同并实际履行合同的主体是被告同甘装潢公司而非被告同舟装潢公司;原告朱某萍陈述的付款场所在被告同甘装潢公司的经营地,原告提交的三张收据上加盖的财务专用章,与被告同舟装潢公司使用的财务专用章存在较明显的不一致,被告同甘装潢公司当庭确认自己收取所有款项,现有证据不能认定被告同舟装潢公司收取了原告款项;物业留存的备案材料中被告同舟装潢公司的营业执照及资质证书均为使用项目内容为空白的复印件,未加盖被告同舟装潢公司公章,结合《住宅装修管理协议》上亦无公章,协议上署名的为被告同甘装潢公司聘用的人员,故物业对装修公司的证明仅是其自己作出的判断,不能据此认定是被告同舟装潢公司进行了装修工程备案;目前无证据显示被告同舟装潢公司出具了原告房屋的装潢设计图纸、参与了原告房屋的现场施工、与被告同甘装潢公司有授权关系或与被告同甘装潢公司有出借资质、挂靠等关系,故本院无法认定被告同舟装潢公司应对被告同甘装潢公司的侵权行为承担连带责任。

关于赔偿范围,本院逐项认定如下:原告主张杜某医疗费45,349元,包含了统筹支付及附加支付部分,该两项付费均系医保系统内付款,非个人支付,经核查杜某自行支付部分金额为13,357.52元,可列入赔偿范围;原告主张死亡赔偿金254,704元、丧葬费23,376元符合相关法律规定,可列入赔偿范围;原告主张交通费173元,系家属为杜某治疗及办理相关事宜等支出,尚在合理范围内,可列入赔偿范围;原告主张朱某萍、孙宝杰为护理和丧葬各误工11天,由于是否需要护理应凭医疗机构或鉴定机构的意见,杜某在急诊抢救及危重病科(ICU)住院期间客观上医院不允许家属护理,而且原告未能提供税单证明两人7月的工资、薪金所得因误工实际受到了损失，故对原告主张的护理及丧葬误工损失本院难以确认；原告主张住院伙食补助费200元、营养费400元，住院伙食补助费系对受害人遭受人身损害后，较平常多支出的伙食费用的补助，营养费系受害人为辅助治疗或者促使身体尽快康复而食用必要的营养品支出的费用，因杜某进医院急救后基本处于昏迷状态，不能自主进食，医院对其的生存支持与营养补充均通过医疗措施给予，费用已包含在医疗费用中，未发生额外的伙食与营养支出，住院伙食补助费、营养费不应计入赔偿范围；原告主张调查费126.5元，系原告为主张侵权赔偿诉讼支出，可列入赔偿范围；律师代理费，系原告为本案诉讼聘请专业人士提供法律帮助，参考本市律师收费指导价，本院酌定代理费10,000元列入赔偿范围；杜某的死亡必然给原告带来精神上的痛苦，原告主张精神损害抚慰金，依法可予支持，结合侵害的后果及本市居民平均生活水平，本院酌定精神损害抚慰金数额为30,000元。上述赔偿范围共计331,737.02元，由被告同甘装潢公司承担40%的赔偿责任。

综上所述，依照《中华人民共和国侵权责任法》第六条第一款、第八条、第十六条、第二十二条、第二十六条，《最高人民法院关于审理人身损害赔偿案件适用法律若干问题的解释》第十七条第一款、第三款、第十八条第一款、第十九条第一款、第二十二条、第二十七条、第二十九条，《最高人民法院关于确定民事侵权精神损害赔偿责任若干问题的解释》第八条第二款、第十条的规定，判决如下：

一、被告上海同甘建筑装潢有限公司应于本判决生效之日起十日内赔偿原告朱某凤、朱某国、朱某萍医疗费、交通费、死亡赔偿金、丧葬费、调查费、律师代理费、精神损害抚慰金共计人民币132,694.81元；

二、原告朱某凤、朱某国、朱某萍要求被告上海同甘建筑装潢有限公司赔偿的其余诉讼请求不予支持；

三、原告朱某凤、朱某国、朱某萍要求被告上海同舟建筑装潢有限公司对被告上海同甘建筑装潢有限公司的侵权行为承担连带责任的诉讼请求不予支持。

……

[评析]

民事判决书是衡量人民法院民事审判质量高低的重要组成部分。一篇优秀的民事判决书不仅要坚持依法办案的原则，做到正确解决民事权益争议，还要条理清晰地进行事实认定和裁判说理，方能让当事人和社会大众信服。上海市静安区人民法院(2011)静民三(民)初字第300号生命权纠纷一审民事判决书即是如此一份佳作。

一、事实查明具有层次性

查明事实是作出民事判决的基础。民事判决书的事实部分阐述得当与否是体现文书制作水平的重要标志之一。该案所涉及的人事物及相关法律关系纷繁复杂,既有承揽合同,又有侵权行为,还有亲属身份和表见代理。但是,判决书做到了有效兼顾,层次分明。

1. 以诉辩意见结合举证质证确定查明事实的方向。在当事人之间争议较大的情形下,该案判决书按原告诉称—原告证据—被告辩称—被告证据—相互质证—本院认证的结构列明,有利于直观把握当事人的观点和各自所持依据,比较全面地反映了当事人的主张及意见,泾渭分明,从而为后文所要查明事实的重点做出了指引。

2. 以时间顺序结合法律关系突出查明事实的重点。在事实查明部分,该案判决书以原告朱某萍和被告同甘装潢公司为中心,按照双方签订的装修合同为起点,按时间先后有条不紊地叙述了事故发生的来龙去脉,特别是抓住了装修合同的进程与事发现场的状况两大主要情节,为后文论述侵权行为的成立以及过错分担提供了充分的事实根据。同时,从原告朱某萍的身份关系进行衍生,说明了三原告与死者的近亲属关系及相应的诉讼主体资格;又从被告同甘装潢公司的装修合同等证据内容等进行衍生,说明了该案之所以会牵涉被告同舟装潢公司的缘由。

二、裁判说理具有针对性

裁判说理是作出民事判决的灵魂。民事判决书的说理部分论证得当与否是体现文书制作水平的又一重要标志。该案判决书针对当事人的诉讼请求和理由,进行充分的分析论证,做到了以理服人。

1. 争议核心紧密相扣。该案最主要的争议焦点在于被告同甘装潢公司对于死者的侵权行为是否成立。其他争议焦点均系建立于该侵权行为确实成立的基础上才有必要进行探讨。故该案判决书首先针对这一问题结合前述两大主要事实情节展开了逻辑论证。第一,依据装修合同的内容性质论证被告同甘装潢公司在合同履行期内存有场地安全保障义务;第二,依据尚未验收竣工的情况和证人证言论证装修合同尚在履行过程之中;第三,依据事发过程和现场环境论证被告同甘装潢公司当时未采取必要防护措施违反了安全保障义务。三者相融,水到渠成,为判决结论打下了坚实的基础。

2. 分述焦点逻辑严密。在确定了被告同甘装潢公司侵权行为成立的基础上,该案判决书又从减轻责任情形和承担责任方式两个分焦点针对三原告的诉讼请求进行了反向阐述。一方面从死者自身未尽安全注意义务角度出发,论证了被告同甘装潢公司可予减轻赔偿责任的理由;另一方面从装修合同的签订与履行均由被告同甘装潢公司经办入手,论证了被告同舟装潢公司与本案无涉的理由。可谓论理正反结合,逻辑周延,充分体现了文书制作者的严谨思维。

3. 赔偿范围详尽有序。针对三原告提出的具体赔偿项目和金额，该案判决书在说理的最后部分逐一给予了回应，特别是对于不予支持的部分，没有采用诸如“缺乏依据”之类的模糊语言，而是从举证责任结合常理认知阐明理由，阅后令人心悦诚服。

4. 条文引用明确具体。该案判决书在引用法律条文时并未笼统单一地引用侵权责任法，还同时涵盖了生命权纠纷案件常用的两部司法解释，兼顾了侵权案件中物质损害与精神损害的赔偿依据。而且在附录条文时也未全盘照搬，而是具体到判决所依据条文的相应款项，也体现了文书制作者重视细节之处。

三、首尾格式具有规范性

民事判决书与一般公文一样，都有专门的格式要求。即便在现今事实查明部分和裁判说理部分变革创新的潮流下，首部和尾部仍然是格式规范坚守的阵地。该案判决书的首部依次写明当事人及代理人的身份情况、案由、审理经过及出庭情况，尾部则按序告知诉讼费用负担、上诉权利、合议庭成员等。上述写法均符合规范化格式要求。

当然，规范之余也不乏亮点。该案判决书在当事人的住所（地）叙述详略得当，对于三原告的相同住址在写明一次后以“住址同原告……”表示简洁明了，而对于两被告的企业地址除注册地外另注明主要营业地，与文书制作要求相符。此外，该案判决书还增加交代了组织证据交换的时间，使审判过程更加丰满。

综上，(2011)静民三(民)初字第300号生命权纠纷一审民事判决书是一篇从格式到表述，从事实查明到裁判说理，彰显规范条理的优秀法律文书。客观全面的事实为说理提供了依据，充分透彻的说理又为结论作出铺垫。通篇前后照应，紧密衔接，结论正确，判决公道，有利于当事人服判息讼和判决的顺利执行。

[实例2]

上海市徐汇区人民法院

民事判决书

(2011)徐民一(民)初字第4762号

原告陶某

被告上海某商务咨询有限公司

原告陶某诉被告上海某商务咨询有限公司劳动合同纠纷一案，本院于2011年7月14日立案受理后，依法适用简易程序，于2011年8月17日公开开庭进行了审理。……本案现已审理终结。

原告陶某诉称,原告于2009年3月7日进入被告处,从事项目统筹兼任财务。2009年3月7日至2010年2月,原告每月工资为人民币(以下同)3000元。2010年3月起,原告每月工资为5000元,以领款单、现金形式领取,另有不固定的奖金,从被告法定代表人个人账户转账至原告的建设银行账户内。2009年3月至2010年7月,双方未订立书面劳动合同。2010年8月,双方订立一年期的劳动合同,约定原告每月工资为5000元,被告为原告缴纳社会保险费,若加班按规定计发加班工资。合同签订后,被告以2500元的基数为原告缴纳社会保险费。在职期间,原告存在大量加班,被告应按规定计发加班工资。经协商,被告答应计发加班工资,但直至发薪日,被告不但不按约定计发加班工资,而且8月和10月的奖金也不予发放。原告认为被告不信守承诺,遂于2010年10月13日、14日提出辞职。2010年10月31日,原告正式离职。离职后,原告继续向被告追索劳动报酬。被告曾答应先行支付结算的加班工资,并兑现2010年8月、10月的奖金。直至春节来临,被告仍拖欠不予结付,原告遂提起劳动仲裁。现不服仲裁裁决,要求被告支付:1.解除劳动合同的经济补偿金23,376元;2.2009年4月至2010年3月未订立书面劳动合同的双倍工资差额166,782元;3.2010年3月至10月未休年休假4天的折算工资700元;4.2009年3月7日至2010年10月31日延时加班587小时、休息日加班418小时、法定休假日加班140小时的加班工资共计61,424元;5.2010年8月奖金10,000元和10月奖金10,000元;6.2010年10月报销款700元;7.以每月5000元的缴费基数补缴2009年3月至2010年10月的社会保险费。庭审中,原告撤回诉请7。

被告上海某商务咨询有限公司辩称,关于诉请1,原告自行提出辞职,不存在经济补偿金;关于诉请2,原告的主张已经超过法定仲裁时效期间,服从仲裁裁决;关于诉请3,服从仲裁裁决,原告自行辞职,已经丧失被告安排年休假的条件;关于诉请4,服从仲裁裁决,原告不存在加班;关于诉请5,双方未约定奖金;关于诉请6,不存在报销款。综上,不同意原告的诉讼请求。

经审理查明,原告于2009年3月7日进入被告处工作,担任项目管理和出纳,每月工资为3000元、饭贴为330元,另有销售提成和报销款。销售提成即奖金。2010年3月起,原告每月工资上调为5000元。原告的奖金由被告通过法定代表人吴某苏个人账户支付,金额和日期均不固定。2010年8月,双方签订一年期的劳动合同。

2010年10月14日,原告向被告发出辞职的电子邮件,主要内容为“公司业务实在太多了,每天不是强行下班的话,天天都可以做到10点都做不完,完全没有下班时间,每个项目的活动现场、出差,也不会减少,之前孩子还没有正式上学,公司人员也不整齐，所以我能做的也就做了，现在我女儿既需要监督学习，又需要照顾身体，我实在身心疲惫，也清楚要做到准时下班，只做财务，不出差不加班是不可能的，我也不是专业财务出身，对于财务上的事物也不是完全精通，现在公司各方面人才也都完整起来了，你只要再找个专业财务就可以了，所以我在这里的工作希望在这个月底前慢慢交接给新人吧！”原告最后工作至同月31日，工资亦结算至当日。

2011年1月13日，原告和被告的法定代表人吴某苏在MSN上聊天。原告问“财务这边你单子还没给她啊？我那天单子都填好的，一张20,000的单子，一张已付30,000的单子，一张车费及电话费的报销单子，发票也直接给了你一张53,000多的发票诶！什么时候才可以结给我啊？”吴某苏回答“给她了，她在排款，等等。”原告表示，对话中的“20,000的单子”系2010年的奖金，“车费及电话费的报销单子”金额为700元，“53,000多的发票”系加班费，当时粗算为50,000多元，被告同意支付，但要原告提供发票冲抵。吴某苏则表示，其在不知情的情况下转账支付了“30,000元的单子”，其已提起诉讼要求原告返还，一审判决未支持被告的诉讼请求，对话中所说的单子都是直接给财务的，其当时不在上海，未签过单子，答话系搪塞原告去财务看看，可能财务拿到单子在排款。

2011年2月10日，原告向徐汇区劳动争议调解委员会申请调解，调解不成后于2011年2月23日向上海市徐汇区劳动人事争议仲裁委员会申请仲裁，提出包括本案诉请在内的请求事项。该仲裁委员会于2011年4月26日作出徐劳人仲(2011)办字第252号裁决：一、被告应在裁决生效之日起七日内因未签订劳动合同支付原告2010年3月7日至2010年3月31日的双倍工资差额2347.83元；二、被告应在上述期限内支付原告2010年5月1日、2010年10月2日至2010年10月3日、2010年9月22日法定休假日、2010年4月24日、2010年5月2日、2010年5月9日、2010年10月23日休息日、2010年6月1日延长工作时间加班的加班工资2913.79元；三、被告应在裁决生效之日起十五日内向上海市闸北区社会保险事业管理中心为原告缴纳2010年2月至10月的社会保险费12,960元(其中包括代扣代缴原告应当承担的社会保险费2960元)；四、原告应在裁决生效之日起十日内将个人应缴社会保险费2960元交给被告；五、对原告要求被告支付解除劳动关系补偿、因未签劳动合同支付2009年4月至2010年2月10日、2010年3月7日至2010年3月31日双倍工资差额、2009年3月至2010年未休年休假折算工资、2009年3月7日至2010年10月31日(除2010年5月1日、2010年10月2日至2010年10月3日、2010年9月22日、2010年4月24日、2010年5月2日、2010年5月9日、2010年10月23日、2010年6月1日外)的加班工资、2010年8月至2010年10月奖金、2010年10月报销款、补缴2009年3月至2010年1月社会保险费的申诉请求均不予支持。原告不服该裁决,遂向本院提起诉讼。

另查明,原告在被告处做五休二,正常工作时间为上午10时至下午6时。被告处不实行考勤。原告在职期间需要至外地出差。被告向原告支付的报销款项中包括原告在上海本地工作期间的出租车费。原告须提交出租车票,写明地点,并填写报销单据,经被告审核后予以计发。原告依据已向被告报销的出租车票主张在上海工作期间的加班工资。

诉讼中,经核对原告在外地出差期间的加班事宜,被告认可原告存在16天128小时的休息日加班和4天32小时的法定休假日加班,其中2010年3月之前存在7天的休息日加班,2010年3月之后(包括2010年3月)存在9天的休息日加班和4天的法定休假日加班。

被告还提供了系争加班期间的原始财务账册。经核对,有原告签名并写明到达地点的出租车票如下:

1. 2009年3月14日(周六)出发车票,车票上的时间为14时08分至14时34分,无回家车票,原告主张该日加班时间为10时至19时,被告则认为16时至17时就下班了;

2. 2009年6月13日(周六)出发车票和回家车票,出发车票上的时间为11时07分至11时28分,系正常工作时间,回家车票上的时间为21时07分至21时46分,原告主张加班时间为6时至10时和18时至21时,被告认可原告18时至21时存在加班;

3. 2009年7月1日(周三)出发车票和回家车票,出发车票上的时间为6时59分至7时33分,回家车票上的时间为23时49分至23时55分;原告主张6时上班20时下班,早上加班4小时,晚上加班2小时,共计6小时;被告不认可6时上班,对20时下班无异议,认可存在晚上2小时的加班时间;

4. 2009年7月7日(周二)回公司的车票,车票上的时间为17时59分至19时07分;原告主张23时下班,存在5小时的加班时间;被告则认为,原告已经在路上,不能算作加班;

5. 2009年7月8日(周三)的出发车票,车票上的时间为7时05分至7时43分;

6. 2009年8月10日(周二)的回家车票,车票上的时间为23时36分至23时44分;原告表示,该日包车的司机送其至上海南站,其再坐出租车回家,其主张18时至23时的加班时间,共5个小时;被告则表示,有包车的话,肯定会送回家,不认可该车票是原告本人的,有可能是阿姨等发生的费用;

7. 2009年8月27日(周四)的回家车票,车票上的时间为28日0时53分至1时27分;

8. 2009 年 8 月 28 日(周五)的回家车票,车票上的时间为 22 时 57 分至 23 时 21 分;

9. 2010 年 3 月 29 日(周一)从原告家中出发至上海南站的车票,车票上的时间为 6 时 24 分至 6 时 29 分,原告主张,上海南站至活动现场需要半小时,故其从 7 时开始起算加班时间,被告对此无异议;

10. 2010 年 6 月 14 日(周一)的出发车票,车票上的时间为 8 时 55 分至 9 时 25 分;

11. 2010 年 7 月 25 日(周日)的出发车票,车票上的时间为 14 时 04 分至 14 时 39 分;

12. 2010 年 7 月 28 日(周三)的出发车票,车票上的时间为 6 时 36 分至 7 时 04 分;

13. 2010 年 8 月 31 日(周二)的回家车票,车票上的时间为 22 时 47 分至 0 时 07 分;

14. 2010 年 9 月 1 日(周三)的出发车票和回家车票,车票上的时间分别为 9 时 25 分至 9 时 57 分、23 时 49 分至 0 时 21 分。

又查明,2011 年 6 月 3 日,本院立案受理吴某苏诉原告不当得利一案,吴某苏诉称其于 2010 年 10 月 27 日操作失误而将应划给客户的 30,000 元钱款划到原告账上,故要求原告返还不当得利款 30,000 元。本院于 2011 年 7 月 28 日作出(2011)徐民一(民)初字第 3765 号民事判决:驳回吴某苏的诉讼请求。吴某苏不服一审判决,向上海市第一中级人民法院提起上诉。该院于 2011 年 9 月 8 日作出(2011)沪一中民一(民)终字第 2234 号终审判决:驳回上诉、维持原判。

以上事实,除当事人陈述一致外,另有辞职的电子邮件、2009 年 11 月 6 日至 2010 年 11 月 7 日的建设银行明细、2010 年 9 月 3 日的付款凭证、2010 年 7 月 1 日被告法定代表人发给原告的电子邮件、(2011)徐民一(民)初字第 3765 号民事判决书、(2011)沪一中民一(民)终字第 2234 号民事判决书、原告与被告法定代表人的 MSN 聊天记录等证据证实,本院予以确认。

本院认为,本案的第一个争议焦点是原告主张被迫辞职的事实是否成立。根据本案查明的事实,原告于 2010 年 10 月 14 日向被告发出辞职的电子邮件。该电子邮件的内容难以推导出原告辞职的理由是被告未支付加班工资和奖金。故原告要求被告支付经济补偿金的诉讼请求,本院难以支持。

本案的第二个争议焦点是原告要求被告支付未订立书面劳动合同双倍工资差额的诉讼请求是否超过法定仲裁时效期间。当事人应当在仲裁时效期间内及时主张权利。仲裁时效期间从当事人知道或应当知道其权利被侵害之日起计算。本案中,原告于2011年2月10日向徐汇区劳动争议调解委员会申请调解,故其主张2009年4月至2010年2月10日未订立书面劳动合同的双倍工资差额,已经超过法定仲裁时效期间,本院不予支持。

根据法律规定,劳动者主张未订立书面劳动合同双倍工资差额的最高上限为自用工之日起满一年的前一日。本案中,双方建立劳动关系的时间为2009年3月7日。2010年2月11日至3月5日,双方未订立劳动合同,被告未举证证明其已履行诚实磋商义务和存在劳动者拒绝订立等情况,故被告应依法支付该期间的双倍工资差额。2010年3月起,原告每月工资上调为5000元,之前每月工资为3000元。故双倍工资差额为2886.96元(3000元÷20天×12天+5000元÷23天×5天)。原告主张2010年3月6日至3月31日未订立书面劳动合同的双倍工资差额,缺乏依据,本院不予支持。

本案的第三个争议焦点是原告主张2010年3月至10月未休年休假折算工资是否有事实依据。《企业职工带薪年休假实施办法》第十二条规定,用人单位与职工解除或者终止劳动合同时,当年度未安排职工休满应休年休假的,应当按照职工当年已工作时间折算应休未休年休假天数并支付未休年休假工资报酬,但折算后不足1整天的部分不支付未休年休假工资报酬。本案中,原告自行提出离职,且如前所述,原告主张被迫辞职不成立,故原告要求被告支付2010年3月至10月未休年休假折算工资,缺乏事实依据,本院难以支持。

本案的第四个争议焦点是原告在职期间是否存在三类加班。首先,原告出差在外期间是否存在三类加班。诉讼中,经核对,被告认可原告存在16天128小时的休息日加班和4天32小时的法定休假日加班,其中2010年3月之前存在7天的休息日加班,2010年3月之后(包括2010年3月)存在9天的休息日加班和4天的法定休假日加班。对此本院予以确认,故被告应依法支付上述天数的加班工资。原告主张除此之外还存在其他三类加班时间。对此,原告未提供有效证据加以证实,且出差在外,时间可以由原告自由支配,可以推定形成临时的不定时工作制,故原告的主张本院难以采纳。

其次,原告在上海工作期间是否存在三类加班。原告在被告处做五休二,正常工作时间为上午10时至下午6时,被告处不实行考勤。原告依据已向被告报销的出租车票主张在上海工作期间的加班工资。被告为此提供了原始财务账册。经核对,有原告签名并写明到达地点的出租车票有14天,其中休息日3天、平时工作日11天。关于该14天原告存在多少加班时间的争议,本院分析如下:

1. 劳动法意义上的加班是指用人单位为生产经营需要,安排劳动者在正常工作时间以外提供额外劳动的行为。因此,在双方未约定路上时间也计入正常上班时间的情况下，路上时间不宜计入加班时间内，故出租车票上记载的出发时间不能作为计算加班时间的起始时间。

2. 休息日上班的，在无回家车票作为凭证的情况下，被告作为用人单位，对该天活动结束的时间负有举证责任，被告未提供有效证据予以佐证，本院依法采纳原告的主张；周一至周五，原告主张 18 时以后还存在加班，但无车票予以印证的，本院对原告的主张，不予采纳。

3. 依据上述原则，经核算，休息日 3 天的加班时间为 10.79 小时（见表一）；延时加班时间为 40.74 小时（23.57 小时 +17.17 小时）（见表二）。

表一

日期	开始时间	结束时间	加班时间
2009 年 3 月 14 日	14 时 34 分	19 时	4.44 小时
2009 年 6 月 13 日	18 时	21 时	3 小时
2010 年 7 月 25 日	14 时 39 分	18 时	3.35 小时
合计			10.79 小时

表二

日期	开始时间	结束时间	加班时间
2009 年 7 月 1 日	7 时 33 分	20 时	4 小时 27 分
2009 年 7 月 7 日		17 时 59 分	0
2009 年 7 月 8 日	7 时 43 分	10 时	2 小时 17 分
2009 年 8 月 10 日	18 时	23 时	5 小时
2009 年 8 月 27 日	18 时	0 时 53 分	6 小时 53 分
2009 年 8 月 28 日	18 时	22 时 57 分	4 小时 57 分
小计			23.57 小时
2010 年 3 月 29 日	7 时	10 时	3 小时
2010 年 6 月 14 日	9 时 25 分	10 时	35 分
2010 年 7 月 28 日	7 时 04 分	10 时	2 小时 56 分
2010 年 8 月 31 日	18 时	22 时 47 分	4 小时 47 分
2010 年 9 月 1 日	9 时 57 分	23 时 49 分	5 小时 52 分
小计			17.17 小时

原告入职时的工资为每月3000元,自2010年3月起上调为每月5000元,故被告应支付原告延时加班工资1349.66元(3000元÷21.75天÷8小时×23.57小时×150%+5000元÷21.75天÷8小时×17.17小时×150%)、休息日加班工资6587.04元(3000元÷21.75天×7天×200%+5000元÷21.75天×9天×200%+3000元÷21.75天÷8小时×4.44小时×200%+5000元÷21.75天÷8小时×6.35小时×200%)、法定休假日加班工资2758.62元(5000元÷21.75天×4天×300%)。

本案的第五个争议焦点是原告主张2010年8月和10月奖金各10,000元以及2010年10月的报销款700元是否有事实根据。

根据本案查明的事实,原告的收入由工资、饭贴、奖金和报销款组成,奖金即销售提成,由被告通过法定代表人的个人账户支付。可见,双方关于奖金和报销款是有约定的。从2011年1月13日原告和被告的法定代表人吴某苏在MSN上聊天内容来看,吴某苏对"20,000的单子"、"已付30,000的单子"、"车费及电话费的报销单子"都是明确知晓的。现被告辩称,法定代表人当时不在上海,未签过单子,答话系搪塞原告去财务看看,可能财务拿到单子在排款。该辩称意见,明显与前述聊天内容相悖,故本院不予采信。被告作为用人单位,对奖金的发放和报销款项的支付有管理的责任,从聊天记录上可以反映原告已经将这些单子交付被告,现被告未提供这些单子,故本院依法采纳原告的主张。被告应支付原告2010年8月和10月的奖金20,000元和2010年10月的报销款700元。

原告撤回要求被告以每月5000元的缴费基数补缴2009年3月至2010年10月社会保险费的诉讼请求,系原告在法律许可的范围内处分自己的诉讼权利,与法无悖,本院予以准许。被告未对仲裁裁决第二、三项提起诉讼,视为服从。但社会保险费的缴纳与否、缴费基数和缴费期间的争议,系用人单位、劳动者和社保部门之间关于征收和缴纳的关系,属于行政管理范畴,应由社保部门解决处理,不属于人民法院的受案范围,故本院不作处理。

综上,依照《中华人民共和国劳动法》第四十四条、第五十条、第七十八条,《中华人民共和国劳动合同法》第三十条第一款、第三十一条、第八十二条第一款,《中华人民共和国劳动争议调解仲裁法》第二十七条第一款,《中华人民共和国劳动合同法实施条例》第七条的规定,判决如下:

一、被告上海某商务咨询有限公司于本判决生效之日起七日内支付原告陶某2010年2月11日至3月5日未订立书面劳动合同的双倍工资差额2886.96元;

二、被告上海某商务咨询有限公司于本判决生效之日起七日内支付原告陶某2009年3月7日至2010年10月31日的延时加班工资1349.66元、休息日加班工资6587.04元、法定休假日加班工资2758.62元;

三、被告上海某商务咨询有限公司于本判决生效之日起七日内支付原告陶某2010年8月和10月的奖金20,000元；

四、被告上海某商务咨询有限公司于本判决生效之日起七日内支付原告陶某2010年10月的报销款700元；

五、驳回原告陶某的其余诉讼请求。

……

[评析]

劳动合同纠纷案件数量占劳动争议案件的绝大多数。复杂的劳动合同纠纷案件，可能涉及恢复劳动关系、办理退工手续、追索劳动报酬、支付经济补偿金、赔偿损失等多项诉讼请求，其中尤其以追索劳动报酬和支付经济补偿金最具有典型性、普遍性和复杂性，争议焦点呈现五花八门的特点。(2011)徐民一(民)初字第4762号民事判决书是一篇以追索劳动报酬纠纷和经济补偿金纠纷为主体内容的涉及多项争议焦点的典型劳动合同纠纷民事判决书，按照八个组成部分和五个争议焦点进行评析。

一、原告诉称：七项诉讼请求

原告诉称包括原告主张的事实、理由和诉讼请求三个部分。其中，诉讼请求是原告主张事实和理由的目的，是当事人争议焦点的核心，是法院作出判决主文的范围。对于争议焦点五花八门的劳动合同纠纷民事判决书，在归纳当事人诉讼主张时，准确罗列诉讼请求具有先决作用。

本案原告为劳动者，被告为用人单位。作为劳动者的原告共提出七项诉讼请求，在原告诉称结尾提起，并分项列明。

二、被告辩称：六项答辩意见

被告辩称包括被告答辩的事实、理由和对诉讼请求的意见。答辩意见可以分为全部同意、部分同意、全部不同意三种情形。

本判决书对于答辩意见的归纳采用了第三种情形，即全部不同意。尽管答辩结论相同，答辩理由却各不相同，被告辩称后，采纳了与诉讼请求一一对应的归纳方式。

三、仲裁情况：五项仲裁裁决

劳动争议案件的特点之一是仲裁前置，为此在劳动争议民事判决书中，需要复述仲裁过程和仲裁结果。

本判决书在经审理查明第四段对仲裁过程和仲裁结果进行了复述。其中，具有实体性内容的是五项裁决。在五项裁决中，第三项和第四项全项、第五项末尾是关于缴纳社会保险费的裁决。只有在对于诉讼请求和裁决主文整体把握后，才能最终作出适应仲裁前置特点的劳动争议民事判决主文。

四、查明事实:一段外地加班工作时间和十四项上海加班工作时间

劳动合同纠纷的查明事实部分,主要叙述劳动者与用人单位订立、履行、解除或终止劳动合同的事实。

本判决书经审理查明部分第一段叙述订立和变更劳动合同,第二段叙述解除劳动合同,第三段叙述履行劳动合同部分情况,第四段叙述劳动争议调解仲裁情况,末段又查明叙述与劳动合同纠纷相关联的不当得利纠纷诉讼情况。

当中的另查明部分则是关于加班工资纠纷的内容。该部分固定了原告在外地出差期间的加班时间,并提及了十四项为了说明原告在上海的加班时间的出租车票,查明了原告在上海的加班时间的基本情况。对于有争议的内容,留待理由部分本案的第四个争议焦点进一步分析认定。

五、诉讼证据:四项书证和三项电子数据

民事判决书中的诉讼证据,除当事人陈述外,主要是传统的书证和鉴定意见、新型的视听资料和电子数据。在劳动合同纠纷中,由于作为当事人的劳动者与用人单位在用工期间密切交流,诉讼过程中往往提交新型的电子邮件和聊天记录等作为证据。

本判决书在诉讼证据部分列举的证据包括四项书证和三项电子数据。其中,辞职的电子邮件、原告与被告法定代表人的MSN聊天记录的主要内容分别在经审理查明第二段和第三段作了直接引用,既查明了相关事实,也便于在理由部分对于电子邮件证明内容加以分析确定。

六、判决理由:五个争议焦点

判决理由部分,即本院认为部分,以事实为根据,以法律为准绳,阐明法院对纠纷的性质、当事人的责任以及解决纠纷的意见。劳动合同纠纷往往以焦点式进行分析认定。

本判决书的判决理由部分,除了末段对于原告撤回的第7项诉讼请求予以准许并简要说明理由外,其余部分针对原告的前6项诉讼请求分为五个争议焦点分别进行针对性分析。其中,第四个争议焦点针对诉讼请求第4项加班工资纠纷进行分析,是判决理由部分的重点和难点。

第四个争议焦点分析中的亮点包括:划分三个层次,第二层次再细分三个层次;第一层次认为出差在外可以形成临时的不定时工作制;第二层次前两项确定三项对于加班时间的举证原则;第二层次第三项分列两个表格;第三层次公式化的计算方式。对于争议焦点五花八门的劳动合同纠纷中最扑朔迷离的加班工资纠纷,在最大程度上优质高效地公开了依法自由心证和自由裁量的过程。本案的第四个争议焦点分析不仅在五个争议焦点分析中,而且在整篇判决书中,都是最精彩的部分。

七、法律依据:四部法律文件八个法律条文

《引用规范性法律文件规定》第四条规定:“民事裁判文书应当引用法律、法律解释或者司法解释。对于应当适用的行政法规、地方性法规或者自治条例和单行条例,可以直接引用。”第六条规定:“对于本规定第三条、第四条、第五条规定之外的规范性文件,根据审理案件的需要,经审查认定为合法有效的,可以作为裁判说理的依据。”

本案引用的法律依据共四部法律文件八个法律条文。其中,与追索劳动报酬相关的法律依据是《中华人民共和国劳动法》第四十四条、第五十条、《中华人民共和国劳动合同法》第三十条第一款、第三十一条;与支付双倍工资差额相关的法律依据是《中华人民共和国劳动合同法》第八十二条第一款、《中华人民共和国劳动合同法实施条例》第七条;属于超过仲裁时效期间法律依据的是《中华人民共和国劳动争议调解仲裁法》第二十七条第一款;属于补强支持诉讼请求和驳回诉讼请求法律依据的是万能条文《中华人民共和国劳动法》第七十八条。

八、判决结果:五项判决主文

判决主文是判决书论证说理的最后归宿,是对诉讼请求的最终回应,应当准确、具体、便于执行。

判决主文第一项是未订立书面劳动合同双倍工资差额纠纷,回应诉讼请求第二项;判决主文第二项是加班工资纠纷,回应诉讼请求第四项;判决主文第三项是奖金纠纷,回应诉讼请求第五项;判决主文第四项是报销款纠纷,回应诉讼请求第六项;判决主文第五项,回应未支持的诉讼请求,既包括前四项判决主文部分支持的第二项和第四项、全部支持的第五项和第六项以外的诉讼请求,即诉讼请求第一项解除劳动合同经济补偿金纠纷、诉讼请求第三项未休年休假工资纠纷,也可以包括前两项判决主文未支持诉讼请求第二项未订立书面劳动合同双倍工资差额纠纷和诉讼请求第四项加班工资纠纷的部分期间的金额。驳回判决主文的对象表述为“其余诉讼请求”而不表述具体内容,既是为了简洁,也是为了周延。

[实例3]

上海市长宁区人民法院

民事判决书

(2012)长民二(商)初字第1181号

原告上海凌某国际货物运输代理有限公司

被告厦门惠某国际货运代理有限公司上海分公司

被告厦门惠某国际货运代理有限公司

原告上海凌某国际货物运输代理有限公司(以下简称凌某公司)诉被告厦门惠某国际货运代理有限公司上海分公司(以下简称惠某公司上海分公司)、厦门惠某国际货运代理有限公司(以下简称惠某公司)货运代理合同纠纷一案,经上海市普陀区人民法院以(2012)普民二(商)初字第707号《案件移送函》移送本院审理,本院于2012年10月30日立案受理。在上海市普陀区人民法院审理期间,原告曾向该院申请财产保全,该院依法审查后于2012年7月4日作出财产保全裁定。本院受理后,原告向本院申请对被告惠某公司上海分公司继续进行财产保全,本院于2012年12月28日依法裁定对被告惠某公司上海分公司予以财产保全。审理期间,双方当事人均同意延长简易程序审理期限一个月。本院依法适用简易程序,……于2012年12月3日、2013年1月30日公开开庭进行了审理。……本案现已审理终结。

原告凌某公司诉称,2012年2月27日,被告惠某公司上海分公司将宁波利某进出口有限公司(以下简称利某公司)所属241箱货物自上海浦东机场空运至南非德班事宜,委托原告订舱、报关、交接货物。《货运委托书》载明毛重为2073千克;体积为21.62立方米;空运费计费标准为每千克人民币28元(币种下同),该计费标准包括了运费和其他费用,但不包括商检费;委托人特约事项为“泡全吃,2/8分”。原告接受委托后,向沙特阿拉伯航空公司订舱,并指示案外人上海爱某诺国际货运代理有限公司(以下简称爱某诺公司)收取货物,爱某诺公司出具的《货物进仓明细单(Cargo Receipt)》显示收货时货物体积为24.21立方米。随后,原告于2012年2月29日将上述241箱货物交至上海浦东国际机场货运站有限公司入库。货物经沙特阿拉伯航空公司运至目的港并已交付收货人。被告已收妥利某公司上述241箱货物的出口收汇核销单和出口货物报关单(出口退税联与收汇核销联),但被告未将空运费76,288元支付给原告,原告遂诉请判令两被告支付原告空运费76,288元,并要求两被告承担本案诉讼费用。庭审中,原告明确其诉请金额为应收运费76,188元和商检费100元,其中应收运费76,188元的计算过程如下:

(1)体积重量=24.21立方米÷0.006=4035千克;

(2)体积重量-实际重量=4035千克-2392千克=1643千克;

(3)按照双方关于“泡全吃,2/8分”的约定,原告对体积重量与实际重量的差额部分主张20%作为计费重量的一部分,即:

1643千克×20%=328.60千克,按四舍五入为329千克;

(4)原告的计费重量=2392千克+329千克=2721千克;

(5)原告应收运费=2721千克×28元/千克=76,188元。

原告为证明其主张,向本院提供了以下证据:

1. 货运委托书,证明被告委托原告订舱、报关、交接货物;运费单价是28元/千克;货物体积是24.21立方米、重量为2392千克;被告特约的委托事项是"泡全吃,2/8分"。

2. 空运单及翻译件,证明原告已经完全履行了委托书约定的义务,货物已在2012年3月1日从上海浦东机场启运。

3. 增值税发票,证明原告向被告开具了号码为02352693.金额为76,288元的增值税发票,并要求被告付款。

4. 索赔函,证明运单项下货物是被告委托原告向沙特航空公司订舱;被告拒绝支付空运费。

5. 入库单(无题),证明运单项下货物于2012年2月29日入库上海浦东机场国际货运站有限公司。

6. 签收单、出口收汇核销单、报关单2份,证明被告已经收到原告交付的运单项下出口收汇核销单和出口货物报关单(出口退税联与收汇核销联)。

被告惠某公司上海分公司与被告惠某公司辩称,其一,被告惠某公司上海分公司不具备独立法人资格,对外民事责任应由其总公司承担。其二,原告作为货运代理人,没有尽到应有的善良和勤勉义务,更没有以其专业知识对本案空运单进行识别,以致本案空运单出现倒签:空运单显示系争货物2012年3月1日从上海浦东机场启运,而货物实际启运日期是在2012年3月2日,故原告构成根本违约。其三,原告只有在代为垫付运费后,才能向被告主张支付运费,而原告并没有向法庭出示其垫付运费的证据。其四,《货运委托书》上记载的内容和航空运单不一致时,应以航空运单的记载为准,本案不存在"泡全吃,2/8分",运单显示的计费体积重量与毛重相吻合(货物毛重是2392千克,体积是14.352立方米,按照航空货物运输惯例,14.352÷0.006=2392千克),故原告主张的空运费应为66,976元(2392千克×28元/千克)。其四,双方在《货运委托书》上约定的运费单价28元/千克包括了运费和其他费用,被告无须向原告支付商检费等其他费用。其五,本案系争241箱货物,先由利某公司委托案外人厦门通某达物流有限公司(以下简称通某达公司)办理运输,通某达公司再委托被告惠某公司,被告惠某公司接受委托后交予被告惠某公司上海分公司,被告惠某公司上海分公司再委托原告。由于货物按照2012年3月1日起飞来预计,到达德班全程只需5至7天,而收货人实际收到货物的日期却是2012年3月29日,且遗失了价值735美元的货物,造成通某达公司拒付被告惠某公司运费,被告惠某公司与通某达公司因而在厦门市湖里区人民法院涉讼。综上,原告要求被告支付运费并无法律依据,要求法院驳回原告诉请。

两被告均未提供任何证据。

针对两被告的答辩,原告补充提供了以下证据:

1. 中国建设银行出具的《补发入账证明书》,证明原告已经在2012年4月12日向国际航空运输协会北京办事处付款2,955,868.85元。

2. 国际航空运输协会北京办事处关于2,955,868.85元的收费明细,证明沙特航空公司收取了2012年3月1日至15日的运费989,857.45元(见该收费明细中065SV这一行)。

3. 国际航空运输协会关于沙特航空公司2012年3月1日至15日所收989,857.45元的收费明细,证明其中运单号87436860对应的本案系争货物运费为67,504.40元。

4. 沙特航空公司出具的收费明细,证明其中运单号87436860对应的本案系争货物运费为67,504.40元。

上述补充证据1至4共同证明原告已经支付沙特航空公司运费67,504.40元。

5. 爱某诺公司出具的《货物进仓明细单(Cargo Receipt)》,证明爱某诺公司作为原告的收货代理人,收货时货物体积为24.21立方米。

6. 利某公司出具的装箱单(Packing List)和商业发票(Commercial Invoice),证明当时登记的体积为21.62立方米,与被告委托时告知原告的体积一致。

经庭审质证,被告对原告的证据陈述了以下质证意见:

1. 对原告证据1真实性无异议,但认为依照我国《民用航空法》第117条的规定,该《货运委托书》上记载的内容和航空运单不一致时,应以航空运单的记载为准:该《货运委托书》货名中“241/2392/24.21”作为拼装货物,体积应该是13立方米,原告却按照24.21立方米计算体积,没有事实依据;毛重是2073千克,与航空运单上的记载内容不一致。

2. 对原告证据2的真实性无异议,但认为该运单的签发人是代理人“HER/SHA”,而原告提供的文件中没有该“HER/SHA”的盖章;该运单显示的计费体积重量与毛重相吻合(货物毛重是2392千克,体积是14.352立方米,按照航空货物运输惯例,14.352÷0.006=2392千克);没有原告证据1中“泡全吃,2/8分”,按照双方《货运委托书》记载的运费单价,空运费应为66,976元(2392千克×28元/千克);原、被告双方对于其他杂费没有做过任何约定,故航空运单中所谓AWC、MSC和MYC费用不应计算在内,原、被告双方的费用结算系按28元/千克计算,不含其他费用。

3. 对原告证据3的真实性无异议,但不认可发票的内容,两被告能够接受的是66,976元,原告没有提供其向沙特阿拉伯航空公司垫付运费的证据,也没有证据证明涉案货物在合理的期间内到达目的地,该增值税发票出具的时间晚于被告的《索赔函》。

4. 对原告证据4的真实性无异议,并称该《索赔函》是被告2012年4月13日交给原告后,再由原告转交沙特阿拉伯航空公司的,该《索赔函》已经明确表明被告不再支付运费。

经法庭询问,原告确认该《索赔函》是由原告转交沙特航空公司的。

5. 对原告证据5的真实性有异议,并认为该证据上的入库时间仅证明了起飞时间,没有经停信息和到达信息,原告应该向被告提供所有货物的全部真实信息,代理人应该将航空记录告知委托人。

6. 对原告证据6的真实性无异议。

7. 对原告补充证据1的真实性没有异议,但认为该《补发入账证明书》的"凭证种类"载有"特借报单",不属于运费。

8. 对原告补充证据2至4的真实性不予认可,因为这些证据均为复印件,且来自位于上海市伊犁路111号的一家公司,并非国际航空运输协会北京办事处。

经法庭询问,原告确认上海市伊犁路111号是原告的地址,补充证据2至4上面的公司名称是其英文名称;对补充证据2~4是如何形成的,原告在2013年1月31日书面告知本院其补充证据2、3是国际航空运输协会通过E-MAIL发给原告的费用明细。

9. 对原告补充证据5的真实性、合法性、关联性均不予认可。

10. 对原告补充证据6的真实性无法确认。

鉴于两被告对原告证据1至4和证据6的真实性没有异议,本院予以采信。原告的证据5在形式上不具客观性,本院不予采信。原告的补充证据1至4的证明目的在于证明原告已向沙特阿拉伯航空公司垫付运费,鉴于原告的证据2《航空运单》上已载明运费预付(FREIGHT PREPAID),结合该四份补充证据分析,本院认定原告已向沙特阿拉伯航空公司垫付运费。原告的补充证据5在形式上没有爱某诺公司的任何公章,"送货方确认"栏没有原告签字或盖章,"交货人"栏目填写的是"义乌",且该份证据系在本案第一次庭审后提交法庭,本院对其真实性和关联性均不予采信。原告的补充证据6所要证明的事项已由其证据1所证实。

庭审中,原告确认了以下事实:

1.《货运委托书》上"货名"栏手写的"241/2392/24.21"外加一个近似椭圆形

圈以及圈外手写的“4058”字样均为原告在自己留底的《货运委托书》上手写,没有要求被告确认。

2. 原告没有发生商检费100元的证据。

此外,审理期间,就系争《货运委托书》上“委托人特约事项”栏所载“泡全吃,2/8分”如何理解事宜,本院向中国国际货运代理协会和上海市国际货运代理行业协会进行了咨询。原告与两被告对中国国际货运代理协会和上海市国际货运代理行业协会所作的解释均表示认可。

经审理查明,2012年2月27日,被告惠某公司上海分公司就利某公司的241箱货物书面委托原告办理航空运输事项,其签署的《货运委托书》载明指定的航空公司为“SV”;航班时间为2012年3月1日;空运费为28元/千克;目的港为南非德班;毛重为2073千克;体积为21.62立方米;委托人特约事项为“泡全吃,2/8分”。双方未约定是否允许分批装运。

原告接受被告惠某公司上海分公司的委托后,向沙特阿拉伯航空公司订舱,沙特阿拉伯航空公司签发的065-PVG-87436860号运单载明托运人是“NINGBO HOMETEK IMPORT & E×PORT CO.,LTD.”;收货人是“UNDEEZ UNLIMITED DURBAN CC”;货物件数为241箱;体积是14.352立方米;毛重与计费重量均为2392千克;费率为93.51元;运费为223,675.92元;其他费用为AWC50元、MSC2870.40元、MYC16,744元;运费预付(FREIGHT PREPAID);航班号为SV999;开航日期为2012年3月1日;目的港为德班,运单签发日期为2012年2月29日。

案外人上海欣某报关有限公司(以下简称欣某公司)为上述货物的出口办理了报关,报关单载明其签发日期为2012年3月13日;出口货物名称为男士平角裤;申报日期为2012年2月29日;出口日期为2012年3月10日;运输方式为航空运输;提运单号为06587436860;件数为241箱;毛重为2392千克。

2012年4月13日,被告惠某公司上海分公司交给原告一份致沙特阿拉伯航空公司的《索赔函》,称上述241箱货物由于航空公司的不断延误,以及航空公司货站严重失误将其中58箱遗漏在中转港,致使货物在2012年3月28日才全部到达南非德班,收货人2012年3月29日才收到货物,在此情况下,由于收不回运费,故向沙特阿拉伯航空公司提出如下索赔诉求:“1. 拒付全部空运费;2. 由于长期在外转运,导致货物中的13箱外箱严重破损,且遗失了516件产品货值USD735.00”。

2012年4月25日,原告开具金额为76,288元的增值税发票,要求被告惠某公司上海分公司付款。

2012年5月23日，被告惠某公司上海分公司签收了利某公司上述241箱出口货物的核销单和出口货物报关单（出口退税联与收汇核销联）。

另查明，《货运委托书》上"货名"栏手写的"241/2392/24.21"外加一个近似椭圆形圈以及圈外手写的"4058"字样均为原告在自己留底的《货运委托书》上手写，没有被告的确认。

此外，中国国际货运代理协会和上海市国际货运代理行业协会就本案系争《货运委托书》上"委托人特约事项"栏所载"泡全吃，2/8分"解释称：在航空货运代理业务实践中，这种做法非常普遍。航空公司计收运费的标准是在重量（毛重）和体积之间从高收费，并且按6000立方厘米折1公斤的标准进行折算，折算后的重量称作"体积重量"。所谓"泡全吃，2/8分"是指当货物的体积重量大于实际重量（毛重）导致航空公司按照体积重量计收运费时，较之于按实际重量计算的运费，所产生的差额，由受托人承担；如果航空公司按照实际重量（毛重）计收运费，较之于按体积重量计算的运费少，所产生的差额（即节省的运费）一般由委托人与受托人分成，实践中分成的比例有的约定二八分成，有的约定三七分成。正因如此，货运代理公司为了赚取这部分运费差价，往往在装运货物时想办法将体积大重量小的货物与体积小重量大的货物混装在所订的舱位中，从而达到节省运费的目的。此外，在实践中也不乏有些货运代理公司，通过与航空公司协商，使航空公司对于某些体积大重量小的货物也按实际重量来计收运费。原告与两被告对中国国际货运代理协会和上海市国际货运代理行业协会所作上述解释均表示认可。

认定上述事实，有经庭审质证并为本院采信的《货运委托书》、空运单、增值税发票、《索赔函》、签收单、核销单、报关单等证据和庭审笔录在案佐证。

本院认为，本案当事人之间构成委托合同关系，争议的焦点在于：1.原告对两被告是否构成违约？2.原告的应收运费如何确定？本院现根据庭审查明事实，依据有关法律规定，分析如下：

（一）原告对两被告是否构成违约？

首先，本案航空运单存在倒签的事实。虽然本案航空运单记载的开航日期为2012年3月1日、运单签发日期为2012年2月29日，但是，从报关单的记载来看，报关单的签发日期为2012年3月13日；货物申报日期为2012年2月29日；出口日期为2012年3月10日。从我国海关关于出境货物的监管规定来看，在未经海关查验并签章放行的情况下，货物及其运载工具不可能离境，因此，航空运单记载的开航日期为2012年3月1日，不符合事实。双方当事人均无异议的《索赔函》所载内容来亦印证了这一情况，故本案航空运单存在倒签是毋庸置疑的事实。

其次，原告对于航空运单的倒签向被告并不承担违约责任。一方面，本案系争货物的实际承运人和所涉航空运单的签发主体均是沙特阿拉伯航空公司,而非原告;另一方面,原告作为代理人的主要职责是为货物订舱和交接货物。因此,在被告没有任何证据证明原告对于航空运单的倒签存在过错的情况下,原告对被告并不存在违约行为。

最后,航空运单的倒签以及运输中的货物损失应由托运人或收货人直接向沙特阿拉伯航空公司索赔。从航空运单的记载来看,货物的托运人是"NINGBO HOMETEK IMPORT & E×PORT CO. ,LTD.";收货人是"UNDEEZ UNLIMITED DURBAN CC",他们与沙特阿拉伯航空公司之间才具有运输合同法律关系。原告与两被告在整个物流链中充当的是代理人角色,代理人只要履行了受托义务之后,运输合同法律关系的后果归属于托运人或收货人与承运人。因此,航空运单的倒签如果给收货人造成损失,应由托运人或收货人来主张;如果货物运输过程中发生损失,亦应由托运人或收货人来主张,故两被告以航空运单的倒签以及运输中的货物损失为由向原告拒付应付费用,没有事实和法律依据。

(二)原告的应收运费如何确定?

首先,原告的证据无法证明其主张的货物体积是24.21立方米。原告所举证据主要是《货运委托书》和爱某诺公司出具的《货物进仓明细单(Cargo Receipt)》。鉴于庭审中原告已经自认系争《货运委托书》上"货名"栏手写的"241/2392/24.21"外加一个近似椭圆形圈以及圈外手写的"4058"字样均为原告在自己留底的《货运委托书》上手写,没有被告的确认,因此,该《货运委托书》无法证明系争货物的体积是24.21立方米。同时,鉴于爱某诺公司出具的《货物进仓明细单(Cargo Receipt)》形式上没有爱某诺公司的任何公章,"送货方确认"栏也没有原告签字或盖章,"交货人"栏目填写的是"义乌",且该份证据系在本案第一次庭审后提交法庭,真实性和关联性均难以为本院采信。

其次,本案系争货物的实际体积应以《货运委托书》上记载的21.62立方米来确定。鉴于本案《货运委托书》是由被告惠某公司上海分公司以委托人名义出具,且在"委托人特约事项"栏记载"泡全吃,2/8分",结合中国国际货运代理协会和上海市国际货运代理行业协会就此所作解释进行分析,本院认为,原告与被告惠某公司上海分公司在达成委托合同时均确信该《货运委托书》上记载的体积"21.62立方米"与将来航空公司的计费体积可能不一致,因此,不能将航空运单上记载的"14.352立方米"视为货物的实际体积。同时,鉴于本案《货运委托书》的真实性为双方所认可,且该《货运委托书》上记载的体积"21.62立方米"是被告惠某公司上海分公司托运时所申报的体积,故应以《货运委托书》上记载的21.62立方米来确定货物的实际体积。

最后,原告应收运费应当按照双方关于“泡全吃,2/8 分”的约定来计算。由于货物的实际体积是 21.62 立方米,航空公司系按照实际重量(毛重)2392 千克计收运费,较之于按体积重量(21.62 立方米 ÷0.006 =3603.33 千克)计算的运费少,故原告按照双方关于“泡全吃,2/8 分”的约定对该部分差额仅主张 20%,并无不当,故原告应收运费应按下列方式计算:

(1)体积重量 =21.62 立方米 ÷0.006 =3603.33 千克(按四舍五入保留小数点后两位数);

(2)体积重量 - 实际重量 =3603.33 千克 - 2392 千克 =1211.33 千克;

(3)按照双方关于“泡全吃,2/8 分”的约定,原告对体积重量与实际重量的差额部分主张 20% 作为计费重量的一部分,即:

1211.33 千克 ×20% =242.27 千克(按四舍五入保留小数点后两位数);

(4)原告的计费重量 =2392 千克 +242.27 千克 =2634.27 千克;

(5)原告应收运费 =2634.27 千克 ×28 元/千克 =73,759.56 元。

综上分析,原告应收运费为 73,759.56 元。鉴于原告并无发生商检费 100 元的证据,本院对该部分金额不予支持。同时,鉴于被告惠某公司上海分公司是被告惠某公司的分公司,按照《公司法》第十四条第一款的规定,其民事责任应由被告惠某公司承担。据此,依照《中华人民共和国合同法》第六十条第一款、第一百零七条、第一百零九条、第四百零五条,《中华人民共和国公司法》第十四条第一款之规定,判决如下:

一、被告厦门惠某国际货运代理有限公司应于本判决生效之日起十日内支付原告上海凌某国际货物运输代理有限公司空运费人民币 73,759.56 元。

二、驳回原告上海凌某国际货物运输代理有限公司对被告厦门惠某国际货运代理有限公司的其他诉讼请求。

三、驳回原告上海凌某国际货物运输代理有限公司对被告厦门惠某国际货运代理有限公司上海分公司的全部诉讼请求。

……

[评析]

随着国际贸易的日益发达,货物运输代理业务在经济领域中愈发重要,随之而来的货运代理纠纷也日渐增多。此类案件在审理过程中,往往面临层层转委托,从而导致法律事实查明复杂以及运输行业中专业术语和行业惯例的理解难等问题。(2012)长民二(商)初字第 1181 号民事判决书依次解决了法律关系查明、违约责任认定、行业术语理解等几个方面的问题,最终厘清了各方的权利义务关系进而明确了责任承担。

一、法律关系查明循序渐进

纵观全篇判决书,从原告的诉称及证据入手,简要概括了本案纠纷的起因和经过,原告提出要求两被告共同支付空运费的一项诉讼请求来看似简单,但该诉讼请求涉及的责任主体、法律依据、计算标准三方面的问题需要在庭审中进一步明确。接着判决书列出了两被告的答辩意见,虽然两被告辩称意见较为分散,但基本上已经将本案争议焦点初步展现了出来,即原告对两被告是否构成违约、原告运费如何确定,以及航空货物运输惯例与约定"泡全吃,2/8 分"的专业术语如何取舍等问题,均提出了抗辩。

判决书为使当事人服判息讼,应当具有很强的说理性。说理最主要的方法就是以证据为基础,通过分析证据、采纳证据继而认定案件事实。本篇判决书接下来着重展现了庭审中对当事人提供的证据进行全面、客观地分析和认证过程,证据列举完整清晰,并围绕当事人存在争议的证据进行重点质证,为证据采信奠定了基础。通过质证环节,本案的事实与法律关系得以明确,也使本判决书在结构上更为完整和富有层次性。

二、违约责任认定公正合理

通过当事人提供的证据对事实进行认定,从而正确适用法律。本案的争议焦点之一为原告是否存在违约行为。这属于事实查明与法律适用结合的问题。本篇判决书通过质证、认证过程,明确了一个基本事实:即本案项下的航空运单确实存在倒签。虽然本案航空运单记载的开航日期为 2012 年 3 月 1 日、运单签发日期为 2012 年 2 月 29 日,但报关单的签发日期为 2012 年 3 月 13 日,货物申报日期为 2012 年 2 月 29 日,出口日期为 2012 年 3 月 10 日。我国海关关于出境货物的监管规定:在未经海关查验并签章放行的情况下,货物及其运载工具不能离境。因此,航空运单记载的开航日期为 2012 年 3 月 1 日,不符合事实,本案航空运单存在倒签毋庸置疑。

倒签提单的事实是否必然导致原告应承担违约责任呢?本篇判决书又重点阐述了原告对于航空运单的倒签不应向被告承担违约责任的原因。从责任主体和索赔主体两方面入手分析,涉及货运代理法律关系的认定和合同相对性原则的适用。

1. 本案系争货物的实际承运人和所涉航空运单的签发主体均是沙特阿拉伯航空公司,而非原告,原告作为代理人的主要职责是为货物订舱和交接货物,因此,在被告没有任何证据证明原告对于航空运单的倒签存在过错的情况下,原告对被告并不存在违约行为。

2. 航空运单的倒签以及运输中的货物损失应由托运人或收货人直接向沙特阿拉伯航空公司索赔而非被告,只有托运人或收货人与沙特阿拉伯航空公司之间才具有运输合同法律关系，原告与两被告在整个物流链中充当的是代理人角色，代理人只要履行了受托义务之后，运输合同法律关系的后果归属于托运人或收货人与承运人。因此，航空运单的倒签如果给收货人造成损失，应由托运人或收货人主张；如果货物运输过程中发生损失，亦由托运人或收货人主张。综上，两被告以航空运单的倒签及运输中的货物损失为由拒绝向原告付费，没有事实和法律依据。

三、行业术语解释清晰明了

商事案件的特点之一就是类型复杂多样，并且不同类型的案件涉及不同行业领域，具有较强的专业性，这无疑给案件的审理在一定程度上增加了难度。所以，法院在审理过程中往往需要借助外部力量的调查辅助。例如致函行业权威部门或咨询专业机构，向其了解涉案的疑难问题，这样判决结果方可有理有据，不失偏颇。

本篇判决书的一大亮点为对国际货运代理合同中出现的行业术语“泡全吃，2/8 分”进行解释，进而认定本案中原告诉请的空运费金额有无依据。由于涉及国际货物运输行业这一专业领域，本案在审理过程中向行业领域的权威部门进行了咨询，由中国国际货运代理协会和上海市国际货运代理行业协会就本案系争《货运委托书》上“委托人特约事项”栏所载“泡全吃，2/8 分”得专业术语进行解释，从而得知，在航空货运代理业务实践中，这种约定做法非常普遍。“泡全吃，2/8 分”是指当货物的体积重量大于实际重量（毛重）导致航空公司按照体积重量计收运费时，较之于按实际重量计算的运费，所产生的差额，由受托人承担；如果航空公司按照实际重量（毛重）计收运费，较之于按体积重量计算的运费少，所产生的差额（即节省的运费）一般由委托人与受托人分成。专业的行业协会作出的解释，当事人均比较信服，也使得本案的判决结果更具公信力。

综上，本篇判决书证据认证清楚、事实认定准确、法理分析透彻、法律解释到位，并将事实关系查明与法律规则适用通过逻辑说理和专业解释巧妙结合，说服力强。

[实例 4]

上海市黄浦区人民法院

民事判决书

（2010）黄民三（知）初字第 28 号

原告胡某庆

原告吴某初

被告上海某电影制片厂

原告胡某庆、吴某初诉被告上海某电影制片厂著作权权属纠纷一案,本院受理后,依法组成合议庭,公开开庭进行了审理。……本案现已审理终结。

原告胡某庆、吴某初诉称:1. 早在《葫芦兄弟》摄制组成立之前的1984年,原告胡某庆即开始创作“葫芦娃”造型某作品并酝酿被告方的第一部系列剪纸动画片。与现代动画电影不同,当时的剪纸动画片需要导演用墨笔画出融剧情、文字、角色造型、拍摄方式于一体的分镜头台本。1984年3月和1984年5月原告胡某庆分别绘制《葫芦兄弟》第三集和第一、二集的分镜头台本,并勾勒出包含“葫芦娃”发型、脸型、体型、服装、颈饰等特征的基本某造型,确立用七色区分七兄弟的原则。原告吴某初强化其葫芦冠饰,将胡某庆创作的“葫芦娃”暗含葫芦形的菱形头饰、右边一片叶子改为头戴葫芦冠,左右各点缀一片叶子,并勾画出“葫芦娃”某造型的正面完善稿、侧面稿和彩色稿,该某造型经全厂征集评选于1985年年底被被告全部采用,并运用于影片之中,故两原告成为“葫芦娃”角色造型形象的原创作者。1986年3月至10月,原告胡某庆分别绘制《葫芦兄弟》第四集至第十三集分镜头台本,交由两个摄制组分别拍摄。2. 1988年1月至6月原告胡某庆绘制《葫芦兄弟》续集《葫芦小金刚》六集分镜头台本。“金刚葫芦娃”的造型与“葫芦娃”基本一致,仅改为身穿白衣、颈部佩戴金光闪闪的葫芦挂件。在上述两部影片的每集片尾均标明“造型设计:某庆、吴某初”,即表明被告承认两原告系“葫芦娃”角色造型的创作人员。3. 两原告从未利用被告的物质技术条件创作涉案影片的分镜头台本,原、被告双方就角色造型某作品的著作权也无任何约定。被告所谓的组织影片主创人员深入生活与“葫芦娃”角色造型某作品的创作无关。涉案影片的酬金和获奖奖励分配已收到,但其性质是劳务费,与涉案某作品的著作权无关。虽然“葫芦娃”角色造型某作品的最终定稿系被告决定,但其创作却是两原告主动而为,应属于职务作品,而非法人作品。4. 虽然“葫芦娃”角色造型某作品诞生于著作权法施行之日前,但由于本案涉及的作品仍在保护期内,故著作权法可回溯适用本案争议。在某电影中,人物角色表演的载体是由人创作的某作品所虚拟的形象造型,其角色造型某作品先于电影而存在,根据著作权法的规定,可以独立于影片而由作者即两原告享有著作权,而且映射在影片中的“葫芦娃”形象的著作权也应归两原告所有,遂诉至本院,请求法院判令:1. 确认《葫芦兄弟》及其续集《葫芦小金刚》系列剪纸动画电影中“葫芦娃”(即葫芦兄弟和金刚葫芦娃)角色形象造型原创某作品的著作权归原告胡某庆、吴某初所有;2. 本案诉讼费由被告承担。

被告上海某电影制片厂辩称:1. 系争角色造型是由两原告等人绘制草稿张贴于摄制组内,经组内人员集体讨论修改,并经厂创作办公室、艺术委员会反复讨论,提出修改意见并不断完善,最终由厂艺术委员会审定。原告胡某庆依据定稿的剧本、角色造型、背景设计，绘制分镜头台本，该项工作是导演的职责。被告并不否认两原告对系争角色造型所作贡献，但作品的创作系在被告领导下，体现法人的意志，并由法人承担责任，系法人作品。署名为两原告，是因为成立摄制组时确定的工作岗位是由两原告负责造型设计，并由两原告具体执笔。2. 涉案影片的摄制是在计划经济体制的背景下，被告根据国家下达的制片任务指标编制拍摄计划，报电影局审批后成立摄制组投入拍摄，所有的摄制人员均受被告指派，工作任务由被告分配，应系摄制组集体创作的作品，影片完成后也由国家按计划统包统销。涉案影片的主创人员深入生活、投资拍摄、制作、出版发行等费用均由被告承担。当时著作权法尚未颁布，双方不可能签订合同约定著作权的归属。3. 根据单位规章制度的规定，导演每年需完成一部长片（约 20 分钟）或两部短片（约 10 分钟）的工作任务，其他创作人员参照导演的标准完成相应的工作。自《葫芦兄弟》影片开始，对创作人员首次实行酬金制，《葫芦兄弟》还获得国内外多个奖项，奖励已按比例发放给主创人员。4. 创作"葫芦娃"角色造型是为了拍摄影片，影片中的"葫芦娃"形象是连续的、动态的，截取任何一副画面而单独使用，缺乏法律依据。角色造型不可以脱离影片单独使用，即使可以单独使用，也应由被告享有著作权，这样更有利于动漫产业的发展。综上，被告请求驳回原告的诉讼请求。

经审理查明：

一、两原告在被告处的履历情况

1953 年原告胡某庆进入被告处工作，历任动画设计、动作设计、造型设计、导演、艺术委员会副主任等职。1988 年 3 月原告胡某庆晋升为一级导演，曾先后代表国家出访南斯拉夫、苏联、日本、意大利等国参加国际动画电影节或考察当地的动画电影厂。1990 年 10 月 5 日原告胡某庆在其《中国共产党党员登记表》中填写：本人能遵守厂纪厂规，能较好地执行各项制度，能较好地完成组织上赋予的各项本职工作，在影片创作上能发挥积极带头作用。1964 年 8 月原告吴某初进入被告处工作，历任动作设计、造型设计、作监、导演等职，1996 年 10 月原告吴某初被评为一级某设计师。两原告均拥有高级专业技术职务，在两原告人事档案表格的工作业绩或业务水平一栏，均填写有关参与拍摄《葫芦兄弟》影片，该片多次荣获奖项等内容。

二、涉案影片的创作背景

1985 年 11 月 9 日被告向文化部电影局上报 1986 年题材计划，在暂定节目项下共有各类影片四十本，其中包含剪纸片《七兄弟》（民间故事）八本。1986 年 3 月 3 日上海电影总公司向所属各单位、部门发文下达《一九八六年各项任务指标安排》，1. 制片生产。某片：任务三十五本，计划超产十三本，完成四十八本。其中,动画片二十五本、木偶片十一本、剪纸片十一本、纪录片一本。2. 拷贝洗印。中影公司下达的任务是3700万米,计划完成4000万米。3. 发行放映。计划放映30万场次,观众16,000万人次,收入1500万元。4. 利润计划。总公司的利润计划为3000万元,其中,美影厂120万元。5. 劳动人事。继续贯彻市府的指示,做好大中专毕业生、复员退伍军人的接收分配工作,并进行机构定编、人员定额的工作,在建立和健全岗位责任制的基础上,加强对干部和工人的考核。积极争取上海各电影制片厂(包括被告)等单位按事业单位工资标准套改工资,并实行企业化管理办法。改进奖金发放办法,自1月1日起停发岗位(职务)津贴,创作人员实行酬金制。1987年1月12日上海电影总公司向上海市人民政府报告《上海电影总公司一九八六年工作概况》时称,在广播电影电视部和上海市委、市府、市委宣传部的领导下,我局今年的创作生产、拷贝洗印和发行收入等主要指标都超额完成了年度计划。1. 创作生产。某片,国家下达任务三十五本,完成三十八本。今年某片生产的主要突破是,根据广大观众特别是少年儿童的要求,在系列片创作方面作了尝试,包括剪纸片《葫芦兄弟》在内的五个系列影片,试映后获得不同程度的好评,也满足了社会对于国产系列某片的要求。2. 对外交流。被告今年为日本加工了十六集动画片……创外汇32万美元(国家下达给被告方的全年任务是三十五本,产值仅250万元,扣除成本所剩无几)。另外,全局还派出36批58人去美国、日本、法国、苏联、加拿大、联邦德国等17个国家访问、拍片、参加电影节活动。……6. 其他工作。(1)劳动人事。局属全民单位批准为事业性质企业化管理,参加1985年事业工资改革人均增资21元,比企业自费工改人均增资6元……

证人沈某东(时任涉案影片的动作设计)、龚某某(时任涉案影片的动作设计和绘景)、沈某林(时任涉案影片的动作设计)均证实:分镜头台本是拍摄的大纲或指引,拍摄时需以剪纸的形式首先制作出定稿的角色造型,由动作设计使角色造型活动起来,如遇特殊表情、特殊动作、侧面、背影,还需动作设计人员依据定稿的角色造型进行设计,然后交由绘制进行制作,再由绘景画出背景画面,最后由动作设计人员操纵活动的角色造型根据一秒种镜头需要24幅画面的原则进行拍摄形成连续的画面。1986年左右导演等创作人员均需完成厂创作办公室每年下达的任务指标,导演每年需完成一部长片(约20分钟)或两部短片(约10分钟),主要由被告指派任务,其他创作人员跟随导演完成相应工作量,创作成果均归属于单位。被告还经常组织创作人员深入生活或组织与业务相关的培训等。自《葫芦兄弟》影片开始,被告取消每月5元的奖金,对创作人员实行酬金制。就涉案影片证人沈某东、沈某林均证实除工资、福利外,在影片完成后,均取得了相应的酬金和获奖奖励分配。

三、"葫芦娃"造型设计及影片的创作

1984 年被告方的文学组编剧杨某良根据民间故事《七兄弟》创作了《七兄弟》文学剧本大纲。1985 年年底被告成立《七兄弟》影片摄制组,指派胡某庆、周某勤、葛某云担任导演,胡某庆、吴某初担任造型设计。两原告绘制了"葫芦娃"角色造型稿,葫芦七兄弟的造型一致,其共同特征是:四方的脸型、粗短的眉毛、明亮的大眼、敦实的身体、头顶葫芦冠、颈戴葫芦叶项圈、身穿坎肩短裤、腰围葫芦叶围裙,葫芦七兄弟的服饰颜色分别为赤、橙、黄、绿、青、蓝、紫。原告胡某庆先后绘制《葫芦兄弟》十三集分镜头台本。为加快影片拍摄进度,1986 年 1 月至 12 月,被告成立单、双集摄制组,由胡某庆、葛某云任导演,负责单集的拍摄,由胡某庆、周某勤任导演,负责双集的拍摄。经比对,分镜头台本中的"葫芦娃"角色造型与影片中的"葫芦娃"外形基本一致,前者为黑白、笔法简略、前后呈现细节上的诸多不一致。后者为彩色、画工精致、前后一致,影片中的"葫芦娃"造型配合情节、对话、配音、场景,呈现出正义善良、机智勇敢、团结协作等人物性格特征。1988 年原告胡某庆先后绘制《葫芦小金刚》六集分镜头台本,"金刚葫芦娃"的造型与"葫芦娃"基本一致,仅改为身穿白衣、颈项佩戴金光闪闪的葫芦挂件,以示"金刚葫芦娃"由葫芦七兄弟合体而成。

四、涉案影片的署名

中华人民共和国广播电影电视部电影事业管理局(以下简称广电部电影管理局)编印的影片目录显示,《葫芦兄弟》、《葫芦小金刚》每集的某设计基本上均署名为吴某初、某庆、常某生。《葫芦兄弟》每集完成台本和 1996 年上海某电影制片厂出品的葫芦兄弟系列 VCD 光盘的每集片尾工作人员名单均显示,单集的创作人员基本为编剧:姚某礼、杨某良、墨某,导演:胡某庆、葛某云,造型设计:吴某初、某庆,背景设计:常某生,动作设计:肖某、陆某茂、王某珍、周某东、李某国,绘景:葛某、龚某某、李某吉,绘制:岳某敏、支某泰、朱某如、段某西,摄影:吴某荣,作曲:吴某炬,录音:侯某康等 21 个工种共 34 位有姓氏的工作人员及上海电影乐团、上海市少年宫合唱队等团体。双集的创作人员基本为导演:胡某庆、周某勤,动作设计:沈某慰、沈某东、伍某文、孙某子、朱某琴、林某,绘景:沈吗春、李某吉、段某西、朱某和、龚某某、攸某,绘制:岳某敏、支某泰,其余与单集创作人员基本相同,共涉及 21 个工种 36 位有姓氏的工作人员及上海电影乐团、上海市少年宫合唱队等团体。《葫芦小金刚》每集完成台本的片尾工作人员名单显示,编剧:姚某礼、墨某,造型设计:吴某初、某庆,总导演:胡某庆等。

五、涉案影片的发行和播映

1987 年 3 月和 1988 年 3 月广电部电影管理局分别编印的 1986 年、1987 年影片目录显示:1986年完成《葫芦兄弟》第一集至第九集,1987年完成《葫芦兄弟》第十集至第十三集。1990年3月、1991年3月和1992年3月广电部电影管理局分别编印的1989年、1990年、1991年影片目录显示:1989年完成《葫芦小金刚》第一集至第三集,1990年完成《葫芦小金刚》第四集至第五集,1991年完成《葫芦小金刚》第六集。涉案影片上映时先是以剪纸动画片的形式在电视台播出,后在电影院公映。1996年被告将涉案两部影片制作成六盒VCD进行出版发行,该出版物的封套显示:上海某电影制片厂出品,上海电影音像出版社出版发行,中国标准音像制品编码为ISRC CN－E28－96－0060－0/V. J9(六盒VCD第四位序号依次自0060至0065)。2008年被告将《葫芦兄弟》十三集合成制作成一部电影进行公开放映。涉案影片的投资拍摄、拷贝洗印、出版发行,在电视台和电影院播映、音像市场发行等费用均由被告方出资。

六、涉案影片的奖励分配

1986年8月18日广电部电影管理局向包括被告在内的下属各电影制片厂发函“关于颁发一九八五年优秀影片奖金事”时表示,现发去广播电影电视部奖励各类优秀影片的奖金,奖金的分发仍按我局规定办理,即奖金全额发给获奖影片的摄制组,其中60%发给主要创作人员。为鼓励导演努力拍摄出更多的优秀影片,从今年开始分给导演的奖金应适当提高数额。1988年1月15日被告厂创作办公室向广电部电影管理局推荐包括剪纸片《葫芦兄弟》(第三、四集)在内的共四部影片评选1986年优秀影片。1988年5月20日被告向广电部电影管理局上报参加1986年、1987年优秀影片颁奖大会名单,其中包括《葫芦兄弟》影片的代表:导演胡某庆和动作设计沈某东。同日,被告向广电部电影管理局发函表示,获评优秀某片之一的《葫芦兄弟》是1986年、1987年生产的系列剪纸片(共十三集),在上报评选时,我厂仅挑选其中第三、四集供评委审看,为鼓励今后的系列某片创作,希望贵局在考虑《葫芦兄弟》一片的奖金时,能按系列长片的标准,给予适当优惠条件。1988年8月19日被告向《葫芦兄弟》影片的创作人员发放1986年优秀影片奖的奖金7000元。此外,《葫芦兄弟》还获得1987年儿童电影“童牛奖”。

以上事实,有原告胡某庆提供的《葫芦兄弟》、《葫芦小金刚》分镜头台本节选70页,中国社会出版社出版林继富所著的《民间故事》2006年9月第1版第49～52页,两原告提供的上海市高级人民法院(2009)沪高民三(知)终字第7号民事判决书,被告提供的1988年3月胡某庆《高级专业技术职务评审呈报表》,1990年6月胡某庆《出国人员审查表》,1990年10月5日胡某庆《中国共产党党员登记表》,1992年2月吴某初《干部履历表》,2001年11月吴某初《职工登记表》和《高级专业技术职务评审呈报表》,《葫芦兄弟》十三集完成台本,《葫芦兄弟》剧本第二稿共十二集(除第七集外),《葫芦小金刚》六集完成台本,广电部电影管理局编印的1987年、1988年、1990年、1991年、1992年影片目录,上海某电影制片厂出品的葫芦兄弟系列VCD光盘共6盒,1985年11月9日被告向文化部电影局《上报1986年题材(产量)计划》,1986年3月3日上海电影总公司向所属各单位、各部门所作的《一九八六年各项任务指标安排》,1986年8月18日广电部电影管理局向所属各电影制片厂、影业公司所作的《关于颁发一九八五年优秀影片奖金事》,1987年1月12日上海电影总公司向上海市人民政府所作的《上海电影总公司一九八六年工作概况》,1988年1月15日上海某电影制片厂创作办公室致广电部电影管理局推荐优秀影片函,1988年5月20日被告向广电部电影管理局《上报参加1986年、1987年优秀影片颁奖大会名单》及要求对《葫芦兄弟》影片给予奖励优惠的函,1988年8月19日被告财务记帐页,沈某东、龚某某、沈某林证人证言及原、被告陈述予以证实。

本院认为:系争造型诞生于影片创作时的1986年,根据我国著作权法的规定,应当依照侵权或违约行为发生时的有关规定和政策处理,但当时的法律法规和政策并没有关于影片中角色造型著作权归属的规定,根据我国著作权法的规定,著作权人在该法施行之日尚未超过该法规定的保护期的,依照该法予以保护,故本案仍应适用我国著作权法的规定予以处理。

结合双方当事人的诉辩主张及本院查明的事实,本院认为,本案的争议焦点在于:

一、"葫芦娃"角色造型是否构成作品及由谁创作

两原告诉称,原告胡某庆在创作《葫芦兄弟》前三集分镜头台本的同时独立创作了"葫芦娃"角色造型,在被告厂艺术委员会有关葫芦兄弟造型设计的征集评选活动中,由其绘制的设计稿经原告吴某初整理后被最终采用,葫芦七兄弟和"金刚葫芦娃"的造型基本一致。原告胡某庆提供由其绘画的形成于全厂征集之时的"葫芦娃"角色造型某作品三幅、上述两部影片分镜头台本节选共70页,原告吴某初提供《葫芦兄弟》、《葫芦小金刚》人物某资料6页予以证实。

被告辩称,"金刚葫芦娃"角色造型只是"葫芦娃"角色造型的延续,不具有独创性,不构成新的作品。"葫芦娃"角色造型艺术性体现在影片获得诸多奖项。两原告确实参与了葫芦兄弟的造型设计,但该设计是集体创作的成果。原告用于主张权利的分镜头台本不完整、无作者署名、无形成时间,每集片名系事后添加或涂改,证据有重大缺陷。原告胡某庆提供的"葫芦娃"角色造型某作品三幅无形成时间和作者署名,其形象与影片中的角色形象有较大差异,原告吴某初提供的《葫芦兄弟》、《葫芦小金刚》人物某资料6页形成于《葫芦小金刚》影片完成之后,系事后制作。分镜头台本只是电影摄制过程中的一道工序,是电影摄制的说明书,不可以单独使用,也不构成著作权法意义上的作品,其权利归属于制片人,且台本和角色造型没有关联性,因此,原告的主张缺乏相关证据证实。

本院认为,无论是文言文形式的民间故事《七兄弟》,还是民间流传的十兄弟故事,直至涉案影片的《七兄弟》文学剧本大纲,均系文字作品,即便是《葫芦兄弟》的剧本及其中有关“葫芦娃”的描述,也是一种文字表达,“葫芦娃”造型设计的作者首次以线条勾勒出“葫芦娃”的基本造型,四方的脸型体现出善良和正直,粗短的眉毛、长长的睫毛、明亮的大眼、小嘴红唇透露出孩童的天真与慧黠,粗壮有力的手部与腿部线条暗含蕴藏的无穷力量与本领;上装的坎肩与下装的短裤相配显得精干利落;头顶的葫芦冠饰衬以两边各一片嫩绿的叶子,颈部的黑色项圈上点缀两片葫芦嫩叶,腰部的葫芦叶围裙清晰可见叶片的茎脉,既富有层次感又相互呼应,其巧妙地将葫芦与中国男童形象相融合,塑造出炯炯有神、孔武有力、天真可爱的“葫芦娃”角色造型,并以七色区分七兄弟,既表明兄弟的身份又以示区别,体现了作者的匠心独运与绘画技巧,其通过手工绘制而形成的视觉图像,结合线条、轮廓、服饰以及颜色的运用形成特定化、固定化的“葫芦娃”角色造型,已不再停留于抽象的概念或者思想,其所具有的审美意义、艺术性、独创性和可复制性,符合我国著作权法规定的作品的构成要件,应当受到我国著作权法的保护。至于“金刚葫芦娃”,因其与“葫芦娃”的基本造型并无二致,仅在衣服的颜色和颈部佩饰方面稍做改动,故不构成新的作品,可归结为一个“葫芦娃”角色造型。综上,本院认定“葫芦娃”角色造型构成某作品。

关于“葫芦娃”角色造型由谁创作的问题,两原告既未提供定稿的“葫芦娃”角色造型某作品,也从未就该作品进行版权登记。原告胡某庆提供的据以证明其作者身份的70页分镜头台本既不完整,也无作者署名和形成时间,每集片名系事后添加或有涂改,且分镜头台本并不等同于角色造型;原告胡某庆提供的“葫芦娃”造型某作品三幅无形成时间和作者署名;原告吴某初提供的《葫芦兄弟》、《葫芦小金刚》人物某资料6页无形成时间和作者署名,明显形成于《葫芦兄弟》影片完成之后,系事后制作,且上述造型稿与影片中的“葫芦娃”形象仍有差异,而原告提供的证人均未到庭作证,故本院对上述证据均不予采信。因此,两原告提供的上述证据尚不足以证明其独立创作了“葫芦娃”角色造型某作品。但是,涉案影片的影片目录、每集的完成台本和1996年上海某电影制片厂出品的葫芦兄弟系列VCD光盘的每集片尾工作人员名单均显示,造型设计:吴某初、某庆,对该署名自影片创作完成至今双方均无异议,被告亦承认两原告对系争造型所作的贡献。根据我国著作权法有关如无相反证明,在作品上署名的公民、法人或者其他组织为作者的规定,本院据此认定,两原告共同创作了"葫芦娃"角色造型某作品。

二、"葫芦娃"角色造型某作品的性质

两原告诉称,其从未利用被告的物质技术条件创作《葫芦兄弟》分镜头台本(前三集台本是系争造型的最初源头),被告组织的采风活动与系争造型的创作无关,涉案影片的酬金和获奖奖励已收到,但具体金额不清楚,其性质是劳务费,双方也从未签订著作权归属的协议,因此,系争造型某作品系职务作品,著作权应归两原告所有。被告辩称,无论是分镜头台本还是人物造型,都是法人作品,系争造型由摄制组及其他参与人员集体讨论确定,在法人的领导下,体现法人的意志,责任由法人承担,著作权应归被告所有。

本院认为,法律制度通常反映了一国的经济、文化、社会和时代特征,对系争权属的判定,同样不能脱离作品创作的时代背景和当时的法律制度。其一,从宏观的社会现实角度来看,被告提供的一系列证据显示,在涉案影片创作的当时,我国正处于计划经济时期,被告作为全民所有制单位,影片的创作需严格遵循行政审批程序,影片的发行放映需严格遵循国家的计划安排,如根据上级单位下达的年度指标任务上报年度创作题材规划,根据年初规划组织安排人员落实,创作成果归属于单位,单位并将创作成果交由相关单位统一出版发行,年底向上级单位、政府部门等汇报各项指标任务的完成情况等。在作品创作的当时,两原告作为被告方的造型设计人员完成被告交付的工作任务正是其职责所在,其创作的成果归属于单位是毋庸置疑的行业惯例,也是整个社会的一种约定俗成。其二,从当时的法律制度来看,1987 年 1 月 1 日起施行的《中华人民共和国民法通则》第九十四条仅原则性地规定,公民、法人享有著作权(版权),依法有署名、发表、出版、获得报酬等权利。对于电影作品著作权的归属及电影作品中哪些作品可以单独使用并由作者单独行使著作权均未作出规定。可供参照的 1985 年 1 月 1 日起生效,现已失效的《图书、期刊版权保护试行条例》也仅规定,用机关、团体和企业事业单位的名义或其他集体名义发表的作品,版权归单位或集体所有。我们更无法要求本案当事人在系争造型创作的当时,能够预先按照于 1991 年 6 月 1 日起施行的我国著作权法的规定,就职务作品著作权的归属以合同的形式进行明确约定。因此,认定两原告对其创作的作品于创作的当时享有著作财产权缺乏法律依据。其三,从微观的规章制度来看,被告提供的三位证人证言均证实涉案影片创作的当时,导演等均需完成厂创作办公室每年下达的任务指标,其他创作人员跟随导演完成相应工作量。原、被告均认可被告就涉案影片成立了摄制组,并指派原告胡某庆担任导演,两原告任造型设计,此系完成被告交付的工作任务。可见,完成法人交付的工作指标任务,取得工资、奖金及相关的医疗、分房等福利待遇,创作成果则归属于法人,符合当时社会人们的普遍认知,也是社会公众普遍认同的行为准则。其四,从取得的奖励来看,1986年3月被告的上级公司下达的文件明确规定,自1月1日起创作人员实行酬金制;1986年8月18日广电部电影管理局的发函明确表示,奖金全额发给获奖影片的摄制组,其中60%发给主要创作人员;为鼓励导演努力拍摄出更多的优秀影片,从今年开始分给导演的奖金应适当提高数额,其制度设计的本身亦说明在当时的历史条件下国家对影片主创人员创造性劳动的鼓励、尊重和其劳动价值的体现。上述文件结合两原告陈述、三位证人有关已领取酬金和奖励的证言及被告提供的财务凭证均表明就系争造型的作品创作,两原告已取得远高于工资性奖金的酬金和奖励,自涉案影片最初播映的1986年起至2010年两原告起诉之日前的24年间也没有证据表明两原告曾就此向被告提出过异议。而且,在系争造型创作完成的24年间两原告也从未就系争造型的著作权向被告提出异议。综上,根据系争造型创作当时的时代背景、历史条件和双方当事人的上述行为,可以认定"葫芦娃"角色造型某作品的著作权由被告享有,两原告仅享有表明其作者身份的权利。

至于被告关于系争造型系法人作品的辩称意见,本院认为,虽然两原告系单位职工,造型设计属于其职责范围,系争造型是在单位主持下,为了完成单位的工作任务而进行的创作,责任亦由单位承担,但是,我们不能将法人意志简单地等同于单位指派工作任务、就创作提出原则性要求或提出修改完善意见等,否则,所有的职务作品均可被视为法人作品,作为自然人的创作者将丧失作者地位。系争某作品的创作无须高度借助单位的物质技术条件,创作的过程也并不反映单位的意志,而是体现了作者独特的思想、感情、意志和人格。无论是"葫芦娃"角色造型的线条、轮廓、色彩还是服饰、颈饰、腰饰、葫芦冠等的选择都体现了作者个人的构思、选择和表达。虽然,被告陈述摄制组其他成员和被告的部门负责人曾提出过修改意见,但这并不影响对"葫芦娃"角色造型作出实质性贡献的仍然是作者个人。而且,从片尾的署名来看,造型设计也已署名两原告个人,因此,"葫芦娃"角色造型某作品并不是代表法人的意志创作,不应认定为法人作品,对被告的上述主张,本院不予采信。

三、"葫芦娃"角色造型能否作为可以单独使用的作品并由作者单独行使其著作权

两原告认为,动画电影中虚拟人物表演的载体是通过原告创作的某作品来完成,在人物角色上存在某作品的著作权,且某作品先于电影而存在,系争造型作为受著作权法保护的某作品,属于可以单独使用的作品应由两原告单独行使著作权,被告则以系争造型系法人作品且不得单独使用为由,否认两原告享有系争造型某作品的著作权。

本院认为,我国著作权法第十五条第二款"电影作品和以类似摄制电影的方法创作的作品中的剧本、音乐等可以单独使用的作品的作者有权单独行使其著作权"的适用前提有三个,一是身份系作者,其意义在于进一步保护电影作品中合作作者的单独的著作权,如果不是作品的作者,就不能成为适用本条款的合格主体,也就丧失了获得单独保护的前提条件;本案中,被告在影片的片尾将造型设计署名两原告,即是承认两原告系涉案影片角色造型某作品的作者;二是著作财产权归属于该位作者,即只有在作者已获得著作财产权的前提下,编剧、词曲作者等才能够独立地行使著作权,反之,如著作财产权归属于法人或其他组织,则即使系作品的作者也无权行使该作品的著作财产权,更谈不上独立行使其著作权,即只有根据我国著作权法第十一条和第十六条第一款的规定,著作财产权属于作者时,才能适用本条的规定;本案中,前已论述系争造型某作品的著作权应属被告所有,两原告仅享有表明其作者身份的权利,故两原告也就丧失了适用本条的前提;三是作品可以单独使用,所谓单独使用,并非是指截取影片中的任何一幅截图进行使用,电影截图是电影整体表达的不可分割的组成部分,其本身并不具有独立于电影的表达,它仍然是在电影设定的背景和场景之下,表达着电影中的人物或故事内容,该等使用仍是对电影的使用,而不是一种对电影中其他作品的单独使用;本法条虽然仅列举剧本、音乐两类作品,但由于系争造型可以从电影中抽离出来,并独立地使用在其他的商品或服务标识之上,事实上,多年来原、被告分别起诉的众多著作权侵权案件,也从侧面印证了系争造型已被他人进行独立于影片的单独使用,故"葫芦娃"角色造型某作品属于可以单独使用的作品。上述三个前提条件只有在同时满足的情况下,才能适用本条,由于两原告并不享有系争造型某作品除署名权以外的著作权,故两原告不得援引该条款获得法律的保护。

四、关于"葫芦娃"形象与"葫芦娃"角色造型某作品的关系

原告在庭审中一再提及其所主张的著作权也包括映射在电影中的每一个"葫芦娃"形象,本院认为,就存在于影片中的每一个"葫芦娃"形象而言,由于两原告已同意被告将其作品拍摄成电影,而且,电影作品的整体著作权应由被告行使双方当事人均无异议,故两原告关于影片中"葫芦娃"形象的著作权归其所有的主张,本院不予采信。

当系争造型某作品进入影片以后,经动作设计、背景设计、绘制、摄影、编剧、导演、配音等人员的创造性劳动,形成了"葫芦娃"具有个性特征的完整形象,该形象由包含姓名、身份、造型、声音、性格等个性特征、人物在特定环境下的经历和故事等情节以及人物对人的反应和对物的反应等组成,上述形象确认因素构成一个具有整体性的"葫芦娃"形象,当人们看到静态的"葫芦娃"形象时,它已不是单纯的一幅某作品,而是包含个性特征、情节、反应等要素的生动形象,因此,本院认定被告对于“葫芦娃”形象的整体性作出了贡献。关于“葫芦娃”形象的知名度,结合被告提供的证据及陈述表明,“葫芦娃”形象之所以能够成为家喻户晓、深受观众朋友喜爱的动画形象,其知名度的形成有赖于:一是被告于1986年作出的投资拍摄《葫芦兄弟》系列剪纸动画电影的决定;二是被告在1986年至1991年期间连续不断地推出《葫芦兄弟》、《葫芦小金刚》共十九集系列剪纸动画电影;三是二十多年来被告通过电视台播映、电影院放映、发行VCD等载体形式,公开、广泛、持续、全面地传播涉案影片及所涉的“葫芦娃”形象,使之成为具有机智、勇敢、正义、协作等精神品质的可爱中国男童的代表,在广大的少年儿童乃至成人社会中产生良好的公众效应,在社会公众中享有较高的知名度,两原告对于被告的上述投资、出版发行等行为均未表示异议。因此,从民法的公平原则角度出发,对于“葫芦娃”形象的整体性和知名度所作的贡献均应归功于被告,故两原告关于影片中“葫芦娃”形象的著作权归其所有的主张,本院不予支持。

综上所述,根据《中华人民共和国著作权法》第三条第(四)项,第十一条第一、二、四款,第十五条,第十六条第二款第(二)项,第六十条,第六十一条,《中华人民共和国著作权法实施条例》第四条第(八)项、第(十一)项,第十一条第一款,《中华人民共和国民法通则》第四条的规定,判决如下:

对原告胡某庆、吴某初要求确认《葫芦兄弟》及其续集《葫芦小金刚》系列剪纸动画电影中“葫芦娃”(即葫芦兄弟和金刚葫芦娃)角色形象造型原创某作品的著作权归原告胡某庆、吴某初所有的诉讼请求,不予支持;

案件受理费人民币800元(原告已预缴),由原告胡某庆、吴某初负担。

……

[评析]

单纯的著作权权属纠纷案件在著作权纠纷案件中并不多见,但著作权归属的确定却是绝大部分著作权侵权纠纷案件必须首先分析认定的事实。我国著作权法对于作者身份及著作权利的归属问题有基础性规定。但在作品的创作过程中,往往因各种复杂的事实甚至历史问题从而影响著作权权属认定。(2010)黄民三(知)初字第28号民事判决书是一起兼有典型性和特殊性的著作权权属纠纷,典型性是近几年全国各地涌现了众多动画形象引起的著作权权属纠纷,特殊性是全国首例计划经济时期制作的动画角色形象著作权权属纠纷。该篇判决书通过查明分析“葫芦娃”角色形象创作的过程、原因及复杂的社会环境,按照是否构成作品、创作作品的作者、作品性质、著作权利归属等步骤逐步抽丝剥茧、分析认证并作出判决。

一、固定原告权利请求

民事诉讼的首要任务就是确定当事人的权利请求,这是整个诉讼得以展开的依据。判决书在开篇明确原告的诉讼请求只有一项,就是确认"葫芦娃"角色造型某作品的著作权归其所有,其为确认之诉。原告主张的四点事实和理由是基于著作权法提出的,确定法律关系后以此为基础进行审理。

二、确定被告抗辩依据

判决书中对被告答辩意见进行了归纳总结。本案被告不同意原告的诉讼请求,并依据著作权法和民法通则提出了四点答辩意见:

1. 依据著作权法第十六条,认定"葫芦娃"角色造型为职务作品,著作权由被告享有;

2. 关于著作权法的溯及力问题。系争作品创作时著作权法尚未公布,不能按现在的法律去约束当时的行为;

3. 根据民法通则第四条,"葫芦娃"形象的问世是集体合作的成果,并由被告付费和宣传,得奖后也给予原告相应的奖金,考虑计划经济时期的背景,应由贡献大的被告享有著作权;

4. 依据著作权法第十五条,"葫芦娃"角色造型不能独立于"葫芦娃"影视作品而单独使用。

三、围绕诉辩意见查明争议事实

著作权权属纠纷的查明事实部分,主要围绕争议"作品"的构思、创作及发表等过程。本判决书中的事实认定部分,通过六个部分的内容分别进行阐述:一是原被告身份关系,二是创作"葫芦娃"影视作品的时代背景,三是"葫芦娃"设计和创作的具体细节,四是"葫芦娃"影视作品上的署名,五是"葫芦娃"影视作品发行、播映的时间和版权署名及费用情况,六是"葫芦娃"影视作品的获奖及奖励分配情况。六部分内容条理清晰、环环相扣,使人一目了然。在查明事实后,判决书还列明了上述事实来源的依据,分别由原被告提供的书证、视听资料及证人证言等证据予以认定。

四、归纳争议焦点并分析论证

本案作品创作于我国尚未颁布著作权法的年代,有一定的特殊性。本判决书在本院认为论证的开头即首先确定本案的法律关系,明确其应当适用著作权法。本判决书根据之前双方当事人的诉辩意见及查明事实,归纳了案件的四项争议焦点并予以各自分析论证。

本案四个争议焦点之间存在着较强的递进性和逻辑性,在著作权权属纠纷案件中,一般首先需要确定的便是系争标的是否能够构成著作权法意义上的"作品”,只有构成了著作权法意义上的作品,才能受到著作权法保护。本判决书第一个争议焦点是从系争标的物的创作内容、与其他作品的区分度以及绘制技巧等判断其具有审美意义、艺术性、独创性和可复制性,是著作权法上的作品。在确定了本案系争标的确为“作品”之后,判决书进一步分析作品的创作者在本案原告未能提供定稿的“葫芦娃”角色造型的某作品及版权登记,其他证据也不完整,证人也未到庭作证的情况下,通过对被告提交的从涉案影片目录、台本和光盘片尾人员名单中判断出作者为两原告。在对第一个争议焦点分析完之后,引入本案第二个和第三个争议焦点,也是本案判决的精华部分,双方争议的关键点所在,关于作品的性质,本判决书中既没有支持原告的主张,也没有采纳被告的意见,而是从宏观的时代背景、法律规章制度、奖励分配等方面来综合分析,认定“葫芦娃”角色造型某作品的著作权由被告享有,原告仅享有表明其作者身份的权利。而虽然“葫芦娃”角色造型某作品属于可以单独使用的作品,但作者必须同时满足身份为作者、作品财产权归作者、作品能单独使用才能行使著作权,计划经济时代作者不享由财产权以及过后也没有主张过财产权,故而原告不能单独享有并行使著作权。第四个争议焦点则是对于原告主张的影片中“葫芦娃”形象的著作权归其所有主张的驳斥。

五、适用法律依据

本案引用的法律依据共有三部法律文件。其中,与是否能适用现行著作权法相关的法律依据是《中华人民共和国著作权法》第六十条、第六十一条,与作品性质、作者身份等相关的法律依据是《中华人民共和国著作权法》第三条第(四)项、第十一条第一、二、四款,第十五条,第十六条第二款第(二)项及《中华人民共和国著作权法实施条例》第四条第(八)项、第(十一)项,第十一条第一款,而判决书所适用的《中华人民共和国民法通则》第四条则是一款原则性的条文,系法院考量本案特殊的时代背景及系争角色形象涉及的影片发展历史等因素时进行的适用。

六、表述判决结果

判决主文是判决书论证说理的最后归宿,是对诉讼请求的最终回应,应当准确、具体、便于执行。

一般来说,判决主文应当对应于原告的诉讼请求,原告在案件中提出几项诉讼请求,都应在判决主文中予以回应。本判决书的判决主文仅有一项内容,即对应原告主张著作权归属的诉讼请求,判决书在主文中完整引用了原告的诉讼请求,即要求确认《葫芦兄弟》及其续集《葫芦小金刚》系列剪纸动画电影中“葫芦娃”(即葫芦兄弟和金刚葫芦娃)角色形象造型原创某作品的著作权归原告所有,这种对判决主文对象进行完整描述的手法,一般使用在仅有一项判决主文的情况之下,不仅明确了法院判决所驳回的内容,也体现了整篇判决书的完整性。

［实例5］

上海海事法院

民事判决书

（2012）沪海法商初字第1284号

原告浙江某家具有限公司

被告上海某国际物流有限公司

被告某国际货代有限公司

原告浙江某家具有限公司为与被告上海某国际物流有限公司（以下简称某物流公司）、被告某国际货代有限公司上海分公司、被告某国际货代有限公司（以下分别简称某货代上海公司、某货代公司，合并简称某货代两公司）海上货物运输合同纠纷（原案由为海上货运代理合同纠纷）一案，于2012年9月26日向本院提起诉讼。本院于次日立案受理后，依法适用简易程序，于同年12月3日公开开庭审理了本案。……本案现已审理终结。

原告诉称，其接受案外人上海某家居有限公司（以下简称某家具公司）搁脚凳加工销售订单，贸易术语为FOB。订单完成后，原告将订单项下货物装入集装箱，并委托被告某物流公司办理自中国上海至西班牙巴塞罗那的出运事宜。被告某物流公司接受原告委托后又委托被告某货代上海公司安排上述货物出运。被告某货代上海公司向被告某物流公司开具发票并收取相关费用，原告又依约向被告某物流公司支付了该费用。但被告某物流公司一直未向原告交付承运人签发的提单。经查询，货物已运抵目的港并交付，原告失去了对货物的控制。被告某物流公司和被告某货代上海公司在安排货物出运的过错中都有过错，导致原告遭受损失，被告某货代公司系被告某货代上海公司的总公司，三被告应承担连带责任。为此，原告请求判令三被告连带赔偿原告货物损失24,300美元及利息损失（按中国人民银行同期美元活期存款利率，自2011年8月4日起算至判决生效之日止）。庭审中，原告变更诉因为海上货物运输合同纠纷，并明确基于海上货物运输合同关系请求三被告承担连带赔偿责任。

被告某物流公司辩称，其遵照原告的委托进行了转委托和订舱，货物正常出运，其已向被告某货代上海公司索要提单，但对方未向其交付提单，致其无法转交原告。故其在本案中没有过错，应由被告某货代上海公司担责。

某货代两公司辩称，被告某货代公司系涉案货物的承运人，被告某物流公司是负责涉案货物报关、装箱、拖车的货运代理人，某物流公司向其披露案外人某家具公司是托运人,某家具公司向被告某货代上海公司出具了电放提单的保函;被告某物流公司曾要求被告某货代上海公司交付提单的事实是虚构的,被告某货代上海公司从未接到被告某物流公司要求交付提单的指令,且被告某物流公司已于货物出运后向被告某货代上海公司支付了所有相关费用,表明其对被告某货代上海公司完成委托事项的认可;原告明确依据海上货物运输合同提出诉请,现原告起诉已超过诉讼时效。据此,某货代两公司请求驳回原告的诉讼请求。

根据各方当事人的诉辩主张和举证、质证情况,本案事实方面的争议主要集中于原告、被告某物流公司委托某货代两公司订舱的过程与内容。此外,原告、某货代两公司还就涉案货物的运输、贸易和货款收取情况进行了举证。

一、关于原告、被告某物流公司委托某货代两公司订舱过程与内容的相关事实

就该节事实,原告提交了证据:1. 货运委托书,2. 费用发票、电子转账凭证,以证明原告与三被告之间的法律关系;3. 场站收据副本,以证明三被告接受委托,原告将货物装箱并交付出运。

被告某物流公司对原告证据的证据效力和证明力均无异议。

某货代两公司对证据1的真实性不予认可,认为其从未看到过,可能系原告事后补做,不能证明原告与某货代两公司之间的委托关系;对证据2的真实性无异议,并认为这些证据能够证明某货代上海公司系接受被告某物流公司的委托并向其收取费用;对证据3的真实性无法确认,认为该证据并非原件,涉案货物由被告某物流公司装箱。

本院认证认为,三被告对原告证据2的真实性均无异议,其证据效力可予确认;证据3与三被告的相关证据相互印证,能够证明涉案海上货物运输的托运人、收货人、装卸港、船名航次等事实,且原告与被告某物流公司在涉案货物配舱成功后即对此知晓,对其证明力予以确认。对证据1将与被告某物流公司的相关证据一并认定。

就该节事实,被告某物流公司提交了证据:1. 被告某物流公司发给被告某货代上海公司的委托书,以证明被告某物流公司向被告某货代上海公司索要提单,以及两者之间的委托关系;2. 场站收据副本,以证明被告某货代上海公司接受被告某物流公司委托,订舱成功;3. 装箱单,以证明被告某物流公司根据被告某货代上海公司要求将货物装箱并运至堆场;4. 付款凭证和发票,以证明被告某物流公司依被告某货代上海公司开具的发票如数付款。

原告对被告某物流公司证据的真实性、合法性、关联性均予认可。

某货代两公司对证据1的真实性不予认可,并认为其从未收到过,该委托书采用被告某物流公司的格式,其从不接受客户格式的委托书,备注栏显示的"工厂负责自报自拖”表明其不负责报关、拖车；对证据3的真实性无法确认，认为涉案货物拖车、装箱并非被告某货代上海公司负责，其从未看到过；对证据2和4的质证意见与对原告证据3和2的质证意见相同。

本院认证认为，原告确认其证据1系向被告某物流公司发出，并未发给某货代两公司，原告在该委托书中要求承运人签发提单；被告某物流公司确认其收到原告证据1，完全按照原告委托书的内容制作自己的委托书并发给某货代两公司，同样要求签发提单，故该两份委托书(即原告证据1和被告某物流公司证据1)的内容应一致并相互印证。然而，原告证据1中并无“提单类型：三正三副”的字样，而这在被告某物流公司证据1中却出现了；另外，原告证据1与被告某物流公司证据1在订单号、收货人地址等处均出现了实质性的不一致；而被告某物流公司提交的证据1复印件与此后提交的原件在订单号、“货好时间”、订舱专用章位置等处存有较大的不一致。显然，原告证据1与被告某物流公司证据1不仅未能相互印证，其内容还与该两方当事人在庭审中的陈述相互矛盾，甚至连被告某物流公司证据1的原件与复印件本身亦存在较大差异，被告某物流公司更未提供任何证据对其曾将委托书发给某货代两公司以及发送的途径和时间进行证明，本院对原告、被告某物流公司证据1的证据效力和证明力均不予确认。证据2和4与原告证据3和2系相同证据，可相互印证，对其证明力予以确认；证据3可与证据2及各方当事人的其他相关证据相互印证，证明涉案货物由原告自行装箱，并由被告某物流公司办理内陆运输和报关，交付某货代上海公司出运的事实，对其证明力予以确认。

就该节事实，某货代两公司提交了证据：1. 提单；2. 被告某物流公司传真给被告某货代上海公司的委托书；3. 某家具公司出具的电放提单保函；4. 案外人西班牙Euromaq……S. A. 公司(以下简称E公司)与被告某货代公司的往来电子邮件，以证明被告某货代上海公司接受被告某物流公司的委托，并根据委托书的内容将某家具公司记载为提单上的托运人，国外代理亦告知被告某货代公司托运人系某家具公司，被告某货代上海公司根据某家具公司电放提单保函安排放货。

原告对证据2的真实性、合法性、关联性均不予认可，并认为结合PINK系某家具公司员工、JESSICA系被告某货代上海公司员工的事实，该委托书应系某家具公司而非被告某物流公司发给被告某货代上海公司。对其余证据的真实性、合法性和关联性均无异议，但认为某货代两公司并未接受某家具公司的委托，却接受了该公司的电放提单保函，实质处置了货物，存有过错；国外代理与被告某货代公司的往来电子邮件证明涉案货物的契约托运人系国外买方，这与FOB贸易术语一致，由该买方或其代理人负责订舱，且国外代理订舱的日期早于被告某货代上海公司向实际承运人订舱的日期。

被告某物流公司对证据1的真实性、合法性予以认可。对证据2、3、4的真实性不予认可,认为证据2可能是拼接的传真,并非被告某物流公司的委托书,PINK也不是被告某物流公司的员工;被告某物流公司委托被告某货代上海公司出运涉案货物,且明确提出索单要求,未指示被告某货代上海公司电放。

本院认证认为,某货代两公司提交了证据2传真接收的原件,其上手写字迹系被告某物流公司证人毛某某的笔迹,结合对该名证人证言的认定,对其证据效力和证明力予以确认;证据4反映了被告某货代公司向提单收货人在西班牙的代理人询证涉案货物运输相关信息,以及后者要求前者确认涉案货物电放操作的联系过程,可与证据1~3相互印证,证明涉案货物的托运人、收货人等事实,对这些证据的证明力予以确认。

被告某物流公司为证明其未向被告某货代上海公司发送某货代两公司提交的传真委托书(即某货代两公司证据2),申请证人毛某某出庭作证。毛某某当庭陈述,其系被告某物流公司的操作员,具体从事接受客户委托书、向实际承运人订舱等业务;涉案业务即由其操作,其通过传真或电子邮件收到原告的委托书(具体方式记不清了),并完全根据原告委托书的内容制作某物流公司自己格式的委托书,盖上某物流公司的订舱章并扫描后,根据原告以电子邮件告知的联系方式,通过电子邮件或即时聊天工具发给被告某货代上海公司(具体发送方式记不清了);该委托书已作为证据提交法庭,其记得涉案货物的目的港和箱数,但不记得委托书发给谁了、谁是被告某货代上海公司的联系人,且电子邮箱和即时聊天记录都已清空;某货代两公司提交的委托书上的手写部分系其笔迹,电话与传真号码系某物流公司的号码,但该委托书并非其制作和发送,其不知道上面为何会有其笔迹;但在回答法庭提问时其又确认,在某货代两公司的传真委托书上留有签名、电话和传真号码系其收到该文件后为便于对方联系而将相关信息告知对方,此后其会将该文件回传对方,基本每票业务其都会如此操作。

原告对证人证言的真实性、合法性、关联性均予认可。

某货代两公司对证人证言的证据效力和证明力不予认可,认为证人系被告某物流公司的员工,与该被告具有利害关系,其对关键事实的陈述含糊其辞,尤其是未对某货代两公司的传真委托书上其留下的笔迹进行解释,其陈述发给被告某货代上海公司的委托书并不存在,与被告某物流公司提交的该委托书原件在订单号、印章位置、备注栏显示的"货好时间"等多处出现不一致的情况。

本院认证认为,证人毛某某系被告某物流公司的员工和涉案业务的实际操作人,在确认原告向其发送货运委托书及其向被告某货代上海公司发送委托书的情况下,其既不能明确原告向其发送委托书的方式、途径,也不能明确其向被告某货代上海公司发送委托书的方式、途径，亦记不清委托书发送给被告某货代上海公司的联系人的名称；证人确认其制作的加盖公司订舱专用章并通过电脑扫描后发给被告某货代上海公司的委托书即是被告某物流公司的证据1，但被告某物流公司此后提交的该份证据的原件与之存有较大差异，亦无其他证据佐证证人陈述的事实。综上，对证人毛某某该部分证言的证明力不予认定。证人确认某货代两公司提交的传真委托书上包括“To：JESSICA，Fm：某/毛某某”及某物流公司电话、传真号码在内的字迹系其本人笔迹，但又否认其发出过该委托书，并未对其笔迹出现在该委托书上作出解释，这至少说明其在涉案业务操作中实际收到过该委托书，如果证人否认其收到过该委托书，则应对为何留有其笔迹进行解释。证人另陈述传真委托书上的姓名和电话、传真号码系其已经收到该传真并回传前写上，以便于对方知道由谁回传以及回传人的联系方式，基本每票业务都存在这样的操作方式，结合原告对JESSICA系被告某货代上海公司员工的确认，能够证明证人不仅收到某货代两公司提交的该份传真委托书，还在留下姓名与联系电话、传真号码后向某货代上海公司回传，故对该部分证言的证明力予以确认。

二、关于涉案货物运输、贸易和货款收取情况的相关事实

就该节事实，原告提交了证据：4. 出口货物报关单；5. 原告与某家具公司收汇、核销情况汇总表，以证明货物已实际出运，货物的价值及损失金额；6. 采购合同，以证明涉案货物贸易情况。

被告某物流公司对原告证据的证据效力和证明力均无异议。

某货代两公司对证据4的真实性无异议，认为某货代上海公司仅负责涉案货物的海运，不负责报关，故在业务过程中从未看到该份报关单。对证据5的真实性不予认可，认为系原告单方制作。对证据6的真实性无法确认，认为该合同是原告与某家具公司的贸易合同，不能约束某货代两公司。

本院认证认为，三被告对证据4的真实性均无异议，本院予以确认。证据5系原告的单方陈述，其中明确涉案货款已滚动核销，但原告并无以案外货款冲抵涉案货款进行滚动核销的证据佐证，对该部分内容的证明力不予认定；但其中对于未收货款金额的自认与本院对某家具公司的调查结果相互印证，对该部分内容的证明力予以认定。证据6系原告与案外人某家具公司就涉案货物订立的买卖合同，其中关于货物品名、数量、装箱情况的描述可与某货代两公司提交的委托书、提单、海运单等相互印证，对其证据效力和证明力予以确认。

就该节事实，被告某物流公司未提交证据。

就该节事实，某货代两公司提交了证据：5. 被告某货代上海公司向实际承运人发出的订舱委托书；6. 海运单；7. 集装箱流转记录，以证明被告某货代上海公司向实际承运人订舱,货物出运并在目的港交付收货人,某货代两公司完成货物运输,无任何过错;8. 被告某货代公司在交通运输部登记的提单格式及被告某货代上海公司的无船承运业务经营资格登记证,以证明某货代两公司已取得无船承运经营资格,且系涉案提单的签发人,应在本案中被认定为承运人;9. 某家具公司注册信息及办公场所照片,以证明提单及委托书记载的托运人某家具公司的真实存在。

原告、被告某物流公司对某货代两公司证据的真实性均无异议。

本院认证认为,原告、被告某物流公司对某货代两公司证据的真实性并无异议,本院予以确认。这些证据能够反映涉案货物的出运过程、被告某货代公司的提单格式在交通主管部门登记、某家具公司及其办公场所实际存在等事实,对其证明力予以确认。

为查明原告未收到货款的数额,即其所遭受的实际损失等事实,本院于庭审后向某家具公司上海办事处进行了调查,某家具公司另提供了其支付涉案 11UH - 055 - 1 订单项下总计 15,000 美元货款的银行汇款查询单,但其表示,该 15,000 美元系用于支付 11UH - 055 - 1、11UH - 061 和 11UH - 062 三个订单项下的未付货款。

各方当事人对调查笔录及汇款查询单的真实性、合法性均无异议。但原告认为,其与某家具公司未就 15,000 美元系用于支付哪个订单项下货款进行明确约定,故应以某家具公司的意思表示为准;被告某物流公司认为,只有原告知道已付和未付货款的具体金额,其并不清楚;某货代两公司认为,原告已部分收到涉案货款,且未收货款系原告与案外人某家具公司之间的债权债务,与某货代两公司无关,某家具公司亦未向某货代两公司披露原告的身份。

本院认证认为,调查笔录和汇款查询单系本院就货款支付情况等案件事实进行调查时制作和取得,在各方当事人未提交反证证明原告确已收到其他货款的情况下,上述证据与原告陈述可相互印证,证明原告未收回货款的金额,故对其证明力予以认定。

经对上述证据的审核认定,结合庭审调查,本院查明事实如下:

2011 年 5 月 24 日,原告与案外人某家具公司订立了买卖合同(订单号为 11UH - 055 - 1),约定由某家具公司向原告采购总计 3240 个拉孔方凳子,共装 4 个 40 英尺高箱,总价款 24,300 美元,贸易术语为 FOB 上海,目的地为西班牙巴塞罗那,并由买方提供指定货代的联系方式,付款方式为"提供正本提单后 T/T 30 天"。庭审中,原告确认某家具公司曾向其披露该批货物的实际买受人系提单记载的收货人,即一家名为 Franquicias……SL 的西班牙公司(以下简称 F 公司),某家具公司系涉案货物买卖的中间商。

同年7月25日，被告某货代公司通过电子邮件向E公司询证一票货物的订舱信息，该信息显示，托运人为某家具公司，收货人为F公司，尺寸为4×40英尺高箱，自中国上海至西班牙巴塞罗那，货物于7月30日备好，计划船期为8月3日开航9月4日到达。当日，E公司回复确认上述信息正确。2011年8月3日，实际承运人长荣海运（台湾）股份有限公司（以下简称长荣公司）签发了编号为142150856182的海运单，记载的托运人为被告某货代上海公司，收货人为E公司，货物品名为凳子（Ottoman）。次日，被告某货代公司签发了编号为SHNE11070081的提单，记载的托运人为某家具公司，收货人为F公司，货物品名等记载与海运单记载相同。9月2日，E公司告知被告某货代公司承运船舶将于9月4日到港，并请其确认对该票货物进行电放。9月3日，被告某货代公司回复确认早在2011年8月15日已告知E公司对该票货物进行电放了。9月5日，某家具公司向被告某货代上海公司出具电放保函，请求对涉案货物进行电放。当日，装运涉案货物的4个集装箱运抵西班牙巴塞罗那并卸船，6日被拖车拖走，7日空箱返还。庭审中，原告、某货代两公司对E公司系收货人F公司在西班牙的代理人均无异议。

另查明，涉案货物出口前的内陆运输、报关等事务系由被告某物流公司操作完成。原告确认其委托被告某物流公司办理上述货运代理事务并订舱；被告某物流公司亦确认其接受了原告的上述委托，并向被告某货代上海公司办理订舱。在被告某物流公司向某货代上海公司办理订舱期间，被告某物流公司收到被告某货代上海公司的格式托书后，在该托书上写下“To：JESSICA，Fm：某/毛某某”及某物流公司联系电话及传真号码，并通过传真发给被告某货代上海公司。该托书上包括托运人、收货人、装卸港、箱数、货物备好时间及船期等在内的信息均与被告某货代公司通过电子邮件向E公司询证确认的相关信息一致。2011年8月29日，被告某货代上海公司向被告某物流公司开具发票，其中记明的收费内容包括“订舱费、电放费”等共计人民币6903元。次月30日，被告某物流公司向被告某货代上海公司如数支付了上述费用。本案审理中，原告与某货代两公司均确认JESSICA系被告某货代上海公司的员工。

还查明，某家具公司注册于香港，并在上海松江有办公场所。2011年8月，某家具公司又与原告就编号为11UH－061和11UH－062的两个案外订单订立了买卖合同，这两个订单项下的货物均晚于涉案货物出运。2012年7月至8月，某家具公司通过银行汇款向原告支付了15,000美元，该汇款附言注明了涉案11UH－055－1订单的订单号。此前，某家具公司未向原告支付涉案订单项下的任何货款。某家具公司另确认，其就涉案货物的出运向被告某货代公司发出委托书订舱，并指示某货代公司对涉案货物进行电放。被告某货代公司系在我国交通主管部门办理过提单登记的无船承运业务经营者,涉案提单的格式与其登记的提单格式相同。被告某货代上海公司系被告某货代公司的分公司。

审理过程中,原告确认,涉案贸易合同仅约定了FOB的贸易术语,此外双方并未就涉案货物的运输,包括由谁订舱、提单内容如何记载、由谁受领提单进行过约定;涉案货物运至堆场后,原告收到场站收据副本,并曾就其中记载的内容向被告某物流公司提出异议。被告某物流公司确认,其收到了涉案场站收据副本,以及海运单和提单的复印件,对单证上记载的内容均予以确认并告知原告。

本院认为,被告某货代公司作为无船承运人接受涉案货物的订舱委托,向实际承运人长荣公司订舱,并接受某家具公司关于涉案货物电放的指示,对自己签发的提单进行了电放操作,在目的港将货物交付收货人;原告也已明确在海上货物运输合同关系下请求三被告承担连带赔偿责任,故本案产生争议的法律关系为海上货物运输合同关系。本案海上货物运输的目的港位于中华人民共和国领域外,故本案纠纷具有涉外因素。各方当事人均明确选择中华人民共和国法律作为处理本案的准据法,故本案纠纷的处理适用中华人民共和国法律。根据当事人的诉辩主张,本案的争议焦点为:一、当事人主体地位的识别;二、被告某货代公司未向原告签发提单,却接受某家具公司的电放指示是否合法;三、原告起诉是否超过了诉讼时效期间;四、原告的损失及三被告的赔偿责任。

一、关于当事人主体地位的识别

原告认为,其系将涉案货物交给某货代两公司出运的实际托运人,某家具公司并非实际托运人,亦非契约托运人,从某货代两公司提交的邮件看,契约托运人应为F公司;被告某物流公司认为,其系原告出运货物的货运代理人;某货代两公司认为,某物流公司系某家具公司的货运代理人,负责货物的报关、装箱和拖车并向其订舱,但从未披露原告系托运人,而是在委托书中载明某家具公司为托运人,故某货代两公司在货物出运过程中并不知晓原告的存在,诉讼中方才得知其系某家具公司的加工工厂,系案外买卖合同的当事人,其无权依据海上货物运输合同起诉某货代两公司。

本院认为,被告某货代公司接受了被告某物流公司的订舱委托,通过电子邮件与西班牙收货人F公司的代理人E公司联系确认了托运人、收货人、货物箱数及船期等信息,然后就涉案货物向实际承运人长荣公司订舱,取得海运单,并依据某物流公司委托书上记载并经E公司确认的托运人某家具公司的电放指示,对自己签发提单项下的货物进行了电放操作,将货物交付收货人,故被告某货代公司系本案海上货物运输合同中的承运人。被告某物流公司系接受原告委托,为原告办理内陆运输、报关、订舱等货运代理事务的货运代理人。

关于本案的托运人，因原告系依据海上货物运输合同关系诉请承运人承担错误签发提单并实施电放的损害赔偿责任，故应结合贸易、订舱等多方面环节，综合判断作为承运人的被告某货代公司识别托运人及其货运代理人的可能性和合理性。在案有效证据显示，被告某物流公司将写有其电话和传真号码，并注明“致：JESSICA，来自：某/毛某某”的委托书回传给被告某货代上海公司。即使被告某物流公司关于并未回传该委托书的事实主张成立，但该委托书上留有毛某某笔迹的事实表明，被告某物流公司至少收到过该委托书。该委托书上记载的托运人系某家具公司，且其中并未注明签发提单的要求，在被告某物流公司未提交有效反证证明其对委托书上的记载内容曾向被告某货代上海公司提出过修改请求的情况下，应当认定其在当时对该记载内容未持异议。由此可以认定，被告某货代上海公司在接受某物流公司订舱时所知晓的托运人系某家具公司。反观原告，其并未直接向某货代两公司订舱，表明其托运人或实际托运人的身份；作为原告货运代理人的被告某物流公司亦未有效举证证明曾将原告的身份向某货代两公司披露，相反，其在收到涉案场站收据副本，以及提单、海运单的复印件，明知上述单证记载某家具公司或某货代上海公司为托运人的情况下对之予以了确认，以致原告也认为某物流公司在处理货运代理事务过程中存有过错，并请求其承担连带责任。因此，在涉案货物的装箱、内陆运输、报关等均由原告、被告某物流公司，而非某货代两公司操作办理的情况下，某货代两公司无从将原告识别为托运人或实际托运人，亦无从在接受被告某物流公司订舱时将某物流公司识别为原告的货运代理人。另外，因原告确认涉案货物的契约托运人应系收货人F公司，故被告某货代公司通过电子邮件向F公司在西班牙的代理人E公司询证包括托运人在内的订舱信息并得到确认，意味着某家具公司作为实际托运人的身份已经被契约托运人F公司所确认。结合涉案货物系由某家具公司向原告采购，再出卖与F公司的事实，在原告及其货运代理人未表明原告系托运人或实际托运人的情况下，某货代两公司即使知晓原告的存在亦无从将其认定为托运人或实际托运人，而只能将其识别为某家具公司的供货商或工厂，并将被告某物流公司识别为某家具公司的货运代理人。

二、关于被告某货代公司未向原告签发提单，却接受某家具公司的电放指示是否合法

原告认为，某货代两公司罔顾原告的签单要求，未征求原告意见而听从了提单上记载的托运人及收货人的指示，实施电放操作，明显违反法律规定；被告某物流公司认为，某货代两公司明确承认受其委托，但却在其未出具电放保函的情况下擅自听从案外人的指示，实施电放操作，具有过错；某货代两公司认为，其根据被告某物流公司发送的委托书内容，签发了托运人为某家具公司的提单，并接受某家具公司的电放保函,并向提单记载的收货人F公司交付货物,并未违反法律规定。

本院认为,根据《中华人民共和国海商法》(以下简称《海商法》)第七十二条第一款的规定,承运人应当应托运人的要求签发提单。据此,承运人应当将提单签发给向其提出签单要求的托运人,并应当依据托运人的指示实施电放。在案有效证据显示,被告某物流公司在向被告某货代上海公司订舱时,委托书记载的托运人为某家具公司,收货人为F公司,对该记载内容,被告某物流公司并无异议,并经被告某货代公司向收货人,即涉案货物贸易的最终买受人、原告确认的本案契约托运人F公司询证确认无误。在此情况下,应当认定被告某货代公司已分别将涉案货物的托运人和收货人识别为某家具公司和F公司。被告某货代公司据此签发了记名提单,并在此后分别收到了记名收货人暨原告确认的本案契约托运人F公司的代理人E公司的电放确认请求以及某家具公司的电放保函,最终对涉案货物进行了电放。因此,被告某货代公司系应托运人某家具公司的要求对涉案的记名提单实施了电放操作,并将货物实际交付记名收货人,与法不悖。反观原告及其货运代理人某物流公司,两者均未有效举证证明曾要求被告某货代公司签发提单,甚至未有效举证证明曾向被告某货代公司表明原告系托运人或实际托运人,被告某货代公司自然无从向原告及其货运代理人签发提单。

另外,被告某货代上海公司于2011年8月29日向被告某物流公司开具的发票列明了"电放费"这一收费内容,而后者全额支付了包括"电放费"在内的发票列明的全部费用。这进一步印证了被告某物流公司作为直接向被告某货代公司订舱的主体,对被告某货代公司签发提单、进行电放等业务操作是明知且认可的,也佐证了其并未要求被告某货代公司签发提单的事实。

三、关于原告起诉是否超过了诉讼时效期间

原告认为,因某货代两公司从未向原告签发、交付提单,亦未向原告披露其系无船承运人,原告至庭审时方才辨识出某货代两公司的承运人身份,认定原告起诉超过时效期间不符合法律规定;被告某物流公司未对此发表辩论意见;某货代两公司认为,涉案货物已于2011年9月7日交付,任何一方当事人依据海上货物运输合同提出诉请的胜诉权已于2012年9月8日消灭,原告主张被告某物流公司系其货运代理人,而某物流公司理应知道某货代公司的承运人身份及货物运输情况,原告当然也应知晓。

本院认为,鉴于某货代两公司明确提出诉讼时效抗辩,并根据本案的海上货物运输合同法律关系,应当适用《海商法》第二百五十七条第一款的规定认定该抗辩能否予以支持。该款规定,就海上货物运输向承运人要求赔偿的请求权,时效期间为一年,自承运人交付或者应当交付货物之日起计算。法律并未规定海上货物运输合同纠纷诉讼时效期间的起算应以请求权人知道或者应当知道其权利被侵害为要件。在案有效证据显示，涉案货物至迟已于2011年9月7日交付，而原告就本案纠纷于2012年9月26日诉至本院。据此，原告起诉已经超过了诉讼时效期间，某货代两公司关于本案诉讼时效的抗辩应予支持。

四、关于原告的损失及三被告的赔偿责任

原告认为，其损失真实存在，且系某货代两公司未向原告签发提单，过错实施电放造成，被告某物流公司在业务办理中亦有过错，故三被告应当对原告的损失承担连带赔偿责任；被告某物流公司认可原告诉请的损失，并认为该损失系被告某货代上海公司接受案外人电放指示所造成，其索要提单无果，并无过错，不应担责；某货代两公司不认可原告的损失，并认为原告系某家具公司的国内供应商、案外买卖合同的债权人，原告未从某家具公司处收到货款，系其遭受的贸易风险，与某货代两公司无关，与贸易有关的海上货物运输层层代理关系下面的实际发货人是某货代两公司所无法识别的。

本院认为，某家具公司在调查中确认，除2012年7月至8月间支付的15,000美元外，其并未支付11UH－055－1、11UH－061和11UH－062三个订单项下的货款；而该15,000美元系为偿还上述三订单的未偿债务，并非针对某一个或两个订单。本案原告亦未对该15,000美元系用于偿还哪一个订单项下的货款发表意见并与某家具公司达成一致。根据《最高人民法院关于适用〈中华人民共和国合同法〉若干问题的解释（二）》［以下简称合同法解释（二）］第二十条的规定，在原告与某家具公司未就该15,000美元系用于偿还哪一个订单项下的货款达成约定的情况下，该款项应当优先抵充上述三订单中最先到期的债务。在三订单所涉买卖合同均约定付款期限为“提供正本提单后T/T30天”，而某家具公司此前并未支付三订单下任何货款的情况下，应当认定合同订立及货物出运时间均在先的涉案11UH－055－1订单项下的货款支付义务系最先到期的债务。虽然某家具公司确认该15,000美元系为偿还上述三订单的未偿债务，并非针对某一个或两个订单，但某家具公司提供的该15,000美元汇款查询单中的附言却写明了涉案11UH－055－1订单的订单号，表明了该款项系用于支付涉案货款，某家具公司在汇款附言中的意思表示与合同法解释（二）的规定相符。综上，应当认定某家具公司已就涉案货款向原告支付了15,000美元，原告仍有9300美元的涉案货款未收回。

虽然本案原告遭受了9300美元的货款损失，但涉案贸易合同约定的贸易术语为FOB，付款方式为“提供正本提单后T/T30天”。因此，即使原告获得了涉案的正本提单，因涉案贸易合同约定了先提交提单后付款的付款方式，原告向某家具公司交付提单后，仍不能保证后者定会如数支付货款。不仅如此，在贸易合同约定

FOB术语,并约定买受人付款之前提系出卖人交付正本提单的情况下,原告仍未就提单由谁受领等运输关键事宜与某家具公司进行约定;原告在通过其货运代理人履行贸易合同项下的交货义务时未直接或通过其货运代理人向某货代两公司表明自己的托运人身份,并请求记载于提单之上,亦未要求签发提单,以致涉案提单最终记载某家具公司而非原告为托运人。即使被告某货代公司将涉案记名提单交付原告,并且不接受某家具公司的电放指示,原告仍不能在目的港凭单提取货物,亦不能以托运人的身份请求货物退运,其对货物的控制权实际上已经丧失,不可能凭借持有的记名提单对货款的收取起到任何担保作用。因此,原告诉称的损失系由于贸易环节中其怠于规避风险,运输环节中其与货运代理人怠于表明托运人身份并行使签单请求权所造成,而与某货代两公司未向其签发提单、接受某家具公司的电放指示无关。原告对某货代两公司的诉讼请求缺乏事实和法律依据,本院不予支持。被告某物流公司并非本案海上货物运输合同的一方当事人,亦不承担本案的赔偿责任。

综上所述,依照《中华人民共和国海商法》第七十二条第一款、第二百五十七条第一款、第二百六十九条以及《中华人民共和国民事诉讼法》第六十四条第一款之规定,判决如下:

对原告浙江某家具有限公司的诉讼请求不予支持。

本案案件受理费人民币3702元,因适用简易程序减半收取人民币1851元,由原告浙江某家具有限公司负担。

……

法官后语:顺应我国作为出口大国以及出口企业承受复杂贸易风险,权益极易受损的现状,海事立法者和司法者历来重视保护出口企业在海上运输及相关领域的权利。为此,海商法特别规定了实际托运人的概念,近期施行的《最高人民法院关于审理海上货运代理纠纷案件若干问题的规定》(以下简称货代司法解释)更是规定了实际托运人的交单请求权。但在运输领域中保护作为实际托运人的广大中小出口企业的合法权益不能脱离、突破法律、法规及司法解释的规则,而这些规则也大多可以演化为广大中小出口企业通过行使实际托运人权利规避贸易风险、避免贸易损失所应着重学习、熟知和掌握的"游戏规则"。本案中,在不改变既有的FOB贸易方式和买方指定无船承运人的条件下,如果原告在货物贸易与运输的相关环节运用了这些规则,例如,积极主动地与买方指定的无船承运人联系,表明自己的托运人身份并要求将自己记载为提单上的托运人后再安排交货出运,并在货物出运后明示索要提单,则仍然能够最大限度地规避可能存在的贸易风险,将顺利收汇的主动权牢牢把握在自己手里。

与此同时,在货代司法解释颁行的新形势下,广大无船承运业务经营者也应自觉学习和掌握法律规则,在了解中小出口企业特点的前提下,主动换位思考,积极为中小出口企业的利益着想,提升服务的主动性、细致度及风险防范水平。本案中,如果某货代两公司能够主动跨前一步,在通知拖箱或领取配舱回单时积极询问直接委托其订舱的某物流公司是否请求签发和交付提单,告知相应的法律后果,并在其主动放弃提单的情况下取得其承诺或保证,则无疑既提醒了中小出口企业或其货运代理人切实关注其可能遭受的风险,也避免了出口企业日后将贸易风险转嫁的可能及由此引发的纠纷和责任。

广大出口企业与运输物流行业的利益早已休戚相关,出口贸易的安全性与便捷性离不开优质的运输物流服务,运输物流行业的繁荣与发展离不开稳定的出口贸易及广大出口企业经济效益的提升。希望原、被告作为各自领域的一员都能从本案诉讼中收获经验,得到启发,敢于创新,谨慎经营,增强规则和风险防范意识,在各自的业务领域取得更好的发展。

[评析]

一份优秀的判决书,不仅应辨法析理、处断是非,还应规范行业行为、引领行业健康发展。(2012)沪海法商初字第1284号民事判决书不失为一篇范例:法律适用精准,逻辑论证严密,结构条理清晰,论证推理充分;司法者更在判决书之后精心撰写"法官后语",针对案件审理中发现的问题提出了中肯而务实的建议,与当事人真诚交流,倾囊相授,彰显了判决书的人情与温暖。

一、法律定性:透彻洞悉

(一)全面归纳诉辩主张

本案涉及原、被告四方当事人,同为被告的各方当事人,利益诉求不同也针锋相对。判决书清晰归纳了各方当事人的诉辩主张,并在每个争议焦点的论证说理部分均首先归纳了各方当事人对该争议焦点的辩论意见,案件争议的实质内容跃然纸上,并在其后阐明法院的观点,对当事人的争议内容一一回应,体现了对当事人的尊重和司法的公开透明。

(二)分类罗列认定证据

针对各方分别提交证据,证据内容数量繁多的情况,判决书从案件实际出发,根据有关案件争议焦点的关键事实对证据进行分类罗列,避免了当事人举证逻辑顺序的混乱,又与论证说理部分相关争议焦点的内容对应,增强文书结构的逻辑性与紧凑性。

(三)精准认定法律关系

涉案纠纷涉及海运和贸易,各方关系错综复杂。承办法官悉心审查证据、认定事实,抓住了原告虽系实际托运人,但怠于向承运人表明自己身份并请求签发提单,致使承运人客观上无从识别原告的真实身份并向其签发提单的关键事实,从而对各方当事人之间的法律关系及最终处理作出了精准的把握。

二、逻辑论证:严密推进

判决书在论证说理部分紧扣争议关键,先后论述了承运人客观上能否识别原告实际托运人的身份、承运人向已表明托运人身份的中间商签发提单是否合法、原告依海上货物运输合同请求承运人承担未签发提单赔偿责任是否超过诉讼时效、承运人最终应否承担赔偿责任四个问题,层层递进,环环相扣,逻辑顺序清晰明了,论证雄厚有力,令人一目了然,结论则令人信服。

三、法官关怀:真诚精辟

个案的公正处断,个别当事人权利与义务的平衡并非司法的终极目标。司法的作用在于规范一类行为,推进社会的公平与效率。在个案与类案之间,在纠纷解决与司法的规范扩展作用之间,判决书是最自然、最实在的纽带。但司法毕竟是事后调节,虽然个案纠纷已有了断,但木已成舟,案件中暴露出的问题仍令法官深感"有话可说"。本案原、被告分属制造与物流运输业,均为国内企业,在低端产品出口的严峻形势和海运物流业激烈的竞争之下,能够继续生存发展已属不易,都是我国立法和司法所应保护的对象。所谓"手心手背都是肉",虽然在本案中,原、被告有输有赢,但其中或许有相当的偶然因素在发挥作用,有必要"点破"案件背后所存在的行业普遍性问题,找出纠纷成讼的症结所在,并提出建议以便相关主体日后改进。本案判决通过"法官后语"的形式,明确指出原告怠于行使实际托运人权利,被告作为承运人也未完全履行一个物流服务者的注意义务,进而提出改进建议,最后寄语双方及双方所代表的两个行业,期冀两者互相扶持、合作共赢,繁荣我国的出口贸易,规范货代等物流操作,让个案的处断升华为行业的经验,使单调的法条和文字成为活生生的行业行为指南,体现出司法的智慧与作用。

[实例6]

上海市第一中级人民法院

民事判决书

(2006)沪一中民一(民)终字第609号

上诉人(原审被告)中国某航空股份有限公司

被上诉人(原审原告)AWHE,巴基斯坦国籍

上诉人中国某航空股份有限公司(以下简称某航空公司)因航空旅客运输合

同纠纷一案,不服中华人民共和国上海市浦东新区人民法院(2005)浦民一(民)初字第12164号民事判决,向本院提起上诉。本院于2006年2月10日立案后,依法组成合议庭进行了审理,本案现已审理终结。

原审法院查明,2004年12月29日,AWHE购买了一张由国泰航空公司作为出票人的机票,机票列明的航程安排为:2004年12月31日11时,上海起飞至香港,同日16时香港起飞至卡拉奇;2005年1月31日卡拉奇起飞至香港,同年2月1日香港起飞至上海。其中,上海与香港间的航程由某航空公司实际承运,香港与卡拉奇间的航程由国泰航空公司实际承运。机票背面条款注明,该合同应遵守华沙公约所指定的有关责任的规则和限制。该机票为打折票,机票上注明不得退票、不得转签。

2004年12月30日15时起浦东机场下中雪,导致机场于该日22时至23时被迫关闭1小时,该日104个航班延误。2004年12月31日,因飞机除冰、补班调配等原因,导致该日航班取消43架次、延误142架次,飞机出港正常率只有24.1%。某航空公司的MU703航班也因为天气原因而延误了3小时22分钟,导致AWHE及其家属到达香港机场后未能赶上国泰航空公司飞卡拉奇的衔接航班。某航空公司工作人员告知AWHE只有两种处理方案:其一为AWHE等人在机场里等候3天,然后搭乘国泰航空公司的下一个航班,3天费用自理;其二为AWHE等人自己出资,另行购买其他航空公司的机票至卡拉奇,费用为25,000港元。AWHE当即表示无法接受该两种方案,其妻子杜某打电话给上海处的某航空公司,但上海方面称有关工作人员已经下班。杜某对某航空公司的处理无法接受,且因携带婴儿而焦虑、激动,采取了推倒护栏的过激措施。最终由香港机场工作人员交涉,AWHE及家属一共支付了合计17,000港元,购买了阿联酋航空公司的机票及行李票,搭乘该公司航班绕道迪拜,到达卡拉奇。为此,AWHE支出机票款4721港元、行李票款759港元,共计5480港元。AWHE认为某航空公司的航班延误,又拒绝重新安排航程,给自己造成了经济损失,遂提出诉讼,要求判令某航空公司赔偿机票款和行李票款,并定期对外公布航班的正常率、旅客投诉率。

原审法院认为,本案为国际航空旅客运输合同纠纷,我国及巴基斯坦都为《经1955年海牙议定书修订的1929年华沙统一国际航空运输一些规则的公约》(以下简称《经海牙议定书修订的华沙公约》)和1961年《统一非立约承运人所作国际航空运输的某些规则以补充华沙公约的公约》(以下简称《瓜达拉哈拉公约》)的缔约国。根据《经海牙议定书修订的华沙公约》第十九条规定,对于航空运输中延误所引起的旅客、行李或者货物损失,承运人应负责任。第二十条规定,凡承运人证明,他和他的受雇人或者代理人为避免损害已经采取了一切必要措施,或者不可能采取此类措施者,他就没有责任。本案中,某航空公司2004年12月31日的MU703航班因天气原因发生延误,某航空公司对延误本身不应承担责任。然而,AWHE在浦东机场时已经预见到其将因航班延误而错过国泰航空公司飞卡拉奇的航班,因而多次反复询问某航空公司工作人员,某航空公司在应当知道国泰航空公司衔接航班在三天才有一次的情况下,并未告知AWHE改日成行,而是让AWHE的妻子杜某填写了《续航情况登记表》,并告知将会帮助解决。在AWHE产生了合理的信赖而登机飞赴香港后,某航空公司却未考虑AWHE的合理需要(即转签其他承运人),而是要求AWHE在等待3天后乘坐国泰航空公司的航班和自费另行购买其他航空公司票的两难之间进行选择。对此难谓某航空公司已经为避免损害而采取了一切必要的措施,故某航空公司不应免责,而应当对AWHE另行购买机票、行李票而造成的损失承担赔偿责任。AWHE至2005年8月8日庭审时方提出要求某航空公司按照其对外承诺定期对外公布航班的正常率、旅客投诉率的诉讼请求,已经超过举证期限,且该诉求与AWHE私权无关,故不予支持。据此,根据《中华人民共和国民法通则》第一百四十二条,《经1955年海牙议定书修订的1929年华沙统一国际航空运输一些规则的公约》第十九条、第二十条、第二十四条第一款,《统一非立约承运人所作国际航空运输的某些规则以补充华沙公约的公约》第七条的规定,原审法院于2005年12月21日作出判决:一、中国某航空股份有限公司应在判决生效之日起十日内赔偿AWHE损失人民币5863.60元;二、AWHE的其他诉讼请求不予支持。案件受理费人民币249元,由AWHE承担人民币5元,中国某航空股份有限公司承担人民币244元。

一审判决后,某航空公司不服,向本院上诉称:在航班延误的情况下,旅客有权选择航程,上诉人作为承运人只有将延误的情况如实告知旅客的义务,并无权利要求旅客改变航程。上诉人已经将因天气原因造成航班延误的情况通知了被上诉人,但上诉人并无权利要求被上诉人取消飞往香港的订座。上诉人从未对被上诉人作出任何承诺以使其产生合理的信赖,而被上诉人应当知道其必然错过衔接航班的事实。被上诉人的机票上已经注明了“不得退票,不得转签”,故上诉人无须另行提醒和告知,即被上诉人的知情权未受任何侵犯,上诉人不应承担赔偿责任。此外,原审法院对上诉人要求另一承运人国泰航空公司参加诉讼的申请不予支持,严重侵犯了上诉人的诉讼权利。请求撤销原审判决,改判驳回被上诉人的原审诉请。

被上诉人AWHE辩称,被上诉人在浦东机场时已经知道必然错过衔接航班的事实,但由于上诉人让被上诉人的妻子杜某填写了《续航情况登记表》并承诺会予以解决,而被上诉人亦知道香港机场有其他飞往卡拉奇的航班,在此情况下被上诉人及家人才放心登上飞往香港的航班。到达香港机场后上诉人却拒绝为被上诉人签转机票,被上诉人无奈只得另行购买机票。被上诉人系向上诉人支付了从上海到卡拉奇的全程费用,由于上诉人航班的延误以及拒绝重新安排航程才最终导致被上诉人遭受精神折磨和经济损失,故理应由上诉人承担赔偿责任。原审法院查明的事实清楚正确,请求维持原判。

经审理查明,原审法院认定事实无误,本院依法予以确认。

本院认为,本案系因航班延误引发的运输合同纠纷,虽然机票的出票人为国泰航空公司,但机票确定的上海与香港间的航程由某航空公司实际承担,且本案所涉的延误亦发生在上海至香港段航程。根据《瓜达拉哈拉公约》的相关规定,某航空公司为国泰航空公司授权承担部分运输的实际承运人,AWHE 可以直接向某航空公司主张权利,故原审法院对某航空公司提出追加国泰航空公司作为被告的申请不予同意,并无不当。上诉人某航空公司主张航班延误的原因系天气条件恶劣属不可抗力,其已将此事通知了被上诉人,被上诉人亦明知将错过香港的衔接航班,但上诉人无权要求被上诉人改变航程。被上诉人主张其明知会错过衔接航班仍选择登上飞往香港的航班,系因为上诉人对其承诺会予以妥善解决。本院认为,发生航班延误后,乘客有权在第一时间获取尽可能详细的信息,并及时了解后续进展以便作出最合理的选择。本案中,某航空公司与 AWHE 均明知始发地因天气原因延误的航班必然导致错过中转地衔接航班的事实,AWHE 作为乘客势必关心如何重新安排航程并充分相信航空公司应当予以解决,而某航空公司作为负责安排航程的专业航空公司,理应明知此次航程中国泰航空公司的衔接航班三天才有一次的情况,如 AWHE 乘延误航班飞往香港则会在中转机场滞留三天且费用自理,在此情况下某航空公司更应及时告知和提醒 AWHE,再由 AWHE 自行选择航程以避免产生不必要的损失。但根据查明的事实,某航空公司始终未能提供。AWHE 的妻子杜某在登机前填写的《续航情况登记表》,无法证明 AWHE 系在明知飞往香港后会发生对己不利的情况仍选择登机,故原审法院认定"某航空公司没有为避免损失采取必要的措施"是正确的。在延误的航班到达香港机场后,某航空公司拒绝为 AWHE 签转机票,其主张 AWHE 的机票系打折票,已经注明了"不得退票,不得转签",其无须另行提醒和告知。本院认为,即使是机票上注明了"不得退票,不得转签",也是对乘客因自身原因要求签转和退票的限制,而本案中的航班延误并非由 AWHE 自身的原因造成。AWHE 乘坐延误的航班到达香港机场后肯定需要重新签转机票,其必然是在相信某航空公司会签转机票的情况下才选择乘坐延误的航班,而某航空公司既未在始发机场告知 AWHE 在航班延误时机票仍不能签转的理由,在中转机场亦拒绝为 AWHE 办理签转手续,此种处理方式显然不负责任。现某航空公司片面强调航班延误系天气原因属不可抗力,其已经将AWHE运送至香港,剩余航程与己无关,但其没有考虑到AWHE携带婴儿在中转机场滞留三天的艰难处境,AWHE在无奈情况下只能另行购买其他航空公司的机票。如某航空公司在事先告知了AWHE飞往香港后会产生的不利后果,则上述情况就有可能避免发生,故原审法院认定某航空公司在始发地未尽告知和提醒的义务,并判令某航空公司承担赔偿责任,并无不当。综上所述,上诉人未能提供证据证明损失的产生系被上诉人自身原因所致,也未能证明其为了避免损失扩大采取了必要的方式和妥善的补救措施,故上诉人的上诉理由均无法成立,其上诉请求本院不予支持。据此,依照《中华人民共和国民事诉讼法》第一百五十三条第一款第(一)项之规定,判决如下:

驳回上诉,维持原判。

上诉案件受理费人民币249元,由上诉人中国某航空股份有限公司负担。

本判决为终审判决。

……

[评析]

本判决书通过精心安排和制作,案件事实清楚,层次分明,条理清晰,说理充分,不失为一篇优秀的判决书。归纳起来,该判决书具有以下特点:

一、根据案件实际,精心安排结构。在总体安排上依照诉讼参与人的概况,案件的由来和审理经过,原审判决认定的事实、处理结果、上诉理由、答辩理由、二审查明的事实、二审判决理由和结果这一次序,符合最高人民法院关于诉讼文书的制作要求。而对于原审判决认定的事实、处理结果、上诉理由、答辩理由等部分则言简意赅,简要阐述。对于当事人在二审中的争议焦点则充分论述,进行了客观、详细的论证。这样的布局既规范、条理清晰,又重点突出、详略得当,感觉一气呵成,顺理成章。

二、紧扣当事人的争议焦点进行有针对性的说理论述。本判决书在原审充满事实的基础上,围绕当事人的争议焦点,对原审裁判理由正确与否,当事人的诉辩主张是否成立,逐一展开说理和分析论证,很有针对性。特别是对本案的分析,即在航班延误的情况下,旅客是否有权选择航程、上诉人是否有权利要求旅客改变航程、被上诉人的知情权是否未受任何侵犯、上诉人应否承担赔偿责任等问题,论证翔实,有较强的说服力。

三、判决结果公正,体现了正确的裁判导向,实现了法律效果和社会效果的统一。本案被选入2006年第10期的最高人民法院《公报》。通过本案确立了有关裁判原则,即旅客追究实际承运人所承运航程的责任时,可以选择起诉对象。法院可以根据审理案件的实际需要、诉讼成本、旅客维权的便捷性等因素决定是否准许追加当事人。当不可抗力造成航班延误,致使航空公司不能将换乘其他航班的旅客按时运抵目的地时,航空公司有义务在始发地向换乘的旅客明确告知到达目的地以后是否提供转签服务,以及在其不能提供转签服务时,旅客应当如何办理旅行手续。根据《1955 年在海牙修改的华沙公约》第十九条、第二十条第一款规定,航空公司不尽此义务或者不能证明自己已尽此项义务,而给换乘旅客造成损失的,应当承担赔偿责任。

[实例 7]

上海市高级人民法院

民事判决书

(2008)沪高民再终字第 2 号

申请再审人(一审原告、二审被上诉人)宋某

被申请人(一审被告、二审上诉人)上海某房地产开发有限公司

申请再审人宋某因与被申请人上海某房地产开发有限公司(以下简称某房产公司)联建合同纠纷一案不服本院 2000 年 7 月 10 日作出的(1999)沪高民终字第 281 号民事判决,向最高人民法院申请再审。最高人民法院于 2008 年 1 月 7 日作出(2007)民一监字第 423－1 号民事裁定指令本院再审本案。本院依法另行组成合议庭,于 2008 年 3 月 19 日、7 月 22 日对本案进行了公开开庭审理……现已审理终结。

1998 年 10 月 19 日,一审原告宋某向上海市第一中级人民法院起诉称,因某房产公司超过合同规定的期限,至今不能将其联建的房屋交付其使用,请求判令:1. 终止合同;2. 某房产公司双倍返还定金人民币 288 万元(以下币种相同);3. 某房产公司返还联建款 2182 万元并支付利息;4. 某房产公司赔偿装修费用 406,264.70 元。某房产公司辩称,其与宋某的合同实际签订于 1998 年 9 月 24 日,系受宋某欺骗所签,某房产公司与上海某期货经纪有限公司(以下简称某期货公司)的合同关系是真实的,2326 万元联建款也是该公司支付,其未收到过宋某的付款,要求驳回宋某的诉讼请求。

上海市第一中级人民法院一审查明,某房产公司以宋某和案外人某期货公司为合作方,分别签订了内容相同、落款日期为 1996 年 9 月 20 日的合同,名为《联合开发某大厦合同》,约定由宋某作为某大厦的合作方,联建某房产公司开发的位于本市肇嘉浜路以北、襄阳南路以西某大厦的第 3、9、10、19、20 层的房屋并享有产

权。房屋于1998年6月前交付使用,联建款总计2887万元。合同签订后,宋某通过上海市崇明县某建材商行(以下简称某建材行)、上海某贸易有限公司(以下简称某贸易公司)开设在某期货公司的账户,分10次提取保证金,共向某房产公司支付了人民币2326万元。

1998年6月,宋某以上海某企业发展有限公司(以下简称某企业公司)的名义与上海某国际建筑工程有限公司签订《建筑装饰工程施工合同》,由该公司对某大厦的第3.4层(此前原、被告经协商以第9层换第4层)进行装修。某企业公司支付工程款4,107,641.70元。某房地产咨询有限公司上海公司对装修工程的审价为3,530,790.70元,其中电脑、电话布线工程费用为210,768元,装修中损坏第4层楼面,修复费用为1445.54元。

某房产公司原名为上海浦东某房地产开发公司,后更为现名。1997年2月取得开发某大厦的建设用地规划许可证,同年6月取得建设用地批准书,同年9月取得上海市内销商品房预售许可证。

一审法院经审理认为,某期货公司虽与某房产公司签有合同,并出票支付了2326万元联建款,但该款项实系某期货公司根据某建材行及某贸易公司的申请,提取两公司的客户保证金支付;而某建材行及某贸易公司在某期货公司的账户则系宋某以两公司的名义设立,由其个人出资并由其个人操作、使用。故宋某是实际付款人,是履行联建合同付款义务的当事人。由于宋某是自然人,不具有房地产开发经营的资格,双方实际亦未履行任何联建手续,故可认定双方系以联建为名,实为房屋买卖。鉴于双方合同签订之时,某房产公司尚未申办建设用地许可证,不具有房地产转让的资格,直至本案诉讼,某房产公司建设的房屋尚未通过竣工验收及取得房地产权证,双方所签合同应为无效。某房产公司系主要过错方,应返还宋某所付款项及资金占有期间的利息。某房产公司房屋尚未竣工便同意原告装修,至今又不具备交付条件,应折价返还宋某装修费用;宋某不待房屋具备交付条件即予装修亦有过错,应承担相应责任。装修中电脑、电话布线工程专为原告经营期货业务设计,所发生的费用210,768元应作为损失,根据过错责任,由双方各半承担。据此上海市第一中级人民法院于1999年9月29日作出(1998)沪一中民初字第363号民事判决:一、原、被告所签合同无效;二、被告返还原告2326万元,并自收到付款次日起至判决生效日止,按银行同期固定资产贷款利率分期计付利息;三、被告返还原告装修费用3,320,022.70元;四、电脑、电话布线工程费用210,768元,由原、被告各半负担105,384元;五、原告赔偿被告楼板损坏费1445.54元。以上各项给付行为应自判决生效之日起30日内履行完毕;六、原告的其他诉讼请求不予支持。案件受理费159,278元、财产保全费116,820元,总计276,098元,由原告负担 82,829 元,被告负担 193,269 元,审价费 70,000 元,由原、被告各半负担。

一审判决后某房产公司不服向本院上诉。本院二审认为,某房产公司虽与宋某及案外人分别签订了标的、内容完全相同的联建合同,但某房产公司主张收到的联建款是案外人某期货公司支付,否认收到过宋某的联建款。而所有的付款凭证上均注明付款人是某期货公司的事实,可以证明案外人某期货公司是涉案联建合同及履行该合同付款义务之主体。宋某关于该联建款系案外人某期货公司代已支付的主张,缺乏当时的证据证明,难以成立。宋某亦没有证据可以证明某房产公司明知收到的某期货公司支付的联建款是宋某个人的。宋某关于其是装饰合同的实际主体,装修款由其支付、其有权取得装修款的主张亦同样难以成立。一审法院根据案外人某期货公司、某企业公司事后出具的证明,认定原告宋某系委托某期货公司付款,是履行联建合同付款义务的当事人,判令将涉案联建款、装修款经行判归宋某所有,依据不足,予以纠正。涉案联建款、装修款的实际权利人应另行向案外人某期货公司、某企业公司主张其权利。据此本院于 2000 年 7 月 10 日作出(1999)沪高民终字第 281 号民事判决:一、撤销一审判决;二、原审原告宋某的诉讼请求不予支持。一、二审案件受理费 318,556 元,财产保全费 116,820 元,审价费 70,000 元,共计 505,376 元,由宋某负担。

宋某不服本院二审判决申请再审称,其是系争联建合同的真正付款人,原审以联建款、装修款判归宋某所有依据不足为由,让宋某向案外人主张债权,无正当性。请求撤销二审判决,维持一审判决。被申请人某房产公司辩称:本案二审判决后宋某已经根据生效判决另行主张了他在某期货公司的权利,因此宋某不存在对本案标的的诉权。此外,某房产公司已经向某期货公司返还了本案生效判决所确认的内容,不能重复支付。所以请求维持二审判决。

经再审审理查明,原审查明的事实属实。

再审又查明,1996 年 10 月 4 日至 1998 年 8 月 25 日,某建材行与某贸易公司分 10 次从两公司在某期货公司开立的保证金账户提取共计 2326 万元,以贷记凭证(9 张)及支票(1 张 500 万元)形式支付某房产公司。

某房产公司在再审期间称,其与某期货公司的联建合同签订于 1996 年 9 月 20 日,其与宋某之间的联建合同虽注明亦签订于 1996 年 9 月 20 日,但实签于 1998 年 9 月 24 日。某期货公司的董事吴某某、倪某某陈述称,在公司与某房产公司签订合同后,大约在 1998 年,听某房产公司法定代表人乔某某说又与宋某签订了内容相同的联建合同。本案再审庭审中,宋某承认,宋某与某房产公司的联建合同签订于某期货公司与某房产公司的联建合同之后。

1998年11月23日,某贸易公司、某建材行(私营合伙企业)分别向一审法院出具书面证明,证实两公司在某期货公司开立的期货交易账号为宋某个人委托两公司的账号。其所有的资金和交易盈亏为宋某个人所承担,有关的所有资金进出也都是受宋某个人的委托进行的。

另查明,某期货公司的法定代表人于某一审审理期间接受原、被告律师询问时曾作了相反的陈述。接受原告律师询问时陈述,钱款是某贸易公司及某建材行两个账户上支付给某房产公司的。接受被告律师询问时陈述,公司参与联建,钱款是公司付的,无宋某个人财产。此后,于某向一审法院出具书面说明称:投资参建某大厦是由宋某全权办理,自己没有参与其事,公司也没有就此事召开过董事会。投资金额2300多万元超过了公司的注册资金,公司没有如此大的资金。据宋某讲参建部分楼面将用于某期货公司。其他情况不了解。本院二审时曾找于某核实有关情况,于某陈述,某期货公司自成立起公章、法人章均由宋某控制;其只参加了某大厦的开工庆典会,当时各方都认为项目是公司与某房产公司合作的,对于资金来源其也不清楚。所有陈述以先前的书面说明为准。

宋某因涉嫌职务侵占罪(从在某期货公司开设的某建材行、某贸易公司等三个账户上划款1793万余元用于建造宋某个人所有的位于本市川沙镇的别墅)于2000年8月17日被依法逮捕。上海市第一中级人民法院于2003年3月20日作出(2001)沪一中刑初字第89号刑事判决:一、宋某犯职务侵占罪,判处有期徒刑五年;二、违法所得予以追缴。宋某上诉后,经本院审理,于2003年7月29日以(2003)沪高刑终字第63号刑事裁定驳回上诉,维持原判。宋某不服,向最高人民法院提出申诉。最高人民法院于2005年4月5日作出(2005)刑监字第161-1号提审决定,对该案进行提审,并于2006年1月11日作出(2005)刑提字第1号刑事裁定,撤销原一、二审判决和裁定,将该案发回上海市第一中级人民法院重新审判。该院于2006年3月9日立案对该案进行再审。再审中,上海市人民检察院第一分院于2007年4月4日以事实、证据有变化为由,决定对宋某撤回起诉。上海市第一中级人民法院于同日作出(2006)沪一中刑再初字第1号刑事裁定:准许上海市人民检察院第一分院撤回对宋某的起诉。

再查明,2000年12月20日,某期货公司作出关于成立清算组股东会会议决议:一、根据公司目前实际情况和公司2000年10月31日股东会议第二款的精神,即日起由公司股东依法成立公司清算组,全称为上海某期货经纪有限公司清算组。二、各股东推派于某、倪某某、吴某某为清算组成员,由倪某某任清算组负责人。三、公司清算组在公司整个清算过程中,根据《公司法》和有关法律、法规的规定,依法行使权利和承担责任。该决议由某期货公司的股东上海A贸易公司、珠海某致业发展有限公司以及上海B贸易公司依法注销后的债权债务承担单位某杂志社盖章及清算组成员倪某某、于某、吴某某签字确认。

2002年11月，某期货公司清算组与某房产公司签订《协议书》，约定根据某期货公司与某房产公司1996年9月20日签订的《联合开发某大厦合同》，某期货公司出资2887万元，可取得大厦第3、9、10、19、20层房屋产权，后经某期货公司同某房产公司协调调整为第3、4、10、19、20层。现根据某期货公司实际支付2426万元联建款以及某房产公司房屋实测楼层面积变化等实际情况，经双方协商一致确认：3楼裙房1571.5平方米，4楼、5楼商住房1623.69平方米、23楼住房355平方米为某期货公司参与联建某房产公司应得的清算资产。

2003年5月，某期货公司清算组与某房产公司签订《委托协议书》，约定：一、某期货公司已于2000年底撤销注册登记，并依法成立清算组，清算组对某期货公司的债权债务承担清算法律责任。二、某期货公司于1996年同某房产公司签订某大厦联建合同，并已支付2426万元。现双方根据支付实际情况（扣除某房产公司100万元企业股权，由某期货公司清算组向某期货公司原总经理另行主张权利）确认3楼裙房1571.5平方米、商住房1623.69平方米、住房355平方米作为某期货公司清算组的清算财产。三、某期货公司清算组委托某房产公司将3楼裙房1571.5平方米产权过户给某期货公司清算组的清算主体某杂志社，其余商住房1623.69平方米、住房355平方米委托某房产公司出售。出售款项扣除必要费用后划入某期货公司清算组指定账户。四、某期货公司清算组承担对某房产公司上述委托事宜的法律责任，某房产公司不承担上述委托事宜的法律责任。

2003年8月29日，某期货公司清算组作出2003年度第二次清算组会议决议，由某期货公司原法定代表人于某担任新一届清算组组长。

2003年11月，某期货公司清算组与某房产公司签订《备忘录》，对下列事项进行确认：一、某期货公司清算组委托某房产公司已将1571.5平方米裙房过户给某杂志社。某期货公司清算组委托某房产公司销售的1623.69平方米商住房销售收入为12,043,387元，销售355平方米住房收入为2,562,500元。上述3项的税收等费用155万元。二、上述销售收入总和扣除税收等费用后的余款13,055,887元，某房产公司已全部向某期货公司清算组返还。三、某期货公司清算组作为原公司与某房产公司联建某大厦形成的债权，某房产公司已全部偿清。

2007年1月15日，清算组作出关于终止清算的决议，决定于2007年1月22日起清算组解散，清算组公章终止使用。

再审中本院向清算组成员吴某某调查，吴对上述事实予以确认，并称销售房款已在各股东单位中进行分配。某期货公司清算组已于2007年年初解散，但未办理公司注销手续,现某期货公司仍处于工商吊销营业执照状态。

2007年4月19日,宋某以根据本院(1999)沪高民终字第281号民事判决(即本案生效判决),宋某对某期货公司享有债权,某期货公司对某房产公司享有联建款及损失的债权,上述债权已到期,经查某房产公司并未将系争房屋交付某期货公司,也未退还联建款项,而某期货公司既不向宋某返还款项又怠于向某房产公司主张到期债权,由此对宋某造成损害为由,向上海市第一中级人民法院提起代位权诉讼,请求判令:1. 某房产公司支付宋某应返还某期货公司的联建款项29,460,000元(本金23,260,000元+当初损失6,200,000元)和利息20,700,000元(联建款29,460,000元×11年×6.39%);2. 本案诉讼费用由某房产公司承担。

上海市第一中级人民法院审理后认为,根据上述事实,某期货公司就其与某房产公司于1996年9月20日签订的联建合同所涉债权债务的清算事宜,由其清算组与某房产公司签订《协议书》、《委托协议书》、《备忘录》等一系列文件,清算组已确认某房产公司清偿了某期货公司联建某大厦形成的债权,双方债权债务已履行完毕,不存在某期货公司怠于行使对某房产公司债权的情形。故宋某要求代位行使某期货公司对某房产公司的债权,缺乏事实和法律依据。据此于2007年12月7日作出(2007)沪一中民二(民)初字第62号民事判决:对原告宋某要求被告某房产公司支付应返还第三人某期货公司联建款项人民币2946万元和利息2070万元的诉讼请求不予支持。

宋某不服一审判决向本院提起上诉。2008年4月7日,宋某向本院申请撤回上诉,本院于2008年4月30日裁定予以准许。

本院再审认为,某房产公司虽与某期货公司及宋某分别签订了内容相同的《联合开发某大厦合同》,但是合同签订后,某房产公司及某期货公司、宋某均未办理合作建房的有关手续,宋某个人亦不具有房地产开发经营的资质,因此原一、二审认定系争两份联建合同均为无效合同,并无不妥,本院予以维持。某房产公司依据上述合同收受2326万元钱款无法律依据,应作相应返还。宋某起诉主张该笔钱款的实际支付人系其个人,返还钱款应归其所有,但未提供钱款属其个人所有并以其个人名义支付的充分证据;而某期货公司与某房产公司签订了真实的联建合同,宋某亦认可该合同签订于宋某与某房产公司间的联建合同前。此后,某房产公司收到由某期货公司以转账支票及贷记凭证形式支付的联建款2326万元。某期货公司的主要负责人又均参加了某大厦的开工典礼,某大厦结构封顶可以交付使用时,也按照期货公司的业务需要进行装修。上述事实使某房产公司有理由认为某期货公司履行了与其之间的联建合同,是合同的相对方。原二审据此认定某期货公司是涉案联建合同及履行该合同付款义务之主体,并判令驳回宋某的联建款返还主张，依据充分，本院亦予维持。关于涉案装饰合同，由于该合同是以某企业公司名义对外签订，付款人也系某企业公司，而现有证据表明某企业公司并非宋某个人所有的公司，因此，本案联建合同被确认无效后，因相关装修而引起的费用应返还给款项支付人某企业公司，相关的赔偿也应由某企业公司与某房产公司进行结算，宋某个人无权主张，原一审判决装修款及赔偿款一并返还给宋某，于法无据，原二审予以纠正，理由正当，可一并维持。今后宋某如有进一步证据能够证实涉案联建款及装修款的实际权利人并非为某期货公司或某企业公司，以及案外人在公司清算过程中侵犯其合法权益的，可依法另行向相关义务人主张。据此，依照《中华人民共和国民事诉讼法》第一百八十六条第一款、第一百五十三条第一款第（一）项之规定，判决如下：

维持上海市高级人民法院（1999）沪高民终字第281号民事判决。

原一、二审案件受理费人民币318,556元，财产保全费人民币116,820元、审价费人民币70,000元，共计人民币505,376元，由申请再审人宋某承担。再审财产保全费人民币5000元，由申请再审人宋某承担。

本判决为终审判决。

……

［评析］

（2008）沪高民再终字第2号联建合同民事再审判决书的最大特点在于内容完整、叙事简洁，说理充分、层次分明。

一、内容完整、叙事简洁

本案是一起由最高人民法院指令引起的再审民事案件。自原告宋某1998年10月就本案提起一审诉讼时起，至2009年1月本案作出再审判决时止，时间跨度超过11年。11年期间，本案历经一审、二审、申请再审、指令再审等多项诉讼程序；涉案当事人原告宋某一方也先后参与了另案刑事诉讼、民事撤销权诉讼，另一方被告某房产公司已履行原生效判决，涉案的某期货公司亦清算结束被解散。真可谓“光阴荏苒”、“人事俱迁”。判决书要将如此种种过程、事实叙述清楚，且须符合裁判文书的固定格式规范，并非易事。制作者以诉讼程序导出先后为原则、案件事实发生时间为辅助，完整地将原告起诉、被告答辩、原一、二审查明事实及处理结果、申请再审请求、再审查明的本案事实、另案事实、本案后序新发生的事实等分类、分层次逐一展开，特别是“再审查明事实部分”，制作者在确认了无争议的原判事实之后，以“另查明”、“再查明”、“还查明”为连接，分别叙述了再审另行查明的新的案件事实，既明确了原判认定的事实，又突出了再审查明的事实，两者衔接，语言简练、行文规范、文字流畅、重点突出，令观者有如随导游自迷径逐步走入正庭,始终不被眼前繁复的景致所迷惑。通读全文后,读者对本案的起因、经过,各方当事人为解决本案纠纷所采取的一系列的诉讼自济行为的目的、效果已有清晰了解。如此完整、清晰的事实陈述,也为最终裁判结论的导出起到了"修渠引水"的作用。

二、说理充分、层次分明

(一)对争议焦点充分说理

本案的争议焦点在于宋某关于某期货公司、某企业公司代其支付联建款及相关费用的主张是否成立。刑事案件(其中部分涉案金额与本案相关)被撤销是否影响民事案件?再审判决书通过对两份内容相同、署名不同的《联合开发某大厦合同》的签订时间先后、实际履行情况的白描式分析,自然而然地得出某期货公司实际履行了支付合同项下钱款的义务,被告有理由认为某期货公司为合同相对方,因此涉案钱款的结算,应在某房产公司与某期货公司两者之间进行的结论。而相关刑事案件所查明的事实,只能说明原告宋某构成侵占罪的证据不足,但不足以证实钱款实际归属宋某个人,因此判决书在最后拖了一个"小尾巴",如宋某今后有证据证实所付钱款的实际权利人为其个人,可另案起诉,说理充分、重点突出、处理严谨。

(二)裁判要件论述完整

作为一起典型的合同纠纷案件,裁判者应严格依据合同纠纷案件的处理要件规则就合同的效力、处理等作出评判。制作者在文书"本院认为"部分起始,就根据最高人民法院关于审理房地产经营案件的相关规定对《合资、合作开发房地产合同》的有效要件进行了分析,得出涉案联建合同因未办理合作建房手续以及宋某个人不具有房地产开发经营资质而无效。紧接着进入本案的焦点问题,即无效合同项下的钱款返还。重点论述钱款为什么不能返还给宋某个人、法律上应认定谁履行了《联建合同》、相关合同、相关钱款为什么也不能返还给宋某、宋某还有无其他救济途径等。层层推进、条理清晰,逻辑严密。使当事人乃至观者能够清晰地掌握类似合同纠纷的法理,进而理解判决的理由,令人信服。

综上所述,这份判决书结构严谨、层次分明、论证充分,不失为一篇优秀的裁判文书。

第三节　行政裁判文书实例

[实例1]

上海市静安区人民法院

行政判决书

(2012)静行初字第59号

原告王某

被告上海市公安局J分局交通警察支队

原告王某不服被告上海市公安局J分局交通警察支队(以下简称J交警支队)作出的编号1800710897公安交通管理简易程序处罚决定(以下简称处罚决定),向本院提起行政诉讼,本院于2012年7月26日受理后,依法向被告送达了起诉状副本和应诉通知书。本院依法组成合议庭,于2012年8月15日公开开庭审理了本案……本案现已审理终结。

被告J交警支队于2012年5月7日作出编号为1800710897的处罚决定,认定原告王某于2012年5月7日10时9分,在成都北路威海路北约5米实施上道路行驶的机动车未悬挂机动车号牌的违法行为(代码:16130),违反了《中华人民共和国道路交通安全法》(以下简称《道路交通安全法》)第十一条第一款的规定。根据《道路交通安全法》第九十五条第一款、第九十条的规定,决定处以人民币(以下币种均为人民币)二百元(￥200)罚款。被告于举证期限内向本院提供了如下证据及依据:1.处罚决定书,证明被告作出的行政处罚决定;2.执勤民警邹某出具的情况说明以及现场执法照片,主要内容为执勤民警邹某拦截王某驾驶的无牌车辆,王某称车号牌被偷并在补办中,邹某告知其即使车号牌被盗,在未补办完车号牌前也不允许上路,遂根据相关法规开具处罚决定书并将该车辆放行。证明被告作出的行政处罚据以认定的事实;3.《道路交通安全法》第五条第一款、第十一条第一款、第九十条以及第九十五条第一款,据以证明被告作出行政处罚的职权依据和法律依据;4.执勤民警现场执法过程录音,证明适用简易程序作出行政处罚的整个过程。

原告诉称,其所有的机动车号牌被盗并报警后,于车号牌补办期间驾驶机动车上路,被告以"未悬挂机动车号牌"为由对其罚款200、扣6分。原告认为,被告作出的行政处罚未提及车号牌被盗并报警的情节,属于认定事实不清;原告在车号牌补办期间,无法悬挂车号牌,不属于《道路交通安全法》第九十五条第一款所规定的"未悬挂"情形,而是属于"无法悬挂",被告作出的行政处罚是对原告依《中华人民共和国物权法》(以下简称《物权法》)所享有的财产所有权的违法限制和侵犯;原告车辆手续完善,对社会不具有任何危险性,即使原告违规,被告也不应给予最高的处罚;被告的执法人员没有按照《中华人民共和国行政处罚法》(以下简称《行政处罚法》)第三十七条的规定,由两名执法人员调查,而是适用简易程序由一人执法,执勤民警未向原告出示证件且未在处罚决定中注明原告的车号牌,属于程序违法。综上,请求法院判决撤销被告作出的编号为1800710897的处罚决定。

原告于举证期限向本院提供了如下证据:1.《上海市公安局案(件)接报回执单》,证明原告机动车的车号牌被盗并已向公安机关报警;2. 编号为1800710897的处罚决定书,证明被诉具体行政行为存在;3. 静府复决字(2012)第15号《行政复议决定书》,证明被诉具体行政行为已经过行政复议。

被告辩称,根据法律规定,机动车上道路行驶必须悬挂车号牌,原告即使车号牌被盗,也不应驾驶未悬挂车号牌的机动车上道路,其行为符合《道路交通安全法》第九十五条第一款规定的"未悬挂"情形。《物权法》只是调整某一方面的法律关系,原告只要驾驶其车辆上道路,就必须受到《道路交通安全法》等其他调整公共安全方面的法律法规的约束;驾驶未悬挂车号牌的车辆上道路具有很大的社会危害性,也是公安交通部门严厉打击的违法行为,因此对其处以罚200元的行政处罚,并且依据《道路交通安全法》第九十五条第一款规定,被告可以扣留原告的机动车,但考虑到原告车号牌被盗的情节,才对其车辆予以放行;根据《道路交通安全法》第一百零七条、《道路交通安全违法行为处理程序规定》(以下简称《处理程序规定》)第四十一条、第四十二条的规定,由被告所属的一名民警在表明身份后,指出其违法行为并依法对其告知后,适用简易程序对原告处以200元罚款;被告所属民警执法时穿着警服佩戴警衔,原告对其身份并未提出异议,且法律法规未强制要求必须出示证件;原告当时车号牌被盗且没有临时车号牌,无法在处罚决定书中予以认定。据此,被告作出的行政处罚,事实清楚,程序合法,适用法律正确,请求法院维持被告作出的编号为1800710897的处罚决定。

经庭审质证,原告对被告的职权依据无异议,但对被告适用的法律依据有异议,原告认为其当时不能悬挂车号牌,不属于"未悬挂"的情形;原告对现场执法照片无异议,但对执勤民警邹某出具的情况说明有异议,认为只是单方陈述,不能证明当时的执法情况;原告对处罚决定书的真实性无异议,但认为未载明原告的车号牌,属于违法;原告对被告提供的执勤民警现场执法过程录音的真实性无异议,但表示因时间太久,对整个执法过程记得不是很清楚。被告对原告提供的全部证据表示无异议。本院认为,原、被告提供的证据内容真实,形式和来源合法,与被诉具体行政行为的合法性具有关联性,均具有证据效力。

经审理查明,2012 年 4 月 22 日,王某向上海市公安局闸北分局报警,称其车号牌为浙 AE092F 的机动车号牌被盗,上海市公安局闸北分局接报后向其出具了《上海市公安局案(件)接报回执单》。同年 5 月 7 日 10 时 9 分,王某驾驶未悬挂车号牌的上述车辆行至成都北路威海路北约 5 米处被被告所属的执勤民警邹某拦下,该执勤民警在向王某表明身份后,告知其实施了上道路行驶的机动车未悬挂机动车号牌的违法行为以及拟对其作出行政处罚的事实、理由和依据。王某向执勤民警出示《上海市公安局案(件)接报回执单》,申辩其车号牌被盗,无法悬挂,不属于违法行为。在听取王某申辩后,执勤民警认为其违法事实清楚,即使车号牌被盗,也不应驾驶未悬挂车号牌的机动车上道路,遂根据《道路交通安全法》第九十五条第一款、第九十条的规定,作出编号为 1800710897 的处罚决定(未记录机动车号牌),对其处以 200 元罚款。在王某签收处罚决定书后,执勤民警对其车辆予以放行。王某不服行政处罚决定,于 2012 年 5 月 16 日向上海市 J 区人民政府提起行政复议,行政复议机关于同年 7 月 4 日作出静府复决字(2012)第 15 号行政复议决定,决定维持 J 交警支队作出的编号 1800710897 的处罚决定。王某仍不服,遂向本院提起行政诉讼。

本院认为,根据《道路交通安全法》第五条第一款之规定,被告依法具有对违反道路交通安全管理的行为人作出行政处罚的职责。

诉讼中,原告对上述被告的执法权限并无异议,双方的主要争议在于:

1. 原告王某是否实施了驾驶未悬挂车号牌的机动车上道路的违法行为?对此,本院认为,根据《道路交通安全法》第十一条第一款、第九十五条第一款的规定,上道路行驶的机动车必须悬挂车号牌,公安交通管理部门可以扣留未悬挂车号牌上道路行驶的机动车并给予行政处罚。机动车号牌是区别不同机动车身份的重要标志,正确悬挂车号牌是公安交通管理部门对上道路行驶的机动车有效实施监督和管理的重要条件。原告在机动车号牌被盗后,驾驶未悬挂车号牌的机动车上道路,对道路交通安全管理同样会造成妨碍,属于《道路交通安全法》第九十五条第一款规定的违法行为。况且,根据《机动车登记规定》第三十五条的规定,车号牌丢失后,机动车所有人可申请补领,并可在补发车号牌期间取得临时行驶车号牌。原告若依此规定申领临时行驶车号牌并按规定悬挂,并不会影响其正常使用机动车。因此,对原告主张其车号牌被盗而无法悬挂,不属于违法行为的观点,本院不予采纳。

2.被告由一名交警现场作出行政处罚,未向原告出示证件,在处罚决定书中未载明车号牌以及车号牌被盗的事实,是否属程序违法?本院认为,《行政处罚法》是规范行政处罚的一般法律,而《道路交通安全法》作为调整一切因道路交通安全管理产生的社会关系的特别法,在道路交通管理中应优先适用。根据《道路交通安全法》第一百零七条第一款的规定,对道路交通违法行为人予以警告、二百元以下罚款,交通警察可以当场作出行政处罚。由一名交警适用简易程序对原告处以200元罚款的行政处罚,程序符合规定。在执法现场,邹某身着警服、佩戴警衔并告知原告J交警支队正在执法,其已经表明了执法人员的身份。执法过程录音反映,原告对其交通警察的身份并未表示质疑,也未要求其出示执法证件,据此可以推定原告对邹某的交通警察的身份予以认可。原告主张交警未向其出示证件,属于程序违法,本院不予认可。被告作出的处罚决定书中依法载明了《道路交通安全法》第一百零七条第二款所规定的内容,未载明原告车号牌被盗的事实并不违反法律法规的规定,也未影响原告的权益。在原告未悬挂车号牌的情形下,处罚决定书未记载车号牌并无不当。原告主张处罚决定书中未载明车号牌以及车号牌被盗的事实属程序违法的观点,本院不予认可。

3.被告对原告以法定幅度内最高的标准予以处罚是否合理?原告认为,其正在积极补办车号牌,只是因其车号牌并非归属上海市,补办过程较长;其车号牌被盗,客观上无法悬挂车号牌,即使违法,被告对其以法定幅度内最高的标准予以处罚不合理。被告则认为,为保持执法统一,其上级部门根据违法行为的危害性对机动车未悬挂车号牌上道路行驶的违法行为在法定幅度内规定了统一的处罚标准,按该标准对原告作出处罚并无不当;被告对于原告车号牌被盗的情节实际上已经予以考虑,根据规定,被告可以扣留原告的机动车,但考虑到原告机动车号牌被盗并且其余手续完整的情形,才不予以扣车,被告作出的行政处罚并非不合理。本院认为,行政诉讼是对具体行政行为的合法性进行审查,只有当具体行政行为显失公正并构成实质违法时法院才予以撤销或变更。根据《道路交通安全法》第九十条的规定,对机动车驾驶人的违法行为可以给予警告或者二十元以上二百元以下罚款。相比较于故意不悬挂车号牌、遮挡车号牌而上道路行驶的违法行为,原告因车号牌被盗而驾驶未悬挂车号牌的机动车上道路,其主观过错虽然相对较小,但其违法行为在客观上具有相同的危害性。被告根据违法行为的危害性,对驾驶未悬挂车号牌的机动车上道路的违法行为按法定处罚幅度的上限给予处罚,并无不当。

综上,被告所作具体行政行为符合法定职权依据,认定原告驾驶未悬挂车号牌的机动车上道路的违法事实清楚,执法程序合法,适用法律依据正确,在法定幅度内对原告予以行政处罚并无不当。原告要求撤销行政处罚的诉讼请求,缺乏事实

和法律依据,本院不予支持。据此,依照《中华人民共和国行政诉讼法》第五十四条第(一)项之规定,判决如下:

维持被告上海市公安局J分局交通警察支队作出的编号1800710897公安交通管理简易程序处罚决定。

……

[评析]

这是一起不服公安机关行政处罚决定提起的行政诉讼案件,该判决书以说理见长,曾经被评为上海法院2013年度优秀裁判文书。其获得好评,是因为该文书不仅具备了优秀裁判文书所具有的格式规范、逻辑严密、条例清晰等基本优点,更为突出的是,紧紧围绕行政相对人与行政机关的争议焦点,从违法事实的认定、简易程序的正当性以及裁量幅度的合理性等角度展开论证,最终得出了令人信服的结论。

本判决书基本上做到了格式规范,结构完整。纵观整篇文书,从首部、正文到尾部,动态化地反映了整个庭审过程,全面表述当事人的诉辩主张和证据内容。判决书首先列出被诉行政行为以及被告的证据和依据,一目了然,便于后续原、被告诉辩的展开。然后叙述原告的"异议"和原告的具体证据,此处对原告诉称意见的表述特点是充分尊重起诉状原文,在此基础上稍作归纳,既体现出对原告诉讼权利的尊重,又为判决维持行政行为提供了论证的基础。紧接着,再述被告针对原告异议所作辩称,针对性明显。最后表明法院对证据和事实的认定,层次清晰,使得案外人对于双方的争议焦点易于理解。

任何优秀裁判文书都有一个基点,就是必须事实清楚。该判决书充分地对案件的事实进行了查证。本案的待证事实主要是原告是否实施了驾驶未悬挂车号牌的机动车上道路的行为。经过法庭审理,对于原、被告双方提交的证据均予以认可,在查证原告确实实施了上述行为的基础上,就原告所提出的抗辩理由,即"原告已经报警机动车号牌被盗"的事实作出了认定。此处较为严谨的是,针对原告的报警单证据,只是认定了原告报警的事实,而对于其车号牌是否被盗,并未作出认定,充分体现了法官把握证据规则的娴熟技巧。

裁判理由在行政裁判文书正文部分处于承上启下的地位,一方面,是对签名被诉行政行为合法性事实确认部分的概括总结;另一方面,又是后面判决结果的支撑点和前提,是裁判文书的灵魂。本判决书通过提炼三方面的主要争议,有效回应了双方对违法事实、行政程序甚至自由裁量权的争议,仅仅围绕行政行为合法性展开,但又不忘回应对于合理性的质疑。针对违法事实,判决首先解析了法律法规规定机动车上道路需要悬挂车号牌的立法目的;其次紧接着论述车牌被盗是否构成违法阻却的事由;最后明确车号牌挂失后的相应处理程序,使对违法事实认定的推论更为严密。针对简易程序的适用,法官的论证与最高人民法院公报案例“廖宗荣诉重庆市公安局交通管理局第二支队道路交通管理行政处罚决定案”一案的裁判要旨保持一致,就调整一切因道路交通安全管理产生的社会关系的特别法与规范行政处罚的一般法律作了比较,就其适用规则予以阐述,令人信服。与此同时,就出示执法原件等问题一并作出阐述,相应地推理严谨,行文流畅,使事实、理由、主文连贯统一,浑然一体,真正做到了“以理服人”。尽管行政诉讼围绕行政行为的合法性展开审查,但并不是简单机械地排除合理性审查,该判决书不拘一格,结合违法行为的社会危害性、执法统一性以及当时的特定情形等内容,就被诉行政行为的合理性论述娓娓道来,在行文最后有效地回应了原告对其顶格处罚的质疑,充分反映了法官在审理案件时的理性思考。

综上所述,该判决书结构严谨,清晰概述行政相对人与行政机关的意见,对定案理由的阐述到位,分析论证有理有据,得出的最终结论令人信服。

[实例2]

上海市第一中级人民法院

行政判决书

(2012)沪一中行终字第71号

上诉人(原审第三人)上海市P区周浦菱某苑业主委员会

被上诉人(原审原告)顾某

被上诉人(原审原告)刘某

被上诉人(原审原告)钟某

被上诉人(原审原告)李某

被上诉人(原审原告)胡某

被上诉人(原审被告)上海市P区Z镇人民政府

上诉人上海市P区周浦菱某苑业主委员会(以下简称菱某苑业委会)因业主委员会换届备案行政行为一案,不服上海市P区人民法院(2011)浦行初字第211号行政判决,向本院提起上诉。本院于2012年3月26日立案后,依法组成合议庭,于同年4月19日公开开庭审理了本案。……本案现已审理终结。

经审理查明,2011年8月12日,菱某苑业委会持《业主委员会换届备案表》(有业主委员会成员名单和基本情况)、《业主大会议事规则(草案)》、《物业使用规约(草案)》、《专项维修资金管理规约(草案)》、《菱某苑小区业主委员会换届改选汇总》、《关于上海市P区菱某苑小区业主大会会议决定、业主委员会组成人员选举结果等事项公告》等文件向上海市P区Z镇人民政府（以下简称Z镇政府）申请换届备案。Z镇政府于当日出具编号为沪浦东周浦第003号的《业主大会、业主委员会备案证》，该证记载：业主大会代码6210224033；业主大会名称上海市P区周浦菱某苑业主大会；业主委员会名称上海市P区周浦菱某苑业主委员会；业主委员会负责人王某红、顾某、秦某平、苏某敏；业主委员会地址上海市P区Z镇年家浜路425弄11号；并注明该业主委员会提交的材料符合备案要求。

顾某、刘某、钟某、李某、胡某不服上述备案行为，于2011年9月向原审法院提起行政诉讼，称：其5人均为2009年9月选举产生的菱某苑业委会成员，并于同年10月取得了上海市P区建设和交通委员会（以下简称浦东建交委）出具的备案证。因当时的备案机关将该次换届备案误用了变更备案表，故其5人于2011年7月以浦东建交委为被告提起了行政诉讼。Z镇政府在明知上述诉讼存在且由其5人组成的菱某苑业委会任期是否届满有待法院判决的情况下，非法主持了"换届选举"工作，并为非法选举产生的菱某苑业委会备案，侵害了菱某苑业主和其5人的合法权益，故请求撤销Z镇政府于2011年8月12日为菱某苑业主大会、业委会出具沪浦东周浦第003号备案证的行政行为。

另查明，顾某等5人诉浦东建交委业主委员会变更备案一案，已于2011年11月撤回起诉。

原审认为，Z镇政府有权办理换届备案登记手续。根据Z镇政府提交的材料，菱某苑物业管理区域有所调整，这种调整将直接影响业主大会的组成，并影响业主委员会的选举。《上海市住宅物业管理规定》（以下简称《市住宅物业规定》）规定物业管理区域调整后，县级房屋行政管理部门应当在相关物业管理区域内公告。Z镇政府在本案诉讼中未能提供相关职能部门的公告以证明物业管理区域调整的合法性。按Z镇政府提交的材料，菱某苑业委会在办理换届备案手续时提供了业主大会议事规则（草案）等三份主要文件，但这三份文件均为草案，明显不可以作为备案登记的申请文件。综上，Z镇政府以菱某苑业委会提交的材料符合备案要求而颁发沪浦东周浦第003号备案证的行政行为属认定事实不清，证据不足。遂依照《中华人民共和国行政诉讼法》第五十四条第（二）项第1目之规定，判决撤销Z镇政府于2011年8月12日为菱某苑业主大会、业主委员会颁发沪浦东周浦第003号备案证的行政行为。案件受理费人民币50元，由Z镇政府负担。判决后，菱某苑业委会不服，向本院提起上诉。

上诉人菱某苑业委会上诉称：菱某苑小区属于分期建设项目，在2005年10月成立菱某苑业委会时，原上海市南汇区房屋土地管理局就已经划定了该业委会管辖的物业管理区域,本次换届并未调整该区域,区、县房屋行政管理部门无需再次公告,且物业管理区域的公告材料并非业主委员会换届备案过程中必须提交的文件,原审法院以菱某苑物业管理区域有所调整且调整后县级房屋行政管理部门未在相关物业管理区域内公告为由撤销备案行为,无事实和法律依据。上诉人提交的业主大会议事规则、物业使用规约、专项维修资金管理规约虽含有"草案"二字,但上述三份文件已按法定程序经业主大会表决通过,成为正式规则并在小区内公告,被上诉人Z镇政府根据已生效的文件进行备案已完成了审核责任,上诉人未将"草案"二字删去完全系笔误,原审法院不能将此作为撤销备案行为的理由。原审法院判决撤销菱某苑业委会的备案,将使该小区处于业委会缺位、诸多事项无序运转的状态,最终损害广大业主的利益,故请求二审法院撤销原判,改判维持Z镇政府出具前述备案证的行政行为。

被上诉人顾某、刘某、钟某、李某、胡某辩称:被上诉人Z镇政府在无区、县房屋行政管理部门调整物业管理区域公告的情况下组织的业主委员会选举应为无效。换届改选小组无权拟定业主大会议事规则、物业使用规约和专项维修资金管理规约,上述三份文件系非法产生。顾某等5人尚在任期内,Z镇政府无权组建换届改选小组开展换届改选工作。因此,本次选举无效,Z镇政府对非法选举产生的菱某苑业委会进行备案违法,原审法院判决撤销备案行为正确,故请求二审法院驳回上诉,维持原判。

被上诉人Z镇政府辩称:本案一审过程中,被上诉人顾某等5人撤回了其对浦东建交委的起诉,即表明其认可了变更备案行为的效力,故2009年10月该委对顾某等5人组成的菱某苑业委会进行的是变更备案,顾某等5人的任期于2010年10月届满,应当进行换届选举。该政府的其他意见同上诉人菱某苑业委会,请求二审法院撤销原判,改判维持该政府作出的备案行为。

二审开庭审理中,被上诉人Z镇政府仍以一审时已向原审法院提供的职权、事实、法律和程序方面的证据、依据证明其出具备案证的行政行为合法。本院对各方当事人提供的证据、依据进行了全面审查,并听取了各方当事人的诉辩意见后查明以上事实。

本院认为,根据《市住宅物业规定》第五条第二款、第二十一条、第二十五条第二款的规定,被上诉人Z镇政府指导监督辖区内业主大会、业主委员会的组建及日常运作,在新一届业主委员会选举产生后,具有办理换届备案手续的行政职权。

本案的争议焦点在于原审判决撤销被诉行政行为的理由是否正确、原审原告顾某等5人的原审诉讼请求是否应予支持。

原审判决撤销被诉业主委员会换届备案行为的理由之一是菱某苑物业管理区

域有所调整，被上诉人Z镇政府在诉讼中未能提供相关职能部门的公告以证明物业管理区域调整的合法性。对此，本院认为，根据被上诉人顾某等5人提供的菱某苑业委会2005年10月成立时讨论通过的《业主大会议事规则》的记载，菱某苑物业管理区域的四至为东至汇华南苑、南至周浦塘、西至沪南公路、北至年家浜路。本次业主委员会换届备案过程中，上诉人菱某苑业委会向Z镇政府提交的2011年讨论通过的《业主大会议事规则》以及《业主委员会换届备案表》中对菱某苑物业管理区域范围的记载与前述《业主大会议事规则》记载的四至一致，并无调整。另，从前后两届《业主大会议事规则》设定的菱某苑业委会委员人数分析，两届业主委员会委员均设定为11名，第一届《业主大会议事规则》在第十七条“业主委员会组成和任期”中还特别注明“一期业主委员会设委员5名”，可见菱某苑业委会于2005年10月成立时就已经考虑到了该小区分期建设的情况，并在设定业主委员会委员人数时为后期建造的项目预留了业主委员会委员名额。上述证据相互印证，能够初步证明自2005年10月菱某苑业主大会、业主委员会成立以来，该小区的物业管理区域并未调整。并且，根据《市住宅物业规定》的规定，住宅小区的物业管理区域，应当由区、县房屋行政管理部门划定和调整。原审法院在无区、县房屋行政管理部门调整文件和公告且菱某苑业委会前后两次备案文件中记载的物业管理区域四至范围一致的情况下，认定菱某苑物业管理区域有所调整，既和当事人所提供的证据记载情况不符，又缺乏相应的事实根据。此外，根据《市住宅物业规定》第二十一条的规定，物业管理区域调整公告并非业主委员会备案过程中必须提交的文件。因此，原审法院以菱某苑物业管理区域有所调整，Z镇政府在诉讼中未能提供相关职能部门的公告以证明物业管理区域调整的合法性为理由之一，判决撤销被诉换届备案行为，事实根据和法律依据不足。

原审判决撤销被诉业主委员会换届备案行为的另一理由是上诉人菱某苑业委会在办理换届备案手续时提供的《业主大会议事规则》等三份主要文件均为草案，明显不可以作为备案登记的申请文件。对此，本院认为，申请文件是否符合法律规定，主要应当根据文件的内容认定。本案中，上诉人在向被上诉人Z镇政府申请办理业主委员会换届备案手续时，提交的业主大会议事规则、物业使用规约、专项维修资金管理规约三份文件中虽均含有“草案”二字，但三份文件的原文均经业主大会表决通过，并无任何修改，表决和公告情况亦在《菱某苑小区业主委员会换届改选汇总》及《关于上海市P区菱某苑小区业主大会会议决定、业主委员会组成人员选举结果等事项公告》中具体载明，能够反映出菱某苑业主的真实意思表示，故Z镇政府认可三份文件的效力，并在审核了全部申请文件后作出备案行为，并无明显不当。上诉人向Z镇政府提交三份文件时，未将“草案”二字删去，确有不当，但该瑕疵的存在尚不足以撤销被诉换届备案行为,故原审法院以三份文件名称中均含有“草案”二字为另一理由,判决撤销被诉换届备案行为,证据亦不充分。当然,本院应当指出,业主委员会的产生和备案涉及小区全体业主的切身利益,业主委员会在申请办理备案手续及今后履行职责时应当认真谨慎,乡、镇人民政府在指导监督过程中亦应当严格把关,避免类似差错的再次发生。

根据《市住宅物业规定》第二十一条、第二十五条的规定,业主委员会自选举产生之日起三十日内,持下列文件向乡、镇人民政府或者街道办事处备案:(一)业主大会会议记录和会议决定;(二)业主大会议事规则;(三)管理规约;(四)业主委员会成员的名单和基本情况。乡、镇人民政府或者街道办事处对依法选举产生的业主委员会出具业主大会、业主委员会备案证明和印章刻制证明。新一届业主委员会选举产生后,应当在三十日内向乡、镇人民政府或者街道办事处办理换届备案手续。本案中,上诉人菱某苑业委会于2011年8月2日选举产生后,于同年8月12日向被上诉人Z镇政府办理换届备案手续,并提交了《业主委员会换届备案表》(有业主委员会成员名单和基本情况)、《业主大会议事规则(草案)》、《物业使用规约(草案)》、《专项维修资金管理规约(草案)》、《菱某苑小区业主委员会换届改选汇总》、《关于上海市P区菱某苑小区业主大会会议决定、业主委员会组成人员选举结果等事项公告》等文件,能够反映出上述法律所规定的各项文件应当体现的包括会议时间、会议内容、表决事项、选举结果、业主委员会成员的基本情况等要素内容。Z镇政府经审核,认为菱某苑业委会提交的材料符合备案要求,遂于当日出具了沪浦东周浦第003号《业主大会、业主委员会备案证》,主要证据充分,符合上述规定。

被上诉人顾某等5人以浦东建交委于2009年10月作出的系业主委员会换届备案而非变更备案行为,故其5人任期尚未届满为由提起本案行政诉讼,请求撤销被上诉人Z镇政府于2011年8月12日作出的菱某苑业委会换届备案行为。本院注意到,顾某等5人当时申请业主委员会备案时,提交的确系《业主委员会变更备案表》,且其因不服变更备案行为诉浦东建交委一案,已在本案一审过程中撤回起诉。现顾某等5人以其任期尚未届满为由起诉请求撤销被诉换届备案行为,事实根据和法律依据均不充分,本院对其诉讼请求难以支持。其在二审中陈述的意见均系对菱某苑业委会选举过程的异议,不属本案对业主委员会换届备案行为进行合法性审查的审理范围。

综上所述,原审判决撤销被上诉人Z镇政府于2011年8月12日为菱某苑业主大会、业主委员会出具沪浦东周浦第003号《业主大会、业主委员会备案证》的行政行为认定事实不清,证据不足,本院应予撤销。被上诉人顾某、刘某、钟某、李某、胡某的原审诉讼请求，事实根据和法律依据不足，本院不予支持。上诉人菱某苑业委会撤销原判的上诉请求，具有相应的事实根据和法律依据，本院应予支持。据此，依照《中华人民共和国行政诉讼法》第六十一条第(三)项、《行政诉讼法解释》第五十六条第(四)项之规定，判决如下：

一、撤销上海市P区人民法院(2011)浦行初字第211号行政判决；

二、驳回被上诉人顾某、刘某、钟某、李某、胡某请求撤销被上诉人上海市P区Z镇人民政府于2011年8月12日为菱某苑业主大会、业主委员会出具沪浦东周浦第003号备案证的行政行为的诉讼请求。

……

[评析]

这是一份一审撤销行政备案行为，二审改判驳回原审原告诉讼请求的判决书。对于一审撤销行政行为的案件，二审维持的比较多，改判的案例在行政审判实践中比较少见。本判决书在论述改判理由时说理充分、论证详实，是难得的上佳之作。

首先，本判决书开宗明义，准确并完整地归纳了案件争议焦点。本案是部分小区居民不服业主委员会备案行为的行政案件，这类案件在行政诉讼中比较常规，判决书也通常遵循行政职权、法律规定的备案要素、申请人提交的申请文件、备案程序四个合法性要件进行审查。因一审判决以认定事实不清、证据不足为由撤销了业委会备案行为，故二审判决书将一审判决撤销的理由作为首要争议焦点予以评判，同时又将原审原告的诉讼请求作为另一争议焦点予以了回应。

其次，事实证据和法律规定结合，充分论述改判理由。本判决书针对一审撤销业委会备案行为的两个理由，分层次、有条理地给予了评判。在对物业管理区域是否调整的事实进行论述时，本判决书结合了大量的事实证据进行分析，还巧妙地运用了逻辑推理的方式，最后结合相关法律规定，阐明了二审的观点。在对申请文件是否符合法律规定进行论述时，提出了“申请文件是否符合法律规定，主要应当根据文件的内容认定”的观点，并结合文件内容和相关证据充分阐述了申请文件的效力，表明了二审的观点，同时对被告镇政府的指导监督工作提出了建议。

最后，本判决书根据备案类行政案件的合法性审查要件对被诉业委会备案行为和原审原告的诉讼请求进行了全面审查。在阐述了二审对一审判决理由的观点后，本判决书围绕行政备案行为的合法性审查要件，结合法律规定的要素和本案中申请人提供的申请文件，对被诉行政行为进行了合法性审查，并对原审原告的的诉讼请求和理由有针对性地予以了回应，最终作出了撤销一审判决，驳回原审原告诉讼请求的终审判决。

[实例3]

上海市高级人民法院

行政判决书

(2014)沪高行终字第4号

上诉人(原审原告)杨某

被上诉人(原审被告)某市人民政府

上诉人杨某因申请政府信息公开一案,不服上海市第二中级人民法院(2013)沪二中行初字第55号行政判决,向本院提起上诉。本院依法组成合议庭,公开开庭审理了本案。……本案现已审理终结。

原审法院查明,2013年2月16日,某市人民政府收到杨某提出的政府信息公开申请,杨某申请公开"某市政府事业编制单位某市作家协会下属事业单位某杂志社于1999年3月发起组织的'萌芽新概念作文大赛'中,一等奖获得者韩某的参赛报名填写的个人社会身份记录,以及该届获得者评选委员会的评审会议记录"。同月21日,某市人民政府又收到杨某提出的政府信息公开申请,申请公开"某市人民政府下属事业编制单位,某市作家协会下属某杂志社,于1999年发起组织的'萌芽新概念作文大赛'一等奖获得者韩某的参赛报名资料填写的个人参赛身份记录;以及该次大奖赛评审专家委员会成员评选获奖名单的会议纪要"。2013年2月28日,某市人民政府作出编号为SQ002420017020130215004告知书,答复杨某,依据《某市政府信息公开规定》(以下简称《政府信息公开规定》)第二十三条第(三)项的规定,其要求获取的信息不属于《中华人民共和国政府信息公开条例》(以下简称《政府信息公开条例》)和《政府信息公开规定》第二条所指的政府信息,并已于2月26日电话向其说明了情况。某市人民政府将该告知书送达杨某,杨某不服,遂向原审法院提起诉讼,要求撤销该告知书,并判令某市人民政府重新依法公开其所申请的政府信息。

原审法院认为,某市人民政府具有对向其提出的政府信息公开申请进行处理、答复的职权。某市人民政府在收到杨某的申请后,经审查,在法定期限内作出答复,其执法程序符合《政府信息公开规定》第二十六条第一款的规定。杨某向某市人民政府申请公开的信息是某杂志社组织的作文大赛中韩某的参赛身份资料及大奖赛的获奖评选评审材料,该信息不属于《政府信息公开条例》及《政府信息公开规定》第二条规定的政府信息,亦不符合《政府信息公开条例》第三十七条所规定的"公共企事业单位在提供社会公共服务过程中制作、获取的信息"。某市人民政府所作答复认定事实清楚,适用法律正确,程序合法。杨某请求撤销某市人民政府作出的答复并公开其申请信息的诉讼请求和理由，缺乏事实和法律依据，遂依照《最高人民法院关于审理政府信息公开行政案件若干问题的规定》第十二条第（一）项的规定，判决驳回杨某的诉讼请求。杨某不服，向本院提起上诉。

上诉人杨某上诉称：（一）某杂志社牵头组织的新概念作文大赛，具有得到处置、处分国家高考行政管理资源（保送入学、加分录取）的行政授权，属于《中华人民共和国教育法》授权的管理公共事务的活动，根据《政府信息公开条例》第三十六条和《政府信息公开规定》第三十四条规定，某杂志社虽不是行政机关，但属于具有管理公共事务职能的组织，上诉人申请公开的韩某参赛身份资料及获奖的评审材料应当属于政府信息范畴。同时，《政府信息公开条例》第三十七条对第三十六条进行了细化和补充，上诉人所申请的信息也符合《政府信息公开条例》第三十七条规定的"公共企事业单位在提供社会公共服务过程中制作、获取的信息"的情形，应当认定为政府信息；（二）某杂志社公布的获奖信息并不准确，造成社会公众误导，被上诉人某市人民政府是其下属事业单位某杂志社的法定上级主管部门，对该杂志社具有督促、监督、管理信息公开工作的职能，应当由被上诉人公开涉诉信息；（三）原审法院未追加某杂志社为本案第三人，导致调查不清，审理程序存在缺陷。原审判决认定事实不清，适用法律错误，故请求撤销原审判决，改判支持其一审诉讼请求。

被上诉人某市人民政府辩称：（一）《政府信息公开条例》和《政府信息公开规定》第二条均规定，政府信息是指行政机关在履行职责过程中制作或者获取的，以一定形式记录、保存的信息。某市作家协会及某杂志社均不属于行政机关，其制作获取的信息不具备政府信息的属性；（二）某杂志社不属于提供公共服务的企事业单位，本案不应适用《政府信息公开条例》第三十七条的规定，某杂志社也不是《政府信息公开条例》第三十六条和《政府信息公开规定》第三十四条规定的法律、法规授权的管理公共事务的组织，某杂志社既非政府机关，亦非高考招生单位，因此杨某申请公开的信息不是政府信息；（三）某市人民政府不是某杂志社的法定主管上级单位，也没有法定职责从某杂志社等单位处获取相关信息。原审判决正确，故请求驳回上诉，维持一审判决。

二审庭审中，双方当事人未提供新的证据，均坚持一审时提交的证据和主张。双方当事人对原审法院关于信息公开申请、答复的基本内容及过程的认定均无异议。上诉人对被上诉人所作答复的职权依据和执法程序无异议。上诉人另提供国办发［2013］73号文、国办发［2013］100号文等依据，以此证明涉诉信息应予公开，本案亦应同时适用《政府信息公开条例》第三十六条和第三十七条之规定，被上诉人则认为《政府信息公开条例》第三十六条与第三十七条并非并列关系，不能同时适用,涉诉信息均不符合该两项规定,因此,不属于政府信息。

本院经审理查明,原审判决认定事实清楚,本院予以确认。

本院认为,被上诉人某市人民政府具有对向其提出的政府信息公开申请进行处理、答复的职权,被上诉人在收到上诉人杨某的政府信息公开申请后,依照职权在法定期限内作出答复,执法程序合法。本案的争议焦点在于上诉人杨某所申请公开的信息是否属于《政府信息公开条例》和《政府信息公开规定》所规定的政府信息。

本案是政府信息公开行政诉讼,主要解决涉诉信息是否属于政府信息,是否应当由某市人民政府公开,而不是解决某杂志社承担的公开义务问题。因此,上诉人认为某杂志社应作为第三人参加诉讼的主张,不符合《中华人民共和国行政诉讼法》第二十七条之规定,原审法院未追加某杂志社为第三人并无不当。

上诉人认为涉诉信息公开事项应同时适用《政府信息公开条例》第三十六条和第三十七条之规定,第三十七条是对第三十六条规定的细化和补充。对此本院认为,《政府信息公开条例》第三十六条规定:“法律、法规授权的具有管理公共事务职能的组织公开政府信息的活动,适用本条例。”第三十七条规定:“与人民群众利益密切相关的公共企事业单位在提供社会公共服务过程中制作、获取的信息的公开,参照本条例执行。”上述两条规定中,第三十六条为“适用本条例”,第三十七条为“参照本条例”,所规范的主体及内容均不相同,系对两种不同情形作出的规定,第三十七条并非对第三十六条的细化和补充,上诉人主张本案应同时适用该两项规定的意见明显不能成立。

某杂志社并非国家行政机关,该杂志社组织的作文大赛中韩某的参赛身份资料及获奖评审材料不属于《政府信息公开条例》第二条规定的政府信息的范畴。《政府信息公开条例》第三十七条所指的“教育、医疗卫生、计划生育、供水、供电、公共交通等与人民群众利益密切相关的公共企事业单位提供的社会公共服务”,具有服务性特点,为日常生活所需,而新概念作文大赛系一项社会文化活动,具有社会文化属性,不属上述条文所指的社会公共服务,故而新概念作文大赛活动中产生的参赛获奖者身份资料及获奖评审材料与第三十七条规定的公共企事业单位在提供社会公共服务过程中制作、获取的信息存在明显差异。且该大赛并不具有行政管理目的,并非《中华人民共和国教育法》所调整和授权的高考招生行为,有关高校对该大赛获奖者的认可并不改变该大赛的目的和属性,该大赛参赛获奖者的身份资料及获奖评审材料不属于《政府信息公开条例》第三十六条和《政府信息公开规定》第三十四条规定的“法律、法规授权的具有管理公共事务职能的组织公开政府信息”的情形。因此,上诉人所申请公开的信息依法不属于政府信息。

上诉人称某市人民政府对其下属事业单位某杂志社的信息公开工作有督促、监督、管理的职能,因此对某杂志社未公开的信息,被上诉人有公开的义务。国办发[2013]73号文、国办发[2013]100号文规定要大力推进教育部门的信息公开工作,涉诉信息应当予以公开。对此本院认为,信息公开工作的监督管理职能与具体的信息公开职能不能混同,具有监督管理职能并非等同于直接承担其他主体的信息公开义务,且被上诉人某市人民政府和某杂志社是两个完全独立的主体,并无证据证明某市人民政府对某杂志社有直接的监督管理职责。国办发[2013]73号文、国办发[2013]100号文是关于政府信息公开工作的普遍性要求,不能证明被上诉人应直接承担涉诉信息的公开义务,上诉人所主张的上述理由不能成立,本院难以支持。

综上所述,原审判决认定被上诉人某市人民政府针对上诉人杨某的信息公开申请所作的答复合法,判决驳回杨某的诉讼请求,事实清楚,适用法律正确。上诉人杨某的上诉请求,本院不予支持。据此,依照《中华人民共和国行政诉讼法》第六十一条第(一)项之规定,判决如下:

驳回上诉,维持原判。

……

[评析]

判决书的灵魂在于说理,没有说理或说理过于单薄的判决书,即使形式上再规范、再整齐、再花哨,也不是一篇实质意义上的判决书。判决书的价值和力量来源于说理。好的判决书就如同法官本人站在当事人和社会公众面前陈述观点,没有偏见、私心或杂念,只有事实、法律和公正存在。所有的受众均被这判决所吸引,吸引住他们的不再是单纯的判决的字面或形式,而是超越于这些字面和形式之上的观点和思想。

说理既是法官展示推理的过程,也是受众感受正义的源头。一方面判决建立在法官的观点之上,首先需要法官对本案的理解正确和观点令人信服,不能存在明显错误或矛盾。另一方面也需要法官能够作出清晰、明确的书面表达,并能为当事人和社会公众所知悉和理解。过于晦涩或过于拖沓均是撰写判决书忌讳之处。

除了表达能力之外,说理还是建立在多种因素之上的。使一份判决书具有充分信服能力的很重要的一个因素,就是对当事人观点的回应,而当事人观点之间的碰撞形成一定的案件争议焦点。围绕争议焦点充分阐述判决理由,这是说理最为重要的立足点。如果一份判决面面俱到却不能突出重点,那这样的判决书只是为判决而判决,没有很强的信服力。

以上所述的判决说理的诸多要素,在这篇优秀的行政判决书中均有体现,这篇判决的突出特点就在于说理充分。具体体现在以下几个方面。

一是围绕当事人的诉辩称说理。

判决书对诉辩双方的意见概括十分精到,上诉人的观点在于:1. 根据《政府信息公开条例》第三十七条和第三十六条的规定,其申请公开的信息属于政府信息;2. 被上诉人作为主管部门具有对其下属事业单位某杂志社的监督管理职责,因此应由被上诉人公开涉案信息;3. 原审未追加某杂志社为第三人,审理程序违法。而被上诉人的观点则针锋相对:1. 申请人申请公开信息不具备政府信息的属性;2. 涉案信息不符合《政府信息公开条例》第三十六条和第三十七条的规定;3. 被上诉人不是某杂志社法定主管上级单位,没有职责从某杂志社获取涉案信息。判决书对双方当事人的观点均没有回避,一一列明,通过判决书对诉辩双方针锋相对的观点罗列,使得阅读者能否十分清晰地了解到案件当事人的利益所在和争议之处,争议焦点跃然纸上,有利于阅读者在头脑中形成这些争议问题,带着这些争议问题有针对性地继续阅读判决。

二是围绕争议焦点说理。

该判决"本院认为"部分,开宗明义,首先认定无争议事实,即被上诉人具有法定职权,被上诉人的程序合法。先固定这些无争议事实,然后自然而然地引出了本案的争议焦点问题,即上诉人所申请公开的信息是否属于《政府信息公开条例》和《政府信息公开规定》所规定的政府信息。

本案的争议焦点问题可以进一步细分为以下几个问题:1. 涉案信息是否具备政府信息的属性;2. 涉案信息是否符合《政府信息公开条例》第三十六条和第三十七条的规定;3. 被上诉人的监督管理职责是否存在,是否能够构成信息公开的义务主体;4. 某杂志社是否应当列为本案第三人。这四个争议问题中第4个问题是法院决定的,其实质是当事人对原审法院审理程序的异议。前三个问题是实体争议焦点,而第4个问题是程序争议焦点。因此判决书在阐明争议焦点之后,阐述实体问题之前,首先对上诉人所主张的某杂志社是否应当列为本案第三人的程序问题进行了论述。某杂志社是否应当成为案件第三人问题,首先需要考虑本案解决的问题是什么?如果本案要解决的是某杂志社是否应当公开涉案信息问题,那么某杂志社就同本案具有利害关系,但本案所要解决的是被上诉人上海市人民政府是否应当公开政府信息的问题,因此某杂志社并不是必须参加本案诉讼的当事人。判决书的这一分析虽然只有简短数语,但逻辑紧密,合情合理。

之后,判决开始对本案争议的实体问题逐一进行了论述。主要是通过三大自然段完成的。在第一自然段中,主要是围绕《政府信息公开条例》第三十六条和第三十七条的关系问题展开。第二自然段主要是围绕涉案信息是否具备政府信息的属性展开。而第三自然段则主要围绕被上诉人是否有监督管理职责，进而应当公开涉案信息问题而展开，层次鲜明，焦点突出。

在第一自然段中，判决首先针对上诉人认为第三十七条是对第三十六条的细化和补充的观点进行了分析，认为第三十七条和第三十六条是并列关系，第三十六条为“适用本条例”的情形、第三十七条为“参照本条例”。因此两种情形之间不存在递补关系，这一分析逻辑性强，具有充分的说明力。

在第二自然段中，针对本案最核心的争议问题，即涉案信息是否具备政府信息的属性问题，判决结合《政府信息公开条例》第三十六条、第三十七条的具体内容进行了论述，立足于某杂志社并非行政机关，新概念作文大赛具有社会文化属性、不具有行政管理职能等核心事实，进而得出涉案信息不具备《政府信息公开条例》所规定的政府信息的属性的结论，又将争议问题进一步深入阐述，提出判决最核心的观点，令人信服。

在第三自然段，针对上诉人提出的被上诉人有监督管理职责，应当公开涉案信息的异议，判决提出：信息公开工作的监督管理职能与具体的信息公开职能不能混同，具有监督管理职能并非等同于直接承担其他主体的信息公开义务，且没有证据证明被上诉人对某杂志社有直接的监督管理职责。这一观点分析透彻，逻辑严谨，具有十分强的说服力。对本案争议的问题和上诉人的异议作出了十分恰当和深刻的解释，字里行间流露出充分的思辨力。

通过三段论述，法官对当事人争议的问题全面回应、深入分析，没有回避和遗漏任何上诉人异议的问题，充分展示了说理的整个过程。

三是结合信息公开类案件的特点说理。

信息公开类行政案件是实践中较为常见的行政诉讼案件。该类案件的特点就是合法性审查要件较为单一，但相对人提出的异议较多。因此判决书的撰写应当充分结合此类案件的特点。从该判决书可以看出，对于被上诉人所作答复的合法性审查要件，法院首先阐述和确认了职权依据和执法程序，在集中论述完焦点问题后，又在总体上确认了答复的合法性，前后呼应，十分简练。但在该判决的最核心部分，又充分考虑了政府信息公开案件的特点，判决紧密结合政府信息的属性、特点进行论述，当然这些内容同时也是上诉人提出的异议和争议焦点，围绕这些问题，充分展开论述，使判决的说理十分具有针对性，实质内容丰富。

这篇判决书，篇幅不长，但重点突出，可以说没有一句赘言，判决观点清晰又相互对应，简洁明了又掷地有声，该简则简，该繁则繁，充分体现了法官对案件争议问题的推理过程和法律见解。其说理充分的特点能够让当事人和社会公众对判决心服口服，无疑具有较高的法律价值和社会意义。

[实例4]

上海市黄浦区人民法院

行政判决书

(2006)黄行初字第44号

原告邵某

被告上海市M区安全生产监督管理局

原告邵某诉被告上海市M区安全生产监督管理局(以下简称M区安监局)安全生产行政处罚一案,原告于2006年3月1日向本院提起诉讼,本院于当日受理后,依法组成合议庭。被告收到起诉状副本后,在法定的期限内向本院提交答辩状及作出被诉具体行政行为的相关证据、依据。本院于2006年3月24日组织当事人进行了庭前证据交换,并于4月10日公开开庭对本案进行了审理。……本案现已审理终结。

被告M区安监局于2005年11月7日作出第2120050024号行政处罚决定,认定上海某西饼有限责任公司(以下简称西饼公司)生产车间于2005年8月10日发生员工姜某受重伤的安全生产事故,西饼公司经理邵某违反了《中华人民共和国安全生产法》(以下简称《安全生产法》)第十七条第(一)、(二)、(四)项的规定,依照《安全生产法》第八十一条第二款的规定,决定对邵某处以罚款人民币2万元的行政处罚。

原告诉称:其于2005年12月7日收到被告作出的第2120050024号《行政处罚决定书》,该决定书认定同年8月10日上午发生于西饼公司车间、造成职工姜某被粉糠机轧伤的事故系重伤事故,并根据《安全生产法》的相关规定,对发生事故公司的主要负责人即原告处以罚款人民币2万元的行政处罚。原告认为被告该具体行政行为未查明事实,即对事故定性为重伤,属认定事实不清,且行政处罚适用的法律不当。据此,原告请求法院判决撤销上述行政处罚决定。

原告为支持其诉称主张提交了下列证据:

1.第2120050024号《行政处罚决定书》,证明原告系被处罚人;2.特快专递邮件详情单,证明原告起诉未超过起诉期限;3.西饼公司营业执照,证明该公司的主体资格;4.西饼公司于2002年5月制订的安全制度,证明西饼公司在事故发生之前已有安全制度;5.济南市产品质量监督检验所于2005年7月对济南大亿机械有限公司送检的膨化食品机械的检验报告,证明粉糠机作为设备的一部分,经产品质检合格;6.西饼公司于2005年9月制订的治安安全管理制度;7.西饼公司于2005

年8月制订的粉糠机操作规程,证据6、证据7证明西饼公司在发生事故后完善了安全制度和操作规程;8.上海市M区劳动能力鉴定委员会劳鉴(M)字0512－0010号《鉴定结论书》,证明姜某因工致残程度为七级;9.事故受伤者姜某致有关部门的信函及其身份证复印件,证明姜某受伤后恢复良好,要求被告免除对其单位的行政处罚;10.西饼公司的上级单位上海某粮油食品发展有限公司(以下简称某粮油公司)《关于请求对西饼公司免于行政处罚的报告》,证明粉糠机系合格产品,某粮油公司要求被告对西饼公司免除处罚;11.某粮油公司针对行政处罚向上海市M区人民政府提交的申诉材料,证明西饼公司是因为受到误导才在调查报告中承认安全生产管理制度不健全。

被告辩称:被告作为法定的安全生产监督管理部门,经过事故调查查明受伤员工姜某右手尺、桡骨骨折,第2、4掌骨粉碎性骨折。依照《上海市劳动局关于贯彻〈企业职工伤亡事故报告和处理规定〉的意见》的规定,除头颅骨、胸骨、脊椎骨、股骨、骨盆骨折外,人体其余部位骨头(其中手指骨、脚趾骨除外)同时造成两根(块)骨折的,均作重伤事故统计、报告和处理。被告据此认定该起事故为重伤事故,并依据《安全生产法》的规定,决定对西饼公司主要负责人、经理邵某处以罚款人民币2万元的行政处罚。被告认为其所作该具体行政行为认定事实清楚,适用法律正确,请求法院维持该行政处罚决定。

被告为证明其行政处罚行为的合法性向本院提交了下列证据和依据:

(一)被告作出行政处罚决定的职权依据

1.《安全生产法》第九条第一款的规定:“县级以上地方各级人民政府负责安全生产监督管理的部门依照本法,对本行政区域内安全生产工作实施综合监督管理”;2.《安全生产违法行为行政处罚办法》第三十四条的规定:“生产经营单位及其有关人员的安全生产违法行为,由县级以上人民政府安全生产监督管理部门实施行政处罚。”

(二)被告作出行政处罚决定认定事实的证据

1.上海第二医科大学附属第九人民医院2005年8月10日接诊病史、2005年8月26日出院录、2005年9月16日出院小结,证明姜某的伤势状况。2.某粮油公司2005年8月12日的工伤事故《紧急通报》。3.事故调查小组2005年9月20日所作的《姜某重伤事故调查报告》;证据2、证据3证明西饼公司发生的系重伤事故,原告对事故负主要责任。4.上海市M区劳动和社会保障局于2005年11月30日所作的M劳认结(2005)字第0394号《工伤认定书》,证明姜某受伤被认定为工伤。5.姜某2006年2月16日的医疗费现金《结算单》、2006年3月8日的医疗保险医疗费《结算单》,证明姜某按照工伤进行了医疗费结算。6.原告于2005年10

月17日所写的《关于发生姜某工伤事故的思想认识》,证明原告承认对西饼公司安全生产管理不重视,其本人对事故负有责任。7.西饼公司提供的2005年8月10日的《事故情况经过》、2005年8月19日的《陈述笔录》。8.事故现场照片。证据7、证据8证明事故过程及西饼公司违反安全生产管理制度导致事故。

(三)被告作出行政处罚决定的程序证据

1.沪M安监立字(2005)第24号《立案审批表》,证明被告于2005年10月8日对西饼公司发生的事故立案处理;2.沪M安监报字(2005)第24号《案件处理报批表》,证明被告在作出行政处罚之前履行了内部审批手续;3.沪M安监罚告字(2005)第24号《行政处罚事先告知书》,证明被告在作出行政处罚前告知了原告相关内容及其陈述、申辩的权利;4.告知书送达回执,证明告知书已送达原告;5.《行政处罚决定书》,证明被告于2005年11月7日作出行政处罚决定。

(四)被告作出行政处罚决定的法律规范依据

1.认定本起事故应按重伤事故报告和处理的依据:(1)《企业职工伤亡事故报告和处理规定》第九条、第十四条规定,轻伤、重伤事故由企业负责人或其指定人员组织事故调查组进行调查,事故调查组在查明事故情况后,如果对事故的分析和事故责任者的处理不能取得一致意见,劳动部门有权提出结论意见。(2)沪劳保发(92)10号《上海市劳动局关于贯彻〈企业职工伤亡事故报告和处理规定〉的意见》第五条规定,依据劳动部《〈企业职工伤亡事故报告和处理规定〉有关问题的解释》第一条"重伤事故仍按劳动部(60)中劳护久字第56号《关于重伤事故范围的意见》执行"的意见,结合本市历来的情况,除头颅骨、胸骨、脊椎骨、股骨、骨盆骨折外,人体的其余部位骨头(其中手指骨、脚趾骨除外)同时造成两根(块)骨折的,属严重骨折,均作重伤事故统计、报告和处理。

2.对事故企业主要负责人邵某予以行政处罚的依据:《安全生产法》第十七条第(一)、(二)、(四)项规定:"生产经营单位的主要负责人对本单位安全生产工作负有下列职责:(一)建立、健全本单位安全生产责任制;(二)组织制定本单位安全生产规章制度和操作规程……(四)督促、检查本单位的安全生产工作,及时消除安全生产事故隐患。"第八十一条第一款规定:"生产经营单位的主要负责人未履行本法规定的安全生产管理职责的,责令限期改正;逾期未改正的,责令生产经营单位停产停业整顿。"第二款规定:"生产经营单位的主要负责人有前款违法行为,导致发生生产安全事故,构成犯罪的,依照刑法有关规定追究刑事责任;尚不够刑事处罚的,给予撤职处分或者处二万元以上二十万元以下的罚款。"《安全生产违法行为行政处罚办法》第三十六条第一款第(一)、(二)、(四)项规定:"生产经营单位的主要负责人有下列行为之一的,责令限期改正;逾期未改正的,责令生产经营单位停产停业整顿:(一)未建立、健全本单位安全生产责任制的;(二)未组织制定本单位安全生产规章制度和操作规程的……(四)未督促、检查本单位安全生产工作,及时消除生产安全事故隐患的。”该条第二款第(一)项规定:“生产经营单位的主要负责人有本条第一款违法行为,导致发生生产安全事故尚不够刑事处罚的,给予撤职处分或者按照下列规定处以罚款:(一)发生重伤事故或一至二人死亡事故的,处二万元以上五万元以下罚款。”

3. 对原告邵某行政处罚程序合法的法律依据:《安全生产违法行为行政处罚办法》第十三条规定:“安全生产监督管理部门或者煤矿安全监察机构在作出行政处罚前,应当告知当事人作出行政处罚决定的事实、理由、依据,以及当事人依法享有的权利。”第十四条规定:“当事人有权进行陈述和申辩。”第十八条规定:“除依照简易程序当场作出的行政处罚外,安全生产监督管理部门或者煤矿安全监察机构发现生产经营单位及其有关人员应当给予行政处罚的行为的,应当予以立案,填写统一的立案审批表,并全面、客观、公正地进行调查,收集有关证据。”第二十一条第一款规定:“案件调查终结后,安全生产监督管理部门或者煤矿安全监察机构负责人应当及时对有关案件材料、当事人的陈述和申辩材料、听证会笔录等调查结果进行审查,根据不同情况,分别作出如下决定:(一)确有应受行政处罚的违法行为的,根据情节轻重及具体情况,作出行政处罚决定”。第二十二条规定:“安全生产监督管理部门或者煤矿安全监察机构依照本办法第二十一条的规定给予行政处罚,应当制作行政处罚决定书。”

经庭审质证,原告对被告的职权依据和执法程序不持异议。原告对被告提交的认定事实的证据在形式上的真实性均无异议,但对《姜某重伤事故调查报告》的内容持有异议,认为该报告载明的“粉糠机无铭牌标记、无产品合格证、无生产厂家”的内容与事实不符;《关于发生姜某工伤事故的思想认识》是原告在受到误导的情况下所写,西饼公司是有安全生产制度的,原告作为西饼公司的主要负责人负责经营,生产另有他人负责;被告提交的法律依据中的《上海市劳动局关于贯彻〈企业职工伤亡事故报告和处理规定〉的意见》效力层次较低,且根据该规定,重伤的认定并非被告的职责范围而应属劳动部门职责,被告以此认定事故工伤属重伤缺乏依据;依照劳动部办公厅印发的劳办发[1993]140号《企业职工伤亡事故报告统计问题解答》中对重伤的解答,姜某的伤势不属重伤范畴;重伤认定应按照司法部、最高人民法院、最高人民检察院、公安部发布的《人体重伤鉴定标准》认定;即使适用市劳动局的文件,也应适用该文件有关四肢伤害部分的标准认定为非重伤,而不应适用骨折部分的标准认定为重伤;《安全生产法》第八十一条第一款规定的违法行为是指生产经营单位的主要负责人未履行安全生产管理职责,被责令限期改正而逾期未改正的行为,被告从未责令原告对西饼公司的安全生产管理进行整改,被告未经责令整改程序即对原告进行处罚,属适用法律不当。原告还认为西饼公司、姜某等提供的证据材料已表明姜某受伤恢复情况良好,其请求免予对公司和原告本人进行处罚,且目前原告经济困难,无履行处罚的能力,被告应当考虑免予处罚。原告对被告提交的其他法律依据无异议。

针对原告的质证意见,被告提交了国家安全生产监督管理总局办公厅安监总厅函字[2005]108号《关于〈安全生产法〉第八十条和第八十一条法律适用问题的复函》作为法律适用的补充证据。该复函明确,《安全生产法》第八十一条第二款规定的“前款违法行为”既包括生产经营单位的主要负责人未履行《安全生产法》规定的安全生产管理职责的行为,也包括经安全生产监管部门责令其限期改正后,逾期仍未改正的行为。被告还提供了上海市人民政府的有关文件,证明安全生产监管部门原隶属于劳动部门,后经机构改革成立了安全生产监督管理局,故原劳动部门涉及安全生产监管的职能现由独立的安全生产监督管理局行使。

被告对原告提交的证据的质证意见为:被告在作事故调查时,原告并未提交过西饼公司的安全制度,也没有提供粉糠机的生产厂家和合格证;西饼公司在事故发生后制订的治安安全管理制度和粉糠机操作规程,只能表明西饼公司在发生事故后完善了安全制度和操作规程,而不能证明原告在事故前已经履行了安全生产监督管理职责;劳动能力《鉴定结论书》上的伤残等级鉴定、生产事故受伤者重伤认定以及刑事重伤三者之间所依据的标准不同,没有必然联系;被告对姜某的信函的真实性无法确认;西饼公司的上级公司虽曾向被告提出免予行政处罚的请求,但被告作出的行政处罚决定是依法履行职责的行为;被告没有收到过申诉材料,对申诉材料的真实性持有异议。

经庭审举证、质证,本院对原、被告提交的证据和依据审查后认证如下:被告提交的职权依据系现行有效的法律、规章的规定,原告不持异议,本院予以确认。被告提交的事实证据中,原告认可其在《关于发生姜某工伤事故的思想认识》中亲笔签名的真实性,但认为系受误导所写,因其未能提供相关证据,故无法推翻有其亲笔签名的该证据的证明力。被告提交的其他认定事实的证据及执法程序的证据来源合法、真实,与被告欲证明的事实之间具有关联性,本院予以确认。被告提交的法律规范依据真实、有效,且与被告作出被诉行政处罚行为相关联,本院亦予以确认。原告提交的证据材料中,姜某的信函与行政处罚之间不具有关联性;西饼公司有关申诉材料因缺乏其他证据佐证,故该材料的真实性不能确认,且该申诉材料中关于调查报告系受误导而作虚假陈述的说法系西饼公司的主观认识,并未提供客观依据。本院对上述两份证据予以排除。被告对原告提交的其他证据的真实性未表异议,本院予以确认。

经对上述证据的审查、认证,本院查明以下事实:

原告邵某系西饼公司经理。2005 年 8 月 10 日上午,西饼公司位于本市××路 855 号的面包糠车间发生一起生产事故,该公司员工姜某在粉糠机上操作时右手被卷入粉糠机内,经上海第二医科大学附属第九人民医院诊断为右手尺、桡骨骨折、右手第 2.4 掌骨粉碎性骨折。事故发生后,西饼公司及其上级单位某粮油公司的相关人员组成事故调查小组对事故进行了调查,制作了调查笔录。调查小组于 2005 年 9 月 20 日作出《姜某重伤事故调查报告》,查明姜某系同年 7 月 6 日被调往面包糠车间担任烘箱和包装工作。8 月 10 日因该车间一职工缺勤,姜某遂被安排暂时顶替操作粉糠机。姜某上机操作时,右手被卷入滚筒内造成事故。报告认定事故原因有:粉糠机结构不合安全要求,开关设置不合理,留有安全隐患;西饼公司安全管理制度留有漏洞,盲目安排新手上重点岗位操作;重点岗位无安全操作规程等。报告认为西饼公司主要负责人邵某应负主要责任。10 月 17 日,邵某在《关于发生姜某工伤事故的思想认识》中也承认事故发生的主要原因是西饼公司安全管理工作松懈,安全生产责任制不完善,安全生产规章制度和安全生产操作规程不健全,其本人作为公司主要负责人负有不可推卸的责任。被告接到事故报告后,派员到现场进行了调查,拍摄了现场照片,向事故调查小组调取了相关调查材料,并于 2005 年 10 月 8 日对西饼公司该起事故予以立案处理。经审查,被告于 10 月 26 日向原告发出了《行政处罚事先告知书》,告知了拟对原告行政处罚的依据和内容及其在七日内陈述、申辩的权利。因原告未在期限内提出陈述和申辩,被告于 2005 年 11 月 7 日作出第 2120050024 号行政处罚决定,认定该起事故为重伤事故,邵某违反了《安全生产法》第十七条第(一)、(二)、(四)项的规定,依照《安全生产法》第八十一条第二款的规定,决定对原告邵某罚款人民币 2 万元。原告接到该《行政处罚决定书》后不服,向本院提起行政诉讼。

本院认为,依照《安全生产法》第九条、《安全生产违法行为行政处罚办法》第三十四条之规定,被告 M 区安监局负有对其辖区内的安全生产工作实施监督管理、对生产经营单位及其有关人员的安全生产违法行为实施行政处罚的法定职权。

依照《安全生产违法行为行政处罚办法》和《企业职工伤亡事故报告和处理规定》的相关规定,安全生产监管行政处罚的一般程序应当经立案、调查、事先告知和作出处罚等阶段和顺序。本案被告在接到事故报告后,派员进行了事故现场调查,在查明西饼公司有关责任人员的违法行为后,填写了《立案审批表》予以立案审查,在作出行政处罚之前向原告送达了《行政处罚事先告知书》,告知原告可以在七日内进行陈述和申辩,在原告陈述和申辩期限届满后作出《行政处罚决定书》,并送达了原告。故本案被告执法程序符合法律规定。

诉讼中,原、被告对于被告认定安全生产事故造成姜某右手尺、桡骨骨折、右手第2、4掌骨粉碎性骨折这一伤势均无异议,当事人对事实问题的争议焦点在于:

1. 原告邵某是否系西饼公司的主要负责人,其是否已履行了对西饼公司的安全生产管理职责?对此,本院认为,原告系西饼公司经理,西饼公司及其上级公司相关人员组成的事故调查小组所作的《姜某重伤事故调查报告》已证实原告乃西饼公司内部生产经营管理的主要负责人,全面负责公司的生产经营活动,作为公司主要负责人的原告应对此次事故负主要责任。原告在其所作的《关于发生姜某工伤事故的思想认识》中也承认其本人为公司主要负责人。故被告M区安监局认定原告邵某系西饼公司生产经营主要负责人,依法具有承担行政法律责任的主体资格并无不当。原告关于其作为西饼公司的主要负责人只负责经营,生产另有他人负责,不应作为被处罚人的诉讼主张,缺乏事实根据,本院难予支持。此外,西饼公司及其上级公司相关人员组成的事故调查小组所作的《姜某重伤事故调查报告》也同时证实,粉糠机操作这一重点岗位缺少安全规程,姜某在操作粉糠机之前未经岗位培训,西饼公司存在安全生产管理缺陷,安全管理工作松懈,安全生产责任制不完善,安全生产制度和安全生产操作规程不健全。该调查报告还认为事故的发生与管理者安全意识淡薄、工作责任心不强有着必然联系。原告在其所作的《关于发生姜某工伤事故的思想认识》中亦认同调查报告对事故主要原因的分析,承认其本人作为公司主要负责人负有不可推卸的责任。西饼公司也在事故之后对安全生产制度进行了改进,制定了西饼公司治安安全管理制度、粉糠机操作规程等安全生产规范。综合以上证据,可以证明被告对原告在事故发生前未依法履行其安全生产监督管理职责事实的认定清楚。原告称其有关思想认识材料是受误导所写,但未能提供相应证据,本院不予采纳。原告虽然在诉讼中提供了制订日期为2002年5月的西饼公司安全制度及有关生产设备的质检报告,以证明西饼公司在事故发生之前已有安全制度,粉糠机作为设备的一部分,产品质检合格,但本院认为,原告未证明粉糠机与具有质检报告的设备之间的对应关系,退言之,即使上述二份证据确属事故发生前已经存在,因原告在被告依法对事故进行调查时,无正当理由未向被告提供,依法应自行承担由此引起的对其不利的法律后果。至于原告提供的西饼公司粉糠机操作规程、治安安全管理制度等证据的制作日期分别为2005年8月和9月,原告亦自认均系在事故发生后制定,显然不能作为原告在事故发生前已经履行安全生产监督管理职责的证据。故原告认为其已履行安全生产管理职责的理由不能成立,本院不予支持。

2. 姜某所受伤害是否属于重伤？本院认为，因当事人各方对姜某受伤部位和诊断结果均无异议，仅对伤害程度的定性发生争议，故此争议焦点已不仅是案件事实问题，更是法律适用问题，须结合有关重伤认定标准的法律规定加以分析。

关于被告法律适用问题，本院认为，《上海市劳动局关于贯彻〈企业职工伤亡事故报告和处理规定〉的意见》是依照国务院《企业职工伤亡事故报告和处理规定》和劳动部对该规定的解释作出的，具有上位法的依据，属合法有效的规范性文件。依据该意见第五条的规定，除头颅骨、胸骨、脊椎骨、股骨、骨盆骨折外，人体的其余部位骨头（其中手指骨、脚趾骨除外）同时造成两根（块）骨折的，属严重骨折，均作重伤事故统计、报告和处理。该意见虽由劳动部门作出，亦规定由劳动部门认定重伤，但该意见发布于本市安全生产监督管理部门独立建制执法之前，安全生产监管部门从原劳动部门分离独立后，原劳动部门对事故伤亡的处理依法已由安全生产监管部门行使。据此，被告认定本起事故按重伤处理符合国家机关职能依法调整的实际与法律规定。原告未注意该事实，仅仅根据劳动部门的上述文件否定被告对重伤事故的认定处理权，理由不能成立。对照姜某伤势，其具有除手指骨、脚趾骨外超过两根骨头骨折的情形，符合前述上海市劳动局发布的意见中重伤的判断标准，被告据此将该起事故作为重伤事故处理依法有据。原告认为即使适用该意见也应适用“四肢伤害”的认定标准，系对规范的适用理解错误。至于原告认为重伤认定应按照《人体重伤鉴定标准》进行，因《人体重伤鉴定标准》第九十五条明确规定该标准仅适用于《中华人民共和国刑法》规定的重伤的法医学鉴定，与安全生产事故重伤标准分属不同范畴，相应不能作为事故重伤标准的依据。原告提供的上海市 M 区劳动能力鉴定委员会的《鉴定结论书》，只是证明姜某的致残程度，与重伤认定标准不是同一关系。原告在庭审中提供的劳动部办公厅印发的《企业职工伤亡事故报告统计问题解答》中有关重伤的解答仅是对重伤原则性的界定，并没有提出重伤认定的具体标准，也没有对原劳动部门有关重伤认定标准的具体规定作出实质性的改变，故原告依据该解答主张被告认定本案事故按重伤处理的结论错误，同样依据不足。据此，本院对原告有关被告认定姜某受重伤事实不清、适用法律错误的诉讼主张不予采纳。

《安全生产法》第八十一条第一款规定的违法行为中，“未履行本法规定的安全生产管理职责”与“逾期未改正”之间是以分号断开的并列关系，该条第二款并没有规定“前款违法行为”的认定，应同时具备未履行安全生产管理职责与逾期未改正两个要件。未依法履行安全生产管理职责与逾期未改正行为，均属违反《安全生产法》的违法行为，均应承担相应的法律责任。如依原告诉讼主张，对其处罚需经被告对其先行作出责令改正行为后方能实施，一则该主张不符合行政执法的实际,安全生产监管部门面向辖区众多企业,限于人力与时间,难免不能及时发现辖区个别企业主要负责人未履行安全生产管理职责的违法行为并及时作出责令改正的行政行为,因此只要企业主要负责人的违法行为未过法律规定的处罚时效,行政机关均可以追究其行政法律责任;二则该主张倘若成立,势必为所有未先行领受责令改正行政行为但已造成安全生产事故的责任人,提供了逃避法律责任的可能。本案原告未依法履行企业安全生产管理职责的违法行为已然存在,安全生产重伤事故亦已发生,追究其违法责任的法律前提已经形成,若仅仅因为行政机关未对其作出过责令改正的行政行为即免除其法律责任,乃变相将企业主要负责人应承担的违法责任,不当转为完全由行政监管机关承担的未及时监督检查责任,必将放纵企业主要负责人的违法行为,助长其对安全生产管理职责的懈怠履行和侥幸心理,显然不利于增强企业主要负责人的安全责任意识,不利于加强和促进企业安全生产、维护企业职工人身和财产安全,更不符合《安全生产法》的立法宗旨。因而国家安全生产监督管理总局办公厅复函中对该条款适用的答复符合法条的逻辑解释和立法本意,被告依据《安全生产法》第十七条第(一)、(二)、(四)项,第八十一条第二款,并参照《安全生产违法行为行政处罚办法》第三十六条第二款第(一)项之规定,对原告处以罚款人民币2万元的行政处罚,法律适用正确。原告关于被告从未依照《安全生产法》第八十一条第一款对原告作出过责令改正的先行行为即作出行政处罚的行为违法的主张,依据不足,本院难以支持。当然,被告作为安全生产监督管理部门,也应加强对生产经营企业日常安全生产工作的综合监督检查,以及时发现安全生产管理漏洞,督促改正,防患未然。

经对被告的执法目的审查,对未履行安全生产监管职责的企业负责人予以处罚于法有据,且更有利于从根本上促进企业落实安全生产岗位责任,健全安全生产制度,防止和减少安全生产事故,保护劳动者合法权益。被告的执法目的正当,符合以人为本的法律精神和时代宏旨。原告以姜某恢复良好等为由,提供西饼公司、姜某请求免于对西饼公司和原告本人处罚的材料,经审查不符合法律规定免于行政处罚的条件。至于原告提出其经济困难,无履行处罚能力的诉讼意见,则非本案对被诉行政处罚行为合法性审查的范围,不能作为被告行政处罚行为违法的理由,故本院亦不能支持。

综上,本案被告所作被诉具体行政行为符合法定职权依据,认定事实清楚,执法程序合法,适用法律正确,执法目的正当。为保护公民、法人和其他组织的合法权益,维护和监督行政机关依法行政,依照《中华人民共和国行政诉讼法》第五十四条第(一)项之规定,判决如下:

维持被告上海市M区安全生产监督管理局于2005年11月7日对原告邵某

所作第 2120050024 号行政处罚决定。

……

[评析]

衡量行政判决书质量的一个极为重要的标准,在于其论证说服力度和受众效果。行政争议是不平等法律主体之间的矛盾,因而法官必须审时度势,不仅要作常规的法律思考,而且要在更高的层面上加强背景意识,正确界定预期受众范围,在个案特定的形势和语境中把握好行政判决书的叙事说理。同时,与案件审理过程相比,判决书写作是法律思维的“反向”梳理过程。法官写判决书时,对于涉案的基础法律事实、种种法律内外的考量因素均已经了如指掌,并且合议庭已对案件处理结果作出了最后评议,因而判决书制作实质上是从结果到过程的反向设计,即如何以适当的篇幅文字,围绕即将宣示的审判结果,严谨有序地展开事实描述和法理论证,是判决书制作者需要思考的首要问题。上海市黄浦区人民法院的(2006)黄行初字第 44 号行政判决书就是在特定背景和特定要求下,以恰当方式梳理判决结果与案情的关系,具有较强的法理性和良好的受众效果。

这篇行政判决书所涉案例是公民起诉安全生产行政处罚行为的案件。其背景意义在于,该案是上海市各级安全生产监管机构成立后因行政处罚而引起的首例行政诉讼,在行政审判实践中具有相当的典型意义,而涉诉对象是企业的主要负责人,这种新情况在法律适用上值得探讨研究。该案是引起市、区人大和社会各界人士强烈关注并且积极参加庭审旁听的案件,而代表被告方出庭的是 M 区安全生产监督管理局的法定代表人(局长)。法官根据这一特定情形,不仅以打造“经典案例”的要求悉心组织法庭审理,而且在行政判决书的制作中准确把握了特定语境,考虑了该案特殊的受众范围,即要直面当事人,要面对人大代表、各级领导和社会各界人士,甚至还要面向全市行政审判法官,因为首起案件的审判往往要担负着对此后同类案件的判例指导作用,所以这篇行政判决书的文字细节中无不透露着法官精雕细琢的刻意和缜密论证的技能。这篇判决书在整体的篇章构建上目的定位明确,具有较强的内在逻辑性,其突出特点是结构框架的合理设计、叙事过程的细致清晰和法理分析的深入浅出。

第一,结构框架的合理设计。判决书首部程序性事实的叙述完整精练,在各方当事人对审判程序活动不存异议、社会公众注意力主要集中于实体法运用问题的情况下,法官以简洁的文字交待了案件由来和审理过程,将篇幅迅速重点引向正文部分,从而在文字效果上没有淡而无味的事件堆砌。

该判决书事实部分的基本叙事框架为:“概括行政行为内容——叙述原告诉讼请求和主要理由——列举原告提供证据——叙述被告答辩内容——列举被告依

据的证据和法律依据——法庭质辩过程——对证据的分析认证——经查明的法律事实”。法官从案情实际出发,未完全依照现行一审行政判决书样式中的行文格式。之所以先列举原告提供证据而后列举被告提供的证据和依据,主要基于被诉行政行为所涉及法律规范内容较多,其篇幅远远多于原告主张的内容,从逻辑连贯性出发,如果机械照搬最高人民法院样式的顺序,在表述被诉行政行为内容之后紧随较长篇幅的被告提供证据及法律依据,会令人感觉诉讼标的距离原告诉求过远,不易于顺畅解读;且庭审质证过程以剖析被诉行政行为合法性为主,该判决书将被告举证的大段内容与庭审质证过程相衔接,符合社会公众熟悉案情的思维过程。

此外,由于该案主要争议在于法律适用问题,且值得探讨的内容较多,需要法官在判决书中大量地引用法律条文、解释法律含义和阐明法律精神,判决书制作者以确保行文节奏的严谨流畅为出发点,使用了脚注方法,将部分法律规范的发文时间、发文单位和条文具体内容在页面底端加以标注,起到了清楚说明的作用,较尾部“附录”条文的方式更为直接和易于解读,符合该案的特有背景和特殊要求。

第二,叙事过程的细致清晰。判决书对于法庭质证的陈述十分翔实细致。虽然当事人各方对证据的真实性和执法程序的合法性均无异议,通常情况下可以极少的笔墨略写,但该案法官出于对判决书的受众范围和首起判例示范指导功能的考虑,在案情叙述部分还是选择了点面俱全的框架,尤其是采取放大细节的写作方法,对行政职权、认定事实、法定程序和法律适用的有关证据和依据均作了精心描述,当然在侧重选择上对无争议或争议较小的证据,采取了列举名称和简述证明目的方式,对争议激烈的法律依据则以浓重笔墨加以全面引述,并根据需要附加注解说明,与下文的质辩意见和理由论证相对应,从而使判决书的行文张弛有度,具有针对性。

在法庭质证的表述中,法官既忠实于庭审的全过程,同时又对有争议和无争议的观点作了适当整合。根据合法性审查的要件,在质证开始时仅以一句“原告对被告的职权依据和执法程序不持异议”高度概括了对职权依据和执法程序的法庭质证过程。判决书同时还叙述了原告对“调查报告”和“思想认识”两份证据提出的异议,以及对被诉行政行为的数个法律适用问题提出的异议;被告对于原告质证观点的辩驳意见以及对于原告证据的质证意见。法庭质辩部分对当事人观点的归纳较为完整,且前后照应细致入微,具有较强的对话色彩。

该判决书对于个别争议证据的认证在全部分析论证的文字中仅占了较小篇幅,因为事实问题不是该案原告在诉讼中执着坚持的诉由,而在该案中也未涉及对证据真实与否的复杂推理和争议重大的价值判断。故而法院对有关事实证据的采信与排除就变得更为简单化,无论从当事人还是从社会公众立场思考,观点鲜明的浅层认证已经足以使具有一般理性的人信服。法官在亲历了法庭审理和合议庭评议的所有过程之后,在回首进行反向思索时,选择以少量文字完成了证据认证的写作,以最为直接的语言表达了法院对证据的取舍结果,避免了过度表述的拖沓。

法院查明的事实是判决书最基本的构成要素之一,而一审行政判决书所表述的法律事实在不同的案件中有着不同的内涵和外延。这篇判决书所表述的法律事实完全体现了该案的合法性审查特点,其中不仅涵盖了行政处罚决定书载明的内容,而且从当事人无争议的有关证据中推导出更为细化的安全事故发生过程,还表述了行政机关执法过程的全部程序事实以及原告行使司法救济权利的事实。文字流畅,叙述脉络清晰。

第三,法理分析的深入浅出。行政案件某种程度上是证据审和法律审。法律问题争议越多,行政判决书就越能呈现出法理论证的魅力。如前所述,此案争议焦点主要不在于事实证据的真实性,而在于建立在真实证据基础上的推导判断,尤其是法律的选择适用和对具体法律条文内容的理解,这就决定了该判决书以法律解释和法理论证为判决理由的主导内容。法理论证的魅力就在于法官能够用心、用智慧来恰当充分地阐释法律,使判决具有较强的思辨性和说服力。法官不但应当公正又有效率地审理行政案件,而且更有责任把这种法律活动和思维推导的过程完美地呈现于行政判决书中。难能可贵的是,这篇判决书运用了文义解释、目的解释、历史解释和体系解释等多种法律解释方法,分析问题全面深邃,且语言文字质朴平易,值得借鉴。

依照合法性审查的数项要件,该判决书“本院认为”部分首先简明扼要地阐述了行政职权和法定程序等方面的合法性,然后将论证重点转到该案主要争议焦点:(1)原告邵某是否西饼公司的主要负责人,其是否已履行对西饼公司的安全生产管理职责;(2)姜某所受伤害是否属于重伤;(3)依据《安全生产法》第八十一条第二款进行处罚是否要以责令限期改正为前提。针对第一个问题,法官进行了事理分析,结合法律规范所设定事实要件,阐明了对有关证据和事实的推导过程。根据涉案证据,原告邵某显然是企业主要负责人,在此案中,其未履行西饼公司的安全生产管理职责,主要表现为受伤者姜某未经岗位培训、安全生产责任制度不完善等事实,法官通过分析,达到了将该节事实与相关的法律条文相衔接的效果。对庭审中原告所提供的关于设备检验报告的证据,法官以质检报告和设备之间缺乏对应关系为论点展开了否定性推导,然后又退步而言之,表明原告在行政程序中无正当理由未向被告提供上述证据,应承担由此引起的不利法律后果,从不同角度推导出原告未履行安全生产管理职责的结论。关于第二个争议问题,实际上是法律适用问题,法官对此运用了数种法律解释方法,从不同层面确立了涉案安全生产事故性质属于“重伤”事故的认定:一是肯定了被诉行政行为所适用法律规范符合上位法,是合法有效的规范性文件;二是以对法条的文义解释为出发点,通过对涉案规范性文件制定背景的历史解释,阐明了“被告认定本起事故按重伤处理符合国家机关职能依法调整的实际与法律规定”;三是以体系解释方法表明了有关“四肢伤害”的认定标准属于刑事法律体系,阐述了我国《刑法》与《人体重伤鉴定标准》之间的关系,表达了刑事法医学鉴定的重伤标准与有关安全生产事故的重伤标准分属不同法律体系范畴,因而《人体重伤鉴定标准》不能作为认定安全生产事故重伤标准依据的观点,并据此驳回了原告的诉讼理由。该案第三个争议问题涉及对法律事实要件的理解,法官首先运用了文义解释方法,从文字含义和标点运用方面论述了《安全生产法》第八十一条第一款、第二款的含义,即法院认为关于对未履行安全生产监管职责造成生产安全事故的处罚,无须以责令限期改正作为前置条件;然后以目的解释为主,对《安全生产法》的立法宗旨作了相应分析,并从社会现实、行政执法实际情况和生活常理等柔性思维角度进行推导,以假设方式和归谬法进行推理演绎,说明“如依原告诉讼主张”将会导致不合情理的结果,继而否定了原告关于被告须先作出责令改正行为后方能实施处罚的诉讼观点。同时,亦敦促行政机关应加强日常安全生产管理。该判决书制作者在关注原告诉讼请求和理由方面做到了有异议必回应,对每个问题的论证力图做到平实贴切,具有一定的亲和力。从此案可看出,当事人所争议的事件或许是简单的,但相关的法律问题可能十分复杂。当前很多法官已经具备了写一份具有专业水准的复杂判决书的能力,但论证说理的最高境界恰恰在于有着精妙推理却又通俗易懂。这篇判决书就具备了寓深刻法理于朴素文字的良好品质。该案宣判后,当事人表示服判,未曾上诉。

当然,判决书也存在不足,如理由论证中对于有关证据内容的表述重复了前文的已列举证据,影响了全文的精练性;论证过程中使用设问方式不符合判决书应有的表述语体,不甚协调。虽然如此,我们依然可以从这篇判决书的开头和结尾、层次和段落、过渡和照应等各个方面欣赏到其特有的形式美和思辨美,无论是该案例还是行政判决书,都具有一定的典型性。

第四节 司法建议实例选

这里选用的四份司法建议书,为上海三级法院制作,涉及刑事、民事、商事和行政审判领域。它们各具特点,在实践中取得了较好的社会效果。选用这几份司法建议书,主要是考虑了以下几个方面的因素:

一是司法建议书虽然不是裁判文书,但属于与法院裁判密切相关的法律文书。其中,既有针对个案发出的个案司法建议,它体现了较强的针对性和及时性;也有针对类案、普遍性问题发出的,体现了综合类司法建议反映问题集中、解决对策深入的特性。

二是司法建议书既有向企事业单位发送的,也有向行政机关发送的,特别是近年来加强了对第三产业发送司法建议书的力度。例如,闸北区人民法院在审理一起生命权纠纷一案中发现,随着海岛旅游在国内热度的持续升温,海岛旅游也成为了溺水事故频发、风险相对集中的旅游项目,遂向上海市旅游局发出四点司法建议。上海市旅游局十分重视,组织市、区(县)旅游局联手开展旅行社全行业摸底排查,针对影响旅游安全和旅游服务质量的旅行社用车,导游、领队委派,旅游合同签订,旅游保险等情况,有针对性提出整顿措施。

三是既有反映具体问题的司法建议书,也有体现社会综合治理技术的司法建议书。例如,市高级人民法院对案件审理中发现的问题,就完善商业银行风险控制、流程监控与员工管理等方面工作机制,向上海银监局发出司法建议。上海银监局将此通报相关银行,对涉案单位中负有管理和领导责任的相关人员进行了严肃处理,并着力采取五项整改措施,对加强金融风险防范起到了积极的作用。

四是这些司法建议书的实效不仅体现在书面的建议内容上,更重要的是体现在法院主动地加强了和相关机构和单位的沟通、交流上,体现在人民法院服务大局的能动司法功能上,因而收到了明显的实效。

这些司法建议书具有以下特点:(1)建议的内容具有针对性。各份司法建议书是法官在案件审理过程中,结合案件审判的具体情况,注意了深层次存在的问题,分析了问题产生的原因,有针对性地提出了建议,措辞得当,切实可行。(2)建议的格式具有规范性。各份司法建议书尽管在行文风格上并不相同,但均遵从了相关的格式和规范,避免了随意性和简单化,体现出司法建议书的严谨和规范。(3)建议的反馈具有实效性。从各份司法建议书反馈的内容来看,被建议单位均对司法建议的内容给予了正面的反馈,引起了相关单位的重视,也有单位制定了相关的规范,其中吸纳了司法建议书中的相关内容,使建议的事项落到了实处。

需要说明的是,以下司法建议书对当事人姓名作了技术处理。

[实例1]

上海市高级人民法院

司法建议书

沪高法建[2012]第2号

中国银行业监督管理委员会上海监管局:

近日,我院对贾某旻等十人票据诈骗、金融凭证诈骗、诈骗案作出终审判决,依法判处十名被告人无期徒刑至十一年有期徒刑、并处没收个人全部财产至二十五万元罚金不等刑罚。本案中,贾某旻等人勾结银行员工以及原银行工作人员,以高息揽储为幌子引诱储户到银行开户存款,利用银行员工的职务便利和违规操作,采用私刻储户印章伪造调换账户印鉴卡、私自申领账户存折、开通账户网上银行领取U盾等方法,骗取对储户账户的控制权,进而冒用储户身份开具票据、贷记凭证、使用U盾,虚构储户指令转款事实将账户中的资金非法转至被告人控制的银行账户,先后10余次骗划储户资金2.55亿余元,实际非法占有1.62亿余元,严重破坏了国家的金融管理秩序,严重侵害了公私财产的所有权,具有严重的社会危害性。

为了更好地规范金融市场秩序,防治金融犯罪,尤其是金融机构工作人员内外勾结实施的金融诈骗犯罪,现将审理案件中发现的突出问题向你局通报如下:

一、开户程序控制不严。如农行A分理处、工行B支行违规由客户经理或者其他员工一人上门办理开户手续;工行C支行、E支行随意许可第三人代办开户手续并转交借记卡、存折;工行C支行客户经理利用为储户办理开户手续并注销原U盾之机,假借储户名义又重新开通网银申领新U盾;涉案银行对涉案储户办理开户存款手续时均未与相应储户进行面对面的开户程序,等等。开户程序控制不严,加上违规操作,为犯罪分子非法控制储户银行账户提供了便利。

二、储户资料保管不善。如农行A分理处、工行B支行、E支行、上行G分行擅自将储户开户资料交给犯罪分子,待犯罪分子伪造相关客户资料后再将伪造的客户资料交银行保存;工行E支行、C支行、中行H支行任由犯罪分子传递储户填写的开户资料、开户凭证,造成犯罪分子私自添加服务内容,将自己的联系电话、地址登记在储户名下以及截留储户借记卡、存折、U盾等。储户资料保管不善,也为犯罪分子非法控制储户银行账户提供了便利。

三、划款交易监测不力。本案中储户账户内资金都是在存款当日或次日或数日之后,被一次或数次划走,个人资金几乎都是转到第三者账户,企业资金大部分是转到个人账户,而储户却完全不知情。如此异常的划款交易,银行却没有有效地监测和发现,致使犯罪轻易得逞。且对第三者提款管理松懈,如中行H支行对贾某旻持存款人护照复印件、存折要求划款至其账户,仅凭该行员工打招呼就违规同意放款,造成银行账户资金被轻而易举骗走。此外,工行B支行对储户单位对账单保管不善,导致对账单被截留,也为犯罪分子顺利骗划走储户银行账户内的全部资金创造了条件。

四、投诉举报渠道不畅。本案多家存款单位发现账户资金被骗后即找银行交涉,但银行并无有效渠道接受客户的投诉,农行A分理处、工行B支行不仅隐瞒不报上级或不报案，甚至还积极帮助犯罪分子堵塞账户资金被骗划造成的漏洞，致使犯罪行为未能被及时阻止、发现和处理。同时，对于涉案银行员工的违规违法行为，其他员工即使有所觉察也未予举报，客观上使得犯罪分子更加胆大妄为。

五、内管失控查处不力。如农行A分理处客户经理朱某希、工行C支行客户经理陈某燁、中行S支行员工王某、工行H支行员工孙某人，为谋取非法利益，与外部人员勾结，多次利用职务或工作便利参与实施犯罪活动，而银行居然均未发觉，充分说明了银行对员工的教育管理不到位，对员工的违规违法行为未能及时发现及时查处。更为严重的是，工行R支行前工作人员刘某、E支行前工作人员尤某犯罪前已离职，但在犯罪时却能够身着银行制服、佩戴胸牌，冒充银行员工身份接待储户办理开户手续，有关银行内控管理的严重疏漏，为不法分子插手银行存款业务，实施骗划资金犯罪洞开了方便之门。

针对上述问题，我院就加强金融监管，建制堵漏，防治相关金融诈骗犯罪提出如下建议：

一、严格规范开户程序。银行应按照规定严格规范和执行开户程序，从源头上防止员工违法犯罪行为的发生。(1)柜面员工与储户办理开户手续时，必须经过一个独立的面对储户本人的询问程序，通过询问确认储户意图、服务事项、产品性质、身份情况以及联系方式等开户信息，有效防止储户身份被盗用、冒用。由客户经理处理的开户程序应与柜面人员开户程序分开，明晰职责，严格按程序办理。(2)银行后台应有独立的确认程序，由柜面员工的上级审核人员或者其他独立部门与储户确认相关开户信息，其他人不得参与，避免不法分子以银行名义虚构产品或服务、偷换储户联系方式和预留印鉴卡等。对客户经理、员工向储户推销银行理财产品的过程应录音、录相。(3)对于储户要求上门开户的特殊情形，应由客户经理及其他员工等两人以上办理，以便相互制约，减少违法犯罪的机会。(4)对于企业储户，银行应要求其提供单位同意购买银行产品的证明，并将此作为银行尽职调查的重要内容，以避免企业员工挪用、侵吞公款，有效消除存款单位人员违法犯罪的隐患。(5)在首次通过网银将资金划给第三者之前，应当要求储户到银行申请办理该项服务，申请应由柜面员工的上级审核批准，避免不法分子随便通过网银将资金划给第三者。(6)应当要求储户本人亲自到银行办理开户手续，严格限制第三者代办开户、转交借记卡、存折等开户凭证等例外情形，消除储户身份被盗用、冒用进而引发违法犯罪的隐患。

二、妥善保管储户资料。银行有妥善保管储户资料的义务，工作中应加强规范化管理，防止泄露储户资料、信息。具体而言，就是除个别特殊情况外，所有开户资料应在银行填写并由银行保管，上级管理人员应对上门开户或让储户拿走开户资料的情形保持警惕,及时跟踪,亲自与储户确认开户信息内容的真实性。同时,应及时关注储户信息变化,对异常信息如储户在同一天内取消网银又开通的,应迅速作出反应,由独立部门跟踪、调查、核实、确认,及时阻止可能发生的违法犯罪活动。

三、有效监测划款交易。银行应增强金融风险防范意识,提高监测划款交易的能力,及时发现异常情况,防患于未然。建立完善与储户电话确认、知会程序,对账户资金被划单笔金额大、频度高、时间短等情况,尤其是超过约定的企业单笔最高限额、个人可接受风险额度的划款,予以必要警惕,制作可疑报告,跟踪调查处理,防止储户资金被骗划、企业资金被内部员工挪用、侵吞。在第三者提款方面,如果存款人没有亲自前来办理转账,第三者或者代理人应该提供存款人身份证明原本。此外,应规范对账单的管理,为避免对账单被不法截留,可以电子邮件形式将对账单发送储户。

四、畅通投诉举报渠道。投诉举报渠道畅通,才能及时发现违规违法行为,防止演变成严重的犯罪行为。银行应加强投诉举报平台建设,完善受理处理机制,落实有奖举报制度,对违规违法犯罪行为实行"零容忍"。尤其是要设有储户、员工投诉举报保密渠道,调动投诉举报的积极性,并由独立部门调查处理,确保不受干扰。对于有异常或违规情况不上报或私自处置的,应严肃处理。

五、加强内控落实责任。银行要加强工作人员的教育管理,提高风险意识、责任意识和法律意识;强化内控机制建设,加强内外不良接触的控制和各个业务环节之间的监督制约。特别要严格员工离职交接手续,严格离职员工代理、参与开户存款业务活动的监管和控制,加强对离职员工参与、代理的开户存款业务的审查核实力度,实行严格的责任落实和追究措施,以营造良好的金融法治环境,最大限度地堵塞引发金融违法犯罪行为的漏洞。

以上建议请你局研究处理,通报相关银行,并将相关落实情况及时函复我院。

二〇一二年七月二十日

[实例2]

闸北区人民法院

司法建议书

沪闸法建[2012]第28号

上海市旅游局:

我院在审理原告张某因、郭某与被告上海某国际旅行社有限公司生命权纠纷一案中发现,随着海岛旅游在国内热度的持续升温,海岛旅游也成为了溺水事故频

发,风险相对集中的旅游项目。造成这一情况的主要原因有:

一是风险提示不足。部分旅行社缺乏风险意识,对于存在一定安全隐患的旅游项目未能向游客进行充分必要的安全提示,游客在随团旅行时易基于对旅行社的信赖而降低对风险的主观判断能力,比如在随团至天然海域游泳时,若未被提示海况、水文的特殊性不同于一般人工泳池,游客则可能因高估自身能力、松懈警惕而引发危险事故。

二是保障措施不力。对于存在安全隐患的旅游景区,旅行社未能做好充分的安全保障工作,预设相关应急措施。比如对岛内救生人员的配备情况、发生意外后如何获得及时救治,事前均未有全面了解,也未向游客提供必要的救生设施。

三是资质审查不严。旅行社对领队、导游的资质审查力度不够,存在无证上岗的情况。具备相应资质的领队在语言能力以及应对紧急情况的处置能力上均是对游客权益的一项重要保障,涉诉案件中,被告旅行社所指派的领队因语言不通、未随身携带通讯设备等问题在游客郭庆隆溺水后处置不力,作为旅行社指派不具备领队资质的人员担任领队工作,存在相应的过错。

四是信息渠道不畅。本市大部分旅行社在设置泰国旅游常规路线时均安排了金沙岛旅游项目,类似本案中的溺水事故在金沙岛的天然海域已发生数起,但旅游事故的通报不够及时、全面,未能引起旅游监管部门以及其他旅行社的足够重视,从而有针对性地加强管理、及时调整工作方式,做到防患于未然。为避免此类伤害事故的发生,减少不必要的损失,我院现针对旅行社在履行风险告知义务以及安全保障义务等方面存在的缺陷,提出如下建议:

1. 提高安全意识,充分履行风险提示义务。相对于游客个人而言,旅行社作为专业的从事旅游开发、团队旅游管理单位,具备更强的风险预判能力以及应急处置能力,应将安全问题作为管理工作的重点加以关注,并在向团队游客介绍旅游项目或与游客签订旅游合同时,履行全面、充分的风险提示义务。

2. 关注高危景区,切实提供安全保障设施。对于事故频发的旅游景区,应当给予充分重视,确保游客参与的旅游项目有切实的安全保障设施,如行程安排有进入自然海域游泳的项目,应对于救生人员、救生设施的配备做事前了解,减少安全隐患。而对于随团的游客有必要提示穿戴救生设施下海,提出明确的安全建议。

3. 严格资质审查,提高从业人员专业素质。对旅行社的导游、领队等专业人员应严格监督,确保从业者具备相关资质。可通过定期组织考核、培训等方式,提高其专业素养,比如外语运用能力、应急处置能力,为切实履行导游、领队职责打好基础。相关单位要着力提升领队、导游这一群体的服务责任意识,进行必要的安全知识以及救生知识的普及,在带团过程中,严格按规定管理旅游团队,避免发生游客落单甚至脱离团队导致意外发生的情况。

4. 畅通信息渠道,落实重大事故通报制度。建议建立信息通报平台,对旅行社组团旅游过程中发生的重大伤害事故及时进行通报,引起业内相关部门的重视,对高危旅游景点给予重点关注,并及时采取措施防范风险。

综上,我院针对审理该类旅游赔偿案件过程中发现的问题提出上述建议。望贵局予以研究处理,并将处理意见或结果于本建议函送达后一个月内,函复本院为盼。

二〇一二年七月二十六日

[实例3]

上海市第二中级人民法院

司法建议书

沪二中法建[2011]第28号

中国保险业监督管理委员会上海监管局,上海市保险同业公会:

自2009年10月1日新《保险法》实施以来,我院在审理保险合同纠纷案件中,反映较为突出的问题之一是:投保人往往以保险公司在订立保险合同时未交付保险条款为由,认为保险公司未尽到提示及明确说明义务,主张免责条款无效。从统计数据来看,新保险法实施以来我院共审理各类保险合同纠纷184件,涉保险条款交付争议的案件共有14件,占到已审理保险合同纠纷案件的7.6%。在涉及保险条款交付争议的14件案件中,涉及机动车辆保险纠纷共13件,占绝大多数,另有人身保险纠纷1件。

保险条款是保险合同的组成部分,向投保人交付保险条款是保险公司履行提示与明确说明义务的重要内容之一,保险条款的交付与否,直接影响着免责条款法律效力的认定。该类纠纷集中反映以下问题希望引起重视:

1. 保险代办违规操作较为普遍。目前上海共有保险中介机构297家,多数机构开展车险代理业务,一些财险公司来自代办渠道的业务甚至超过自有渠道。由于数量庞大,其质量难免参差不齐,业务违规着实不少。部分车险代办机构代替投保人在投保单上签名,导致纠纷发生后投保人以投保单不是本人签名为由否认收到过保险条款,否认知悉免责条款的内容及法律后果。部分保险代办机构及业务人员为了简化保险合同签订手续,疏忽了向投保人交付保险条款,或交付保险条款无任何书面交付凭据。

2. 保单与保险条款的分离设计埋下纠纷隐患。随着保险条款的日趋复杂,众多保险公司将原先印制在保单背面的保险条款分离出来,另设独立的保险条款文本,这就无形中在保险条款的交付环节上埋下隐患。在向投保人交付保单的同时,是否实际交付了保险条款,当事双方往往各执一词,投保人往往以未收到保险条款为由进而认为保险公司未就免责条款尽到明确说明义务从而主张免责条款无效。如果保险公司不能证明已经将保单与保险条款一并交付于投保人,将承担举证不能的不利法律后果。

3. 电话、网络销售业务模式下保险条款交付存障碍。电话销售、网络销售已经成为各大保险公司争相开拓的销售渠道,但由于该种业务模式尚在探索过程中,加之缺乏监管规定,在保险条款的交付上存在不尽完善之处。电话销售保险产品时销售人员不可能详尽地向投保人介绍保险条款尤其是免责条款的完整内容,更无法向投保人交付保险条款;一些保险公司在电销、网销中实行无纸化投保操作,包括保单在内的所有保险合同资料均需投保人自行上网下载或打印,保险公司虽然可向投保人寄送纸质保单,但是并不提供纸质保险条款的寄送服务;在保险公司网站投保流程中,虽然设置了勾选"已阅读并理解保险条款全部内容"的确认环节,但条款内容不直接在页面中显示而是需要投保人点击链接查看,容易被投保人忽略。

4. 保险卡投保方式下保险条款交付易被忽视。保险卡具有先付费购卡再由被保险人选择何时开卡投保的特点,凭账号密码激活开卡方能使保险合同生效。开卡分为网上和电话两种形式,特别在电话开卡时,被保险人只需致电保险公司客服人员,提供保险卡账户密码以及其身份信息即可完成开卡,在此流程中,缺少保险条款的阅读提示或交付环节。

5. 航空、车船意外险等简易险投保重要保险条款告知缺失。消费者在网上订票或在窗口购买飞机票、长途汽车票时一般还可同时支出小额保费购买额外的人身意外险。由于该险种具有当次有效、保费金额小、购买方式简易的特点,售票机构一般不提供该险种的合同条款,仅出具收据或简易保单,该收据或简易保单上无法反映保险条款的重要内容,投保人若想了解保险条款的具体内容或获取正式保单,需要致电保险公司了解或上网自行下载。

6. 客户续保情形下保险条款的交付易被疏忽。同一投保人两次以上连续购买同一保险公司相同类型的险种,保险公司不分情况地误认为续保无需重复交付保险条款,在未确定曾向续保人交付过保险条款或保险条款在续保前后已作变更的情况下,疏于向投保人交付保险条款。

保险条款是否交付关系到理赔能否支持,对规范保险公司的投保程序以及对被保险人利益保护影响深远。为此,特就规范和完善保险条款交付建议如下:

1. 建立规范的保险条款交付手续。保险人负有履行交付保险条款的法定义务,保险人对交付保险条款应当承担举证责任。建议保险公司将保险单与保险条款装订成册或加盖骑缝章后交付投保人;增加投保人签收保险条款的环节;通过电话录音等回访方式确认投保人已收到保险条款并进行录音存档。通过以上程序,彻底消除保险单与保险条款相分离可能造成举证不能的法律风险。

2. 加强对保险代办机构和业务人员的培训管理。建议就保险条款交付以及免责条款的明确说明义务对保险代办机构和业务人员进行系统和常态化的培训。明确规定保险代办机构的人员不得代替投保人签收任何保险合同材料;保险公司委托代办机构向投保人交付报单、保险条款等保险合同材料的,代办机构应当确保交付材料的完整性,交付时应当注意交付凭证的留存并及时向保险公司移交。

3. 完善各种投保情形下的保险条款交付。建议保险公司根据不同险种和销售渠道的特点,重视各种投保情形下的保险条款交付问题,完善相应的保险条款告知、交付机制。在网销时,除坚持现有的勾选“已阅读并理解保险条款全部内容”程序外,增设保险条款全文在网页显示的环节,或在网上投保手续最后确认环节,添加向投保人提示“打印或下载保险条款”的项目选项。在电销时,保险公司客服人员应尽职向投保人告知如何获取保险条款。在鼓励无纸化投保的同时,也向投保人提供寄送纸质保险条款的可选化服务。属续保但不能确定是否交付过保险条款或保险条款发生变更的,仍应切实履行交付保险条款的义务。飞机、车船险等一次性小额投保的,在保险收据、简易保单上印制保险条款的若干重要内容或告知获取保险条款的方式,或在购票窗口的显著位置张贴保险条款进行公示。

以上建议请研究处理,并将处理结果及相关情况在三十日内函告我院。

二〇一一年九月二十八日

[实例4]

黄浦区人民法院

司法建议书

沪黄浦法建[2012]第20号

上海市黄浦区住房保障和房屋管理局:

本院在审理以你局为被告的房屋拆迁裁决行政案件中发现你局在事实认定、行政程序以及裁决合理性等方面存在不当甚至违法之处,需要引起注意。

1. 货币补偿款的认定出现差错。房屋拆迁货币补偿款具体数额的确定是拆迁补偿安置的一项基础事实,我院近期审理的多起不服房屋拆迁裁决行政案件不同程度地存在货币补偿款认定存在疏漏甚至错误的情形。如在朱某忠、上海某鞋城有限公司、朱某民分别诉你局不服房屋拆迁裁决三案中，拆迁之初，评估公司根据房屋资料中被拆迁房屋系新式里弄的记载对该房的市场价值进行了评估，随后拆迁人委托有关部门对该房屋类型进行鉴定，在鉴定结论是公寓的情况下，仍按原评估价格计算货币补偿款。嗣后，你局仅凭评估公司出具的一份估价时考虑到该房屋实际情况已经作出较高评估价的说明，迳行作出拆迁裁决，未再要求对被拆迁房屋进行重新评估。诉讼中，我院根据原告方的申请对系争房屋重新进行评估，发现其市场价值远远高于你局认定的评估价格。你局在明知房屋属性为公寓的情况下，以新式里弄房屋的评估单价计算货币补偿款，进而作出拆迁裁决，认定事实明显错误。此外，在陈某琪、陈某琴案诉你局不服房屋拆迁裁决案中，被拆迁房屋价值补偿款出现计算错误；在金某和诉你局不服房屋拆迁裁决案中，你局仅对部分设备移装费进行认定，致货币补偿款总额存在疏漏。

2. 未能有效送达裁决法律文书。在房屋拆迁裁决中，召开审理协调会、就拆迁双方的拆迁争议进行调解是行政机关作出裁决的必经程序之一，而是否有效送达会议通知是审理协调会能否得以成功召开的重要前提。在我院审理的屠某等人诉你局不服房屋拆迁裁决一案中，被拆迁房屋系屠某及子女屠某浩、屠某涛、屠乙共同共有，且处于空关状态。屠某长期居住北京，近期因身体原因入住北京某养老院；屠某涛、屠乙则没有给拆迁人留下有效送达地址。你局受理房屋拆迁裁决申请后，先后于 2012 年 4 月 6 日和 4 月 11 日向屠某所在的养老院邮寄送达了审理协调会通知等材料，并在拆迁基地进行了公告。嗣后，因被拆迁人缺席，审理协调会未能顺利召开。诉讼中，屠某否认收到会议通知，并对行政程序提出质疑。我院查明，你局邮寄给屠某的材料均由养老院签收，但对于养老院是否转送屠某这一环节，你局未能提供证据证明。我院同时查明，屠某曾向拆迁人明确系争房屋拆迁安置事宜由其子屠某浩代为办理，屠某浩系美籍华人，最近一年在上海工作生活，与拆迁人多有联系，拆迁人也掌握其手机号码，但你局亦未通知屠某浩。因此，你局在没有有效送达审理协调会通知的情况下，进而在裁决中认定被拆迁人无故缺席审理协调会缺乏充足的事实根据，行政程序存在违法之处。另外，在王某燕、王某涌分别诉你局不服房屋拆迁裁决两案中也同样存在着文书送达不规范的情形。王某燕、王某涌均在国外定居，拆迁过程中，拆迁人通过报刊公告等方式送达了评估报告等材料。你局收到裁决申请后，未作任何调查，即采用在基地公告的方式送达会议通知等文书，送达方式明显不当。

3. 未将拆迁补偿款充分用于安置房屋的调换。房屋拆迁裁决的目的之一是行政机关通过居中裁决拆迁双方的拆迁补偿安置争议，实现对被拆迁人拆迁利益的保护。而将被拆迁人应得的货币补偿款充分用于安置房屋的调换,满足被拆迁人的居住要求,有利于最大程度地保障被拆迁居民的利益,维护社会稳定。在何某云诉你局不服房屋拆迁裁决一案中,被拆迁人应得货币补偿款为人民币(以下金额均为人民币)1,238,191.82元,你局裁决拆迁人以价格合计835,900元的两套产权房予以安置,并支付何某云户房屋调换差价款402,291.82元(1,238,191.82元-835,900元);你局同时裁决拆迁人支付何户面积奖励费176,350元、就近安置补贴150,000元、无搭建奖励100,000元。我院将被拆迁人应得货币补偿款与安置房屋价值进行比较,发现后者仅占前者的67.5%,裁决不仅不具有合理性,还严重损害了居民充分获得房屋安置的权利。此外,在王某玲不服房屋拆迁裁决案、姚某之不服拆迁裁决案中也存在类似的问题。

为进一步提高房屋拆迁裁决执法质量,我院提出建议如下:

1.增强依法审查审核意识。行政行为确认事实所依据的证据应当是真实、全面、客观的,而且证据要充分、确凿。否则,该行政行为就可能因缺乏可靠的证据基础而受到原告方的质疑,并可能在司法审查中承受不利后果。建议你局在作出房屋拆迁裁决时,以法律规定的审查要件为基础,谨慎审核涉案的证据材料,在查明被拆迁房屋产权或者使用权基本情况、被拆迁户人员结构情况、安置房源产权情况等事实的基础上,依法作出行政行为。

2.增强严格规范程序意识。现代行政法将法定行政程序作为控制行政权滥用,防止行政专制,保障行政民主,保护行政相对方合法权益不被违法行政侵犯的屏障。程序合法是行政行为合法性的重要方面,表现为行政主体行使行政职能必须履行一系列程序上的义务,如向管理相对人说明理由,公开调查与听证,使相对人获得辩护机会等。为此,建议你局培养执法人员实体和程序并重的观念,依法召开裁决协调审理会,依法送达相关法律文书。

3.在坚持合法行政的同时加强合理行政。国务院颁布《关于全面推进依法行政实施纲要》明确将合理行政列为依法行政的六项基本原则之一,不仅要求行政行为形式上的合法,还要求实质上合理、公平、公正。房屋拆迁裁决事关民生,处理不当容易引发社会不安定因素。因此,建议你局进一步提高对合理性问题的重视程度,在安置房源的调换、具体坐落位置的选择等方面,以方便被拆迁居民的生活、工作为原则,合理使用自由裁量权,以消除人民群众的对立情绪,更好地实现行政执法的预期效果。

上文提到的问题大多触及房屋拆迁裁决的合法性,我院考虑到我区旧区改造的工作大局,有些已以判决驳回原告诉讼请求的方式结案。但由于上述违法情形呈现多发、高发态势,如不及时加以纠正,长此以往,不仅损害你局行政执法的形象和权威性，对法院的司法公信力也将带来严重的负面影响。为此，希望你局能够对照我院提出的问题，加以整改，杜绝避免此类情况再次发生。

以上建议请研究处理，并将处理结果在一个月内书面函告本院。

二〇一二年十一月十一日

第二版后记

本书2010年版的编写人员是:胡永庆(第一章、第二章、第四章、第五章第二节、第三编附)、王建平(第三章)、周琦(第五章第一节)、胡勇敏(第七章、第九章)、毛国芳(第六章、第十章第一节)、张文忠(第八章第一、二、三、四节)、侯丹华(第八章第五、六节,第十章第三节)以及陆文嘉、严军、陆佳、何倩、朱佳平、沈盈姿、余冬爱、贾翌、孙辰旻、杨以生、林俊华等参与本书判决书实例评析。本书编写过程中,编写小组曾多次召开座谈会,征求各审判业务庭意见,得到了各级法院的领导与法官的积极支持,同时还吸纳了上海市高级人民法院编纂的《法官素养与能力培训读本》和《基层人民法院法官培训教材·技能卷》的部分内容。

2017年版修订工作,自2015年7月启动,上述编写人员对各自撰写的部分进行了修订,毛国芳、汪健、胡勇敏、陈雪、吕燕娜等撰写了判决书实例评析。

在此谨表示衷心感谢!全书由侯丹华、陈全国统稿,陈全国定稿。

编者

二〇一七年三月